DEUTSCHLAND
Überlingen
Schaffhsn.
Reichenau
Meersburg
Diessenhofen
Buchhorn/Friedrichshafen
Stein
am Rhein
Konstanz
Kreuzlingen
Bodensee
Klingnau
Märstetten
Baden
Frauenfeld
Winterthur
Bichelsee
Arbon
Aach/Hagspiel
Töss
Limmat
Fischingen
Wil
Heiden
Zürich
St. Gallen
Reuss
Greifensee
St.Jakob
a.d.Sihl
Gantersc hwil
Urnäsch
Rhein
Thalwil
Zürichsee
Allen-
winden
Rapperswil
Zug
Wildhaus
Hirzel
Zuger
See
Einsiedeln
Walensee
ÖSTERREICH
Ragnatsch
Triesen
Tschütschi
Glarus
Rigi
Schwyz
Ragaz
St.Antönien
Vierwaldstätter
See
Pfäfers
Stans
PRÄTIGAU
Kerns
Altdorf
Chur
Engelberg
Davos
Inn
Trun
Vorderrhein
Disentis
Sils
E
I
Z
Vals
St. Gotthard
Splügen
Müstair
St. Moritz
Ticino
Giornico
MISOXTAL
Sils Maria
Bosco
Gurin
Septimerpaß
BERGELL
Maggia
Bellinzona
Lugano
ITALIEN
Lago
Maggiore
Comer
See
Monte
St. Giorgio

ammann

Pirmin Meier

Ich Bruder Klaus von Flüe

Eine Geschichte
aus der inneren Schweiz

Ammann Verlag

Frontispiz: Bruder Klaus. Altarflügel aus dem Kloster Muri (Aargau), um 1550, jetzt Benediktinerkollegium Sarnen.

Satz: Dörlemann Satz, Lemförde
Litho: Reproatelier Höhn, Oberhasli
Druck: Pustet, Regensburg
ISBN 3-250-10309-8

Für Abbas senex Bernard Kaul
und die Gemeinschaft von Hauterive
beim stillen Fluss

Der einsame Mann will auf den Dantz gon

Wärist andächtig, so wärist du allein.
Ulrich Zwingli (1484–1531)

Für seine Macht im Bann des Unsichtbaren, seinen tatsächlichen oder seinen ihm zugeschriebenen Einfluss, als Friedenstifter, Retter der Nation und sogar »Schweizerarzt«, haben sich die Chronisten zu allen Zeiten interessiert. Darum soll, als Kontrapunkt, in diesem Buch seiner Ohnmacht ein Denkmal gesetzt sein. Seiner Absenz, zum Beispiel beim *Verkommnis* von Stans am 22. Dezember 1481, einer Haupt- und Staatsaktion schweizerischer Bundesgeschichte, und seinen weniger berühmten Absenzen, seinen sichtbaren Ohnmachten und schlafwandlerischen Schauungen. Davon zu berichten ist den Schreibern ältester Aufzeichnungen im Einzelfall spürbar peinlich. Trotz der über Jahrhunderte hinweg überragenden Prominenz der Person kommen die drei ausführlichsten Schilderungen seiner Visionen, aus der Feder des Nidwaldner Klerikers Caspar am Buel, erst 1927, rund zehn Jahre nach der Veröffentlichung der monumentalen Quellenbände von Robert Durrer, im Luzerner Kapuzinerkloster Wesemlin ans Licht der Geschichte[1]. Für die Heiligsprechung im Jahr 1947 erweisen sich diese Texte als unbrauchbar. Ein Wunder wird erwartet, wenn nicht fast befohlen, in Form einer aussergewöhnlichen Gebetserhörung. Aber wie soll man mit dem Wunderbaren umgehen? Dieses ist, für die Kirche wie auch für die politischen Gemeinschaften, fast in gleicher Weise befremdlich.

Lieber beansprucht man den Menschen, um dessen Andenken es geht, entweder für die Enghaltung des lebensweltlichen Zaunes oder für die Forderung, über diesen hinauszublicken, je nachdem, was der Zeitgeist gerade für opportun erachtet. Der Mann, der als *bruder Claus von Flüe* in die Geschichte eingeht, wird schon zu Lebzeiten gern mit *lieber vater* angeprochen, und über Generationen behält er die damit verbundene patriarchale Autorität. Ein *senex abbas* in der Tradition der altkirchlichen Wüstenväter, der Altvater der Eidgenossen. In dieser Eigenschaft glaubt man ihn zu kennen, samt seinen bekannten Mahnungen, die gewohnheitsmässig weiterzitiert, aber nicht mehr von ihrem Ursprung her verstanden werden. Kein Wunder, regt sich da und dort Überdruss, bis zur Schmähung des Landesvaters, die in der alten Eidgenossenschaft noch gerichtlich verfolgt worden ist. »Fragwürdig« findet es im Juli 1995 ein Schweizer Historiker und Staatsschutzpublizist, »angebliche Weisheiten eines einsiedlerischen Analphabeten aus vormodernen Zeiten als richtungsweisende Gebote auch noch in der zweiten Hälfte des zwanzigsten Jahrhunderts zu propagieren«[2].

Mit der Beanspruchung schon zu Lebzeiten, dann in Reformation und Gegenreformation, später in allen Umbruchzeiten der Schweizerischen Eidgenossenschaft und oftmals europaweit als Friedensheiliger, wird in der Tat eine Vertrautheit mit der rätselvollen Gestalt vorausgesetzt, der sich Klaus von Flüe, bei allem Respekt vor seinen Besuchern, immer wieder sachte zu entziehen gewusst hat. Die Meinung, er denke gleich wie die Pilger, die sich und ihre Anliegen mit seinem bescheidenen *einig wesen* identifizieren, setzt voraus, man kenne ihn. In seiner engeren innerschweizerischen Heimat, in den Kantonen Jura und Freiburg, aber auch in der Ostschweiz und im Allgäu wird er heute noch von vielen wie ein Familienmitglied verehrt, eine Art guter Geist. Dabei wird, bei aller Möglichkeit von Missverständnissen, immer etwas richtig empfunden, weil das innerste Gefühl in dieser Beziehung kaum täuscht. Auf der anderen Seite bedeutet eine modern-überhebliche Distanzierung von dem Analphabeten einen Rückfall, unter das Niveau von Meister Eckhart (1260 bis 1327), Johannes Tauler (um 1300–1361) und vor allem Nikolaus von Kues (1400–1464), die zu den bedeutendsten europäischen Intellektuellen aller Zeiten zu zählen sind. Nicht zufällig zirkuliert Eckharts Traktat von der Abgeschiedenheit generationenlang unter dem Namen *Nikolaus von Unterwalden*[3], und der Kusaner hat in seinem meisterhaften lateinischen Dialog *Der Laie über den Geist* einen analphabetischen Löffelschnitzer als weise darzustellen gewusst, im Gegensatz zu einem Professor der Rhetorik und einem Philosophen. Damit hat der berühmte Theoretiker der *Gelehrten Unwissenheit* im Sinne von Sokrates dem Gedanken der Mündigkeit des Laien den Weg gewiesen[4]. Diese Schriftsteller, die ganze Bibliotheken verarbeitet haben, hätten sich über Männer und Frauen in der Art von Bruder Klaus nie von oben herab ausgelassen. Im Gegenteil. Es ist in der Tat seltsam, wie die Umsetzung der Gedanken grosser Geister ins spätmittelalterliche Leben am glaubwürdigsten bei einfachen Menschen zu gelingen scheint. Dabei ist im einzelnen oft schwer zu klären, über welche Wege und Kanäle die Einflüsse verlaufen. Die Bewegung, die neben Priestern und Mönchen mehr und mehr auch Laien umfasst, wird mit dem noch zu klärenden Begriff *Gottesfreunde* umschrieben.

Diese Gottesfreunde sind uns mittlerweile ebenso fremd, vielleicht noch fremder geworden als Klaus von Flüe, ihr bekanntester Vertreter im Alpenraum. Bereits 1781 sprechen Joseph Ignaz Zimmermann und Johann Caspar Lavater, im Geist der Aufklärung, lieber vom *Menschenfreund* Bruder Klaus[5]. Auch diese Redeweise ist uns mittlerweile nicht mehr geläufig. Vielleicht beginnt uns die tatsächliche Andersartigkeit dieses Mannes dann zu interessieren, wenn wir uns vergegenwärtigen, wie sehr er selbst für die frühen Berichterstatter und Biographen, neben aller Bewunderung, zum Rätsel und teilweise sogar zum Ärgernis geworden ist. Eine der wegweisenden frühen offiziellen Biographien, die sich ausser auf Dokumente stark auf eine noch greifbare mündliche Überlieferung in Bruder Klausens Heimatland Obwalden stützt, diejenige von Ranftkaplan Joachim Eichorn (1578–1658), kommentiert mit spürbarem Widerwillen, was als authentische Aussage überliefert und auch durch zeitgenössische schriftliche Quellen bestätigt wird. Die Leute erzählen, berichtet der Kleriker, die Seinigen hätten den heiligen Mann unansprechbar aufgefunden, mit emporgerichteten, verdrehten Blicken, offenem Mund und schreckbarem Gesichtsausdruck, aufrecht mit dem Rükken an die Zellenwand angelehnt. Wieder zu sich gekommen, habe er zu den Umstehenden gesagt: *Mine kind ich bin zu dorff gesyn*. Der Chronist, in spürbarer Distanznahme: »Das heisst: Ich habe im Geist meine Freunde besucht, und will keineswegs etwas anderes bedeuten. Dabei ist die Unachtsamkeit der Zeitgenossen, die so grosse und wissenswerte Dinge so nachlässig verstanden haben, höchlich zu bedauern.« (D 949) Da will ein Gelehrter im voraus wissen, wie sehr das Volk Bruder Klaus falsch verstehe.

Eichorns Aufzeichnungen sind lateinisch geschrieben, bis auf die Worte des aus der Entrückung Erwachten, die den Zuhörern durch Mark und Bein gegangen sind, wie auch sein Gesichtsausdruck. Wo ist er wohl »zu dorff gesyn«, und was will er damit sagen? Welches sind denn die »falschen«, eben naheliegenden Vorstellungen, welche der Schreiber als Nachlässigkeit in der Wahrnehmung grosser und wissenswerter Dinge glaubt verurteilen zu müssen?

Bei den Zeugen ist offenbar der Eindruck entstanden, Bruder Klaus sei im Geiste schlafwandelnd ins Dorf gegangen. Einen grossen Platz durchquerend, nähert er sich einer ländlichen Tanzstätte, vielleicht derjenigen bei der Pfarrkirche in Sachseln, *spilstud* genannt. Oder dem *tantzhus* in Kerns, unweit der Kirche, wo er getauft worden ist[6]. »Zu dorff gesyn«, meint die Präsenz an einer Dorfete, einem Tanzanlass. Der Ausdruck hängt eng mit dem sogenannten Kilterwesen zusammen, Brautwerbung mit Musik, Tanz und Waffengeklirr. Wie derb es dabei zugehen kann, hat der spätmittelalterliche alpine Schweizer Dichter Heinrich Wittenwiler in seinem Versepos *Der Ring* dokumentiert. Etwa so:

> Er tantzt dahin, sie fegt ihm nach
> Die andern auf und an vil gach.
> Auf und nieder in dem traum
> Sam die äpfel von dem baum[7].

Neuhochdeutsch: Er tanzt drauflos, sie fegt ihm nach, die andern folgen in einer Reihe, jählings, springen auf und nieder wie im Schlaf, so wie Äpfel vom Baum fallen[8].

Wie es der Mann im Ruf des *lebenden heyligen*[9], wie ihn ein unverdächtiger Zeuge, Brunnenmeister Waltheym aus Halle an der Saale, nennt, mit dem Tanz, etwa den Reigen der Krieger, und den Äpfeln, gehalten hat, wird noch zu zeigen sein. Im Zusammenhang mit seinem geistlichen Leben gibt es dazu, aus authentischer, lebenszeitlicher Quelle, in der schriftlichen Fassung fünfzig Jahre älter als das berühmte Wort vom Zaun, der nicht zu weit zu machen sei, ein originales Bekenntnis. Es ist klar als wörtliches Zitat gekennzeichnet.

»Nach welcher Art du es machst, ist es gut«, gibt er, auf einem Steinhaufen sitzend, einem jungen Mann aus Burgdorf zur Antwort. Dieser will nämlich wissen, ob er den Sinn des Lebens besser als schweigend arbeitender Kartäuser oder als herumbettelnder Minderbruder in der Tradition des heiligen Franz von Assisi finde. Den Jüngling plagen, ähnlich wie in seiner Jugend den berühmt-legendären *Gottesfreund aus dem Oberland*, grosse Skrupel, seine Lebensorientierung betreffend. Nicht die Weltflucht ist sein Problem, nur noch die Art, wie er sie realisieren soll. Zu Bruder Klaus ist er gekommen, um sich zu seinen Füssen niederzusetzen, ihn anzustaunen, vielleicht auch ihn anzufassen, und aus seinem Mund eine Art Orakel zu erfahren. Sogar ein offizielles eidgenössisches Dokument aus der Zeit rückt in diesem Zusammenhang den Wert seiner Ratschläge in die Nähe einer Autorität aus »göttlichem Mund«[10]. Dabei bekommt der Ratsucher aus Burgdorf eine charakteristische Antwort, möglicherweise im Typus dieselbe, wie sie auch politische Fragesteller erhalten, wenn sie sich vom alpinen Apollo, wie Johannes Trithemius, Abt von Sponheim, der Lehrer des Paracelsus, Klaus von Flüe rühmt[11], bestätigt fühlen wollen. Dabei hat sich dieser Mann von der Welt und dem praktischen Leben in einem für die Menschen kaum mehr begreiflichen Mass abgewandt, dafür aber, wie Heinrich Seuse und andere bekannte Gottesfreunde, sich umso mehr auf die Betrachtung des Leidens Christi geworfen. In dieser Richtung sucht auch der mit einem mystischen Leben liebäugelnde Burgdorfer Rat. Nach welchem Stand soll sich sein Gemüt hinneigen? Aus sibyllinischem Mund erhält er zu bedenken: »Denn Gott weiss es einzurichten, dass dem Menschen eine Betrachtung so schmeckt, als ob er auf den Tanz gehe, und andere Betrachtungen werden so empfunden, als ob er im Gefechtsstand den Kampf ausübe.« (D 407) Der Jüngling aus Burgdorf traut seinen Ohren nicht. Auf seine Rückfrage wiederholt sich der Heilige, und diese Aussage wird als einzige, im sonst lateinischen Bericht, wörtlich wiedergegeben. Ob es die Leser wohl glauben? »Als er aber vom Tanz sprach, sah ich ihn ein wenig an, als ob ich daran Ärgernis nähme, dass ein solcher Mann vom Tanzen rede. Er bemerkte es alsbald und wiederholte den Ausdruck: *ja als solt er an ain dantz gon.*« (D 407)[12]

Der Heilige oben auf dem Steinhaufen weiss, wovon er spricht. Der Tanz im Zusammenhang mit einem ekstatischen Musikempfinden, der Krieg als erstes Ausleben eines starken elementaren Wander- und Bewegungstriebes, und darüber hinaus die schreckliche Begegnung mit Gott gestalten in seinem Leben Erfahrungen von eindringlichster Intensität. Elemente der Abgeschiedenheit in sich selber, mit der Möglichkeit des Selbstverlustes in Rausch und Wahn, insofern höchste Gefahr, sollte das Netz der Gnade nicht halten, und dafür kann kein Mensch garantieren. Darum hat er nie empfohlen, den gleichen Weg zu gehen, den er gegangen ist, auch nicht seinem Weggefährten und Miteremiten Bruder Ulrich aus Memmingen oder Augsburg, der als Bibelkenner und Leser mystischer Schriften für den Analphabeten bäuerlicher Herkunft zu einer kaum überschätzbaren Hilfe wird.

Die vielschichtige Existenz eines altväterischen Asketen, Ekstatikers und Visionärs, der nachweisbar recht häufig unter Absenzen leidet, lässt sich mit einem chronologischen biographischen Schema, welches obendrein durch eine Vielzahl von Darstellungen ausgereizt ist, nicht angemessen ausloten. Vorgesehen ist hier eine Form von diskursiver Biographie, aus unterschiedlichen Perspektiven, Annäherung zugleich und Distanzierung, letztere nicht aus Überheblichkeit, sondern weil ein »abgeschlossenes« Bild von Bruder Klaus am Geheimnis der Person vorbeiführen würde. Zur Erleichterung des Überblicks ist einleitend eine Skizze seines Lebens zu geben. Auch über die enorme Nachwirkung der Persönlichkeit, mit abermaligen Höhepunkten zur Zeit der beiden Weltkriege und im Umfeld der Heiligsprechung von 1947, ist eine kurze Orientierung notwendig. Und dann gebietet es der Respekt vor einer einzigartigen Leistung, die gewaltige Vorarbeit des grossen Historikers Robert Durrer (1867–1934) und meines ehemaligen Lehrers im Kollegium Sarnen, Pater Rupert Amschwand (*1916), im Hinblick auf die Erschliessung der Quellen hier wenigstens zu erwähnen. Dies diene als ein Hinweis auf die Basis jeglicher Bruder Klaus-Forschung und Bruder Klaus-Biographie. Wer mit dem hier Gebotenen im Einzelfall nicht einverstanden sein kann oder zu dem oder jenem mehr wissen möchte, sei auf die drei umfänglichen Lederbände, erhältlich im Staatsarchiv Obwalden, ausdrücklich verwiesen.

Selbstverständlich bleibt jedoch, dass ein zusammenfassendes Nachbeten der Koryphäen, wie auch der übrigen umfangreichen Literatur, für ein aktuelles Porträt nicht genügt. Weitere Quellen aus der Geschichte der Medizin, der Mystik, der Volkskunde, auch der Kriegsgeschichte, sind zu konsultieren, und im scheinbaren Gegensatz zu einem Einsiedlerleben ist der biographische Schriftsteller wohlberaten, die Spuren des Eremitenwesens und der Gottesfreundschaft im europaweiten Augenschein zu erkunden. Vielleicht hätte auch ein Blick auf die mönchische Tradition von Tibet einiges beizutragen, doch würde dieser Gesichtspunkt für unsere Studie zu weit führen. Es bleibt aber dabei, dass wir den Ranft, die Einsiedelei von Bruder Klaus, darstellungsmässig verfehlen, wenn wir sie nicht, mit einer gewissen Scheu vor der Zelle des Eremiten, weit genug umkreisen. Ohne einen Blick auf den Kult der heiligen Maria Magdalena in Südfrankreich, die Altväterlandschaft am Thunersee, die Wirkungsstätte des heiligen Beatus, und den Jura, wo Einsiedler aus Irland gehaust haben sollen, das verschüttete Kloster Töss, die Spuren der Gottesfreundschaft im Toggenburg, im Entlebuch und im Umfeld des Klosters Engelberg, auch ohne die Rekonstruktion des Pilgerweges von Sachseln nach Liestal, und ohne den Bodenseeraum mit Konstanz, Überlingen sowie den weiteren süddeutschen Raum vom Allgäu bis Nürnberg sind unsere Vorstellungen von dem, was in, bei und durch Bruder Klaus geschieht, mutmasslich allzu bieder und nicht einmal rudimentär. Und auch in Obwalden selber gibt es nicht nur das Flüeli und den Ranft, auch das Melchtal mit der Alp

Chlysterli, seine erste Einsiedelei; Kerns mit dem zerschlagenen Taufstein, eine Viertelstunde davon entfernt die Wiese im Sand von Wisserlen, Schauplatz der früheren gemeinsamen Landsgemeinden der Talschaften von Obwalden und Nidwalden, mit der dazugehörigen Galgenkapelle zur heiligen Katharina von Alexandrien, sowie Sankt Jakob im Kernwald, wo eine Zeitlang das berühmte Meditationsbild aufbewahrt worden ist[13]. Nicht zu vergessen Sarnen, die Gerichtsstätte mit dem Standort des Rathauses; Sachseln, die ausstrahlungsmächtige Grabstätte, und noch diesseits des Brünigpasses Giswil, Herd der Amstaldenschen Verschwörung im Entlebuch, die zur Lebenszeit von Klaus von Flüe grosse Unruhe auslöst, in der Barockzeit ein Zentrum der Hexenverfolgung in der Schweiz. Auch die für den Reisenden auffällige Kirche von Alpnach, das Gotteshaus mit dem höchsten Kirchturm der Innerschweiz, ist durch ihre spätmittelalterliche Weihe an die heilige Maria Magdalena mit der Spiritualität von Bruder Klaus untergründig verbunden[14].

Geboren ist Klaus von Flüe 1417 als Sohn des Obwaldner Freibauern Heiny von Flüe und der Nidwaldnerin Hemma Ruobert, ein Dilemma, heisst der Knabe doch im Obwaldner Dialekt *Glois,* auf nidwaldnerisch aber *Chlais.* Beide Elemente sind zutiefst in seinem Wesen aufgehoben. Kurz vor seiner Geburt haben die Habsburger mit dem Verlust des Aargaus den Eidgenossen gegenüber eine schwere Schlappe erlitten, was unter anderem zu einer kirchenrechtlichen Komplikation bei der Besetzung der Obwaldner Pfarreien führt. Deswegen bleibt die Heimatpfarrei Sachseln jahrzehntelang unbesetzt, empfängt Säugling *Gloisli* das Sakrament der Taufe in der Pfarrkirche von Kerns. Deren heilige Patrone, Gallus und Magdalena, geleiten ihn entscheidend auf seinem Lebensweg. Im Geburtsjahr wird, zum Abschluss des Konzils, Otto Colonna in Konstanz zum Papst Martin V. gewählt. Das denkwürdige Ende des grossen Avignon-Schismas. Nach seiner Wahl wird der Papst in Schaffhausen, Baden, Brugg, Aarau, Zofingen, Solothurn, Bern und am prächtigsten in Freiburg empfangen, wo heute noch in Erinnerung an diesen Besuch jeweils am Freitag die Glocken der Kathedrale St. Nicolas läuten. Bekommt der Papst in Brugg lediglich eine Kirschensuppe, schlachtet man für ihn im Üechtland zwei Ochsen, zweiundzwanzig Hammel, fünfzig Hühner und fünfzig Hähne, nebst reichhaltigem Service von Fisch. Ein dem Leben zugewandter Oberhirte[15]. Für die Existenzbedingungen von Bruder Klaus ist diese Papstwahl insofern wichtig, als Martin V. mit der Aufhebung des Zinsverbotes die wohl bedeutendste Kapitulation der katholischen Kirche vor einem veralteten Gesetz vollzieht. Dies bedeutet, in Anpassung an den später so genannten Frühkapitalismus, auch in ländlichen Gebieten Bahn frei für eine rasante Förderung der Geldwirtschaft. Dies erweist sich wirtschaftspolitisch und wohl auch kulturell als eine der grössten Veränderungen, die in den siebzig Lebensjahren des nachmaligen Heiligen zu verzeichnen ist. Die Folgen für die alpine Landwirtschaft, auch das Kriegerwesen, scheinen gewaltig, und Klaus von Flüe gehört zeitlebens zu den Menschen, die mit diesem Kulturwandel Mühe bekunden. Dies verbindet ihn mit dem Hauptstrom der mystischen Bewegung im Spätmittelalter.

Am Jakobstag 1432 findet in Wisserlen, bei der Galgenstätte oberhalb des Kernwaldes, eine gemeinsame Landsgemeinde aller Dorfschaften von Obwalden und Nidwalden statt[16]. Der Fünfzehnjährige muss daran teilnehmen. Möglich ist, dass Klaus von Flüe als junger Mann Vieh über den Brünig und den Grimselpass ins Wallis und von da über den Simplon nach Oberitalien getrieben hat. Auch den Krieg lernt er zur Genüge kennen. Der Alte Zürichkrieg – vor allem zwischen 1439 und 1446 – mit den Hauptkontrahenten Schwyz, mit den inneren Orten Uri, Unterwalden, Luzern, Glarus und Zug als Verbündete, und Zürich als Feind, bringt ihm während sechs Jahren reichhaltige Kampferfahrung und verzögert möglicherweise eine frühere Verheiratung. Für den militärischen Führer Klaus von Flüe, Hauptmann, nicht Rottmeister, wie vielfach irrtümlich angenommen, ist ausserdem eine Teilnahme an einem Feldzug nach Nürnberg, 1449, und bei der Eroberung des Thurgaus, 1460, sehr wahrscheinlich[17].

Für die Verheiratung mit Dorothe Wyss, für deren Herkunft aus Schwendi ob Sarnen Argumente erbracht werden können, liegt die Zeit nach der Schlacht bei Ragaz am Fridolinstag, 6. März 1446, am nächsten. In den folgenden Monaten baut der junge Ehemann nämlich sein Haus am Schübelacher im Flüeli ob Sachseln, heute ein eindrückliches Denkmal altalpiner Bauernhauskultur[18]. Bis 1467 schenkt seine Gattin zehn überlebenden Kindern das Leben. Der Hof, mit Ländereien auch im Melchtal, reicht für die Winterung von gut zehn Kühen und einem Pferd. Ausser Viehwirtschaft wird noch, mehr als in späteren Zeiten, Ackerbau betrieben. Am politischen Leben beteiligt sich Klaus als Mitglied des Ammanngerichtes, sowie in einem bedeutenden Fall als eidgenössischer Schiedsrichter. 1465 kauft einer der im süddeutschen Raum und in der Schweiz reichsten

Männer, der Ravensburger Grosskaufmann Rudolf Mettele oder Mötteli, für sechzig Gulden das Landrecht beider Unterwalden. Dies ermöglicht ihm die Anheuerung von Sicherheitskräften für seine Besitzungen bei Zürich und im Bodenseeraum. Zu dieser Zeit beschäftigt sich Klaus von Flüe mit der Möglichkeit, sich von Politik, Broterwerb und Familie für immer zu verabschieden. Zwei Söhne, Hans und Welty, sind ja bereits mündig, der jüngste, Nikolaus, jedoch noch nicht einmal geboren. Eine dramatische Lebensphase, die in unzählige Lebensbeschreibungen von Bruder Klaus eingegangen ist. Eine kurzgefasste Beschreibung dessen, was folgt, enthält die zweite Grabschrift von 1518, heute im Bruder Klausen-Museum Sachseln aufbewahrt:

Anno 1467 da ist der seelig bruder clauss gegangen von wib und kinden in die wilde gott dienet 20 halb jar ann libliche spiss ist storben an s. benedict tag anno 1487. Hie lit er begraben. (D 393)

Im Jahr 1467 ist der selige Bruder Klaus von Weib und Kindern fortgegangen in die Wildnis, diente Gott neunzehneinhalb Jahre lang ohne leibliche Speise. Er ist verstorben am Tag des heiligen Benedikt (21. März) im Jahr 1487. Hier liegt er begraben.

Aus heutiger Sicht erregt das Verlassen von Frau und Kindern aus religiösen Gründen mehr Anstoss als eine übliche Scheidung. Eine solche liegt bei Klaus von Flüe weder juristisch noch faktisch vor, bleibt er doch seiner wohlversorgten Familie, für die sein noch lebender Vater Heiny und die Söhne die Verantwortung tragen, zeitlebens verbunden. In Eigentumsfragen scheint sein Sohn Hans auch über die Ranfteinsiedelei die Vormundschaft zu übernehmen. Ein verheirateter Eremit ist im Spätmittelalter kein Einzelfall, doch hat selten einer seine Verhältnisse so klar geregelt wie der fromme Bauer vom Schübelacher, dem Anwesen der von Flüe. Sein Entscheid macht sogar vordergründig den Eindruck einer vertretbaren Lebensplanung für den dritten Lebensabschnitt, wie man heute sagen würde. Dies wäre jedoch eine Verharmlosung des Befundes. Im Fall von Klaus von Flüe führt eine völlig unvorhersehbare Lebenskrise, ein vielleicht begreiflicher Ekel vor der Politik und ein kaum begreiflicher Widerwille gegen den eigenen Wohlstand, der sich in einem blühenden Hauswesen und einer schönen und tüchtigen Frau von beachtlicher Ausstrahlung manifestiert, zu einer überraschenden Lebensentscheidung. Diese ist im wörtlichsten Sinn als frag-würdig zu betrachten. Dazu kommen Depressionen, Schlafstörungen, epilepsieartige Absenzen, bis hin zur Erscheinung des Lichthaupts, einer

Erfahrung im Grenzbereich zur Paranoia. Überaus ernst genommen werden muss der Zusammenbruch des Appetits, vielleicht nur die völlige Appetitverhaltung, ein Phänomen, das sonst überwiegend bei heiligen Frauen zu beobachten ist und von frühen Forschern nicht *anorexia nervosa*, sondern *media prodigiosa,* die wundersame Nahrungsenthaltung, genannt wird[19]. Bei der Bewältigung dieser Krise liegt zeitweilig der Absturz näher als die vielbeschworene mystische Erwählung und Erhöhung. Der Pilatus, der Berg seiner Heimat, droht buchstäblich über Klaus von Flüe einzustürzen.

Von historischer Bedeutung wird jedoch das gewaltige Interesse für den Mann, der als »heilig gilt, weil er nichts isst«, wie der Mailänder Gesandte Bernardino Imperiali die Sache auf den Punkt zu bringen weiss. Bei seinem Besuch in der Einsiedelei 1483 findet er den Heiligen *informato del tutto* (D 228), eine Erfahrung, die nicht allen, die in den Ranft gekommen sind, vergönnt ist. Beim Streit der eidgenössischen Orte nach den Burgunderkriegen gegen Herzog Karl den Kühnen (1474–1477), der bis Ende 1481 währt, wird Klaus von Flüe anerkanntermassen zur bedeutendsten politisch-religiösen Autorität in der Geschichte seines Landes, die sogar auf Fürsten und Könige ausstrahlt. Wie das im einzelnen zu verstehen ist, hat Ernst Walder in seiner ertragreichen Studie *Das Stanser Verkommnis – Ein Kapitel eidgenössischer Geschichte* (1994) dargetan, der ich mich in vielem verpflichtet fühle, wie den Vorarbeiten der tüchtigen Forscher Heinrich Stirnimann, Peter Ochsenbein, Werner T. Huber, Roland Gröbli und, für Gesichtspunkte der Volksfrömmigkeit, des Einsiedler Benediktiners und Seelsorgers Pater Matthias Graf. Dankbar erinnere ich mich auch an Walter Nigg (1901–1988), meinen väterlichen Förderer, den Meister in der Kunst, unfrömmlerisch, aber auch unspiesserisch über die Heiligen zu schreiben. Nicht zuletzt aber fühle ich mich durch Gestaltungen und Anregungen von so inspirierten Schriftstellern wie Heinrich Federer, Reinhold Schneider, Elias Canetti und Hansjörg Schneider auf den Weg geschickt.

Ohnmacht und Ohnmachten des Eremiten Klaus von Flüe haben Mitwelt und Nachwelt nicht gehindert, ihn vor allem wegen seiner eigentümlichen Herrschaft über seinen Magen – andernfalls wäre er ein Waldbruder unter unzähligen gewesen – als übermächtigen Helfer und Beschützer zu verehren. Mit seiner segnenden Hand habe er im August 1468 den Dorfbrand von Sarnen gelöscht, erzählen die Seligsprechungsakten. Nie aber haben Männer und Frauen aus der Schweiz seine Hand mächtiger empfunden als im Mai 1940, in den

Tagen der grösstmöglichen Gefährdung des Landes durch einen erwarteten Angriff der deutschen Wehrmacht. In der Nacht vom 12. auf den 13. Mai fällt einigen Trainsoldaten im Aargau, zwischen Mellingen und Fislisbach, nicht sehr weit von der Landesgrenze, ein mattes Licht auf. »Habt ihr die Hand von Bruder Klaus gesehen?« fragt einer der Pferdeführer. Nur wenige, »vielleicht 2–6 Mann«, wollen es bestätigen. »Die Müdigkeit mag die Hauptschuld an der kleinen Seherzahl gewesen sein«, kommentiert in unbeholfenem Deutsch der Zeuge. Am 13. Mai wird das Phänomen noch über dem ehemals österreichischen Fricktal und bei Waldenburg im Kanton Baselland wahrgenommen: »Viele, auch ich, sahen diese gewaltige Gewitterwolke mit den fünf Fingern weit auseinander gebreitet am Firmament zwischen Schaffhausen und Basel. Der Zeigefinger, die Mittelfinger und die *Knödli* waren gut sichtbar.«[20] Martha Brogli-Delz aus Möhlin am Rhein sieht »in östlich-südöstlicher Richtung ein einziges Wölkchen. Zuerst glaubte ich, es sei der Heiland, so deutlich konnte ich eine menschliche Gestalt erkennen. Doch je länger, je mehr glich sie der langen, schmalen Gestalt von Bruder Klaus, welcher eine Hand schützend ausstreckte.«[21] Die politischen Gründe, welche zur Verschonung der Schweiz beigetragen haben, brauchen hier nicht erörtert zu werden.

Diese Geschichten bezeugen eindrücklich das Vertrauen, welches in der Schweiz, zumal in Krisenzeiten, Bruder Klaus entgegengebracht wird. Nicht geringer ist indes die Verbundenheit mit ihm in weiten Kreisen des Landvolks in Süddeutschland, Vorarlberg, im Salzburgerland und sogar in Sachsen und Ungarn. »Le père spirituel de la Suisse«, so sieht ihn im Februar 1994 ein junger Senegalese in Luzern[22]. Wie weit Klaus von Flüe in seiner eigenen Krise selber die helfende Hand anderer, zumal die seines ältesten Sohnes, nötig gehabt hat, bis er schliesslich in den Schoss seines Gottes gefallen ist, können sich wenige vorstellen.

Irgendwann zwischen zwei Papstbesuchen in der Schweiz, dem von Martin V. im Jahr 1417 und demjenigen von Johannes Paul II. im Sommer 1984, ist Bruder Klaus *zu dorff gesyn*. Das Volk hat ihn vielleicht doch besser verstanden als Päpste und Historiker. Die erfreulichste Nachricht, welche letztere über ihn beisteuern können: Er hat, scheinbar eine Ausnahme unter den Helden der Schweizer Geschichte, tatsächlich gelebt.

Wann der Pilatusberg einstürzt

Der schwere Teufelsanfall

> Gross ist in Unterwalden meine Freundschaft,
> Und jeder wagt mit Freuden Leib und Blut,
> Wenn er am andern einen Rücken hat
> Und Schirm. O fromme Väter dieses Landes!
> *Friedrich Schiller: Wilhelm Tell (Melchtal), I,4*

Aus den Tagen seiner Jugend erinnert sich der Sohn von Klaus, Hans von Flüe, an ein unbehagliches Erlebnis mit seinem Vater. Ein Jahr nach dessen Hinschied ist im Kirchenbuch von Sachseln von einem Kampf mit dem Teufel die Rede.

Sommer 1465[1]. Volljähriger Bauer, Hans, ehre Vater und Mutter, damit es dir wohl ergehe und du lange lebest auf Erden. Einerlei, wie du dem Teufelswerk sagst, das deinen Vater plagt. Im Volk gilt seit Generationen als Name der Krankheit: Sankt Valentins Siechtag. Mit dem heiligen Valentin kann es nichts zu tun haben. Drum sag lieber: Fallendes Weh, auf Latein Caducus. Schau, wenn ein Mensch, ob jung oder alt, bewusstlos hinfällt, oder Anstalten macht zu fallen, als ob ein plötzlicher harter Schlaf über ihn käme, mit Zittern, Zähneklappern, Schaum vor dem Mund, es verdreht ihm die Augen, saust ihm in den Ohren, Mund, Hals, Beine, Arme bibbern, Urin geht ab, und es schüttelt ihn wie ein Haus, da von unten ein Erdbeben aufdonnert: so sag, er habe das Fallend.

Bei der Behandlung achte der Feldscher auf zwei Adern in der rechten Hälfte des Leibes, die sind gut zu lässen gegen die fallende Sucht. Aber aufgepasst, die zwei Adern, vier Finger breit über dem Knie, geheissen die *Salsates*, verstehen wenige zu schlagen. Es kommt vor, dass der Patient dabei stirbt mit lachendem Mund und ohne Schmerzen. Die mittlere Ader an der Stirn ist zu lässen gegen Augenbeschwerden und alle Krankheiten im Kopf, zu vertreiben die allerschwermütigsten, fremden Gedanken im Gemüt[2]. Nur, was mag wohl die erbärmliche Erfahrenheit der Wundärzte und Alpendoktoren aus dem Wallis oder aus dem Entlebuch schon mutmassen über das, was Vater Klaus von Flüe fehlen mag? Wer wüsste dies zu sagen? Und ist es auch für den Sohn erfahrbar, bleibt es doch kaum mitteilbar.

Hans von Flüe, mit vierzehn Jahren Vollbürger im Ring der Landsgemeinde bei der Tanzlaube zu Sarnen[3], unter zwanzig schon Soldat im Auszug, Miterbauer eines Hauses[4], Ehemann und Senn, sieht's, hört's, riecht's, spürt's.

Wieviel davon ist Jahrzehnte später dem Kirchenbuch von Sachseln weiterzuerzählen? Erny Rorer, gemäss Ranftkaplan Joachim Eichorn verheiratet mit Katharina von Flüe, mutmasslich einer Schwester von Klaus, hat von den Krisen seines Nachbarn, Schwagers und Freundes gehört. Er bestösst ganz in der Nähe, im Melchi, seine Alp. Auch gehören ihm die Landgüter Spis zu Balmischwand auf dem Sachslerberg und Linachen etwas weiter talwärts. (D 461) Alt Landessäckelmeister Erny an der Halten, ein einflussreicher Genosse aus der Klasse der erstarkten freien Bauern, berichtet als Achtzigjähriger von Absenzen mit entsprechenden Symptomen, »zeychen an sim Lip«, die er selber »schinberlich«, offensichtlich, gesehen habe. (D 464) Sohn Hans vertraut dem Kirchenbuch, einer Sammlung von Zeugenaussagen über einen Mann, dem die Ehre der Altäre zuteil werden soll und der schon zu Lebzeiten beträchtliche Pilgerscharen ins Land gelockt hat, über die Beschwerden seines Vaters an, was und wie es dieser mit seinen eigenen Worten erklärt haben muss: Da er begehrt habe, in der Einsamkeit Gott zu dienen, habe ihm der Teufel unaufhörlich mit Leidwerk und Beunruhigung zugesetzt. Das muss zumal in den Jahren 1465 bis 1467 der Fall gewesen sein, vielleicht schon früher, sicher auch später, in der Eremitage im Ranft bis zu seinem schweren Tod am 21. März 1487.

Unvergesslich ist für Hans die Episode von 1465 oder spätestens 1467 auf der Bergmatt im Melchtal, wohin die von Flüe sommers nomadisieren, bis hinauf auf die Alp Chlysterli, das Reich der Gemsen, Steinböcke und Murmeltiere. Es herrscht die Hitze eines sommerlichen Werktages, oder ziehen schon frühherbstliche Nebel ein? Er, der Sohn, habe dem Vieh geschaut, dem Vater kommt es zu, die Wiese vom Dorngestrüpp zu reinigen. Arbeit des untergeordneten Zusennen, die vornehmere Aufgabe, »dem Vieh Rat zu tun«, wie es wörtlich heisst im Kirchenbuch, fällt an den Sohn, frisch verheiratet mit Elsbet von Einwil, Tochter des siebenmaligen Landammanns Nikolaus von Einwil aus einem der führenden Geschlechter Obwaldens. Willig verrichtet der Vater die knechtliche Arbeit. Das Reinigen der Wiese entspricht ganz seinem Gebaren in jüngster Zeit. Wie es nämlich, so das persönliche Bekenntnis gegenüber einem Dominikanermönch 1469, Gott gefallen habe, seine Barmherzigkeit zu erfüllen, seien *die reinigende Feile* und *der antreibende Sporn* die naheliegenden Gaben Gottes gewesen, in einer Lebensphase voller Beängstigung und Beschwernis. (D 39)

Wie erbaulich, beim Jäten und Reuten seinen eigenen Gedanken nachzuhängen, etwa so: Wir wollen Gott so lieb haben, dass wir seinetwegen alle Sünden lassen, und wer die Sünde lässt, der verlässt alle Dinge. Das nächste ist, allen Dingen abzusterben und völlig einsam zu leben. Wer allezeit in sich selber stirbt, der hat immer einen neuen Anfang seines Lebens. (EB 7)

Wo das Bedürfnis nach Reinigung mit Macht spürbar wird, lauert die Anfechtung im Hintergrund. »Gebückten Leibes« verrichtet Klaus von Flüe gemäss dem Bericht Albrechts von Bonstetten alle Arbeiten, die mit dem bäuerlichen Beruf verbunden sind (D 83): Obstbäume zweien, zu Acker fahren und ins Holz, Korn, Rüben und Hanf ernten, roden, mähen, dreschen, melken, käsen, schlachten und halt immer wieder jäten und Steine aus dem Gelände schleppen. Die grösste Freude an der Arbeit gilt sicher den Rossen und dem Rindvieh. Pferde haben in der Gesellschaft der Ritter schon Namen. Bei den Eidgenossen kommen in der Generation von Klaus und seinem Vater Heiny die Kuhnamen auf: *Bluomi* und *Bruni* drücken Liebe zum Tier aus[5]. Das Pferd ist ihm, wie eine Vision zeigt, eine Augenweide. Aber für die niedrigsten Arbeiten ist er sich nicht zu schade. Und trotzdem vermag die Arbeit im Schweisse seines Angesichtes der Unruhe keinen Abbruch zu tun. Das Kirchenbuch von Sachseln berichtet mehrfach, was der Familie und der Nachbarschaft nicht verborgen bleibt, nämlich dass ihnen »Klaus oft gesagt habe, wie ihm der Teufel täglich viel zu leid täte«. (D 483) Nicht einmal die Bergmatt kann man ausjäten, ohne dass *es*[6] einen packt, Klaus von Flüe über dreissig Schritt weit das Bord hinunterwirft, »solchermassen, dass er die Besinnung verlor und nichts mehr von sich wusste«, wie sich Sohn Hans noch Jahrzehnte danach erinnert:

»Wie ich dazu trat, richtete ich meinen Vater auf, trug den Bewusstlosen hinauf in den Gaden ans Feuer.« (D 469)

Im Abgrund der Bergmatt ist der nicht mehr junge, fromme Bauer auf die Barmherzigkeit des Sohnes angewiesen wie Anchises, der Vater des Aeneas, bei der Katastrophe von Troia. Klaus von Flüe, über den jederzeit der Himmel einzustürzen droht oder zumindest der Berg seiner Heimat, der Pilatus, zum Zeichen für die Letzten Dinge, das Jüngste Gericht (EB 29), muss von seinem Ältesten geborgen und getragen werden, hinauf in die Alphütte, das Eigen, wo dank zuverlässiger Verpflöckung die Mächte der Finsternis keinen Zutritt erhalten[7]. Zum Beispiel der im Melchtal umgehende verwunschene Riese, später Hans Rotzer genannt, ein Feuergeist, oder gar der gespenstische Klystermann mit dem breitkrempigen Hut, der noch Jahrhunderte danach die Alp Chlysterli unsicher macht, der Überlieferung gemäss, »ein grosser hagerer Mann von eigentümlichem Aussehen«, von einem Kaplan mittels eines Stockes gebannt mit den Worten: »Leide du geduldig in Gottes Namen!« Ein *Wiedergänger* als Negativbild von Bruder Klaus, umgehend auf der Alp, die ihm gehört hat[8]. Im Vergleich zu diesen Geistmenschen, Projektionen der Angst – Schuld und Übervorteilung der Alpgenossen beklagt die Sage –, sind die Anfechtungen des Bauern Klaus von Flüe vor allem innerlicher Natur. Weder Sohn Hans noch die beiden Nachbarn Rorer und an der Halten sprechen von Hintergründen und Motiven für die Teufelskämpfe. Als Laien sind sie dafür auch nicht zuständig. Mehr weiss da schon Beichtvater Oswald Isner aus Kerns zu berichten. Es habe Klaus ihm »mehr denn einist« geklagt, dass er viel und mancherlei Anfechtung vom bösen Geist erleiden müsse. So sei der Teufel einmal in Gestalt eines Edelmannes zu ihm gekommen in kostbaren, beschlagenen Kleidern, auf einem schönen Pferd, und mit vielen Worten habe ihm derselbe geraten, doch abzulassen von dem, was er vorhabe. Er solle *thun als ander lütt* (D 466), sich verhalten wie die anderen Leute auch! Im Vergleich zu den Teufelsvorstellungen der Hexenprozesse, wo der Teufel zur Absonderung rät, ein schon moderner, konformer Versucher.

Aus der Sicht von Hans von Flüe ist der wahre Konflikt ein äusserer, der Kampf mit dem Teufel handgreiflich, geht es doch um eine Angelegenheit, die konkret mit dem Schicksal der Familie zu tun hat. Der Vater, der nach seiner Erfahrung »allezeit die Welt geflohen und ein einsames Wesen gehabt habe« (D 468), wird mehr und mehr vom Tisch der Familie abberufen und leidet unter gravierenden Schlafstörungen. Wieviel Verantwortung kann man ihm da bei der täglichen Arbeit noch zutrauen? Der Sturz in den dornigen Abgrund ist, über alle anderen Möglichkeiten der Deutung hinaus, ein Hilferuf an den Sohn, auf jeden Fall eine Mitteilung mit mehrfachem Inhalt. Der Teufel habe ihn »einen Rain hinab durch ein *gross gehürst* (Gestrüpp) solchermassen niedergeworfen, dass ihm die Sinne geschwunden sind und er übel zugerichtet wurde« (Version an der Halten). Die intime Szene, die Bergung durch den Sohn, ist nur durch diesen selber überliefert: Im Gaden, im Rauch des Herdfeuers, kommt der Vater langsam, *by langem*, wieder zu sich. Übel zugerichtet, behalte er die Geduld (*was er vast dulttig und doch übell gewürset*). Und dabei spricht er nichts anderes (*nutzyt anders*) als dies, treuherzig, im Ton unverkennbar, die liebe sonore Stimme, die sich allen, die sie hören, einprägt:

– Wohlan, in Gottes Namen! Wie hat mich der Teufel so recht schlimm behandelt, doch will's vielleicht Gott so haben. *Doch so wils villicht got also gehept han.* (D 469)

Nichts anderes also hat er gesagt! Das will heissen, er habe nur ausgesprochen, was seine Familienangehörigen hundertmal gehört haben und auch sein Beichtvater. »Gott will es so haben«, steht für das fast einzig Sichere in der Kommunikation mit den Seinen. Dass Gott es ernst mit ihm meine, er selber es wiederum ernst meine, auch mit seiner Familie, wird mit Zeichen körperlicher Art manifest gemacht, dem schweren Teufelsanfall, dem später weitere folgen werden. Und reicht die Macht des Teufels nicht mehr, wird es halt Gott gefallen, ihn niederzustrecken. Es handelt sich um einen grundsätzlich unlösbaren Konflikt, dem mit Barbituraten und Aderlassen, den Rezepturen aus dem *Schüpfheimer Kodex*[9], dem einzig erhaltenen alpinen medizinischen Hausbuch aus der Zeit, nicht beizukommen wäre. Nicht die Ader ist ihm zu lassen, sich selber zu lassen ist sein Begehren, dass die Seinigen ihn dabei mitlassen sollen, sein tiefster Wunsch. Alle Dinge lassen heisst auch, diese den Seinen zurücklassen. Sollen sie reich werden und aufsteigen, tun wie die andern tun und noch etwas mehr, während er nichts anderes möchte als sich verelenden, immerzu, um endlich allein zu bleiben mit Gott in seinem Elend.

So sieht es aus im Innern des Mannes, der nach eigenem Bekunden noch vor kurzem »mächtig war in Gericht und Rat und zuständig für Landesgeschäfte«.(D 39)

Wenn Hans über einen Ohnmachtsanfall seines Vaters aus der Zeit, »byss dass er in den Raufft (Ranft) gieng«, berichtet, spricht dies für die Schwere des Vorfalls. Ein beeindruckend offenes Bekenntnis? Die Geschichte hat in der Kirchhöri, Gemeinde, Sachseln schon die Runde gemacht, da sie summarisch auch in die Zeugenaussage von Erny an der Halten eingeht. Die zum Zeugnis aufgerufenen von Flüe, Rorer und an der Halten sind weder mit armen Bergbäuerlein zu verwechseln, noch handelt es sich um bedrückte Freiheitshelden in der Art von Schillers Arnold von Melchtal. Mit diesem haben die Rorer und von Flüe aber das Zu-Acker-Fahren gemeinsam, neben der nunmehr grösseren, immer noch steigenden Bedeutung von Grossviehhaltung und Käseproduktion. So kommt Geld ins Ländchen, dessen Einwohnerzahl bis etwa 1850 stabil bleibt. Dass die frommen Väter dieses Landes im Hinblick auf Klaus von Flüe Freunde sind und auch sonst einander gern Rücken und Schirm gewähren, lässt nach dem Zeugnis der Urkunden, vor allem Prozessakten, keinen Zweifel zu. Überflüssig zu fragen:

> Sind wir denn wehrlos? Wozu lernten wir
> Die Armbrust spannen und die schwere Wucht
> Der Streitaxt schwingen? *(Schiller, Wilhelm Tell, I, 4)*

Wozu denn? Zum Beispiel, um mit den Entlebuchern um die Alp Drintannen zu händeln, dokumentiert bei einem jahrzehntelangen Streit um Nutzungsrechte in der sich intensivierenden Berglandwirtschaft[10]. Erny Rorer und Erny an der Halten erscheinen als sogenannte Tädingsleute, Rechtsvertreter im Schiedsgerichtsverfahren, der Gemeinde Sachseln in einer Urkunde zu den bekannten Grenzstreitigkeiten. Über deren Hintergründe weiss das Volk im Entlebuch eindrucksvolle Geschichten zu erzählen. Der Wintrüebstein am Chrutacherstutz erinnert an den Meuchelmord, dem Entlebuchs sagenhafter Riese Wintrüeb, ein urtümlicher Schwinger, zum Opfer gefallen sein soll[11]. Die legendäre »Schlacht« auf dem Sörenberg, enthalten noch im Namengut, hat kaum mit eigentlichen Kriegshandlungen zu tun. In Frage kommen Fehden um Weiderechte, welche in gegenseitigen Viehpfändungen und sogar Schlachtungen auf der Alp (»schlacht alpp«) kulminieren[12]. Ob Erny Rorer und Erny an der Halten zu diesen Fehdezwecken die Armbrust gespannt haben, ist nicht bekannt, kaum anzunehmen, auch wenn an der Halten bekanntermassen nichts übrig hat für die Freiheitsbestrebungen im Entlebuch. Hingegen wissen wir, dass er in auswärtigen Diensten bedeutende Funktionen übernimmt. Als Halbbruder des Landammanns Hans Heintzli, eines gewieften Politikers, scheint er für solche Aufgaben prädestiniert. So amtet er nach der Eroberung des Thurgaus 1470/71 als wohlbestallter Landvogt in der Ostschweiz, und 1488 ist er als einer der Patriarchen des Landes stolz darauf, »von sinen kintlichen Tag uf bis jetzt allwegen by bruder Claussen gewandlet« (D 464) zu sein, eine Beanspruchung, die auf den ersten Blick etwas anmassend erscheint. Aber vielleicht kein Kleriker, zumal nicht der Bischof von Konstanz, liebt Bruder Klaus so innig wie dieser alte Krieger und kluge Landpotentat. Auf ihn können sich die von Flüe bedingungslos verlassen.

An der Halten ist ein authentischer Zeuge im Wort. Mit beiden Beinen stehen sie auf dem Boden der Realität, die Rorer und an der Halten. Wenn es um die Ansprüche der neuen starken Bauernschicht geht, ziehen sie alle am gleichen Strick wie Klaus von Flüe vor der Zeit seiner Abgeschiedenheit. Kraftvoll bezeugen sie Recht und Herkommen. Im Zweifelsfall zu ihren Gunsten! Nicht minder kraftvoll sorgen sie für eine reiche Nachkommenschaft. Ihre Namen bezeichnen bis heute geläufige Geschlechter von Obwalden. Erny zeugt Erny. Der Sohn von Erny an der Halten zeugt wiederum den Enderly, und dieser ist der Mann, der am 11. Oktober 1531 auf der Walstatt von Kappel am Albis Ulrich Zwingli erschiesst, den Antistes von Zürich, bedeutendsten Reformator der Schweiz, einen Mann, der im Sinn von Klaus von Flüe zu handeln glaubt[13]. An der Haltens Geschoss, eine Tat von einschneidender Bedeutung für die Geschichte der Schweizer, nachhaltiger wirksam als der mutmassliche Fememord am sogenannten Gessler. Davon aber berichtet zum ersten Mal das Weisse Buch von Sarnen. Der Obwaldner Landschreiber Hensly oder Hans Schriber[14], dem wir die Niederschrift des ältesten Berichts über Rütlischwur und Wilhelm Tell verdanken, ist ein guter Bekannter von Erny an der Halten, Klaus von Flüe und Erny Rorer. Alle drei haben seine Dienste mehrfach in Anspruch genommen. Während Jahrzehnten ist er, von den Geistlichen abgesehen, der einzige im Land, der lesen und schreiben kann. Bei den Urkunden, die er ausstellt, ist er ein getreuer Diener der Männer, die dank Viehhaltung und Kriegskunst frei und mächtig geworden sind. Die Analphabeten sind hierzulande die Herren des Textes. Die Materie der Politik überblicken sie in ihren Verhältnissen nicht schlechter als moderne Präsidenten und Staatsminister.

Was hat das Weisse Buch, in der Erstfassung mutmasslich um 1420 geschrieben, mit dem Kirchenbuch aus dem benachbarten Sachseln von 1488 gemeinsam? Können wir uns aus jenem direkt oder indirekt über Klaus von Flüe und seinesgleichen informieren? Im Gegensatz zum Kirchenbuch handelt es sich nicht um beglaubigungsfähige Zeugenaussagen, vielmehr um eine Chronik von Generationen. Damit wird eine neue Elite in Luzern und den Waldstätten Unterwalden, Schwyz und Uri mit einer zusammenhängenden und inhaltlich zustimmungsfähigen Geschichte versorgt, in der bei weitem kompliziertere und der Nachwelt kaum verständliche Vorgänge stilisiert und auf einige stark vereinfachte, sachlich oft falsche Grundvorstellungen reduziert werden[15]. Es handelt sich um die Geburt des schweizerischen Geschichtsbewusstseins, um eine Ausstattung mit Geschichten, die man sich erzählen wird, solang die Berge stehn auf ihrem Grund, wie beim Telldenkmal in Altdorf inschriftlich nachzulesen. Den Versuchen der Schweizer Historiker seit Josef Eutych Kopp (1793–1866)[16], dieses Geschichtsbild durch ein »wissenschaftliches« zu ersetzen, sind im Hinblick auf die Resonanz im Volk klägliche Grenzen gesetzt, genau so wie dem Bemühen von Max Frisch, Wilhelm Tell mit schriftstellerischen Mitteln etwas tiefer zu hängen.

Der Teufel, in mittelalterlichen Texten eine unbestrittene Realität, kommt im Weissen Buch kein einziges Mal zur Erwähnung, obwohl diese Geschichtsschreibung eines anonymen Verfassers keineswegs auf eine Scheidung der Geister in Gute und Böse verzichtet. Dem gegenüber gehört der Böse im Kirchenbuch zum gleichsam selbstverständlichen Personal der Handlung. Dies hängt stark mit der geistlichen und religiösen Thematik zusammen, teilweise wohl auch damit, dass das Kirchenbuch zwei bis drei Generationen jünger ist als die Sarner Chronik, fast gleichzeitig geschrieben mit dem 1487 in Strassburg publizierten Machwerk *Hexenhammer* der beiden Dominikaner Jakob Sprenger und Heinrich Institoris. Der Teufel, während des gesamten Mittelalters und in der Neuzeit ein nie zu unterschätzender Faktor des geistigen Lebens, gewinnt am Ausgang des fünfzehnten Jahrhunderts an Volkstümlichkeit. Nach nur wenigen und sporadischen Hexenprozessen in der Zentralschweiz fünfzig Jahre zuvor sind in den Luzerner Turmbüchern allein zwischen 1482 und 1486 neunundachtzig Verfahren wegen Hexerei hängig[17].

In Unterwalden erreicht der Teufelsglaube noch im siebzehnten und neunzehnten Jahrhundert geschichtsmächtige Konjunktur. Diese manifestiert sich in der schlimmsten Hexenverfolgung der Schweiz im Zusammenhang mit Unwettern und Pest (Giswil, 1629)[18] und der umstrittenen Besessenheit der Nonne Delfine Augustine Trachsler (1826–1895) in der Zeit der Sonderbundskrise (Stans, 1847)[19].

Die auffälligste Überschneidung zwischen der Familiengeschichte der von Flüe und dem Weissen Buch betrifft die urkundlich seit 1327 erwähnte Ürte, Alpkorporation, von Altsellen unter dem Wellenberg in Nidwalden. Hier oben spielt die Geschichte eines Potentaten, den man im Weissen Buch nicht namentlich nennen will, am Eingang des Bergkirchleins al fresco dargestellt. Mit der Frau eines Bauern möchte der Herr seinen Mutwillen treiben. Dazu lädt er sich bei Abwesenheit des Ehemannes (*der man was ze holtz*) selber zu einem Hausbesuch ein. »Der Herr zwang die Frau, ihm ein Bad zu bereiten und sprach, sie müsse mit ihm baden. Das Weib bat Gott, dass er sie vor Schanden behüte, doch der Herr ging in das Bad und befahl ihr, zu ihm hinein zu sitzen. Sie war verzweifelt, dass ihr Mann nicht kam, und da Gott die Seinen, die ihn in der Not anrufen, nie verlässt, kam der Mann und fragte, was sie bedrücke.« Das Ende der Geschichte ist bekannt. Der Gatte löst, wie in Stumpfs Chronik anschaulich dargestellt, das Problem in Selbstjustiz mit der Axt. Die Tugend ist gerettet, und die Welt um einen Bösewicht ärmer. Die Namen der Betroffenen, Held Kuoni Baumgarten und der Herr von Wolfenschiessen, tauchen erst in der späteren Chronikliteratur auf[20]. Diese Geschichte, auch für das Gebaren der Landesmächtigen in den Waldstätten, jenseits üblicher Feindbilder, in manchem repräsentativ, bezeugt eine vielfach nachgewiesene Lockerheit der Sitten und gibt einen delikaten Einblick in die Kultur des Sitzbades im Alpengebiet. Die aufkommende Gottesfreundebewegung entwickelt da ganz andere Auffassungen über Reinheit. Hygiene ist schon fast das Gegenteil davon.

Im fraglichen Zeitraum, im vierzehnten Jahrhundert, bewirtschaftet neben anderen eine Familie Ruobert die ertragreichen Wiesen und Alpen im gegen Engelberg gelegenen Altsellen. Als erster fassbar und Stammvater unzähliger Nidwaldner ist Jenni Ruobert von der Hofstatt Bärigs. Mit seiner Gattin Ita zeugt er Nikolaus Ruobert. Dieser hat mit Leni unter der Linden mindestens fünf Kinder, darunter Hemma Ruobert[21]. Hemma lässt sich vor 1417 von Heiny von Flüe aus Sachseln freien, von dem sie Klaus von Flüe empfängt, ein Kind, dem man vorgeburtliche Visionen nachsagen wird. So steht Altsellen für mütterliche Herkunft und Frauentugend, darüber hinaus für einen gemeinsamen Dorfpatron mit Sachseln. Zu Lebzeiten von Klaus von Flüe weiht Weihbischof Daniel aus Konstanz das Bergkirchlein Sankt Joder, Theodul, ein, welches gemäss guter Nidwaldner Tradition durch einen frommen Waldbruder zu versorgen ist[22]. Altsellen!

Mit dem Kirchenpatron von Sachseln und Altsellen, dem heiligen Joder, Bischof von Martinach, Beschützer des Wallis und der Walser, ist einer der traditionellen Schutzgeister des Alpenraums angesprochen. Es gibt kaum einen zweiten Heiligen der katholischen Kirche, dank dem man sich besser, auf geradezu therapeutische Weise, mit widersacherischen Gewalten arrangieren könnte wie Theodul oder Joder. Nicht nur die Walser in allen ihren Siedlungsgebieten, auch die alpinen Einsiedler haben ihrem lieben Sankt Joder oft ihre Anhänglichkeit bezeugt. So erwählen ihn die Eremiten auf der Brüderenalp im nahen Entlebuch zu ihrem Beschützer vor teuflischen

Mächten[23], desgleichen die späteren Einsiedler im Luzerner Hinterland zwischen Menzberg und Hergiswil[24]. Ein schlauer Patron, bei dem sich wie bei keinem zweiten das Sprichwort bewahrheitet, dass einem Frommen der Teufel diene, gemäss dem Bibelwort von Jesus Sirach 51.5: Uns ist Gutes geschehen von unseren Feinden, die in den Elementen und im Abgrund der Hölle hausen[25].

Der Legende gemäss fliegt Sankt Joder auf dem Rücken eines Vampirs nach Rom, um den Papst vor einem grossen Verhängnis zu warnen. Im vierten Jahrhundert verspricht ein solches Vorhaben noch Erfolg. Zum Dank erhält der Bischof eine Glocke mit einem Wettersegen geschenkt, die der Teufel dann über die Alpen, den Theodulpass auf 3301 Meter über Meer, zu schleppen hat. Die Sankt-Jodernglocke, im ganzen Alpenraum verbreitet, verkörpert am reinsten den Typus der Wetterglocke, damit auch Schutz vor bösen Wettergeistern, wie es in einem alten Lied zum Ausdruck kommt:

Wan man die glock anziehen tut
und gat nach irem willen,
dass man si lüt mit reinem mut,
das wetter tut sich stillen;
gar grusamlich sicht mans in lüften chyben,
die glock tut es vertriben
mit irem ton so rych,
uff erd ist nit ir glych[26].

1488, ein Jahr nach dem Hinschied von Klaus von Flüe, ist Sankt Joder, und zwar an der Seite des für Jahrhunderte noch nicht kanonisierten neuen Heiligen, in den Waldstätten gegenwärtiger denn je. In einer bildlichen Darstellung auf der ältesten Turmuhr Obwaldens prangt der Walliser Bischof neben dem ältesten, mittlerweile verschollenen Porträt des soeben verewigten Landesvaters Bruder Klaus. Kein Wunder, erfährt die von vielen verbreitete Legende, dieser sei vor seinem Rückzug in die Einsamkeit Landammann gewesen, kaum Widerspruch. Einige seiner Mitlandleute, vielleicht auch die Söhne Hans und Welty, hätten ihn nämlich zu seiner Zeit gern als Landammann des eidgenössischen Standes Unterwalden ob dem Kernwald gesehen. Doch gehören die von Flüe bis anhin nicht zum Kreis der Familien, die seit dem Sturz der aristokratischen Dynastien derer von Hunwil, Rudenz und Tottikon, 1382, die höchsten Staatsämter unter sich aufteilen. Das ist ein knappes Dutzend regimentsfähiger Sippen, worunter die von Zuben, Wirz, Rüdli, Heintzli, Bürgler und von Einwil den harten Kern der Mächtigen repräsentieren[27]. Im politisch bedeutenden Fünfzehnerrat, zuständig in zivilen Rechtssachen, nehmen anscheinend weder Ahnvater Heiny von Flüe noch Klaus je Einsitz. Dafür sind sie im alten Ammanngericht, einer Traditionsinstanz von abnehmender Bedeutung, vertreten. Diese Behörde kann für dringliche Angelegenheiten zuständig gemacht werden, etwa Testamentssachen, Beweisaufnahmen und kleinere Rechtsgeschäfte. Den Vorsitz führt der Landammann oder dessen Stellvertreter. Als sicher gilt, dass Klaus von Flüe als einer von vier Vertretern der Kirchhöri Sachseln dem in Sarnen tagenden Rat von Obwalden angehört hat.

Trotz diesem Befund, gemäss welchem die von Flüe nicht zu den Optimaten des Landes gehören, sondern zu den guten Familien der zweiten Reihe, behauptet Erny Rorer, Klaus habe das Amt des Landammannes verschmäht, sonst hätte er es sicher erhalten. (D 462) Die Schilderung dieses Mannes, der, zehn Jahre älter, mit Klaus »sin heimlicher Gesell und guter Nachpur« gewesen sein will, verweist auf einen Menschen, der von Jugend auf eigenbrötlerische Züge angenommen hat. Allezeit habe er Macht und Ansehen verschmäht, nie etwas anderes im Sinn gehabt als Gott zu dienen in der Einsamkeit. Oft habe er schon als Kind nach Vollendung des Tagwerks – statt der Schule widmeten sich die Kleinen bäuerischer Arbeit – »ihn und die anderen Knaben laufen lassen, wohin sie wollten«, um sich hinter einen Gaden oder hinter einen Baum in die Einsamkeit zurückzuziehen. Diese Gewohnheit habe er über sein ganzes aktives Leben beibehalten, sogar im Krieg. Dabei macht die Schilderung, wie der Knabe sich verhalten habe, einen stilisierten Eindruck, und zwar deshalb, weil Erny Rorer gemäss Kirchenbuch 1488 »ob den achtzig jahr alt« ist und als zehn Jahre älterer Nachbar nicht mehr ohne weiteres als jugendlicher Spielgefährte in Frage kommt. Eher noch ist an eine Kameraderie in den Knabenschaften zu denken, paramilitärischen Horden von Jugendlichen, in welchen verhältnismässig beträchtliche Altersunterschiede vorkommen können. Oder ist die Angabe über das Alter von Erny Rorer bloss eine zu hoch gegriffene Schätzung des erst ab 1484 in Obwalden lebenden Schreibers Walther Toub? Damit würde dieser den Zeugen mit zusätzlicher Autorität ausstatten.

Wie auch immer, dass Klaus von Flüe sich als Spielgefährte, in den Knabenschaften und im Krieg, gerne nebenaus verzogen haben soll, bleibt wahrscheinlich. Aber das Gebaren eines Unterwaldner Landesmächtigen ist es eher nicht. Gefragt wären die Qualitäten eines Geschäftsmannes oder eines Condottiere, wie sie der mehrfache Landammann aus der Zeit des Alten Zürichkrieges, Grossviehhändler Nikolaus Rüdli[28], oder etwas später die Landammänner Hans Heintzli und Heinrich Bürgler[29], verkörpern. Diese scheinen auf eine ganz andere Art »volksnah« als Klaus von Flüe: brutal, bauernschlau, gesellig, jederzeit in der Lage, den Vorteil des Landes und den eigenen Vorteil als Einheit zu sehen und durchzusetzen. Im Innern volksverbunden in Tugenden und Lastern. Dies bedeutet, in Zeiten des Triumphs auch Schmausereien und Trinkgelagen kräftig nachzuleben und die sich darin ausdrückende Vitalität allenfalls bedenkenlos in uneheliche Vaterschaften umzusetzen. Die Männerkraft des Kriegers Thomas von Falkenstein, der zur Zeit des Alten Zürichkrieges (1444) die Stadt Brugg im Aargau terrorisiert, reicht für vierzig anerkannte Kinder aus, davon allein zwanzig von seiner zweiten Frau Amalia von Weinsberg[30]. Erzherzog Sigmund von Österreich, zusammen mit seiner unglücklichen Gattin Eleanor von Schottland[31] bald einmal ein treuer Gönner des Ranftheiligtums, bringt es auf noch mehr Kinder, fast ausschliesslich aussereheliche. Von diesen Lebensgewohnheiten unterscheidet sich Bauer Klaus, der sich vorzugsweise von wenig Brot und gedörrten Birnen ernährt und nach dem Zeugnis Bonstettens nie an einer Sauforgie teilgenommen hat, und auch nicht ehebrüchig geworden ist, von Grund auf. Dabei ist, bei wohl zehn Kindern mit Dorothe Wyss, im Verständnis der traditionellen Biographien von einer erfüllten christlichen Ehe zu sprechen.

Das ehrwürdige Amt des Landammanns tritt an der Wende vom dreizehnten zum vierzehnten Jahrhundert aus dem Dunkel der Geschichte. Ursprünglich liegt die Landeshoheit über Obwalden bei den Habsburgern, zu vollziehen durch ihren über den Aargau bestellten Vogt oder Landpfleger. In dem Sinn ist Obwalden historisch aargauisches Gebiet, während Nidwalden zum Zürichgau gehört. Zur Zeit des Königs Rudolf, gestorben 1291, beauftragen die Machthaber einen Einheimischen, gewöhnlich einen erprobten Ammann der Grundherren, dass er in ihrem Namen Frevel und Diebstahl richte, Ammann des Landes sei. Diese Bestimmung hängt wesentlich mit dem ehrwürdigen und meistzitierten Satz aus dem Bundesbrief von 1291 zusammen, nämlich, dass die drei Waldstätte keine fremden Richter akzeptieren wollen. Dieses Privileg, den Schwyzern, und nach Meinung von Martin Kiem sinngemäss auch den übrigen Tälern zugestanden, stammt vom 12. Februar 1291. Ausdrücklich lässt der Habsburger kurz vor seinem Ableben garantieren, dass den Landleuten aus den Waldstätten auch keine Richter leibeigenen Standes zu geben seien[32]. In einem Rechtshandel der fünf Kirchspiele Sarnen, Kerns, Sachseln, Alpnach und Lungern mit den Landleuten aus Giswil, wo die Hunwiler nach wie vor über Rechte verfügen, wird 1432 stolz zu Protokoll gegeben:

»Wir haben die Freiheit von Königen und Kaisern erworben, über das Blut zu richten, und es soll im Lande niemand über das Blut richten, denn ein Landammann.«

Zum Zeitpunkt dieser Erklärung ist Klaus von Flüe fünfzehnjährig, also bereits an der Landsgemeinde teilnahmepflichtig. Erster nachweisbarer Landammann ist Rudolf von Ödisried aus Sachseln, sein Dorfgenosse, der am 7. März 1304 erstmals als Landammann urkundet. Dieser verdankt seine Würde mutmasslich König Albrecht, dem 1308 bei Windisch von Herzog Johann ohne Land, seinem Neffen, ermordeten Habsburgerregenten. Dazu sind im Stiftsarchiv von Beromünster einige Quellen erhalten[33].

Nach den ältesten Berichten sitzt der Landammann in Sarnen auf der Liegenschaft »am Grund« öffentlich zu Gericht, beim sogenannten Steinhaus, einem Gebäude, welches an das legendäre Stauffachersche Steinhaus von Schwyz erinnert. In früheren Jahrhunderten sollen vor demselben Steinbänke mit Bedachung angebracht gewesen sein. Dazu der einheimische Bruder Klaus-Biograph Pfarrer Johann Ming (1820–1885): »Und hier, auf diesen Bänken war es, wo in früheren Jahrhunderten alle Samstage der Ammann des Landes öffentlich zu Gericht sass, Audienzen erteilte und die Landesgeschäfte schlichtete. So erzählt man noch von Landammann Bürgler (dem bekannten, der in Amstaldens Verschwörung gegen Luzern verflochten war), dass er vom Vieh ab der Alp dorthin gekommen, sein Mittagsmahl in der Tasche mitgebracht, nämlich ein Stück Käs, und mit der Lederkappe auf dem Kopf abends wieder auf die Alp zurückgekehrt sei.«[34]

Ein liebevolles Bild patriarchaler Gerechtigkeit. Zu schön, um in allen Teilen wahr zu sein. Im Spätmittelalter wird man noch kaum einen wöchentlichen Anfall der Geschäfte annehmen können. Es muss nach dem Zeugnis der Dokumente anscheinend auch nicht immer der Samstag sein. An den beschaulichen Steinbänken, so es sie zur Zeit von Bruder Klaus schon gegeben hat, klebt Blut. Landammann sein heisst zu diesen Zeiten, jederzeit militärische Führungsaufgaben zu übernehmen, den Galgen zu hegen und bei Fehden den Frieden zu gebieten, sofern man nicht selber in sie verwickelt ist. Davon berichtet ein Antonierkreuz aus Stein, 106 Zentimeter hoch und 57 Zentimeter breit mit einem Christushaupt in der Mitte und der denkwürdigen Inschrift: *Dionysius hentzly aman disers lantz 1486.* Dionysius Heintzli, Sohn des Landammanns Hans Heintzli und Neffe an der Haltens, hat in den Pestjahren kurz vor dem Tod des Eremiten zusammen mit seinem Bruder das Land für einige Zeit verlassen. Nach der Heimkehr der Brüder wird der eine, mutmasslich der ältere, von einem wilden Gaul abgeworfen und bricht sich das Genick. Dionys führt 1485 die Tradition der Heintzli-Landammänner fort, urkundet am 26. Januar 1486 in Alpnach und wird kurz danach von einem Walther Isner aus Kerns erstochen. Eine Kainstat, soll doch der Meuchler ursprünglich ein Freund und Weggefährte des Ermordeten gewesen sein. Ob Walther Isner ein Verwandter, gar Neffe des Beichtvaters von Bruder Klaus ist, lässt sich nicht mehr klären. Der Name hängt mutmasslich mit dem Bergwerkbetrieb im Melchtal zusammen[35]. So also kann es einem ergehen als Landammann von Obwalden. Es sei denn, man sitze beim Schmieden von Ränken am längeren Hebel, wie es ein Heinrich Bürgler bestens beherrscht und Hans von Flüe bald einmal lernen wird[36].

Ein Blick in die Kultur- und Fehdengeschichte der Eidgenossenschaft im Spätmittelalter vermag uns schnell zu belehren, dass Klaus von Flüe nicht aus dem Stoff ist, aus dem hierzulande die Landammänner gemacht sind. So bleibt es fraglich, ob die Obwaldner einem Menschen dieser Art wirklich ihr höchstes politisches Amt hätten anvertrauen können. Im Zeugnis aller ab 1457 einsetzenden Urkunden gilt er jederzeit als ein angesehener Bauer. Nie hat es in seinem Land den geringsten Zweifel an seiner Integrität gegeben. Dass man ihn ins Kollektiv richterlicher Behörden beruft, wenn auch nicht in die höchsten, ist schon fast selbstverständlich. Aber Landammann? Als erster von Flüe versieht Sohn Hans 1483 dieses Amt, welches er noch dazu in den Jahren 1489, 1492, 1495, 1498, 1501 und 1506 turnusgemäss beansprucht. Dies nicht zuletzt dank der Einheirat ins Geschlecht derer von Einwil, ursprünglich aus der Kirchhöri Giswil, welche seit 1420, der Entstehungszeit des Weissen Buches, landammannfähig sind[37]. Und nicht zu vergessen: 1483, zwei Jahre nach den Ereignissen in Stans, strahlt das Charisma des zum Landesheiligen aufgestiegenen Vaters auf den Sohn über. Nun kann die Familie schon aus diesem Grund bei der Vergabung des höchsten Regierungsamtes nicht mehr übergangen werden. Das wird für Jahrhunderte so bleiben. Und schon für den ersten Landammann von Flüe geht es nicht ohne Verstrickungen ab, behält der Sohn des Heiligen nicht reine Hände. Die Annahme von schmiergeldähnlichen Zahlungen im Zusammenhang mit dem Möttelihandel und das in späteren Generationen dann zunehmend umstrittene Söldner- und Pensionenwesen trüben sein Bild in der Geschichte.

Um es zusammenzufassen: Der Mann, den sein Sohn auf der Bergmatt im Melchtal das Bord hinaufgetragen hat, ist, entgegen der Behauptung einiger früherer Biographen[38], nie Landammann geworden, und wenn man um die Zeit seines Ablebens und auch danach behauptet, er hätte es leicht werden können, so er nur gewollt hätte, schmeichelt man sich selber, macht den Schweizer, der gelitten hat und erhoben worden ist, zum Spiegelbild des eigenen Wesens, wie man sich gern sehen möchte. Klaus von Flüe ist kein politischer und wahrscheinlich auch kein bedeutender militärischer Führer gewesen. »Wäre er's geworden«, schreibt Konstantin Vokinger über das Landammannamt, »sein Name stünde heute vielleicht in einem Dutzend weiteren Schiedssprüchen, Beglaubigungen, Verträgen. Wäre er es geworden, der gesessene Rat hätte einige Amtsjahre lang einen überlegenen Vorsitzenden gehabt, das Ammanngericht einen gewissenhaften Richter, der sich Tag und Nacht um die Abklärung und Einigung bemühte, die Landsgemeinde einen Führer voll Ernst und Schalk«[39].

Man darf bei solchen geläufigen Sätzen herkömmlicher Bruder Klaus-Hagiographie eine Fehleinschätzung vermuten. Dem Anforderungsprofil, dem sein Sohn Hans und die Zürcher Bürgermeister Rudolf Stüssi und Hans Waldmann, der tüchtige Steinstosser und bewährte Raufbold[40], entsprechen, wenig später die Schweizerkönige Melchior Lussy von Stans und Ludwig Pfyffer von Luzern, vermag er nicht zu genügen. Erst recht nicht den Projektionen gerechter Herrschaft, die man im Rückblick von seinem heiligen Leben als Eremit auf seine tatsächlichen, vermeintlichen oder wünschbaren weltlichen Funktionen überträgt. In diesen agiert er als Richter und Delegierter seiner Gemeinde stets kollektiv, in Angelegenheiten, wo es teilweise um das »böseste« Recht geht, wie er sich später ausdrücken wird. (D 183) Von dem Mann, der sich gern nebenaus verzogen hat (D 462), ist kein einziger Akt persönlicher Führung zuverlässig überliefert, mag auch die bekannte Geschichte der Rettung des Klosters Katharinental bei Diessenhofen, einer ehemaligen Wirkungsstätte von Meister Eckhart und Heinrich Seuse, nicht ganz unwahrscheinlich sein. Einer der Enkel von Klaus, Nidwaldens Landammann Konrad Scheuber aus Wolfenschiessen, zieht sich, an seinem Gewand vollgespritzt von der Gehirnmasse seiner Feinde, für seine alten Tage als Eremit auf die Bettelrüti, unter dem Wellenberg, zurück[41]. Melchior Lussy hätte auch gerne so gehandelt, wenn ihn nicht seine lebenslustige vierte Frau daran gehindert hätte[42]. Damit ist über die Heiligkeit in der Amtsführung nichts gesagt, im Gegenteil. Die Sehnsucht nach dem »einig Wesen«[43] erscheint aber klar als Alternative zur politischen und militärischen Existenz.

Gedanken in dieser Richtung scheinen Hans von Flüe nicht zu plagen. Der Weg seines Vaters ist zuerst ein Absturz, bei dem Hilfe zu leisten ist; dann ein Ausbruch und Aufbruch »unter dem Widerspruch seiner Blutsverwandten« (D 541), wie es bei Heinrich Wölflin heisst – für diesen Widerspruch kommen Frau Dorothe sowie Hans und Welty vorrangig in Frage, ferner auch Vater Heiny, am wenigsten der geliebte Bruder Peter von Flüe, der seinerseits für Visionen zugänglich scheint (EB 225), zuletzt ist es ein kontrollierter Gang hinab in die Tiefe der Ranft-Einsiedelei. Im bedeutsamsten Rechtsdokument in der Geschichte der Familie, der Stiftung der Ranft-Pfründe am 12. Oktober 1482, hat der designierte Landammann Hans von Flüe das Heft fest in der Hand: »Dies alles zu wahrer fester Urkunde haben wir Unterzeichneten, mit Namen Hans von Flüe im Namen meines Vaters und wir die Kirchgenossen von Sachseln, auch wir der Rat zu Unterwalden ob dem Wald, gemeinsam den frommen, ehrsamen und weisen Andreas zun Hofen, derzeit Landammann zu Unterwalden ob dem Kernwald gebeten, (...) diese Urkunde zu siegeln.« (D 204) Von einer Vormundschaft des Sohnes über den Vater kann aber gemäss dem Wortlaut dieser Urkunde nicht gesprochen werden, tut doch der Vater seine Souveränität eingangs kund mit der Formulierung: »Im Namen der hohen unteilbaren heiligen Dreifaltigkeit von Gott dem Vater und dem Sohne und dem Heiligen Geiste Amen tue ich Bruder Klaus von Flüe kund, die hernach geschriebene Satzung und Ordnung der Kapelle unser lieben Frau im Ranft gesehen und erlassen zu haben in der Meinung, wie es hier geschrieben steht.« (D 203)

Ich Bruder Klaus von Flüe! Die Richtung seines Lebens ist ein Weg hinab, an den Ort, wohin er aus seinem Innersten gerichtet ist. Die Seinigen vermögen ihm nicht zu folgen. Für Hans und Welty führt der Weg hinauf, in die höchsten Ämter des Landes, für den Jüngsten, den Nachzügler Nikolaus, an die Hohen Schulen, nach Basel, Paris und Pavia. In der Sorbonne wartet der Magistergrad auf ihn, dank reichen Stipendien, weil er der Sohn eines Heiligen ist. Den Töchtern stehen die bestmöglichen Heiraten in Aussicht.

Das Leben des Vaters führt von Abgrund zu Abgrund. Das Leben des Sohnes steht im Zeichen des Feuers: Über das Herdfeuer im Gaden auf der Bergmatt berichten die Worte in seinem Leben, die am meisten mit Liebe zu tun haben. Als Landammann wird er, wie er findet, die Verleumdungen seiner Feinde ertragen müssen. Im Luzerner Ratsbuch vom 22. Mai 1486 und in der Lindauer Chronik steht zu lesen: »Unsere lieben Eidgenossen von Unterwalden trugen uns heute die Nachricht vor, man habe sie Schelmen und Bösewichte genannt, weil sie die Städte Feldkirch, Bregenz und Lindau hätten verbrennen wollen, und Bruder Klausens Sohn habe die Täter dafür belohnen wollen.« (D 355) »Es wurden allhier zu Lindau vier Personen, die verdächtig waren, ins Gefängnis eingezogen, nämlich Valentin Winzürn von Feldkirch, Hans Vogler von Indersdorf, Peter Unger von Steyr und Meister Conrad, der alte Totengräber von Bamberg. Als man sie examinierte, bejahten sie, der Ammann von Unterwalden hätte sie um eine beträchtliche Summe Geld veranlasst, gegen Lindau vorzurücken und an vier Stellen in der Stadt Feuer zu legen und selbige zu verbrennen, nämlich im Spital, im Stall vor der Küche gegenüber dem Klosterhof im Stadel, im Gredhaus und im Rathaus.« (D 356)

Lindau hat die vier Männer gefoltert, anschliessend gerädert oder verbrannt. Die von ihnen behaupteten Ungeheuerlichkeiten, noch zu Lebzeiten des Vaters vorgefallen, hat der Angeschuldigte nie zugegeben. Sie haben mit Vorkommnissen zu tun, die in ihren Ursprüngen bis in die Zeit des grossen Teufelsanfalls von Klaus von Flüe zurückreichen. Ein Zusammenhang mit dessen tiefem Ekel vor der Politik seiner Landsleute ist nicht auszuschliessen, darf aber nicht leichtfertig konstruiert werden.

Was hat Landammann Hans von Flüe, Sohn des Klaus, dem reichsten Mann der Ostschweiz versprochen? Wieviel ist dem Sohn des Heiligen gelegen an seines Nächsten Hab und Gut? Auf die Wahrhaftigkeit ihres Zeugnisses sind die von Flüe selber und ist auch der Chronist angewiesen. Und wärest du reich wie der Mötteli, gibt das Thurgauer Sprichwort zu bedenken, es müsste doch alles vertan sein!

Der Pfarrer wird verhaftet

Und es ist ihm, als ob er zwischen zwei Wänden hinge, und hinter ihm stehe ein Schwert und vor ihm ein scharfer Speer.
Der Prediger Johannes Tauler über den Angefochtenen, Pr. 39

Vor allen Menschen, bekennt Klaus von Flüe, schätze und verehre er das königliche und priesterliche Geschlecht, das heisst die Priester Jesu Christi. So oft er einen Priester sehe, scheine es ihm, er sähe einen Engel Gottes. Erst dadurch, glaube er, sei er zur grossen Ehrfurcht und Verehrung für das allerheiligste Sakrament des Leibes und Blutes Jesu Christi gekommen. (D 39)

Dieses Bekenntnis aus der Frühzeit des Eremitenlebens (8./9. Juni 1469), gegenüber einem mystisch orientierten Dominikanerpater abgegeben, steht ausdrucksstark neben dem Hinweis auf die früheren Kompetenzen in politischen Geschäften. Dennoch (*attamen*) erinnere er sich nicht, sich einer Person so angenommen zu haben, dass er vom Pfade der Gerechtigkeit abgekommen wäre.

Diese Betonung der Gerechtigkeit in unmittelbarem Zusammenhang mit der Hochschätzung des Priestertums hört sich schon fast an wie eine Entschuldigung oder Relativierung von dem, was er in politisch-juridischen Angelegenheiten mitverantwortet. Klaus von Flüe wächst in einer Gemeinde auf, in welcher die pfarrherrliche Autorität auf einem für die Verhältnisse der Urschweiz kaum mehr unterbietbaren Tiefpunkt angekommen ist. Während Jahrzehnten, nämlich von 1415 bis 1446, bleibt die Pfarrei unbesetzt, nicht wegen Pfarrermangel, sondern weil die Kollaturrechte, das heisst die Zuständigkeit für die Besetzung der Stelle, umstritten sind. 1446 nimmt sich der Konstanzer Bischof Heinrich von Hewen der Sache an. Dieser Mann der Reform hält als erster Bischof seit Jahrzehnten das Osterpontifikalamt im Konstanzer Dom wieder selber, erlässt Diözesanstatuten und bemüht sich um eine Verbesserung der Seelsorge. Die Pfarreien, oft nur von Verwesern des Pfründners oder gar nicht besetzt, sollen im Regelfall wieder einen residierenden Pfarrherrn haben, der wenn möglich zölibatär lebt. Letzteres ist kaum durchzusetzen, was durch die zweimalige Mahnung, das Konkubinatsverbot einzuhalten (1452/1456), nur unterstrichen wird.[1] Viele Kleriker interpretieren den Stand der Ehelosigkeit in der Praxis als schlichtes Heiratsverbot. Das hat für einige Schlaumeier den sündigen Vorteil, dass man sich im Vergleich zu den unvermeidlichen Ärgerlichkeiten innerhalb der Familie, lustvoll den Freuden eines freieren Liebeslebens hingeben kann. Der als Obwaldner Minnesänger bekannte *Kilchher ze Sarnen* lässt sein Herz im Leibe »wepfen«, wie wenn es ein Nest voller Vögelchen gefunden hätte[2]. Dabei ist nicht sicher, ob es sich wirklich um einen Geistlichen oder lediglich um einen weltlichen Inhaber der Pfründe handelt.[3].

Wie nutzlos von aussen aufgepfropfte Reformversuche ohne Berücksichtigung des lokalen Stallgeruchs und insbesondere der in Unterwalden seit dem Umsturz von 1382 kompliziert gewordenen politischen und rechtlichen Verhältnisse sind, zeigt die Berufung von Kaspar Helbig zum neuen Leutpriester von Sachseln. Ein zeitgenössisches Dokument nennt ihn ausdrücklich *kilcher*, also Pfründeninhaber. Im Sinn bischöflichen Reformwillens ein Beispiel für einen residierenden Pfarrherrn, im mutmasslichen Gegensatz zum oben genannten »Kilchher ze Sarnen«.

Helbig, vom Bischof kraft seines Devolutionsrechtes, kirchliche Oberhoheit, eingesetzt, ist ein gebürtiger Sachse aus Siebenbürgen. Vom einheimischen Dialekt versteht der Ausländer so viel, als »dass ein jeglicher Mensch soll sagen Schand und Laster von mir«. (D 9) So schlecht ist sein Ruf, dass die Gemeinde – sicher nicht nur Klaus von Flüe – ihn boykottiert. Die von geistlichen Biographen des zwanzigsten Jahrhunderts vermutete Nichteinhaltung des Zölibats dürfte kaum der Grund dafür gewesen sein[4]. Der Konflikt betrifft handfeste Interessen. Helbig kann nämlich lesen, und er hat aus alten Dokumenten in Erfahrung gebracht, dass auf der Pfarrpfründe eine bleibende Abgabe in Form der Erträge der Birn- und Apfelbäume, einschliesslich Most und Schnaps, laste, der sogenannte Nasse Zehnten. Dieser ist von einem vornehmen Landsmann, Werner von Sachseln, mutmasslicher Inhaber des Turms von Ödisried und Ahnvater des ersten Obwaldner Landammanns, vor Generationen gestiftet worden: Gemäss einer Urkunde aus Beromünster im Jahr des Herrn 1234, also unter völlig anderen politischen Verhältnissen[5]. Der Kirchensatz von Sachseln, das heisst die politische Zuständigkeit für die Besetzung der Pfründe, ist aus kiburgischem Erbe an die Grafen von Habsburg gekommen. Die ältesten Kirchherren von Sachseln entstammen fast ausnahmslos kiburgischen ritterlichen Ministerialenfamilien aus dem Berner Oberland[6].

Im vierzehnten Jahrhundert, zu Zeiten habsburgischer Zuständigkeit, gewöhnt man sich in Obwalden während Jahrzehnten an das

Interdikt, ein päpstliches und bischöfliches Verbot von Messe und Sakramentenspendung in der Öffentlichkeit. Man bekommt diese Massnahme häufig aus politischen Gründen verhängt, zum Beispiel, weil die Eidgenossen den falschen Anwärter auf die Königskrone, Ludwig den Bayern, unterstützen. Nach der Eroberung des Aargaus im Jahre 1415, einem erfolgreichen antihabsburgischen Krieg, sind die Obwaldner der Meinung, sie hätten die Pfarrbesetzungsrechte der feindlichen Herzöge von Österreich miterobert. Das ist aber juristisch keineswegs der Fall, obwohl Kaiser Sigismund aus dem Hause Luxemburg am 13. August 1434 die Kirchenhoheit der Einheimischen anscheinend anerkennt, aber Habsburg lässt sich dies nicht bieten. (D 8) In der Pattsituation bleibt die Pfarrei Sachseln unbesetzt, und man gewöhnt sich daran, die Tröstungen der Religion vom benachbarten Pfarrer aus Kerns, zur Zeit des Klaus von Flüe Oswald Isner, entgegenzunehmen.

Gleichviel, ob vom Habsburger aus politischem Interesse eingesetzt oder vom Konstanzer Bischof, um die Seelsorge zu gewährleisten, der Mann aus der Diözese Kolocza in Siebenbürgen steht von Anfang an auf verlorenem Posten. In seiner Heimat lässt zwar Vlad III. Tepes, der denkwürdige Graf *Draculea*, Sohn des Dracul, gestorben 1477, in zwei Fällen freche Mönche mit dem Pfahl hinrichten, aber die Pfarrgeistlichen müssen wenigstens nicht um ihr Einkommen prozessieren[7]. Ganz anders liegen die Dinge in Unterwalden. Gemäss Weisung von Bischof Heinrich von Hewen an den Dekan von Luzern hält sich Helbig mit allen Rechten und mit allem, was dazu gehört, zum ordentlichen Pfarrherrn von Sachseln berufen[8]. Zu diesen Rechten zählt er, wie Geistliche anderswo, den Nassen Zehnten als Grundlage einer nicht übermässig gesegneten materiellen Existenz. Es gibt zu dieser Zeit keine ordentliche Pfarrerbesoldung, sondern mit der Pfründe verbundene geldwerte Rechte und Pflichten. Dass diese oft formell von nicht residierenden Geistlichen aus mächtigen Familien wahrgenommen werden, die dann den von ihnen eingesetzten Leutpriester oder Stellvertreter vergleichsweise bescheiden entlöhnen, hat in den von Anarchie bedrohten feudalen Verhältnissen gute Gründe. Wie es einem gewöhnlichen Priester ohne diese Abhängigkeit, die auch Schutz bedeutet, und ohne genügende Akzeptanz in der Bevölkerung ergehen kann, zeigt das Beispiel von Pfarrer Helbig beinahe lehrbuchmässig.

Obwohl seine Ansprüche nicht aussergewöhnlich erscheinen, andernorts problemlos durchgesetzt werden, unterläuft dem Priester aus Transsilvanien *(presbyteri Transsilvanensis* D 9 *)* eine massive Fehleinschätzung der Verhältnisse vor Ort. In den Zeiten des Interdikts und erst recht durch die lange Pfarrvakanz vor seinem Amtsantritt ist die gewohnheitsrechtliche Legitimation des Nassen Zehnten abhanden gekommen. Ohnehin sind die Sachsler der Meinung, diesen Zehnten vor Jahren im Tausch gegen eine Alp abgelöst zu haben[9]. Wie weit dies rechtlich zulässig gewesen wäre, bleibt unklar. Die Forderung, zu Lebzeiten der Kirchgenossen noch nie gestellt, wie sie eidlich beschwören (D 11), ist für die Einheimischen nichts als Habgier. Helbig verhält sich in seinem Pochen auf sein Recht ausgesprochen dumm. Weit und breit steht niemand auf seiner Seite, und jetzt droht er mit gerichtlichen Schritten! Wie sind bei solchen Verhältnissen die Absichten des Bischofs noch umzusetzen? Dies steht für den Pfarrer kaum im Vordergrund. Bevor man Reformen in die Wege leitet, muss einer leben können!

Eines grauen Morgens erhält der Fremde im Pfarrhaus Besuch von bewaffneten Pfarrkindern, »mit herrten bösen worten und mit den swertern myner fiend, dy do stunden um mich mit geschrey und grimmem zorn, dass ich musst thun all das, das sie wolten und musste schwören, brief und insigel geben wider Gott und göttlichs recht durch fristung willen des lebens« – mit harten bösen Worten bedrohen sie ihn, mit den Schwertern seiner Feinde, wie er in Anlehnung an die Verhaftung Christi erklärt, mit Geschrei und grimmigem Zorn zwingen sie ihm ihren Willen auf, wollen ihn Urfehde schwören lassen in Verletzung des göttlichen Rechts, andernfalls gehe es ihm an den Kragen.

Die Rotte schleppt ihn ab, bringt ihn zu dem Mann, der die Aktion ausgelöst hat: Erny an der Halten, enger und einflussreichster Freund von Klaus in Sachseln! Dazu der Betroffene schriftlich an den Landammann und Rat von Obwalden: »Hand sy gemacht vil schand und laster, das (...) beschempt priesterliche wirdigkeit, wie ir das gehört hand als von Ernen an der Halten, wie er mich empfangen hat in dem richthus, do ich was ein armer ellender gefangener man.« (D 9)

Mit dem Tode sei er bedroht worden, das göttliche Recht, wie er seine Ansprüche kraft bischöflich-apostolischer Einsetzung nennt, mit Füssen getreten, die Priesterwürde schändlich verletzt, und Erny an der Halten habe ihn im Gerichtsgebäude zu Sarnen gefangen genommen. Das ist ein erheblicher Übergriff. Eine ausreichende Rechtsgrundlage scheint nicht vorhanden. Die Beschreibung lässt durchblicken, dass an der Haltens Rotte kirchenrechtswidrig keine Berührungsscheu kennt gegenüber dem geweihten Mann, ihn mit pöbelhaftem Aufruhr dingfest macht, sich womöglich an seiner Todesangst weidet. Ähnlich ergeht es noch gut eineinhalb Jahrhunderte später einem Geistlichen, der Herkommen und Freiheitsgefühl der Unterwaldner an empfindlicher Stelle malträtiert.

Im Herbst 1613 erlaubt sich Pfarrer Melchior Flüeler in Wolfenschiessen bei vollem Glase die Frage, warum man den Kuoni von Altsellen, »der ein Mörder sye«, an die Kapelle von Altsellen habe malen lassen. In der Heimat von Bruder Klausens Mutter lässt man sich so etwas nicht bieten, auch nicht von einem Kirchherrn. Man schleppt ihn vor den Wochenrat, dem der Landammann vorsteht und verzeigt ihn dazu noch beim Priesterkapitel, welches der Volkswut mit einer Busse für den Lästerer Einhalt zu bieten versucht. Vor Landammann und Rat von Nidwalden muss Pfarrer Flüeler Abbitte leisten für das, »was er wider sölchen ehrlichen Eidtgenossen geredt, by sinem priesterlichen Ambt ein Aberwandel (Fehltritt) thue, das was unser Altvorder ermelter Küeni ab Altzellen gethan, eine ehrliche und lobliche That begangen habe und des befüegt gsin sige«[10].

Die Tat des ruhmreichen Altvordern Kuoni Baumgarten wird für ehrlich, redlich und lobenswert gehalten, und er sei dazu befugt gewesen. Wenn ein Geistlicher das Gegenteil behauptet, tritt er dem Heldentum des Helden zu nahe, vergreift sich an dem, was dem Volk heilig ist. Nicht umsonst nimmt sich, in Erinnerung an diesen Schlag mit der Axt, bis 1798 die Landsgemeinde eine grosszügige Begnadigungspraxis heraus, sofern der Tatbestand der Tötung bei ertapptem Ehebruch vorliegt. Das Volksempfinden der Männer geht da allein juristischen Erwägungen vor[11].

In Unterwalden, das zeigen diese Geschichten, ist die Macht des Klerus vor und nach der Tridentinischen Reform der katholischen Kirche nur ein Mondlicht. Von Klerikalismus kann nicht gesprochen werden, obwohl klerikaler Terror zur Zeit der grossen Hexenverfolgung nach der Überschwemmungskatastrophe von 1629 vorgekommen ist. Typischerweise aber nicht als Phänomen von Dauer[12]. Auch wird die Inquisition, wie wir noch sehen werden, sich bei weitem nicht so in die Angelegenheiten von Bruder Klaus einmischen können, wie das zum Beispiel bei den schreibenden Mystikern Meister Eckhart im vierzehnten Jahrhundert und Johannes vom Kreuz im sechzehnten Jahrhundert der Fall ist.

Die schikanöse Festnahme von Pfarrer Kaspar Helbig steht weder isoliert in der Unterwaldner und Schweizer Geschichte, noch handelt es sich bloss um eine Episode am Rand der Lebensgeschichte des Klaus von Flüe. Die Geschichte mit dem Nassen Zehnten hängt mit einem seiner beiden bedeutsamsten politischen Auftritte als Rechtsvertreter der freien Bauern zusammen, und auch im zweiten wichtigen Rechtsfall, dem Kollaturstreit von Stans, gehört der Prozessgegner dem geistlichen Stand an. Zunächst gilt es, das juristische Nachspiel der Angelegenheit mit Kaspar Helbig weiterzuverfolgen. Erst hier, wo das Böseste Recht[13] klar zu Gunsten der Einheimischen zum Zuge kommt, wird Klaus von Flüe als geschichtlich mithandelnde Person fassbar. Und zwar auf eine für ihn charakteristische Weise.

Nach seiner Festnahme durch Erny an der Halten ist Pfarrer Helbig in Obwalden politisch erledigt. Der Handstreich hat sich gelohnt. Höheren Orts, im Waldstätter Priesterkapitel, das mit dem Sextariat, mit sechs Unterkapiteln, die der Pfarrei Sachseln übergeordnete Instanz verkörpert, sieht man die Unmöglichkeit der Situation ein. Unter Vermittlung von Melchior Estermann, dem Pfarrer von Sarnen, der Mutterpfarrei von Sachseln, und Klausens Beichtvater Oswald Isner aus Kerns, veranlasst Dekan Johannes Räber, Pfarrer von Arth, den unglücklichen Fremden am 11. und 14. August 1455 zum Rücktritt aus seinem Amt[14]. Die beiden Amtsbrüder aus der Nachbarschaft haben sich in dieser Sache geschickt verhalten, ihr Rückhalt bei der herrschenden Schicht der Grossviehhalter bestätigt sich. Für Helbig kommen Verhaftung und faktische Absetzung einer »Vergewaltigung« gleich, wie Quellensammler Robert Durrer moniert. Dabei setzt auch er, wie manche Bruder Klaus-Biographen, Charaktermängel des Vertriebenen voraus. Diese sind nicht erwiesen[15]. Der zeitgenössische Vorwurf, er sei »einer Herrschaft Landvögten« zur Erlangung seiner Pfründe nachgelaufen, ist eine tendenziöse Wertung seines Nachfolgers. Helbig glaubt an sein Recht. In Konstanz sucht er Hilfe beim Bischof, der ihm Asyl gewährt, sonst aber zugunsten des Pechvogels keine Risiken eingehen will. Auf den Rechtsweg verwiesen, setzt Helbig Hoffnungen auf einen Prozess in der Bischofsstadt. In diesem Sinn schreibt er, wohl um 1456, einen rührenden, nicht datierten Brief an den Ammann und die Räte von Sarnen, seine »getreuen Helfer«, worin er seinen Fall darlegt. Seine Kläger lädt er vor ein Gericht nach Konstanz, wohin sie auch ihre Klientele mitbringen sollen, nicht hingegen seine ehemaligen Hausangestellten, sein »husvolk das min muos und min brot gegessen« – an diese verbinden ihn schlechte Erinnerungen. Bis zum Austrag der Gerichtsverhandlung, die nie stattgefunden hat, betrachte er sich als rechtmässigen Kirchherrn von Sachseln. Mit »schöner kräftiger Hand« (Martin Kiem) läßt er den Brief zu Ende schreiben. Die Unterschrift lautet:

Valete. Caspar Helbig ewr güner
Lebt wohl! Kaspar Helbig, Euer Gönner[16]

Die Unterwaldner haben in diesen Jahren Konstanz mehrmals besucht, zu Schützenfesten, zu einer terroristischen Belagerung zusammen mit anderen Eidgenossen im Plappartkrieg, 1458, und zur Eroberung des Thurgaus 1460. Konstanz selber haben die Schweizer nie beansprucht, an einer Erweiterung durch eine so gewichtige Stadt, sei sie Untertan oder Bundespartner, sind sie gemäss ihrer Mentalität nicht interessiert. Noch weniger erpicht sind sie auf Rechtshändel mit Kaspar Helbig aus Transsilvanien, der vielleicht bis zu seinem Tode an einen gerechten Prozess geglaubt hat. Seine Amtszeit endet formell 1459, im Jahr seines Todes, mit der Verhängung des Interdikts über seine Pfarrkinder. Es lohnt sich geradezu, diesen Konflikt in Kauf zu nehmen. Zwei Jahre später geht nämlich das Kollaturrecht an Landammann und Rat von Obwalden über, kirchenpolitisch für die Einheimischen ein gutes Ende einer leidigen Geschichte. Nur bei den himmlischen Heerscharen ist es Kaspar Helbig, Priester in Ewigkeit, vergönnt, Gott zu loben, ohne zuvor einen Nassen Zehnten einfordern zu müssen. Du hängst nicht mehr wie zwischen zwei Wänden, hinter dir steht kein Schwert und vor dir kein scharfer Speer[17].

Sachseln liegt näher beim Himmel als Konstanz, aber noch so knapp auf Erden, dass der Nachfolger Helbigs im Pfarramt, Johann Knaber oder Knab aus Radolfzell am Bodensee[18], auf den Nassen Zehnten ebenfalls nicht verzichten mag. Er greift die Ansprüche des Vorgängers, die ausser Sachseln auch Rechte in Kerns und Giswil betreffen, erneut auf. Den Unterschied macht ausschliesslich ein geschickteres, das heisst diplomatischeres Verfahren. Aber Dickschädel bleiben Dickschädel. Auch mit diesem Geistlichen, bei dessen Berufung sie nicht mitgewirkt haben, dessen Anpassung an das Herkommen ungenügend erscheint und der wie sein Vorgänger der Pfründenjägerei verdächtigt wird, wollen die Einheimischen die kostbaren Früchte ihrer Apfel- und Birnbäume nicht teilen. Den Most und den Schnaps wollen sie lieber selber konsumieren. Ein Vorgehen wie gegen Helbig ist nicht mehr möglich. Ein Prozess lässt sich, Gott sei es geklagt, nicht mehr vermeiden. Die Interessen der Einheimischen vertritt nicht mehr Haudegen Erny an den Halten. Zum Gerichtstermin auf Donnerstag nach Valentinstag 1457, 17. Februar, sind geladen neben dem ehrbaren Hans Knaber, Kirchherrn zu Sachseln, die Flüelibauern *Claus von Flü*, erste Nennung des Namens im Licht der Geschichte, und Erny Rorer. Dann als Zeugen Vater Heiny von Flüe, Peter von Bachtal, Heiny von Steinen und Peter Wilhelm. Gerichtsinstanz ist der Rat der Fünfzehn, die machtvollste Behörde des Landes. Den Vorsitz führt Heinrich an der Hirseren, auch Hirsimann genannt, »zu dissen ziten landtammann zü Underwalden ob dem Wald« (D 11). Dieser spätwinterliche Gerichtstag findet gemäss Urkunde »ze Sarnen in der lantlüten hus« statt, also im 1418 erbauten Rathaus[19]. Zu Fuss eine gute Stunde von den Höfen des Sachlerbergs, zu Pferd eine halbe Stunde entfernt.

Pfarrer Knaber erhält in der Verhandlung als erster das Wort. Umständlich legt er die Vorgeschichte dar, nicht ohne seinen Vorgänger Kaspar Helbig taktisch geschickt als Kreatur der Landvögte zu apostrophieren. Der Nasse Zehnten sei aber in einem alten Messbuch aufgeschrieben. Die angebliche Ablösung der Abgabe durch die Herren von Hunwil, die eine Alp dafür erhalten hätten, betreffe andere Rechte. Vermutet wird ein Vogtzehnten, der noch 1408 im Besitz derer von Hunwil gewesen sein muss. (D 10) Wie auch immer, für den Kirchherrn ist die Forderung nach dem Nassen Zehnten rechtens.

Dieser Anspruch wird nun aber von den Kirchgemeindesprechern mit folgender Begründung zurückgewiesen: »Da widersprachen die Kirchgenossen von Sachseln, namentlich Claus von Flü und Erny Rorer gemäss Absprache, sie verstünden wohl, was Herr Hans (Knaber), ihr Kirchherr, ihnen eröffnet habe, sie anerkennen ihn als ihren rechtmässigen Pfarrer. Nie hätten sie aber von ihren Altvorderen vernommen, dass sie einen Nassen Zehnten zahlen sollten oder den je gegeben hätten.« (D 10)

Darauf folgen differenzierte und auch recht komplizierte Ausführungen über das, was in Sachen Zehnten Brauch ist. Es habe vor Zeiten schon Geistliche gegeben, die den Nassen Zehnten hätten fordern können, sie hätten es jedoch bleiben lassen. Und wenn ein Herr Werner von Sachseln den Ertrag seiner Bäume der Kirche vermacht habe, so erkundige sich der Prozessgegner zuerst danach, welche Bäume gemeint seien, ob alte oder junge. Und so weiter! Solange der Kläger keine besseren Beweise bringen könne, zahle man den Zehnten nicht. Schliesslich schwören die anwesenden Ältesten Heiny von Flüe und drei Genossen, die Aussagen ihrer Partei entsprächen der Wahrheit. Diesem Schwur glauben die fünfzehn Richter, der Landammann setzt sein Siegel darunter, und damit muss der hochwürdige Herr seinen Nassen Zehnten vergessen. Es empfiehlt sich, nach einer anderen Pfründe Ausschau zu halten. Ab 1459 ist Johann Burkler oder Burkard von Leissigen, aus dem Berner Oberland, Pfarrer von Sachseln. Dieser erhebt die Forderungen seiner Vorgänger nicht mehr, bleibt aber, wohl aus politischen Gründen, trotzdem unbeliebt. Am 28. August 1467 bestätigt er sogar die Ausscheidung des Vogtzehnten[20]. Damit sind, sechseinhalb Wochen vor dem Grossen Aufbruch von Klaus, alle Güter der Familie von Flüe zehntfrei.

In der Urkunde vom Februar 1457 kommt eine starke Spannung zwischen mündlicher und schriftlicher Rechtskultur zum Ausdruck. Was nicht aus der Überlieferung der Altvorderen ersichtlich ist, kann nicht als legitim gelten. Schliesslich kennt man die Verhältnisse, in denen man lebt, selber am besten: die durch das Herkommen gegebene Kompliziertheit. Da verlässt man sich auf das Wort und letztinstanzlich auf den Eid, der die Anwesenden zu Eid-Genossen verbindet. Dem Eidschwur voraus geht das Besprochene, die Erzählung, die zustimmungsfähige Überlieferung. Das bloss geschriebene Wort hat bei diesen souverän handelnden Analphabeten eine vergleichsweise geringere Bedeutung. Vollständig verzichten darauf aber will und kann man nicht, dafür spricht die Urkunde mit dem Siegel des Landammanns, dem Zeichen aller Zeichen im Bereich der politischen Freiheit.

Die Aussagen der Sachsler bezeugen einen alteidgenössischen Konservatismus, nicht zu verwechseln mit dem Festhalten an überlebten Strukturen. Offensichtlich ist eine aus gutem Gewissen heraus praktizierte Zuverlässigkeit im Neinsagen gegenüber arroganten Forderungen von aussen, die ohne Fingerspitzengefühl für das hier politisch Mögliche erhoben werden. Da hilft die Amtsautorität des geistlichen Standes nichts, zumal gerade Klaus von Flüe in der Reinheit des Heiligen zwischen kirchenpolitischen Ansprüchen und dem sakramentalen Priestertum zu unterscheiden weiss. In dem Sinn ist der Geist dieser Urkunde zu verstehen, die gemäss Heinrich Federer »gleichsam beide Hosensäcke zusammenklaubt, um nicht den kleinsten strittigen Batzen zu verlieren: (...) die bäuerliche Rhetorik und Logik des gleichen Ländchens von heute (...), wie sie an der Dorf- und selbst an der Landsgemeinde mitunter ausgezeichnete Vertreter findet und für das alte liebe Mein um Recht und Glauben wirbt«[21]. Die Freiheit, für die Klaus von Flüe und Erny Rorer im Verein mit eidschwörenden Zeugen eintreten, ist konkret: Freiheit vom Nassen Zehnten, und sie gilt bis auf weiteres, nämlich bis zum Zeitpunkt, da derjenige, der sie anfechten möchte, bessere Argumente bringen kann. Das Nein gegen den Zehnten bedarf keines Beweises, es ist die politische Errungenschaft des Landes. Die Landleute in den Waldstätten haben es in Fleisch und Blut und vor allem in den Knochen verinnerlicht. Gegen diese Demokratie der Knochen hilft keine Scholastik, keine Dialektik, kein seitenstarkes Gutachten. Die Bauern würden es zwar verstehen, sie sind klug und in ihren Sachen rechtserfahren, aber lesen könnten sie es nicht. Auch Kaiser und Könige wie Karl der Grosse und Rudolf I. von Habsburg sind des Lesens kaum mächtig gewesen, sicher nicht des Schreibens, aber dennoch jederzeit in der Lage, auf keineswegs dilettantische Art über das Recht zu gebieten und es anzuwenden.

Konkrete Freiheit heisst am Donnerstag nach dem Valentinstag 1457 ausserdem, mit gutem Gewissen die gedörrten Birnen und die wintersüber gelagerten Äpfel aufzutragen, desgleichen den Birnenmost sowie allerlei Apfelgetränke, wie zum Beispiel das Schlehenwasser, später auch Bätziwasser genannt, welches beim Gerichtstag wie überhaupt bei den Zusammenkünften der Männer gut und gern kredenzt wird. Nach altem alemannisch-schweizerischem Volksglauben stärken Obstprodukte das Gedächtnis[22], und die Männer von Sachseln schwören als Eidgenossen ausdrücklich, dass sie sich richtig erinnern.

Dass man dem *Putsch*, wie der Most in Obwalden genannt wird, bei der Pflege der Gastfreundschaft kein Wasser beimengt, ist Ehrensache, auch wenn die Stadt Luzern 1454 glaubt, diesem Prinzip mit einem gesetzlichen Mandat nachhelfen zu müssen[23]. Putsch und Schlehenwasser sind auch zum Kochen gut, zum Beispiel von Fisch und Kalbfleisch, ausserdem zum Einlegen von Speisen geeignet.

Mosten und Schnapsen sind Tätigkeiten vor allem der Frauen, die, wie das Kochen, auch an Sonn- und Feiertagen niemanden stören. Erst 1573 ringen sich die Behörden Luzerns zu einem entsprechenden Verbot durch[24]. Dieses ist für die Länder, wie die Alpenrepubliken Uri, Schwyz und Unterwalden in der nördlichen Nachbarschaft genannt werden, bis auf weiteres nicht repräsentativ. Mit grösster Wahrscheinlichkeit aber trifft die Dichtung *Der Ring* von Heinrich Wittenwiler, dem mutmasslichen Landschreiber von Lichtensteig im Toggenburg, gestorben 1436, die Realität eines festlichen Anlasses auch in Obwalden. Den feuchtfröhlichen Hintergrund einer Bauernhochzeit charakterisiert der mit den Verhältnissen in seiner alpinen Heimat vertraute Dichter wie folgt:

> Piermost, Öpfelgtrank und Schlehenwasser,
> Doch bracht man ihnen ein Eimer voll
> Der sauren Milch, die trunkens wohl[25].

Der Heilige, der über die Apfel- und Birnbäume des Landes seine schützende Hand hält, ist kein Geringerer als der Namenspatron von Klaus von Flüe sowie seiner zeitgenössischen Landammänner Nikolaus Rüdli, Nikolaus von Einwil, Nikolaus von Zuben und unzähliger anderer Obwaldner: Der Bischof Nikolaus von Myra, in der Kirche von Sankt Niklausen, eine Viertelstunde vom Wohnhaus der Familie von Flüe, mit drei Äpfeln auf der Bibel liebevoll als »Samichlaus« dargestellt[26], wie die Deutschschweizer Kinder ihn bis zum heutigen Tag am 6. Dezember begrüssen.

Der Sage nach, wie sie Bruder Klaus-Kaplan Joachim Eichorn verbreitet, ist diese Kirche die älteste von Unterwalden, angeblich von den römischen Ureinwanderern um 360 erbaut. Dies stimmt sicher nicht, die Ehre kommt Sarnen und Stans im achten Jahrhundert zu. Urkundlich ist das Gotteshaus – zur Zeit von Klaus von Flüe *Sant Niclauss uff Bänken* genannt – nur bis zum 8. Oktober 1357 zurückzuverfolgen. An diesem Tag erteilen in Avignon zehn Bischöfe der Kapelle in Kerns, gegründet zu Ehren des heiligen Nikolaus, der heiligen Maria, dem heiligen Johannes dem Täufer, dem heiligen Kreuz, allen heiligen Aposteln und dem heiligen Laurentius, einen Ablass von vierzig Tagen für alle Christgläubigen, welche hier den Gottesdienst besuchen, beim abendlichen Läuten der Glocke die Knie beugen und drei Ave sprechen, für die Weiterführung des Baues besorgt sind, sowie Lichter und Zierden anbringen[27]. Damit ist zugleich ein

Hinweis auf die alltägliche Spiritualität in der unmittelbaren Umgebung der von Flüe gegeben. Gemäss Stiftungsurkunde hat die Pfarrei Kerns dafür besorgt zu sein, dass im Kirchlein zweimal die Woche eine Messe gelesen wird.

Dazu eine schöne Geschichte, deren Überlieferung allerdings erst 1591 schriftliche Form annimmt:

Einst ging Peter von Flü, Clausens leiblicher Bruder, mit Hans Bergmann nach St. Niklausen, auf selbe Zeit Bänken genannt, die Messe zu hören. Da sah Peter, wie während der Heiligen Messe ein Baum aufwuchs, plötzlich schönes Laub und Blüten trieb. Er sah auch etliche Blüten sich lösen und auf die Köpfe der Menge fallen. Auf etlichen blieben sie grün. Auf etlichen verdorrten sie. Als er hinweg ging und zu Bruder Klausens Zelle kam, hat Klaus seinen Bruder gefragt, was er desselben Morgens gesehen. Peter erzählte es ihm, und Bruder Klaus gab ihm die Auslegung, dass die Menschen, auf welchen die Blüten unverdorrt geblieben, die Messe mit Andacht, Reu und Leid anhörten und von Gott einer guten Belohnung würdig seien, die anderen aber, ohne Reu und Leid, der Gnade Gottes unwürdig. (EB 226)

Die Kirche liegt auf der Schattenseite des Tales, der Volksmund nennt sie darum seit alters auch »Sankt Niklaus am Schattenberg«. Sie ist wie die Mutterkirche des heiligen Gallus in Kerns ursprünglich dem Stift Beromünster unterstanden, später, nach dessen Verarmung in der Zeit des Sempacher Krieges, macht sich das Kloster Engelberg dafür zuständig[28]. Grosses Interesse für das abgelegene Gotteshaus scheint nicht zu bestehen, es bleibt während Generationen unvollendet. Eine »capela imperfeita«, wie man in Portugal sagen würde, wo zur gleichen Zeit unzählige Heiligtümer in Auftrag gegeben, aber nicht fertiggestellt werden. Der freistehende *Heidenturm* von Sankt Niklausen macht dafür einen umso stärkeren Eindruck. Eineinhalb Meter dick sind seine Mauern, gekrönt von einer achteckigen Steinpyramide, »wohl das nördlichste Beispiel dieser für den Südhang der Alpen und der savoyischen Westschweiz charakteristischen Helmform« (Robert Durrer)[29]. Sankt Niklaus »in Benken«, bei den Bänken, besteht zu Klausens Zeiten aus einem Kirchturm, einem offenen Chorraum und mutmasslich Bänken für das Volk, welches den freien Himmel als Kirchenschiff geniessen kann. Ob die mittelalterliche Glocke mit der unlesbaren, »geheimen« Inschrift schon im Turm hängt, wissen wir nicht. Vom Alter her wäre es möglich. Klaus von Flüe ist für sein geistliches Innenleben auf ihren Klang so wenig angewiesen wie zwei Generationen nach ihm Paracelsus, für welchen die Glocken als »seitenspiel des teufels« gelten[30]. Für die Familie von Flüe aber dröhnt die Glocke, ab 1572 ergänzt durch eine Theodulglocke[31], über Jahrhunderte hinweg zur Betzeit, wird das Geläute ein täglicher Alp- und Flursegen.

Im Ursprung aber ist der Name der Segen. Heiliger Nikolaus von Myra. Dieser Segen liegt gewiss auch auf *Claus Burkartz hus* in Sarnen, *da wir offentlich zu gericht sassen.* (D 1010) Die dabei erstellte Urkunde mit dem Siegel von Landammann Werner Seili aus dem Jahre 1390 ist nicht mehr lesbar, darum muss das Ammanngericht mit *Claus von Flü und ander erber lüten vil* sie am 19. Mai 1459 neu bestätigen. Eine Routineangelegenheit. Es geht um Weiderechte im Raum Schwendi ob Sarnen der mutmasslichen Heimat von Ehefrau Dorothe. Betroffen sind die Nutzungsrechte der Korporationen, die in sogenannte Teilsamen aufgegliedert sind, wie sie im Obwaldner Namengut immer wieder aufleuchten: Freiteil, Grossteil, Kleinteil[32]. Eine Praxis von Recht und Freiheit, wie sie für viele Jahrhunderte in der Urschweiz repräsentativ bleibt.

Zu diesem Rechtsakt sind die Ammannrichter aus Sarnen, Alpnach, Kerns und Sachseln aufgeboten, darunter als Vertreter seiner Heimatgemeinde Klaus von Flüe. Alles Männer mit zuverlässigem Erinnerungsvermögen, jener sittlichen Eigenschaft, die der heilige Thomas von Aquin (1224–1274) als das seinstreue Gedächtnis lobt[33]. Zur Seite des Vorsitzenden Hans Heintzli, Altammann und Stellvertreter des Landammanns Nikolaus von Einwil, hält Landschreiber Hensly Schriber die Urkunde in Händen, liest sie den Versammelten vor und erklärt eidesstattlich (*redt by dem eyd, so er dem land geschworn hetti*), dass der Brief, den er da vorgelesen, Wort für Wort so auf dem Pergament stehe, wie er ihn gelesen. (D 1010) Vertrauen gegen Vertrauen. Das Sagen hat nicht der Mann, der lesen und schreiben kann. Die Wahrheit liegt in der Erinnerung, das Wesen im Bewusstsein. Ohne Einfühlung in eine Semiotik, deren machtvolle Autorschaft analphabetischen Urkundspersonen zukommt, ist weder die einfache Gewährleistung eines Weiderechtes zu verstehen, noch der Bundesbrief der Eidgenossen von anfangs August 1291. Erst recht nicht der Friede von Stans vom Samstag nach dem Thomastag 1481, dessen Verkündigung vor die gefährliche Zeit der zwölf Nächte fällt, da die Dämonen des Mittwinters umgehen[34]. Was wäre aus dem Land geworden ohne die Autorität eines machtvollen Analphabeten, dem alle bedingungslos vertrauen?

Das dritte erhaltene Rechtsdokument, bei dessen Zustandekommen Klaus von Flüe in öffentlichem Auftrag mitgeholfen hat, datiert vom Heumonat, Juli, 1462. Zu dieser Zeit setzen sich die Portugiesen in Liberia fest, Iwan der Dritte, genannt der Schreckliche, wird Grossfürst von Moskau, und Winterthur kommt bald an Zürich. Die Macht des Zarenreiches zerstäubt nach ein paar hundert Jahren, Portugals Kolonialimperium zerfällt unvollendet, aber Winterthur bleibt beim Kanton Zürich. Desgleichen ist dem, was Klaus von Flüe in diesen sommerlichen Tagen vertritt, Dauer beschieden. Eher würde Winterthur den eidgenössischen Stand Zürich verlassen, als dass die Kirchgenossen der Gemeinde Stans sich von den politischen Rechten, die sie beanspruchen, trennen wollten.

Die Urkunde vom Juli 1462 ist konfliktgeladen. Sie zeigt Klaus auf der Höhe seines weltlichen Ansehens, in Ausübung eines politischen Mandats als eidgenössischen Schiedsrichter. Erscheint er in den beiden früheren Pergamenten als in verantwortlicher Stellung handelnder Landsmann unter vielen, repräsentiert er nun in Konferenz mit Vertretern von Luzern, Schwyz, Uri und Nidwalden hochoffiziell seine Heimat Unterwalden ob dem Kernwald. Es ist nachweislich das einzige Mal, da er mächtig erscheint in den Regierungsgeschäften seines Vaterlandes, wie er es dem Dominikanermönch sieben Jahre später bekennen wird. (D 39) Man geht kaum fehl in der Annahme, hinter dieser ehrenvollen Berufung zum eidgenössischen Schiedsrichter den Landammann Nikolaus von Einwil zu vermuten. Dieser Mann setzt grosses Vertrauen in Klaus von Flüe, andernfalls dürfte Tochter Elsbet kaum den Hans von Flüe heiraten. In einer heiklen Angelegenheit, da das Kloster Engelberg in einer kirchlichen Sache Gegner der *Universitas* von *Stannes*[35], der Gemeinde Stans ist, scheint ein Ratsmitglied mit dem Ruf besonderer Frömmigkeit der richtige Mann für eine solche Aufgabe. Diese stellt sich, im Amtsdeutsch von Quellenredaktor Robert Durrer wie folgt:

»Klaus von Flüe von Unterwalden ob dem Wald schlichtet und entscheidet mit den Ratsboten der übrigen die Kastvogtei über das Kloster Engelberg ausübenden Orte die Anstände um das Kollaturrecht der Kirche Stans dahin, dass die Kirchgenossen nach alter Gewohnheit das Recht haben, dem Abt und Konvent geeignete Priester für ihre Leutpriesterei und die anderen Pfründe zu präsentieren und dass das Kloster verpflichtet sei, solchen die Pfründe zu leihen«. (D 17)

Die Freiheit, welche die Kirchgenossen in den Gemeinden ob dem Kernwald bei Pfarrerwahlen beanspruchen, gilt auch für die Mitlandleute von Stans. Deren Argumentation klingt denn auch wie gehabt, »dass ihnen kein Abt nie hätte darwidergeredt«, es sei schon immer so gewesen, man erinnere sich an nichts anderes. Unbestritten bleibt die Lehenhoheit Engelbergs, die Steuern und Abgaben, die weiterhin zu zahlen und im Gegensatz zur Nachbargemeinde Buochs nicht abzulösen sind[36]. Das Prinzip der Wahlfreiheit scheint höher im Kurs zu stehen als die Batzen in der Hosentasche. Die Benediktiner von Engelberg werden nicht als Feinde betrachtet, aber Abt Heinrich Porter soll den Stolz der Einheimischen respektieren, »ihr Landrecht und ihres Landes Freiheiten, welches sie von Königen und Kaisern hergebracht hätten«. (D 18) Nur hat das nichts mit den legitimen Rechten des Klosters zu tun. Haben nicht die Nidwaldner selber während Generationen zur Stärkung der Abtei beigetragen, mit reichen Vergabungen an Ländereien und Alpen? In diesem Zusammenhang taucht der ruhmreichste Name des Landes, Winkelried, erstmals aus den Sümpfen des Drachenrieds an das Licht der Geschichte empor. Die Winkelriede wehren sich schon in ihrer ersten urkundlichen Erwähnung um die Mitte des dreizehnten Jahrhunderts in Zürich für die Rechte des Klosters am Fusse des Surenenpasses. Ein habsburgisch-laufenburgischer Ritter namens *Heinricus de Winkelriet, dictus Schruthan*, vermacht um 1300 seine Lehengüter in Stans, Buochs und Alpnach dem Stift Engelberg[37]. Mutmassliche Töchter, Nichten oder Enkelinnen von ihm treffen wir als fromme Schwestern im Frauenkloster Engelberg des vierzehnten Jahrhunderts, zur Blütezeit der Mystik: Bertha von Winkelried, Adelheid von Winkelried, Elsbet von Winkelried[38].

Zur Zeit der Schlacht bei Sempach leben Winkelriede in Nidwalden, unterdessen haben sie den Rittertitel abgelegt, mehrere Erny Winkelried kommen vor, einer ist 1418 Landammann und Tagsatzungsgesandter von Nidwalden. Auch Klaus von Flüe muss Winkelriede als Reisläufer, Ratsmitglieder, eidgenössische Schiedsrichter und Tagsatzungsgesandte gekannt haben. Ob nun aber der Held von Sempach wirklich diesen Namen getragen hat, wird stets umstritten bleiben[39]. Unbestritten ist, dass Grossgrundbesitzer dieses Geschlechts wie auch andere bedeutende Nidwaldner um ihres Seelenheiles willen das Kloster Engelberg derart mit Landbesitz und Rechten ausgestattet haben, dass sich die Landsgemeinde mit der Zeit gezwungen sieht, Gegensteuer zu geben. Die nachweisbar ersten Landesgesetze von Nidwalden, das Gesetz »gegen die tote Hand« von 1344, verschärft 1432, sowie ein Erlass von 1363 betreffen ein striktes Verbot der Landabtretung an Klöster und fremde weltliche

Grundherren. Ausserdem versucht man, verlorenes Land zurückzugewinnen[40].

Wie auch immer, die Berufung auf das Landrecht ist im Fall der Urkunde von 1462 unpräzis, eine rhetorische Floskel, um Eindruck zu machen. Dem Kloster soll gezeigt werden, dass die Zeiten der Ausdehnung seiner Macht abgelaufen sind. Vom Surenenpass her drängen die wilden Uristiere und ihre Hirten in Richtung Engelberg, mit der Keule der vollendeten Tatsachen und auf dem Schleichweg des Gewohnheitsrechts gewinnen sie Meter für Meter Weideland[41]. Im Vergleich zu ihnen und vor allem zu den Schwyzern, die dem Kloster Einsiedeln während mehr als zweihundert Jahren im berüchtigten Marchenstreit die Hölle heiss machen, erscheinen auch die Nidwaldner keineswegs als nur nette fromme Nachbarn des Abtes von Engelberg. Auch Nidwaldner Talleute schrecken nicht davor zurück, äbtliche Alpen als ihren Besitz zu betrachten. Aber beim sommerlichen Schiedsgerichtsverfahren ist nicht das Urteil, sondern die friedliche, verhältnismässig einvernehmliche Lösung, bei welcher das Ansehen des Kirchenfürsten grundsätzlich respektiert wird, die Hauptsache.

Im Vergleich zum Sachsler Prozess um den Nassen Zehnten erlauben sich die Stanser Kirchgenossen einen weitergehenden Übergriff. Es geht nicht um den Zehnten, sondern um einen Konflikt innerhalb der engeren kirchlichen Rechtssphäre. Ist ein eidgenössisches Schiedsgericht für die Frage der Besetzung der Pfarrerstelle überhaupt zuständig? Allem Anschein nach erlauben sich Klaus von Flüe und seine Miteidgenossen einen Übergriff der weltlichen Gewalt in einer Sache, in der vielleicht noch am ehesten die Kanzlei des Bischofs von Konstanz mitzureden hätte. Diese wird jedoch nicht begrüsst. Aufgeworfen ist ein klassisches, jahrhundertealtes Thema schweizerischer lokaler Freiheit, wie es noch im achtzehnten, neunzehnten und sogar im zwanzigsten Jahrhundert Aktualität erlangt: die aus kirchlicher Sicht berühmtberüchtigten Iura Helvetiorum Circa Sacra, die Sonderrechte der Schweizer betreffend die Besetzung geistlicher Pfründen, seien dies Pfarrpfründen oder – in den Bistümern Chur und Basel – Bischofsstühle[42]. Zur Zeit dieser denkwürdigen Schiedsgerichtsangelegenheit mit Klaus von Flüe geht es um die gewohnheitsrechtlich entwickelte Mitbeteiligung der Kirchgenossen bei der Wahl des Leutpriesters. An diesen werden seelsorgerliche Ansprüche gestellt, die im Kirchenwesen des Spätmittelalters am Vorabend der Reformation unter den Hierarchen und Lehensherren zeitweilig in Vergessenheit geraten.

Bei allen diesen kirchenpolitischen Spannungen handelt Klaus in Übereinstimmung mit seinen Landsleuten, möglicherweise beraten von Geistlichen seines Vertrauens, Heimo Amgrund von Winikon, später Kriens und Oswald Isner von Kerns. Da Isner 1462 zu einem längeren Studienurlaub an die neu gegründete Universität Basel verreist ist[43], kommt der Luzerner als »Mann im Hintergrund« vielleicht schon in Frage. Als nachmaliger Kirchherr von Stans könnte er direkt am Verlauf dieses Prozesses interessiert sein. Für den späteren engsten Vertrauensmann des Eremiten ist der Tag zu Stans 1462 ein möglicher Anfang des Vertrauensverhältnisses. Politisch steht Amgrund auf der »richtigen«, sicher nicht auf der äbtlichen Seite.

Die Kirchenprozesse in Sachseln und Stans sind im weiteren Sinn zu verstehen als Bestandteil der Befreiung der Länderorte von äusseren, vor allem habsburgischen Einflüssen. Dabei werden nicht genehme Geistliche der unteren Stufe unverblümt aus dem Lande geekelt, während man sich gegenüber dem Abt von Engelberg mit einer rein juristischen Rempelei begnügt. Klaus von Flüe wird man dabei nichts vorwerfen können. Die Vorstellung, er würde sich im Verbund mit den Personen, denen er nahesteht, nonkonform verhalten, wäre eine Verkennung der Verhältnisse. Über die unterwaldnerische Volkstradition schreibt 1946 der Psychiater und Schriftsteller Jakob Wyrsch (1892–1972), ein ausgezeichneter Kenner seiner Landsleute: »Wir treten einander nicht gegenüber als blosse Vertreter des Staates oder eines Berufs oder einer Firma, also als eine Art abstrakter Menschen, sondern als konkrete Träger eines bestimmten Namens, als Glieder einer bestimmten Familie, als Mann von einer bestimmten Herkunft, und darum erhält unser Zusammensein immer das Gepräge des Persönlichen (...) gleichgültig, ob wir nur am Postschalter eine Briefmarke kaufen, oder ob wir es wagen, an der Landsgemeinde aufzustehen und als Redner uns zu stellen. Dies hat natürlich nicht nur Vorteile, sondern kann auch nachteilig sein (...), weil es nicht gelingt, im Sachlichen völlig aufzugehen, sondern weil das Persönliche immer wieder mitschwingt«[44].

Klaus von Flüe ist im Sommer 1462 nicht nach Stans geritten, um dort ein Wertzeichen zu kaufen. Aber ein Teil der Freiheit dieses Landes ist von ihm mitgesiegelt. Mutmasslich hat er sich an der Verhandlung nicht zu Wort gemeldet, mit an Sicherheit grenzender Wahrscheinlichkeit aber das Urteil innerlich mitgetragen. Das Persönliche in der Argumentation der Einheimischen, ihre Geschichte und ihre Geschichten, steht ihm näher als die Kompliziertheit des Kirchenrechts. Er ist kein »Oppositionsmann«, wie Obwaldens grosser Poet Heinrich Federer (1866–1928) vermutet, aber an »Bruderklausens intimen Beziehungen zu Nidwalden« ist nicht zu zweifeln[45].

Ein Vetter der Mutter, Mathis Hattinger, hat hierzulande, in der Gegend von Wolfenschiessen, eine Generation vor Klaus von Flüe den »Abbruch« des weltlichen Lebens geprobt. Hattinger dürfte dieser noch persönlich gekannt haben, andernfalls hat er sicher einiges, vieles, von ihm gehört. (D 1048) Im Vergleich zu den eher berechnenden Obwaldnern gelten die Nidwaldner, im Volksmund wegen ihrer weniger bedächtigen Art »Reissäckler« genannt, allgemein als radikaler, stärker dem Unsichtbaren zugeneigt. Ein Aufbruch mit dem Reise-Säcklein wird ihnen eher zugetraut, auch eine Handlung des Widerstands. In der Frühgeschichte der Eidgenossenschaft, zur Zeit des ersten erhaltenen Bundesbriefes, ist die Rolle der Nidwaldner aktiver und konstruktiver als die der Obwaldner, die ihren Siegelabdruck erst mit einiger Verspätung der auf ewig abgeschlossenen Landfriedensurkunde hinzufügen. Dafür beanspruchen die Obwaldner während Jahrhunderten zwei Drittel des politischen Gewichts von Unterwalden. Von Halbkantonen kann man historisch erst in der modernen Zeit sprechen. Aber die Einheit Unterwaldens, Durrers umstrittene Hypothese, ist nie eine vollständige. Gewisse je eigene Geschäfte werden seit Anbeginn der bündischen Entwicklung getrennt behandelt. Zu Lebzeiten von Klaus finden jedoch gelegentlich in Wisserlen, am Rande des Kernwaldes, gemeinsame Landsgemeinden statt[46]. Eine einheitliche Markgenossenschaft von Unterwalden kommt, im Gegensatz zu Schwyz und Uri, nie zustande. Dafür gibt's Reibereien um den Vorrang, auch Demütigungen vor allem der Nidwaldner durch die gewichtigeren Obwaldner[47]. Beim Untergang der alten Eidgenossenschaft, 1798, werden die Nidwaldner, motiviert von einer leidenschaftlichen Stauffacherin, Veronika Gut, zu den letzten Helden der alten Ordnung im Widerstand gegen Frankreichs Armee. Von den Obwaldnern fühlen sich die Winkelriede verraten, sollen jene doch den Franzosen den entscheidenden Umweg über das Ächerli hinter dem Stanserhorn gezeigt haben, was die Eroberung des Widerstandsnestes ermöglicht[48]. Bei Betrachtung der Gegensätze zwischen den beiden Zwergrepubliken erscheint Klaus von Flüe dann doch als teilweise untypischer

Obwaldner. Das Erbe der Mutter und die Ehrfurcht vor dem sakramentalen Priestertum bleiben lebenslänglich bestimmend. Der Kapelle zum heiligen Theodul hoch oben in Altsellen stiftet er 1482 ein Messgewand, das sich bis heute erhalten hat. »Vor allen Menschen schätze und verehre ich das königliche und priesterliche Geschlecht.« Das gilt zumal für die Priester von Engelberg, die auf Altsellen Messe feiern. In Engelberg erklingt zu seinen Lebzeiten die einzige Orgel in seiner Heimat[49]. Dafür muss er die Klosterkirche nicht extra aufsuchen, hört er doch die Musik in sich selbst, wenn er seinen Schlaf unterbricht um Gottes und seines Leidens willen. (EB 29)

Der Codex 102, das Loblied auf die Orgel *Audi Chorum Organicum*, aus dem Stift Engelberg, weiss die Wunder des Instrumentes lyrisch zu preisen, indirekt aber auch anzudeuten, was in den Visionen des Heiligen aufklingt, wenn die »kleini orgelii« (EB 28), die kleinen Orgeln, den grossen ihre Stimme halten:

Gelehrigen Geistes zeig dich!
Behenden Körpers erweis dich!
Wuchtig erschalle der Chor,
Klangvoll ertön' er!
Es antworte Chor dem Chore,
In Diaphonie und Organum.
Jetzt spiel' die hohen Tön', kehr zu den
Tiefen zurück in lyrischem Schwung.
Jetzt durchflieg die mittleren Stimmen in edlem Tanz.
Durch solchen Jubelsang, honiggleich,
Gefällst du dem Volk,
Welches staunt und sich freut.
Dann singt und lobt es eifrig
Gott, der herrscht in Ewigkeit[50].

Die Hochschätzung der Orgel in der Generation von Klaus von Flüe zeigt sich auch darin, dass sie im Alten Zürichkrieg und in den Burgunderkriegen zu den jeweils begehrtesten Bestandteilen der Kriegsbeute gehört[51]. Dies kann aber Klaus von Flüe am allerwenigsten angelastet werden. Ist er im mystischen Empfinden eher Nidwaldner, kommt in der »Liebe zu den Sachen und Sorgen« (Heinrich Federer)[52], auch dem Bestreben, keineswegs im Nachteil sein zu wollen, mehr der Obwaldner zum Zuge. Dazu gehört das gesunde Misstrauen gegenüber unangemessenen Ansprüchen des Klerus, welches den grossen Heiligen unterscheidet von einem bloss durchschnittlichen Glied im sichtbaren Leib Christi. Die Erfahrungen mit Helbig und Knaber wirken nachhaltig. Man wird in den Heiligsprechungsakten der Römischen Kurie lange suchen müssen, bis man einen vergleichbaren Text findet, der zu der von Klaus und Hans von Flüe beurkundeten Stiftung der Ranftpfründe gehört:

»Sie (Landammann und Rat) sollen auch Schirmherr über die erwähnte Kapellenpfründe sein. Falls jemand von ihrem Eigentum wegnehmen will, sollen sie das verhindern, und besonders falls ein Priester, welcher es da auch sei, etwas wegtragen oder mitnehmen möchte, seien es Kelche, Bücher oder etwas anderes, was und wie es auch wäre, solches nicht zulassen und besonders darauf achten, dass alles da bleibt und nicht verändert wird. Falls einmal einer aus meinem Geschlecht Priester wird und dieser sich hält, wie es sich für einen frommen Priester geziemt, soll man ihm die Pfründe vor den anderen Priestern leihen und zukommen lassen. Hält er sich aber nicht wie verlangt, ist man dazu nicht verpflichtet.«[53]

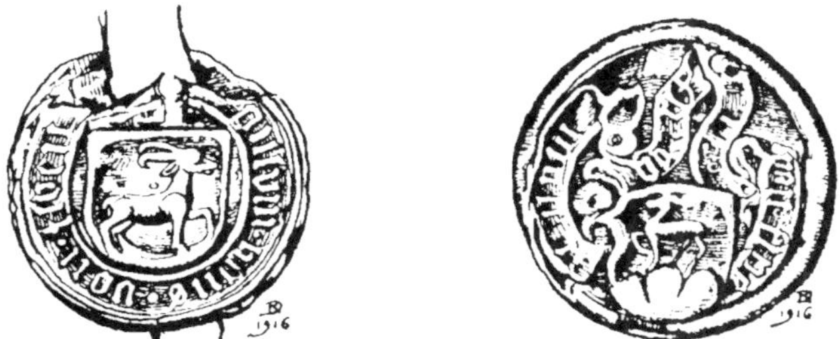

Siegel der Eremitensöhne Landammann Hans von Flüe und Landammann Welty von Flüe, nach Robert Durrer.

Das gewaltsame Frühstück von Ragaz

RUSTEND. UCH. ZUR. STUND.
Inschrift auf Urner Harsthorn, genannt Uristier

In Unterwalden ob und nid dem Kernwald ist nicht jeder Kriegsmann ein Ehrenmann. Aber jeder Ehrenmann ist ein Kriegsmann. Desgleichen in den Ländern Schwyz und Uri. Ausser dem familiären Herkommen strukturieren der kriegerische Auszug und die Rangordnung innerhalb der Knabenschaften Ansehen und Stellung der freien und öfters noch unfreien Männer im Kollektiv einer Talschaft. In den Knabenschaften, deren Dynamik in der Zeit der Burgunderkriege, vor 1480, ihren Höhepunkt erreicht, üben die männlichen Jugendlichen ein spartanisches Brauchtum, vermischt mit gewaltsamen Ausschweifungen[1].

Dabei essen sie lieber Hirsebrei, Käse und Brot und trinken Most, statt die legendäre schwarze Suppe zu schlürfen. Der Eisengeldwährung auf dem alten Peloponnes ziehen sie valablere Plapparte vor. Sechs Plapparte kriegt einer für eine Kuh. Auch dann, wenn er sie als Beute eingetrieben hat, Fehderecht praktizierend. Sagst du aber, schwäbischer Michel aus Konstanz, meiner Währung Kuhplappart und von mir selber, ich rieche nach Kuh, komme ich mit meinen Freunden in ein paar Tagen zu dir und lege Feuer auf deine Stadt. Lass dich durch den Hornstoss aus den Bergen gewarnt sein.

Ausser Trommeln und Pfeifen sowie den urtümlichen Harsthörnern, an der Urseren und an der Reuss Uristier, in der Heimat von Klaus Nidwaldner Kuh genannt, spielen Kriegslieder eine Rolle für die Motivation der Truppe[2]. Ihr Zusammenhalt beruht nicht auf Disziplin, sondern auf einem bandenhaften Korpsgeist, nicht selten persönlicher Gefolgschaft[3]. Ein Liedermacher im Rang einer Geschichtsquelle, die den offiziellen Berichten Paroli hält, ist Wannenmacher Hans Ower aus Luzern. Ihm verdanken wir das Schlachtlied von Ragaz, die wahrscheinlich älteste Kunde von diesem Ereignis, 1866 gesammelt von Rochus von Liliencron (1820–1912), dem Onkel des Poeten Detlev von Liliencron. Neben Gebärden des Triumphs und der Propaganda vernehmen wir Betrübliches und Erbauliches aus dem Alltag des Kriegsmannes:

In dem Oberlande
was üwer grösste not,
dass ir umb üwer bargelt
nüt fundent ze koufen brot:
do sprach sich menig biderb man:
got müess es geklagent sin,
dass wir in disem lande
von hunger so lident pin!

Von Swiz und ouch von Glarus
ir fromen vesten lüt,
von Uri, von Underwalden,
die wagent frölich ir hüt![4]

Selbst gegen Bargeld, das vielleicht aus Währungsgründen nicht entgegengenommen wird, gibt's kaum ein Haferbrot zu essen, von »not und hunger und unser armut und dass wir an der frömde sind« jammert im März 1446 der städtische Hauptmann Klaus Aussen brieflich an Schultheiss und Rat von Luzern[5]. Da scheinen sich die Landleute aus den Waldstätten, nach Liedermacher Hans Ower »fromme veste Lüt«, den Mumm nicht so leicht abkaufen zu lassen. Fröhlich riskieren sie, dem Text des Liedes gemäss, ihre Haut. Erst recht die wackeren Mannen aus Glarus, der benachbarten Bergrepublik. Die ehemaligen Gotteshausleute vom Stift Säckingen am Rhein sind seit dem 4. Juni 1352 dem Bund der Eidgenossen zugeschworen. Der heilige Fridolin, der schwarze Mann auf ihrem roten Banner, verleiht ihnen ein unerschütterlich gutes Gewissen:

Der gute herr sant Fridlin,
well unser schirmschild sin![6]

Innig rot bis an den Tod leuchtet auch das Banner von Schwyz, die anarchische Fahne der Freiheit, im Ursprung noch ohne Kreuz. Im Spätwinter, im Frühjahr und sommers besonders in den Zeiten kurz vor oder nach der Heuernte. Liebend gern im Mai und im Sommer, zwischen Heuet und Emdet, sind die jungen Waffenfähigen geneigt, alles anzugreifen, was sich rund um den Zürichsee und in der Ostschweiz bewegt. Im Alleingang bringen sie mehr Infanteristen ins Feld als Zürich mit seinen Untertanengebieten. Doch ziehen sie verschworene Bruderschaft vor, mit den Unterwaldnern und denen aus

Uri, deren Fahnenträger, ein wilder berserkerhafter Tiermensch, eine Stierhaut mit zwei mächtigen Hörnern trägt und mit dem Instrument laut *lüyet*, wie der zeitgenössische Ausdruck lautet, den akustischen Hornstoss ebenso repräsentierend wie das Gebrüll des Rindviehs. ADMUGIRE, brünstig zumuhen, nennt das Humanistenlatein das tönende Spektakel, so Johannes Fries von Zürich: »Admugire, zuolüyen, wenn ein kuo einem stier lüyet«. Der Eindruck im Feld ist gewaltig, so für den frühen Bruder Klaus-Biographen Hans Salat: »Der stier von Uri lüyt frölich dahar, da das hört der vyenden schar, sy mochtens nit erzügen.« Der Luzerner Diebold Schilling charakterisiert die Wirkung der eidgenössischen Kriegshörner wie folgt: »Miner heren von Lucern grusenlich Harschhörner, ouch den stier von Ure und anderer orten spil, so man in ein velt fürt, solicher mass erschallen, dass die vyend ein grossen schrecken darab entpfiengend«. Dieses *Lüyen* ist der Grundklang in allen Kriegen, an denen Klaus von Flüe teilnimmt, den Feind schreckend, die eigenen Leute mahnend RUSTEND. UCH. ZUR. STUND., wie inschriftlich auf dem ältesten erhaltenen Exemplar im Historischen Museum Basel nachzulesen. Noch von der Schlacht bei Marignano, dem Untergang der Schweizer Kriegerherrlichkeit, berichtet Augenzeuge Valerius Anshelm, auch er ein Bruder Klaus-Chronist, »das Urnerhorn lüyet die ganze Nacht uber (...)«[7].

Demgegenüber *lüyet* die weniger bekannte Nidwaldner Kuh die Leute zusammen unter das Landesbanner des vereinigten Unterwalden, oben rot und unten weiss. Der bekannte Petrusschlüssel kommt zur Zeit von Klaus von Flüe dem separaten roten Fähnlein Nidwaldens zu, in Erinnerung an den Patron der Kirchgenossen von Stans, der Legende nach eine Anerkennung für Einsätze zugunsten des Papstes in grauer Vorzeit. Hinter dem Unterwaldner Banner marschieren in der Regel zwei Drittel Obwaldner und ein Drittel Nidwaldner, beide Talschaften zusätzlich mit noch je einem eigenen Fähnlein. Eine Diskriminierung des unteren Tales liegt vor, trotz des Privilegs der Nidwaldner Kuh. Der Auszug wird nämlich keineswegs als lästige Pflicht empfunden. Von einer gesetzlich verbrieften allgemeinen Wehrpflicht kann keine Rede sein – dafür bestünde so wenig Veranlassung, wie in der Luzerner oder Basler Tradition die Teilnahme an der Fasnacht per Ukas vorzuschreiben. Auch Unterwaldens Banner ist im zeitgenössischen Soldatenlied herzhaft besungen:

Unterwalden thun ich melden,
Sie sind der Ehren ein Preis.
Sie führen in den Felden
Ein Panner rot und weiss![8]

Dabei kennt man Unterschiede und Gemeinsamkeiten zwischen ziviler Lustbarkeit, in Tanz und Spiel, im Vergleich zu den Nöten des Krieges, die gelegentlich von euphorischen Stimmungen unterbrochen sind, sehr gut. Ein gewichtiger Zeuge dafür ist Klaus von Flüe.

Ob er nach Sachseln zur Kirche geht oder nach Kerns, an beiden Orten gibt es in unmittelbarer Nähe der Kirche eine Spiel- und Tanzstätte, die schon genannte *spilstud*. Ob hier, wie Pfarrhelfer Anton Küchler aus Kerns (1839–1905) salbungsvoll annimmt, geistliche Spiele zur Aufführung kommen oder doch eher dem Bedürfnis nach Chilbi, Kirchweih, nachgelebt wird, muss offen bleiben[9]. Die Indizien aus den Quellen zum Leben von Klaus legen die weniger fromme Möglichkeit nahe. Besteht Grund zur Annahme, der gut gewachsene Bauernsohn vom Schübelacher auf dem Sachsler Berg habe von einem vorhandenen ländlichen Freizeitangebot Gebrauch gemacht? Diese Sicht der Dinge, schon für Ranftkaplan Joachim Eichorn Anlass zum Unbehagen, mag einiges für sich haben, dürfte sich jedoch bei näherer Betrachtung als zu harmlos erweisen. Wir müssen, wie der Jüngling aus Burgdorf, selber zu Klaus gehen und ihn fragen. Vielleicht kommen wir dabei auf den Grund von dem, was den Frommen bei Klaus von Flüe Mühe macht. Wie auch immer, ohne den Tänzer und den Krieger werden wir die Erfahrungswelt des Gottesfreundes vielleicht nicht einmal erahnen. Dem Jüngling aus Burgdorf gibt er, auf einem Steinhaufen sitzend, zu bedenken, Gott wisse es einzurichten, dass dem Menschen eine Betrachtung schmecke, als ob er auf den Tanz gehe, und andere Betrachtungen würden empfunden, als ob er im Gefechtsstand den Kampf ausübe. (D 407)

Das Tanzen im rauschhaften Exzess gehört gemäss dem Nachweis bei Paracelsus im Grenzfall zu den »Krankheiten, die der Vernunft berauben« und manifestiert sich oft in Absenzen und Anfällen verschiedener Art[10]. Die drei im Spätmittelalter geläufigen pathologischen Formen sind die *chorea naturalis*, die konstitutive Tanzsucht, die mit dem Zustand der Säfte im Körper zusammenhängt. Dann gibt es die sexuell motivierte Tanzsucht, *chorea lasciva*, und als schrecklichste die *chorea imaginativa*, die ansteckende, »imitative« Tanzsucht[11]. Diese führt zur Enthemmung beim Töten und Getötetwerden, überschneidet sich also weitgehend mit der Feldsucht, dem musikalisch initiierten Wahnsinnsfuror in den Schlachten. Ein Phänomen der gewalttätigen Masse. Dieses ist in der Kriegsgeschichte der alten Eidgenossenschaft nie stärker nachgewiesen als für die Lebenszeit von Klaus von Flüe und die anschliessenden Generationen bis zu den militärischen Katastrophen von Marignano, 1515, und Kappel am Albis, 1531[12].

Das furchtbarste Beispiel bildet das Massaker bei Sankt Jakob an der Birs vor den Toren Basels. Hier bietet am 26. August 1444 ein verlorener Haufen von vielleicht dreizehnhundert Mann wider eidgenössischen Befehl der zehn- bis zwanzigfachen Übermacht der Armagnaken-Söldner, im Dienste des französischen Kronprinzen, auch Schinder genannt, offensiv die Stirn. Einem warnenden Boten aus Basel blüht Niederstechen, die Hauptleute werden von der Kriegergemeinde bei Drohung des Erhängens gezwungen, den entfesselten Blutharst dem gewaltigen Feind entgegenzuführen. Was beim Siechenhaus und beim Friedhof von Sankt Jakob während ein paar Stunden vor sich geht, ist eine veitstanzartige Rosengartenorgie des Irrsinns. Der im traditionellen Schweizer Lesebuch verewigte tödliche Steinwurf des sterbenden Urner Hauptmanns Arnold Schick gegen den österreichischen Ritter Burkart Münch, der den Armagnaken Führungsdienste leistet, soll der historischen Realität entsprechen. Dem Dauphin, dem späteren König Ludwig XI., geht weniger die Dezimierung der ohnehin unbezahlbaren Schinder zu Herzen, von denen es seit dem Waffenstillstand im Hundertjährigen Krieg gegen England viel zu viele gibt, als die brutale Nachricht, die Eidgenossen hätten ihm binnen Stunden über elfhundert Rosse erschlagen[13]. Von den Helden dieser oberrheinischen Thermopylenschlacht überleben nur deren sechzehn. Der Ruf der Davongekommenen ist nicht der beste[14].

Klaus von Flüe lagert zum Zeitpunkt des blutigen Geschehens mutmasslich zusammen mit 18000 eidgenössischen Kriegsknechten vor Zürich. Das ist der grösste Heerhaufen in seiner aktiven Dienstzeit. Er löst sich nach der Meldung von der Katastrophe unverzüglich auf. Sowieso steht die Arbeit der Ernte vor der Tür. Sie hätten »ir ding ze versorgen«, »ir reben und güter zu buwen«, »gantz aller sachen unversorget hus und hoffes und unser ewiber halb«, sagen die Krieger, wenn sie feldmüde sind und heim wollen. Oder sogar: »Länger als bis am Ende dieses Monats will niemand mehr bleiben, jeder möchte die Seinigen wieder einmal sehen.«[15] Zur Feldmüdigkeit, jahreszeitlich bedingt, gesellt sich nun aber eine echte Demoralisierung, ein tiefsitzender Schock.

Gehört auch der Krieg zu den unabdingbaren Erfahrungen des späteren Eremiten, gibt es bei ihm keine Indizien für feldsüchtiges Verhalten, im Gegenteil, wie an der Halten, Rorer und Wölflin glaubhaft bezeugen – aus der Sicht der Obwaldner wäre dies ja keine Schande. Die Faszination des Gebrülls von Uristier und Nidwaldner Kuh klingt in Zwischentönen von Reiz und Schrecken trotzdem bis in die Szenarien der Visionen nach. Doch Besinnung und Besonnenheit verliert er im Felde nie. Anderseits ist ausgerechnet Klaus von Flüe der vielleicht eindrucksvollste Fall eines Zusammenhangs zwischen Tanzen und Absenzen in seiner Generation. Die Überlieferung ist wegen der erstaunlichen Nähe zum Bericht des Burgdorfers glaubwürdig, und dass Kaplan Eichorn diese Geschichte widerwillig und mit einer zensurierenden Interpretation wiedergibt, bringt erst recht eine unbekannte Perspektive ans Tageslicht. Es handelt sich um die Verzückung, nach deren Lösung Klaus zu den Umstehenden sagt, er sei *zu dorff gesyn.* (D 979f.)

Dabei scheint es einfacher, die Tanzplätze von Klaus zu rekonstruieren als die Auszüge, Scharmützel und Schlachten zu überblicken, an denen er teilgenommen hat. Nur eine Söldnerliste führt seinen Namen, *Claus an der Fül* geschrieben. Es handelt sich um die 29 Unterwaldner Landsknechte, die im Gros von 699 Schweizern von der Reichsstadt Nürnberg gegen den Markgrafen von Brandenburg eingesetzt werden und dank »ihrer Tapferkeit den Sieg der Stadt entschieden«[16]. *Claus an der Fül* steht an drittletzter Stelle notiert, gleich nach *Hennslin Bachtel* (Bachtaler) aus Sachseln und noch vor *Heyni Winkelreyd*, dem späteren Tagsatzungsabgeordneten von Nidwalden. (EB 357) Unter den Ausgezogenen befindet sich auch ein *Hensslin Weiss* (Wyss), nach der Vermutung von P. Emmanuel Scherer aus der Sippe von Gattin Dorothe[17]. Dieses Papier im Staatsarchiv Nürnberg ist als Dokument für einen kriegerischen Einsatz von Klaus umstritten, oder es wird verschwiegen. Die meisten Biographen wollen nicht glauben, dass der spätere Warner vor Käuflichkeit und Eigennutz Reisläufer gewesen sein könnte. Demgegenüber kommt Robert Durrer gegen Ende seines Lebens in einem nicht publizierten Manuskript *Bruder Klaus als Reisläufer* zu einer positiven Annahme[18]. Er behält es in der Schublade, man will die jahrhundertelangen Bemühungen um die Heiligsprechung nicht noch kurz vor der Zielgeraden mit Komplikationen belasten.

Gegen die Möglichkeit der Teilnahme von Klaus am Nürnberger Feldzug gegen Albrecht von Brandenburg scheinen die Beteuerungen des Ranftbesuchers Albrecht von Bonstetten und des frühen Biographen Wölflin zu sprechen. »Er ist nie vermerckt (...) in kriegen durch eigen bewegnis« (D 83), »nahm nie ohne obrigkeitlichen Befehl an Kriegen teil«. (D 533)

Nur, was heisst »durch eigen bewegnis« und »ohne obrigkeitlichen Befehl«? Dies bedeutet vor allem, dass er keine Privatkriege, Fehden, vom Zaune gerissen hat, wie dies bei nicht wenigen Zeitgenossen und noch im sechzehnten Jahrhundert im berühmten Fall von Michael Kohlhaas vorgekommen ist. Söldnerkommandant Hans Mülner hat an der Tagsatzung in Luzern vom März 1450 formell die Erlaubnis zur Anwerbung der Truppe erhalten. (EB 189) Erst recht spricht die Struktur des eidgenössischen Kriegertums gegen eine moralisierende Unterscheidung zwischen einem »vaterländisch« motivierten Aufgebot gleichsam zum Zweck der »Landesverteidigung« und der Beteiligung an Feldzügen wie denjenigen, wofür die Reichsstadt Nürnberg Hans Mülner werben lässt. Alle Feldzüge, an denen Klaus teilgenommen haben kann, sind offensiv geführt, immer mit Plünderungen und oft mit Eroberungen verbunden. Die Krieger werden durch keinen Sektionschef registriert, besammeln sich nach keinerlei Mobilmachungsplan und unterstehen keiner fest existierenden Heeresleitung. Die Hauptleute handeln, wie von der militärhistorischen Forschung nachgewiesen, als freie Unternehmer mit Knechten, die ihnen mit ihrer persönlichen Waffe folgen. Es gibt keinen Eid fürs Vaterland, sondern einen Eid von Fall zu Fall. Eine totale Mobilmachung existiert nicht[19]. Sicher haben die Feldzüge unter Führung des Landammanns oder von dessen Stellvertreter eine besondere Bedeutung, aber moralischer als die anderen sind sie nicht. Allerdings arten Jahrzehnte nach der Dienstzeit von Klaus einige Feldzüge junger Krieger (»Saubannerzüge«) derart aus, dass sie nicht nur von den Schikanierten, sondern hochoffiziell als Landplage angesehen werden[20]. Solche politischen Wertungen gibt es in der Schweiz um die Mitte des fünfzehnten Jahrhunderts noch kaum. Krieg und Kriegertum sind bei den Eidgenossen, wie zur Zeit des Hundertjährigen Krieges weitgehend noch in Frankreich, eher eine gesellschaftliche als staatliche Angelegenheit mit zum Teil anarchischem Charakter.

Eine anschauliche Vorstellung, wie man sich die Truppenmobilisierung vorzustellen hat, gibt die Chronik von Josias Simler: »So man aber hinweg ziehen muss, da dann nit yederman ziehen kan, (...) so beschicht an villen orten der ausszug auff solliche weis, dass zu dem ersten der Hauptmann oder ein ander gewaltshaber einen benamset, der selbig benamset denn den andern, der ander den dritten und also, bis die zahl in yeder Gemeind erfüllt wirt. Und von solichem ausszug redt auch Xenophon und vermeint, das gebe die besten und daffersten hauffen, die von freunden und bekannten versamlet werden. Soliches haben unsere Altvorderen wol erkenntund (...) sich dessen beflissen, dass im auszug under ein zeichen zusamen kemen vil, die ein anderen bekannt und gefreundt weren (...)«[21]

Nicht das staatliche Aufgebot ergeht, sondern, analog zu Traktorfeldzügen modernen Bauernprotests, fragt ein Genosse den andern, vielleicht der Hensly Wyss den Klaus von Flüe, und der Bachtaler sagt, er komme auch mit. Der Heiny Winkelried oder ein anderer vom untern Tal bläst vor Nürnberg die Nidwaldner Kuh, zum Schrecken des erlauchten Markgrafen Albrecht Achilles von Brandenburg[22]. In den Staub mit ihm! Und selbst wenn der genannte *Claus an der Fül* statt Klaus vom Sachslerberg *Nikolaus under der Fluo* von Kerns wäre: es bleibt dabei, Erny Rorer und vor allem Erny an der Halten stehen mit Klaus von Flüe im Verhältnis inniger Waffenbruderschaft. Mit Sicherheit sind sie zusammen mehreren vergleichbaren Aufgeboten gefolgt. So gross ist das Vertrauensverhältnis, dass Tochter Barbara an der Halten und Sohn Welty von Flüe, späterer Landesfähnrich von Unterwalden, bald einmal ein Paar werden. Unter ihren Nachkommen wimmelt es nur so von Majoren und anderen hohen Offizieren, zum Beispiel Ludwig von Flüe. Er wird am 14. Juli 1789 in Paris das Kommando zur Verteidigung der Bastille erhalten und mit dem Söldnertitel »Le bastillien« in die Geschichte eingehen.[23]

Als einzige sichere Augenzeugen berichten Rorer und an der Halten Merkwürdiges von ihrem Kriegskameraden Klaus von Flüe: In Kriegen habe er, meint der ältere, seine Feinde wenig beschädigt, sondern sich allwegen nebenaus verzogen und sie nach Möglichkeit beschirmt. (D 462) An der Halten betont, wie sehr Klaus die Gerechtigkeit liebgehabt, das Unrecht bestraft und in den Kriegen die Feinde nach Möglichkeit geschont habe. Demgegenüber beeilt sich Wölflin, der das Kirchenbuch von Sachseln eingesehen und mit dem einen oder anderen überlebenden Zeugen noch gesprochen haben dürfte, zu betonen: »Er war der grösste Freund des Friedens; doch wo es fürs Vaterland zu streiten galt, wollte er nicht, dass die Feinde wegen seiner Untätigkeit unverschämt grosstun könnten; sobald deren Kräfte aber zusammengebrochen und überwunden waren, mahnte er nachdrücklich zur Schonung.« (D 533)

Was »wenig beschädigt«, »nach Möglichkeit beschirmt«, »nicht wollen, dass die Feinde wegen seiner Untätigkeit grosstun können« im grausamen Zusammenhang des grössten Krieges, den Klaus miterlebt hat, heissen könnte, macht aus dem Kontext der Chroniken einen eher ernüchternden Eindruck. Es ist auf keinen Fall mit Defätismus oder gar Pazifismus zu verwechseln. Die Vorstellungen von Milde bei typischen Obwaldner Draufgängern wie an der Halten oder Erny von Wisserlen, Held von Ragaz, sind aus moderner Sicht immer noch fast unausdenkbar brutal. Dazu muss man sich das Image der Unterwaldner bei den Chronisten des Alten Zürichkrieges, etwa Hans Fründ, Landschreiber von Schwyz, vergegenwärtigen. Zunächst ist es notwendig, einen Überblick auf die Auszüge zu geben, bei denen Klaus von Flüe mit Wahrscheinlichkeit dabei gewesen ist. Die Hauptzeugen sprechen ausdrücklich von einer Mehrzahl von Kriegen. Nach Hans von Waltheym, Brunnenmeister der Stadt Halle an der Saale, in direkter Beobachtung zuverlässigster Zeuge über den Eremiten, ist dieser in jüngeren Jahren »in vielen Hoybtstryten« (D 61) dabeigewesen, also auf dem Hauptschauplatz bedeutender Kriege. Für Magister Heinrich von Gundelfingen, Chorherr von Beromünster und 1488 Verfasser der ersten biographischen Studie überhaupt, kommen Klaus von Flüe die militärischen Grade *vexillifer,* Bannerträger, *manipularius,* noch von Durrer mit Rottmeister übersetzt, und *primarius,* Hauptmann zu. (D 428) Das bleibt zu präzisieren.

Zu den »Hoybtstryten« sind mehrere Auszüge im Alten Zürichkrieg zu rechnen, der grössten Serie von Waffengängen in seiner aktiven Dienstzeit. Um diese kommt er, gerade in einer Führungsaufgabe, auf keinen Fall herum. Dies gilt generell, aber nur jeweils bedingt, mit erheblicher Wahrscheinlichkeit, für die einzelnen Kriegsanlässe. Sehr viel spricht auch für den Auszug nach Nürnberg, wo die Schweizer Söldner am 26. April 1450 »frisch und fröhlich« einziehen und noch vor Sommersonnenwende mit dem Markgrafen von Brandenburg alles klar machen, dabei zweiunddreissig Dörfer verwüstet zurücklassen[24]. Klaus ist zu dieser Zeit erst seit wenigen Jahren verheiratet. Dies habe, meint Durrer lakonisch in seinem unpublizierten Manuskript, die alten Schweizer nie gehindert, in den Krieg zu ziehen. (EB 189) Eine wahrscheinliche Beteiligung an der Eroberung des Thurgaus mit der Belagerung von Diessenhofen ist kein Beweis für die »Rettung« des Klosters St. Katharinental. Die Legende ist, bei Berücksichtigung der Aufzeichnungen des Glarner Landschreibers Hans Mad, wenigstens theoretisch möglich geworden[25]. Der »Plappartkrieg« von 1458, ein willkürlicher terroristischer Auszug junger Raufbolde nach Konstanz, Rache für eine Beschimpfung in Richtung der sodomitischen »Kuhschweizer«, fällt hingegen ausser Betracht.

In einer zähen Überlieferung, besonders zur Zeit der geistigen Landesverteidigung gegenüber Bedrohungen der Weltkriege und des Kalten Krieges, wird Klaus in Fehlübersetzung von Gundelfingens lateinischer Ausdrucksweise zum Rottmeister gemacht, ein Vorbild für den guten schweizerischen Unteroffizier und Zugführer. Der Offiziersrang »Rottmeister«, nach den Burgunderkriegen aufgekommen, existiert in seiner aktiven Dienstzeit noch nicht, auch nicht Lütiner, eine volkstümliche Verballhornung von Lieutenant, Furier oder gar Obristhauptmann. Ganz zu schweigen vom Oberstfeldwachtmeister und Generalfeldwachtmeister, Enzianblüten alpinen Militärbarocks aus der Nidwaldner Defensionalordung um 1668[26]. Der Militärhistoriker Walter Schaufelberger hat diesen jahrhundertealten Irrtum der Bruder Klaus-Biographie zuhanden des Ergänzungsbandes zu Durrers Quellenwerk, von Rupert Amschwand erarbeitet, korrigiert. (EB 186) In Frage kommen Hauptmann, Venner (Fähnrich) oder Vorvenner. Die dem Landammann oder seinem Stellvertreter unterstehende Kriegergemeinde, mit erstaunlichem Grad von »Mitbestimmung«, ist äusserlich wenig strukturiert, hat in hohem Ausmass den Charakter einer Meute. »Hoptman, syest du ain Biderman, so lass uns brennen die Vesti«, steht in der Reimchronik des Appenzellerkrieges zu lesen[27]. Vorauseilender Gehorsam der anarchischen Rotte ist keine Ausnahme, sondern fast die Regel. Und wer darf sich Hauptmann nennen? Von einem brevetierten militärischen Grad kann nicht die Rede sein. Gemäss dem erhaltenen Mannschaftsrodel der Stadtrepublik Zürich aus dem Alten Zürichkrieg sind einem »Hoptman« jeweils etwa fünf bis zwölf Mann angeschlossen. Dies sieht dann, zum Beispiel für das Dorf Zollikon, konkret so aus:

Heiny Hottinger ist dieser mit den spiessen hoptmann:
Cunrat Hensler
Heiny Buecher
Bertschy Leinbacher
Hensly Rebmesser
Uly Huber[28]

Die Verbindung des Hauptmanns Hottinger mit seinen Spiessgesellen Hensler, Buecher, Leinbacher, Rebmesser und Huber ist kein modernes Dienstverhältnis, sondern liegt begründet auf der Beziehung der Gefolgschaft. Dies gilt für die Krieger im Alpengebiet in mindestens gleichem Ausmass wie für die Dorfleute aus Wipkingen und Zollikon mit ihren je einheimischen Hauptleuten. Hauptmann ist also derjenige, der als »Magnet der Krieger«[29] ein paar Männer zusammenbringt, oft seine Freunde, auf die er sich verlassen kann. Im Rückblick auf noch frühere Zeiten liegt ein Vergleich mit ritterlich-feudalen menschlichen Werten nahe. Im Vorausblick fühlt man sich an das Fähnlein der sieben bewaffneten Aufrechten bei Gottfried Keller erinnert. Diese stehen eher am Ende als am Anfang einer Epoche der Schweizer Geschichte[30].

Ein Hauptmann dieser Art mag Klaus von Flüe gewesen sein. Im Hinblick auf seine Gewohnheit, sich gelegentlich »nebenaus« zu verziehen, tut man gut daran, ihn als militärischen Führer nicht zu überschätzen. So wenig er ein »gewaltiger Ammann im Lande« (D 61) werden will, darf ihm ein bedeutendes militärisches Kommando zugeschrieben werden. Die Neigung der frühen ausländischen Besucher und Biographen, in nachträglicher Überhöhung noch »eins drauf« zu geben, ist offensichtlich. Der für die Innerschweizer Orte massgebende Chronist des Alten Zürichkrieges, der Schwyzer Landschreiber Hans Fründ, nennt als beteiligter Augenzeuge in seinem gut dreihundertseitigen Bericht mehrere Männer aus Unterwalden, gibt interessante Aufschlüsse über das Naturell dieser befreundeten Landsleute. Klaus von Flüe wird nicht erwähnt. Er gehört mutmasslich zu den Hauptleuten, wie sie jeder der am Krieg beteiligten Orte Dutzende zu stellen hat.

Eine namhafte Unterwaldner Beteiligung gibt es beim Kriegsrat am 5. Mai 1439 im Krimholz auf dem Etzel, zwischen Einsiedeln und dem Zürichsee. Die Unterwaldner warnen in der Kriegergemeinde zusammen mit den Urnern vor dem Bruderkrieg mit Zürich[31]. Dies geschieht am Anfang der heissen Phase des Krieges, der sich schon seit dem Tod des Grafen Friedrich VII. von Toggenburg anbahnt. Es geht um die Hinterlassenschaft des in der Walpurgisnacht (30. April) 1436 ohne rechtmässige Erben verstorbenen Landesherrn in der Ostschweiz, um dessen Erbmasse Zürich unter Bürgermeister Rudolf Stüssi und Schwyz, mit dem schlauen Landammann Ital Reding, rivalisieren. Als einer der wenigen eidgenössischen Politiker seiner Generation mit Überblick und Gespür für langfristige Entwicklungen führt Reding die typisch schwyzerische Politik seit Morgarten, 1315, in den Jahren vor dem Zürichkrieg zunächst mit diplomatischen Mitteln fort. Die Klimaerwärmung zwischen 1000 und 1300, der Übergang zur Viehwirtschaft, ein relativ hohes Ausmass an Freiheit und elementare Vitalität haben die Bevölkerung im Talkessel von Schwyz stark wachsen lassen. Von Expansion im modern – territorialstaatlichen Sinn kann nicht gesprochen werden. Aber Schwyz verfolgt zuerst gegen Einsiedeln, dann gegen zürcherische und habsburgische Interessen wirtschaftliche und politische Ansprüche im Zürichseeraum. Analoge Begehren liegen bei den Talleuten von Glarus vor.

Auf der anderen Seite ist Zürich am selben Territorium interessiert, wegen dessen Lieblichkeit und Fruchtbarkeit, vor allem aber, weil es den Weg nach Graubünden und über die dortigen Pässe nach Italien markiert. Diese Route ist im fünfzehnten Jahrhundert noch bedeutender als diejenige über den viel höheren, schwerer zu bewältigenden Gotthardpass, damals Sankt Gotthardsgletscher[32] genannt. So oder so, der Toggenburgische Erbschaftskrieg, wie der Alte Zürichkrieg wohl treffender zu nennen wäre, wird während sieben Jahren in zunehmender Erbitterung zum längsten und grausamsten eidgenössischen Bruderzwist der Geschichte. Dass Zürich mit der Zeit alle sieben Bruderorte und auch noch die Appenzeller und Solothurner gegen sich aufbringt, liegt an der ungeschickten Diplomatie von Stüssi. Der Lebensmittel- und Handelsboykott gegen Schwyz, nach Missernten und äusserst harten Wintern am Ende der vierzehnhundertdreissiger Jahre[33], erweist sich als eine unverhältnismässige Massnahme. Das Bündnis Zürichs mit Österreich, mit dem ein Stück weit gemeinsame Interessen vorliegen, wird als Verrat empfunden, die Berufung österreichischer Ritter zu Heerführern als zusätzliche Provokation. Beim diplomatischen Notenwechsel mit Schwyz gebärdet sich Zürich »unfrüntlich«, wie Landschreiber Fründ mit Empörung feststellen muss: »Und schriben (...) nitt me eidgenossen denn blos und schlechtlich: dem lantammann, den räten (...) und den lantlüten zuo Swytz; weder eidgenossen, gruos noch dienst, noch desglich nützit« (nichts dergleichen)[34]. Über die politisch-wirtschaftlichen Gegensätze hinaus wirkt solches Verhalten beleidigend. Ohnehin sind die Eidgenossen, wie ihnen allgemein nachgesagt wird, *kitzlich*, das heisst höchst empfindlich gegenüber Beleidigungen und Demütigungen[35]. Beim Zurückschreiben nach Zürich behalten sie aber eine steife Oberlippe, betrachten dieses nach wie vor als Bundesgenossen: »Dem bürgermeister, den räten, den zunftmeistern, und dem grossen rat (...) der statt Zürich, unsern eidgenossen tuon wir (...) zuo wissen (...)«[36] Weggelassen wird das sonst übliche Attribut »unseren *lieben* eidgenossen«. Nein, lieb sind diese Zürcher nicht, sonst würden sie nicht unter der militärischen Führung des Ritters Hans von Rechberg *Hie Österrich, retta Brandenburg*! zu ihrem Schlachtruf erwählen![37] Wie kann man nur! Haben die eigentlich von Wilhelm Tell und dem Freiheitskampf gegen Österreich noch nichts gehört? Und was soll das Anbiedern bei Herzog Albrecht von Brandenburg? Zur Zeit des Alten Zürichkrieges ist Hensly Schriber bereits Landschreiber von Obwalden. Es wird allmählich Zeit, dass man die alten Geschichten einmal auf einem schöneren Pergament festhält. Die Schweiz wird es noch brauchen können, auch zur Abgrenzung gegenüber Brandenburg und seinen späten apokalyptischen Attrappen.

Die in der Form und auch in der Sache ungeschickte Politik Zürichs unter Führung des verhassten Stüssi führt dazu, dass sich Uri, Unterwalden, Luzern, sogar Bern und die anderen Orte für eine kriegerische Politik einspannen lassen, die vor allem den Interessen von Schwyz dient. So finden wir dann Unterwaldner Kontingente beim unblutigen Auszug nach Thalwil im November 1440, bei der Erstürmung der Schanze auf dem Hirzel, wo später Johanna Spyri schreibend ihre Sommerfrische verbringt, bei den Belagerungen von Regensberg und Greifensee, im Gefecht von Sankt Jakob an der Sihl, bei der grossen Belagerung Zürichs und bei der Schlacht von Ragaz, welche die letzte grosse blutige Aktion darstellt.

Unter den »Hoybtstriten«, den Hauptkriegsschauplätzen (D 61), bei denen Klaus »wohl bestimmt dabei war« (Heinrich Federer)[38], ist der Angriff am Hirzel für das Verhalten der Männer aus Unterwalden repräsentativ und lehrreich. Dasselbe gilt für Greifensee und Ragaz. Die Quellen lassen alles hinter sich zurück, was sich die Fiktion des historischen Romans, etwa bei Maria Dutli-Rutishauser, ausdenken könnte[39]. Die Summe der Szenarien zeigt, in welche Situationen der Hauptmann hineingestellt wird. Dabei wird, als Silhouette, das wahrscheinliche Verhalten von Klaus von Flüe in Annäherung transparent. Zum Vorschein kommt, was Rorer und an der Halten mit ihrer Charakteristik des auf Schonung der Feinde bedachten Genossen wohl meinen. Ein bestimmtes ethisches Verhalten ist weder zu verstehen, noch zu würdigen ohne den konkreten Kontext, auf den es sich bezieht. Humanität, Zivilcourage oder gar

Pazifismus sind moderne Begriffe, womit die im spätmittelalterlichen Krieg vorkommenden Formen des Verhaltens, auch bei Klaus von Flüe, nicht zu beurteilen sind. Die sittlichen Werte, stark im Kollektiv und im Persönlichen verankert und aus einem für uns schwer nachvollziehbaren Verhältnis zum Tod zu verstehen, richten sich nach anderen Parametern.

In der vorletzten Maiwoche des Jahres 1443 lagern die Truppen Unterwaldens zusammen mit den Urnern und Luzernern im zugerischen Baar[40]. Die Gegner aus Zürich unter Führung des österreichischen Feldhauptmanns Thüring von Hallwyl halten den Albispass und haben sich am Hirzel verschanzt, »das ist am Horgerberg, hier diesseits gegen Zug« (Fründ), wo heute eine Hauptverbindungsstrasse von der Zentralschweiz zum oberen Zürichsee durchführt[41]. Zürichs Truppen machen verschiedene Ausfälle, zum Beispiel ins zugerische Blickensdorf, wo sie brandschatzen. Die innerörtischen Verbündeten bleiben ihrerseits nicht passiv. Ihre Vorhut, die »röschesten und geradesten Knechte«[42], ausgerüstet mit Langspiess und Armbrust, nähert sich der Hirzelschanze. Die »röschen« Kerle treffen in dem Augenblick ein, da die Feinde »ob dem nachtmal sassent«[43]. Wohl fleischlos, denn es ist Freitag. Dabei kommt es zuallererst zu einem währschaften homerischen Wortwechsel, einem archaisch anmutenden Beschimpfungsritual: Die Feinde oben auf der Letzi beginnen den eidgenössischen Knechten, die als vorderste das Gelände erklimmen *wol har! und daby wüste und unsubre wort* zuzurufen. Das erzürne die Eidgenossen, fährt der Chronist fort, und es drücke sie auch die Schmach der Verbrennung von Blickensdorf. Und jetzt dieses wunderliche Gebaren da oben auf der Schanze! Und sie rufen gleich zurück zu den Bannern, dass sie heranzögen; denn sie wollten endlich angreifen, *und inen nit länger sparen!* [44]

Wie verhalten sich nun die Hauptleute gegenüber dem *volk* der Krieger? Der Chronist Fründ, in der Übersetzung von Wilhelm Öchsli: »Und wiewohl ihre Hauptleute gerne gesehen hätten, dass sie des Abends nicht angriffen, sondern ihre Eidgenossen erwartet hätten, und sich jegliche Gemeinde versammelte und sich unterredete und zuletzt alle zusammen an einen Ring stunden, da fruchtete nichts, was man redete; denn das Volk wollte immer dran.«[45] *Das volk wollte je dran!*[46] Eine für das Kriegswesen der Eidgenossen lehrbuchmässige Szene, die direkte Demokratie der Horde in anarchischer Urgestalt. Die Hauptleute raten zur Besinnung, wollen noch den Zuzug der Schwyzer, die vor Freienbach beschäftigt sind, vielleicht auch in Kappel mit der einigermassen sorgfältigen Demontage von Orgel und Kirchenuhr aufgehalten werden, abwarten, dann mit jeglicher Kriegergemeinde über das weitere Vorgehen beraten. Wie kompliziert! Die *röschen* Männer aber aus dem Fussvolk, vom Feind provoziert, wollen und gehen *je dran*, und dabei muss ihr Führer, Landammann Hans Müller aus Sarnen, noch an diesem Freitagabend als erster dran glauben. Am 24. Mai 1443 ist für ihn die Sonne, mit schrecklichem Getöse, um 19.18 Uhr zum letzten Mal untergegangen[47]. Die Schanze wird genommen, »auch legten sie von Stund an Feuer in die Häuser auf der Letze, wo sie hindurchkamen, und verbrannten sie, dass viele der Feinde darin blieben, und half Gott der Allmächtige und seine würdige Mutter, die reine Magd Maria, den frommen Eidgenossen von Luzern, Uri und Unterwalden, dass sie über ihre Feinde obsiegten.«[48] Die Überreste der Häuser auf der Letze motten noch, da die Sonne am anderen Morgen wieder aufgeht. Ab sofort ist Nikolaus von Einwil, der künftige Schwiegervater von Bruder Klausens Sohn, Landammann und damit nominell Führer des Auszuges[49].

Nach allem, was wir über Klaus von seinen Kriegskameraden und aus dem indirekten Zeugnis späterer Ratschläge in Erfahrung bringen können, steht er haltungsmässig auf der Seite der abwartenden, auf Beratung mit den Miteidgenossen erpichten Hauptleute. Die cholerischen, »kitzlichen«, feldsüchtigen Draufgänger entsprechen seinem Naturell nicht. Eher schon dem von Erny an der Halten, wie dessen Terror gegen Pfarrer Helbig aus Sachseln andeutet. Ist die Losung zum Angriff aber einmal ausgegeben, gibt es für die Hauptleute kein Ausweichen mehr, »wollte er nicht«, wie Heinrich Wölflin über Hauptmann Klaus festhält, »dass die Feinde wegen seiner Untätigkeit unverschämt grosstun könnten«. (D 533) Das Schicksal von Landammann Hensly Müller, der entgegen seiner ursprünglichen Mahnung an vorderster Stelle losstürmen muss, ist typisch. Die meisten Winkelriede sterben als Helden wider Willen. Zwei Monate später verliert auch Zürichs Bürgermeister Rudolf Stüssi bei Sankt Jakob an der Sihl sein Leben. Der hauptverantwortliche Führer nimmt ein grosses Risiko auf sich. Die Sieger schmieren sich mit dem Schmer aus dem Bauch des verhassten Feindes die Schuhe ein[50].

Die Kriegsführung erbittert sich in der Folge zunehmend. Zürich kann sein Landgebiet, ausser den Festungen Regensberg und Greifensee, nicht halten. Im Rhythmus von Auszug und Heimkehr zur bäuerlichen Arbeit verheeren die eidgenössischen Verbündeten in mehreren Streifzügen 1443 und 1444 den lieblichsten Teil des Zürcherlandes zwischen Regensberg, Rümlang, Uster, Grüningen und der Gegend um Rüti. Ausser vor Räubereien und Brandschatzung schrecken sie vor Grabschändung, Verletzung heiliger Kirchenräume und gemeinem Totschlag nicht zurück. Damit werden die Satzungen des Pfaffenbriefes und des Sempacherbriefes, der ältesten eidgenössischen Kriegsordnung, zynisch missachtet. Im Kloster Kappel am Albis werden Kirchenuhr und Orgel, die kostbarsten Ausstattungsgegenstände, samt Glocke, demontiert und verschleppt[51]. Im Kloster Rüti öffnen einige Vandalen das Grab von Friedrich VII. von Toggenburg, um der Leiche den Schädel einzuschlagen[52]. In Rümlang wird der abziehende Vogt Kilchmater, entgegen einem gegebenen Ehrenwort, kurzerhand von zwei Unterwaldnern umgebracht[53].

Genau ein Jahr nach den Scharmützeln rund um den Hirzel sind Unterwaldens Kriegsknechte abermals auf einem Hauptkriegsschauplatz anzutreffen. Zusammen mit ihren Bundesbrüdern, unter denen sich die aus Schwyz und aus Luzern besonders hervortun, bereiten sie dem Städtchen und der Feste Greifensee eine unvergesslich schreckliche Pfingstwoche.

Die Vorstellung, Klaus von Flüe könnte in den Maitagen 1444 bei der Belagerung und Entsetzung der Feste Greifensee dabei gewesen sein, bereitet für die Lebensgeschichte eines Heiligen Unbehagen. Dass er im Kriege sich gern »allwegen nebent us zogen«, (D 463) nebenaus verzogen habe, wie Erny Rorer beteuert, würde man nie lieber glauben als bei dieser Gelegenheit. Ebenso das Hervorheben des Beters unmittelbar nach der Schilderung des Kriegers bei an der Halten, er habe »andächtiglich und vast bettet, im selbs vil abbrochen«, also andächtig gebetet und auf vieles verzichtet. (D 464) Das mag bereits für den Kriegsmann gelten. Was dem Beter dabei gelungen ist? Hat er vielleicht, in welchem Sinn auch immer, in schweren Tagen der Verbundenheit mit der Kirche Ausdruck gegeben? Dazu ist der Krieg zu gnadenlos. Sowieso sind die inneren Orte vom rechtmässigen Empfang der Sakramente gebannt. Nicht wegen der Schändlichkeit ihrer Aktionen, sondern weil sie dem Afterpapst Felix V., einem Fürstensohn aus dem Hause Savoyen, anhangen. Das hat Ital Reding zu verantworten, der einzige in den Waldstätten, der so etwas wie eine Aussenpolitik betreibt. Der Bannspruch des Papstes Eugen IV. macht, wie frühere derartige oberhirtliche Erlasse, die Lage zusätzlich unübersichtlich, hat für die Praxis der Seelsorge im Krieg jedoch keine Bedeutung. Wenn sich jemand auf die Beichte und die letzte Ölung rüsten muss, dann ist es der Feind, und dieser ist nicht gebannt.

Sich »nebenaus verziehen« kann ein Hauptmann vielleicht in den Wochen der Belagerung der Burg, so weit er sich nicht am Umgraben der Mauern beteiligen muss. Diese Massnahme trägt wesentlich zur Kapitulation des Kommandanten Wildhans von Breitenlandenberg und seiner Mannschaft bei. Dieser muss sich auf Gnade oder Ungnade am *Mittwoch vor dem heiligen Pfingsttag*, also am 27. Mai, ergeben[54].

Die Losung der Kriegergemeinden lautet eindeutig »Ungnade ohne alle Gnade«. Gerade noch eine Nacht Leben wird dem Kommandanten und der rund siebzigköpfigen Besatzung gelassen. Worte wie »siebzigköpfig« oder »zweiundsechzigköpfig« erhalten im Fall Greifensee einen speziellen, strengeren Sinn.

In Erinnerung an schlechte Erfahrungen bei der Belagerung von Regensberg ein Jahr zuvor sind die Verbündeten entschlossen, ein Exempel zu statuieren. Der Terror wird nicht nur praktisch, sondern auch verbal zum Prinzip erhoben, und zwar ausdrücklich von den Hauptleuten, wie der Kommandant der Luzerner seinem Schultheiss und Rat brieflich mitteilt: »Also haben auch alle Eidgenossen ihre Gemeinde gehalten, und ist in unserer Gemeinde das Mehr geworden, dass man das Haus, Leute und Gut verbrennen solle, (...) und man sie weder auf Gnade noch Ungnade aufnehmen solle. (...) Da kamen der Eidgenossen Hauptleute, die denn nun zumal im Felde sind, zusammen und lagen die von Schwyz auch sehr auf der Meinung, wie auch wir, um deswillen, dass es weit in den Landen erschalle und unsere Feinde desto erschrockener würden. Jedoch ward von allen Orten das Mehr, dass man mit ihnen (...) reden sollte: wäre es der Fall, dass sie sich übergeben wollten als verurteilte tote Leute an das Schwert auf der Eidgenossen Ungnade ohne alle Gnade, so wolle man sie also herausnehmen und nichts anderes.«[55]

Dies also, nach Hauptmann Rudolf Bramberg, die Bedingung bei der Übergabe der Festung. Die Diskussion lautet nicht Tod oder Leben, sondern Verbrennen oder Köpfen, analog wie in Schillings Luzerner Chronik ein zur Enthauptung verurteilter jugendlicher Dieb zum Ertränken »begnadigt« wird[56]. Die Schwyzer und Luzerner sind für Verbrennen, die Mehrheit, darunter auch die Unterwaldner, für Köpfen, das ist, neben Gnade für die Jüngsten und Ältesten, zehn an der Zahl, das eidgenössische Mass der Schonung an diesem Donnerstag, den 28. Mai 1444. Bis zur Mittagszeit hat man alle beichten lassen, dann bilden die Eidgenossen einen Ring für die grausamste Szene ihrer Bruderschaft. Das ist Brauch und Befehl, da kann sich keiner nebenaus verziehen. Der Henker, ein Scharfrichter aus Bern, schlägt zuerst dem Kommandanten und seinen zwei engsten Knechten, dann dem Rest der Übergebenen, insgesamt zweiundsechzig Mann, je den Kopf ab und legt diesen auf eine Reihe[57].

Existiert in diesen Tagen ein Gewissen?

Im Vergleich zu neuzeitlichen Kriegsverbrechen spürt man bei Hans Fründ, dem offiziellen Chronisten von Schwyz, Regungen, die in den Protokollen des Totalitarismus keinen Platz hätten. Der Landschreiber tut, was in seiner Macht steht, um das eine oder andere menschlicher einzurichten, wie sich Ernst Jünger in einer analogen Situation im Zweiten Weltkrieg ausdrückt[58]. Fründ zeigt Mitleid »mit den armen frouwen mit den kindern«, welche in der brennenden Stadt »zuo den löchern, kellern und venstern herus (...) kamend also arm, nakend und blos in bösen kleidern«. Wer dieses »gross jämmerlich elend« sehe, müsse mit ihnen »wol erbärmde und mitlyden han«. Er begnügt sich nicht mit diesen Worten, sondern »ich vorgenanter schriber und noch einer von Swytz« übernehmen die Verantwortung für das Geleit der Flüchtlinge nach Uster, dass »nieman kein frävel an inen begienge«. Im Bericht entspricht dies dem Bedürfnis, wenigstens sich selber im Hinblick auf die Nachwelt ein bisschen besser darzustellen als die Situation im gesamten, zu der ihm spätestens bei der Niederschrift des Berichts klar wird, dass sie sich nicht rechtfertigen lässt. Auf ideologische Entschuldigungen verzichtend, hebt er ausdrücklich und für alle Zeiten hervor, nicht alle um den Blutring Versammelten seien mit dem Vorfall einverstanden gewesen: »Denn es war wohl hart und eine klägliche Not, und es war auch nicht jedem gleich lieb, dass man so viele Leute töte unter den gegebenen Umständen, nachdem die armen Leute sich zum guten Teil nur in die Festung zurückgezogen hatten, auch arme Bauleute und am Krieg Unschuldige, *und was ein erbärmkliche sach, als man je gesach.«*[59]

Von den Unterwaldnern wissen wir, dass sie wenigstens nicht für die grausamste Variante der Vernichtung eingetreten sind. Die Unterstellung allerdings, Klaus von Flüe habe die Begnadigung der zehn Alten und Jungen durchgesetzt, grenzt schon fast ans Peinliche. Die Selbstdarstellung und der zurückhaltend kritische Kommentar von Hans Fründ realisieren viel von dem, was Rorer, an der Halten und wohl auf diese zurückgreifend Heinrich Wölflin analog über Klaus von Flüe zu rühmen gewusst haben: »Sobald die Kräfte der Feinde aber zusammengebrochen und überwunden waren, mahnte er nachdrücklich zur Schonung«(Wölflin). (D 533) Was wir uns darunter konkret vorstellen können, macht Fründ am eigenen Beispiel typisierend sichtbar. Wir sehen, was im Alten Zürichkrieg als sittlich gutes Verhalten gelten kann. Von einem Ideal oder gar von Widerstand ist das weit entfernt. Es muss genügen, wenn vielleicht für die Dauer eines Ave Maria, welches zur Lebenszeit von Klaus von Flüe noch sechzehn Worte weniger zählt als heute[60], die im stillen wahrnehmbare Existenz des Gewissens aufleuchtet. Grünt es, blüht es noch nicht, und blüht es, siehst du noch lange keine Früchte.

Der Einfluss der Heiligen und Frommen auf das Kriegsgeschehen ist vielleicht mit demjenigen der Flotte auf dem Zürichsee zu vergleichen. Die reale Wirkung scheint äusserst gering. Eher geht es darum, über dem ungewissen Element das Fähnlein blinken zu lassen und mit Segeln und Ruderschlägen Orientierung zu markieren. Über die »Seeschlacht« bei Männedorf, am 29. Mai 1445, berichtet Hans Fründ von zwei Schiffen aus Zürich mit einem Fähnlein, welche dem Schwyzer Geschwader, bestehend aus einem »grossen schönen Schiff von Pfäffikon« und einem Floss, arg zusetzen. Das Schiff mit Namen Gans wird »stark verwüstet und durchgeschossen«, so dass es »weichen musste«[61]. Damit ist für Zürich symbolisch die Wasserhoheit hergestellt, eine nutzlose Entschädigung für viele Demütigungen.

Unter den Überlieferungen über den Kriegsmann Klaus von Flüe, an denen das Volk der modernen Kriegs- und Nachkriegsgenerationen mit Liebe hängt, ist diejenige betreffend die Teilnahme an der Schlacht bei Ragaz recht glaubwürdig. Neben den Recken aus Glarus haben die von Unterwalden einen vielgerühmten, vielleicht überdurchschnittlichen Anteil am Sieg der Eidgenossen über den Lieblingsfeind, den Österreicher. Das Banner des Freiherrn von Brandis, erkämpft von Erny von Wisserlen aus Kerns[62], wandert als kostbare Trophäe nach Sarnen.

Bei der Kirche Sankt Georgen hoch über Berschis, wo eine Gedenktafel an die Vertreibung einer im Jahre 1531 aufgehobenen Beginengemeinde erinnert[63], überblicken wir schön das Anmarschgebiet der eidgenössischen Fähnlein, insgesamt elfhundert Mann, vom Walensee in Richtung der Feste Sargans, oberhalb welcher man, beim Gonzen, das Eisen für viele Arten von Rüstungen gewonnen hat. Darum ist die heilige Barbara, die Beschützerin der Bergleute, auch der Artilleristen, in der Gegend beliebt. Das Vorkommen von Bergmännchen scheint selbstverständlich.

Entgegen naheliegender Annahmen steckt hinter dem Feldzug der antiösterreichischen Alliierten von Ende Februar und anfangs März 1446 keine klar erkennbare Strategie. Scharmützel und Plünderungszüge an der »Ostfront« des Zürichkrieges hat es schon in den beiden Jahren zuvor gegeben, weswegen die Freiherren von Brandis, eigentlich Inhaber des Landrechts von Schwyz und Glarus, den beiden Bergrepubliken schon am 24. November 1444 einen Absagebrief aufsetzen lassen. Ohnehin sind die Gemeinden Walenstadt, Flums, Mels, Ragaz und Gretschins mit Zürich schon seit Dezember 1436 in einem ewigen Burgrecht. In dieser Situation bezieht ein österreichisches Heer in der Grössenordnung von viertausend bis sechstausend Mann zur Zeit des Zürichkrieges mehrmals im Raum Sargans Stellung, um die Herrschaft des Grafen Heinrich von Sargans zu schützen, desgleichen die Interessen der genannten Freiherren und der mit Zürich verbündeten Dörfer. Ein weiterer Potentat der Gegend, der Fürstabt von Pfäfers, scheint sich, so weit möglich, aus dem Konflikt herauszuhalten[64].

Genug der komplizierten Verhältnisse, man ist miteinander verfeindet, und nach bald sieben Jahren Krieg, bei welchem die ökonomischen Grundlagen nicht weniger zerrüttet worden sind als die moralischen, reicht aus der Sicht des gewöhnlichen Kriegsmannes der Hunger als Motivation aus für einen erneuten Feldzug. Am 5. März ist man schon bald zwei Winterwochen lang unterwegs. Die logistischen Verhältnisse sind mit Sicherheit unbefriedigend. Wichtiger als alle anderen Kriegsziele sind jetzt die Lebensmittelvorräte der in diesem Punkt besser organisierten Österreicher. Der Überlieferung nach lagern die Eidgenossen am Vorabend der Entscheidung bei Ragnatsch zwischen Bärschis und Mels – das liegt ganz sicher am Weg. In uralter Zeit befindet sich hier eine Taverne an der Strasse. Dass in dieser Klaus von Flüe vor der Schlacht bei Ragaz übernachtet haben soll[65], ist unwahrscheinlich. Die im achtzehnten Jahrhundert gestiftete Bruder Klaus-Kapelle, vor einigen Jahrzehnten wegen des Strassenausbaus abgebrochen und »nebenaus« am ruhigeren Waldrand neu erbaut, ist trotzdem ein eindrucksvolles, würdiges

Denkmal, ein Ort der Stille und des Gebetes entlang einer der am stärksten frequentierten Verkehrslinien der Schweiz.

Die *Manschlacht bei Ragaz*, bei Hans Fründ, Benedikt Tschachtlan und der Klingenberger Chronik sowie aus Feldbriefen, den sogenannten Missiven, in den Hauptzügen historisch gesichert, erfährt bei Aegidius Tschudi aus Glarus eine epische Darstellung. Die »schöne Beute an Viktualien, an der der Kriegsmann wohllebte«, so der Militärhistoriker Rudolf von Fischer[66], wird nicht in allen, aber doch in den meisten frühen Quellen hervorgehoben. Über dem Eingang der spätmittelalterlichen Kirche vor Bad Ragaz, schon zum Zeitpunkt des Geschehens existierend und dem heiligen Leonhard, dem Patron der Gefangenen, geweiht, prangt Tschudis Schilderung in markantem Auszug:[67]

Do es war am Samstag vor der alten Fasnacht/ das war St. Fridlins-Abend/ des 5. Tags Mertz, do kam den Eidgenossen so ze Mels lagen zitlich gewüsse Kundtschaft und Botschaft durch Jörgen Locher/ und Werner Kesslern von Ragatz/ die sie warnetend/ und zu inen von Ragatz herab kamend/ und anzeigtend wie die Viend allen Tag herüber Rhine ze Schiff/ ze Ross und ze Fuss gezogen wärind/ und samletind sich ze Ragatz/ so war iro ob 6000 die warend von Feldkirch/ von Bludentz/ uss Allgöw/ uss dem Inntal/ ab der Etsch/ von Bregentz/ von Vadutz/ von Meyenfeld/ vom Gotzhuss Chur/ Brättigöw/ uss Tumleschg/ und anderswa har (...) Der Eydgenossen was überall zu Mels 1100 Mann/ dero warend 500 von Glarus/ und hattend ir Panner da/ und hattend die von Schwitz ir Vendli da mit 200 Knechten/ sampt denen uss Gastern/ die übrigen warend von Bern/ Luzern/ Uri Underwalden und Zug, dero hat jetlich Ort 100 Mann (...)

Als Schlachttag wird von den dominierenden Glarnern der Sonntag gewählt, Fridolinstag, der 6. März, ihr Landesfeiertag:

In Hoffnung, sölt inen an St. Fridlins-Tag/ mit St. Fridlins-Panner nit mögen misslingen/ Also war nun der Tag angebrochen/ das war St. Fridlins-Tag/ und warend die Viend ze Ragatz in dem Dorff wolgemut/ waren bloss ze Tisch gesessen/ ze Morgen ze essen/ und wolten darnach stracks hinab gen Mels gezogen sin/ die Eydgenossen ze besuchen und ze schlachten/ da hat das Blat umgekert/ Wie nun die Eydgenossen gen St. Lienhardt kamend/ und neben der Festi Fröudenberg uff den Acker und Boden ussert Ragatz hinuff rucktend/ do kumpt Hans von Rechberg (Führer der Österreicher) *mit etlichen Rittern har rennen/ und rannt schnell wider hinder sich in das Dorff und macht ein Lermen/ Also wüscht jedermann uff vom Tisch ab dem Essen/ des Rechbergers Bottschaft freut etlich so wol/ dass inen der Löffel ob dem Essen vor Schrecken entfiel/ Also ruckten die Viend gar bald all uss dem Dorff ha-*

russ/ Fryherr Wolfhart von Brandiss/ der ouch da war mit siner Macht/ desgleich der von Rechberg ermantend das Volck gar handtlich zu dem Strit (...)

Es folgt die Schilderung der Schlacht, die Offensivdynamik des eidgenössischen Haufens unter Führung von Ital Reding dem Jüngeren aus Schwyz und Landammann Jost Tschudi aus Glarus, dem Urgrossvater des Chronisten. Gegen eine schwerfällige Artillerie, bei Fründ erwähnt, suchen die Eidgenossen den Nahkampf. Es gelingt ihnen, den Gegner rheinwärts zu vertreiben, wo viele bei der Überquerung des Flusses umkommen. Der Sieg scheint ein vollständiger. 1300 Mann sollen die Österreicher angeblich verloren haben, die Eidgenossen nach Fründ nur sieben, gemäss Tschachtlans Chronik zwölf[68], jedoch ziemlich viele Verletzte, wie auch Tschudi zugibt.

Das für die Eidgenossen weithin erfreuliche Resultat der Schlacht: *Also fundend sie zu Ragatz der Vienden Wägen wol geladen/ mit Spis/ Brot/ Win/ Hüner/ Fleisch und anders/ ouch war das Morgenbrot gekocht/ darab die Viend zerstöubt warend/ und assends die Eydgenossen ze vollend* (fertig) *und lebten wol/ da ward ouch gewonnen vils guts Harnischts und Zügs/ Büchsen/ Pfil/ Bulver und anderes/ das alles under die Eydgenossen fründlich geteilt und gebütet ward/ und hattend grosse Eer und Mannheit bejagt/ mit Gottes/ unserer liben Frouwen und St. Fridlins Hilff; Es verlurend ouch da die von Brandiss ir Panner/ das kam gen Unterwalden ob dem Wald/ und die von Feldkirch ir Statt Vendli/ das kam gen Glarus. Darnach schickten die Eydgenossen ire 7 Todte und die Wunden hinab gen Wesen und in die March/ und gabend der Vienden Frowen Frid und Geleit/ dass sie ihre Toten ouch reichen* (holen könnten) *möchtind.*

Nach altem Kriegsbrauch hüten die Verbündeten das Schlachtfeld noch während dreier Tage. An eine Besetzung des Landes wird nicht gedacht. Man isst sich, so weit man an die Töpfe herankommt[69], satt und kehrt bald darauf wieder heim. Einen Monat später sind die Österreicher wieder da, bleiben noch für einige Jahrzehnte die Landesherren[70].

Nach der Schlacht bei Ragaz neigt sich der Krieg seinem Ende entgegen. Schon seit einiger Zeit sind Friedensbemühungen im Gange, zum Beispiel durch den Bischof von Konstanz, den Pfalzgrafen bei Rhein, Abgeordnete des Basler Konzils und andere. Das allmähliche Zurückgehen der Feindseligkeiten ist eher eine Folge der Erschöpfung und Ausblutung des Landes. Der Friedensschluss zwischen Zürich und seinen Miteidgenossen erfolgt 1450, für Unterwalden ob dem Wald unterzeichnet Landammann Hans Heintzli, nebst seinem Halbbruder an der Halten und Erny Rorer einer der engsten Gesinnungsfreunde der von Flüe. Wie oft nach grossen Kriegen entschliesst man sich, dass möglichst alles wieder so sein solle wie vor dem Ausbruch der Feindseligkeiten, ausser dass Schwyz ein paar Dörfer am Zürichsee behalten darf. Damit wird die Bahn frei für den Feldzug nach Nürnberg und jene Auseinandersetzungen, die 1460 in der Eroberung des Thurgau kulminieren. Das gewaltsam unterbrochene Frühstück von Ragaz, die anschliessende Schlacht, beinahe mit Sempacher Ausmass, jedoch fast ohne politische und militärische Bedeutung, das grosse Fressen danach und die Heimkehr, ohne dass man im Hinblick auf den Frieden irgend etwas gelernt hätte, sind typisch für die Verhältnisse in der Schweiz zur Lebenszeit von Klaus von Flüe. Das *morgenbrot* von Ragaz ist in seinem anarchischen Selbstzweck ein Beispiel, wie sich die frühe Eidgenossenschaft im Kriegerwesen konstituiert. Die Fähnlein von Glarus, Schwyz, Uri, Unterwalden, Luzern, Zug und Bern, aus dieser Stadt sogar nur fünfzig Mann, operieren zusammen und feiern anschliessend an der Tafel. Der Sieg kulminiert nicht in einer Eroberung oder Besetzung, sondern in einer Art Fest. Das gibt konkreten Bundeszusammenhalt, verbandelte Freundschaft. Eine analoge Rolle wird später die Armee für die Integration der Kantone im Bundesstaat spielen. Da lernen sie einander kennen, die Schweizer, auch wenn immer wieder mal einige dabei übervorteilt werden.

Die politischen Bedingungen sind einmalig chaotisch. Die Witwe des Henkers von Greifensee, den bald nach seinem strengsten Arbeitstag das Schicksal ereilt, erfährt, wie schwierig es wird, in einem kompliziert vernetzten System von Eidgenossenschaften das ihrem Manne und dessen Erben geschuldete Honorar einzutreiben. Niemand will dafür zuständig sein. Ihr Schreiben an die Tagsatzung gehört zu den rührendsten Witwenbriefen der Geschichte[71].

Allmählich spricht es sich bei einigen Frommen herum, man könne Gott nicht genug danken für jedes Amt, das einem nicht zufällt, für jeden Krieg, den man nicht mitgemacht und für jeden Bissen, den man nicht gegessen hat. »Gääb üs Gott dr Säägä dry«, bittet ein Sarganserländer Tischgebet[72]. Es ist Zeit, Amen zu sagen.

Und hättest du Möttelis Gut

»… zu halsstarrig und maisterlos erzogen«
Handelsherr Jacob Mettele aus Ravensburg über die ihm angetragenen Schweizer Adoptivkinder

Vor Anbeginn der Welt bei meinem Namen gerufen bin *Ich Bruder Klaus von Flüe* getauft in der Pfarrkirche zum heiligen Gallus in Kerns im Namen des Vaters und des Sohnes und des Heiligen Geistes Amen. Vor meinem Austritt aus dem Mutterleib habe ich einen grossen Stein geschaut und das heilige Öl wahrgenommen. Bei meiner Geburt habe ich meine Mutter und die Hebamme erkannt. Desgleichen beim Empfang des Taufsakraments den Priester, die Paten, meinen Vater und alle weiteren Anwesenden bis auf einen alten Mann, der hier fremd ist[1].

Der Taufstein ist seit dem Kirchenbrand von 1813 zertrümmert und versengt[2]. Talauswärts dagegen, am Rand des Kernwalds, unten am Grund des Stanserhorns, verbirgt sich, meistenteils bedeckt von Laub und Moos, der Hexenstein mit seinen pittoresken Abdrücken: Entenfüsse, Bocksfüsse, Menschenfüsse. Die alte Grenze zwischen Burgund und Schwaben. Aussen liegt der ehemalige Zürichgau, die Heimat der Nidwaldner, innen das Vaterland der Obwaldner, der Aargau.

Nicht ganz auf halbem Weg, näher beim Taufstein für Klaus als beim Hexenstein drunten bei den Müttern in der Wildnis, ragt, im Sand von Wisserlen, der Galgen auf. Hier halten die freien Gemeinden der beiden Talschaften von Unterwalden bis 1484 ihre gemeinsamen Rechtstage[3]. Die Einheit Unterwaldens ist Holz auf sandigem Fundament.

Ob im Sommer 1465 eine vereinigte Landsgemeinde stattgefunden hat oder ob die Landammänner und Ratsherren das Geschäft unter sich ausmachen wollen, ist nicht mehr zu klären. Die Sache jedoch, die zur Beschlussfassung ansteht, ist aussergewöhnlich, wenigstens für Obwalden und Nidwalden, wo manches, was bei den anderen Eidgenossen längst Brauch ist, später auf die Traktandenliste kommt. Zuständig wäre, im Prinzip, die Landsgemeinde. Es gibt nichts, wofür sie nicht zu Rate gezogen werden kann. Aber eine geschriebene Verfassung oder gar eine konsequente Politik, inhaltlich wie formal, gibt es nicht. *Providentia Dei et confusione hominum,* mit

Gottes Vorsehung und dem Wirrwarr der Menschen, lautet eine dauerhafte Maxime politischen Handelns in der Schweizerischen Eidgenossenschaft.

»In den wenigsten unserer schweizerischen Chroniken wird dieses Handels nur gedacht, was um so begreiflicher ist, da die Chronisten nur den Ruhm der Schweizer zu verkünden bestrebt sind«, schreibt Luzerns fleissiger Staatsarchivar Theodor von Liebenau (1840–1914) in seiner Dokumentation über Kaspar Kollers Streithandel mit Herzog Sigmund von Österreich[4]. Nahezu dasselbe gilt für die Verwicklung der meisten eidgenössischen Stände in die Familiengeschichte der Ravensburger Grosskaufleute Mettele, die sich mit der Zeit den vornehmeren Beinamen »von Rappenstein« zulegen.

Rudolf Mettele, Mötteli oder Möttelin, genannt der Ältere, bietet sechzig Rheinische Goldgulden für das Landrecht von Unterwalden für sich und seine Erben[5]. Die Bürgerrechte von Ravensburg, Buchhorn (Friedrichshafen), Zürich, Luzern und Bremgarten im Aargau hat er schon, sein Bruder Luitfried ist angesehener Bürger und guter Steuerzahler der freien Reichsstadt Sankt Gallen[6]. Sein Vater Rudolf, genannt der Alte, ehemaliger Pfandherr und Vogt von Arbon, hat sich schon Jahrzehnte zuvor zu einer der wichtigsten Persönlichkeiten in der Ostschweiz zu machen gewusst[7]. Mit ihm beginnt die Serie der Möttelischlösser, zum Beispiel Roggwil, eine dauerhafte Zierde thurgauischer Landschaften. Damit verbunden ist eine Epoche legendären Reichtums bei ziemlich mässiger Popularität.

Mit dem Ostschweizer Sprichwort »reich wie der Mötteli«, das die Blüte der Familie um Generationen überlebt, bekommen die Träger dieses Namens von Anfang an Ärger. Für je reicher sie gehalten werden, desto gravierender wird ihr Sicherheitsproblem. Erst recht, seit die Eidgenossen 1460 den Thurgau erobert und dabei einen Konflikt zwischen der päpstlichen Kurie um Kardinal Nikolaus von Kues mit Herzog Sigmund von Österreich geschickt ausgenützt haben[8]. Damit nimmt das Risiko bewaffneter Überfälle im Bodenseeraum keineswegs ab, im Gegenteil. Da nützt es wenig, dass Rudolf Mettele der Ältere 1458 Schloss und Städtchen Regensberg aufgekauft und sich die Gerichtsherrschaft über Regensdorf samt den Fischereirechten auf dem Katzensee angeeignet hat[9]. Die Zeitläufte lassen ruhiges Wirtschaften kaum zu. Nicht wenige dubiose Gesellen möchten gern an das schnelle Geld herankommen, warum nicht mit Gewalt? Wie miserabel es da einem ergeht und Geld in der wilden Anfangszeit des Kapitalismus in der Schweiz ganz sicher nicht glücklich macht, berichtet die Überlinger Chronik:

Anno 1461 sass einer uff einem schloss Regensperg, nit weit von Zürch, der hiess der Mettele. Do understundent sich uf ain zeit vier und gingent hin in das land und hatten ir kundschaft zu Regensberg über Mettelin und fiengent ihn und fürten ihn herauss uss dem land und kamen mit ihm gen Bollingen in den Hegau. Do hungret sie und legent sich do selbs mit ihm nider. Do schray Mettelin das gericht an.(Er ruft die Polizei) *Also fieng man sie zu baiden seyten. Do entrann der ain fussknecht. Also kament die von Zürich und nament Mettelin, iren burger, mit gewalt. Dadurch kament die anderen ouch darvon. Und were er inen blieben, so hette er inen wol zu geben gehabt zechentusent guldin und hette danocht wol viermal so viel gehabt.*[10]

Der Reiche hat nicht nur Mühe mit seinem Nadelöhr als Durchgang zum Himmelreich, wie die mystische Predigt ihm beibringen will. Auch auf Erden blüht ihm fast täglich Verdruss. Dies bekommen die Mettele beispielhaft am eigenen Leibe zu spüren. Entweder ist man gerade am Prozessieren, oder dann wird man von Räubern abgefangen, ganz zu schweigen von den ewigen Anbetteleien. Und auch vor denjenigen, die einen zu schützen vorgeben, muss man auf der Hut sein. Rudolf Mettele mag sich fragen, was das Bürgerrecht von Zürich unter den gegebenen Umständen wert ist. Zum Schaden erntet er noch den Hohn, »und hette danocht wol viermal so viel gehabt«. Glücklicherweise sind diese begierlichen Neidhammel über die tatsächlichen Vermögensverhältnisse der Familie nicht informiert. Die Aktiven der Handelsgesellschaft, spezialisiert auf das Spanien-Geschäft mit eigenen Häusern in Barcelona und Saragossa, sowie Beziehungen zu den kultivierten Geschäftsleuten im maurischen Granada, übersteigen mit Sicherheit hunderttausend Gulden. Dieses Geld ist jedoch nicht immer flüssig vorhanden. Im Moment steht der Abt von Sankt Gallen, Ulrich Rösch, mit 2400 Gulden in der Kreide, zu einem Zins von fünf Prozent[11]. Das macht einhundertzwanzig Gulden im Jahr. Ist das unanständig? Mit diesem Kredit kann der Kirchenfürst das Toggenburg sukzessive aufkaufen. Im Vergleich zu den Brutalitäten im Alten Zürichkrieg vertreten die Geschäftspartner Mettele und Rösch Methoden, welche die Morgenröte einer anbrechenden Zivilisation signalisieren. Auch ein nicht zu unterschätzendes Mass an Bildung gehört dazu.

Für ein Lehrgeld von 30 Gulden hat Rudolf Mettele der Ältere in der Papststadt Avignon Buchhaltung und Französisch gelernt. Darum ist seine deutsche Handschrift durch »welsche« Orthographie charakterisiert, oft mit »au« für deutsch »o« oder »v« für »w«. *Barsolaun* schreibt Rudolf Mettele als Name für die grosse Hafenstadt in Katalonien[12]. Europa im gefährdeten Vorfrühling des Kapitalismus. Der Banco Rotto in Florenz, Flaggschiff der italienischen Geldkultur, die ersten Fugger in Augsburg, die Diesbach-Watt-Gesellschaft in Bern, eingegangen 1460, Halbisen in Basel, die süddeutsche Humpiss-Gesellschaft verkörpern Errungenschaften, denen sich auch das Volk der Hirten nicht entziehen wird. Es besteht ein Interesse, den aufblühenden Viehhandel und den Käseexport, wie auch den Export von Dienstleistungen, mit einem realen Kapitalwert abzusichern. Dabei sind die Erfahrungen mit der Geldwirtschaft für einen erheblichen Teil der Landbevölkerung noch in vielem unstabil und sicher mit Unbehagen verbunden. Aber es ist absehbar, dass die Kraft, die Europa bewegt, allmählich auch im Landsgemeindering der verschworenen Eidgenossen zur Wirkung kommt. Ein typisches Phänomen dafür ist das zuerst in den Städten, dann zum Beispiel in Schwyz und Glarus aufkommende Ausburger-Wesen. Das Bürgerrecht oder Landrecht wird aus dem Zusammenhang mit der Niederlassung gelöst und als eine Art Wertpapier gehandelt, das man, je nach Bedarf, einkauft oder wieder ablöst, wenn der damit verbundene Nutzen dem Gegenwert der Steuern und Gebühren nicht mehr entspricht. In der Regel profitieren beide Seiten von diesem Rechtsverhältnis, sonst käme es nicht zustande[13].

Im Spätsommer 1465 steht Klaus von Flüe im achtundvierzigsten Jahre seines Alters. Wenn wir Wölflin glauben dürfen, amtet er als Ratsvertreter seiner Heimatgemeinde in Sarnen. Landsgemeindepflichtig sind ausserdem sein Vater Heiny, die Brüder Eglof und Peter sowie die Söhne Hans und Welty. Die ökonomisch bedingte Öffnung des Landes gegenüber der Entwicklung in Europa, in den Bruderorten meistenteils in rasantem Vollzug, scheint nicht mehr aufzuhalten. Die Verhältnisse haben sich seit 1291 und 1382/86 grundlegend verändert. Die Geschichten von Wilhelm Tell und Kuoni von Altsellen dienen auch dazu, der älteren Generation, die den Zürichkrieg zwischen 1439 und 1446 noch miterlebt hat, ein Bild von sich selber zu erhalten. Zwischen dem, was Landschreiber Hensly Schriber amtlich, im strengen Sinn als Urkundsperson, zu tun hat, und der sonntäglichen Muse der Geschichtsschreibung im Weissen Buch, klafft ein Abgrund. Gibt es jemanden, der diesen Abgrund zu spüren, vielleicht in seiner Seele auszutragen vermöchte? Was in Klaus von Flüe in diesen Tagen und Jahren vor sich geht, wissen wir nur aus ziemlich allgemein gehaltenen Andeutungen in Berichten, die erst etliche Jahre nach den Vorkommnissen einsetzen. Dem Dominikanermönch wird 1469 eingestanden, Politik und weltliche Beamtungen hätten ihn in der Andacht gehindert, *sensi me minus devote* (D 40), soll der Heilige, sicher im Obwaldnerdialekt, gesagt haben. Bonstetten, bei seinem Besuch zu Silvester 1478, sieht ihn im Rückblick auf diese Zeit »durstig werden, diese Welt zu verlassen (...), um den Hochmut des teuflischen Höllenhundes, unseres Feindes, des Drachen, zu überwinden«. (D 83) Etwas konkreter wird Johannes Trithemius von Sponheim, der nachmalige Lehrer des Paracelsus. Sein Gewährsmann, Abt Konrad von Wiblingen, hat den Eremiten im Oktober 1485 kennengelernt. Dabei wird über diesen erstmals eine politische Version seiner Weltflucht verbreitet:

»Da geschah es einmal, dass er einen Urteilsspruch (*sententiam*) seiner Genossen, den er als ungerecht ansah, nicht rückgängig machen konnte, und für sein Seelenheil fürchtend verliess er Haus, Weib, Kinder und alle weltlichen Geschäfte und Güter (...)« (D 351f.) In der ersten Biographie über Bruder Klaus, bei Heinrich von Gundelfingen, stehen die bemerkenswerten Sätze: »Allgemein hält man dafür, dass durch Klausens Wegleitung und kräftige Fürbitte allen unseren Eidgenossen ewiges Heil erwachsen sei, wenn sie seinen heilsamen Räten gehorchen, wenn ihr Staatswesen nicht durch Geschenke der Fremden sich kaufen lässt, wenn sie nicht mit Hintansetzung der Ehre blosse Nützlichkeitspolitik betreiben und nicht leicht Bürger aufnehmen, die in schlimme Händel verwickelt sind und aus geringer Ursache die Nachbarn mit Konflikten überziehen (...)« Eine Beurteilung post festum!

Noch später, erst bei Hans Salat, 1535, wird die Vision von den Feuerflammen bekannt: *Es wurde schon erwähnt, dass er auf Bitten der Gemeinde und zu ihrem Nutz und Frommen sich bereit fand, im Rat und im Gericht der Gemeinde zu sitzen. Und wenn dann manchmal einer bei den abschliessenden Verhandlungen nach Gunst oder Missgunst entschied oder urteilte – zum Schaden des Gemeinwohls oder irgend jemandes Recht –, dann sah der fromme, ehrenhafte Mann wiederholt aus eines solchen Mannes Mund feurige Flammen von schrecklicher Gestalt hervorfahren, weshalb er sich entschloss, weltliche Ehre und Macht nicht anzustreben, mit der so schwer auf untadelige Weise umzugehen ist.* (D 677)

In den berichteten Fällen geht es um Gerichtsurteile, wobei Trithemius den Vierzehnerrat erwähnt, dem Klaus sehr wahrscheinlich nicht angehört hat. Hans Salat wiederum ist bemüht, die Ungerechtigkeit (»wenn dann manchmal einer«) auf den subjektiven Einzelfall zu reduzieren, ja nicht dem Kollektiv anzulasten, dem er sich patriotisch verbunden weiss. In einer von Rupert Amschwand erst 1987 dokumentierten Münchner Handschrift um 1500 ist dann doch von einem kollektiven Unrecht die Rede: *»Hat sich gefugt, dass er mit sambt anderen seinen mit rates freunden im offnen gericht gesessen und einer urteyl ratslegyg und gesprochen hetten; welchs urteyl dem hayligen Nycolay sein hercz und gewyssen also fast beswert und anfacht und beduncht, sein gwyssen möcht solcher gesprochen urteyl nit erleiden, und aus solchem gericht abstendig wurrt.«* (EB 35)

Mit Ratsfreunden sei er im »offnen Gericht gesessen«, was aus der Perspektive einer süddeutschen Quelle durchaus die Landsgemeinde als Tagung von Rat und Landleuten sein kann; ein bestimmter Beschluss habe Herz und Gewissen des heiligen Nikolaus derart beschwert, dass es ihn in seinem Gewissen deuchte, ein solches Urteil sei nicht zu ertragen und deshalb müsse er aus der Behörde zurücktreten.

Bezeichnenderweise werden die politisch heiklen Aussagen über den frühen Klaus von Flüe zuerst in Deutschland formulierbar. Die Schilderung des Eremiten ist bei Trithemius in den Hirsauer Annalen »eingebettet in eine vernichtende Darstellung der barbarischen Eidgenossen. Bruder Klaus wird zum himmlischen Kontrast inmitten der eidgenössischen Unmenschen. (...) Dem Kaiser empfahl er, die Eidgenossen zu unterwerfen« (Roland Gröbli). Aus diesem Grund sind die Aussagen des Sponheimers für den Schweizer Forscher nur »bedingt zuverlässig«[14].

Zuverlässig aber scheint aus der Summe aller Aussagen der Gesamteindruck. Schwermut, Schlaflosigkeit, Ekel vor der Welt und von Tag zu Tag abnehmender Appetit bei Klaus von Flüe fallen in eine auch politisch bewegte Zeit. Ein Unbehagen, ja Widerwille gegen alles Politische, zählt wohl mit zu den Motiven der Weltflucht. Offenkundig ist die erhöhte Sensibilität des Melancholischen für das, was er als ungerecht empfindet. Dazu nimmt beim Menschen, der sich nach innen wendet, nicht selten die Bereitschaft ab, Neuerungen mit optimistischem Geist zu begegnen. Anpacken, im »thun wie ander lütt«, ist seine Art nicht. Das bedeutet noch lange nicht den Geist der Opposition. Eine negative Einstellung gegenüber dem Landrechtsbewerber Mettele, von dem sich Sohn Hans von Flüe bald einmal in Pflicht nehmen lässt, ist kaum als wahrscheinlich anzunehmen. Auch steht ein Misstrauen gegenüber Kaspar Koller aus

Südtirol, dem zweiten prominenten Kandidaten für das Landrecht, das ihm 1466 oder 1467 erteilt wird, bei Klaus von Flüe keineswegs fest. Koller ist zwar ein durchtriebener Bandit. Die mehrfachen Morde und Raubüberfälle, die ihm zur Last gelegt werden, kommen erst achtzehn Jahre nach der Aufnahme ins Landrecht vor ein ordentliches Gericht, in Luzern, dem sich der Angeklagte zu entziehen weiss. Statt seiner kommt zum Gerichtstermin Landammann Nikolaus von Einwil, der Schwiegervater von Hans, der sich jedoch weigert, für den verurteilten Landsmann die Gerichtstaxe zu entrichten[15].

Bei der Aufnahme ins Landrecht gibt sich Koller für einen engen Mitarbeiter des Kardinals Nikolaus von Kues aus, was teilweise sogar stimmt. Da der Herzog Sigmund von Österreich nach ihm fahnden lässt, nutzt Koller die alte List des verschlagenen Kriminellen, seinen Fall als einen politischen hinzustellen. Ein Stück Kriminalgeschichte der Alten Eidgenossenschaft, die juristisch bis 1648 nach wie vor ein Teil des Heiligen Römischen Reiches Deutscher Nation bleibt.

Die Geschichte ist mit ihren Überschneidungen mit dem Kusaner, Klaus von Flüe und verschiedenen Prominenten seines Umfelds interessant im kuriosen Sinne. Mit der inneren Entwicklung von Klaus hat sie wenig zu tun. Aber es handelt sich um ein lehrbuchmässiges Beispiel für die Erfahrung seiner Landsleute mit fremden Rechtshändeln. In diese verquicken sie sich eher naiv, teilweise unfreiwillig, was auf den Tagsatzungen jahrelang zu reden gibt, zum Schaden des guten Rufes vor allem von Obwalden. Voraussetzung für diese ärgerlichen Erfahrungen ist die neue fortschrittliche Landrechtspolitik, wie man sie schon mit der Einbürgerung der Mettele praktiziert hat. Diese Politik verkörpert den sich anbahnenden Kulturwandel im Kern.

Ist die Affäre Koller der nahezu grösstmögliche, keineswegs zufällige Betriebsunfall, mit dem bei bedenkenlosen Landrechtserteilungen an Ausländer dieser Art zu rechnen ist, bedeutet das Verhältnis zwischen Unterwalden und den Mettele, von dramatischen Zuspitzungen in den 1480er Jahren abgesehen, den Normalfall der ungleichen Allianz zwischen Nidwaldnerkuh, Risthöhe bescheidene einhundertzehn Zentimeter[16], und dem europaweit verflochtenen Grosskapital. Die Geschichte mit den Mettele ist, obwohl meist in einem Atemzug mit der Kolleraffäre genannt, für Unterwalden und damit auch für Klaus von Flüe um einiges bedeutender. Dabei sollte es, wie Goethe bei der Betrachtung Friedrichs des Grossen, abermals auffallen, dass man aus dem moralischen Standpunkt keine Weltgeschichte schreiben kann[17]. Auch keine Schweizer- und Obwaldnergeschichte. Mit Moralisieren über die Mettele, weil sie reich sind und Bürgerrechte aufkaufen, um ihren Reichtum abzusichern, ist nichts gewonnen. Noch weniger mit einer erfundenen Opposition von Klaus von Flüe gegen das Vorhaben der Mettele – dagegen ist er so wenig aufgestanden wie gegen die Hinrichtung der Besatzung von Greifensee. Für ein angemessenes Verständnis der Situation genügt die Fragestellung, ob Klaus 1465 in der Lage gefunden werde, zu begreifen, was passiert. Wie weit behalten der greise Hirsimann aus Alpnach, Landammann Heinrich an der Hirseren, und sein prominenterer Stellvertreter und Schwiegersohn Hans Heintzli, der am Ende des Zürichkrieges den Friedensschluss mit Österreich mitunterzeichnet hat, den Überblick über die Lage?[18] Die guten Männer unterscheiden sich in ihrer Mentalität deutlich vom Räubergesindel, welches Rudolf Mettele im Hegau das Leben sauer gemacht hat. Auch im Vergleich zu den Zürchern sind sie angenehme Verhandlungspartner. Dabei muss man sich klarmachen, was Metteles Landrechtsgesuch für den Bewerber selber und die beiden Teilrepubliken konkret bedeutet.

Der Einkauf der Mettele in das Landrecht von Unterwalden, ob und nid dem Kernwald, erfolgt urkundlich am Tag der heiligen Einsiedlerin Verena 1465, am 1. September, für die genannten sechzig Rheinischen Goldgulden. Davon gehen vierzig an Obwalden, zwanzig an Nidwalden[19]. Die Vertreter der beiden Talschaften zeigen sich in einer ganz anderen Ausgangslage als ein paar Jahre zuvor beim Kampf gegen den Nassen Zehnten und gegen die Ansprüche des Abtes von Engelberg. Konflikte um naturalwirtschaftliche Fragen, Obstgründe und Weiderechte, die Wahl des eigenen Kirchherrn und überhaupt die eigenen Sorgen und Sachen sind für die bauernschlauen Freien gut überblickbar und also souverän zu meistern. Feinde liegen ihnen besser als Freunde. Besonders solche, die sie nicht ausreichend kennen. Der Umgang mit höheren Geldsummen ist für die meisten ungewohnt, die Geldwirtschaft verhältnismässig neu und für viele nicht richtig überblickbar. Der reiche Nikolaus Rüdli, Grossgrundbesitzer und imposanter Viehhändler mit intensiven Beziehungen nach Italien, ist 1454 ohne direkte Erben gestorben[20]. Ihn hätte man für die Verhandlungen mit Mettele gut gebrauchen können.

Den freien Landsleuten von Obwalden und Nidwalden, bis hinauf zu den Ratsherren und vielen Landammännern, ist die Welt des Rudolf Mettele im Innersten fremd. Dabei bringen der zunehmende Viehhandel und die regelmässigen Kriegszüge unvermeidlich Kontakte und Verbindungen mit den Männern der Wirtschaft. Nürnberg und wohl auch Ravensburg sind Städte, die den Kriegsveteranen von 1450 aus eigener Anschauung bekannt sind[21]. Mailand ist für die Urschweizer ein magischer Name, lange bevor Paris die Krone der Faszination zugesprochen erhält. Konstanz und der Thurgau gehören seit Jahren gewissermassen zu den eidgenössischen Jagdgründen, um den Bodensee herum ist immer etwas zu holen. Aber Einsicht in die Zusammenhänge und Hintergründe des Wohlstandes fehlt durchaus. Auch rechnet man, sofern man dies tut, in anderen Dimensionen. Die Ablösung etwa von Naturalzinsen und Naturalabgaben gegen Weiderechte und dergleichen gehört zu einer Sorte von Geschäften, die man hierzulande besser versteht.

Beim Handel mit dem Landrecht stellen die gebotenen sechzig Gulden eine Summe dar, die für die meisten schon oberhalb der Alltagserfahrung liegt. Die Hablichkeit der besseren Bauern, etwa der Sippe von Heiny von Flüe, bedeutet selbstversorgende Landwirtschaft auch mit Ackerbau, der allerdings im Schwinden begriffen ist. Der massvolle Reichtum besteht aus Besitz und Nutzniessung, wohl zum kleinsten Teil aus Geld. Dieses kommt erst allmählich in die Familie, mit dem Viehhandel und dem Reislauf, aus welchem ein in der Überlieferung umstrittener Rheinischer Goldgulden aus dem Erbe der von Flüe noch vorhanden ist. (EB 188) Mit zwei Gulden pro Mann lassen sich Obwaldner Krieger nach den Burgunderkriegen von der Stadt Genf für einen Winterfeldzug entschädigen[22]. Für den Einkauf ins Landrecht sind für hier Wohnhafte drei Gulden ein angemessener, nicht zu kleiner Betrag[23].

Im Spätsommer 1465 kann sich in ganz Unterwalden niemand an eine vergleichbar hohe Summe für den Erwerb des Landrechts erinnern. Nie hat man davon gehört, dass die Altvordern sich auf so etwas eingelassen hätten! Das klassische Argument für ein treueidgenössisches Nein scheint aber in keiner Urkunde auf. Wenn es um das geht, was in einer frühen Vision von Klaus »eigener nucz« genannt wird (EB 30), werfen Landsgemeinde und Räte ihren knorrigen Konservatismus schnell einmal »d'Stuiden abbe«, die Holzstauden hinunter, wie der Obwaldner Dialekt sich derb und plastisch ausdrückt. Der Betrag gilt noch Jahrzehnte später als respektabel.

Für Hans Waldmann und Hans von Flüe bewegt sich ein angemessenes Honorar für politische Dienste in Haupt- und Staatsaktionen in der Grössenordnung zwischen fünfzig und hundert Gulden. Ein versprochenes Schmiergeld in dieser Höhe versucht der Landammann von Obwalden noch nach der Hinrichtung des Zürcher Bürgermeisters gerichtlich einzutreiben![24] Im Vergleich mit diesen ehrenwerten Männern finden wir bei Rudolf Mettele ein anderes Mass und einen ganz anderen Stil des Rechnens. Vierzig Gulden kostet der Damast, den er als Damengeschenk beim Kauf von Regensberg der Gattin des Verkäufers, Johann Schwend, genannt der lange Schwend, verehrt[25]. Eine Ver-Schwendung? Das Leben ist kurz, aber fruchtbringende Investitionen sind auf Dauer gerichtet, und wo eine vernünftige Wirtschaftsordnung nicht vorhanden ist, bahnt sich der Investitionsgeist mit Schmiergeldern den Pfad.

Für die Fischzucht im Katzensee wendet Mettele ab 1456 innerhalb von acht Jahren über tausend Gulden auf. Dabei kommen Charaktereigenschaften zum Vorschein, die ihn keineswegs in einem schlechten Licht dastehen lassen. Er versteht sich auf einen klugen Umgang mit der Zeit, vermag seine Vorhaben in eine langfristige Ordnung zu bringen. Sein Geschäften besteht nicht einfach darin, auf die Zinsen seiner Gläubiger zu warten. Aber die heftige und »kitzliche« Art eines Hans Waldmann, der Zürcher Strassenhunde totschlagen lässt, ist seine Sache nicht. Wie er merkt, dass die Fischrechte im Katzensee fast nichts eintragen, handelt er. Den *grossen erfischoten sewe,* wie er das ausgefischte Gewässer nennt, schont er acht Jahre lang mit der Verfügung, die gefangenen Brachsmen im Wert von vier Schilling und darunter müssten nach einem Fang wieder in den See gesetzt werden, *wann sie denn erst der hechten halb hinkomen mochten.* Aus Buchhorn, Friedrichshafen, fordert er zweitausend lebende Karpfen an, um den See nachhaltig zu bevölkern. In der weiteren Umgebung lässt er für die Tränke des Viehs Weiher anlegen und pflanzt über zweihundert Obstbäume[26]. Ein echter Vorläufer von Jakob Gujer (1716–1785), genannt Kleinjogg, dem Musterbauern, der über dreihundert Jahre später am gleichen Ort die Bewunderung Goethes finden wird. Ausserdem gehört Mettele in der Schweiz zu den ersten Geschäftsleuten, die für die Restauration von Schlössern Geld ausgeben. Fünftausend Gulden steckt er allein ins Schloss Regensberg hinein! Typisch ist jedoch, dass Zürich ihm bei der Übernahme der Feste nicht einmal zehn Prozent dieser Aufwendungen entschädigen will[27]. Der Lebensweg des Handelsherrn ist von Prozessen gesäumt. Für einen Grossen der Wirtschaftsgeschichte fehlt ihm, wie auch seinem Sohn Jacob, das Glück. Darum schreibt die Zimmersche Chronik über die Familie ziemlich höhnisch: *Es ist aber dem alten sprichwort nachgangen, dass die alten gesagt, da sie von eim vertonen, unnutzen mentschen und der nichts behält, melden wollen: »Und hettest des Mettelis gut, so müsst es doch alles verthon sein«. Dieselben Mettelin haben sich von Rappenstein geschrieben und vor jaren grosse güter im Turgau und auch in unsern landen besessen, dass sie nur die reichen Möttelin sein genennt worden und irer überschwenglichen reichtum halber für burgersleut obgehört sprichwort von inen entstanden. Aber wie es uf allem ertrich mit dem zeitlichen zugeht, das ist den Möttelin auch begegnet. Es sein ungeradt, unnutze leut under inen gewest, die haben die güter ains nach dem andern ganz liederlich verthon. Zu Ravenspurg haben sie ain aigens thor in der statt gehabt (...)*[28]

Die gegebenen Nachrichten weisen Mettele als einen exotischen Vogel aus, der da durch seine Boten und Rechtsvertreter um provisorische Bruderschaft bei den Eidgenossen Unterwaldens nachsucht. Die von ihm selbst ausgestellte Pergamenturkunde enthält annähernd 1600 Wörter, ein Mehrfaches des Bundesbriefes von 1291[29]. Gesiegelt ist sie in braunem Wachs. Auf dem Siegel prangt zweimal der Waldrapp, auch Schopfibis genannt, der nach Conrad Gesner (1516–1565) im fünfzehnten Jahrhundert in Uri und Unterwalden noch brütet[30]. *Corvus sylvaticus*, den *Wald-Raben* nennt ihn das *Vogel-Buch* von 1569, *Geronticus eremita* heisst er bei modernen Ornithologen. Ibis, schwarz mit grünem bronzefarbenem und purpurnem Schiller, grösster Teil des Kopfes nackt, rot, gebogener roter Schnabel, Füsse dunkelrot, seines leckeren Fleisches wegen gejagt und bald nach 1600 aus der europäischen Vogelwelt verschwunden. »Mehrentheils nistet er«, schreibt Gesner, »auff den alten und hohen Mauren der zerbrochenen Schlösser: Welcher dann im Schweizerland sehr viel gefunden werden.« Dasselbe gilt, in Analogie, für die zeitweilig grösste Handelsgesellschaft in Süddeutschland, deren Vertreter sich im Obwaldner Siegel eingeschweizert *Möteli* nennt. Vom Schopfibis, erst 1897 mit dem verschwundenen Waldrappen identifiziert, existieren im marokkanischen Atlasgebirge letzte Brutplätze. Die auf Verbreitungskarten noch verzeichneten Brutkolonien am Euphrat sind erloschen. Kurz vor dem Golfkrieg hat man einen Schwarm von etwa zwanzig Stück über der arabischen Halbinsel letztmals gesichtet, ohne weitere Rückmeldungen. *Geronticus eremita*, »Einsiedler, einem Greis ähnlich«![31] Einiges vom Schönsten, was Europa im Herbst des Mittelalters besessen hat, verabschiedet sich auf Nimmerwiedersehen.

Der schon im fortgeschrittenen Alter sich abmühende Mettele ist kein Ideologe, und er biedert sich bei den Landleuten seiner Wahl nicht an. Nie käme es ihm in den Sinn, sich Eidgenosse zu nennen. Auch im Umgang mit seinen Partnern braucht er das Wort sparsam, nur beiläufig »ouch ir lieben eidgnossen«, aber nicht in der Anrede. »Min lieben herren von Underwalden« schreibt er da, genau so wie »min lieben herren von Zürich«, »min lieben herren von Lützern« an anderer Stelle. Das Wort »Eidgenosse« scheint einem europäisch orientierten Reichsdeutschen nicht ganz geheuer. Den Zweck, den er mit dem Landrecht verfolgt, macht er schon im ersten Satz deutlich: »min nütz ze fürderen, durch frides und schirmes willen, min und miner erben libs und gutes«[32]. Deutlicher kann man es nicht mehr sagen. Es geht um Sicherheitsinteressen. Mettele hat sich mit Zürich, vor allem wegen Regensberg, verkracht. Das Bürgerrecht von Luzern hat er erworben, weil der dortige Gerichtsstand vertrauenswürdig ist und bei bedeutenden Prozessen eingesetzt werden kann. Jetzt braucht es noch ein richtig harthölziges Urschweizer Landrecht. Bei geschicktem Gebrauch desselben können im Bedarfsfall ausgewiesene Schlägerkohorten in Richtung Bodensee mobilisiert werden. Damit ist das vorhandene Sicherheitsdefizit ausgeglichen. Warum Männer aus Unterwalden? Warum nicht etwa Appenzeller, Urner oder Schwyzer?

Mit den Appenzellern haben die Mettele in ihrer Arboner Zeit viel Ärger gehabt, mit diesen Berglern sind sie nicht befreundet. Uris Interessensphäre liegt ennet dem Gotthard, in der Leventina, im unteren Tessin, Oberitalien. Schwyz ist gleichsam Vorort des eidgenössischen Urbundes, es verfolgt allzu sehr eine eigene Politik. Bleibt also noch Unterwalden. Da gibt es urchige Naturburschen, und politisch kommt man mit ihnen problemlos klar. Im Aargau haben sie sich schon mehrfach als Landvögte bewährt, und im Thurgau können sie erst recht brauchen, was sie gelernt haben. Der erste Unterwaldner Landvogt dort wird, um 1470, Erny an der Halten heissen. (D 8) Dass ihn Mettele auf seinen Wohnsitz, Schloss Bürglen bei Weinfelden, oder später nach Stein am Rhein, einladen wird, darf man als nahezu sicher annehmen[33]. Unterwaldner sind nicht, wie man vielleicht glauben könnte, als »Kolonialherren« in den Thurgau gezogen, sondern wohl vor allem, um die Sicherheit dortiger Herren besser zu gewährleisten, als dies vor der sogenannten Eroberung dieses fruchtbaren Landstrichs durch die Eidgenossen der Fall gewesen ist. Das ist der Eindruck, der sich bei der Betrachtung dieser Geschichte aus der Perspektive der Mettele aufdrängt. Gesprächsstoff zwischen Landvogt an der Halten und dem Handelsherrn aus Ravensburg gibt es auf jeden Fall.

Die weiteren Bestimmungen der Urkunde, die mit dem Vermerk *Dass ist dess Megelliss Landtträcht*[34] im Staatsarchiv Obwalden aufbewahrt wird, verfolgen konsequent eine Linie, bei welcher Geschäftsräson und Staatsräson nach Möglichkeit in Übereinstimmung gebracht werden. Erscheint es auch weitgehend als Metteles Diktat, haben die Unterwaldner doch einige Paragraphen untergebracht, dank denen sie sich aus unangenehmen Verwicklungen heraushalten können. Das glauben sie wenigstens. Sowieso trägt Mettele für alle vorgesehenen Aktionen die finanzielle Verantwortung. Ohne seine Goldgulden lässt sich nichts bewegen.

Mettele verspricht, Nutzen und Ehre des Landes gern zu sehen, hat aber nur nach seinem Gutdünken Gehorsam zu leisten. Jederzeit steht es ihm frei, das Landrecht wieder aufzukündigen; in diesem Fall bezahlt er dreissig Goldgulden Austrittsgeld. Bei Feldzügen, die gegen Orte und Herren gerichtet sind, zu denen er seinerseits Geschäftsbeziehungen unterhält, insbesondere in einem Bürger- oder Vasallenverhältnis steht, verhält er sich neutral. Grundsätzlich aber finanziert er als Militärpflichtersatz zwei Unterwaldner Söldner. Diese müssen selber für ihren Harnisch besorgt sein. Dafür richtet er ihnen fünfzehn Schilling Sold pro Tag aus. Bei Fehden kann Unterwalden den Vertragspartner veranlassen, einen unparteiischen Rechtsvorschlag zu akzeptieren. Mettele darf jedoch beliebig Schlösser und Herrschaften kaufen oder verpfänden und je nachdem Dienstmann geistlicher oder weltlicher Herren werden. Dabei hätten die Unterwaldner ihn und seine Erben zu »fürdren«, fördern, und ihm zu helfen. Auch hätten sie, soweit es ihren Bündnissen nicht schade, Überfälle und Verwüstungen von Metteles Besitz abzuwenden, auch zum Beispiel, wenn dies durch Eidgenossen geschehe. Beide Parteien behalten sich vor, mit gegenseitiger Übereinstimmung den vorliegenden Vertrag abändern zu können, und Mettele betont gegenüber seinen Erben, Unterwalden »um kein Haar« mehr zugesagt zu haben, als in diesem Brief drinstehe. Die übrigen Bürgerrechte bleiben vorbehalten, denen von Luzern und Zürich gebühre im Zweifelsfall der Vorzug. Die Möglichkeit einer Niederlassung wird mit keiner Silbe angedeutet[35].

Im Vergleich zu einem städtischen Ausburgerbrief zeitgenössischer Usanz verpflichtet sich Mettele minim und nur soweit, als es sich für eine Zusammenarbeit als unbedingt notwendig erweist. Doch haben er und seine Erben alle »costen und zerung, rytgelt, rösslon und knechtenlön«, desgleichen alle Botengänge und Gerichtskosten zu übernehmen. Die Entgelte sollen jedoch zu landesüblichen Tarifen gehalten sein[36]. Allzu sehr will sich der reiche Mann mit dem schönen Vogel im Wappen nicht rupfen lassen. Man hat so seine Erfahrungen!

Dieses Dokument bildet ein prachtvolles, kaum zu überbietendes Beispiel für das, was es im Sinne des Eremiten mit dem »bösesten Recht« für eine Bewandtnis hat, die Rechtsgrundlage für Prozesse, bei denen es auf gütliche Einigung nicht mehr ankommt. Darum ist auch alles so ausführlich, »bis aufs Haar«, geregelt. Aufgrund der Orthographie ist nicht Rudolf Mettele persönlich der Verfasser, sondern mutmasslich ein von ihm beauftragter Jurist, ein mit allen Wassern gewaschener Akademiker. Mit diesen hat der Ravensburger reiche Erfahrungen gemacht, er weiss, warum sie sich selten kurz fassen. Die Doktoren, gemeint die Juristen, vermerkt er einmal skeptisch, hätten »blunders« viel eingeworfen und ihre Materien so in die Länge gezogen, dass ihm die Verantwortung not tue, denn Juristen liebten lange Worte. So würden sie um so mehr Geld verdienen, als wenn sie es kurz machten[37]. Dass Metteles eigene Absicherungsmentalität und grosse Prozesserfahrung ein solches Vorgehen und entsprechend horrende Anwaltshonorare verursacht, verschweigt er tunlichst.

Vergleicht man Metteles mit mephistophelischer Brillanz geschriebenes Unterwaldner Landrecht mit den Urkunden Hensly Schribers, fällt als wesentlicher Unterschied auf, dass in den Dokumenten bäuerlicher Rechtsweisheit gelegentlich die unverkennbare Stimme von Klaus von Flüe, gemeint die ihn prägende Mentalität, mitschwingt, während sie über dem Siegel des Waldrappen völlig zu verstummen scheint. Was innerhalb von dreissig Jahren passiert ist, macht rückblickend die Lektüre eines Dokuments vom Jakobstag, 25. Juli, 1432 deutlich. Hier wird, auf kaum fünfzehn Zeilen, eine Art Urverfassung des vereinigten Unterwalden skizziert, eine Einheit, die im Sinn eines Freistaats nie existiert hat, jedoch bezogen auf Einzelfälle zum Tragen kommt:

»Wir haben unseren Landsleuten nid dem Wald anerboten«, erklären Ammann und Talleute von Obwalden den Brüdern im unteren Tal, »zu ihnen, wie seit alters, auf einen Acker uns zu begeben, wenn gemeinsame Landesgeschäfte miteinander auszurichten sind.

(...) Wir haben wohl vernommen, dass sie am Sonntag in acht Tagen nach diesem Brief ihre Landsgemeinde halten wollen (...). Soweit wir in dieser Sache ermahnt sind, wollen wir gern und gerecht gehorsam sein und dem Genüge leisten, und was in der Gemeinde auf dem Acker zu Wisserlen das Mehr wird, ob es auch gegen uns falle, dabei wollen wir bleiben und dem genug tun. Gegeben zu Sankt Jakob im Jahr des Herrn 1432.«[38]

Der wahre Jakob. An diesem Tag und um den 1. August finden seit unausdenklichen Zeiten Bergstubeten statt, da wird getanzt! Klaus ist zu dieser Zeit fünfzehnjährig, also in Wisserlen dabei. Von dem, was da ins Wort kommt, ist für ihn nichts unklar. Die gotische Schlichtheit der Bergrepublik findet ihren Spiegel in den Worten *in dieser Sache ermahnt, wollen wir gern und gerecht gehorsam sein.* Das ist die Stimme der Väter, für den Heiligen seine Richtschnur für immer. Seine Existenz ist ihr Nachklang. Beim Mötteli-Vertrag, dreiundreissig Jahre später, hat er sich, wie seine Landleute und Ratskollegen auch, im formellen Bereich durchaus nicht übers Ohr hauen lassen. Den Hintergedanken des Zeitgeistes aber, die List, mit der die Zukunft sich andeutet, erfasst keiner der Landleute. In ihrem Urteil, bei welchem das Persönliche im Vordergrund steht, gelten der *Möteli* und sogar Kaspar Koller als ehrenwerte Männer. Freunde, Verwandte, mit der Zeit die eigenen Söhne, vor allem Hans von Flüe, lassen sich von den Landrechtsabkommen mit den Fremden in Pflicht nehmen und nützen die für sie vorteilhaften Bestimmungen des Vertragswerks nach Kräften aus. Wie hätte da ein schlichter Mann, im Zeitraum des Abschlusses überwältigt von persönlichen Problemen, konkrete Einwände gegen den unübertrefflich perfekten Vertrag erheben können? Wohl auch später verfügt er nicht über genügend Durchblick in eine ihm fremde Welt, um den Sohn wirksam warnen zu können. Mit der Aufnahme von Mettele, 1465, und Koller, mutmasslich 1466[39], ins Landrecht scheint sich die alte Schwurgenossenschaft, im Rückenwind einer allgemeinen Entwicklung, in eine Gesellschaft mit beschränkter Haftung zu verwandeln. Die Absichten Metteles entsprechen einem legitimen Sicherheitsbedürfnis. Die gesellschaftlichen Strukturen, die ihn so handeln lassen, wird man erst später, bei ausreichender Entwicklung des Prinzips Staatlichkeit, als »mafios« bezeichnen und damit verurteilen. Zu seiner Lebenszeit aber, wo im Alpenraum und dessen Umgebung noch kaum von einem Staat im modernen Verständnis gesprochen werden kann, gehört jeder Gebundene und auch fast jeder Freie einer vorstaatlichen Interessengruppe an. Dazu gehören unter anderen auch die Knabenschaften, die zur Zeit der Saubannerzüge, 1477, besonders von sich reden machen. Wem wäre dies schon vorzuwerfen? Zwischen eigentlichen Räuberbanden und ehrenwerten Gesellschaften weiss der Zeitgenosse zu unterscheiden, aber im nachhinein wird dies zunehmend schwieriger.

In Unterwalden versucht man, die Entwicklung mit einheitlichen Regelungen im Gesetzesrang in geordnete Bahnen zu lenken. Die Landsgemeinde beider Talschaften in Wisserlen beschliesst am Morgen nach der Walpurgisnacht, am 1. Mai 1467, einheitliche Kriterien für die Aufnahme auswärtiger Landrechtsbewerber. Beträgt die Einkaufssumme mehr als fünf Pfund der Landeswährung, also ungefähr zwei Gulden und mehr, muss sie im Verhältnis zwei Drittel zu einem Drittel geteilt werden. Diese auswärtigen Nutzniesser des Landrechts sollen in beiden Talschaften als Landleute anerkannt sein. Dies soll so lange gelten, bis die Landsgemeinde etwas anderes beschliessen wird[40]. Damit gehen die Präzedenzfälle der beiden Vorjahre in eine allgemeine Regel über. Das ist das Hauptgeschäft der letzten ordentlichen Landsgemeinde, an der Klaus von Flüe teilnimmt. Fünfeinhalb Monate später wird er als Pilger aufbrechen.

Wenn der Eindruck der Indizien nicht trügt, ist der Bauer vom Schübelacher vom allgemeinen Eindruck der Veränderungen seit seiner Jugend stärker angetan als von einer Protesthaltung gegen das, was die politischen Institutionen konkret beschliessen. Dazu gibt es, aus klassisch politologischer Sicht, scheinbar keine Alternative. Eher im Bezirk des Unbewussten als des Bewussten reagiert er auf Entwicklungen, die in den Bereichen Krieg, Wirtschaft, Politik und Kirche teils schleichend, teils rasant die einstmals übersichtlicheren Verhältnisse auf den Kopf stellen.

Zu den empfindlichsten Seismographen des Zeitgefühls gehört die Mode. Ausgerechnet in den Jahren vor 1470 laufen die Wohlhabenderen unter den jungen Unterwaldnern erstmals in Schnabelschuhen und nie gesehenen hoffärtigen Stiefeln herum[41]. Die männlichen Jugendlichen, wahrscheinlich auch einige der Älteren, entblöden sich nicht, sich in kurzen Gewändern, Röcken und Mänteln zu zeigen und einer Mode anzuhangen, bei welcher nach Renaissanceart die Scham, »das Gemächt«, wie die Feldchirurgen und Bergbauern sich ausdrücken[42], in exhibitionistischer Weise betont wird. Eine Art Veitstanz aus der enthemmenden Faszination der Nachahmung. Und in den benachbarten Luzerner Landgebieten treten, wie Segesser in seiner Rechtsgeschichte dartut, bedenkliche Fälle von Sodomie ans Tageslicht. Anstoss erregt die Geschichte eines homosexuellen Priesters, der dank seinen kirchenrechtlichen Privilegen ungeschoren davonkommt, während zwei seiner Knechte auf grausamste Art und Weise hingerichtet werden. Dies alles kommt im Zeitraum des Teufelsanfalls, der Aufnahme der Mettele und Koller ins Landrecht und kurz vor dem Amtsantritt von Landvogt an der Halten im Thurgau ans Tageslicht.

Die Landsgemeinde auf dem Acker von Wisserlen vom 14. Oktober 1470 wird versuchen, mit dem ersten und letzten gesamtunterwaldnerischen Erlass gegen Kleiderluxus einen Beitrag zur Abwehr des unzüchtigen Männerspuks zu leisten. Es ist die zweitletzte gemeinsame Volksversammlung beider Talschaften, bei welcher sich die Nidwaldner institutionell in die Minderheit versetzt fühlen. Im Sand von Wisserlen, im Schatten des Galgens, geht die Landsgemeinde von Gesamtunterwalden bald den Weg einer nie richtig erwünschten politischen Einrichtung. Der Galgen, von dem Robert Durrer dann Fundamente ans Tageslicht bringen wird, ist wohl schon früher eingegangen.[43]

In Klaus von Flüe aber keimt die Frage der Propheten und Altväter auf, wie lange Gott der Herr diesem Treiben noch zusehen werde. Steht die Frakmünt, die Bannstätte des Richters Pontius Pilatus, noch an ihrem Ort, wenn er daheim auf dem Schübelacher hinüberschaut auf die andere Seite des Tales? Wann stürzt er ein, der Berg, und alle Sünden der Welt werden offenbar? (EB 30)

Der Wandel aller Verhältnisse macht nicht nur Menschen zu schaffen, die von der Sehnsucht nach heiliger Abgeschiedenheit ergriffen sind. Wer, wie Mettele, im Beziehungsgeflecht von Wirtschaft, Justiz, Politik und Finanzen seinen Mann stellen muss, hat Tag für Tag mit einer Unsicherheit fertig zu werden, welcher mit Heiligkeit, Heldentum und selbst dem Martyrium nicht abzuhelfen wäre. Er befindet sich, auf trostlose Art, im Innern des Schwungrads. Im höchsten Grad vonnöten für die Pflege des Wohlstands wäre eine stabile bürgerliche Ordnung. Von der aber ist weit und breit nichts zu spüren. Wen wundert's, dass zahlreiche Söhne und Töchter der Reichen, von Ekel erfüllt über alle diese Sachzwänge, Bedrohungen, Prozesse, Schmiergelder und den ganzen Ärger mit Räubern aller Art und Privatarmeen, die Weltflucht zu ihrem Programm erheben? Der Kaufmann Rulman Merswin aus Strassburg ist da nur einer von vielen[44]. In Metteles Familie blüht indes vor allem den Töchtern oft das Kloster, denn die Mitgiftforderungen der Heiratskandidaten kennen kein Mass. Dabei muss man auch den Klöstern Mitgift zahlen, dass es einem weh tut, bis 2000 Gulden pro Tochter![45] Aber die schlechteste aller Möglichkeiten ist das Nonnenleben nicht. Aus den Klöstern ist Gutes berichtet über die ehrwürdigen Frauen mit Namen vom Rappenstein. (Vgl. D 14)

Zu den Unternehmungen, deren Erfolg kaum zu kalkulieren ist, gehört bei Jacob Mettele, dem Sohn von Rudolf dem Älteren, die Mädchenerziehung. So ein herziges Ding macht einem halt doch Freude. Selbstverständlich nicht ohne Beimischung des Ärgers. Da wollen die Breitenlandenberg, dass er Kinder aus ihrer Familie »geistlich oder weltlich« versorgen, das heisst adoptieren solle, andernfalls sei mit der gewünschten Unterstützung in einem Prozess nicht zu rechnen! »Da antwortete Möttili (...), müsste er im dann ain kind versorgen, so wölte er das jüngst nehmen« und dieses erziehen nach seinem Sinn, »dann die grösseren bedunkten ihn maisterlos gezogen sin«, an anderer Stelle sogar »halsstarrig und maisterlos erzogen«. Das jüngste Kind aber, ein Mädchen, ein richtiger Wildfang, ist nach der Adoption, wie Jacob seinem Gehülfen Peter Andres gesteht, »noch maisterloser dann die andern sine geschwister (...) darzu dann er junker Jacob ouch lachte«, er gibt sich derzeit wohlgelaunt: »Es ist myn, ich sol es versorgen, so will ich ouch es ziehen nach minem sinn«. Aus dem Mädchen wird, nach einem Riesenstreit um die bei der Verlobung zu hinterlegende Garantiesumme, eine Klosterfrau[46].

Die bekannteste Nonne aus der Mettele-Sippe ist Ursula vom Rappenstein, Mutter Priorin des Klosters Sankt Katharinental von Diessenhofen. Hans von Flüe und seine Unterwaldner haben beim Mötteli-Handel in den achtziger Jahren des fünfzehnten Jahrhunderts fast alles getan, um die in Lindau gefangen liegenden Rudolf und Jacob Mettele, die eine Zeitlang in einem dortigen Kloster Kirchenasyl geniessen, wieder in Freiheit zu bringen. So geht unter anderem, 1486, die Geiselnahme des kaiserlichen Schatzmeisters Jörg Moisse, eines Juden, auf das Konto Unterwaldens. Dabei setzt es die Reichsacht ab, die jedoch nicht mehr Eindruck macht als frühere päpstliche Interdikte[47]. Rudolf der Ältere ist bei diesem Handel, vielleicht aus Aufregung, gestorben, sein Sohn Jacob profitiert weitestmöglich und überproportional über die sechzig Gulden Einbürgerungssumme hinaus von der Unterstützung des Landammanns von Flüe. In Freiheit kommt der Geschäftsmann trotzdem nur dank 15000 Gulden Kaution, die er für immer verloren geben muss[48].

In den folgenden Generationen findet das Sprichwort »Und hättest du Möttelis Gut, es müsste doch alles vertan sein«, mehr und mehr Bestätigung. Es geht bergab mit den frühen Buddenbrooks vom Bodensee. Ein bleibendes Zeugnis der Dankbarkeit gegenüber Unterwalden aber legt die grosse Bruder Klaus-Verehrerin Ursula vom Rappenstein ab, Urenkelin von Rudolf und Enkelin von Jacob Mettele[49]. 1597 zeigt sie in der Klosterkirche Sankt Katharinental Christof Laab aus Unterwalden, derzeit Landvogt im Thurgau, ein Kruzifix, mit dem Klaus von Flüe beim Feldzug von 1460 Zwiesprache gehalten habe. Zuhanden der Akten für die Seligsprechung berichtet dann Laab: *»Und in Sonderheit hab ich gehört zu Diessenhoffen von Frau Priorin vom Rappensteyn, dass da die Eidgenossen selber in der Gegend gelegen, darbey auch Bruder Claus sich befunden und sich berathschlagt, Kirche und Kloster zue verbrennen, seye er nach Verrichtung seynes Gebetes, so er vor einem Crucifix verrichtet, hinzugetreten und habe selbige abgemanet, mit Vermeldung, der Findt werde (...) in 3 Tagen von dannen abziehen und werde an diesem Ort noch vil Guots geschehen, daraus auch abzunehmen, dass er solches aus einem prophetischen Geyst müsste vorgesehen haben.«* (D 14)

Die Geschichte ist nicht unmöglich, weil nach Landschreiber Hans Mad aus Glarus die Unterwaldner an der Belagerung Diessenhofens beteiligt gewesen sein sollen[50]. Wie weit aber bei Klaus von Flüe ein prophetischer Geist 1460, 1465 und 1467 schon reicht, bleibt schwer zu sagen. Nach Prophetenart hört er den Katarakt aus der Ferne, dämmern ihm unheimliche Ahnungen. *Halsstarrig und maisterlos erzogen* – in einer Zeit unbegreiflichen Wandels gilt das wohl für ein ganzes Volk, nicht nur für ein kleines Mädchen, das verschoben wird wie eine Ware. Wer könnte für sich behaupten, selber keinen Anteil zu haben an der grossen Verwirrung? Wo eine solche die fundamentalen Orientierungen zu erschüttern beginnt, bleibt auch die Familie nicht verschont. Zum Beispiel die von Flüe.

Siegel des Handelsherrn Rudolf »Möteli« auf der Landrechtsurkunde vom 1. Sept. 1465 im Staatsarchiv Obwalden, Wappenvogel mit ibisartiger Schnabelform (Waldrapp?).

Die Arbeit der Nacht

Im Himmel ist der Tag, im Abgrund ist die Nacht.
Hier ist die Dämmerung; wohl dem ders recht betracht!
Angelus Silesius: Der Cherubinische Wandersmann, IV, 92

Wenn drunten im Tal die Fürsten der höllischen Rotte rasen, müsste es ein Trost sein, im ehelichen Heim die Beziehung mit einer Frau zu leben, deren jugendlicher Liebreiz und innere Tugend von vielen gerühmt werden. Sie weiss dem Hausgesinde zu befehlen, ist gesund, robust und selber rastlos an der Arbeit, draussen und drinnen. Dass sie der Kochkunst mächtig ist, über Appetit verfügt, abends müde ist und die Nächte gut durchschläft, so weit die Sorge um die Söhne, die Töchter, das noch Ungeborene und den Ehemann dies zulässt, bleibt anzunehmen. Dorothe Wyss, wahrscheinlich von der Schwendi ob Sarnen, vielleicht aus einem Sachsler Freiengeschlecht oder aus Kerns gebürtig (EB 318), wird weder von Absenzen noch von erschreckenden Gesichten überfallen. Das nüchtern Ökonomische, Realistische, Zupackende, welches die Sesshafteren unter den von Flüe auszeichnet, scheint nicht im geringsten ihr hausfrauliches Erbe zu sein. Welcher Kriegsmann, welcher Richter, welcher abgekämpfte Held der Arbeit, ja welcher Schuft hätte es nicht schon geschätzt, das erfrischende Grusswort der Gattin und der Mutter seiner Kinder? Wie kein zweiter Mensch auf Erden lässt sich die Gefährtin weder blenden vom Triumph des Augenblicks, noch überschätzt sie das Unglück, sofern es nur als ein äusseres entgegentritt. Eine gute Frau ist wie Brot zum langen Leben, lehren die Doktoren der Leibarznei[1].

»Dieser Nikolaus«, schreibt Heinrich von Gundelfingen, frühester Biograph, »ein Lepontiner aus Sachseln, einem Dorf in Unterwalden ob dem Wald geboren, führte dort eine gottesfürchtige, sehr fromme Frau heim, mit welcher er tüchtige, kräftige Sprösslinge eines kraftvollen Stammes zeugte«. (D 427) Es sind dies Worte aus einem *Panegyricus*, einer stilisierten biographischen Lobhymne auf den frisch verstorbenen Heiligen, womit sich der Magister Artium und Professor für Poetik und Rhetorik an der Universität Freiburg im Breisgau dem Stand Luzern erkenntlich zeigen will für die Überlassung der begehrten Chorherrenpfründe in Beromünster. Der erste, der den Namen der Frau nennt, Valerius Anshelm, Überlebender von Marignano, spricht von *siner eelichen frommen husfrowen Dorothe Wyssin*, welche ihm fünf Söhne und fünf Töchter geschenkt habe. »Dabei verwundert es nicht wenig«, fährt er fort, »dass von den Kindern und Enkeln beiderlei Geschlechts dieses heiligen Mannes keines ohne irgendeinen leiblichen oder geistigen Makel behaftet war, vielleicht deswegen, damit sich keines wegen der Heiligkeit seines Vaters überhebe oder sich vertröste, sondern daran denke, dass der Herr von jedem einzelnen sein Talent und sein Öllicht fordere und nicht das eines andern.« (D 653) Wahrscheinlich gibt es beides in der Familie, die solchermassen Behafteten und die von Gundelfingen gerühmten tüchtigen, kräftigen Sprösslinge. Zu diesen ist sicher Welty zu zählen, der stramme Fähnrich, und wohl auch der kräftige und ehrgeizige Hans und Tochter Dorothe, die Mutter des künftigen Nidwaldner Landammanns und Eremiten Konrad Scheuber. Dass aber ein Schatten von Geschlagenheit, eine schwer zu bewältigende Erbschaft von Leiden auf der Familie lastet, ist kaum als Mahnfinger Gottes gegen die Gefahr der Überheblichkeit bei den Nachkommen zu deuten. Ohnmachten, Schmerzen in den Eingeweiden, die Unfähigkeit, genossene Speisen bei sich zu behalten, zählen in Obwalden ein paar Generationen nach Klaus von Flüe zu den Erkennungszeichen der Hexen[2].

Davon sind auch zwei Frauen aus Sachseln mit Namen von Flüe betroffen: Katharina, hingerichtet 1629, und die Krämerin Margarethe, von deren Spezereiladen 1657 der gravierendste Fall von Lebensmittelvergiftung im alten Obwalden ausgeht[3]. Eine Art Alchemie-Unfall. Es kommt bei verschiedenen Kunden zu Lähmungen, sogar von Todesfällen ist die Rede. Wie geht diese Frau mit ihren Drogen um? Das Gericht spricht sich für die nur bei gravierendsten Verbrechen vorgesehene Hinrichtungsart aus: Am 11. August 1657 wird Margarethe von Flüe auf der Richtstätte in Sarnen auf eine Leiter gebunden, dann ihr mit einem Beil »uff einem Tütschi« (Holzklotz) die rechte Hand abgehackt, bevor sie bei lebendigem Leib verbrannt wird[4]. Für diese Hinrichtung gibt es für den sogenannten Nachrichter (Scharfrichter) das höchste Honorar, doppelt so viel wie für Köpfen, das Zehnfache wie für Ohrenabhauen oder für das Reinigen des Turms. Wegen der hohen Ansprüche, die der Hexenprozess an die Justiz stellt, zumal was den Bedarf an Experten betrifft, verliert die Landsgemeinde in der Zeit der Unwetterkatastrophe und der Pest von 1629 ihr demokratisches Mitwirkungsrecht beim Blutgericht[5]. So leistet der Fortgang der Hexenprozesse einen makabren Beitrag zur Entwicklung der Justiz im neuzeitlichen Sinn, bedient sich der Fortschritt eines abscheulichen Paradigmas.

Das gehört nicht hierher, oder doch nur insoweit, als die Abgründe, über denen die Geschichte sich hinbewegt, ein um so grösseres Bedürfnis nach verehrungswürdigen heiligen Männern und Frauen erzeugen. Die Heilige Familie – Vater, Mutter, Kind in ihrer unantastbaren Reinheit – bildet einen Spiegel des Heils. Dies gilt für Zeiten, da die Familie von vielen als in ihren Grundfesten erschüttert erfahren wird, zusätzlich. Machtvoll regt sich am Ende des zwanzigsten Jahrhunderts das Bedürfnis, Klaus von Flüe und seine Gattin Dorothe als heiliges Ehepaar kirchlich verehren zu dürfen, sie zum Beispiel als gemeinsames Vorbild für die süddeutsche Landvolkbewegung zu ikonisieren[6].

Der Innenraum einer Ehe ist nicht zu durchdringen. »Die Familie ist geheiligt im Geheimnis. Hier ist kein Zutritt für keine weltliche geistliche, menschliche Jurisdiktion«, schreibt Bruder Klaus-Verehrer Reinhold Schneider in seiner autobiographischen Studie »Verhüllter Tag« (1954)[7]. Um einen solchen Vorbehalt kümmert sich 1483 der Scholastiker und Humanist Peter Numagen kaum. In seinem Gutachten, das für das Rätsel der Nahrungslosigkeit noch von grösserer Bedeutung ist, handelt er unter moraltheologischen Gesichtspunkten die Frage ab, wie weit Bruder Klaus als verheirateter Mann »auf die Knechtschaft der Ehe« habe Verzicht leisten dürfen, um ein besseres Leben führen zu können. Dabei räumt er, wie es sich für die scholastische Methode gehört, dem gegnerischen Standpunkt viel Platz ein. Das ist in diesem Fall der anwaltschaftlich vertretene Gesichtspunkt der Frau.

Die Ehe als Verbindung von Mann und Weib schliesse eine unzertrennliche Lebensgemeinschaft in sich. »Und diese Definition wird ausdrücklich als Norm aufgestellt, von der kein Ehegatte abweichen darf, selbst dann nicht, wenn er wünscht, einem Orden beizutreten. Denn im ehelichen Vertrag findet die gegenseitige Übergabe der Körper zum geschlechtlichen Umgang statt, wie es im Buch Genesis geschrieben steht. (Gen 3) Und darum hat nicht der Mann die Gewalt über seinen Leib, sondern die Frau und umgekehrt.« (1 Kor 7) In diesem Zusammenhang macht Numagen mit Nachdruck auf die Erfüllung der ehelichen Pflicht aufmerksam, diese habe zu erfolgen »ohne jede Benachteiligung, ausser wenn beide zustimmen, was auf bestimmte Zeit geschehen kann, damit sie etwa besser dem Gebete obzuliegen vermögen, doch müssen sie die Freiheit besitzen, diese Einwilligung wieder rückgängig zu machen, damit der Satan sie nicht versuche, ihrer Unenthaltsamkeit wegen, wie der Apostel sagt.« (D 243)

Dramatisch wird die Situation, wenn der Rückzug eines Partners aus dem ehelichen Intimleben den anderen in Schwierigkeiten bringen sollte: »Da aber Gott ein gestohlenes Opfer hasst, so folgt daraus, dass Gott die Enthaltsamkeit des Mannes, der seine Frau um die eheliche Pflicht betrügt, zuwider ist, ja, dass der Enthaltsame, der die Pflicht erfüllen sollte, die unzertrennliche Lebensgemeinschaft dadurch eigentlich mehr trennt, so dass es unsittlich wäre, wenn der eine Teil ins Kloster träte und der andere in der Welt bliebe (...) Weiter, da das Heiraten etwas sittlich Ehrbares ist und der Beischlaf mit der eigenen Gattin der Keuschheit keinen Abbruch tut, nach dem siebenunddreissigsten Kanon des Konzilsdekretes von Nicäa, so muss nach dem Apostel der Mann schwach werden, wenn die Frau schwach wird und ihr beiwohnen, gehorsam 1 Korinther 7, Vers 1 bis 8, das heisst er muss, wenigstens, wenn die Frau es verlangt, dieser die eheliche Pflicht erfüllen, die er selber nicht zu verlangen sich vorgenommen hat, damit nicht etwa seine Enthaltsamkeit die Frau zur Unzucht verleite, welche Sünde dann dem Mann zur Schuld angerechnet werden müsste, und bei Gott keineswegs durch eine solche Tugend der Enthaltsamkeit ausgeglichen werden könnte, Kanon von Nicäa 23.5, ja vielmehr würde die Sünde der Frau der Enthaltsamkeit des Mannes zugeschrieben (...). Wenn nun die Frau in dieser Sünde sterben würde, wie könnte solch ein unkluger Mann sich vor Gott verantworten?« (D 243)

Die Argumentation liest sich als gravierende Mahnung gegen die Weltfluchtbewegung Verheirateter, die seit dem vierzehnten Jahrhundert im Alpenraum spürbar ist. Ritter Johannes von Aarwangen ist es um 1344 sogar gelungen, als Mönch des Klosters Sankt Urban die Einsiedelei von Witenbach, Entlebuch, später Wallfahrtsort Heiligkreuz, ins Leben zu rufen, wobei seine Gattin Verena dies offensichtlich toleriert, nach seinem Ableben sogar Vergabungen macht[8].

Auch Salinendirektor Johannes Frankfurter, der sich im Tirol von Kardinal Nikolaus von Kues eine Eremitenregel ausstellen lässt[9], ist wahrscheinlich verheiratet oder verwitwet. Der Gottesfreund aus dem Oberland, vielleicht nur eine mit Leben erfüllte Romanfigur, steht in einer dramatischen Liebesbeziehung mit einer Frau und befindet sich bei seiner Weltflucht kurz vor dem Eheschluss[10]. Die von ihrem Gatten verstossene legendäre heilige Idda von Toggenburg, deren Geschichte Ranftbesucher Albrecht von Bonstetten in der ältesten der Nachwelt überlieferten Version aufschreibt, weigert sich, nach einem Versöhnungsangebot ihres gräflichen Eheherrn, ihr einsiedlerisches Leben in den Wäldern des Hinterthurgau wieder aufzugeben[11]. Bei einem solchen allgemeinen Trend scheint es für einen dogmatisch geschulten und bibelfesten Theologen wie Peter Numagen angebracht, ein paar warnende Einwände zu erheben. Der Ruf Gottes an ein paar Auserwählte darf nicht zu falschen Schlussfolgerungen führen!

Die Ehe von Klaus und Dorothe vergleicht Numagen mit jener »ewigen Liebe«, mit der »Christus seine Kirche stets umgibt«, gemäss dem Kommentar zum Propheten Hosea beim heiligen Einsiedler Hieronymus. Die Enthaltsamkeit des Nikolaus schliesse die Gottesfurcht nicht aus, weil sie mit der Einwilligung seiner Gattin geübt werde, »jene noch andauernde Einwilligung, die beider Willen in einer Anwandlung göttlicher Liebe dazu bewegte, einander die Erlaubnis zur Enthaltsamkeit zu geben.« (D 244) Der Theologe hält dies zu Lebzeiten der beiden fest! Seine Kenntnisse des Eremiten, zum Beispiel sein asketisches Leben betreffend, sind so gut, dass ein persönlicher Augenschein im Ranft angenommen werden muss. Dies ist, wie das Beispiel Waltheyms 1474 zeigt, wie auch der spätere Erlass zum Schutz des Einsiedlers »gegen fremde streitsüchtige Theologen« (D 203), ohne freundliche Kontaktaufnahme mit der Familie schwer möglich. Wie Waltheym ist Peter Numagen des Lobes über Dorothe voll:

»Du hast also, ehrbare Ehefrau des Nikolaus, mit Geringem zufrieden, etwas wahrhaft Würdiges und Tugendhaftes getan, was dir durch Gottes Güte in Ewigkeit angerechnet werden wird, dadurch, dass du in dieses heilige Vorhaben deines Mannes einwilligtest (...). Und wahrlich ist es nur billig, dass du dich ihm nach Möglichkeit gefügt hast, zumal du ja bereits jenes Alter erreicht hast, wo du umgeben von einer glücklichen Kinderschar, wohl versorgt und frei von unerlaubten Wünschen, fähig bist, die Kinder in Zucht zu erziehen und ihnen das Beispiel der Auferbauung zu geben, was du ja durch dein früheres Leben und den tugendhaften Umgang mit deinem Gatten bewiesen hast. Du hast getan, was nicht einmal Penelope und Alcestis, des Ulisses und Admetus keuscheste Gattinnen, zustande brachten, du überragst sie weit; hast du ja aus Liebe zu Gott deinem Manne geduldig entsagt und voll Treue jedes Lob verschmäht.« (D 243)

Das ist, aus der Feder eines Humanisten, im Vergleich mit den Heroinen der Antike, die grösste Huldigung an eine lebende Schweizer Frau dieser Epoche und zugleich die Grundlegung der ideologischen Konstruktion, ohne welche die spätere Selig- und Heiligsprechung des Ehemannes auf grösste Schwierigkeiten stossen müsste. Der geringste Makel an Dorothe würde sofort auf den Gatten zurückfallen und dessen heilige Existenz aus der Sicht der Kirche fragwürdig machen. Was bei Numagen theologische Dialektik ist, nimmt in der modernen Zeit beim Philosophen und Schriftsteller Denis de Rougemont und dem Komponisten Arthur Honegger opernhafte Züge an. In der Dramatischen Legende *Nicolas de Flue* singt der Himmelschor:

Dorothee, Dorothee,
O du auserwählte Frau!
Allein durch dein Opfer
Werden Abertausende gerettet.
Schwere Pein, grausamer Rat,
Von dir allein kommt der Friede,
Der ewige Lohn
Von deinem geopferten Glück[12].

Dieser Text von Rougemont für Honegger stammt aus den Jahren 1939/40. In den neunziger Jahren sind Bestrebungen im Gange, die kirchliche Verehrung von Dorothe als »Mitheilige« des Eremiten zu fördern, mit Hinweisen auf ihr heroisches Opfer[13]. Die Apotheose eines Frauenbildes. Angeblich hat es die Gattin in der Hand gehabt, ob Klaus ein Heiliger hat werden können oder nicht. Seelsorgerliche wie auch ideologische Überlegungen scheinen in dieser Diskussion eine grössere Rolle zu spielen als der tatsächliche historische Befund. Bei allen diesen Idealisierungen trifft für die Zeit bis zum Oktober 1467 zu, was die *Dramatische Legende* in der traumwandlerischen Sicherheit künstlerischer Intuition dann doch von der heiligen Familie auf dem Schübelacher erfasst:

Et Nicolas crie au secours.[14]

In materieller Hinsicht müsste Klaus von Flüe um 1467 mit seinen häuslichen Verhältnissen mehr als zufrieden sein. Ausser dem Schübelacher, wo sein schönes Wohnhaus steht, gehören auf dem Sachslerberg das steil abfallende Ranftbord, das Bitzi, die Flüematt und beide Ifang zum Familienbesitz. Auffällig an den Flurnamen ist das mehrfache Hervorheben umzäumten Gebietes, Bitzi zum Beispiel kommt mutmasslich von *bi-zunna*, ringsum eingezäunt, *Ifang* bedeutet wie das in der Deutschschweiz häufigere Bifang ein ringsum eingefriedetes Grundstück[15]. Die Namen deuten alten Privatbesitz an, der schon Vater Heiny zu eigen gewesen sein dürfte. Dazu kommen »Bruder Klausens Matte im Melchi« (Hugo Müller)[16] und der Anteil oder Besitz von Alpen, darunter *Chlysterli*[17] im oberen Melchtal. (EB 317) Das Land reicht aus für die Winterung von vielleicht zwölf Kühen, einigen Rindern und Kälbern sowie einem Pferd. Dies entspricht in Unterwalden noch im siebzehnten Jahrhundert dem Mass einer sogenannten Hofstatt. Etwas oberhalb vom Schübelacher, in Richtung Flüeli, bewirtschaftet die Familie ein weiteres Landgut, welches nicht mit Sicherheit als »Geburtshaus« von Klaus angesprochen werden kann. Die älteren Kinder sind reif für die Selbständigkeit, machen davon Gebrauch. Vater Heiny ist noch am Leben, und mit Bruder Peter scheint ein besonderes, in den Lebensgeschichten wenig beachtetes Vertrauensverhältnis zu bestehen, »wann er in sonders hertzlich lieb hat« (D 540), schreibt der in Familienangelegenheiten wohlinformierte Heinrich Wölflin. Dank klugem politischem Einsatz können die noch auf dem Besitz lastenden Zinsen und Abgaben abgelöst oder auf dem Weg des Prozesses glücklich niedergeschlagen werden. Ein freier Mann mit allen Vorzügen, die man im Gemeinwesen der eidgenössischen Bruderschaft dem selbständigen Mittelstand zuzuschreiben pflegt.

Jetzt, da es ihm wohl sein könnte innerhalb seiner Zäune, suchen Teufelskämpfe und epilepsieartige Anfälle ihn heim. Das eine ist die geistige, das andere die physische Seite des einen unteilbaren Leidens. »Mit Ekel erfüllt von weltlichen Geschäften« (Numagen), befasst er sich »Tag und Nacht mit Grübeln, der Welt und all ihren Handlungen zu widersagen, und anzuhangen der ewigen göttlichen Philosophie« (Hans Salat). (D 677)

Vorläufig ist vom Ekel sehr viel und von der göttlichen Philosophie fast nichts zu spüren. Dies geht klar aus dem ungeschützten Bekenntnis gegenüber dem Dominikanermönch von 1469 und aus der frühen Biographie von Wölflin hervor, welche vergleichsweise am besten recherchiert ist und nur wenig zur Stilisierung neigt. Wird man für einen Rückzug aus öffentlichen Ämtern fast allzu leicht moralische Hochachtung empfinden, sind »Beängstigung und Beschwernis« im familiären Bereich (D 398), möglicherweise selbst verschuldet, bei einem erwachsenen Mann gegen Fünfzig keineswegs bewunderungswürdig. Gerade der respektierte Mann in guter gesellschaftlicher Position weiss, dass für ihn vor den Augen der Welt am wenigsten mildernde Umstände übrig bleiben. Dies gilt für die spätmittelalterliche Gesellschaft in noch höherem Ausmass als für die moderne, in welcher sich, zur verbalen Entlastung, der für frühere Generationen noch unausdenkbare Begriff des »Rollenzwangs« anbietet.

Um so mehr lässt es aufhorchen, wie Wölflin über diese Phase bei Klaus berichtet. Er habe angefangen, »die häuslichen Interessen, auf die er bisher grosse Mühe verwendete, zu verachten«. (D 538) Nicht genug, dem Dominikanermönch gegenüber bekennt Klaus vertraulich, mit dem abgenommenen Versprechen, dies dürfe vor seinem Tode nicht bekannt werden, ein moralisches Absinken. Eine »schwere Versuchung« habe ihm weder tags noch nachts Ruhe gelassen. Unruhe und Depression gipfeln im Bekenntnis:

»Schwer war ich niedergedrückt (*afflictus*). Lästig wurde mir meine liebste Frau und die Gesellschaft der Kinder.« (D 39)

Die Form dieses Widerwillens ist der beginnende Abbruch der Tischgemeinschaft. Wer mit den Seinen nicht mehr essen mag, ist im Begriff, sich aus einem Vorgang, der die Gemeinschaft wesentlich verbindet, zu verabschieden. Wo der Vater sitzt am Tisch, ist oben. Was aber wird aus der heiligen Familie, wenn er den Löffel nicht mehr in die Hand nimmt? Es ist unheimlich zu essen, wenn ein Beobachter schon vom Zuschauen genug bekommt. Und die Regel am Tisch des Patriarchen, erst zu schlürfen, wenn der oben zu schlürfen begonnen hat, lässt sich nicht ungestraft ausser Kraft setzen. Wenn der Inhaber von Macht und Gewalt innerhalb einer Horde auf seine Speiseprivilegien, ja sogar auf gewöhnliches Mitessen verzichtet, gilt nicht mehr, was im Kommen und Gehen der Generationen seit vielen tausend Jahren die selbstverständliche Rangordnung unter den Tischgenossen ausmacht. Er wird entweder der Ohnmächtigste, oder, mit Gottes Kraft, der Übermächtige.

Hebt die Abstinenz des Vaters gegenüber den Kindern gewohnte hierarchische Signale auf, muss die Gattin darin ein unerbittliches, keineswegs höfliches Nein empfinden gegen das, was sie ihm darbringt. Was begehrt der Mann noch von seiner Frau, wenn er das Brot, welches sie für ihn gebacken hat, nicht verzehren will, auch nicht mit Käse, Butter und Honig?

Ein so unerhörtes Verhalten lässt sich in einer archaischen Gesellschaft, und wahrscheinlich ist jede Gesellschaft im Kern wenigstens ein bisschen archaisch, ohne höhere Rechtfertigung nicht praktizieren. Die Religion mit ihren Regeln und Vorschriften ist in der Lage, die zerstörende Gewalt mächtiger innerer Entschlüsse aufzufangen, ihnen eine Ordnung, im jüdisch-christlichen Sinn die sogenannte Berufung, zu geben. Auch ist das Fasten des Vaters anfänglich noch kein totales, verweigert er an seinen Abstinenztagen das Brot nicht völlig. Hans von Flüe gibt im Kirchenbuch von Sachseln zu Protokoll:

»Auch habe sein Vater jede Woche jeweils während vier Tagen gefastet, nämlich Montag, Mittwoch, Freitag und Samstag. Während des ganzen Fastens habe er täglich nicht mehr als einmal ein kleines Stücklein Brot oder wenig dürre Birnen gegessen, sonst weder warme noch andere Speisen verzehrt.« (D 468 f.)

Diese Sorte Fasten geht über die Praxis in den Klöstern hinaus, besonders über das, was der heilige Benedikt seinen Söhnen an asketischen Strapazen bewilligen würde. Trotzdem ist ein dahinterstehender geistlicher Berater zu vermuten. Das ist, nach Rupert Amschwand, der Kernser Seelsorger *Oswald Isner*, mit mindestens so hoher Wahrscheinlichkeit der in der Notiz des Dominikaners erwähnte »fromme Priester aus Luzern«, nach Robert Durrer *Heimo am Grund*, seit 2. Mai 1465 Kirchherr zu Kriens und späterer Pfarrer in Stans. (D 38) Neben dem Freitag ist der Mittwoch der in den Klöstern übliche zweite Fasttag, später auch in das *Regelbuch der Eremiten der vier Waldstätte* eingegangen. Der Montag liegt als speisearmer Tag nahe, weil sonntags üblicherweise etwas mehr gegessen, eben »gefeiert« wird. Der Samstag ist Fasttag zum Gedenken der Grabesruhe Jesu Christi. Ohne eine geistliche Begründung ist Fasten im Mittelalter generell und bei Klaus ganz besonders kaum denkbar.

Mit dem Schwund des Appetits geht bei ihm die Schlaflosigkeit einher. Diese ist auch bei den mystisch orientierten Nonnen ein gravierendes Problem. Damit befasst sich, als deren Betreuer, *Johannes Tauler* (um 1300–1361), der Dominikaner-Schriftsteller aus Strassburg, in seiner 71. Predigt. Die Schlaflosigkeit steht in engem Zusammenhang mit dem klösterlich gebotenen Fasten, Wachen und Schweigen. Als Berater und geistlicher Führer seiner Schwestern will Tauler ausdrücklich nicht zum Fasten drängen, nicht einmal zu demjenigen, welches durch die Regel geboten ist. Viele sind dazu nach seiner Meinung gesundheitlich zu sehr geschwächt. Empfohlen ist eine asketische Diät: »Esset des Morgens, wessen ihr bedürft, des Abends jedoch sehr wenig; das ist gut für Geist und Natur. Dabei überlasse ich eurer Entscheidung, wie gut des Morgens die Speise sein solle, nach eurem Bedarf und dem Nutzen.«[18] Die Schlaflosigkeit ist jedoch bei den oft kränklichen Frauen, die keineswegs zu Völlerei neigen, im Gegenteil, wie man aufgrund der Aufzeichnungen Elsbet Stagels annehmen muss, Ausdruck und Anlass schwermütigen Verhaltens[19]. Zeitig zur Ruhe gehen wäre das beste, meint Tauler, wobei er dies nicht im Hinblick auf die Gesundheit empfiehlt, sondern damit man auf diese Weise »nach Mitternacht um so frischer sei und sich um so nachdrücklicher Gott zuwenden könne.« Als Heilmittel gegen die Schlaflosigkeit empfiehlt der Prediger, man solle lernen, im Frieden zu bleiben, wie die Dinge auch kommen. Nach der Mette, dem Gottesdienst in der nächtlichen Herrgottsfrühe, schlägt er vor, noch für die Dauer einer gesungenen Messe, eines Amtes (die Messe als Zeitmass gemeint, so wie Ave Maria und Vaterunser in christlichen Epochen Zeitmasse sind) Einkehr zu halten: »Da habet acht auf euer Herz und euren Grund«, mit Grund ist das Innerste des Gemütes benannt. »Wenn dann der Kopf schwach zu werden beginnt und eure Natur (körperliche Verfassung) schwer, so geht in euer Gemach (Zelle), wo die Natur am wenigsten behindert (eingeengt) wird, zum Bett oder darauf und (man) wende sich dann ganz und gar zu sich selber: dies kann man besser tun in Behaglichkeit (Ruhe) als sonstwie; denn wenn eure Natur rastlos ist und gequält wird, dann wird sie grob und zerstreut (...)«

Einmal in Ruhe soll der Mensch dann diesen Vers betrachten: »Offenbare dem Herrn deinen Weg, und hoffe auf ihn, er wird es schon (gut) machen.« (Ps 36.5) Man soll sich seinen Weg offenlegen und erkennen, wohin er gehe. Der erste Schritt sei der Anblick und die Betrachtung der eigenen Fehler. »Auf diese Weise beginnen alle auserwählten Gottesfreunde.« Glauben heisse Vertrauen, und wie niemand Gott zuviel lieben, könne ihm auch niemand zuviel vertrauen. »Lass niemals Schwermut über dich kommen, denn sie hindert dich an allem Guten. Wirst du dessen gewahr, dass Gott dich nach innen ziehen will, lass alles fallen, folge Gott einfach, lass alle deine bildhaften Vorstellungen fallen. Kommen dir irgendwelche Gedanken dazwischen, lass sie fallen, sollten es (selbst) göttliche Erleuchtungen sein. Masse dir nichts an durch deine Sinne (...). Dann wird gegen Morgen der Schlaf über dich kommen; dieser Schlaf gibt der Natur viel Kraft; Natur und Vernunft werden geläutert, der Kopf gestärkt, der Mensch den Tag über friedlicher, gütiger und ruhiger, dank der innerlichen Übung, durch die er sich mit Gott vereinigt hat. Davon werden alle seine Werke geordnet; und hat ein solcher Mensch sich zuvor auf seine Tätigkeit vorbereitet und seine Lebensweise auf die Tugend gebaut, so wird seine Arbeit, wenn es dazu kommt, tugendhaft und gotterfüllt (...). Widerfährt es dir, dass du während deiner Einkehr ein wenig schläfst oder wider Willen einnickst, beunruhige dich nicht; eine schlummernde Einkehr ist oft besser als viele äussere, mit den Sinnen fassbare Übungen im wachen Zustand. Wende deinen Grund zu Gott; sprich mit dem Propheten: ›Mein Blick sucht dein Antlitz; wende nicht dein Gesicht von mir!‹ So kehre deine Augen, deinen befreiten Grund Gott zu.«[20]

Eine geistliche Betreuung auf diesem Niveau, bei welcher mit Sorgfalt auch den Bedürfnissen des natürlichen Menschen Rechnung getragen wird, wäre für den Gottesfreund Klaus in der Krise des Anbeginns dringend notwendig. Auch in therapeutischer Hinsicht, wie man von einem modernen Standpunkt aus zu betonen geneigt ist. Erhält der fromme Bauer diese Hilfe wirklich?

Die Frage kann, aus frühester und zuverlässiger Quelle, zweifelsfrei bejaht werden. Dem genannten »frommen Priester aus Luzern« enthüllt der Flüelibauer, da es für ihn um Sein oder Nichtsein geht, *wie wir über allerlei redeten (...), meine Beängstigung und Beschwernis.* Es braucht viel, bis ein Mann wie er einem andern etwas über seine innersten Sorgen anvertraut. Auch bei der schwer depressiven *Sophie von Klingnau*[21], Tochter oder Enkelin des Minnesängers und Stadtgründers Freiherr Walther von Klingen, über ihre Mutter *Sophie von Froburg*[22] mit König Rudolf von Habsburg verwandt, braucht es mehrere Gesprächsanläufe, bis sie im Kloster Töss ihrer Mitschwester *Elsbet Stagel* einiges über ihr Innenleben anvertraut. »Richte mich auf und gib mir Wasser in den Mund«, sagt die Kranke zu Elsbet, »dass ich reden kann: so sage ich dir, was du hören willst.«[23]

Im Berggebiet muss ein guter Seelsorger nicht so sehr über die Eigenschaften eines Krankenpflegers verfügen als im Hinblick auf das Vieh bewandert sein. Wer auf diesem Gebiet nicht über »allerlei« mitreden, und wo Not an der Kuh ist, mit der Kraft sakramentalen Segens handgreiflich Hilfe bieten kann, erfährt im engeren Bereich menschlicher Seelsorge kaum je, was er hören will. Zu diesem »allerlei«, ohne dessen Auslotung der gebildete Mann das Vertrauen des Bergbauern nicht gewinnen wird, gehört mit Gewissheit das Wetter. Sich darüber zu unterhalten, ist nie banal. Gibt es, im Zeichen des Widders, einen »heiteren Luft« oder eher das zu erwartende Aprilwetter? Der Widder ist gemäss dem *Schüpfheimer Kodex* »wanderbar und unstäter Natur.«[24] Wenn der Mond in diesem Zeichen steht, ist es nicht gut, den Bart zu scheren oder das Haupt zu waschen. Die Widderkinder haben wie Klaus einen langen Hals, grosse Augen, kleine Ohren und viel krauses Haar, ein starkes Kinn und ausgeprägte Backenknochen.

Das sind einige Themen, womit ein fahrender Schüler, ein sogenannter Venediger und auch ein gelehrter Seelsorger mit humanistischer Bildung sich im wesentlichen Allerlei zurechtfinden sollte. Gelingt es ihm, sich verständlich mitzuteilen, erfährt er selber einiges von der bodennahen Weisheit des Bergbauern, und wenn dieser Vertrauen fasst, noch viel mehr, aus einem Herzen kindlicher Offenheit. Dabei sind das Äussere und das Innere, das Wetter, der Mond und die Seele, keine getrennten Wirklichkeiten. »Beängstigung und Beschwernis« können sehr wohl über den Mondstand zu ihrer Reife und Krise kommen, auch bei Klaus von Flüe. Der Augenblick, da er zum ersten Mal gegenüber einem anderen Menschen in Worte zu fassen beginnt, was ihn bedrängt, ist eine Mond- und Sternstunde in seinem Leben. Eine Gnadenstunde. Ohne das erste Wort gegenüber einem andern, der ihn auf seinem Weg mitstützen, ihn geistig erwecken kann, wäre seine Existenz das verlorene Leiden der Kreatur. Auch die Visionen der Kindheit und der Jugend blieben ohne einen bildenden Impuls einbehalten und unverstanden, etwa das Turm-Gesicht:

Auch habe er, als er sechzehn Jahre alt war, einen hohen schönen Turm gesehen, an der Stelle, wo jetzt sein Häuslein und die Kapelle stünde. Daher sei er auch von jung auf willens gewesen, ein »einig Wesen« zu suchen, wie er es dann auch getan habe. (D 464)

Hat der Sechzehnjährige den Turm im Ranft wirklich gesehen? Die Frage scheint so überflüssig und inkompetent wie die nach dem Engel, der die gottselige Jungfrau in Nazareth oder den heiligen Propheten Muhammad besucht hat. Die grössten positiven Ereignisse in der Geschichte passieren in der inneren Welt. Aber je überwältigender sie einfallen, desto schwerer sind sie für die Betroffenen zu deuten. Der Wert einer Vision offenbart sich in langfristigen Umwälzungen, was von ihr ins Leben, ins Tun, ins Sterben mitgenommen werden kann. Klaus von Flüe wirkt da lange schwer von Begriff. Der Hinweis in der Turmvision auf den Ort, für den er bestimmt ist, scheint noch dem Fünfzigjährigen nicht klar. Er weiss nur, wie schon als Bub, um *das einig Wesen*, die Eigenbrötlerei, Träumerei in seinem Herzen. So lange er sein Innenleben ganz für sich behält, erinnert seine Existenz an die eines sehnsuchtsverzehrten Taubstummen.

Aus diesem Grund können die Kontakte mit Heimo Amgrund und Oswald Isner, den Priestern, die an der Bildung ihrer Zeit und an der mystischen Bewegung teilhaben, nicht hoch genug eingeschätzt werden. Welcher von diesen beiden ihm in seiner Krise die ersten »heilsamen Ratschläge und Mittel« (D 39) vorgeschlagen hat, ist weniger von Belang. Zeigt sich doch Klaus, da sich seine Zunge einmal gelöst hat, genau so eigensinnig wie beim Vertreten seines politischen Standpunktes als überzeugter Gegner der von den Sachsler Pfarrern eingeforderten legalen Kirchensteuer. Empfehlungen herkömmlicher Art, vielleicht auf dem Niveau des *Schüpfheimer Kodex*, schlägt er entschieden in den Wind. Er lässt sich nicht einfach eine Therapie andrehen, auch nicht von einem Mann, der ihm an Bildung überlegen ist: »Ich erwiderte ihm, dies und ähnliches hätte ich versucht und keinen Trost gefunden, und es hätte nicht im geringsten genützt.« (D 39)

In dieser abermals kritischen Situation, diesmal im Gespräch zwischen dem Laien und dem Gelehrten, überwindet sich dieser zu einem aussergewöhnlichen Vorschlag: »Dann erst fügte er noch jenes beste und heilkräftigste Mittel bei: es bleibe noch die andächtige Betrachtung des Leidens Jesu Christi. Ganz erheitert erwiderte ich, das sei mir unbekannt und ich wisse nicht die Art und Weise, das Leiden Jesu Christi zu betrachten. Da lehrte er mich die Abschnitte des Leidens unterscheiden durch die Sieben Kanonischen Stunden. Darauf hielt ich Einkehr in mich und begann die Übung täglich zu erfüllen, in welcher ich aus Barmherzigkeit des Erlösers für mein Elend Fortschritte machte und weil ich in viele Geschäfte und weltliche Verpflichtungen (*negotijs*) verstrickt war, sah ich, dass ich in Gesellschaft der Menschen dies weniger andächtig vollbringen könne.« (D 40)

Der Vorschlag des Priesters zielt in Richtung einer neuen Laienfrömmigkeit, bei welcher die klösterliche Spiritualität auch in den Alltag der Welt einzudringen beginnt. Die Betrachtung der Kanonischen Stunden bleibt nicht mehr nur ein Privileg des geistlichen Standes[25]. Allerdings liegt hier ein Fall von Seelsorge vor, der das in Unterwalden Übliche in frappierendem Ausmass übersteigt. Ist es schon ungewöhnlich, dass innerhalb des nämlichen Klosters Elsbet Stagel sich für die inneren Bedrängnisse ihrer Mitschwestern interessiert und zur schriftlichen Aufzeichnung bringt, berührt ein analoger Vorgang mit einem Bergbauern fast noch stärker, weil hier die sonst streng eingehaltenen Standesgrenzen sich überraschend verflüchtigen. Da wären ein Exorzismus an einer Viehherde, allerlei

Segnungen in Haus und Stall oder Vereinbarungen betreffend das Lesen von Messen als Massnahmen der Seelsorge bei weitem üblicher. Dafür gibt es auch einen klaren Tarif!

Dass nun der rustikale Laie sein Innenleben eher zum Gesprächsthema macht als Vieh und Geschäft, ist ein epochaler Vorgang. Es deutet sich eine Entwicklung in der Männergeschichte an, die am Ende des Jahrtausends ihre Vollendung noch längst nicht erreicht hat. Im Vergleich zur Frauengeschichte ist bei den Männern sogar eine Zunahme des Defizits an gepflegter Innerlichkeit anzunehmen.

Darum mutet es aus moderner und postmoderner Sicht unbegreiflich an, warum der Bauer Klaus von Flüe den Vorschlag zur Betrachtung des Leidens Christi *ganz erheitert* aufnehmen kann. Analog empfindet Angela von Foligno (gest. 1309) die Passion[26]. Auf diesem Gebiet steht ebenfalls Sophie von Klingnau, die feine Klosterfrau aus Winterthur-Töss (heute für viele nur eine Autobahnausfahrt), schwesterlich an der Seite von Klaus von Flüe. Der Trost aus den Kanonischen Stunden hängt eng zusammen mit dem neuen Zeitgefühl, welches als Errungenschaft der Mystik gilt und in die Lebenslehre des Protestantismus eingegangen ist.

In einer Depression, die noch schlimmer scheint als die von Klaus, weil Sophie offenkundig krank wirkt, leidet sie über Jahre am heulenden Elend über »die verlorene Zeit, die sie in der Welt draussen leichtfertig hingebracht«, so sehr, »dass es sie nach nichts anderem mehr gelüstet und sie kein anderes Vergnügen begehre, ausser in ihrer Einsamkeit zu sein und bitter zu weinen (...), weil ich«, schluchzt sie, »meine edle Seele so misshandelt hatte.«[27] Die grösste Qual für Sophie, das gesteht sie Elsbet Stagel in wünschenswerter Deutlichkeit, ist die Erfahrung sinnloser Zeit. Dies hat zuinnerst mit dem Wesen der Schwermut zu tun, dem Ekel gegen Leben und Welt, welcher die Stunden des Tages vergiftet und die Seele in eine tiefe Traurigkeit stürzt. Die Tage dämmern dahin in einer Leere, die nur mit Weinen ausgefüllt wird. Die Gabe der Tränen gilt freilich als grosse Gnade, wie schon bei Altvater Arsenius, Franz von Assisi und später Ignatius von Loyola.

So wie die Leidensmystik des Dominikaners *Heinrich Seuse* (1295 bis 1366) von der Konstanzer Insel den Schwestern von Töss Auswege eröffnet aus ihren mannigfachen seelischen, physischen und oftmals schlicht existentiellen Gebresten, bringt die Gedächtnisübung der Kanonischen Stunden für Klaus von Flüe eine neue Ordnung in seine Tage und Nächte. Auch mit ihm steht das Sinnlose, er nennt es den Teufel, in einem erbarmungslosen Kampf. Die Gefahr verlorener Zeit aber kann nun einstweilen gebannt werden. Die Sieben Kanonischen Stunden sind eine Möglichkeit, den vergifteten Sand im Stundenglas besser zu ertragen. Ein wahres Antidotarium, Gegengift. Die Einteilung des geistlichen Lebens nimmt ihren Anfang am späteren Nachmittag mit der Vesper, dem Gedenken des Abendmahls Jesu Christi, mit dem Lieblingsjünger an der Brust des Herrn und dem Verräter gleich daneben; setzt sich am Abend in der Komplet fort, da Jesus betet und Blut schwitzt am Ölberg, bis die bewaffnete Rotte kommt, ihn festzunehmen – diese kann sich Klaus gut vorstellen, der Schutztrupp von Erny an der Halten bietet ein anschauliches Beispiel. Im Dunkel des frühen Morgens, zur Mette-Zeit, kommt die Vorführung Jesu vor Kaiphas, dem Hohepriester, an die Reihe; zur Prim-Zeit, am frühen Vormittag, steht der Herr vor dem Richter Pontius Pilatus, dem gewaltigen Ammann der Römischen Kommune. Die Terz behandelt die Geisselung und Dornenkrönung. Für eine plastische Vorstellung davon steht das Arrestlokal im Gerichtsgebäude in Sarnen zur Verfügung; zur Sext wird Christus von Roms Ammann zum Tod verurteilt, die Landsgemeinde ruft: Kreuzige ihn! Kreuzige ihn! Die Non, drei Uhr nachmittags, bleibt übrig zur Feier der Hinrichtung Jesu Christi. Diese ist in jeder Kirche dargestellt.

Klaus von Flüe unterstellt sich auf diese Weise dem Takt der Zeit, wie er in den Klöstern seit den Tagen des heiligen Benedikt vorgegeben ist. Damit verwandelt die abendländische Mönchstradition das Kommen und Gehen der Stunden am Tag und in der Nacht in eine asketische Übung. Bei Johannes Tauler, dem Meister aus Strassburg, wird stärker als zum Beispiel bei den Kartäusern von Ittingen hervorgehoben, dass die Arbeit das spirituelle Geschehen zu den Kanonischen Stunden nicht unterbricht, sondern selber Teil eines geheiligten Lebens ist. Es geht um den Sinn eines jeden Tages und einer jeden Stunde[28]. Da ist kein Platz für italienisch-levantinische Zeitverschwendung. Luther, Zwingli und vor allem Jean Calvin werden diesem spirituellen Anliegen für das Leben der gesamten Christengemeinde nachhelfen und damit zur Revolutionierung Europas beitragen. Keine Minute darf verlorengehen. *Zeit ist Geld!*, so bringt es später Benjamin Franklin auf den Punkt, nicht so, wie es Tauler und die Reformatoren gemeint haben[29]. Hingegen hat Rudolf Mettele der Ältere diese Perspektive längst erkannt. Das kreditschädigende Ostschweizer Sprichwort über seine Firma würde man besser auf den Kapitalismus im gesamten anwenden.

Für Sophie von Klingnau und Klaus von Flüe ist, wie für die frommen Vordenker, Zeit nicht Geld. Im Vordergrund steht die Sorge um die höchsten geistigen Güter, und unter diesen ist die Seele das Grösste. Sie vernachlässigt zu haben, ist eine unverzeihliche Sünde. Das lehrt die Existenz von Sophie, die insofern, genau so wie Bruder Klaus, ein heiliger Mensch ist. »Die Seele ist ein so ganz geistiges Wesen«, teilt sie nach ihrer Erleuchtung mit, »dass man sie keinem körperlichen Ding recht vergleichen kann. Doch da du (Elsbet) es so sehr begehrst, so will ich dir ein Gleichnis geben, durch das du ein wenig verstehen kannst, wie ihre Form und ihr Aussehen war: Sie war ein rundes, schönes durchdringendes Licht, der Sonne gleich, und von einem goldfarbenen roten Schein, und dies Licht war so gar über alle Massen schön und wonniglich, dass ich es mit nichts vergleichen kann. Denn wären alle Sterne, die am Himmel stehn, ein jeder so gross und schön wie die Sonne, und strahlten sie alle als ein Licht; der Glanz von ihnen könnte sich nicht der Schönheit vergleichen, die in meiner Seele war, und es deuchte mich, wie wenn ein Glanz von mir ausginge, der alle Welt erleuchtete, (...) und in diesem Licht, das meine Seele war, sah ich Gott wonniglich leuchten, (...) und sah, dass er sich so liebevoll und so freundlich zu meiner Seele fügte, dass er ganz mit ihr vereinigt wurde und sie mit ihm.«[30]

Sophies Welt! Das fliessende Licht der Gottheit gehört nicht nur zu den Erfahrungen der Mechthild von Magdeburg, und nicht nur die Schwedenfrau Birgitta hört über dem Sakrament die Sonne, den Mond und alle Gestirne erklingen[31]. Klaus von Flüe ist jedoch von Erfahrungen dieser Art, die ihm dereinst in anderer, schrecklicherer Form zugänglich werden, noch weit entfernt. Die Kanonischen Stunden sind für ihn, als willkommenstes unter allen Heilmitteln, in den zwei Jahren vor dem endgültigen Aufbruch eine Rettung, und auch danach wird er nie von diesen Übungen ablassen. »Ihr sollt zu allen Zeiten das Leiden Gottes in euren Herzen tragen, denn es ist des Menschen grösster Trost an seinem letzten Ende«, lässt er in diesem Sinn später nach Bern mitteilen. (D 210) Aber »gerettet« ist er dank dieser therapeutischen Massnahme noch lange nicht. Bis zu seinem Tod bleibt bei ihm viel Rettungsloses übrig. So weit er selber als Retter beansprucht wird, muss die bei ihm vorhandene und Bonstetten gegenüber eingestandene Einsicht in die eigene Rettungslosigkeit stets mitbedacht werden. Billiger ist Hilfe vom heiligen Bruder Klaus nicht zu haben.

Das Beten der Sieben Kanonischen Stunden bedeutet für ihn kein Ende der bösen Prüfungen. Dank angehobenem Niveau und einer neuen geistlichen Orientierung in seinem Leben ist er jetzt für höhere Anfechtungen auserlesen. (D 534f.) Körperliche Teufelskämpfe, erotische Halluzinationen, Ekel gegen das Essen, Abneigung gegen Frau und Kinder, sowie die sonstigen Beschwerden reichen für die Hochebene der grössten Versuchung nicht aus. Diese ist geistiger Natur. Das gefährliche Wegstück, dem Klaus sich jetzt aussetzt, wird in der Sprache Taulers die *Arbeit der Nacht* genannt. Ist es eine Möglichkeit, das Dunkel zu bewältigen, in das er, bedingt durch den unbegreiflichen Wandel der Zeitläufte und das persönliche Schicksal, sich gestürzt sieht? Die *reinigende Feile* (D 39), das Werkzeug zur Beseitigung von Rost, eine frühe Metapher in seiner Meditation, dem Denken Taulers nahestehend, steht für die Heimsuchung Gottes[32]. Heimsuchung ist ein Ausdruck, den man auch in Engelberg und Einsiedeln gut kennt. Darunter sind die gewalttätigen Besuche der Urner und der Schwyzer zu verstehen, um gegenüber den Klöstern ihre Forderungen nach Weideland durchzudrükken. Aber keine Gewalt von aussen ergreift den Menschen so stark wie die »Arbeit der Nacht«. Über einen »solchen Menschen«, wie Klaus nun einer geworden ist, lesen wir in einer Predigt des grossen Meisters der Gottesfreunde:

»Ein solcher Mensch kommt so weit, dass ihm all das entfällt, was die niederen Kräfte zu erfassen vermögen: all die heiligen Vorstellungen und die liebreizenden Bilder und die Freude und der Jubel, und was ihm von Gott je geschenkt wird, dies dünkt ihn nun alles eine grobe Sache. Und er wird von da fortgetrieben, so dass ihm dies nicht mehr schmeckt, und er dabei nicht verbleiben möchte. Dies also mag er nicht mehr, und wozu er Lust hat, das besitzt er nicht. Und darum befindet er sich zwischen zwei Enden und ist in grossem Weh und Bedrängnis.«[33]

Es handelt sich um den finsteren, den ungangbaren Weg, jenes »mittlere Wegstück« in einer grossen Krise, das vom Betroffenen nicht eigentlich mehr als Weg, vielmehr als Ausweglosigkeit erfahren und durchlitten wird.« *(Gnädinger)*[34]

Arbeit der Nacht! Solche Menschen, lehrt Tauler, befinden sich im Zustand der wahrsten, lautersten Armut und der gänzlichen »Vernichtigung« ihrer selbst. Solche wollen nichts, haben nichts, begehren nichts, lieben nichts als Gott und nichts des Ihrigen. So kommt es oft, dass sie in die Arbeit der Nacht geraten, das heisst in

Verlassenheit, in Armut und schwere, dichte Finsternis sowie *untrost.* Das Wort für Trostlosigkeit[35].

Im Kirchenbuch von Sachseln ist die Arbeit der Nacht, ein Begriff, den Klaus wahrscheinlich nie kennengelernt hat, auf eindrucksvolle Weise zur Illustration gekommen. Zeuge ist, wie beim schweren Teufelsanfall, abermals Sohn Hans von Flüe: »Am Abend sei er allweg mit dem Hausvolk zur Ruhe gegangen, aber alle Nächte, wenn je er (Hans) erwacht sei, hörte er, dass sein Vater wieder aufgestanden und in der Stube beim Ofen war und betete. So bis er in den Ranft ging.«

Ein beschauliches Bild des Patriarchen, der das »Hausvolk«, die Familie samt den Knechten und Mägden, im Winter zur Ruhe geschickt hat und nachtsüber wacht und betet. Dass es gleich in allen Nächten so gewesen sei, jedesmal, wenn der Sohn erwacht, die Treppe hinunter steigt, um hinter dem Haus, beim Miststock, geschwind pissen zu gehen, lässt aufhorchen. Was diese schlaflosen Nächte über das beruhigende Beten der Kanonischen Stunden hinaus bedeuten, wird aus den erst 1927 im Luzerner Kapuzinerkloster Wesemlin zum Vorschein gekommenen Berichten von *Caspar am Buel* über die Visionen des Bauern deutlich. Samt und sonders beginnen sie mit den Worten:

Ein Mensch unterbrach seinen Schlaf um Gottes und seines Leidens willen. Und er dankte Gott für seine Leiden und seine Marter. Diese Berichte zeigen uns, in einer Fülle von Bildern, Schrecknisse und Offenbarungen. Von Visionen ist im Text nicht die Rede. Der Zeuge und Chronist Caspar am Buel spricht im Titel von *gesicht,* einer Schauung. Klaus selber scheint sich einer traumhaften Situation bewusst zu sein. Am Ende der dritten Schauung realisiert er, wo er sich hingelegt hat, »das er nit meint, das er geschlafen het« (EB 31), also sein eigenes Einnicken nicht bemerkt habe.

Unter den drei Visionen, die wahrscheinlich alle der Früh- und Krisenzeit des nachmaligen Eremiten angehören, dokumentiert die erste wohl am eindrücklichsten den Seelenzustand des Mannes, der aufbrechen will, ohne dass er genau wüsste, wohin der Weg führt.

(...) Und ihn dünkt in seinem Geist, es käme ein Mann in der Art eines Pilgers, er führt einen Stab in seiner Hand, seinen Hut hat er so aufgebunden und nach hinten aben gelitzt wie einer, der auf die Strasse will, und er trägt einen Mantel. Und er erkennt, er (der Wanderer) *käme vom Sonnenaufgang oder von fern her. Wiewohl er das nicht sagt, kommt er von daher, wo die Sonne im Sommer aufsteht. Und wie er zu ihm gelangt, steht er vor ihm und singt diese*

Worte: Alleluia. Und wie er anfängt zu singen, widerhallt ihm die Stimme, und alles, was zwischen Himmel und Erdreich ist, hält und unterstützt seine Stimme, wie die kleinen Orgelin die grossen. Und er hört aus einem Ursprung drei vollkommene Worte hervorgehen und wieder zurück in ein Schloss, wie eine Feder, die stark hervorschiesst. Und er hört drei vollkommene Worte von denen keines das andere berührt, und er kann doch nur von einem Wort sprechen. (…) Und er (Bruder Klaus) *hat einen Pfennig in der Hand und weiss nicht, woher ihm der gekommen ist. Und er* (der Pilger) *zieht den Hut ab und empfängt den Pfennig in den Hut. Und der Mensch hat nicht erkannt, welch grosse Ehre es ist, eine Gabe in den Hut zu empfangen. (…) Und er* (Klaus) *steht vor ihm und sieht ihn an. Da verwandelt er sich, lässt sich barhäuptig anschauen und trägt einen Rock, blau- oder graufarben, doch sieht man den Mantel nicht mehr, und es ist ein adeliger, wohlgeschaffener Mensch. Er* (Klaus) *kann nicht anders, als ihn mit empfindbarer* (»merklicher«) *Wollust und Begierde anschauen. Sein Antlitz ist braun, dass es ihm eine edle Zierde gibt. Seine Augen sind schwarz wie der Magnet, seine Glieder so wohlgeschaffen, dass es eine Herrlichkeit zu schauen ist. Obwohl er in seinen Kleidern dasteht, hindern die Kleider nicht, seine Glieder zu sehen. Wie er* (Klaus) *ihn so unverdrossen anschaut, richtet er* (der Pilger) *seine Augen auf ihn.* (EB 28f.)[36]

Diese »Geschichte«, von verwirrender Vielfalt sinnlicher Eindrücke und ambivalent in der Gleichzeitigkeit von Offenbarung und Versuchung, ist für die Zeit der Entscheidung besonders charakteristisch. Beim Betrachter sind Verwunderung und Sehnsucht Satz für Satz fast mit den Händen greifbar, nicht zu übersehen die überwältigende erotische Faszination. Es deutet sich der Beginn eines unendlichen inneren Liebeslebens an, dem gegenüber für ein »äusseres« im Sinn der Erfüllung einer Ehe kaum mehr Platz vorhanden zu sein scheint. Kaum hat man in der Literatur- und Mystikgeschichte des alemannischen Raums eine vergleichbar starke Anrührung durch eine männlich bestimmte, »homosexuelle« Erotik vernommen, wobei hier das Allegorische, Mystische und Physisch-Ekstatische nicht trennbar sind. Die Schauung enthält neben einer starken Bildhaftigkeit eine nicht minder intensive akustische, »musikalische« Durchdringung, *do hielt im die stim die gegni, und das ertrich und alles, das zwischen himel und ertrich was, hielt im die stim, als die kleine orgelii den grossen tuend.* (EB 28) Die drei vollkommenen Worte, die auf diese Weise musikalisch erzeugt werden, kehren wieder zurück in ein Schloss, wie eine Feder, die sehr stark vorschiesst. Damit sind mit einiger Wahrscheinlichkeit die Metallfedern gemeint, welche zur Wellenbrett-Mechanik spätmittelalterlicher Orgeln gehören. Durch einen Tastendruck bewegt sich ein senkrechter Stab auf ein sogenanntes Wellenbrett, welches die Windladenventile und Pfeifen in Aktion bringt[37]. Eingespannte Metallfedern schnellen die losgelassene Taste in ihre Ausgangslage zurück. Mit den kleinen Orgeln, welche den grossen ihre Stimme halten, können nach dem Spezialisten für historische Orgeln, Harald Vogel, schmucke Portative gemeint sein, kleine Tragorgeln, bei denen die eine Hand die Klaviatur, die andere den Blasebalg betätigt[38]. Dies ist auf Hans Memlings (1430–1494) Orgelflügelgemälde *Musizierende Engel*, heute im Königlichen Museum Antwerpen, wunderbar dargestellt[39]. Die relativ gute Kenntnis des Innenlebens einer Orgel ist aus der handwerklichen Erfahrung des eidgenössischen Kriegers zu erklären, kann aber redaktionelle Beigabe des Schreibers sein.

Die Eindrücke wechseln wie märchenhafte Traumsequenzen, zum Beispiel mit dem bei Klaus wiederholt auftretenden Motiv des Pfennigs, von dem er nicht weiss, woher er kommt. Das Stärkste aber ist die Intensität der Schaulust. Wer diesem Pilger aus dem Osten in die Augen geblickt hat und von der Herrlichkeit seiner Glieder in Verzückung gefallen ist, kann sich nicht wieder mit ungeteilter Gegenwart an die Tische seiner politischen Weggefährten und Familienmitglieder setzen. Fatal, dass irgendwann der Zeitpunkt kommt, da auch die Ehe nicht mehr zu vollziehen ist wie noch zu den herbstlichen Fronfasten 1466, da, zur Besänftigung einer häuslichen Notlage, ein Nachzügler gezeugt wird, Nikolaus von Flüe der Jüngere, ein Kind des Aufbruchs[40].

So wie die Betrachtung der Hostie den Hunger nach irdischer Speise vergessen lässt, zieht die magnetische Erscheinung der ewigen Schönheit die erotische Energie des Mannes auf sich. Es handelt sich nicht um das Ende irdischer Liebe und Zuneigung, eher um deren Überstrahlung durch ein gewaltiges inneres Liebesleben. In diesem erscheint die Zweckbestimmung von Ehe und Familie in jeder Bedeutung des Wortes aufgehoben. Aus der Sicht der christlichen Ethik liegt in den schwarzen Augen des Pilgers und der strahlenden Nacktheit seiner Glieder eine ungeheure Versuchung. Nicht der Homosexualität wegen, die auszuleben der Heilige kein Bedürfnis hat. Im Vordergrund stehen eher die von Numagen erhobenen Einwände, deren theologische Rabulistik für Klaus von Flüe wahrscheinlich zu abstrakt und insofern unverständlich, damit unschädlich wäre. Seine Visionen aber trennen ihn in einem Ausmass von seiner gewohnten Umgebung, dass Flucht, Wahnsinn oder Tod näher liegen als die Fortsetzung des gewohnten Lebens. Die drei fatalen Möglichkeiten können in eins zusammenfallen, wenn das Verstehen der Mitmenschen und die Gnade Gottes sich gefahrvoll entziehen. Insbesondere der Gattin gegenüber wäre das Erlebte und Geschaute schwer verständlich zu machen. »Gott will es so haben«, ist eine Version, die keine weiteren Begründungen erfordert. Aber liegt darin nicht ein machtbesessener geistlicher Hochmut, ein verrückter Anspruch auf die eigene Innenwelt, mag sie noch so herrlich sein? Spiegeln sich Eigennutz und Eitelkeit in der Forderung, dieser Innenwelt den Vorrang zu geben gegenüber allem anderen? Eigennutz und Eitelkeit, wie sie im politischen Leben von Unterwalden genau so offenkundig sind wie im Gebaren derjenigen, die in Schnabelschuhen und exhibitionistischen Gewändern herumlaufen? Im Lande geht die Gerechtigkeit zuschanden, und innerhalb der Familie probt Klaus ein Benehmen, das der frühe Biograph Wölflin mit »Verachtung der häuslichen Hindernisse« (D 540) umschreibt. Dabei hat der tägliche Ärger mit dem Teufel gesundheitliche Begleiterscheinungen. Wie oft wohl haben Gattin und Söhne dem Bewusstlosen oder in Ekstase Entrückten wieder auf den Weg in die Alltagswirklichkeit helfen müssen?

So blüht das Schöne in den frühen Visionen von Klaus auf dem Hintergrund chaotischer Heimsuchung. Und als ob er Strafe verdiente für die »merkliche wollust und begir« (E 29), womit er die Erscheinung des braungebrannten Pilgers psychisch und physisch empfindet, wandelt sich das »Gesicht« unmittelbar ins Schreckliche. Die Wahrheit ist im strengsten Sinn des Wortes nicht länger hinter dem Berg zurückzuhalten. Die sicher gebaueten Alpen, die liebe eidgenössische Ordnung, dokumentiert aus den ehrwürdigen Gerichtsurkunden mit Klaus von Flüe, erst recht der Einbruch der neumodischen Politik können nicht bestehen vor der ewigen Schönheit, die zugleich als furchtbare Wahrheit erscheint[41]:

Der Pilatusberg versinkt in den Erdboden, und offen liegt die ganze Welt, so dass alle Sünden in der Welt sichtbar werden. Und es erscheint eine grosse Menge Menschen, und hinter den Menschen steht die Wahrheit, denn alle haben ihr Angesicht von der Wahrheit abgewandt. Und es tritt an allen ein gross Gebrest am Herzen zutage, so gross wie zwei Fäuste zusammen. Der Eigennutz ist dieses Gebrest, der irrete die Leute so stark, dass sie des schönen Mannes Angesicht nicht zu ertragen vermögen, so wenig ein Mensch die Feuerflammen erleiden kann. Und in grimmer Angst fahren sie umher und zurück mit grossem Schimpf und Schand; er sieht sie fern hinfahren. Und die Wahrheit (der Mann), *die hinter ihrem Rücken erscheint, bleibt da. Und sein Antlitz verwandelt sich einer Veronika* (Christusantlitz) *gleich, und er* (Klaus) *hat grosses Verlangen, ihn mehr zu schauen. Und er sieht ihn wiederum, wie er ihn vorher gesehen hat, aber seine Kleider sind verwandelt, und er steht vor ihm und ist mit einer Bärenhaut bekleidet, mit Hose und Rock. Die Bärenhaut ziert ihn besonders gut, so dass der Mensch* (Klaus) *sieht und erkennt, dass eine besondere Pracht an ihm ist. Und wie er vor ihm steht und sich sehen lässt so edel in der Bärenhaut, da erkennt er* (Klaus), *dass er von ihm Abschied nehmen will. Er fragt ihn: »Wo willst du hin?« Er sagt: »Ich will das Land hinauf.« Und weiter will er ihm nichts sagen.* (EB 29)

Wann der Pilatusberg einstürzt, ist die Stunde des Jüngsten Gerichts gekommen. Das ist für Unterwalden und Luzern keine Mythologie, sondern Erfahrung, die jeder Generation mehrfach durch Katastrophen mannigfacher Unwetter bezeugt wird. Eingesperrt in einen geheimnisvollen See, kraft des Bannes, von einem fahrenden Schüler aus der Hohen Schule von Salamanca geleistet, ruft der Wettergeist Pontius Pilatus mit seinen fürchterlich gewaltigen Zeichen die Letzten Dinge in Erinnerung[42]. Diese vergessen die Menschen in ihren eigennützigen Bestrebungen allzu leicht. Für Klaus liegt diese apokalyptische Perspektive nahe, in diesen Tagen und Jahren, wobei weder einseitig das Politische noch das Persönliche je überbewertet und gegen den anderen Gesichtspunkt auszuspielen ist. Wie bei nicht wenigen Gestalten, die aus mystischer Orientierung denken und handeln, liegt in seiner Gesinnung etwas von einem ehernen Konservatismus in scheinbar paradoxer Verbindung mit der Entschlossenheit, die Verhältnisse, so wie sie jetzt sind, radikal zu negieren. Obwohl eine Opposition gegen die Mötteli und Kaspar Koller weder nachzuweisen, noch vom Beziehungsnetz her anzunehmen ist, bleibt die gefühlsmässige Ablehnung des umwälzenden Kulturwandels naheliegend. Dies ist, wenn die Indizien nicht täuschen, der aufkommende selbstherrliche und aus der Sicht der Mystik unfromme Frühkapitalismus. Jakob von Flüe, ein Abkömmling von Klaus aus der Zeit der Seligsprechung, bezeugt 1654 aus mündlicher Überlieferung: »Nikolaus hätte ihnen, den Seinigen, geraten, sie sollen sich mit dem Landbau beschäftigen, und anderen Gewerbs sich enthalten, wie Kaufmannschaften und Handierungen; das sei gefährlich!«[43] Margarethe von Flüe, die Krämerin aus Sachseln, hat einen Verstoss gegen diesen Grundsatz zu eben dieser Zeit mit dem Leben bezahlen müssen.

Mit dem ethischen Zentralbegriff des *eigen nucz* hat Klaus indes nicht den Startschuss zu den Hexenverfolgungen in Obwalden geben wollen. Die darin enthaltene Gesellschaftskritik taucht als fundamentalistisches Substrat der mystischen Bewegung in der Reformation als Leitbegriff bei Zwingli und auch in den sozialpolitischen Schriften Theophrasts von Hohenheim wieder auf, wo die Kaufleute als »unbrüderlicher Stand« gebrandmarkt werden[44]. »Eigennutz« ist für Klaus ein zu verurteilendes Motiv in öffentlichen und privaten Handlungen. Eine Ablehnung der Öffnung des Landes gegenüber kapitalistischen Bestrebungen schwingt mit, hingegen scheint die wackere Verteidigung des Althergebrachten nicht darunter zu fallen, wie aus dem Prozess um den Nassen Zehnten klar ersichtlich wird.

Die Vision vom Einsturz des Pilatusberges enthält eine politische, eine theologische und eine persönlich-biographische Botschaft für Klaus von Flüe. Es gilt, die Verhältnisse im Lande unter apokalyptischen Vorzeichen zu sehen: das öffentliche und private Elend im Sinn einer völligen Umkehr. Das neue Bild, welches dem schönen Mann und dem Einsturz des Pilatusberges folgt, ist die vielgestaltige Schönheit der Veronika, und damit Jesus Christus als Bezugspunkt der Orientierung: Selber sich auf den Weg zu machen gemäss der Naherwartung der Apostel, in der Art des Pilgers, »das Land hinauf«, was aus der Sicht des Schübelachers wohl heissen muss: fort von hier, dorthin, wo die Gottesfreunde, zumal der legendäre Gottesfreund aus dem Oberland, ebenfalls unterwegs sind. Und das würde wohl einen verschlungenen Pilgerweg verheissen, hin zu allerlei Wallfahrtsorten, Einsiedeleien, vielleicht hinaus ins Elsass. Wie auch immer, der Weg hinauf und hinab ist ein und derselbe, lehrt Heraklit, der Dunkle von Ephesus, und man soll auch des Mannes gedenken, der nicht weiss, wohin der Weg führt.[45]

Der Gedanke ans Fortgehen muss Klaus teilweise an die Feldzüge erinnern, und wohl darum verwandelt sich das Bild der Veronika dank der *grossen Begehrlichkeit, (…) mehr zu schauen,* erneut in das des Pilgers, aber mit verwandelter Kleidung. Anstelle des blauen oder grauen Rocks, der an die Eremitenkutte gemahnt, steht er da wie *mit einer Bärenhaut bekleidet, mit Hose und Rock. Die Bärenhaut war mit einer Goldfarbe besprenkelt. Aber er sah und erkannte wohl, dass es eine Bärenhaut war. Die Bärenhaut zierte ihn besonders wohl, so dass der Mensch sah und erkannte, dass sie ein besonderer Schmuck an ihm war.* (EB 29)

Mit dem Bärenhäuter, dem Berserker, kommt der ekstatische Tänzer und Krieger, der Wüterich, zur mystischen Verklärung[46]. So wie später Ignatius von Loyola und die Heilsarmee das militärische Prinzip in eine geistlich-seelsorgerische Haltung umwandeln, wird eine Figur des noch gänzlich irrationalen alten Kriegertums bei Klaus zum Ausdruck für das wohl Höchste, was einer erreichen kann: Ein Krieger in Ewigkeit, angetan mit einer wunderbaren goldenen Bärenhaut. Die Versöhnung des Tierischen und des Menschlichen im Göttlichen. »Berserker sind Menschen, die ihren Körper verlassen und ihre Seele in eine Bärenhaut hüllen können. Sie wechseln dabei ihre seelischen Kräfte in eine andere Seinsform und besitzen in diesem Zustand ungewöhnliche Kräfte, die sie zum Beispiel in Schlachten zu unglaublichen Taten befähigt. (...) Der Werwolf ist eine dem Berserker verwandte mythologische Erscheinung.«[47] Auf den mittelalterlichen Fresken von Sankt Niklausen bei den Bänken ist der Teufel als Bär dargestellt. In der goldenen Bärenhaut ist er nicht einfach dienstbar gemacht wie Sankt Theoduls dämonischer Glockenträger, sondern miterlöst und integriert in die Geschichte des Heils. *Durch sin selbs unerstorben vichlichkeit* (Tierheit) *hin zuo grosser loblichen heilikeit,* lautet eine Losung von Heinrich Seuse zum Thema Leiblichkeit[48]. Die Deutung der Pilgervision darf wohl nicht so weit gehen. Der Berserker weist darauf hin, dass es auch auf dem spirituellen Weg ohne Kampf nicht geht. Klaus scheint bereit, alle Risiken einzugehen, um seinem Ziel nahe zu kommen. Die Vision in ihrer gewaltsamen Schönheit deutet in diesem Sinn weitere Konflikte an.

Für den verheirateten Landmann und Familienvater ist eine Vision, wie die vom Pilger, eine Offenbarung des Wunderbaren und eine satanische Versuchung zugleich. Der Einsturz des Pilatusberges ist sicher nicht nur eine Drohung für die politisch Andersgesinnten. Die Sünde und die Verborgenheit der Wahrheit sind Probleme, die sich für die in materielle Sorgen verstrickten Alltagsmenschen auf einer etwas »tieferen« Ebene stellen, dem Mystiker aber in Form von Anfechtungen, die in den Bereich der geistigen Versuchung fallen. Die Sünde wider den Geist, die nach den Warnungen des neuen Testamentes (Mt 12.31) nicht verziehen wird. Insofern befindet sich Klaus in der Position äussersten Risikos, und die Versuchungen, denen er nun ausgesetzt ist, kann er nur dem Teufel persönlich zuschreiben. Ein *grusamer personlicher tufel* (D 674) habe ihn gepackt, schreibt der Seiler, Chirurg, Ratschreiber und Schulmeister Hans Salat 1537 in der frühesten gedruckten Bruder Klaus-Biographie.

Nicht genug mit der Arbeit der Nacht! Auch tagsüber holen ihn die »Gesichte« ein, und die Tagträume führen ihn erst recht in Verwirrung. Da betrachtet er mit der ihm eigenen Schaulust das Pferd, das ihm lieb ist, genau so gern wie seine himmlischen Personen und Gegenstände: *Als er nämlich, um das Vieh zu besehen, auf die Wiese kam, setzte er sich auf die Erde und begann nach einer Weise aus innerstem Herzen zu beten und sich himmlischen Betrachtungen hinzugeben, und plötzlich sah er aus seinem eigenen Mund eine weisse Lilie von wunderbarem Wohlgeruch emporwachsen, bis dass sie den Himmel berührte. Als aber bald darauf das Vieh* (aus dessen Ertrag er seine ganze Familie erhalten musste) *vorüberkam und er ein Weilchen den Blick senkte und sein Auge auf ein Pferd heftete, das schöner war als andere, sah er, wie sich die Lilie aus seinem Mund über jenem Pferd nieder neigte und von diesem Tier im Vorübergehen verschlungen wurde.* (D 535)

Dass diese Schauung einen Konflikt ausdrückt, liegt auf der Hand, obwohl die Schönheit der lebendigen Wesen, Lilie und Pferd, eine höhere Einheit bildet. Letztlich kommt es zu einer Vereinigung, wobei das Erdhaftere, das Tier, die Oberhand zu gewinnen scheint. Das Pferd, hier eine bodenständige Gottheit unweit des keltischen Epona-Mythos, demonstriert fressfreudig die Übermacht des Sinnlichen und Irdischen[49]. Es steht ganz konkret für die Welt, die sich Klaus zu verlassen anschickt. Zuletzt muss alles wieder in den Hag der Welt kommen, in das Bitzi oder den Ifang. Aus dem Wort des Evangeliums wird gemäss dem Lungerer Alpsegen ein Ort, »und Gott weiss wo.«[50] Leiblichkeit ist Ende und Ziel aller Werke Gottes, lehrt der mystische Pietist Friedrich Christoph Oetinger (1702–1782)[51]. Auffällig ist, wie die Begierde, das erotische Moment, eher dem Pferd gilt als der Lilie. Eine solche würde man nie einer geliebten Frau schenken, eher schon als Blumenspende neben dem im Haus aufgebahrten Toten. Weil das Lebendige das Stärkere ist aus der Sicht der in dieser Vision realisierten Spiritualität, bleibt es eine Torheit, diesem Lebendigen den Rücken kehren zu wollen. So sehen es ganz sicher Gattin Dorothe und die Kinder, deren »Widerstreben und vergebliches Flehen« in der offiziellen Biographie von Heinrich Wölflin (1501) nicht unterschlagen wird.

Welty von Flüe, später Landesfähnrich von Unterwalden ob dem Kernwald, Schwiegersohn von Erny an der Halten und nach dem Hinschied seines Bruders Hans ebenfalls ins Landammannamt gelangt, gehört zu den schon etwas reiferen Familienmitgliedern, welche um 1467 das seltsame Gebaren des Vaters mit offenkundigem Unbehagen beobachten. Selber in der Pubertät, bleibt es ihm nicht erspart, einen Vater zu erleben, dessen persönliche Schwierigkeiten noch grösser sind als die eines Jugendlichen. So kommt es, dass sich der zweite Sohn des nachmaligen Landesvaters bei seiner Vernehmung zuhanden des Kirchenbuches von Sachseln nur sehr knapp und mit einer ausgesprochen negativen Geschichte zu Wort meldet. Berichte wie der seinige sind wohl mit ein Grund dafür, das Kirchenbuch beim Seligsprechungsprozess im siebzehnten Jahrhundert dann doch lieber nicht zu verwenden. Dabei verfolgen die gründlichen, schön geschriebenen Notizen sicher die Absicht, Tatsachenmaterial für eine künftige Kanonisierung sicherzustellen. Um 1488 scheut man sich nicht, verhältnismässig naiv, frisch von der Leber weg gewisse Eindrücke wiederzugeben. Der Teufel zählt zum selbstverständlichen Szenario der Heilsgeschichte. Und was der Vater dem Sohn »under anderm geseytt« (D 459) hat, wird wiedergegeben, wie es einem in Erinnerung geblieben ist:

Ein törichter Mann sei er, höhnt eine Stimme aus der Wolke, er solle sich in den Willen Gottes ergeben und in das solle er einwilligen, was Gott mit ihm wirken wolle. Die Stimme, die »törichter Mann« ruft, überrascht den Vater beim Mähen im Melchtal. Einmal mehr mischt sich der Feind des Menschengeschlechtes in das Geschehen ein. Dies sei am Anfang seines »Abbruchs« geschehen, also zwischen 1465 und 1467, erzählt Welty. (D 459)

Ein um so rätselhafteres, in vielem undurchschaubares Problem stellt in diesen Jahren die Beziehung zwischen Klaus und seiner Ehefrau Dorothe Wyss dar. Wölflin berichtet, die Erzählung Weltys ergänzend: »Es gilt als sicher, dass sich Folgendes ereignete, als er einmal zum Heuen auf seine Wiese ging. Im Dahinschreiten bat er andächtig um die göttliche Gnade, da antwortete ihm eine herabschwebende Wolke: er handle töricht, wenn er sich auf die eigene Kraft stütze und sich so unfreiwillig dem göttlichen Willen unterwerfe, da Gott nichts lieber sei als freiwillige Hingabe. Durch diese Stimme gewarnt, begann er, die häuslichen Interessen (...) geringer zu achten, dafür aber um so aufmerksamer nach dem Himmlischen zu streben. Als so von Tag zu Tag seine Andächtigkeit immer mehr zunahm, wurde er durch die Führung der göttlichen Gnade dahin geleitet, dass ihm als berufenem Gottesfreund der ganze Erdkreis zur Wohnstätte nicht mehr zu genügen schien. Darum teilt er seiner geliebten Ehefrau, gleichsam als einer treuen Beraterin, sein Vorhaben mit: er habe bei sich beschlossen, die Lockungen dieser Welt hintanzusetzen und sich einen für die ausschliessliche geistliche Betrachtung geeigneten Ort in der Einsamkeit zu suchen. Da ihm hierzu ihre Genehmigung nötig war, gab er sich die grösste Mühe, sie zu überreden, was aber lange umsonst war, weil die familiären Sorgen überwogen.« (D 538)

Mit der Zustimmung zu diesem Vorhaben lässt sich die Frau aus begreiflichen Gründen Zeit. Im Sachsler Protokoll kommt sie, im Gegensatz zu auswärtigen Frauen aus Dänemark, Nürnberg, Schwyz und Lenzburg, nicht zu Wort. Nach Wölflin, der wie andere Ranftpilger auch, mit der ehrwürdigen Heiligengemahlin gesprochen haben wird, besteht ein Zusammenhang zwischen dem Zögern von Dorothe und der Traurigkeit ihres Gatten. Das ist jedoch umstritten.

Frühestes und wohl auch zuverlässigstes Zeugnis ist einmal mehr das für die innere Entwicklung des Heiligen aufschlussreiche Gespräch mit dem Dominikanermönch. Da wird Dorothe, ohne Namensnennung, im Zusammenhang mit den spirituellen Übungen der Sieben Kanonischen Stunden erwähnt: »Ich hielt Einkehr in mich und begann die Übung täglich zu erfüllen (...) aber (...) ich sah, dass ich in der Gesellschaft der Menschen dies weniger andächtig verrichten könne. Darum zog ich mich häufig an einen heimlichen und nahen Ort zu meiner Leidensbetrachtung zurück, so dass niemand es wusste als meine Frau, und dies jeweilen nur zufällig *(propter occurrentia)*, wenn sie gleich dazu kam. Und so blieb ich zwei Jahre (...)« (D 40)

Von einer Einweihung der Gattin in die eigene geistliche Existenz kann nach diesem Zeugnis nicht die Rede sein. Trotzdem hofft Klaus auf die Einwilligung der Mutter seiner Kinder in seine Pläne. Bis auf weiteres widersetzt sie sich. Wie die beiden sich wohl begegnen, wenn der Mann sich von der Frau bei einer mystischen Übung wie ertappt fühlt? Wie sieht er ihr mit seinen grossen dunklen Augen in das kleine Gesicht, das ihn nicht versteht?

Bedenke, sie ist schwanger. Törichter Mann!

Er will ein Pilger werden

> Wo ist mein Aufenthalt? Wo ich und du nicht stehn.
> Wo ist mein letztes End, in welches ich soll gehn?
> Da, wo man keines findt. Wo soll ich denn nun hin?
> Ich muss noch über Gott in eine Wüste ziehn.
> *Angelus Silesius (1624–1677)*

Seit die magnetischen schwarzen Augen des Pilgers ihn angeblickt haben und der Pilatusberg vis à vis von seinem Haus am Schübelacher nicht mehr da steht, wie von Gott Vater hingestellt am Tag seiner Schöpfung, lässt es ihm keine Ruhe mehr. Beginnt er den Menschen zu gleichen, die durch ihren Glauben zu Geistern werden? Die Stärke ihres Wahns, lehrt das Buch *Von den Unsichtbaren Krankheiten,* richte sich wie ein Geschütz auf sie. Ein solcher Mensch müsse dulden und leiden, was auf ihn geworfen ist. Ketten und Bande fallen über ihn, und du siehst ihn darin zappeln[1]. Der Phantasie und den Anfechtungen ist keine Grenze gesetzt. Sieht Matthias Grünewald auf seinem Isenheimer Altar den heiligen Einsiedler Antonius von grässlichen Tierdämonen geplagt, wird Klaus von Flüe von einem Reigen anziehender Männer in Versuchung geführt. Nach dem Ritter in schönen beschlagenen Kleidern und dem Pilger in der durchsichtigen Kutte stören ihn »drei wohlgestalte Männer, die in Gewandung und Haltung einen adligen Rang verrieten«, direkt bei der häuslichen Arbeit:

Der erste beginnt in folgender Weise das Gespräch: »Nikolaus, willst du dich mit Leib und Seele in unsere Gewalt geben?« Sofort erhält er zur Antwort: »Niemandem ergebe ich mich als dem allmächtigen Gott, dessen Diener ich mit Seele und Leib zu sein verlange.« Auf diese Anwort wandten sie sich ab und brachen in ein fröhliches Gelächter aus. Und wiederum zu ihm zugewandt, sprach der erste: »Wenn du allein in die ewige Knechtschaft Gottes dich versprochen hast, so verspreche ich dir gewiss, dass der barmherzige Gott, wenn du das siebenzigste Jahr erreicht hast, sich deiner Mühen erbarmend, dich von aller Beschwernis erlöst; darum ermahne ich dich inzwischen zu beharrlicher Ausdauer, und ich werde dir im ewigen Leben die Bärenklaue und die Fahne des siegreichen Auszuges geben; das Kreuz aber, das dich an uns erinnern soll, lasse ich dir zum Tragen zurück.« Darauf entfernten sie sich. (D 537)

Die Wiedergabe dieser Schauung bei Wölflin, mit einem erbaulichen Kommentar versehen (»dass er, wenn er die Bedrängnisse vielfältiger Versuchung tapfer überwinde, begleitet von einer grossen Heerschar in die ewige Glorie eingehen werde«), macht den Eindruck, als sei der zweite Teil derselben gleichsam aus der Sicht eines »Happy End« nach dem Tode des heiligmässigen Eremiten hinzugefügt. Die dämonische Stimmung der 1460er Jahre trifft die herausfordernde, eindeutige Frage am Anfang und das Gelächter unübertrefflich präzis. Dieses passt zur höhnischen Stimme aus der Wolke.

Ein törichter Mann sei, wer sich in den Willen Gottes nicht ergebe und wie die Veitstänzer den Grund seines Handelns »aus den eigenrichtigen plastigen Köpfen« nehmen wolle, mahnt die frühneuzeitliche Psychiatrie tiefsinnig an. Die Vaterunserbitte »Führe uns nicht in Versuchung« ist für sie von therapeutischem Wert. Die Versuchung liege darin, den Glauben auf eine andere Weise zu gebrauchen, als er gegeben sei. Damit ist nicht die Unterscheidung zwischen Rechtgläubigkeit und Ketzerei gemeint, sondern die Art und Weise des Glaubensaktes überhaupt. Durch den Glauben, lehrt die Weisheit des Arztes, werde der Mensch an Stärke allen Geistern gleich, könne er den Berg Olymp ins Meer versenken. Wir vermögen auch alle Berge und Bühl aus dem Wege zu räumen, um auf gerадem Weg dorthin zu wandeln, wohin wir es uns in den Kopf gesetzt haben. Aber Gott will nicht, dass wir die Berge wegräumen! Wir sollen sie dort stehen lassen, wo er sie hingestellt hat. Ohnehin versenkt man mit dem Glauben den Berg zwar ins Meer, aber wie bringt man ihn wieder hinaus? Ein dermassen verführter Glaube wird »gerechnet in die Zahl der Krankheiten.« Die davon Befallenen bezeichnen sich oft selbst als Besessene und fallen darauf in *Sankt Veltins kranckheit*, eine Art Epilepsie. Aufgabe der Therapie wäre es, dem Berg wieder an seinen ursprünglichen Standort zurückzuverhelfen[2].

Der Verfasser dieser Studie, Theophrast von Hohenheim, genannt Paracelsus, hat von Bruder Klaus einiges gewusst, aber die Visionstexte von Caspar am Buel, erstmals veröffentlicht 1927, mit grosser Wahrscheinlichkeit nicht zu Gesicht bekommen. Die Geschichte der Krise bei Klaus von Flüe ist ein gewaltiges Beispiel für die zwiespältige Macht des Glaubens. Dass der Pilatusberg, schon in der frühen Neuzeit eine Attraktion für Reisende, abhanden kommt, macht als Illustration für die oben angeführte visionäre Theorie der Glaubenskrankheit einen Eindruck, der nicht leicht zu übertreffen ist.

Klaus von Flüe, in seiner Krise eine Art pathologischer Fall?

Daran ist so viel richtig, als die Möglichkeit des vollständigen Absturzes naheliegt. Das unterscheidende Merkmal des Veitstänzers im Vergleich zum Heiligen ist der Wirklichkeitsverlust durch Selbstvergrösserung. Die kriegerischen Veitstänzer und die pathologischen Märtyrer verlieren die natürliche Todesfurcht, die vom Glaubenswahn Befallenen, zum Beispiel bei den Sankt Galler Wiedertäufern (1525), geben sich für Petrus, die Mutter des Antichristen, Jesus Christus und sogar für Gott aus. Sie blähen sich auf eine Art und Weise auf, dass zur Zeit von Stadtarzt und Bruder Klaus-Verehrer Joachim von Watt (1484–1551) für einige von ihnen ein Aufenthalt im Tobstübli des städtischen Spitals verfügt wird[3].

Nicht so Klaus von Flüe. Das für ihn in der Krise charakteristische Merkmal ist, gemäss Elias Canetti, »die Selbstverkleinerung im Gegensatz zu den Überlebens- und Ausdehnungsgelüsten der Paranoia und der üblichen Macht.«[4] Diese »Selbstverkleinerung« nimmt, in souveräner Naivität verwirklicht, nie masochistische Formen an. Am schönsten kommt dies in der szenischen Folge der dreifachen Danksagung zum Ausdruck. Diese hört sich an wie das positive Gegenbild zur Schreckensvision vom eingestürzten Pilatusberg:

Ein Mensch unterbrach den Schlaf um Gottes und seines Leidens willen, und er dankte Gott für seine Leiden und seine Marter. Und Gott gab ihm Gnade, so dass er Unterhaltung und Freude darin fand. Hierauf legte er sich zur Ruhe. Und als seine Vernunft in Fesseln geschlagen war und er doch meinte, dass er noch nicht eingeschlafen wäre, schien es ihm, als ob einer zur Tür hereinkäme, mitten im Haus stünde und ihm mit kräftiger, heller Stimme rufe, wie er denn heisse, und sprach: »Komm und sieh deinen Vater, und schau, was er macht!« Und es schien ihm, als käme er schnell an eines Bogens Ziel (das ist auf Pfeilschussweite) *in ein schönes Zelt in einen weiten Saal. Da sah er einige Leute darin wohnen, und er war bei dem, der ihn gerufen hatte, und stand an seiner Seite und führte für ihn das Wort und sprach: »Dieser ist derjenige, der dir deinen Sohn gehoben und getragen hat und ihm zu Hilfe gekommen ist in seiner Angst und Not. Danke ihm dafür und bleibe ihm dankbar.« Da kam ein schöner, stattlicher Mann durch den Palast gegangen mit einer glänzenden Farbe in seinem Angesicht und in einem weissen Kleide wie ein Priester in einer Albe. Und er legte ihm seine beiden Arme auf seine Achseln und drückte ihn an sich und dankte ihm mit der ganzen inbrünstigen Liebe seines Herzens, dass er seinem Sohn also wohl zustatten gekommen und zu Hilfe in seiner Not. Und derselbe Mensch wurde in sich selber geschlagen und erschrak sehr darob und bekannte sich selber unwürdig und sprach: »Ich weiss nicht, dass ich deinem Sohn je einen Dienst erwiesen hätte.« Da verliess er ihn und sah ihn fürderhin nicht mehr. Und da kam eine schöne, stattliche Frau durch den Palast gegangen, auch in einem solchen weissen Kleid. Und er sah wohl, dass ihr das weisse Kleid ganz neu gewaschen anstand. Und sie legte ihm ihre beiden Arme auf seine beiden Achseln und drückte ihn gründlich an ihr Herz mit einer überfliessenden Liebe, dass er ihrem Sohn so getreulich zustatten gekommen in seiner Not. Und der Mensch erschrak darüber und sprach: »Ich weiss nicht, dass ich eurem Sohn je einen Dienst getan hätte, ausser dass ich herkam, um zu sehen, was ihr tätet.« Da schied sie von ihm, und er sah sie fürderhin nicht mehr. Da blickte er neben sich. Da sah er den Sohn neben sich sitzen in einem Sessel und sah, dass er auch ein solches Kleid anhatte; es war besprengt mit Rot, als ob einer mit einem Wedel daraufgesprengt hätte. Und der Sohn neigte sich gegen ihn und dankte ihm inniglich, dass er ihm auch so wohl zustatten gekommen in seinen Nöten. Da blickte er an sich selbst hernieder. Da sah er, dass er auch ein weisses Kleid an sich trug und besprengt mit Rot wie der Sohn. Das verwunderte ihn sehr, und er wusste nicht, dass er es angehabt hatte. Und schnell auf einmal fand er sich selber an der Statt, wo er sich niedergelegt hatte, so dass er nicht meinte, dass er geschlafen hätte.* (EB 31)

Träume dieser Art wertet das Buch *Von den Unsichtbaren Krankheiten* grundsätzlich negativ als »die fliegend Art des Glaubens«: »Etliche seind, die da glauben, sie sehen die Heiligen und sehen wunderbarliche Ding. Denselben erscheint auch solches, wie es der Glaube im Schlaf oder auch wachend sich vorstellt; aus solchen Glaubensgesichten sind die Traumausleger erstanden. Und was sie glauben, das kommt ihnen vor, als wären sie selber diese Heiligen, von denen sie dann meinen, sie seien es (...)«[5]

Entscheidend ist, dass Klaus von Flüe gerade nicht meint, er sei es, dem der Vatergott, die Frau Gottes und der Sohn ihren Dank abzustatten hätten. Der Vorgang ist ihm vielmehr unbegreiflich. Ebensowenig gibt ihm dieses Traumgesicht Anlass zum Sendungsbewusstsein des sektiererisch Erweckten. Extremes Gegenbeispiel dazu ist der Entlebucher Sektengründer Anthoni Unternährer (1759–1823), der seine Visionen stets in proselytenmacherische Verkündigung umsetzt, sogar damit prahlt, die Heilige Dreifaltigkeit habe ihn zum Zeichen der Erwählung mit drei Hodenballen ausgestattet[6]. Die Gnade Gottes und damit der »Dank« der dreifaltigen Gottheit kommt Klaus unverlangt und unverdient zu, und es fällt ihm nicht ein, diese für irgendwelche Zwecke zu »nutzen«. Eine apostolische Berufung ist aus keiner der Visionen ersichtlich, und wer aus ihm einen Apostel machen will, vergreift sich an seinem Heiligsten. Zu den grössten nur denkbaren sittlichen Versuchungen müsste es gehören, wollte er einen Traum wie den von der dreifachen Danksagung für seinen ganz privaten familiären Konflikt hochfahrend in die Waagschale werfen. Etwa so: Liebe Frau Dorothe! Gottvater persönlich, die Mutter Gottes und der Göttliche Heiland sind mir heute nacht erschienen. Sie haben mich umarmt, und darum kann ich dich nicht mehr umarmen. Lass mich endlich frei!

Falls wir das Gespräch mit dem Dominikanermönch, welches den Charakter einer Beichte hat, nicht falsch deuten, wird die Gattin nicht, oder doch nur so weit es sich als absolut unumgänglich erweist, in das Innenleben des Menschen eingeweiht, der seinen Zustand als »Abbruch« empfindet. Es ist fraglich, ob die Visionen in dieser Zeit, da sie noch gar nicht innerlich verarbeitet sind, schon in Worte zu fassen wären. Vollends »unmöglich«, in der Mehrdeutigkeit dieses Attributs, erschiene ein Einsatz derselben als eine Art Druckmittel. Mehr als das eigensinnige »Gott will es so haben« kommt nicht aus ihm heraus. Nicht weil er zu stolz wäre zum Bekennen, im Gegenteil. Diese Visionen enthalten im »Rohzustand« einen Grad an Intimität, der vielleicht noch unter dem Siegel des Beichtgeheimnisses, aber nicht in der Kommunikation mit Familienmitgliedern und Freunden mitteilbar ist. Sohn Hans weiss von keinen Visionen zu berichten. Er beobachtet mit einiger Verwunderung von aussen ein intensives geistliches Leben; Welty erwähnt nur die Negativ-Vision vom »Törichten Mann« und eine seltsame Gespenstererscheinung nach dem Tod des Vaters, und auch bei der von Erny Rorer berichteten Liestaler Geschichte liegt ein Sonderfall vor. Bruder Peter hat selber Visionen, um die aber kaum Aufhebens gemacht wird. Die vorhandene Überlieferung erfolgt als Nachklang zu den Schauungen des heiligmässigen Eremiten.

Es gibt einen Grad des gläubigen Intimlebens, welcher gegenüber Eltern, Kindern oder dem Ehepartner fast nicht in Worte zu fassen ist, es sei denn, man gehöre zur bekannten Sorte der religiös aufdringlichen, mitteilungs- und bekehrungsfreudigen Menschen. Deren Art Eifer ist Klaus von Flüe im innersten Wesen fremd. Kommt dazu, dass kaum ein Ehepartner weiss, was der andere vor dem Angesicht Gottes wirklich glaubt. Diejenigen, die es zu wissen vorgeben, lieben ihren Partner wahrscheinlich nicht genug, sonst würden sie ihm sein Geheimnis lassen. Für Klaus von Flüe wird die Ehe in der Phase der schweren Entscheidung zum wohlverzäunten Garten, wo der Mann das Heldentum verlernen und die Demut üben kann. Die Stellung der Frau in der ländlich-patriarchalen Gesellschaft ist, ähnlich wie in den Mittelmeerländern und im Islam, stärker, als man aus modern-emanzipatorischer Sicht vermutet. Muss die Gattin im Konflikt Mann gegen Frau meist weichen, stehen die Verhältnisse anders, wenn sie die Sippe auf ihrer Seite weiss. Und das ist bei der anstehenden Auseinandersetzung der Fall.

Dazu ist abermals dem Berner Lateinlehrer Heinrich Wölflin das Wort zu erteilen. Die »familiären Sorgen« (D 538) werden zugegeben, ja vergleichsweise betont. Immer deutlicher setze sich in Klaus das Gefühl fest, »wie sein ganzer jetziger Lebensbestand dem Gelöbnis (*voto*) zur Abkehr von der Welt nicht entspreche.« Von einem solchen Gelübde ist indes zuvor bei Wölflin und in den anderen frühen Quellen nirgends die Rede. Es wird sich eher um einen starken Druck des Gewissens handeln, dem der Gegendruck der familiären Pflichten, auch der tatsächlichen Verbundenheit zu Frau, Kindern, Eltern und Brüdern in Wertkonkurrenz entgegensteht. Man geht wohl nicht fehl, in diesem Zwiespalt einen konkret fassbaren Anlass zur Depression zu vermuten. Klaus scheint in diesem Augenblick sein Schicksal in die Hände seiner Frau zu legen. Von seinem Beichtvater, wie überhaupt von theologisch Geschulten, mit denen er im Kontakt steht, wird er über die Weltenschwere des Ehesakramentes unterrichtet sein. Der Wille einer Frau kann gebrochen werden, schuldet sie doch im Sinn des Apostels Paulus ihrem Mann Gehorsam. Vom Sakrament der Ehe hingegen wäre nicht einmal zu dispensieren, wenn für den Mann die Wahl zum Papst anstünde, moniert Peter Numagen. Nach dem Vorbild des Ritters Hans von Aarwangen, Gatte einer Frau aus guter Familie, könnte Klaus den Weg eines Eremiten gehen. Nur müsste Frau Dorothe Wyss diesem Vorhaben äusserlich und innerlich zustimmen! Als Tochter einer freien Bauernfamilie ist sie im sozialen Rang einer Freifrau aus dem Bernbiet durchaus ebenbürtig.

Die Zustimmung fällt Dorothe um so schwerer, als ihr Gatte keine klaren Vorstellungen darüber zu haben scheint, was er eigentlich will. Von einer Einsiedelei ein paar Minuten vor der Haustür, unter Oberaufsicht des ältesten Sohnes, mit Kaplan und einem Miteremiten an seiner Seite, ist noch längst nicht die Rede. Für die Versorgung eines Mannes, dessen Anwesenheit im Haus Schwierigkeiten macht, wäre dies sicher keine schlechte Lösung.

Er will ein Pilger werden! Wohin will er denn? Nach Einsiedeln? Dazu müsste er sich nicht von seiner Familie trennen. Nach Rom? Nach Sankt Jakob beim Finstern Stern, wie Santiago im Volk geheissen wird? Nach Jerusalem? Da reisen Ritter hin mit einem Weltbild von vorgestern, wie Adrian von Bubenberg, allerlei Abenteurer, auch solche, die etwas auf dem Kerbholz haben und dafür Busse tun oder einfach ein bisschen verschwinden wollen. Auch dazu bedürfte es der formellen Zustimmung der Gattin nicht. Die Eidgenossen fragen ihre Frauen gewiss nicht, wenn sie zum siebten oder siebzigsten Mal zu einem Feldzug ausrücken.

Er hat, und das wissen wir direkt aus dem Mund von Dorothe, aus der zuverlässigen Aufzeichnung von Hans von Waltheym 1474, »die feste Meinung, als Wallfahrer ins Ausland zu gehen und von einem heiligen Ort an den andern zu wandern.« Gemäss Altvätertradition, wie zum Beispiel von Alexius vorgelebt, liegt die sogenannte *xeniteia* vor, der Wunsch, vor der Welt und vor sich selber ein Fremdling zu werden[7]. In diesem Sinn geben Erny Rorer, Oswald Isner und Heimo am Grund gegenüber dem Sachsler Kirchenbuch sinngemäss ungefähr dasselbe zu Protokoll. »In der Meinung, aus dem Lande zu gehen, *sin wyb, kind und guet zu verlassen und sin leben im ellend zue vollenden.«* (D 463) Das »ellend«, die Fremde, ist Weg und Ziel zugleich. Die Losung ist, wie später bei der Parabel »Der Aufbruch« von Kafka, kein bestimmtes Ziel. Einfach »weg von hier«, und zwar so weit fort, dass es sich nicht lohnt, Mundvorrat mitzunehmen. »Es ist ja zum Glück eine ungeheuer weite Reise« (Kafka)[8]. Da muss einer schon eine Menge Hoffnung mit auf den Weg nehmen!

Unter diesen Umständen erscheint Wölflins Version glaubhaft, wie Dorothe ihrem Mann begegnet sei: »Als er sie immer öfter bedrängte, gab sie schliesslich ihre Zustimmung, obwohl widerstrebend und unter vergeblichem Flehen. Über die Zustimmung der Ehefrau schon fröhlicher geworden, fing er an, einen (...) geeigneten Ort zu suchen. Da fiel ihm ein, wenn er dies in seiner Heimat ausführen wollte, könnten leicht die Verleumdungen Missgesinnter seinem Entschluss den Charakter heuchlerischer Prahlerei beimessen. Nachdem er Frau und Kinder und das ganze Hauswesen verlassen hatte, machte er sich zur weiten Reise auf, um nicht nur ausserhalb seiner engeren Heimat, sondern auch der Grenzen der Schweiz überhaupt, in ferner Fremde Unterkunft zu suchen.« (D 539)

Für die innere Entwicklung entscheidend scheint der Satz »Über die Zustimmung der Ehefrau schon fröhlicher geworden«. Es sieht so aus, als wäre die über Jahre niedergedrückte Gestimmtheit einer euphorischen gewichen mit Aktivierung des für ihn typischen Bewegungsdrangs. Ein »Reisläufer« eines neuen Typus, der die Münze immer schon in der Hand hält, und er weiss selber nicht, woher sie ihm gekommen ist. Jetzt kann es ihm nicht schnell genug gehen, und der Frühling, traditioneller Beginn grosser Wallfahrten wie auch Hochsaison der Krieger, ist nicht mehr abzuwarten. Noch bevor die Schweine vor dem Haus am Schübelacher abgestochen werden[9], das wäre nach dem 16. Oktober, zieht er sich das Gewand des geliebten Pilgers über, bestehend »aus einem langen Umhang, einem Hut mit breiter Krempe, festen Schuhen, einer Tasche und einem langen Stock mit Kalebasse, einem Trinkgefäss« (Roland Gröbli)[10]. Von grosser Bedeutung ist der Pilgerstab, ein geschältes Stück Holz, womit der Waller Tag und Nacht den ihm eigenen Kontakt mit der Erde pflegt. Trotz der Heftigkeit der Aufbruchbewegung lässt Klaus, seinem sorglichen Charakter gemäss, seinen Hausstand wohlgeordnet zurück. Die letzten Zinsen sind abgelöst, die Hinterlassenschaft geregelt, die beiden grossen Söhne in ihre Verantwortung eingesetzt, die Gattin durch den Nachzügler mit dem Vornamen des Vaters getröstet. Für das in unzähligen populären Darstellungen kolportierte Bild der weinenden Familie mit dem schwanzwedelnden Hund daneben bleibt kaum Raum. Dies ist keine sentimentale Szene. Es herrscht Gotik, nicht Biedermeier.

Als Abreisetermin ist die Morgenfrühe des 16. Oktober vorgesehen, der Tag des heiligen Gallus. In Kerns, Kriens und anderswo Tag des ersten Kirchenpatrons, überdies genereller Feiertag in ganz Unterwalden wie auch sonst in der Einflusszone des in geistiger Hinsicht weitausstrahlenden Stifts Beromünster. Eine Tradition aus der Zeit der Grafen von Lenzburg, der Kyburger und Habsburger, für die das Stift Beromünster den sogenannten Kirchensatz über zahlreiche Kirchgemeinden im Aargau, im Luzernischen, das ebenfalls dem Aargau zugerechnet wird, und in Obwalden innehält[11]. Beromünster verehrt Gallus nach dem Erzengel Michael als zweitwichtigsten Stiftspatron mit einer eigenen prächtigen Kapelle.

Mit dem heiligen Gallus kann sich Klaus besser identifizieren als mit jedem lebenden Menschen. Der Genosse des Missionars Kolumban, vielleicht ein Ire namens Callehe, vielleicht ein Alemanne, verlässt den Missionarstrupp wegen Meinungsverschiedenheiten oder wegen Krankheit, um im Steinachtal ein Einsiedlerleben zu führen. Dabei ist ihm, wie schon Mathghamhain (St. Ursanne) im Jura, ein Bär in der Wildnis behilflich. Auch Gallus scheint etwas von einem Berserker an sich zu haben. Mit dem Teufel kommt er zurande, er ist ein kompetenter Exorzist. Im Tobiassegen wird er angerufen: *Sante Galle, diner Spise pflege.* Der Gallustag ist der wichtigste landwirtschaftliche Termin vor dem noch bedeutenderen Martinifest, 11. November. Erntefeste und Kirmes werden gefeiert, nur für die Metzgete ist die Zeit noch nicht gekommen, das Fleisch würde sonst »gallig«. Man treibt das Vieh heim, die Feldfrüchte, besonders das Kraut, müssen eingebracht sein, die Äpfel unter Dach und Fach. Auf Sankt Gall, die Kuh im Stall![12]

Aus der Sicht des bäuerlichen Brauchtums wie auch aus dem Alter des Hausherrn, er befindet sich gleichsam im Oktober des Lebens, scheint der Aufbruch am Gallustag sinnvoll. Nur würde dieser sich besser für eine lokale oder regionale Wallfahrt eignen als für eine Reise mit vielleicht unbestimmtem Ziel. Sankt Gallen lässt Schnee fallen, meldet eine herbstliche Wetterregel, so wie man im Februar sagt: Dorothee gibt meistens Schnee! Das weisse Element ist, viele Generationen vor dem Wintertourismus, Anlass zum Missvergnügen. Der »Schnee meines Elends«[13] wird von Paracelsus in einem Appenzeller Winter beklagt. Klaus von Flüe scheint in diesem Schnee geradezu einen gemässen Ausdruck für die von ihm angestrebte Verelendung zu sehen. Über die Richtung, die er einschlägt, sind wir nur über die Station seines Scheiterns im Bild, Liestal, und das heisst wohl, dass Basel oder mit grösserer Wahrscheinlichkeit das Elsass sein Ziel gewesen sein muss. Das »Elend«, die Praxis der *xeniteia*, befindet sich scheinbar ausserhalb des Herrschaftsgebietes der Acht Orte: Zürich, Bern, Luzern, Uri, Schwyz, Unterwalden, Glarus, Zug.

Für diesen Weg gibt es, was das Verlassen der Heimat betrifft, mindestens drei Varianten. Über Luzern, wo fast alle durchgehen, oder, wie der Pilger mit den schwarzen Augen es verheissen hat, zuerst das Land hinauf. Das kann über den Brünig ins Haslital bis an den Thunersee zur Höhle und Einsiedelei des heiligen Beatus gehen, wohin viele Pilger ihren Weg nehmen, von da kann er weiter über Bern in den Solothurner und Baselbieter Jura gelangen. Die dritte, nächstliegende Route führt über die Schwendi ob Sarnen über den Glaubenberg zu den letzten Eremiten auf der Alp Brüderen, von dort ins Entlebuch, wo sich um diese Zeit, spätestens aber 1470, Zigeuner herumtreiben, die behaupten, aus Ägypten zu kommen und für sieben Jahre Asyl zu benötigen[14]. Auch Bären und Wölfe leben im Entlebuch, für Klaus sicher kein Grund, das Land zu meiden. Über Wolhusen und Ettiswil, den eucharistisch-satanischen Wallfahrtsort[15], den Gundelfingen in seiner Biographie von 1488 in einem Atemzug mit dem Ranft nennt, gelangt er auf die seit alters so genannte Basler Strasse, die von Sursee über Dagmersellen und die Johanniterkomturei Reiden am Schloss Wikon vorbei in die Gegend von Zofingen führt, fast parallel zur Linienführung der gegenwärtigen Autobahn. Im Herbst 1996 ist in dieser Gegend das Sprichwort nicht vergessen: *Är fluecht as wie en Elsis-Charer*[16] – er flucht wie ein elsässischer Fuhrmann. Das wichtigste Produkt, das diese Mannen zur Zeit von Klaus nach Luzern bringen, sind die in Fassfuhren importierten guten Tropfen aus den Schatzkammern der dortigen Weinbaukultur. Dieses Angebot macht in den Gaststätten Luzerns mehr als die Hälfte der Tranksame aus. Kein Vergleich zu den gritzsauren einheimischen Sorten![17]

In welchem Ausmass sich Klaus von Flüe schon unterwegs ins Elsass im Elend fühlen kann, bestätigt ein Ammann-Dokument aus Beromünster vom 28. Hornung (Februar) 1464. Die sprichwörtliche Rede vom fluchenden Elsass-Fuhrmann hat nie besseren Grund gehabt als in dieser Zeit, da die Baslerstrasse zusätzlich durch allerlei Fehden und das Räuberunwesen unsicher gemacht wird. Die Fuhrleute aus dem Elsass konkurrieren hinsichtlich ihres Rufes mit der schlechtesten Sorte von Gesindel. Ein solch unchristlicher Kerl, das glatte Gegenteil eines Gottesfreundes, ist Ulrich Hodensak aus der freien Reichsstadt Colmar:

1464, 28. Hornung.
Ulrich Hodensak von Colmar lag zu Sursee, wegen bösen unchristlichen Schwüren Gott dem Allmächtigen und seinen lieben Heiligen freventlich zugeredet, in Banden, und ward zum Tode verurteilt. Auf Bitte der würdigen Bürgersfrauen daselbs ward ihm das Leben geschenkt, und nun schwur er mittelst dieses Briefes ewige Urfehde. Geben uff Zinstag nach Reminiscere.
Siegelt Hans Sigrist, Altammann zu Münster[18].

Solcherlei Gesellen vermöchten Klaus von Flüe Auskunft zu geben, wollte er sie fragen, wo es ins Elsass lang geht. Was die ehrbaren Bürgerfrauen von Sursee wohl an diesem Ulrich gemocht haben? Fuhrleute verkehren doch sonst in anderen Kreisen. Nebst den Soldaten sind sie die besten Kunden im Frauenhaus. »Ehafte« Frauen und »gedingete Jungfrauen« haben da nichts zu suchen. Bezahlt werden dürfen die Dienste nur gegen Geld, nicht gegen Naturalien, und an Samstagabenden und an Vorabenden von Apostelfesten bleibt das Frauenhaus geschlossen bis zur Frühmesse[19]. Was Luzern im grossen Rahmen zu bieten hat, gilt sinngemäss auch für Sursee und andere Städte mit Susthaustradition. Es geht, wie der Moderne sagen würde, um den Nutzen, auch den Grenznutzen eines Transitlandes. Aus den unseriösen Tavernen sind laute freche Lieder zu hören. Bei ihrem Anhören erübrigt es sich, weiter nach dem Weg ins Elsass zu fragen:

> Do zugend wir über den Houwenstein ab,
> meng breiter vierschröter Schwizerknab;
> menger hat im seckel lützel (*wenig*) hab,
> het er vil, er kem sin wol ab!
> Bumperlibum aberdran heiahan!
>
> Do kamend wir gen Liechtstall hin,
> darnach stuend uns gen Basel der Sinn,
> wir meintend, wir wettind alli hin,
> du muesst der merteil hier ussen sin!
> sie schickten uns aber brot und win,
> drum schicktend wir warlich s'gelt hinin.
> Bumperlibum aberdran heiahan!
>
> Wir nit unfressen warend gsin,
> vergangen was uns des hungers pin,
> wir rueweten derselben nacht neben dem Rhin,
> morndres kamend wir gen Kolmar hin,
> da liefen wir in die keller in
> und wurdend me wann halb voll win.
> Bumperlibum aberdran heiahan![20]

Der Aufenthalt des Gottesfreundes in Schenken, Tavernen und Lokalen von noch schlechterem Ruf muss wohl ausgeschlossen werden. An der Atmosphäre eines Weges aber nehmen Heilige und Pilger intensiv teil, wahrscheinlich spüren sie diese sogar stärker als diejenigen, die sich mitten ins Gewühl stürzen. Die Veitstänze einer Epoche sind an den grossen Verkehrswegen deutlicher als anderswo zu spüren. In Sachen Grobianismus sind die vierschrötigen Schweizerknaben den wüsten Elsass-Kärrnern ebenbürtig. Mit dem Soldatenlied aus der Zeit des Sundgauer Zuges (1468) hat Klaus ausser der Richtung seines Weges nur den Vers *vergangen was uns des hungers pin* gemeinsam, wenn auch in einer anderen Bedeutung. Und genau so wenig wie der moderne Reisende um die Lastwagenzüge, kommt er um die Begegnung mit den Fuhrleuten herum. Am allerwenigsten am Hauenstein im solothurnischen Gäu.

Dort kursiert das Sprichwort *du fluechsch jo wie ne Haspelchnächt vom Hauestei*[21] – du fluchst wie ein Haspelknecht vom Hauenstein. Für das letzte steile Wegstück der alten Bergstrasse, deren Bedeutung mit der Zunahme des Gotthardverkehrs steigt, benötigen die urtümlichen Fuhrwerke ein schweres Wellenseil, welches über eine Rolle und eine Haspel läuft. Die Pferde schaffen es nur mit ärgsten Strapazen, denen die Fuhrknechte mit Fluchen und Schlägen nachhelfen. Mancher Gaul soll dabei liegengeblieben sein, die Fuhrleute machen nicht lang Federlesens, schmeissen das Tier über einen Felsen hinunter in das *Cheibeloch.* Diese Pferdeschinder, so will es die Überlieferung, müssen ihrer Hartherzigkeit und Grobheit wegen nach ihrem Tode umgehen. *Los, wie sie pflotsche,* sagt man für die ihnen zugeschriebenen gespenstischen Geräusche[22].

Grobes Fluchen und Pferdequälen hat Klaus von Flüe auf seinen Feldzügen mehr als genug miterlebt. Eine Pilgerfahrt aber ist eine Reise der Hoffnung. Dabei wieder die im Grunde ewig gleichen Veitstänze wie in den Kriegen mitansehen zu müssen, wirkt ernüchternd. Gespenstergeschichten wie die von umgehenden Fuhrknechten zählen zu den zuverlässigsten Quellen für die innere Geschichte eines Volkes. In dem Sinn sind gewisse Rückschlüsse auf die Seelenlage des Wanderers zulässig, zumindest dann, wenn direkte Zeugnisse für seine Stimmung unterwegs zwischen Hauenstein und Liestal vorhanden sind.

Das monströse Erscheinen umgehender Fuhrleute säumt den gesamten Weg über den unteren Hauenstein. Im »Rintel« bei Trimbach wird der Passant durch einen Feuergeist erschreckt, der mit einer Peitsche herumfuchtelt. Bei Buckten auf der Basler Seite des Passes wandelt der Rankgartenfuhrmann, peitschenknallend gibt er den Wechsel des Wetters bekannt[23]. Dafür ist auch das Abendrot aussagekräftig, welches unheimlich wunderbar von Lausen aus über Liestal sichtbar ist, am schönsten bei der Kirche Sankt Niklaus an der rechten Talseite der Ergolz[24]. Wir befinden uns am wahrscheinlichen Schauplatz der Vision bei Liestal, wie Klaus von Flüe sie seinen beiden vertrauten Freunden, Nachbar Erny Rorer und Heimo am Grund, Pfarrer von Stans, als Begründung für seine Rückkehr in die Heimat später erzählen wird:

Und als er damals gegen Liestal kam, dünkte ihn, wie selbe Stadt und alles darin ganz rot wäre, darob er erschrak. Deshalb sei er aus ihr weg auf einen Hof zu einem Bauern gegangen, dem er nach mancherlei Rede seinen Willen zu verstehen gegeben, woran der selige Bauer keinen Gefallen hatte, sondern ihm das widerriet und meinte, er solle wieder heimgehen zu den Seinen und daselbst Gott dienen. Das würde Gott angenehmer sein, als wenn er andern, fremden Leuten zur Last falle; und er werde es ruhiger haben, aus der Ursache, dass er ein Eidgenosse sei, denen nicht alle gleich hold wären. Darum ging er in derselben Nacht aus des Bauern Haus auf das Feld. Da lag er die Nacht bei einem Zaun, und als er einschlief, kam ein Glanz und ein Schein vom Himmel; der öffnete ihm den Bauch, wovon ihm solcher Schmerz geschah, als ob ihn einer mit einem Messer aufgeschnitten, und zeigte ihm, dass er wieder heim und in den Ranft gehen solle, was er auch sofort am Morgen tat. (D 463)

Die letzten Wegstunden vor Liestal ergreift ihn das Unbehagen mit Macht. Nicht umsonst sagt man: »Der Ewige Jude ist durch Itingen gewandert«[25]. Das Dorf unterhalb Sissach ist erst am 21. September 1467 aus den Händen der Verena von Eptingen an die Stadt Basel gekommen, also kaum einen Monat vor dem Durchzug des Pilgers[26]. Von hier aus braucht er nur zwanzig Avemaria lang talabwärts nach Lausen zu gehen, dem Liestal nächstgelegenen Bauerndorf. Das Tal ist breit, der Weg führt dem Hang entlang bis zur ummauerten Kirche, in deren Innern dem heiligen Nikolaus und dem Leiden Jesu gehuldigt wird[27]. In Erinnerung an Sankt Niklaus auf Bänken kann das vielgenannte Heimweh des eidgenössischen Kriegers nicht ausgeschlossen werden. Und dieses ausgegossene Rot über der Stadt Liechtstall! Der Name hat nichts mit Licht zu tun, eher mit Liustal, Station[28]. Nach Art der Propheten mag sich der Pilger um das Wetterzeichen nicht kümmern. Er sieht nur das Rot der Letzten Dinge, aus jener Tradition der Zeichendeutung, wie sie zum Beispiel bei Schiller, *Wallensteins Lager*, aus antiker Überlieferung verstanden wird:

> Am Himmel geschehen Zeichen und Wunder,
> Und aus den Wolken blutigrot
> Hängt der Herrgott den Kriegsmantel herunter[29].

In der germanischen Tradition gehört das Abendrot zu den Dämonen der Luft, die den Lichtgeistern in der Höhe feindlich gesinnt sind. Tag und Nacht kämpfen sie miteinander, indem das *Abentrôt* das Dunkel über den Himmel heraufführt und den Nachtgeistern zum Sieg verhilft[30]. Dass in Liestal »alles darin ganz rot wäre«, bestätigen die ältesten Häusernamen *zum roten kopf* und *zum roten slüssel* aus der Lebenszeit von Klaus[31].

Stärker aber als jedes Zeichen ist der Mensch. Die Männer von

Liestal sind genau so anfällig für feldsüchtige Verrücktheiten wie Schwyzer, Unterwaldner und Urner. Siebenundzwanzig von ihnen haben es bewiesen im August 1444 unter Führung von Henman Sevogel, an vorderster Front »mitgetanzt« bei Sankt Jakob an der Birs[32]. Aber bei diesem Baselbieter Bauern steht ein erdnaher Realismus im Vordergrund, dem Klaus nichts entgegenzusetzen hat, weil er dem Besten des eigenen Wesens entspricht. Im Baselbieter Menschenschlag ist etwas Unpathetisches, Unheroisches, Unmystisches enthalten, worin sich diese typischen Schweizer humorvoll von solchen unterscheiden, die glauben, in anderen, grösseren Dimensionen zu denken. Der Basellandschäftler kennt besser als jeder andere Deutschschweizer seine Grenzen. Darum ist auch der Banntag, jeweils im Mai, da seit alters der Jugend die Grenz- und Besitzverhältnisse in Feld und Wald gezeigt werden, das für ihn charakteristische Volksfest[33]. Im Herbst 1467, um den Tag der heiligen Ursula (21. Oktober) herum, ist auch Klaus von Flüe eine Grenze gezeigt worden. Er wird diese Lehre nie vergessen, in dem Sinn zeitlebens mit Basel verbunden bleiben. Nicht nur macht ihn der Bauer darauf aufmerksam, wie unbeliebt die Eidgenossen derzeit im Elsass draussen sind – dafür wird der Sundgauer Zug von 1468 dann die Illustration abgeben. Eine prophetische Mahnung erscheint am Horizont.

Eindruck macht die Botschaft des gesunden Menschenverstandes: »heimgehen zu den Seinen und daselbst Gott dienen.« Das wird nicht heissen, die Mitteilung der Visionen rückgängig zu machen. Ein Abschied von der Idee der Gottesfreundschaft ist ausgeschlossen. Da vor Liestal, in Lausen, liegt es ihm unmittelbar vor Augen: Beim Kilchhöflein, an der Grenze des Lausener und Hersbergerbannes, gibt es eine Waldbruderhütte mit Kapelle! Hierher haben sich Eremiten zurückgezogen, desgleichen im Jahre 1436 im Wald ob der Kirche von Lausen, Eyfried Struss, »der wohl, von der Gemeinde verehrt, im Chor der Kirche, angetan mit seiner groben wollenen Kutte, seine letzte Ruhestätte fand.« – Die Einsiedelei existiert bis ins zwanzigste Jahrhundert weiter. Die lokale Sage macht aus Eyfried Struss bald einmal »Niklaus von der Flüh«: »Wer von Basel her auf der Eisenbahn das Ergolztal hinauffährt, erblickt oberhalb Liestal zur Linken die einsame Kirche von Lausen. Hier soll Niklaus von der Flüh, ehe er in Unterwalden und in der Nähe seiner Lieben sich niedergelassen, eine Klause gehabt haben. Oben auf den Bergen, in der Nähe von Nusshof und Hersberg, sei aber zur Zeit der alten Rauracher ein heiliger Opferhain gestanden, und dort hätten die nachmaligen Christen ein Gotteshaus gegründet, wofür noch heute unterirdisches Gemäuer zeuge. Da sei der Einsiedler durch das Tälchen hinter seiner kleinen Wohnung, um den Grammel herum, regelmässig dorthin zur Kirche gegangen. Noch jetzt heisst dieser Weg St. Niklausenweg. Bis ins Jahr 1815 war auch in der Kirche noch ein riesenhaftes Bild des Pilgers zu sehen, das dann übertüncht wurde.«[34]

Von diesen liebenswerten Geschichten, in denen Klaus von Flüe als der Einsiedler schlechthin erscheint, hat die folgende, welche vom Vater des Volkskundlers Eduard Strübin vermittelt ist, den vergleichsweise höchsten Wahrheitsgehalt: »Wo der Brueder Chlaus is Elsis het welle, isch er bis uf Lause cho, wo jetz d Chile stoht. Dört het er welle übernachte. Do het er im Traum gseh, wie in der Richtig gege s Elsis alles füürrot gsi isch, wie wenns brennti. Uf das abe het er umkehrt. Dorum sait me no jetz 's Füur im Elsis gseh'«[35].

Klaus von Flües Liestaler Vision würde indes gründlich missverstanden, wollten wir sie lediglich als den Triumph des gesunden Menschenverstandes über das mystische Abenteurertum deuten. Die Aspekte der Trennung von den Mitmenschen, das Scheitern, die Katastrophe zeigen sich nicht minder deutlich wie die Intensität der Farbe Rot.

Auf den Bauern hat er zwar gehört, sich mit ihm aber so schlecht verstanden, dass die Annahme des gewiss angebotenen Nachtlagers, sei es nur im Heustock, nicht in Frage kommt. Erst recht nicht auch nur ein Löffel Mus aus seiner Schüssel! »Bei einem Zaun«, der für ihn charakteristischen Stätte, verbringt er die Nacht. Den Zaundämonen ist der Pilger jedoch nicht gewachsen. Das Rot in seinem Traum überfällt ihn noch um ein Vielfaches eindringlicher als das Abendrot über Liestal.

Eine Er-Innerung, ganz in Rot getaucht, in Verbindung mit einem Messer. Ein Grundmotiv, welches überraschend in einer der bedeutendsten Autobiographien des zwanzigsten Jahrhunderts wieder auftaucht. Aber in der »Geretteten Zunge« von Elias Canetti wird bloss mit dem Messer gedroht[36], Klaus von Flüe hingegen wird der Bauch damit aufgeschnitten, »wovon ihm ein solcher Schmerz geschah«, dass er sich bis zu seinem Tod nicht mehr davon erholen wird. Er kann nur noch essen wie einer, dem man den Magen amputiert hat. Wer etwas anderes behauptet, nimmt ihn nicht ernst.

Der Gedanke an Umkehr bedeutet das Eingeständnis einer Niederlage. Ein jahrelang verfolgter Plan erweist sich als gescheitert.

»Heim und in den Ranft« ist im Oktober 1467 *so* nicht das Ziel, aber der sofortige Aufbruch am Morgen ist glaubhaft. Ein rüstiger Pilger leistet gut und gern ein zwölfstündiges Tagespensum zu Fuss. Das sind sechzig Kilometer und mehr. Die am Hauenstein umgehenden Fuhrknechte können jetzt mit der Peitsche knallen, wie sie wollen, der Pilger nimmt sie nicht wahr. In zwei Tagen ist er wieder daheim. Dass er sich bei der Rückkehr weder Frau noch Kindern zeigt, sondern die Nacht im Kuhstall nahe dem Haus verbringt, prägt sich der Gattin unvergesslich ein. Ein paar Jahre später schämt sie sich nicht, diese Szene dem Pilger Hans von Waltheym zu erzählen. Aus moderner Optik wirkt der Heimgekehrte fast wie ein ausgebrochener Ehemann, der bei seiner Wiederkehr die erste Nacht in der Garage verbringt.

Eine Wiederaufnahme des bisherigen Lebens bleibt für Klaus ausgeschlossen. Wölflin gibt die Liestaler Erfahrung mit einer eigenen Version wieder: *Als er kurze Zeit geschlummert hatte, umleuchtete plötzlich ein Strahl vom Himmel den Mann, der dabei einen Schmerz empfand, nicht anders, als ob ihm mit einem Messer der Leib aufgeschnitten wäre, und wie von einem Seil gezogen, mahnte es ihn, in die Heimat zurückzukehren.* (D 540)

»Beim Morgengrauen fortwandernd, nahm er den Weg unter die Füsse, von woher er gekommen, aber mit Verachtung der häuslichen Hindernisse, denen er schon bei seinem Wegzug abgeschworen, ging er direkten Schrittes in sein Gut im Melchtal und verweilte hier in einem dichten Dorngesträuch acht Tage lang ohne Speise und Trank, ohne dass jemand von ihm wusste.« Der Ort im Melchtal mit dem dichten Dorngesträuch ist nach übereinstimmender Überlieferung, seit Joachim Eichorn, die Alp Chlysterli[37], nach Rupert Amschwand identisch mit der Stätte des Teufelsanfalls. Eine abschüssige Wildnis, wo Ende Oktober ausser Jägern niemand hinkommt. Die wichtigste Voraussetzung für Übernachtungen ohne Erfrierungstod, eine Feuerstätte, ist gegeben. Es ist dieselbe, wo er nach der Bergung durch den Sohn wieder zur Besinnung gekommen ist. In noch höherem Mass als damals wird jetzt gelten: »Got wolte es also gehept han!«

Die Einsamkeit in den Bergen bleibt für ihn mehr Wunsch als Wirklichkeit. Die Familie macht sich Sorgen um ihn – umso trotziger vermeidet er den Kontakt. Gefunden wird er von Jägern, die umgehend Peter von Flüe benachrichtigen. Der Bruder scheint das einzige Mitglied der Familie zu sein, mit dem er reden kann, ohne dass die Lage gleich brenzlig wird. Im Verhältnis unter Brüdern ist eine familiäre Nähe gegeben, in der am ehesten mit Verstehen des sonst Unverstehbaren, einem wohltuenden Mass an Schonung, zu rechnen ist. Der Bruder macht sich grosse Sorgen um ihn, befürchtet Selbstmord durch Verhungern: »Dieser (Bruder Peter), der ihm sehr lieb (*charissimus*) war, beschwor ihn bei seiner Zuneigung, dass er sich nicht durch Hunger selber töte. Nikolaus antwortete ihm: ›Keineswegs, auch in Zukunft nicht, da ich ja bisher noch nicht gestorben bin.‹ Weil ein grosser Zulauf der Landleute zu jenem Ort stattfand und er sich durch den Lärm stets mehr belästigt fühlte, begann er im selben Tale entferntere und unzugänglichere Einsamkeiten zu suchen. Als er lange und viel Klüfte und grausige Schluchten durchwandert, sah er vier Lichtstrahlen in Form brennender Kerzen in jene Partie des Tales, die man Ranft nennt, hinabsteigen. Dadurch wurde er belehrt und erkannte, dass dort der Ort sei, der für einen zur Lobpreisung Gottes bestimmten Aufenthalt sich eigne. Dort begann er mit Hilfe der Nachbarn ein kleines Holzhäuschen zu errichten. Er wohnte dort beinahe ein Jahr, bis die Unterwaldner, erkennend, dass er nicht aus Heuchelei, sondern aus edler, höherer Begeisterung ein Gottesfreund geworden, auf gemeine Landeskosten und durch Fronarbeit daselbst zu Ehren der jungfräulichen Gottesgebärerin eine Kapelle erbauten. An die Rückwand dieser Kapelle fügten sie eine aus Tannenholz nach heimischer Weise gezimmerte Klause, aus der er verborgen auf den Altar derselben Kapelle blikken konnte. Dies geschah unter Widerspruch seiner Blutsverwandten, die sagten, dass es nach besseren Beweisen und längerer Probezeit zu solch aufwendigen Ausgaben noch Zeit gewesen wäre. Man vollendete aber das begonnene Werk und übergab es Nikolaus bedingungslos zu seiner Wohnung. Nachdem der ehrwürdige Vater diesen Ort bezogen, ergab er sich ganz dem göttlichen Willen.« (D 540)

Damit ist von dem Ort die Rede, der Jahr für Jahr von unzähligen Einzelpilgern und Gruppen, gelegentlich in Massen, aufgesucht wird. Eher anachronistisch wirken die mahnenden Worte von Heinrich Federer: »Bis an den Ranft«, beendet er seine Fragment gebliebene biographische Studie, »ist mir der gütige Leser vielleicht mehr oder minder willig gefolgt. Wird er es wagen, mit mir auch in den Ranft hinabzusteigen?«[38]

Die Scheu vor dem Geheimnis des Ranfts ist berechtigt. Respekt vor der Entscheidung von Klaus von Flüe soll aber keineswegs mit Nichtwissen-Wollen einhergehen. Nicht alles, was mit dem Ranft zu tun hat, gebietet Ehrfurcht. Misstrauen gegen gewisse Aktivitäten von Klerikern zum Beispiel ist schon bei Klaus selber belegt. Ohne die Erschliessung der Hintergründe des Eremitenlebens ist der Ranft nur ein Wallfahrtsort wie unzählige andere, vielleicht mit dem Beigeschmack einer Sensation, wie es bei anderen Stätten der Volksfrömmigkeit ebenfalls vorkommen kann. Die Gottesfreunde aus dem Mittelalter bilden eine Gemeinschaft der Heiligen, aus deren geistiger Ausstrahlung Klaus von Flüe nach und nach zu einem Menschen heranreift, der nicht nur gegenüber seinem allerliebsten Peter, sondern als *Bruder Klaus* in einer neuen Dimension von Brüderlichkeit für ungezählte andere Menschen zum Begleiter wird im Leben und im Sterben. Es lohnt sich, ein Mehreres über die Existenz der Gottesfreunde in den Ranft mitzunehmen.

»Hat man seine Heimat verlassen, ist die Hälfte des Dharma, der Lebensphilosophie, bereits verwirklicht«, lehrt das tibetische *Rhi Chö*, ein Lehrbuch spiritueller Unterweisung[39]. Aber ein Fremder werden, im Sinne der *xeniteia*[40] der Altväter, kann Klaus von Flüe, das hat er bei seinem Auszug und nach seiner unverhofften Heimkehr erfahren, auch in einer Klause wenige Schritte vom Haus seiner Familie entfernt. Hier vollzieht er rund tausend Wochen lang sein *einig wesen*. In Fragwürdigkeit eine Existenz in biblischem Ergebensein. »Dir und deinen Nachkommen«, lässt Gott im Buch Genesis verkünden, »gebe ich ganz Kanaan, das Land, in dem du als Fremder weilst, für immer zu eigen.« (Gen 17.8) Bleibe ein Unbekannter, und magst du den Menschen, die dich lieb haben, noch so vertraut vorkommen.

Die alte Glocke von St. Niklausen. Zeichnung von Robert Durrer, 1887.

Aus dem Leben der Gottesfreunde

Ikonen der Gottesfreundschaft

Maria Magdalena, die grosse Gotes liebheberynne …
Hans von Waltheym, Notiz aus der Pilgerfahrt nach St.-Maximin

Scheitern an der Welt gehört zum Christsein, aber nicht jede Pilgerfahrt missrät zum Fiasko. Wo zur Frömmigkeit noch Weltgewandtheit, gezielte Planung, angemessene Reisebegleitung und ein ausreichendes, ja überdurchschnittliches Mass an Bildung hinzukommen, offenbart sich eine Frühform des Tourismus, ein Weg zu Gott, zu sich selber und zu anderen Menschen, auf dem das christliche Europa sich vielleicht erstmals selber erfahren kann. Noch wichtiger sind die spirituellen Voraussetzungen: Pilgerschaft heisst, dass der Mensch Gewalt habe über seinen Mund, lehrt Altvater Thithoe[1], und Abbas Longinos fügt, vor blosser Weltflucht warnend, hinzu: Wenn du nicht vorher mit den Menschen zurechtgekommen bist, dann kannst du auch nicht in der Einsamkeit zurechtkommen[2]. Und also spricht Altvater Jakob, ein weiteres Beispiel der *xeniteia* anzeigend: Es ist wertvoller, Fremdling zu sein, als Fremde aufzunehmen[3].

Ein schönes Zeugnis für diese Art Pilgerschaft legt Hans von Waltheym (1422–1479) ab, Salzjunker, Brunnenmeister und mehrfacher Bürgermeister der Stadt Halle an der Saale. Er hält sich für gleich alt wie Klaus von Flüe, ist jedoch fünf Jahre jünger. Seine Frau heisst ebenfalls Dorothea. Er vermacht ihr in partnerschaftlicher Vorsorge Haus und Hof am alten Markt, »gegen Michele gelegen[4].« Dass er sie für eine Pilgerfahrt während länger als dreizehn Monaten zurücklässt, ist für den Verfasser eines in Wolfenbüttel aufbewahrten Pilgerjournals von immerhin 253 Blatt keinen Kommentar wert, in den Zeitverhältnissen offenbar selbstverständlich. In einer Radikalität, die gegenüber dem Ritter von der traurigen Gestalt, Don Quijote, nichts zu wünschen übrig lässt, spürt er dem Bild der Frau in seiner Seele nach, *aus königlichem Geschlecht, edel, reich und minniglich, trug ihr Gemüt hoch,* berichtet die Legende[5]. Sie gehört zu den Frauen, die Christus folgen, ihrem Heiland und Exorzisten, von dem sie sich nach Lukas 8 sieben Teufel austreiben lässt. Als erster ist ihr der Auferstandene am Grabe erschienen (Mark 19.9.). Bei Johannes 20.14.–18. verwechselt die sich Umwendende Jesus mit einem Gärtner.

Do sprach Ihesus zcu ir: Maria. Alszo kerte sie sich umme und sprach czu ime: raboni, das ist so vile gesprochen also meister. Do sprach Ihesus: noli me tangere (rühr mich nicht an), *wan sie wolde in an ruren und yme sine fusse kussen. Das wolde Ihesus nicht und wisete sie von yme mit zwen fingern und ire stirne obir den ougen rurende … Das selbe hoypt und fleisch, das unser herre Ihesus mit synen gotlichen fyngern rurte, … das ist noch frisch, beide, hüet und fleisch, unde vergehit noch verterbit nümmer mehr … An dem houbte sandte Marian Magdalenen sind grosse ougenlochere, dor bie wohl zcu merkene ist, dass sie grosse ougen und ougen eppfile gehabt hat etc.*[6]

Da sprach Jesus zu ihr: Maria! Da wandte sie sich ihm zu und sprach auf hebräisch zu ihm: Rabbuni!, das heisst Meister. Jesus sagte zu ihr: Rühr mich nicht an, denn sie wollte ihn festhalten und ihm die Füsse küssen. Das wollte Jesus nicht, und er wies sie von sich, indem er mit zwei Fingern ihre Stirn über den Augen berührte. (…) Dasselbe Haupt und das Fleisch, welches unser Herr mit seinen göttlichen Fingern berührte, ist noch frisch, beides, Haut und Fleisch, und es vergeht und verdirbt nimmermehr. (…) An dem Haupt der heiligen Maria Magdalena sind grosse Augenlöcher zu sehen, dabei ist schön zu bemerken, dass sie grosse Augen und Augäpfel gehabt hat usw.

Mit diesen Worten stellt Waltheym sein Idol vor. Die heilige Maria Magdalena, wie sie von der Heiligen Schrift und aus dem bezaubernden Anblick ihres Schädels präsentiert wird. Dieser ist, der Legende nach, beigesetzt im Heiligtum Saint-Maximin in der Provence. Ein bedeutendes Zeichen. Die erste Apostolin und Bischöfin der katholischen Kirche, wie Waltheym es eindrücklich zu bezeugen unternimmt. Grund genug, um mit Kunze, seinem Knecht, am 17. Februar 1474 aus seiner sächsischen Heimat aufzubrechen. Am 5. April trifft er über Ravensburg in Meersburg ein, von wo er sich mit der Fähre nach Konstanz überschiffen lässt. Dort übernachtet er bei Wirt Hans von Prage und dessen Gattin aus prominenter Familie in der Herberge zum Hecht. Ein Besuch in der Krypta des heiligen Konrad im Dom gehört ebenso dazu wie ein Abstecher auf die Reichenau mit ihrem wertvollen Domschatz. Beeindruckt zeigt er sich vom aufblühenden Wallfahrtsort Bernrain in Kreuzlingen. Dort hat ein frecher Schlingel Jesus Christus am Kruzifix blasphemisch die Nase geschneuzt. Der Bub bleibt zur Strafe so lange daran fixiert, bis die Konstanzer Geistlichkeit eine grosse Prozession dorthin gelobt. »Der böse Knabe nahm aber ein schlimmes Ende, denn er stahl und wurde bald danach erhängt.«[7]

Über Frauenfeld, Winterthur, Bülach, Baden, Aarau, Langenthal, Bern kommt er ins Üechtland nach Freiburg, »eine lustige Stadt, halb deutsch und halb welsch. Man muss auch den Rat daselbst jedes Halbjahr mit Deutschen und Welschen paritätisch wählen.« Die Herberge trägt den Namen *Zu dem Blauwen Thorme*[8]. In Villars bei Freiburg überquert Waltheym, wie die meisten Jakobspilger, über die steinerne Brücke bei Sainte-Apolline die Glâne in Richtung Romont, Lausanne und Genf, wo er im Goldenen Kreuz beim deutschen Wirt Oswald Strelmacher aus Schwabach übernachtet. Für die Weiterreise leiht er sich einen Dolmetscher. Die Fische im Genfersee sind seit einiger Zeit kirchlich gebannt. Eine dringende Massnahme. Ein Bruder des Bischofs von Lausanne ist nämlich beim Konsum eines Aales erstickt.

Eine wichtige Station in Savoyen ist Saint-Antoine im Val-d'Isère. Hier werden, als Kreuzzugsbeute, angebliche Reliquien des heiligen Einsiedlers Antonius aufbewahrt. Eine wahre Medizin, wenn man dem Brunnenmeister von Halle an der Saale glauben darf. Im hiesigen Spital werden Unzählige gepflegt. Sie leiden oftmals unter Sankt Antonius-Plage, offenen Schenkeln. Mit den Reliquien des Heiligen sei die Tochter eines byzantinischen Kaisers von Besessenheit kuriert worden. Dies wird man bald einmal als medizinischen Unfug abtun. Aber die therapeutischen Grundsätze des Altvaters und Freundes von Ureremit Paulus behalten Gültigkeit: »Die Altväter der Vorzeit begaben sich in die Wüste und machten nicht nur sich selber gesund, sondern wurden auch noch Ärzte für andere. Wenn aber von uns einer in die Wüste geht, dann will er andere früher heilen als sich selbst. Und unsere Schwäche kehrt zu uns zurück, und unsere letzten Dinge werden ärger als die ersten, und daher heisst es für uns: Arzt, heile dich zuerst selber!«[9]

Waltheym lässt sich vom Anschein der Armut des Wüstenvaters nicht seinen Eindruck rauben, dass dieser fürstlichen Geschlechtes sei, genau wie Magdalena. Von der Dirne, wie sie auch zur Überlieferung von Maria von Ägypten, der Zigeunerin, gehört, ist bei ihm nirgends die Rede. Vielmehr wird sie in den besten familiären Zusammenhang gestellt. Zur Busse, zu Fasten und Entblössung, besteht in diesem Fall erst recht Anlass.

Unvergesslich bleibt für den Pilger sein Einritt in Saint-Maximin, am Freitag, dem 22. April 1474, »als der Zeiger viere schlug nach dem Mittage.« Ein Predigerbruder aus Strassburg, Doktor der Theologie, führt ihn in das Heiligtum ein, ein Mann aus der Tradition von Tauler und Rulman Merswin, dem wohlhabenden Förderer der Gottesfreunde. Mögen alle diese Persönlichkeiten auch längst zu den Verblichenen gehören, die Substanz wirkt über den ganzen Herbst des Mittelalters nach.

Über dem Altar der Basilika von Saint-Maximin sei Maria Magdalena bei der Betrachtung des heiligen Sakraments von Engelhänden in die Lüfte erhoben worden, so wie es ihr jeweils auch beim Beten der Sieben Kanonischen Stunden widerfahren sei. Am besten gefällt es Waltheym und Kunze, seinem Knecht, auf der Empore gleich bei der Orgel. Von hier aus tun sie einen wunderbaren Blick auf das ausgestellte Haupt der Heiligen, das Waltheym »gar flissig beschouwete«. Daran sei zu sehen, »dass sie gar eyne weydeliche schone furstinne gewest ist.«[10] Und die grösste Sehenswürdigkeit: das unverweste Stück Haut am Kopf, die Stelle an ihrem Leib, die Jesus Christus berührt hat!

Ein Erlebnis des Ostertages, wie es ein Augenmensch wie Waltheym nie schöner hat erfahren können. Die Betrachtung geht wieder ins Biblische über, ein Beispiel dafür, dass Reliquienverehrung keineswegs Idolatrie bedeuten muss. Die Details bleiben trotzdem eine Hauptsache, so das vollständige Gebiss der Heiligen, das etwas abgenützt sei, darum machten die Zähne einen eher breiten als länglichen Eindruck. In einem Kristallgefäss unterhalb der kostbaren Reliquie werde braune Erde von unterhalb des Kreuzes Jesu Christi aufbewahrt, welche von seinem Blut benetzt worden sei. Noch erhebender ist für den Pilger das Erlebnis der Höhle der heiligen Magdalena hoch oben in La-Baume, 946 Meter über Meer. Engel hätten sie hierhergetragen, und während zweiunddreissig Jahren habe sie hier ihr Dasein ohne zu essen und zu trinken verbracht! »Ich fragte den grossen und obersten Prior zu Sankt Maximin, den Doktor der heiligen Schrift, woher sie ihre Kleider genommen habe.« Der Gottesgelehrte erklärt geduldig: Keine Kleider habe sie gebraucht, sondern Gott der Allmächtige habe ihre Haare so lang und dicht wachsen lassen, dass sie bis an den Boden reichten und ihre Blösse deshalb unsichtbar geblieben sei[11]. Die Nackte, die nicht isst, steht im Licht Gottes, den Augen der Männer für immer verborgen.

Das beeindruckt Hans von Waltheym. Anschliessend kauft er vierundvierzig seidene Gürtel, edelste Textilien, für die Frauen von Halle, damit sie gut niederkommen können, dazu »ettliche agnus dei«, auch ein Paternoster und silberne Medaillen mit dem Bildnis von Maria Magdalena. Diese Gegenstände lässt er mit dem Haupt der Heiligen in Berührung bringen[12]. Ein immerwährender Magnetismus, dessen Urkraft aus der Hand von Jesus Christus kommen soll. Leiblich realisierte Religion, Christus der Erlöser und der kosmische Christus im Weltall in einer einzigen heiligen göttlichen Person. Die Weibheiligkeit der Maria Magdalena bringt einen zusätzlichen Aspekt der Schönheit in die Vermittlung des Allerheiligsten. Spirituelle und sinnliche Erfahrungen sind bei Waltheym identisch. Er gehört zu den Gläubigen, die wie der Apostel Thomas sehen, fühlen, riechen müssen. Bei ihm steht, analog zu Klaus von Flüe, der Gesichtssinn im Vordergrund. Dies zeigt sich auch in seiner Wahrnehmung des Rheinfalls bei Schaffhausen, die im Gegensatz zu fast allen spätmittelalterlichen Zeugnissen nicht das Akustische, sondern, fast schon in Vorläuferschaft zu Goethe, das Optische betont.

Der weitere Gehalt dieser Pilgerschaft kommt auf der Rückreise mit den bedeutenden Stationen Saint-Maurice im Wallis, der Einsiedelei des heiligen Beatus am Thunersee, Solothurn und Einsiedeln zum Vorschein. Das mit Abstand denkwürdigste Ereignis aber bleibt der Kontakt mit »deme lebenden heyligen«, Bruder Klaus[13]. Die Begegnung mit der Idolgestalt Magdalena und diejenige mit dem geheimnisvollen Eremiten bilden eine untrennbare Einheit. Ohne die Bestätigung bei einem lebenden Menschen bliebe das Magdalena-Erlebnis ein Stück gespenstische Religiosität. Andererseits wären im Ranft die beiden Männer ohne die Vermittlung der heiligen Höhlenfrau einander nicht so nahe gekommen. Mit seinen Andenken an Maria Magdalena und seinem frischen Bericht wird Waltheym zu einem der wichtigsten Besucher, welche die Klause des Eremiten je aufsuchen, vielleicht sogar zum absolut bedeutendsten. Dabei ist die Geschichte von Maria Magdalena Klaus schon zuvor bekannt, hat er doch den Altar seiner Ranftkapelle zu Ehren dieser Heiligen weihen lassen. Schon 1432 ist in Alpnach der erste Magdalenenaltar Obwaldens geweiht worden[14], und unter den Heiligen der Pfarrkirche Kerns nimmt die Büsserin nach dem Kirchenpatron Gallus als Dorfheilige den zweiten Platz ein. Ausserdem gibt es in der Stiftskirche Einsiedeln schon früh eine bedeutende Magdalenenkapelle. Aber erst mit dem Eintreffen Waltheyms wird eine der Lücken, die sich aus dem gescheiterten Pilgeraufbruch von Bruder Klaus ohne Zweifel ergeben, geschlossen. Der Besucher der heiligen Magdalena in Südfrankreich berichtet alles Wichtige seiner Wallfahrt getreulich. Dies führt zu einer der grössten seelischen Erschütterungen im Leben des Eremiten, von denen wir Kenntnis bekommen.

Der Name *Bruder Clauss* gehört nicht zu dem, was der Mann aus

Sachsen nur zufällig bei seiner Durchreise durch die Schweiz vernommen hätte. Wenige Jahre nach dem Bezug der Ranft-Einsiedelei hat sich der Ruf des fastenden Eremiten schon europaweit verbreitet. Erstmals hat Waltheym am 8. September 1473, also über ein halbes Jahr vor seiner Abreise, von dem Mann gehört, *bruder Claüs genant, der hette in vile iaren weddir gessen noch getrunken.*[15] Übermittler dieser Botschaft ist ein Kaufmann, bei dem er für seinen Sohn Heinrich ein Saitenspiel kaufen will. Auf Bruder Klaus kommen sie, eher assoziativ, zu reden im Zusammenhang mit dem grössten Smaragd, der auf Erden existiere – dieser werde im Kloster Reichenau bei Konstanz aufbewahrt. Diese beiden Nachrichten, die vom Smaragd und die von Bruder Claus, hat Waldheim in sein *Memorial* aufgeschrieben, »in der Hoffnung, dass ich, falls ich jemals in dieses Land käme, danach fragen möchte (...)«

Den Smaragd sucht Waltheym schon auf dem Hinweg auf, Bruder Klaus erst nach zahlreichen anderen Stationen in der Schweiz auf dem Rückweg. Er ist neugierig und zugleich gehemmt, wohl weil es sich herumgesprochen hat, der Eremit sei auf Besuche nicht erpicht. Dazu kommt eine gewisse Angst vor der Wildheit des Alpengebiets. Schon der Brünigpass zwischen Berner Oberland und Obwalden scheint für ihn ein zu grosses Hindernis. Von den Beatushöhlen zieht er vorerst nach Bern, besucht dann, mit starker Bewegung und bedeutenden Aufzeichnungen, Solothurn, um von da über Langenthal, Sursee, Luzern und eine Bootsfahrt über den Vierwaldstättersee sich endlich Unterwalden zu nähern.

Im Rotzloch bei Stans geht er an Land, durchquert die kaum erschlossene Schlucht, gelangt von da ins Gebiet des Kernwaldes. Hier fällt ihm die Vogelwelt mit den schönen Falken auf. In der Nähe von Kerns weiden prächtige Hengste. Beim Gastwirt und nachmaligen Landvogt im Freiamt, Hans under der Fluo, kehrt er ein. Dieser, vielleicht nicht der beste Freund der Familie von Flüe, äussert sich zurückhaltend, über Bruder Ulrich, den Miteremiten, sogar ausgesprochen rufschädigend und ehrverletzend. Für seinen Gast aber tut er alles. Er stellt ihm umgehend einen grauen Hengst zur Verfügung, auf dem er bis Sankt Niklausen reiten könne. Wie in Saint-Maximin ist es Waltheym auch in Kerns und Sachseln vergönnt, dank geistlicher Führung das angestrebte Heiligtum besser kennenzulernen. »Es ist nicht leicht, zu ihm zu kommen«, warnt Wirt Hans under der Fluo, »denn er sieht nicht gerne jedermann zu sich kommen. Wir haben in diesem Dorf einen Leutpriester, unseren Pfarrer, der ist

Bruder Klausens Beichtvater, wenn Ihr den bewegen könntet, dass er mit Euch zu ihm ginge, der könnte Euch zu ihm bringen, dass Ihr ihn sehen und mit ihm reden könntet.«[16] Leutpriester Oswald Isner empfiehlt dem Pilger, sich zuvor noch bei der Gattin des Eremiten vorzustellen und dessen jüngsten Sohn zu begrüssen. Der Seelsorger will offenbar dem Eindruck entgegenwirken, Bruder Klaus hätte seine Familie verlassen. Tatsächlich lebt keiner der berühmten Einsiedler der Geschichte so nahe bei dieser und so stark mit ihr verbunden. Entsprechend geht es Frau und Kindern ausgezeichnet, und an diesem 26. Mai 1474 präsentiert sich auch Klaus selber geistig und physisch in bester Verfassung. Die für sein Lebensproblem getroffene Lösung erweist sich als optimal. Dass der Leutpriester und in wahrscheinlich bescheidenem Ausmass auch die Familie – Waltheym spricht in diesem Zusammenhang von einem Trinkgeld für den Buben – entschädigt werden, dürfte für das alltägliche Umfeld des Eremiten repräsentativ sein. Auf jeden Fall machen alle einen glücklicheren Eindruck als noch in den sechziger Jahren. Man hat den Vater und Grossvater jetzt gottlob unter Kontrolle. Für die Angehörigen sind die Vorteile seines Eremitenlebens mit Händen zu greifen.

Dem guten Beobachter Waltheym fallen Dorothe und der kleine Klaus im besten Sinne auf. »Ich gab ihr und dem Sohne die Hand und bot einen guten Morgen. Seine Frau ist *noch eyne suberlyche, jünge frawe under 40 jaren und had eyn suberlich angesichte und eyn glat vel.*[17] Also eine jugendliche anmutige Erscheinung mit schönem Angesicht und glatter Haut. Der Betrachter schätzt sie einige Jahre jünger, als sie sein kann. Im Vergleich zu einer zeitgenössischen Unterwaldner Landammann-Gattin, der ehevertraglich sogar die Obsorge über allfällige Bastarde ihres Mannes zugemutet wird[18], steht sie bei ihrem Mann in weit höherer Wertschätzung. Der bei Numagen problematisierte Verzicht auf die eheliche Beiwohnung ist ein Schicksal, das sie mit ungezählten Frauen teilt, die einen deutlich älteren Mann geheiratet haben. Auf seine geistige Präsenz muss sie, wie gerade das Zeugnis Waltheyms zeigt, nicht verzichten. Sie im Schatten ihres Mannes zu sehen, wäre insofern ein schiefer Vergleich, als sie oberhalb der Einsiedelei an der Sonne lebt. Ihr jüngster Sohn gleicht dem Vater so sehr, »als ob her ym were uss sinen ougen gesniten«, fällt Waltheym auf[19]. Ein schöner Knabe, der dann als Erwachsener für das Konterfei des Vaters Modell stehen muss[20]. Waltheyms Bedürfnis, ihm ein Geschenk zu geben, entspringt ebensowohl spontaner Sympathie wie dem gebotenen Brauch.

Die Erscheinung des Eremiten macht Hans von Waltheym Eindruck: »Bruder Klaus ist ein wohlgebauter Mann in meinem Alter, in seinen besten Tagen, annähernd fünfzig Jahre alt. Er hat braunes Haar, noch kein graues. Er hat auch ein wohlgebildetes, gut aussehendes Angesicht, etwas schmal, und ist ein schlanker Mann mit aufrechter Haltung, spricht die Volkssprache lieblich und wohlklingend. (...) Ehe ich zu Bruder Klaus kam, wurde mir gesagt, er habe keine natürliche Körperwärme, sondern seine Hände fühlten sich eiskalt an, und sein Angesicht wäre gelber und bleicher als das eines Toten, den man in ein Grab legt. Auch wäre er immer traurigen Mutes und nie fröhlich. Ich sage aber, dass ich keines dieser Merkmale an ihm fand. Denn erstens war er natürlich warm, seine Hände waren so warm, wie die eines anderen Menschen. Mein Knecht Kunze und ich haben ein jeder seine Hände zu vier oder fünf Malen berührt (...) Sein Angesicht war auch nicht gelb und bleich, sondern hatte eine richtige Leibfarbe, wie es die anderen lebenden, wohlbefindenden und gesunden Menschen auch haben. Er war auch nicht traurigen Mutes, sondern in seinem Umgang, Handel und Wandel fanden wir ihn leutselig, mitteilsam, behaglich, fröhlich und vor allen Dingen freundlich.«[21]

Von den depressiven Phasen, die auch im Ranft nicht verschwinden, ist an diesem Frühlingstag nichts zu spüren. Zur Messfeier, gemäss Formular eine Magdalenenmesse, kommen ausser Frau und Sohn noch andere Pilger, von Bruder Klaus »Volk« genannt. Er begrüsst sie aus dem Fenster der Zelle freundlich: »Gott gebe euch einen seligen guten Morgen, ihr lieben Freunde und ihr liebes Volk.« Die Pilger danken es ihm. Dann macht er das Glasfenster bei seiner Zelle wieder zu und steigt hernieder zu Waltheym und Kunze, seinem Knecht.

»Ich erzählte ihm, wie ich aus fernen Landen zu den Wallfahrtsstätten von Sankt Maria Magdalena, zu Sankt Anna, zu Sankt Antonius (...) gelangt und nun zu ihm gekommen sei. Als er das hörte, sprach er zu mir: *Ich habe meine Kapelle zu Ehren der heiligen Maria Magdalena weihen lassen.* Da erzählte ich ihm die ganze Geschichte der Maria Magdalena, wie sie hier in Marseille übers Meer kommend landete und wie sie in einer Höhle wohnte und da siebenmal des Tages (zu den Kanonischen Stunden) von den heiligen Engeln in die Luft gehoben wurde, auch wie sie verstorben und zu Sankt Maximin begraben sei und dort das Heiligtum nach ihr benannt wurde, und erzählte ihm davon, *so vyle, dass yme syne ougen vor weynen übergingen.* Danach sagte er uns viele liebliche, göttliche Lehre.«[22]

Zu tief ist er gerührt, als dass er mit Waltheym noch über seine Nahrungslosigkeit diskutieren möchte. »Gott weiss«, ist seine zweimalige Antwort auf eine zudringliche, eher unanständige Frage. Bald ist es Zeit, einander die Hand zu geben. »Als wir noch im Vorhof der Kapelle standen, kam Bruder Klaus aus seiner Klause auf uns zu und rief den Leutpriester, seinen Beichtvater, zu sich. Sie redeten leise miteinander. Ich weiss nicht was. Dann schieden wir von ihm.«[23] Der Weg führt nun nach Einsiedeln, wohin Bruder Klaus regelmässig Pilgerfahrten mache, ohne dass ihn unterwegs jemand zu Gesicht bekomme. Die Schweizer Reise endet mit den Stationen Zürich, in Waltheyms Bericht eine lustige katholische Stadt, einem längeren Kuraufenthalt in Baden, Säckingen, wo es ihm im Gasthaus zum Goldenen Knopf, im Gegensatz zu Joseph Viktor von Scheffel vierhundert Jahre später, nicht eben wohl ist. Da sei der Goldene Löwen beim Kaufhaus zu Basel eine viel bessere Herberge. Nach einem Abstecher ins Breisgau kehrt der Pilger nach Schaffhausen zurück, wo Gewerbefleiss und Kaufmannschaft ein um so grösseres Bedürfnis nach Gottesfreundschaft hervorrufen. Die Notizen über diese Stadt gehen jedoch, im Gegensatz zu denjenigen über Solothurn, kaum in die Tiefe. Aber für die Wahrnehmung des Rheinfalls bleibt Waltheym eine nicht unbedeutende, bis anhin nicht gesichtete Quelle. Das Tagebuch dieser Pilgerreise bleibt für Jahrhunderte unbekannt, fliesst im neunzehnten Jahrhundert erstmals in die Bruder Klaus-Biographie ein, wird 1872 von Gustav Freytag als bemerkenswertes Dokument deutscher Kulturgeschichte vorgestellt[24].

Es gibt kaum ein Thema biographischer Forschung, wofür dieser glaubwürdigste aller Berichte nicht zu Rate gezogen werden kann. Vor lauter Details hat man aber oft das Zentrum übersehen, die Spiritualität des Gottesfreundes im Licht der heiligen Maria Magdalena, *die grosse Gotes liebheberynne*, wie Waltheym sie im Geist der Zeit trefflich charakterisiert[25]. Wie er auf seiner Pilgerfahrt nach Südfrankreich gelangt, dort von einem Vertreter der Strassburger mystischen Schule der Heiligen gleichsam vorgestellt wird und anschliessend das Erfahrene bei einem lebenden Heiligen verifiziert, gehört zu den Sternstunden in der Geschichte der Gottesfreunde, jener mystischen Bewegung, die im Elsass, im süddeutschen Raum und in der

Schweiz im vierzehnten und fünfzehnten Jahrhundert ihre Blüte erreicht.

Dabei ist Maria Magdalena mit Patrozinien von der Ostschweiz (Bad Pfäfers) und Innerschweiz – mit Einsiedeln, der Magdalenenpfründe in Beromünster, dem Alpnacher Altar, später auch der Bettelrüti in Nidwalden – bis Avenches, Lausanne und Genf nicht das einzige Idol der Gottesfreundebewegung in der Schweiz[26]. Mit Bruder Klaus erstaunlich viel zu tun hat die vielverehrte und beliebte Gauheilige der Ostschweiz, die Eremitin und Inklusin *Idda von Toggenburg,* zu deren Wallfahrtszentrum das Kloster Fischingen wird. Wenn Bruder Klaus in seiner Spiritualität aus der Magdalenentradition zu begreifen ist, steht der Kult der heiligen Idda in einer zwar mittelbaren, aber ebenfalls naheliegenden Verbindung mit dem Gottesfreund Klaus von Flüe. Zwischen dem Besuch von Dekan Albrecht von Bonstetten im Ranft von Silvester 1478 und der nachweisbar ersten Niederschrift der Idda-Legende in der für die Nachwelt gültigen Fassung 1481 besteht ein Zusammenhang, der im sechzehnten Jahrhundert bei Petrus Canisius, dem Idda-Biographen und gegenreformatorischen Bruder Klaus-Verehrer, schon angedeutet wird[27]. Iddas Ehedrama und ihr heiliges Leben gehört, wie die Legende von Maria Magdalena und die romanhafte Geschichte vom Gottesfreund aus dem Oberland, zu den grossen Plakaten der Gottesfreundschaft. Die Wirkung, die von diesen Geschichten ausgeht, muss als historisch bezeichnet werden. Es handelt sich um Leitfiguren der menschlichen Seele, die ihre Kraft über Generationen nicht einbüssen.

Zu den denkwürdigen Tagen im Leben des Eremiten gehört der kalte Silvester 1478. Mitten im Winter erhält er prominenten Besuch, der vom Landammann, wahrscheinlich Heinrich Bürgler oder Hans under der Fluo, persönlich eingeführt wird[28]. Albrecht von Bonstetten, dreiunddreissigjährig, ist ein kleingewachsener Einsiedler Benediktinerpater aus adliger Familie, Sohn von Kaspar von Bonstetten, Herr zu Uster, Neffe des Abtes von Einsiedeln, Gerold von Hohensax. Die Angehörigen dieser Familie wiederum haben Verbindungen zu den Mötteli. Zum persönlichen Bekanntenkreis des Gastes gehören der Herzog von Mailand ebenso wie der Doge von Venedig, und die Notizen über seinen Besuch bei Bruder Klaus will er dem König von Frankreich widmen, Ludwig XI., dem vormaligen Heerführer der Armagnaken bei Sankt Jakob an der Birs[29].

Die Bildung des Ranftpilgers könnte nicht besser sein, »den gelehrtesten Schweizer seiner Zeit« bezeichnet ihn der Geschichtsschreiber Johannes von Müller[30]. Als einer der ersten Studenten an der Universität Basel hat er mit dem Humanistenpapst und Freund des Kusaners, Ennea Silvio Piccolomini, guten Kontakt gepflegt, an der Universität von Pavia seine Studien fortgesetzt, früh im humanistischen Stil zu schreiben begonnen, zum Beispiel eine rhetorische Abhandlung *Über den Abgang der Gerechtigkeit und der übrigen Tugenden*[31]. Gegenüber dem Geklirr der Waffen und dem Ruf übermütiger Roheit, wie er den Eidgenossen nachgeht, vertritt er, nicht ohne Geltungsdrang, die stillen Musen. Als Polyhistor setzt er zu einer der ersten Gesamtdarstellungen seiner Heimat an. Er würdigt als ihr Zentrum die Rigi, deren Namen er dilettantisch als Regina montium, Königin der Berge, deutet. Für die ältere Schweizer Polyhistorie von Bonstetten bis Renward Cysat (1545–1616) hat die Rigi ungefähr die Bedeutung, welche man später dem Rütli zuschreiben wird. Das Heiligtum Rigi Kaltbad steht für die Abgeschiedenheit von drei Bergmädchen, eidgenössischen Nymphen, deren Dasein in der Sage einen Protest gegen die Unzucht der Vögte und die hurerische Käuflichkeit symbolisiert[32]. Das Herz der Eidgenossenschaft, wie der Kernwald die Grenze zwischen dem Aargau (Küsnacht) und dem Zürichgau (Arth) markierend. Von der Rigi aus stellt er sich die Schweiz wie ein Panorama vor, mit dem Thurgau im Nordosten und Unterwalden im Südwesten[33].

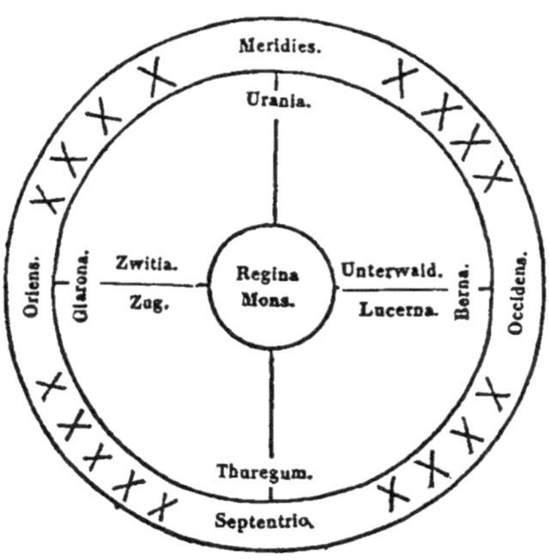

In diesem »allerältesten Buch über die Schweiz überhaupt« (Johannes von Müller) hält er mit Kritik an den groben Sitten der urschweizerischen Landbewohner nicht zurück. Als aristokratischer Einsiedler Mönch österreichfreundlich bis auf die Knochen, ziert ihn der Ehrentitel eines kaiserlichen Hofkaplans. Über die Innerschweiz gibt er zu Protokoll:

»Die Landbewohner sind schon bäuerischer (als die Städter), und zwar einige von der gröbsten Art. Gross und stark von Körper, wahre Söhne des Mars, in Ermangelung eigener Kriege auf fremden Sold erpicht; übermütig, ungezähmt und ungeputzt, rauh und schnell im Reden und Tun. Da ihr Boden keine anderen Früchte trägt, nähren sich die meisten von ihren Alpen und von der Viehzucht. Und wenn die städtischen Helvetier bessere Figur im Frieden machen, tun sich diese desto mehr im Feld hervor. Ihre Häupter heissen Ammänner.«[34] Man darf annehmen, dass diese Beschreibung auf das Bild der Schweiz abfärbt, wie es im *Principe* von Niccolo Machiavelli, erstmals gedruckt 1532, zu einer weltberühmten Darstellung kommen wird[35].

Ein solcher Mann also, Kenner der hiesigen Pappenheimer, will bei Bruder Klaus Silvester feiern. Dem heiligen Papst mit diesem Namen wird in den später aufgemalten Deckenbildern von Sankt Niklausen ein Denkbild gesetzt. Dass der Jahreswechsel fällig ist, scheint dem Humanisten bewusst. Den Kalenden des Januar wird in feierlichem Ton gehuldigt.

Im Vergleich zum Besuch Waltheyms ist es deutlich kühler, fühlen sich die Hände des Eremiten kalt an. Auch der soziale Abstand zum Adligen mit dem Pfalzgrafensiegel, dem hohen Geistlichen und Gebildeten, ist erkennbar grösser. »Von niederem Stand« sei Bruder Klaus, notiert der Besucher, was aus seiner Sicht richtig, aus Unterwaldner Perspektive jedoch nicht völlig korrekt ist. Jedenfalls fühlt sich der Eremit bei einem derart prominenten Besucher in Verlegenheit. Freundliches Grüssen ist aber selbstverständlich: *Gegrüsst seynt ir in gott allerliepsten vätter und brüeder,* sagt er, indem er *nach guter ordnung die hant tet bietten,* aber beinahe schroff: »Wozu seid ihr hergekommen an dieses Ende der Welt, den Schlund dieser Wildnis? Dass ihr mich armen Sünder anschauen wollt? Ich fürchte, ihr findet nichts bei mir, das solchen Leuten, wie ihr es seid, würdig wäre.« Bonstetten antwortet salbungsvoll mit frommen Sprüchen. Was hat der Gebildete, welcher den Kernwald mit einem Hain inmitten von Karthago vergleicht, dem frierenden Einsiedler in seinem grauen Rock über dem nackten Leib (D 87) schon zu sagen?

Ein Bruder fleht zum Altvater Theodor: Sag mir ein Wort, weil ich zugrunde gehe! Mit Mühe erwiderte dieser: Ich bin selber in Gefahr, was kann ich dir sagen?[36] – So viel zur altväterlichen Grundsituation des Einsiedlers in seiner winterlichen Klause. Es ist für den Humanisten, auch den gläubigen, leichter, ihn zu beschreiben, als ihn zu verstehen. Ein Kämpfer Jesu Christi sei er, rühmt Bonstetten. Ein hilfloses Kompliment, elender semantischer Schnee.

»Wollte Gott, es wäre wahr«, antwortet der Eremit verlegen, und freundlicher, in zutraulichem alemannischem Idiom: *Koment herab in di wermin.* (D 87) Die Einladung ist aussergewöhnlich. Nur die Winterkälte rechtfertigt das Hereinkommen Fremder in einen Innenraum, den vielleicht weder Waltheym, noch die liebste Gattin betreten haben. Ein Unort mit einer hochgebauten Zelle und einem Heizraum darunter. Aus dem Ofen mit den geometrisch gestalteten Kacheln bezieht der Eremit die Wärme, die er zum Leben braucht. Dass Bonstetten und einige wenige Begleiter hier heruntergelassen werden, ist ein einzigartiges Privileg. Auf das lästige Ausfragen, mit dem sich fremde Theologen im Ranft oft hervortun, verzichtet er. Dafür »warff ich hin und her (…) mine ougen, alle ding besehende und die person« (D 87):

»Das Gemach war lauwarm am Tag des Sankt Silvester, es hat zwei kleine Fensterlein und hat kein Nebengemach oder irgendein heimliches Schlafgemach, ausser dem, von dem wir gesprochen haben. Ich sah kein Hausgeschirr, keinen Tisch und kein Bett, auf dem der Diener Gottes hätte ruhen können. Er muss stehen oder sitzen oder auf der Diele am Boden liegen, wenn er dies tun will.« Es gibt also keine Möbel in der Zelle, auch nicht die Bank mit dem legendären Stein als Kopfkissen. Im Vergleich zum Besuch Waltheyms scheint der Eremit etwas gealtert: »Er ist gross gewachsen, ganz mager, braun und runzelig, hat ungekämmte Locken, schwarz gemischt mit grau, nicht allzu dicht. Der Bart hat die Länge eines Daumens. Er hat mittelgrosse Augen mit strahlendem Weiss, guterhaltene weisse Zähne und eine Nase, die dem Angesicht wohl ansteht. Er ist nicht redereich und Unbekannten gegenüber zurückhaltend. Ich schätze ihn auf ungefähr sechzig Jahre. Wenn man ihn berührt, fühlt sich seine Haut kalt an. Er trägt weder Hut noch Schuhe, nur einen grauen Rock auf blossem Leib.« (D 87) Die Farbe Grau entspricht stärker der Waldbrüder- und Beginentradition als die beiden in Luzern und in Sachseln erhaltenen braunen Eremitenröcke.

Weil Bruder Klaus sich so wortkarg zeigt, holt man sich weitere Informationen beim gesprächigeren Miteremiten Bruder Ulrich, einem Schwaben, auf der gegenüberliegenden Seite des Ranfttobels. Bruder Klaus schlafe »halb stehend«, rücklings an die Zellenwand gelehnt, sei in früheren Jahren auch als Eremit häufig vom Teufel niedergeschlagen und gepeinigt worden, so dass man ihn halbtot irgendwo liegend gefunden habe. Zur Sommerzeit ziehe er sich regelmässig in eine Höhle zurück, um da sein Gebet zu vollbringen. Seit vierzehn Jahren habe er nichts mehr gegessen, versichert Bruder Ulrich. Dazu Bonstetten etwas zurückhaltend: »So vil höupter, so vil synne.« Zwischen Bonstetten und Bruder Klaus hat der Standesunterschied, im Vergleich zu Waltheym auch der hochoffizielle Charakter des Besuches, Nähe verhindert. Eine Geschichte, die den Eremiten zu Tränen rühren könnte, wird mangels Gelegenheit nicht erzählt. Sie steht unausgesprochen trotzdem im Raum. Bonstetten, um die Zeit des Massakers von Greifensee in Uster geboren, gehört mit seinen humanistischen Interessen einer neuen Zeit an, die Klaus von Flüe fremd ist. Dem Gedanken einer Reform der Kirche nicht abgeneigt, erinnert er sich in Einsiedeln an den Eremiten Meginrad oder Meinrad, schreibt die Lebensgeschichte des auf dem Etzel ermordeten alpinen Altvaters neu auf[37]. Sein bedeutendster Beitrag aber zur Geschichte der Spiritualität in seiner Heimat bleibt die »endgültige« Fassung der Idda-Legende. Die darin enthaltene Geschichte von getrennter Ehe und Gottesfreundschaft begründet für Fischingen und die Ostschweiz den Kult einer heiligen Mutter, die als mutmassliche Gemahlin des Grafen Diethelm IV. von Toggenburg oder als »Conversa von Kirchberg«, also Inclusin aus dem sanktgallischen Kirchberg, wohl gelebt haben wird[38].

Diese Geschichte wäre hier nicht zu erwähnen, enthielte sie nicht, in romanhafter plakativer Verklärung, wesentliche Ingredienzen der Existenz von Bruder Klaus: Die Trennung einer Ehe, wenn auch unter ganz anderen Bedingungen, den Gang in die Wildnis, die Höhle, das Eremitendasein, darauf Einschliessung in unmittelbarer Nähe anderer Menschen, Essstörungen, Anfechtungen durch den Teufel und die Überwindung derselben. Und die wichtigste Szene überhaupt, das Lebenszentrum betreffend, hat mit einem Ofen zu tun! Obwohl Elemente dieser Geschichte mittelalterliche Überlieferungen sein müssen, gilt es als erwiesen, dass sie zur Hauptsache das Werk Bonstettens ist, geschrieben zwischen 1479 und 1481, also unter unmittelbarem Eindruck der für ihn bedeutendsten Begegnung in seinem Leben. Gewidmet wird die deutsche Version der kleinen Schrift den Nonnen von Magdenau, welche auch als Gönnerinnen der Magdalenen-Einsiedelei Ganterschwil im Toggenburg bekannt sind[39].

Wie Magdalena für Waltheym eine Fürstin, wird Idda für Bonstetten eine Gräfin, angeblich aus dem schwäbischen Geschlecht derer von Kirchberg. Verehelicht mit dem Grafen von Toggenburg, bei Bonstetten Heinrich genannt, verbringt sie glückliche Jahre auf der Feste Alt Toggenburg in der Nähe von Fischingen. Da legt sie eines Tages ihre Kleider und ihren Schmuck an die Sonne. Ihr Trauring aus arabischem Gold wird dabei von einem Rabenvogel entwendet, bald jedoch von einem Jäger aus dem Gefolge des Gemahls beim Nestplündern aufgefunden und an den eigenen Finger gesteckt. Das daraus folgende Eifersuchtsdrama ist bekannt, in Fischingens Klosterkirche plastisch dargestellt: Der jähzornige Ehemann lässt den Jäger zu Tode schleifen, seine Gattin wirft er eigenhändig aus der Burg vierhundert Ellenbogen tief in den dräuenden Abgrund. Kraft der Vorsehung überlebt Idda, zieht sich, Magdalena gleich, in eine Höhle zurück, wo sie sich mit Kräutern und Wurzeln ernährt, eine Diät, welche Bonstetten für die Anfangszeit von Bruder Klausens Eremitenleben ebenfalls vermutet.

Bedeutsam ist die Szene der Wiederauffindung mit dem Versöhnungsangebot des Gatten. Idda wäre nämlich kraft des Ehesakramentes verpflichtet, darauf einzutreten. In der Version von *Petrus Canisius* von 1596 erfährt diese heikle Problemlage eine ausführliche Erörterung[40], nicht unähnlich den Überlegungen von Peter Numagen über Klaus und Dorothe. Bonstetten beschränkt sich 1481 auf die Sätze:

Idda: *Ich kann nicht wieder zurückkommen; denn ich bin nicht mehr deine Frau.*

Graf von Toggenburg: *Ich will alles wieder gutmachen. Darum sollst du mich nicht als deinen Mann verschmähen.*

Idda: *Du hast mich von dir geworfen. Deshalb gehöre ich dir nicht mehr an. Habe ich doch einen Gemahl, von dem ich mich niemals trennen werde. Es ist unser Herr Jesus Christus. Darum bitte ich dich, errichte mir eine Wohnung, in der ich Gott dienen will, um nicht mehr in die Welt zurückzukommen, aus der ich geworfen bin.*[41]

Gemäss dem heiliggesprochenen Jesuiten Petrus Canisius, einem Meister katholischer Dogmatik, ist das Verhalten Iddas nur zulässig, sofern der Ehemann dazu seine äussere und innere Zustimmung geben kann. Diese wird vorausgesetzt, wenn auch damit das Unrecht des Fenstersturzes längst nicht abgetragen ist. Nach einem Einsiedlerleben in der Zelle von Au, in der Gesellschaft des legendären Hirsches, gemäss keltischer Tradition ein Seelenführer, verbringt Idda ihre letzten Jahre als eingemauerte Inklusin beim Klosterfriedhof Fischingen[42]. Jetzt, da weltliche Versuchungen nicht mehr in Frage kommen, wird sie reif für die grösste Anfechtung. Der Teufel hindert sie am Essen. Bonstetten: »Er lauerte ihr an der Herdstelle auf, verschüttete ihr Speise und Trank und erstickte ihr das Feuer.«[43] Damit ist der Höhepunkt der Krise erreicht. Mit dem Erlöschen des Herdes ist das Lebenszentrum negiert, auch das, was sie zur Frau macht. Es geht buchstäblich um Sein oder Nichtsein in jedem nur möglichen Sinn. Würde Idda jetzt resignieren, hätte der Teufel gesiegt. Die Entscheidung ihres Lebens müsste ihren Sinn verlieren. Es folgt die dramatische Szene, der »Falke« in einer denkwürdigen Schweizer Novelle des Spätmittelalters. Ausdrucksstark in Bonstettens deutscher Fassung für die Nonnen von Magdenau aus dem Jahre 1486: *Und uff ain mal, do ir der tüffel hatt daz für erlöschen, do ging sy an daz redvenster* (Redfenster, Guckloch der Inklusin) *und sprach zuo einem tottnen lichnam, der vor ain her von Toggenburg waz gesin: Stand uff und entzünd mir ain für!*[44]

Dem Herrn von Toggenburg, es kann kein anderer als ihr Gemahl sein, wird als Wiedergänger aufgetragen, den Ofen wieder anzuheizen. Ein Stück Auferstehung. Das Schicksal der Frau Idda geht in Erfüllung. Es kann ihr jetzt nichts mehr passieren bis an ihr seliges Ende. Und darum, betont Bonstetten, wird sie lohnenderweise angerufen bei der »mutter siechtag« (Hysterie) und bei Kopfweh[45]. Das Anfachen des Feuers wird in der Tradition der Alchemie den drei männlichen Werken beigezählt: Anzünden, Auflösen, Verduften[46].

Beigesetzt hat man die historische Idda beim Nikolaus-Altar in Fischingen, der dank Bonstettens Novelle, einer sich ereigneten, unerhörten Begebenheit (Goethe), bald zu den beliebtesten heiligen Stätten der Ostschweiz gehört. Ausser von Fallsüchtigen wird Fischingen vor allem von Fussleidenden gern aufgesucht. Das passt zu einer der meistbesuchten Stationen auf dem Jakobsweg Thurgau. Oberhalb des Nikolausaltares befindet sich eine schöne barocke Darstellung von Bruder Klaus, im Freien vor einem Kruzifix betend, hinter ihm der Pilatus in apokalyptischem Licht. Über Idda, Magdalena und Bruder Klaus schreibt Petrus Canisius 1596 in seiner seelsorgeorientierten Idda-Biographie: »Wer weiss, ob die Engel Gottes so wohl ihr (Idda) als der seligen Büsserin Marie Magdalene und anderen mehr etwas in der Wüste gedienet/ unnd sie mit leiblicher Speiss durch besondere Güte Gottes versehen und ergötzet haben? (...) Ja Bruder Clauss, ein Gottseliger Einsiedler in Underwalden hat sich biss auf die 20. Jahr ohn alle eusserliche Speiss enthalten können/ wie menniglich wol bewusst. Sant Idda ist gewisslich auch dem Befelch Christi nachgekommen/ in dem sie nicht sorg hette auff den morgen/ von wegen der Speiss/ Trancks oder Kleidungen/ dann sie warff alle ihre gedancken und sorg auf die unfehlbare Providenz und milte Güte Gottes/ so auch die Vögel speiset und die Blumen des Feldes zieret/ Matth. 6., Luc 12.«[47]

Magdalena, Idda, Bruder Klaus von Flüe bilden ein spirituelles Dreigestirn aus dem Herbst einer Epoche, zu deren bedeutenden Zeugen Waltheym und Bonstetten geworden sind. Dabei erscheinen die beiden Frauen als Anima-Gestalten, Leitbilder, über die der Eremit das Weibliche in der eigenen Seele kraft der Gnade Gottes zu realisieren weiss. Ikonen der Gottesfreundschaft. Bei den besonderen Beziehungen Obwaldens zum Thurgau, dem paradiesischen Most-Indien der Kämpfer wider den Nassen Zehnten, wird die Idda-Geschichte seines Besuchers Bonstetten dem Einsiedler im Ranft dann und wann zu Ohren gekommen sein. Das grossartigste Bild in seiner Seele bleibt Maria Magdalena, und damit ist seine geistige Orientierung in hohem Masse bibelnah. Was Magdalena, und zwar die in Südfrankreich, in Saint-Maximin und La-Sainte-Baume verehrte heilige Frau, für den Alpenraum bedeutet, ist kaum in die Geschichtsbücher eingegangen. Nach dem Verstummen des Uristiers bei Marignano, im Winter 1515/16, begibt sich Frankreichs König Franz der Erste, ein Liebhaber schöner Frauen, mit den Grossen der Krone nach Saint-Maximin, um der heiligen Maria Magdalena für den Sieg gegen Europas wildeste Infanteristen zu danken[48]. Die Veitstänze erschöpfen sich, aber von der Stirn, die der Heiland berührt hat, kommt der Segen für Freund und Feind, Mann und Frau, Heilige, Sünder und Sünderinnen.

Bonstetten lebt noch für einige Jahrzehnte als einer von nur ganz wenigen Mönchen im Kloster Einsiedeln in der Epoche eines dramatischen Niedergangs. Als fast einziger trägt er ein einstmals blühendes Geistesleben weiter. Dabei lässt sich zu der Zeit, da das Schicksal des Stiftes weitgehend in den Händen von Abt Konrad von Hohenrechberg und Dekan Bonstetten liegt, erstmals ein akademisch ausgebildeter Arzt in Einsiedeln nieder. Sein Name ist Wilhelm von Hohenheim, der Vater des Theophrastus, welcher 1493 oder 1494 hier auf die Welt kommt. Dieser Sohn Einsiedelns, der umstrittene Magus vom Etzel, wird ebenfalls Interesse für Bruder Klaus an den Tag legen[49].

Das letzte Lebenszeichen Bonstettens betrifft eine Stiftung von Messen in Kaltbrunn am Uznacherberg. Seit 1991 lädt dort, auf sonniger Anhöhe, ein blühendes Bruder Klaus-Heiligtum zum Besuch ein. Bauer Josef Schnyder hat 1968 seinem Vater am Totenbett versprochen, die Kapelle als Mahnmal des Dankes für die Verschonung der Schweiz im Zweiten Weltkrieg zu errichten. Dazu der *Einsiedler Anzeiger* im Bericht über die Einweihung: »Ein dauerndes Denkmal für wunderbare Hilfe in der Schreckensnacht vom 13./14. Mai 1940, als in der Gegend von Konstanz–Basel ein Millionen-Heer zum Einmarsch in die Schweiz bereit stand, die der Himmel durch die Fürsprache unseres Landesvaters Bruder Klaus uns gewährte, soll das kleine Heiligtum sein. Es ist ein Ort des Gebetes, geeignet zur stillen Einkehr, so eine rechte ›seelische Gruobi‹«[50]. Damit ist, in den Innerschweizer Dialekten, eine Ruhestätte gemeint.

Die Kapelle, in ihrem schlichten Stil dieser Berggegend und ihrer Bevölkerung entsprechend, ist aus den Materialien Holz, Stein und Eisen geschaffen. Einheimische Handwerker haben sie in Fronarbeit errichtet. Das verwendete Holz, berichtet der Kapellenführer, ein vervielfältigtes Blatt, »ist der Haltbarkeit wegen nach alter Bauernregel in der grössten Saftruhe im Vorwinter in der Nähe des Kapellenstandortes geschlagen und, wie das Bauland auch, vom Besitzer gratis zur Verfügung gestellt worden.« Die Glocke, welche morgens und abends die Menschen in der Runde zum Beten des Englischen Grusses aufmuntert, ist der Lieben Frau von Einsiedeln und Bruder Klaus geweiht. Das aufgegossene Bittgebet: »Heilige Maria und Bruder Klaus, erflehet uns Segen und Heil.« Die Kapelle ist jeweils am Donnerstagabend, wann der Rosenkranz gebetet wird, bis auf den letzten Platz von Gläubigen gefüllt.

Siegel des Eremiten Bruder Klaus von Flüe

Der Gottesfreund aus dem Oberland

Die wahren Geschichten, die man erzählt, sind falsch; für die falschen besteht wenigstens die Chance, dass sie wahr werden können.
Elias Canetti: Nachträge aus Hampstead

Im Jahr des Herrn 1347 gelangt in der freien Reichsstadt Strassburg ein Bankkaufmann zum Entschluss, sich von aller weltlich-lustigen Gesellschaft, der Kaufmannschaft und jeglichem Gewinn freizumachen, um gemäss den »Räten des Evangeliums« in glückseliger Freigebigkeit für die Sünden des reichen Mannes Busse zu tun. Zu diesem Schritt bewegt ihn der Einfluss des Predigers Johannes Tauler. Dieser hat schon Jahre zuvor in Basel, zur Zeit des Interdiktes, eine Erneuerungsbewegung ins Leben gerufen. Deren Anhänger sind bestrebt, mit Gott in Kontakt zu bleiben, selbst wenn die Kirche sie im Stich gelassen hat. Man nennt sie Gottesfreunde. Der Begriff kommt in Predigten Taulers und Seuses mehr als fünfzigmal vor[1]. »Weger ein Lebemeister als tausend Lesemeister«[2], verkündet Eckhart, und Tauler strebt, mit grösserer Verständlichkeit für die Laien, die Umsetzung dieser Maxime auf das praktische Leben an. In Strassburg hat sich mit Kaufmann Rulman Merswin ein dicker Fisch an Land ziehen lassen. Der Bankier erwirbt käuflich das Johanniterstift zum Grünen Wörth. Dieses wird zu seinen Lebzeiten und noch einige Generationen danach zum Zentrum der Gottesfreundebewegung. Die in der Mitte des neunzehnten Jahrhunderts aufgefundenen und zum grössten Teil auch edierten Urkundenbücher des einstigen Johanniterhauses lösen nach ihrem Erscheinen während Jahrzehnten Diskussionen um die Existenz eines geheimnisvollen Gottesfreundes im Oberland aus. Geschichtliche Wahrheit, Legende oder plumpe Fälschung? Bei näherem Hinsehen steht das Alter Ego des Stifters Rulman Merswin als glaubwürdige Version im Vordergrund. Schwer fassbare Autoren haben den Auftrag, die spirituelle Entwicklung einiger Gottesfreunde als eine Art Musterbuch mystischer Seelsorge darzustellen. Eine persönliche Autorschaft Merswins ist nicht ganz auszuschliessen. Die Geschichten um die Gottesfreunde sind im herkömmlichen Sinn weder Fälschungen noch Legenden, ganz sicher aber nicht Geschichtsschreibung im engeren Sinn. Bedeutsam werden sie unter zwei Gesichtspunkten. In ihnen wird die mystische Lehre Taulers und Seuses auf einzigartige Weise popularisiert, und was noch stärker ins Gewicht fällt: Ohne diese Musterbücher wüssten wir um das Innenleben der männlichen Vertreter der spätmittelalterlichen Weltfluchtbewegung fast nichts. So aber liegen einige Modelle vor, mit Hinweis-Charakter auf die Motive, welche wir uns für die innere Geschichte dieser Bewegung vorstellen dürfen[3].

Alois Lütolf hat in einem denkwürdigen Vortrag vor der Allgemeinen Geschichtsforschenden Gesellschaft der Schweiz in Luzern am 14. September 1876 den Nachweis erbringen wollen, die Kolonie der Gottesfreunde habe sich, gemäss dem Strassburger Buch *Von den fünf Männern,* auf der *Brüderenalp* im Entlebuch befunden[4]. Dies trifft, trotz einiger Übereinstimmungen, so nicht zu. Aber ohne dieses Schrifttum, welches auch für die Entwicklung des Eremiten Klaus von Flüe Hintergründe aufzeigt, hätten wir über die Einsiedeleien Witenbach[5] und Brüderenalp und andere in dieser Zeit fast nur juristischen Urkundenschutt ohne Anhaltspunkte für einen geistigen Hintergrund. Im Einzelfall mag die Lage auf diesen Einsiedeleien weniger dramatisch ausgesehen haben als das, was in Strassburg zur Aufzeichnung kommt. Im Vergleich zu den Lebensgeschichten der Schwestern von Töss, Unterlinden in Colmar, Adelhausen, Sankt Gallen, Sankt Katharinental und Ötenbach (Zürich), welche historisch belegbare Persönlichkeiten betreffen, machen die Strassburger Männerviten jedenfalls keinen unrealistischen Eindruck[6]. Eine Sammlung von Muster-Lebensgeschichten oberdeutscher Eremiten und solcher Männer, die es gerne werden möchten. Dabei stehen jedoch die Ehefrauen mit ihrem Veto dem Eremitenglück nicht selten im Wege.

Der »Gottesfreund aus dem Oberland«, ein geistmächtiger alpiner Lama, mag eine Stilisierung sein. Der Massstab zur Gestaltung des Lebens, wie er ihn verkörpert, gehört zu den spirituellen Realitäten der Epoche. Ob Tauler diese Art der Darstellung unterstützt hat, analog zu Seuse, dem Förderer seiner eigenen, zum Teil legendenartigen Vita? Das *Meisterbuch,* lange mit einer Biographie Taulers verwechselt, enthält einige repräsentative Züge von dessen Vorstellung über Gottesfreundschaft[7].

Als Textsorte steht, in vergleichsweise modernerem Sinn als bei Bonstettens Idda-Vita, die literarische Gattung der Novelle im Vordergrund: »Eine sich ereignete unerhörte Begebenheit«, wie Goethe die Erzählgattung charakterisieren wird. Eben Geschichten, wie sie sich im wirklichen Leben abgespielt haben können. Ein namentlich nicht genannter Gottesfreund, dessen Frau ihn hartnäckig nicht freigeben will, wirkt in seinem Schicksal »lebensnäher« als einiges, was etwa in idealistisch geschönten Darstellungen der Ehe von Klaus und Dorothe aufscheint. Dazu kommen Visionsberichte, die mit denjenigen der mystisch inspirierten Nonnen und bei Klaus von Flüe auffällige Gemeinsamkeiten haben. Man muss sich fragen, wie weit einige der Visions-Sequenzen bei Bruder Klaus durch die Schreiber, wohl nicht mit Protokollführern zu verwechseln, im Sinn dieser Gottesfreunde-Tradition literarische Gestaltung erfahren. Eine gewisse Zurückhaltung im Urteil erscheint angezeigt. Nicht als Ikonen, sondern als Plakate der Gottesfreundschaft sind die in Verfasserschaft und Personenbeschreibung anonymen Strassburger Geschichten eine kulturhistorische Quelle von Rang. Ausserdem zählt die Gemeinschaft auf dem »Grünen Wörth«, ursprünglich aus Laien bestehend, zu den meistvermuteten Zielen des Pilgers Klaus von Flüe. Aus diesem Umfeld kommen nicht wenige seiner Besucher, zum Beispiel Geiler von Kaisersberg und Felix Fabri aus Basel. Auch Miteremit Bruder Ulrich, fleissiger Leser der Altväterbücher, wird im weiteren Sinn diesem Milieu zuzuweisen sein. Tauler selbst hat in seinen Gottesfreunde-Predigten die Losung zum grossen Aufbruch gegeben:

»Die Menschen sollen bis zu hundert Meilen weit einen erfahrenen Gottesfreund suchen, der den rechten Weg kennte und sie zu leiten vermöchte.«[8] Ein Gottesfreund ist ein Mensch, der sich seiner eigenen Fehler bewusst ist und den Unterschied zwischen denen, welche die Schrift nur lesen und denen, die sie auch leben, aufheben möchte. Als angemessenes Alter für den Aufbruch wird die Phase zwischen dem vierzigsten und fünfzigsten Lebensjahr angesehen[9]. Für die gänzliche Verwandlung bedarf es eines Prozesses, der noch um die zehn Jahre in Anspruch nimmt: »Noch braucht es weitere zehn Jahre dazu, so dass der Mensch gegen fünfzig Jahre alt ist, eh ihm der Heilige Geist in der höchsten (...) Weise zuteil wird, (...), der ihn in diesen zehn Jahren alle Wahrheit lehrt. Wenn ein solcher Mensch zu einem göttlichen Leben gelangt ist und die Natur überwunden hat, wird (...) er während der zehn Jahre (...) ein Hineinversinken in das lautere, gottförmige, einfaltige inwendige Gut erfahren.«[10]

Auffällig ist, wie bei Tauler und zu Lebzeiten des Ranfteremiten bei Nikolaus von Kues dem Laien eine hervorragende Rolle zugetraut wird. Taulers »Musterlaien« betätigen sich als Drescher und Ackerbauern: »Ein guter Mann war dabei, sein Korn zu dreschen, und während dem wurde er entrückt. Und ein Engel musste den Flegel halten, sonst hätte er sich selbst geschlagen.« Der Ackermann »fragte einst unseren Herrn, (...) ob er seine Tätigkeit aufgeben und sich in die Kirche setzen solle. Zur Antwort erhält er den Bescheid, er solle dies nicht tun, er solle sein Brot weiterhin in seinem Schweiss verdienen, dem edlen, kostbaren Blut Christi zu Ehren.«[11] Typischer Ausdruck für Taulers schon »protestantisch« anmutendes Arbeitsethos[12]. Handarbeit und Verdienen des eigenen Lebensunterhaltes lässt sich indes schon bei den Altvätern und in der Armutsbewegung des zwölften Jahrhunderts, auch in der Beginentradition, nachweisen.

Bei Nikolaus von Kues, *Der Laie über den Geist*, steigt ein berühmter Redner in Rom zu einem Laien in den Keller. Ein Löffelschnitzer wird zum Urtyp des Lebemeisters: »Ich befasse mich gern mit derartigen Beschäftigungen«, sagt beim Schnitzen stolz der Laie, »die in gleicher Weise unablässig Geist und Körper bereichern. Ich glaube aber, wenn der Mann, den du mitbringst, ein Philosoph ist, dann wird er mich nicht verachten, weil ich auf die Kunst des Löffelschnitzens Mühe verwende (...) In dieser meiner Kunst suche ich im Bild das auf, was ich im Sinne habe, erfreue meinen Geist, drechsle meine Löffel und schaffe meinem Körper Erholung. So erreiche ich in genügender Weise alles, dessen ich bedarf.«[13]

Es hiesse, die Radikalität der Gottesfreundebewegung unterschätzen, würde man Merswin und Genossen eben diesen Weg zu Gott zuschreiben. Die bürgerlichen Gottesfreunde, zumindest der Kreis um Merswin, begnügen sich nicht damit, den Sinn des Lebens in beschaulicher Arbeit, unterbrochen durch Betrachtung und Gebet, zu realisieren. Merswin übergibt seine Bankgeschäfte seinem Bruder Johannes, so wie hundert Jahre nach ihm, in Liestal, Klaus sich keineswegs an den analogen Rat Taulers gegenüber dem frommen Bauern halten will. In dem Augenblick, da die Mystik zur Volksbewegung wird, bleibt einem intellektuell überlegenen und massvollen Geist wie dem berühmten Prediger die Erfahrung nicht erspart, dass die Anhängerschaft aus einem differenzierten Lehrgebäude schnell einmal eine Ideologie macht. Es geht um Leitbilder, welche in einem fundamentalistischen Sinn befolgt werden können. Dabei nähern sich die Strassburger Bücher vom Grünen Wörth, bei aller Liebe zum reizvollen Detail, der Vulgärmystik. Das macht sie als historische Dokumente jedoch nur umso interessanter.

Im Sinne von Tauler und den späteren Dialogen des Kusaners hat das *Meisterbuch* vom Grünen Wörth die Hochschätzung, um nicht zu sagen Höherbewertung, des Laien gegenüber dem Priester gemeinsam. Der Prediger steht im Verdacht, nur ein Lesemeister zu sein. Diese Rangordnung ist allerdings eher spirituell als gesellschaftlich zu verstehen, auch wenn so hervorragende Laien wie Franz von Assisi und Katharina von Siena Muster abgeben, die in ihrem historischen Gewicht nicht zu unterschätzen sind. Ausdrücklich hält der Meister fest, auch Menschen »one die geschrift«, gemeint Ungelehrte, seien zur Erleuchtung auserwählt[14].

Beispiel dafür ist ein Laie, ein »gnadenreicher Mann«, der »im Schlaf« ermahnt wird, in die Stadt zu gehen, wo ein grosser Meister Predigten halte. Er spürt beim Anhören der Predigt, dass der Meister wohl ein bedeutender Schriftgelehrter, im Inneren aber »finster« sei. Er erwählt ihn sich zum Beichtvater. Dabei kommt es, wohl unbeabsichtigt, zum Rollentausch. Der Laie wird zum Erwecker und Mahner des Meisters. »Es töte ihn noch der Buchstabe der Schrift«, wird dem Gelehrten nun klar. Der Sinn höherer Studien liegt in der Erkenntnis, noch einmal ganz von vorn beginnen zu müssen, damit die Buchstaben endlich Leben erhalten. Es spricht der Gottesfreund aus dem Oberland zu dem Meister der heiligen Schrift: »Herr und Meister, da ich Euch nun, ausser Gott, einen Rat geben soll, so will ich Euch anfangen zu lehren, wie man ein Kind lehret. Anfangen sollt Ihr ein reines gutes göttliches Leben!« Es folgt das ABC des Meisterbuches[15]. Eine Sammlung eher trivialer Merksätze, etwa »Böses sollt ihr meiden und Gutes dafür tun« und dergleichen. Wichtiger erscheint, wie der Prediger durch die Begegnung mit dem Gottesfreund sich vom formalen Gelehrten zum spirituell Bekehrten wandeln lässt. Dabei erfährt der Meister eigentlich nichts Neues. Die »Bekehrung« besteht im Grunde aus der Demut dem Laien gegenüber in Verbindung mit einer Haltung des Hörens auf die Göttliche Botschaft. Es steht einem Prediger wohl an, in jenen Menschen Vorbilder zu sehen, die seine Predigt zu leben vermögen. Sie sind frei von der inneren Finsternis, die dem gelehrten Priester selten erspart bleibt.

Wer ist dieser geheimnisvolle Gottesfreund aus dem Oberland? Am wahrscheinlichsten ein spirituelles Idol, mit dem Rulman Merswin bewusst in seinem Freundeskreis die Seelsorge vorantreiben will. Im Vordergrund steht die Zurücknahme der eigenen Person, zugunsten einer wortgewaltigen und doch demütigen Autorität. Eine Art Sokrates der Gottesfreunde. Über den Werdegang des

Fremden, den im Grünen Wörth nie jemand gesehen haben will, berichtet das um 1352 verfasste *Buch von den zwei mannen:*

Als Zwanzigjähriger, berichtet der Gottesfreund, sei ihm die Welt überaus lieb gewesen, ausser dass er grosse Furcht vor Todsünden empfunden hätte. In die Version von 1358 ist eine reizvolle Liebesgeschichte integriert: Er habe sein Herz bei einer schönen Jungfrau, *Margrede*, verloren. Die bevorstehende Bindung ruft grosse Zweifel in ihm hervor. Anstelle der Furcht vor Todsünden tritt die Gottesfurcht und die liebende Betrachtung der Passion Christi. Er habe sich heimlich ein Kruzifix gekauft, erzählt er, und Nacht für Nacht davor gebetet. Gott möge ihm zu erkennen geben, zu was er berufen sei, es wäre Pfaffe oder Laie, oder was auch immer, gern wolle er gehorsam sein. Dies betet er mitten in seinen Vorbereitungen auf die Hochzeit. Mit sechstausend Gulden soll er den Standesunterschied zu einer armen, aber adeligen Braut kompensieren. Der Hochzeitstag ist schon festgesetzt. Da kniet er nächtlicherweile vor seinem Kruzifix, und wie er das Kreuz sich ansieht, »das hultzin martelbilde«, neigt es sich ihm entgegen, eine süsse, sanfte Stimme spricht: Steh auf und lass die Welt, nimm dein Kreuz auf dich und folge mir nach![16]

Diese Rede verändert seine Haltung. Es folgt der Entschluss, seiner Verlobten, allen Kreaturen und der ganzen Welt »Urlaub zu geben«. Darüber aber »erschrak die Natur sogleich«, so dass er unter heftigem Nasenbluten und Bluten aus dem Mund zu leiden beginnt. Der Gottesfreund lässt sich dadurch nicht von seinem Weg abbringen, im Gegenteil: *Wenn es mag nüt anders sin, es muos also sin, soltest du derumb den bitteren tod liden.* Es muss so sein, und wenn es den Tod kostet! Unmittelbarer Lohn der Bekehrung ist ein visionäres Licht-Erlebnis. Doch die Dämonen lassen nicht locker. Als grösste Sünde in seinem Leben betrachtet er den schändlichen Vorsatz, dass er einem armen Mann um viel Geld seine Tochter habe abkaufen wollen. Deswegen hat er über Jahre an vielen Teufelsanfechtungen zu leiden. Da fragt ein anderer Gottesfreund den vom Oberland: Sage mir, wie bist du zu der göttlichen Liebe gekommen?

Das verdanke ich, versetzt er, der lieben Minnerin Sancta Maria Magdalena, die nahm ich zu meiner Verlobten, als ich sechsundzwanzig Jahre alt war. Da erlangte ich Reu und Leid über alle meine Sünden, am meisten die Unkeuschheit, dass ich eine Frau kaufen wollte. Also rief ich mit grösstem Ernst jeweils Maria Magdalena an, dass sie bei Gott für mich bete und mir helfe, dass ich wieder zur Freude gelange, dass mir die Welt leid würde und die Liebe Gottes mein Grösstes. Darum gab ich der Welt Urlaub und wandte mich mit grosser Aufrichtigkeit der lieben Maria Magdalena zu. Zwei Jahre richtete ich dieses Gebet an Magdalena. Im dritten Jahre geschah es eines Nachts in der Mette, als ich da sass und weder schlief noch wach war, dass ich meine Kammer von klarem schönen Licht erfüllt sah, eine schöne Frau im Licht. Es war die heilige Magdalena. In der dritten Nacht versprach sie mir, den allerobersten Minner selber zu bringen. Das ist der Herr Jesus Christus.[17]

Wie für Kierkegaard (1813–1855) ist für den Gottesfreund aus dem Oberland, wohl Rulman Merswin, die Auflösung der Verlobung, verbunden mit tiefen Zweifeln an der bürgerlichen Gesellschaft, den Prinzipien Käuflichkeit und Eigennutz, ein Fluchtpunkt zur religiösen Wandlung. Der also Veränderte macht mit Taulers Hilfe Strassburg zu einem attraktiven Zentrum der oberdeutschen Laienmystik[18]. Die Ausstrahlung währt mehr als hundert Jahre. Sie ist noch in der Zeit von Klaus von Flüe spürbar, wie Waltheyms Tagebuch zeigt.

Man hat die Geschichte von den fünf Männern aufgrund der Topographie immer wieder mit der Schweiz in Verbindung bringen wollen. In einer Bergwildnis lebten sie, schreibt der Gottesfreund seinem lieben Gesellen Rulman, um ein *vil kleines kapellelin in einen stein gehouwen*, daneben ein *kleines huselin.*[19] Am Fuss des Berges fliesse ein munterer Fluss, zwei Meilen, das sind gegen zwanzig Kilometer, sei die nächste Stadt entfernt, an einem See gelegen. Luzern? Das Land gehöre dem Herzog von Österreich, was vor der Schlacht bei Sempach zum Beispiel für das Entlebuch zutrifft. Das wird nie sicher zu klären sein, aber eine schönere Veranschaulichung dieser Szene als die Brüderenalp am Ende der Pilatuskette gibt es europaweit kaum. Ein filmreifer Schauplatz. Hier hätten, behauptet Lütolf 1876, zur Zeit des Gottesfreundes um die sechs Einsiedler mit einem Kaplan gelebt, ein Konrad ist mit dem Koch der fünf Männer namengleich[20]. Wichtiger erscheint, dass zu diesen sagenhaften Eremitenschicksalen im Alpenraum historische Parallelen auszumachen sind. An der Existenz alpiner Gottesfreunde ist in dem Sinn nicht zu zweifeln. Kommt dazu, dass der Taulerfreund und nachmalige Provinzialprior der Dominikaner, Bartholomäus von Bolsenheim, »ein grosser Meister und seliger Mensch«, einen seiner Neffen nach Engelberg schickt. Dieser ist dann als Leutpriester in Stans und als Prior in Luzern tätig. Die Beziehungen zwischen Luzern, das von Murbach aus gegründet worden ist, und dem Elsass sind nie abgebrochen. Der Eindruck, einige der Gottesfreunde, von denen berichtet wird, hätten Ähnlichkeit mit historischen Personen, drängt sich auf. Ungleich verhalte sich Gott in der Führung seiner Freunde, schreibt der grosse Gottesfreund aus der Bergwildnis. Der eine habe zu viel vom Luftigen an sich, sei darum lustig, der andere zu viel Erde, das bringe die Neigung zur Melancholie. Humoralpathologische Gemeinplätze, wie man sie auch im *Schüpfheimer Kodex* auf fast jeder Seite finden kann[21].

Recht bewegend sind die Lebensgeschichten der vier Kollegen. Auf Form und Sprache habe der Verfasser nicht viel Mühe verwenden können, »war ich doch genötigt, alle diese Dinge in fünf Tagen zu schreiben, denn ich musste Ruprecht (den Diener) hinweg senden.«[22] Vom Schicksal des ersten Bruders, eines kränklichen Kartäusers, erfahren wir wenig Konkretes. Seine Existenz ist eine Art Plakat der Leidensbetrachtung. Über sieben Stufen sei sein Weg gegangen, von der Fusswaschung über Geisselung, Dornenkrönung, Kreuztragung, mystischen Tod bis zur Grablegung und Auferstehung. Gesundheitlich ist er nicht in guter Verfassung, er leidet unter starken Kopfschmerzen. Er empfinde einen starken Märtyrersinn nach dem Vorbild des heiligen Laurentius. Sanftmütig und fröhlich sei er, aber in seinen Seelenstimmungen gerate er oft in Widerspruch zu den anderen Brüdern. Diese würden jedoch die Hintergründe seiner Freude und seiner Trauer kennen, hätten Verständnis für sein seltsames Gebaren. »Die Kartäuser sind zwar gute heilige Leute«, lobt der Gottesfreund, will sich aber nicht dafür verbürgen, dass dieser Bruder in einem Jahr noch bei ihnen sei. Seinen Augen entströmten oft Tränen. Nicht aus Trauer oder Schmerz, sondern aus der überwältigenden Fülle von dem, was sich ihm offenbare.

Der zweite der Bergbrüder hat sich im Alter von vierundzwanzig Jahren von Verwandten und Freunden zur Heirat überreden lassen. Eine Jungfrau habe er geheiratet, die ihm lieb gewesen sei. Vier Jahre lang sei die Ehe gut gegangen, dann aber fällt der Mann in tiefe Traurigkeit über die Vergänglichkeit und Untreue auf dieser Welt. Sein Weib habe sich über seine Schwermut beklagt. Da sei er noch trauriger geworden. Sein tiefster Wunsch, Eremit zu werden, geht dabei lange Zeit nicht in Erfüllung. Da sucht er in seiner Verzweiflung Zuflucht bei Gott, erhält die Mahnung, seinem Eigenwillen Einhalt zu tun. Dies deutet er als Zeichen des Heiligen Geistes: »Du sollst das Gelübde, das du der heiligen Ehe getan hast, nach christlicher Ordnung stetig halten.« Er nimmt sich den heiligen Oswald als Vorbild zu Hilfe, der ein göttliches Leben innerhalb der Ehe geführt hat. Auch die heilige Elisabeth von Thüringen fällt ihm ein. Seiner Gattin kommt er mit dem Vorschlag, sie könnten beide nach dem Vorbild von Oswald und Elisabeth ein heiliges Ehepaar werden. Eine Josefsehe führen und die Abgeschiedenheit von der Welt gemeinschaftlich praktizieren. »Tun wir dies«, verspricht er seiner Frau, »werden wir beide König und Königin sein in den ewigen Reichen.« Die Angetraute hält diese Vorschläge für Spinnereien, »wurde zornig und schalt ihn sehr und versuchte ihn mit vielerlei Mitteln, durch die sie ihn seelisch marterte, von seinem Entschluss abzubringen. Er aber bat sie, dass sie ihn gehen lasse, sie solle die Kinder und allen Besitz für sich behalten, er wolle sehen, dass er Priester werde. Aber die Frau war ihm so gram geworden, dass sie ihm diesen Dienst nicht erweisen wollte. Sie verlangte, er müsse bei ihr bleiben, bis es ihr gelungen sei, den Teufel, von dem er besessen, auszutreiben.«

In seiner Verzweiflung fragt er seinen Jugendgefährten, den Gottesfreund, um Rat. Aushalten, die Entscheidung Gott überlassen, lautet die Empfehlung. In seiner Umgebung beginnt man, den Frommen zu verachten, »dass man ihn anspie, wenn er über die Strasse ging und Verwünschungen hinter ihm herrief«. Anstelle der Selbstgeisselung der Eremiten, rät ihm der Gottesfreund, solle er ertragen, was die eigene Frau, die Verwandten, das Volk der Stadt ihm antun. In dem Sinn sei er, durch die Ehe genügend gestraft, von der täglichen Flagellation dispensiert. Dies die Sicht des Gottesfreundes aus dem Oberland. Nach abermals sechs Jahren ist die Leidenszeit vorbei, beruft Gott die Gattin ab ins ewige Reich. Vor ihrem Tod erklärt sie den Verwandten: »Ihr sollt alle wissen, dass ich ihm Unrecht getan habe.« Der solcherart durch das Fegefeuer der Ehe gepeinigte Gottesfreund aber verteilt nach dem frühen Tod auch der Kinder all sein Gut unter die Armen. Dafür wird er »in all seinem Wandel und all seinen Werken der allersüsseste, sanftmütigste, demütigste Mensch.«[23] Ein Mustereremit.

Bei den Geschichten der übrigen Brüder können wir uns kurz fassen. Der dritte, ein Priester, fällt durch einen für seinen Stand fast untypischen Mangel an Habgier auf. »Sehet da mein irdisches Gut, ich will um Unserer Lieben Frau willen keines mehr besitzen.«[24] Der vierte, ein bekehrter Jude namens Abraham, später Bruder Johannes genannt, wird bei der Betrachtung des Leibes Christi durch ein Guckloch von der Gnade überwältigt. Die Darstellung des Juden, eines gütigen Menschen, der seinem Freund, einem christlichen Schuhmacher, zinslos geliehen und sogar das Darlehen erlassen hat, hält sich im Rückblick auf die israelitische Phase des Bekehrten, in bemerkenswerter Weise frei vom traditionellen christlichen Antisemitismus. Koch Konrad, der letzte der Gottesfreunde, gerät mitten in der Küchenarbeit in Ekstase. Gibt das eine Aufregung! Glücklicherweise ist Knecht Ruprecht, ein handfester Helfer, auch noch da. »Alle unsere Brüder«, schreibt der Gottesfreund, »haben in sich aus göttlicher Minne nur eine Liebe, und es sind ihre Herzen in dieser Minne zusammen und ineinandergeflossen, recht als ob sie ein Herz wären und miteinander ein einzig Herz besässen.«[25] Über das Fünfmannenbuch schreibt der anthroposophische Forscher Wilhelm Rath: »Eine neue Zeit zieht herauf, die auch neuen Inhalt bringt. (...) Nicht mehr das gemeinsame Blut, nicht ein zeitliches gemeinsames Interesse bildet den Zusammenhang der Menschen, sondern der Geist, den in freier, höherer Erkenntnis in das Seeleninnere aufnimmt die menschliche Individualität.«[26] Tauler, Merswin, Bruder Klaus würden mit einer Deutung in Richtung eines modernen Individualismus wohl missverstanden. Aber sie bringen in einer neuen Zeit alte christliche Substanz zum Leuchten.

Das Zeitgefühl in den Gottesfreunde-Novellen mutet apokalyptisch an. Von »grosser angst und not und erschöckenlicher gruwelicher künftiger rache«[27] ist die Rede. Darum hätten sie, um Gott um Erbarmen für die Christenheit zu bitten, sich am Tag der heiligen Gertrud 1379, also am 17. März, in einem hohen wilden Gebirge zu einem neuntägigen Beten versammelt. Davon schreibt der Gottesfreund nach dem Grünen Wörth: »Es war die Gewohnheit der Gottesfreunde, dass sie alle Tage nach dem Mittagessen vom Hause in den Wald gingen; (...) dort sassen sie beieinander und sprachen über die Gründe, warum sie hergekommen waren. Da hörten sie ein grosses Sturmgebraus, und die grauenhafteste dickste Finsternis kam über das Land, so dass wir nirgendwohin mehr sehen konnten. Diese Dinge waren derart ungeheuer, dass wir ihre Herkunft von den bösen Geistern zu spüren bekamen. Doch waren die lieben Gottesfreunde so demütig, dass keiner von ihnen sich überwinden wollte, sie zu beschwören (...), also befahlen sie es alle in demütiger Gelassenheit Gott an, sein Wille solle geschehen. So liessen sie die bösen Geister eine ganze Stunde lang gewähren. Da geschah es, dass geschwind wieder klares und heiteres Licht kam. Ein Licht, welches die Sonne fast gar überstrahlte. Unsere leiblichen Augen konnten es kaum ertragen. Und wir hörten mit unseren eigenen Ohren eine über die Massen beseligende unsichtbare Stimme, wovon unser aller

Natur gar grosse Kraft empfing. Die süsse Stimme sprach: Ihr lieben Gottesfreunde, Friede sei mit euch, fürchtet euch nicht, ich bin ein Bote der Heiligen Hohen Ewigen Dreifaltigkeit. Eure Bitte ist erhört: die Heilige Dreifaltigkeit hat für ein ganzes Jahr Aufschub verfügt über das grausame Wetter, das über die ganze Welt kommen soll, und so gebietet euch die Heilige Dreifaltigkeit, dass ihr in dieser Sache dieses Jahr nicht mehr betet, denn der himmlische Vater will es ganz in seiner Hand behalten!«[28] Dieses angekündigte Unwetter scheint mit der Sintflut oder gar mit dem Weltuntergang identisch zu sein.

Aus moderner Sicht machen die Gottesfreunde den Anschein einer Endzeitsekte. Abgesehen von Taulers Warnungen vor Sektierertum, welche nicht unbedingt fruchten, muss man sich die Situation einer alpinen Einsiedelei zu dieser Zeit konkret vergegenwärtigen. In Witenbach und auf der Brüderenalp befinden sich die Einsiedler am Rand des Siedlungsgebietes[29]. Sie setzen sich extrem den Elementen aus. Die Angstgefühle dem Unwetter gegenüber sind allgemein, drücken keine besondere Ideologie aus. Bemerkenswert bleibt, wie die Gottesfreunde sich offenbar vorsätzlich den Frühlingsstürmen stellen, die damit verbundenen Anfechtungen geradezu aufsuchen. Der Verzicht auf Selbsthandeln, sogar angesichts der Katastrophe, bringt einen nicht unbedeutenden Unterschied zu sektiererischem Aktivismus und neurotischen Naherwartungen. Diese Haltung erhält ihre je eigene Schlagseite.

Vergleichen wir den Alltag in einer alpinen Eremitengemeinschaft mit den Briefen des Gottesfreundes, in welchen dramatische Szenen im Vordergrund stehen, ergibt sich eine wohltuende Korrektur eines sonst einseitigen Eindrucks. Die Lebensbewältigung bei diesen äusseren Bedingungen setzt ideologischer Verstiegenheit Grenzen.

Die Gründung der Einsiedeleien Brüderenalp und Witenbach im Entlebuch, nur gut zwei Stunden zu Fuss voneinander entfernt, hat mit sektiererischer Verrücktheit mutmasslich nichts, mit der Verbindung von Spiritualität und pionierhafter Arbeit in einer Wüstung, die zu der Zeit als Siedlungsgebiet wieder neu erschlossen werden muss, einiges zu tun. Dabei ist eine Szene wie die vom Gottesfreund geschilderte in Anbetracht gewaltiger Unwetter hinter dem Pilatus nicht nur denkbar, sondern in mancher Hinsicht wahrscheinlich. Nicht zufällig prangt der heilige Theodul, zusammen mit Sankt Nikolaus und der Muttergottes, auf der ältesten erhaltenen Glocke aus der Brüderenalp-Kapelle. Und dass man dort am Ende des zwanzigsten Jahrhunderts für gutes Wetter läuten lässt und dem heiligen Einsiedler Antonius huldigt, wie natürlich auch Bruder Klaus, erscheint fast selbstverständlich. Niemand würde dies dort als sektiererisch ansehen, obwohl doch alles gegen Feuer, Wasser, Hagel, Lawinen und Diebstahl versichert ist.

Eine Stelle im alten Mannlehenbuch des Staatsarchivs Luzern (Cod. 5005) gibt ein realitätsnahes Bild: *Es hat auch diser Berg und Alp den Namen zu den Brüdern daher, dass er von alten zyten von Brüdern heremiten- oder einsiedel-ordens ufgethan und gerütet worden, die dann ouch ir capell und wonung da gehept, wie es dann uf hüt by tag allda gesehen wird. Sind aber über alle Menschengedechtnuss keine mehr da gewonet und hiermit die grächtigkeit und lähenschaft unsern Gnädigen Herrn von Luzern bliben.* Soweit eine Notiz aus dem Jahre 1537. 1473, also zur Lebenszeit des Eremiten Klaus von Flüe, hat der Rat von Luzern eine Klage der Entlebucher gegen ihren Luzerner Landvogt zu behandeln. Er halte die Hofstatt auf der Alp Brüderen nicht in Ehren, sondern lasse sie *zu unbuw gan*, treibe Missbrauch damit. Er habe sie anderen Leuten geliehen und um eine erhebliche Summe gesteigert. Der Rat veranlasst den Vogt, der sich zu rechtfertigen versucht, das Gut der Kirche von Entlebuch wieder zu überlassen, die offenbar seit dem Aussterben oder Verschwinden der Eremiten, um 1470, darüber verfügen darf. Nach 1537 wird die Alp für zwanzig Jahre einigen benannten Personen zu Lehen gegeben unter der Bedingung, dass sie den jährlichen Zins der Kirche Entlebuch abliefern. Dabei sind sie verpflichtet, das Brüderhaus, die Stallungen und weitere Liegenschaften gut zu unterhalten, Kapelle und Hofstatt zu umzäunen. Der Lehenbrief behält ausdrücklich vor, dass das Anwesen eines Tages wieder mit Brüdern besetzt werde[30]. Schönster Schmuck der Kapelle ist ein aus dem Bodenseeraum stammendes Madonnenbild aus dem 13. Jahrhundert, welches später ins Schweizerische Landesmuseum gelangt[31]. Ein geistlicher Gruss nach dem Herzen von Heinrich Seuse. Dass die Brüder hier oben nicht nur dem Gebet und der Betrachtung obliegen, sondern, vielleicht mit einigen Helfern, auch arbeiten, scheint offensichtlich. Dies legt auch ein Vergleich mit der nahe gelegenen Einsiedelei Witenbach nahe, über die wir besser unterrichtet sind.

Am 22. März 1347, also im Jahr der Bekehrung von Rulman Merswin, regelt der Ritter Johannes von Aarwangen, Sohn von Walter, eines engen Ministerialen von Rudolf von Habsburg und ehemaligem Schultheiss von Solothurn, komplizierte Rechtsverhältnisse, um in

Witenbach auf einer wilden Bergeshöhe, 1132 Meter über Meer, eine Waldkapelle mit angeschlossener Einsiedlergemeinschaft zu gründen. Dazu muss er sich mit den Habsburgern verständigen, dafür sogar nach Linz reisen. Ausserdem mit der Johanniterkommende Hitzkirch und dem Abt des Zisterzienserklosters Sankt Urban, als dessen Gönner er schon zwei Jahre zuvor hervorgetreten ist, ins reine kommen. Einige Details: Auf Witenbach darf die heilige Messe nur für die Brüder gelesen werden, man soll nicht dorthin wallfahren. Die Eremiten bleiben der nahe gelegenen Kirchgemeinde Hasle steuerpflichtig. Der Grund und Boden, der von den Brüdern urbar gemacht wird, ist landesüblich zu verzehnten. Sie haben nicht das Recht, sich nach ihrem Ableben in Hasle begraben zu lassen, sondern müssen den Sarg zehn Stunden weit nach Sankt Urban transportieren lassen. Trotzdem muss dem Leutpriester eine Begräbnisgebühr bezahlt werden!

Komplizierte und trockene Rechtsdokumente belegen, wie wichtig für dieses Eremitenleben, dem ein halbes Dutzend Brüder und zwei Priester angeschlossen sind, die Alpwirtschaft geworden ist. Im Sommer dürfen sie nur so viel Vieh auf die Weiden treiben, als sie selber überwintern können, eine Bestimmung, die analog auch für die Bergbauern im Nachbarländchen Obwalden gilt. Es kommt zu Streitigkeiten mit den Talleuten um Weide- und Nutzungsrechte, wie sie für das Entlebuch zu der Zeit typisch sind. Das spirituelle Leben auf Witenbach und der Alp Brüderen hat in diesem Sinn einen alpinen ökonomischen Unterbau. Damit ist nicht gesagt, dass Johann von Aarwangen, Gatte einer Verena aus Münsingen, selber die Sense und die Hacke geschwungen hätte, ist er doch zur Zeit seines Rückzuges, ähnlich wie später Klaus, schon ein bejahrter Mann. Die Mühe, die er sich für sein Projekt nimmt, erfordert aber beträchtliches Durchhaltevermögen und einen guten Sinn für die Realität des Lebens auf der Alp. Die Wechselfälle der Witterung und die harten Winter geben dem Ritterbürtigen und ehemaligen aargauischen Landvogt sicher in genügender Weise das Lebensgefühl einer Eremitenwüste. Am 24. Januar 1350 geht er ein in die Herrlichkeit des Auferstandenen. Sein Ehrengrab im Kloster Sankt Urban ist noch 1696 vorhanden[32]. So ungefähr müssen wir uns die beiden bedeutendsten Gottesfreunde-Kolonien in der Nachbarschaft Obwaldens vorstellen. Sie existieren bis nach dem fünfzigsten Lebensjahr von Klaus von Flüe. Dass sie ihm bekannt sind, er von ihrer geistigen Ausstrahlung ergriffen ist, darf vorausgesetzt werden. Sein eigenes

Leben verläuft indes in mancher Hinsicht anders. Er ist eben nicht der Normalfall eines Alpbruders.

Damit ist über die Vorläufer von Bruder Klaus in seiner engeren Heimat und das Eremitenwesen vor seinem Rückzug in den Ranft längst nicht alles gesagt. Mitte des vierzehnten Jahrhunderts kommt es, unter habsburgerischer Förderung, zu einer in der Schweiz einmaligen Blüte des Waldbruderwesens. Durch das Privileg von Herzog Albrecht von Österreich vom 27. Juli 1354 gelangen *alle die geistlichen lüte, es sygen priester, brueder und schwestern, die in den weldern und einöden sitzen in unserem gebiet und in unserm lande zu Turgow und ze Ergow (Aargau) und sunderlich in dien emptern ze Kyburg und ze Rotenburg* unter landesherrlichen Schutz. Es wird ihnen freie Verfügung über ihre *hüsslin* und ihr Eigentum zugesichert. 1361 bestätigt Herzog Rudolf IV. auf Ansuchen seiner Tante Agnes von Ungarn diese Freiheit für alle gegenwärtigen und zukünftigen Klausnerinnen und Klausner, für alle ihre Nachfolger und Nachfolgerinnen, in allen Gebieten im Aargau, im Thurgau, im Elsass und im Sundgau[33]. Damit ist das engere »Biotop« der Gottesfreundebewegung umschrieben. Bruder- und Schwesternhäuser blühen auf, zum Beispiel im Toggenburg[34], in der Gegend von Winterthur[35], in Würenlingen im Kanton Aargau[36] (1366) und auch in Unterwalden. Dort lässt sich ein Johann von Kienberg als Waldbruder auf dem Wiesenberg in der Nähe von Dallenwil nieder und trifft schon 1325 und 1335 Verfügungen über die Fortdauer seiner Einsiedelei. (D 1039f.) »Johann von Kienberg«, so Robert Durrer, »scheint ein Edelmann gewesen zu sein, der, die ritterlichen Waffen mit den Waffen des Gebetes tauschend, auf weltentrückter Alp den Frieden gefunden hat.« Er stammt aus dem Kanton Solothurn. Agnes von Ungarn, welche die Gottesfreundebewegung vor allem fördert, erhält von Meister Eckhart das *Buch der göttlichen Tröstung* gewidmet, ohne in ihrem Auftrag für sie geschrieben zu sein. Ihre Stieftochter Elisabeth, nicht ihre beste Freundin, lebt als Nonne in Töss zur Zeit von dessen mystischer Blüte[37]. Über ihr Leben hat Johannes Meier (gest. 1484), ein Zeitgenosse von Bruder Klaus, einiges aufgeschrieben. In der Chronik des Johannes von Winterthur hat Robert Durrer eines der wenigen Dokumente aus der Zeit vor Klaus von Flüe gefunden, die über das Innenleben eines Unterwaldner Einsiedlers Aufschluss geben. Die psychischen Störungen sind nicht zu übersehen: »Um diese Zeit ungefähr war in einem Dorfe Sarnen bei Luzern ein Meier, der, dem Weltleben entsagend, aus Frömmigkeit zur Abbüssung seiner Sünden Küster wurde.

Als er eines Nachts zur Mette läutete, hatte er eine grässliche Erscheinung armer Seelen, die, auf ihn eindringend, ihn vom Läuten abhielten und unter lautem Geschrei würgten. Den umwohnenden Leuten fiel das Verstummen der Glocke und der grausame Lärm auf, sie eilten zur Kirche und fanden ihn halbtot. Er lebte nur noch kurze Zeit, der Sprache völlig beraubt, und starb dann.« (D 1043) Die Geschichte muss sich zu Anfang des vierzehnten Jahrhunderts abgespielt haben, vielleicht noch zur Lebenszeit der in Töss lebenden grossen unbekannten Mystikerin Mechthild von Stans. Ein mutmasslicher Neffe derselben, Nidwaldens erster Landammann Hartmann von Stans, siegelt am 8. April 1336 zugunsten von Johann von Kienberg, dem adeligen Waldbruder auf dem Wiesenberg. (D 1042).

Waldschwestern sind in Unterwalden ab 1350 belegt, darunter Katharina Rüssi oder Rissi auf der Bettelrüti bei Wolfenschiessen. Das Schwesternhaus hält sich Generationen lang. Später lebt dort Bruder Klausens Neffe Konrad Scheuber als Einsiedler. Eine Kultstätte der heiligen Magdalena. In Obwalden hausen gemäss dem ältesten Jahrzeitenbuch der Kirche Sarnen vor Bruder Klaus mindestens ein halbes Dutzend Waldschwestern, die mit Vorliebe auf den Namen Gertrud getauft sind. Mit der Mystikerin Gertrud von Helfta (1256–1302) hat diese Namengebung keinen Zusammenhang. Die heilige Gertrud von Nivelles (626–664), welcher auch der Gottesfreund aus dem Oberland huldigt, ist in Unterwalden früh beliebt als Schutzpatronin gegen die Ratten- und Mäuseplage, gegen Fieber, sowie als Helferin für das Gedeihen der Feldfrüchte. Ein spätmittelalterliches Fresko in einer Feldkapelle nahe der Hauptstrasse von Wolfenschiessen nach Engelberg zeigt sie mit einer Maus auf dem Arm. Ihre Verehrung im alemannischen Raum soll schon durch die irischen Missionare gefördert worden sein.

Zu einem Paradies für Waldbrüder und Waldschwestern wird im fünfzehnten Jahrhundert das Hochtal von Engelberg. Im »Horwis«, bekannt als sogenanntes Ende der Welt, lebt Schwester *Agnes im Boden*. Andere Brüder und Schwestern führen die Namen *Arnold in der Balme*, *Heinricus heremita* (Einsiedler), Bruder *Ulrich Giger von Hasle*, Schwester *Hemma*, Bruder *Walther*, Schwester *Els*, Schwester *Margretha*. (D 1047) Vom 1. März 1415 datiert ein Wegrecht für den aus Thun stammenden Bruder *Mathis Hattinger* von Wolfenschiessen, der ab dem 16. August desselben Jahres als der erste Unterwaldner Einsiedler in einer gestifteten Klause lebt, für welche Ammann Ulrich von Wolfenschiessen und die Kirchgenossen Schutz und Schirm gewähren. Damit ist, in den Jugendjahren von Bruder Klausens Mutter Hemma Ruobert, die Lebensform des Eremiten für Unterwalden anerkannt und hoch angesehen. »Die nachweisbare Beziehung Bruder Mathis Hattingers zum Frauenkloster Engelberg weist auf die Stätte hin, die der Ausgangspunkt der Mystik für unsere Gegend war und für die Entwicklung der Mentalität des Bruder Klaus nicht ohne Einfluss geblieben ist« moniert Durrer. (D 1052) Diese Aussage bleibt umstritten, haben doch die von Flüe, wie die Obwaldner überhaupt, Engelberg gegenüber eine gewisse Distanz behalten. Dies ändert nichts an den mannigfaltigen Beziehungen des Frauen- und Männerklosters ins Elsass, besonders nach Strassburg. Gebetsverbrüderungen und mystische Predigten in der Tradition Taulers und der Gottesfreunde haben sich erhalten. Bekannt und bedeutend ist der sogenannte Engelberger Prediger[38]. Die Verbindung des Klosters mit Strassburg erstreckt sich auf einen Zeitraum von über siebzig Jahren. (D 1066)

Klaus von Flües Beziehungen zur Welt des sogenannten Gottesfreundes aus dem Oberland scheinen vielfältig verknüpft und, trotz der Schwierigkeiten mit dem Nachweis im einzelnen, offenkundig, so dass man das Vorbild auch in seinen Visionen hat wiedererkennen wollen. Zu einem Gottesfreund scheint er geboren, zu einem solchen will er, als Pilger und Einsiedler, werden, und im Ranft hat er das Ziel der Gottesfreundschaft erreicht. Darum mag der alte Fremdling, den er bei seiner Taufe nicht identifizieren kann, niemand anders als der ewige Gottesfreund sein, nenne man ihn nach den »Isenheimern« Antonius oder Paulus, gemäss der Pilgertradition Jakobus oder im Sinne des Geistes von Tauler den Gottesfreund aus dem Oberland:

Er habe mit solcher Klarheit gesehen, wie er zur Taufe durch den Ranft nach Kerns getragen wurde, dass er es nie mehr vergass, denn er wusste es damals (als er es Pfarrer Amgrund erzählte) *noch so gut, als ob es erst gewesen wäre. Er habe damals auch einen alten Mann bei der Taufe gesehen, den er nicht erkannt habe, den Priester aber, der ihn taufte, habe er wohl erkannt.* (D 465 f.)[39]

Gegenüber dem Kirchenhistoriker Fritz Blanke hat Carl Gustav Jung die Vision brieflich so erklärt: »Der alte Mann ist in der Regel der Archetypus des alten Weisen, das heisst des Geistes. (...) Beim Bruder Klaus wäre der alte Mann eine Personifikation des granum salis (Salzkorns), das der Täufling erhält, nämlich der sapientia Dei (Weisheit Gottes), in welcher Gott selber anwesend ist.«[40]

Am Anfang seines Weges steht, als sein wahrer Pate, ein greiser Gottesfreund. Ein Diener der ewigen Weisheit? Als solcher gilt ein Mann von den Gestaden des Bodensees, in dessen Schriften der Begriff des Gottesfreundes »exemplarisch« zum Programm erhoben wird. Klaus von Flües Herzbruder und in vielem, wenn auch indirekt, sein Lehrer, dank einem mutmasslichen Einfluss auf die Seelsorge im Alpenraum, wohl auch auf den belesenen Mitteremiten Bruder Ulrich: *Heinrich Seuse* (1295–1366), neben Johannes Tauler der Vordenker einer Bewegung, die dem geistlichen Leben der Epoche ihren Stempel aufdrückt. Dem Chaos der Welt stellt der mit weissen und roten Rosen bekränzte Mystiker vom Bodensee gefühlsstark und mit beträchtlicher Resonanz die Botschaft der Gelassenheit entgegen, auch, im Sinne Eckharts und Taulers, der Abgeschiedenheit. Ein Lehrer der Emotionen. Vor grossen Worten schreckt er nicht zurück. Leicht sind sie gepredigt, schwer nur gelebt!

Unweit der Heimat Seuses, von väterlicher Seite ist er Thurgauer, finden wir Spuren einer Einsiedelei, die geographisch mit noch mehr Berechtigung als diejenigen im Entlebuch und in Unterwalden dem »Oberland« zugerechnet werden kann. Darunter ist nach dem Zeugnis spätmittelalterlicher Urkunden das Berggebiet der Ostschweiz zu verstehen, mithin also zum Beispiel das *Brudertobel* im toggenburgischen Ganterschwil. Die Gedenktafel an einem der stillsten und geheimnisvollsten Orte der Schweiz, in einer tiefen, bewaldeten Kluft, dem sogenannten Sedel, erzählt:

Brudertobel. 1369 wird erstmals eine Einsiedelei von 3 Laienbrüdern und einem Priester erwähnt, welche vom Grafen von Toggenburg den Ort geschenkt erhalten – im 15./16. Jahrhundert nur noch von einzelnen Klausnern bewohnt – im 18. Jahrhundert alljährlich am Kirchenfesttag, 22. Juli, Maria Magdalena, Gottesdienst der Katholiken von Lütisburg, Ganterschwil und Oberhelfenschwil – meist von armen Leuten bewohnt. 1851/52 erneuter Versuch von 4 Männern, eine Einsiedelei zu gründen – stiess teilweise auf Widerstand »als einem Institute, das für den den Fortschritt unserer Zeit nicht passend sei« – 1865 Kapelle und Bruderhaus abgebrochen[41].

Während sechshundert Jahren existiert an diesem Ort eine Einsiedelei, welche noch zu Lebzeiten von Bruder Klaus vom Frauenkloster Magdenau Unterstützung erhält. Für dieses hat Bonstetten die deutsche Fassung der Idda-Geschichte geschrieben. Mit Vorliebe kommen im Mittelalter und in der frühen Neuzeit Magdalenenpilger, auf dem Weg nach Südfrankreich, im Brudertobel vorbei. Ihnen ist nämlich eine kostenlose Übernachtung im Bruderhaus zugesichert[42]. Heute sind von dieser Heimstätte der Gottesfreunde nur noch einige überwachsene Mauerreste sichtbar. Das Gesuch, am heiligen Ort im Oberland wieder eine Kapelle zu errichten, wie sie fünfhundert Jahre lang Bestand gehabt hat, wird im Februar 1996 vom Gemeinderat Ganterschwil mit dem Hinweis auf die Bau- und Zonenordnung abgelehnt. Das Glöcklein der einstigen Kapelle ist im vorigen Jahrhundert für 95 Franken auf die Iddaburg gekommen[43], die abschüssige Wallfahrtsstätte, welche in Erinnerung an den Absturz der heiligen Idda noch immer von Pilgern gerne aufgesucht wird.

Die Einsiedelei im Sedel (Ganterschwil) um 1837, kurz vor dem Abbruch. Nach einer Skizze von J.G. Schmid, Lichtensteig.

Herzbruder Heinrich Seuse

Ein Mensch, der nicht gelitten hat,
was weiss der?
Heinrich Seuse

Der Freund Gotttes braucht keine Weihen, weder Ämter noch Titel, und in die Schulen der Menschen wäre er lieber nicht gegangen. Die Familie wie auch die Heimat aus biblischer Sicht betrachten: Ziehe aus deiner Verwandtschaft und aus deines Vaters Haus und komm an den Ort, den ich dir zeige, verkündet das Buch Genesis im ersten Vers des zwölften Kapitels. Dem Gottesfreund ist, wie dem heiligen *Bernhard von Clairvaux*, Glühen mehr als Wissen[1], die Erfahrung mehr als der Buchstabe, die Wildnis die wahre Pflanzstätte: »Glaube meiner Erfahrung, du wirst etwas mehr in den Wäldern finden als in den Büchern; Holz und Stein werden dich lehren, was du von den Magistern nicht vernehmen kannst.«[2] Das ist nicht der Weg von Faust zu Wald und Höhle, sondern der Pfad des Weltflüchtigen in die Wüste der Einsamkeit in sich selber. Die höchste Philosophie sei es, Jesus zu kennen, und zwar als den Gekreuzigten, predigt Bernhard, den die Volksfrömmigkeit liebevoll mit drei Nägeln abbildet. Dies bedeute, das Wort des Herrn in seine eigene Existenz hineinzunehmen, ins Herz: »Es hat mein hartes und versteinertes Herz erweicht, gerührt und verwundet. In die innersten Tiefen eindringend, hat mir das Wort seine Nähe nie durch ausserordentliche Zeichen noch durch Stimmen und Gestalten zu erkennen gegeben; ich habe seine Wirkung nur an der Bewegung des Herzens wahrgenommen.«[3] Die Nägel, womit man den Erlöser ans Kreuz geschlagen hat, werden ihre Popularität als Betrachtungsgegenstand mit der Zeit verlieren. Die Tiefenstruktur der Botschaft, man sehe nur mit dem Herzen gut, hat Bernhards spätgeborener Landsmann *Antoine de Saint-Exupéry* (1900–1944) abermals in Worte gefasst, dabei die Formel des Predigers nicht übertroffen: Sic affici deificari est – (mit dem Herzen) fühlen, heisst vergöttlicht werden[4].

Hat sich das Herz als das Wichtigste erkannt, preist es schnell die Erfahrung, bei der es sich seiner Existenz intensiv vergewissert: Den Schmerz! Wie es brennt, wenn ich leide! So empfindet *Mechthild von Magdeburg* (1210–1282): »Wie brennend mein Herz ist, (...) gemartert mit mir, verraten in Missgunst, heimgesucht in Falschheit, gefangengenommen in Hass, gefesselt in Verleumdung, (...) geschlagen durch die Wut der Welt (...), entkleidet durch Verlassenheit, gegeisselt durch Armut, gekrönt mit Versuchung, angespien durch Schmach.«[5] Weniger malerisch, aber umso radikaler bekennen Meister Eckhart und Johannes Tauler das grundlose, keinem Trost zugängliche Leid, den »untrost«[6], für den Strassburger eine Art Nichts: »Das Nichts ist geeigneter als alles, was ist, um in leidender Weise das Wirken Gottes zu erfahren.«[7]

Im Leiden das Herz entdecken, sich darin offenbaren wie die Sonne im Mikrokosmos: Die mystische Predigt und die lyrische Dichtung fast aller abendländischen Generationen zehren davon. *Was ich weiss, kann jeder wissen*, sinniert Werther, *aber mein Herz habe ich allein*[8]. Solcherlei Losungen sind langfristige Errungenschaften aus der Zeit der grossen Mystik, innere Erfahrungen auszudrücken. Sie verselbständigen sich zu einer Sprache der Liebe, in der Gott bald nicht mehr notwendigerweise als Anfang und Ende begriffen wird. Säkularisierung des Allerhöchsten. Innere Erfahrungen finden ihren Ausdruck: Leid, Freude, Liebe, Verzweiflung, Verlassenheit, Gelassenheit. Ein Unbehagen ist schwerlich wegzustecken. Wird das grossartig in Worten eingefangene Leiden zu einem stilisierten Luxus, zum Stolz, zum Elitedünkel der Schmerzbewussten? Es muss einem schon sehr gut gehen, bis man vom Leiden schreiben kann wie Eckhart, Seuse, Goethe, Rilke, Roland Barthes. Jenseits gewaltiger Worte an der Grenze des Sagbaren existiert das Leiden der Millionen, das der Armen, Elenden, Verkrüppelten, mit Krankheit Geschlagenen und Geschändeten, für die keine Theologie und keine Dichtung die angemessenen Worte findet. Auch die Geschichtsschreibung nur andeutungsweise. Kennt sie die Wahrheit über Auschwitz und die Gulags? Jenseits dieser Leidenskontinente, in viel kleinerem Massstab, geben in der Geschichte der abendländischen Kultur die Ex Voto-Tafeln in Kirchen und Wallfahrtsorten Andeutungen über das sonst unbekannte Leiden der gewöhnlichen Christenmenschen zu allen Zeiten. Dahinter leuchtet die Tradition der Leidensmystik, die über ihre ideologische Verstiegenheit hinaus Zeichen setzt für das Leiden der Menschen während kaum zu zählenden Generationen. Dies anerkennt der »dezidierte Nichtchrist« Goethe: »Daher auch in der katholischen Religion (...): Im Himmel ist ein Vater, wie es irdische gibt, eine Mutter wie hier, einer der gelitten hat, wie es hier viele Leidende gibt.«[9]

Die Mystik, will sie verstanden werden, darf sich nicht mit der Spekulation begnügen, mit hochstehenden Predigten und Hymnen.

Sie strebt, bei allen eigenen Vorbehalten dagegen, nach Verbildlichung. Darum ist das Vesperbild, die Pietà, zum Beispiel diejenige im Münster auf der Reichenau, vielleicht noch kostbarer als der von Waltheym gepriesene Smaragd. Der geschändete Christus in den Armen seiner Mutter ist das Bild, welches von Heinrich Seuse, dem dichterischsten aller deutschen Leidensmystiker, Gültigkeit behält für eine Sorte Leidensbilder, welche nicht als kitschig abgetan werden können.

Über die Verbildlichung in der darstellenden Kunst hinaus bedarf das Leiden erzählerischer Wiedergabe im Sinn ritterlicher Dichtungstradition. Was hat der Tapfere im Krieg erlitten? Welche Strapazen nimmt der Liebende auf sich? Aus der Sicht der abendländischen Mystik ist die Geschichte des Leidens Jesu Christi der Kern des Evangeliums, vielleicht die einzige vorbehaltlos erzählbare Geschichte. Alle anderen Geschehnisse sind darauf zu beziehen. Ohne die biblische Urszene bleibt nichts erwähnenswert. Sie ist der Massstab aller Handlungen und allen Leidens: »Du musst durch meine leidende Menschheit hindurch«, spricht Jesus durch Bruder Heinrich, »sollst du wirklich zu meiner lauteren Gottheit gelangen.«[10]

Vor diesem Hintergrund wäre es verwunderlich, wollte die Gottesfreundebewegung neben Gebet, Bekenntnis und Betrachtung auf das Erzählen von Geschichten verzichten. Moderne Überlegungen zu den Gattungen, etwa Roman, Autobiographie, wären jedoch weitgehend irreführend, genauso wie die im neunzehnten Jahrhundert grassierenden Unterstellungen angeblicher »Fälschungen«. Die Gottesfreundegeschichten aus dem Umfeld von Merswin enthalten ungezählte biographische Wahrheiten. Über das Leben von Menschen dieser Generationen bringen sie nicht weniger zuverlässige Nachrichten als die Steuerbelege in den städtischen Archiven. Die Vermutung liegt nahe, dass die Steuerakten von der Wahrheit in der Regel weiter entfernt bleiben als viele Gottesfreundeviten. In den 53 Kapiteln der Lebensgeschichte von Heinrich Seuse scheint der Wille zur Wahrheit auf »exemplarische« Weise spürbar, ohne dass jede Episode als authentisch gelten könnte. Was am Text Biographie, Autobiographie, Roman und nachträgliche Redaktion ist, lässt sich nur in groben Zügen auseinanderhalten. Manches bleibt wohl für immer unbestimmt. Über die innere Geschichte der Gottesfreunde erfahren wir daraus grundsätzlich nicht weniger »Wahres« als zum Beispiel aus der Autobiographie von Jean-Jacques Rousseau[11]. Ein für moderne Verhältnisse berüchtigt einseitiges Stück exemplarischer Bekenntnisliteratur. Eine Analogie liegt in einigen Gesichtspunkten zu bedeutenden autobiographischen Romanen wie *Anton Reiser* (1785) von Karl Philipp Moritz und *Der grüne Heinrich* (1855) von Gottfried Keller vor. Bei aller Fiktionalität dieser Romantexte bleiben grosse Teile davon authentische Zeugnisse für die innere Geschichte der Autoren. Beim Mystiker erscheint die innere Geschichte, im Gegensatz zu den modernen Realisten, sogar als das einzige, was zählt. Dies in einem vorindividualistisch-»exemplarischen«, eben mittelalterlichen Sinn, wie auch bei der Kunst im Vordergrund stehend. Das schliesst die vielgerühmte Tiefe des Gemüts nicht aus, im Gegenteil. Für diese bleibt Seuses Lebensgeschichte, wie auch andere Teile seiner *Exemplar* genannten Schriftensammlung, repräsentativ. Die darin realisierte Spiritualität geht ebenso in die süddeutsche Frauenmystik ein wie in das Gebetsleben des Eremiten Klaus von Flüe. Das wird noch zu zeigen sein.

Für die Autorschaft von Seuses Lebensgeschichte liegen komplizierte Verhältnisse vor. Neben Heinrich Seuse und Elsbet Stagel ist die Mitarbeit dritter an der Redaktion dieses Werks jedoch nicht anzunehmen. Das *Exemplar* ist zwischen 1360 und 1366 entstanden, in dem Sinn von Seuse, nicht von Stagel verantwortet. Für die Würdigung muss man den Unterschied zu modernen Vorstellungen von Urheberschaft im Auge behalten. Gültigkeit ist wichtiger als Individualität. Dem Anschein nach haben die Verfasser alle dasselbe gewollt: Die Geschichte eines »anfangenden« und fortschreitenden Menschen wiedergeben, dem bei allen Leiden, Peinlichkeiten und Verlegenheiten der Weg zur Vollendung nicht versagt bleibt. Die zahlreichen Unannehmlichkeiten im Leben der beschriebenen Person sind kaum als Erfindungen anzusehen – das wäre nachgerade böswillig, dem für die Herausgabe des Werkes engagierten Freundeskreis nicht zuzutrauen. Das Wahrheitsproblem stellt sich in allen Biographien, in Selbstbiographien erst recht. Das Seuse – Buch dürfte, im Rahmen einer grundsätzlich durchschaubaren Stilisierung, in der Geschichte der Gattung einen achtbaren Platz einnehmen.

Der Freund Gottes treibt sich als wahrer Antiparzival durchs Leben. Lebenslänglich trägt er seine Abneigung gegen den Vater aus, einen Thurgauer aus dem Geschlecht derer von Berg. Dieser verbringt sein Leben in Konstanz und gehört zum ungeliebten Stand der Kaufleute, eigentlich aber ist er ein Ritter, der sich den neuen Verhältnissen anzupassen weiss. Umso lieber ist Seuse dafür die Mutter, eine *Süs* aus Überlingen, sie »war all ihre Tage eine grosse Dulderin. Und das kam von der gegensätzlichen Ungleichheit zwischen ihr und ihrem Gatten.«[12] Der Inbegriff einer frommen, unglücklich verheirateten Frau. Nicht genug des Familiendesasters: Die missratene Schwester gerät auf Abwege, bricht als Nonne aus dem Kloster aus, um angeblich ungeordnete Liebeshändel zu suchen. Trübsal für die Mutter. Den Sohn treibt es an die Grenze des Irrsinns. Hat er sich doch vorgenommen, niemals im Leben den bequemen Weg zu akzeptieren, weder für sich noch für andere, am allerwenigsten für Mitglieder der eigenen Familie, des eigenen Konventes, des eigenen Ordens.

Mit dreizehn Jahren ist er ins Inselkloster eingetreten, um sich schulen zu lassen. Die Aufnahme wäre ohne finanzielle Nachhilfe des Vaters nicht möglich gewesen. Das schafft dem Sohn bald einmal Gewissensbisse. Ein Berufener möchte er sein, kein fieser Mietling. Fünf Jahre lang plagt sich der Zögling durch Pubertät und Jugendalter. Ein unstetes Herz, geistige Unruhe charakterisieren ihn früh, so wie ihn der Konformismus der Klosterschüler bedrückt. Ein Kommilitone rät ihm: »Iss und trink kräftig, tu dich gütlich und hüte dich dabei vor Sünden!« Ein guter Rat oder nur die Empfehlung, den Weg des geringsten Widerstandes zu gehen? Worauf läuft es hinaus? »So zu leben wie alle, das ist das sicherste.«[13] Die Internatsweisheit scheint identisch mit der Weltweisheit, aber mit der Ewigen Weisheit hat sie nichts zu tun. Der bequeme Weg ist für ihn ausgeschlossen: »Wer den Aal, den glatten Fisch, beim Schwanz fassen und ein heiliges Leben mit Lauheit beginnen will, wird zweimal betrogen: denn was er zu besitzen glaubte, ist ihm entgangen.«[14] Als junger Mensch, mit achtzehn Jahren, hält er es schon mit dem Evangelisten Johannes »Ich verlasse die Welt und gehe zum Vater.« (Joh 16.28) Dieser ist ein ganz anderer, als sein Vater einer gewesen ist! Anfangen heisst weggehen, und wenn das nicht möglich ist: wenigstens ganz anders sein als die andern, und sich trotzdem nicht über sie überheben!

Am Tag der heiligen Agnes, wohl um 1313, fühlt sich der junge Mann krank. »Um diese Zeit fühlte er sich durch ein schweres Leiden, das ihn überkommen, besonders beengt. Und wie er da so stand, des Trostes bar, und niemand in seiner Nähe war, da ward seine Seele entrückt, ob im Leib, ob ausser ihm, das wusste er nicht.«[15] Unzählige Male wird er von Ohnmachten heimgesucht, das einemal ist es »freundliche Lust«, ein andermal muss er bekennen: »Sein Leib erfuhr in dem kurzen Augenblick einen solchen Schmerz, dass er glaubte, kein Mensch könne, ausser in der Todesstunde, in so kurzer Zeit solchen Schmerz erfahren.«[16] Im Schnittpunkt aber dieses Zwiespaltes erscheint »der helle Abglanz, in dem er sich selbst und alles um sich vergass«, da er nichts mehr zu begehren trachtet[17]. Er ist zum Mystiker geworden, seine Braut die innig geliebte ewige Weisheit, Gott in Weibsgestalt. In Köln wird er bei Meister Eckhart noch besser lernen, was das bedeutet. Bis auf weiteres setzt er sich den Anfechtungen der Übereifrigen aus. Seine Ritterkämpfe gipfeln in extremer Selbstgeisselung. Seine Abenteuer sind Blamagen aller Art. Nach Zeichen ist er geradezu süchtig: Ach, lieber Gott, denkt er, könnte ich mir doch ein Zeichen entwerfen, ein dauerndes Merkmal unserer wechselseitigen Liebe, dass ich dein und du meines Herzens ewige Zuneigung bist, ein Zeugnis, das kein Vergessen je tilgen könnte! Und er beginnt, mit dem Griffel über seine Haut über dem Herzen, auf und ab zu fahren, bis der Name IHS auf sein Herz tätowiert ist. »Die Buchstaben hatten die Breite eines geglätteten Halmes und die Höhe eines Gliedes des kleinen Fingers. Sooft das Herz klopfte, bewegte sich der Name mit.«[18] Der grösste Vertrauenserweis einem Freunde gegenüber ist es fortan, diese Wunde zu zeigen. Die Freundin Elsbet Stagel schickt ihm ein Tüchlein mit den drei Buchstaben, dass er es auf die Brust lege[19]. Ein stärkeres Zeichen der Herzensvereinigung unter Mystikern ist kaum möglich.

Mehr als eine Mahlzeit täglich bewilligt sich Seuse nie. Immer wieder auferlegt er sich verzehrende Strapazen von Hunger und Durst. Geistlich erhebender wirkt sein Tischgebet. Bei Tisch geht er davon aus, Jesus sitze links von ihm, auf der Seite seines Herzens, als sein Nachbar. Seuse sagt, oft nach Art eines liebenden Freundes: »Mein Herr, nun iss mit mir, greif zu, halte Mahl mit deinem Knecht.« Beim Trinken hebt er den Becher christuswärts, bietet dem unsichtbaren Gast zu trinken an. In der Regel nimmt er pro Mahlzeit, den fünf Wunden eingedenk, fünf Schlücke ein, den letzten als Doppelschluck, zu Ehren der Seitenwunde Jesu, aus welcher Blut und Wasser fliessen. Ist ihm eine Speise widerlich, was oft vorkommt, stellt er sich vor, er tauche sie in das Blut des Herrn. So schmeckt es ihm dann gleich ziemlich bekömmlich[20].

Fast nichts bekommt ihm wohl, aber Obst, die Leibspeise der alteidgenössischen Freiheitskämpfer, kostet er fürs Leben gern. Dies betrachtet er als eine seiner grössten Anfechtungen. Nichts wäre für einen echten Thurgauer gewöhnlicher, als Äpfel und Birnen mit gesunder oraler Sinnlichkeit zu geniessen. Er aber hält die Lust nach Obst für eine Versuchung, rührt zwei Jahre lang keine Früchte mehr an. Erst zu dem Zeitpunkt, da er sich vollständig entwöhnt zu haben scheint, gestattet er sich wieder einen Apfel, nach einer schlimmen Missernte, da der Konvent anstelle von Münzen einen grossen Posten Äpfel geschenkt bekommen hat, eine Freude für alle. »Und er begann voll des Dankes wieder Obst zu essen«, als Bestätigung der Gemeinschaft, nicht um ein Begehren zu stillen. »Einen grossen Apfel teilte er in vier Teile: drei davon ass er im Namen der Heiligen Dreifaltigkeit, den vierten mit der Liebe, mit welcher die himmlische Mutter dem zarten Kinde ein Äpfelein zu essen gab. Diesen Teil ass er ungeschält, wie es die kleinen Kinder zu essen pflegen.«[21] An Weihnachten verzichtet er auf diesen vierten Teil, schenkt das Stückchen dem Jesuskind. So drückt sich seine zarte und empfindsame Wesensart aus. Schon als Kind hat er Blumen weder berührt noch gebrochen. Später nur, um die Gottesmutter damit zu krönen, zum Beispiel zu Maibeginn. »Unter allen Mystikern war wohl Suso der herzlichste und auf seiner erleuchteten Stufe der heiterste. Gealtert war er, seinem Seelenraum gerecht, freien Geistes, und er bediente sich, seine Sätze ermunternd und freudig einzuleiten, überaus gern des mütterlichen Eya. ›Eya, wende deine lichten Augen von mir, denn sie haben mich ganz verzaubert‹.« So schreibt Erwin Jaeckle in seinem Vermächtnisbuch *Bürgen des Abendlandes* (1991)[22].

Der Mystiker als Minnediener. Dabei verliert der junge Frater Amandus, wie ein eher literarischer Name für ihn lautet, in Selbstkasteiungen manchmal jedes Mass. Dies während vollen achtzehn Jahren, bis er endlich realisiert, dass Gott weder ein Nagelkreuz auf seinem Rücken noch eine eiserne Kette verlange, auch nicht Kältestrapazen, Verzicht auf Schlaf, Selbstgeisselung bis zum Zerspringen der Adern. Auch der lächerliche Pazifismus dem Ungeziefer gegenüber, das Ertragen von Flöhen, Wanzen und Zecken, scheint in Gottes Schöpfungsplan nicht geboten. Wozu in die Stadt zum Spengler gehen, um sich dort Folterinstrumente zu kaufen? Eines Tages merkt er, »dass Gott diese Übung nicht länger von ihm haben wolle. Da liess er davon und warf das ganze Nagel- und Riemenwerk in ein fliessendes Gewässer.« Beim Inselkloster verengt sich nämlich der Bodensee, gelangt der Rhein, auch Pfaffengasse genannt, zu seinem Abfluss[23].

Im Kampf gegen sich selber findet der Prediger der Gelassenheit allmählich die richtige Haltung. Schwieriger wird es mit den Heimsuchungen des Fortgeschrittenen, da er, gemäss seiner Vision vom Tuch im Maul des Hundes, üble Nachrede ertragen muss, in solcher Häufung, dass der Verdacht auf einen widersprüchlichen Menschen nicht leicht von der Hand zu weisen ist. Die Geschichte vom unehelichen Kind, das ihm eine Frau aus dem Umfeld seiner Seelsorge unterschieben will, entspricht einem bekannten Schema. Hängt die Seligkeit eines Priesters davon ab, ob er Vater geworden sei oder nicht?

Mehr Interesse verdient der Vorfall, bei welchem die Todesangst zum Gegenstand der Anfechtung wird, anlässlich der Beichte eines Mörders im grossen Wald, wo Seuse auf der Heimkehr von den Niederlanden hindurch kommt. Bei deren Anhören steht dem Bruder fast das Herz still: »Ich kam einst hierher in diesen Wald«, beichtet ihm der böse Mann, »um zu töten, ganz so wie jetzt auch. Da kam ein ehrbarer Priester, dem beichtete ich. Der ging so neben mir her wie Ihr jetzt, und als ich gebeichtet hatte, zog ich das Messer heraus, das ich da bei mir trage, durchstiess ihn und stiess ihn über den Uferrand in den Rhein.« Bei diesen Worten und Gebärden des Mörders erbleicht der Diener. Ein solch tödlicher Schrecken fährt durch ihn, dass ihm der kalte Angstschweiss über Gesicht und Leib rinnt; er verzagt und verstummt; ein Schwindelgefühl erfasst ihn, und er blickt immer wieder neben sich, ob der Mörder nicht schon dasselbe Messer in ihn stosse und ihn über den Uferrand in den Fluss werfe. Da er vor Angst fast niedergesunken wäre und nicht mehr weiter kann, blickt er gar kläglich rückwärts wie ein Mensch, der gern dem Tod entronnen wäre. Die Frau sieht sein jammervolles Gesicht, läuft hinzu und fängt den Niedersinkenden in ihren Armen auf. Seuse lässt sich festhalten und Trost zusprechen: »Guter Herr, fürchtet Euch nicht, er tut Euch nichts.«

Der Beichtvater und Lehrer der Gelassenheit in den Armen einer Räuberbraut, »er zitterte am ganzen Leib wie einer, den das Fieber schüttelt.« Immerhin meint der Mörder: »Viel Gutes habe ich von Euch gehört, darum will ich Euch leben lassen.«[24] Abenteuer dieser Art sind, als Bedrohung von aussen, fast nichts gegen den Verdruss mit der eigenen Schwester. Dass sie das Kloster, in dem sie lebt, vorübergehend oder für immer verlassen will, ist zu der Zeit nicht verwunderlich. Die Klausurvorschriften, von Papst Bonifaz VIII. 1298 eingeführt, greifen erst langsam. Die Beginen, zu deren Aufgabe unter anderem die Betreuung der Kranken und Sterbenden, die Herstellung, Pflege und das Vorantragen von Kerzen gehört, erlauben sich teilweise ein recht freies Leben. Dabei haben sie es nicht leicht, zumal ihre Tätigkeit von den Zünften oftmals nicht gern gesehen wird. Nicht zu verwechseln mit den Beginen sind die Begarden, die Brüder und Schwestern vom freien Geiste, welche in der Ketzergeschichte eine erhebliche Rolle spielen.

Von Seuses Schwester berichtet die Vita, sie hätte sich nicht zu hüten vermocht und sei in Sünde gefallen. Ihrer klösterlichen Gemeinschaft entfremdet, sei sie weggelaufen, »er wusste nicht wohin«. Die schlechte Nachricht macht auch im Konvent der Dominikaner die Runde. »Der Diener erstarrte vor Leid, das Herz wollte ihm stille stehen, und er ging umher wie einer, der den Verstand verloren hat. (...) Er gedachte bei sich: Neues Leiden ist schon recht, aber hierin! Verzag nun nicht (...); opfere du deine zeitliche Ehre dem barmherzigen Gott, schieb alle menschlichen Beschämungen zur Seite, spring zu ihr in die Pfütze und heb sie auf!« An einem Wintertag, es ist abermals das Fest der heiligen Agnes (21. Januar), erhält er endlich Nachricht vom Aufenthalt seiner Schwester, die nun in einem kleinen Häuschen lebt. Er eilt zu ihr. »In der Nacht hatte es stark geregnet, und die Bäche waren angeschwollen. Als er über einen Bach springen wollte, verliessen ihn die Kräfte, und er stürzte hinein.« Mit letzter Kraft kommt er in der Wohnung der Schwester an, da fällt er gleich zweimal in Ohnmacht. Wie er wieder zu sich kommt, jammert er mit heiserer Stimme: »O weh, mein Gott, wie hast du mich verlassen!« Wie er wieder zu sich kommt, erholt er sich in den Armen der Schwester allmählich. Eine Situation wie bei der Räuberbraut.

Dies soll Seelsorge an der eigenen Schwester sein? Die Szene wirkt, obwohl sie nicht so gemeint ist, auf einigen Zeilen wie eine Satire. Die Schwester zeigt Einsicht. Doch spricht sie kaum von ihren Sünden: »Ach, welch beklagenswerter Tag brachte mich auf die Welt, dass ich nun Gott verloren und dir so grosses Leid verursacht habe! Darüber sollte mein unglückliches Herz stets Schmerz empfinden und Scham und immer seufzen! Du getreuer Retter meiner Seele, wenn ich auch deines Wortes und deines Anblicks nicht würdig bin, so erhöre mich doch in deinem treuen Herzen und bedenke, dass du Gott nicht treuer sein und ihm nicht dienest in besserer Weise als in einer verworfenen Sünderin und einem bedrängten Herzen. Gott hat dich allen erbarmungswürdigen Dingen gegenüber barmherzig gemacht, wie kannst du dann mir armer, preisgegebener Sünderin Erbarmen versagen, da ich Gott und der Welt zum Erbarmen geworden bin in dieser Stunde? Mich hat meine schwere Schuld gar rasch und ohne dass ich es merkte, der Verachtung aller Menschen preisgegeben. Was alle Menschen verwerfen und verabscheuen, das suchst du auf (…) dass du Gott an mir armer, schuldiger Sünderin ehrest und mir diese Missetat und diese Schlechtigkeit vergebest, die ich dir und meiner armen Seele zugefügt (…). Lass mich hier und dort deiner Hilfe stets bedürftig sein. Nichts Höheres begehrt mein Herz, als dass ich, obgleich ich nach Recht deine Schwester nicht mehr heissen oder sein kann, nur nach deinem Erbarmen deine verlorene Schwester sei, nach Recht aber deine wiedergefundene, errettete Bettlerin. Ach, wie erbarmt mich deiner, der du da bist, mich gegenwärtig siehst und dadurch leiden musst (…)«

Die Antwort des Dieners der ewigen Weisheit: »Heisse Tränen, brecht aus meinem vollen Herzen (…), Kind, einzige Freude meines Herzens und meiner Seele seit meinen Kindertagen, (…) komm und lass dich an das erstorbene Herz deines unglücklichen Bruders drükken. Lass mich das Gesicht meiner Schwester benetzen mit den bittersten Tränen meiner Augen, lass mich über mein gestorbenes Kind aufschreien und weinen. Ach, tausendfacher leiblicher Tod: kleines Weh, ach, Tod der Seele und der Ehre; grosses Weh. (…) Gern will ich dir das unermessliche Leiden vergeben, das ich durch dich gehabt und bis zu meinem Ende werde haben müssen und dir kräftig helfen, deine Missetat zu büssen und besser zu werden vor Gott und der Welt.« Danach, »unter unsagbarer Beschämung und grossem Aufwand und viel Mühe«, begibt sich die Verlorene wieder auf den Pfad der Tugend, geht in ein zuverlässigeres geistliches Haus und fällt nun durch wohlbehütete fromme Lebensführung bis an ihr Lebensende auf, »dass der Diener Gott und der Welt gegenüber durch sie für all den Schmerz und das Leiden, das er je erfahren, reichlich entschädigt wurde.«[25]

Ein vergessenes Kapitel der Literaturgeschichte zum Thema *Verkommene Söhne, missratene Töchter*, wie sie im gleichnamigen Buch von Peter von Matt (1995) konzipiert ist[26]. Ähnlich wie im Gedicht *Die Schwestern* von Annette von Droste-Hülshoff sind die Probleme des nicht missratenen Geschwisterteils, hier Bruder Heinrich, welchem die Elternrolle zugedacht ist, grösser als die der verkommenen Schwester. Für Seuses Lebensgeschichte ist das tatsächliche Befinden seiner Schwester in der Fremde beinahe bedeutungslos. Viel wichtiger ist die Schande für die Familie, und im Vordergrund steht der

Schmerz, den diese für den Bruder bedeutet. Die Schwester verhält sich therapeutisch. Sie nimmt alle Schuld auf sich, um dem Bruder aus seiner ohnmächtigen Traurigkeit, seinem Irresein, aufzuhelfen. Dafür ist die Rückkehr in ein Kloster, wenngleich ein für sie besser geeignetes, ein nicht zu kleiner Preis, zumal der Verlust des guten Rufes in der Fremde den Lustgewinn der Emanzipation aufhebt. Die Geschichte endet wie ein frommes Märchen: »Als der treue Bruder sah, dass sein Leid so zum Guten ausgeschlagen sei, empfand er Wohlgefallen und Freude und gedachte geheimnisvoller Fügung, wie alle Dinge dem Guten entgegenwachsen. So blickte er dankbaren Herzens auf zu Gott, und sein Herz zerging im Lobe Gottes.«[27]

Bei diesem Paradigma erscheint die Sünde, welches ihre Realität sonst immer sei, nur als Vorwand. Auf die Beziehung zwischen Bruder und Schwester kommt es an. Das Leiden aneinander. Dabei scheint es Seuse selbst nur zum kleinsten Teil klar, in welchem Ausmass hier der Seelsorger im therapeutischen Prozess zur Hauptperson geworden ist. Die Sorge um ihn selber fällt mehr ins Gewicht als das Schicksal der Schwester. Nicht die Sünderin, der Diener der ewigen Weisheit wirkt, bei genauerem Hinsehen, erbärmlich, in jedem Sinn des Wortes. Welches immer der sittliche Wert der Familie sein mag, bei vielen Mystikern und Mystikerinnen, grossen Heiligen, wohl sogar in der Lebensgeschichte von Jesus Christus selbst, gibt die familiäre Beziehung fatale Probleme auf. Bei den Seuse-Geschwistern ist der Eindruck besonders fragwürdig. Die heilige Familie ist eine auf Ikonen dargestellte Sehnsucht. Ohne Zweifel leben Seuse und seine Schwester, desgleichen die Mutter, in gegenseitiger Abhängigkeit, empfinden eine grosse Liebe füreinander. Aber Herzbruder Heinrich fällt es leichter, die Lehre von Meister Eckhart zu verstehen als seine eigene Schwester. Diese ist ihm weiter entgegengekommen als er ihr. Am nächsten steht ihm noch seine unglückliche Mutter. Sie betet, wie die heilige Monika, die Mutter von Augustinus, Patronin der Mütter ungeratener Söhne und Urbild der Priestermütter, viel für ihren Sohn. Da Seuse in Köln bei Eckhart weilt, offenbart sie ihm ihre Todesstunde, zum Zeichen der immerwährenden liebenden Verbundenheit in Gott. Der Kult des Leidens hat bei Seuse seinen tiefsten, wenn auch nicht letzten Grund in einer Schwermut aus familiären Wurzeln. Der letzte Grund mag, wie später bei Kierkegaard, in der Vorstellung der Gleichförmigkeit mit dem Leiden Christi liegen[28]. Dies heisst aber noch lange nicht, dass familiäre Probleme gelöst werden. Seuse, Kierkegaard, Kafka und unzählige Moderne haben das Leiden an Familie und persönlichen Beziehungen nicht in ihr Leben »integrieren« können, dieses mit enormer Sensibilität in einen künstlerischen Werk-Diskurs verwandelt. Bei Seuse finden wir ein schönes Beispiel der leidenden Mutter in der Situation der Gleichförmigkeit mit der Gottesmutter:

»Sie (Mutter Süs) hatte die Gewohnheit, all ihr Leid in das bittere Leiden des Heilands zu legen, und damit überwand sie ihr eigenes. Sie bekannte ihm vor ihrem Tod, dass sie in dreissig Jahren keine Messe besucht habe, ohne sich bitterlich auszuweinen aus herzlichem Mitleid, das sie mit unseres Herrn Leiden und seiner treuen Mutter habe, und sagte ihm auch, dass sie von der übergrossen Liebe, die sie zu Gott gefühlt, einst erkrankt sei und wohl zwölf Wochen zu Bett gelegen habe, von schmerzlichem Verlangen nach Gott ergriffen und dahinwelkend, dass es den Ärzten offenbar wurde und sie sich ein gutes Beispiel daran nahmen.«[29] Die Ärzte also haben von diesem Leidexempel einen grösseren Gewinn, als die Kranke es von der Therapie haben könnte! »Sie ging einst zu Beginn der Fastenzeit in das Münster, wo die Abnahme des Heilands vom Kreuz in Holz geschnitzt auf einem Altar steht, und vor diesem Werk überkam sie, wie weiss ich nicht, in mitfühlender Weise der grosse Schmerz, den Gottes liebe Mutter unter dem Kreuz litt. Und davon erfasste die gute Frau ein solcher Schmerz vor Erbarmen, dass ihr das Herz im Leibe fast zerbrach (...)« Die Mutter stirbt am Karfreitag, zu der Zeit, da im Münster die Leidensgeschichte Jesu verlesen wird[30].

Aus diesem Grundmuster der leidenden Gottesmutter, Seuses Ur-Szene, ist das weitverbreitete *Büchlein der ewigen Weisheit* zu deuten, eine Programmschrift volkstümlicher Leidensmystik. Die Substanz davon ist, in den Klöstern wie auch im Umfeld der Gottesfreundebewegung, in die Seelsorge eingegangen, auf diese Weise auch Klaus von Flüe nicht vorenthalten geblieben. Seuses Pietà: »Wie mütterlich ich da seine toten Arme empfing, (...) und als er mir herabgereicht wurde, wie innig lieb ich ihn, also tot, mit meinen Armen umfing, das einzig auserwählte zarte Lieb an mein mütterliches Herz drückte und seine blutig frischen Wunden, sein totes Antlitz durchküsste, (...) das in eine gar wonnigliche Schönheit verwandelt war, das können alle Herzen nicht ausbetrachten.«[31]

Aus dieser ästhetisch empfundenen und verwandelten Leidensschau heraus wird der Diener der Ewigen Weisheit zum wortreichen Ideologen: Das »süsse Saitenspiel der wohl gespannten Saiten eines gottleidenden Menschen« nimmt sich aus der Sicht der ewigen Weisheit so aus: »*Leiden ist vor der Welt eine Verworfenheit; es ist aber vor mir eine unermessliche Würdigkeit. Leiden macht mir den Menschen liebenswert, denn der leidende Mensch ist mir ähnlich.*

Leiden ist ein verborgenes Gut, das niemand vergelten kann, ja wenn ein Mensch hundert Jahre vor mir kniete um ein freundlich gewährtes Leiden, es wäre unverdient.

Es vermindert Freunde und vermehrt Gnade. Der muss von aller Welt gänzlich verleugnet und verlassen werden, dessen ich mich freundlich annehme.

Eja, wie war so mancher Mensch ein Kind des ewigen Todes (…)Leiden lässt den Menschen sich selber erkennen, in sich selber stehen, seinen Nächsten glauben.

Ich schüfe eher Leiden aus nichts, ehe ich meine Freunde ohne Leiden liesse, denn im Leiden werden alle Tugenden bewährt, der Mensch wird geziert, der Nächste gebessert, Gott gelobt. (…) Geduld im Leiden ist ein lebendiges Opfer (…). Es war nie ein so grosses Gaffen auf einen wohlturnierenden Ritter, als das ganze himmlische Heer schaut auf einen recht leidenden Menschen. (…) Geduld im Leiden ist grösser als Tote erwecken oder andere Wunder tun.«[32]

Wer das Leiden solchermassen lobpreist, dem geht es noch schlechter, sollte er einmal davon verschont bleiben. Bei der Visitation eines Frauenklosters wird er von den geistlichen Töchtern gefragt, wie es ihm gehe. Seine Antwort: »Ich fürchte, nicht gut«, teilt er den Nonnen durch das Sprechgitter mit, »es ist nämlich bereits vier Wochen her, dass weder mein Leben noch meine Ehre gegen meine alte Gewohnheit von jemandem angegriffen worden ist, und ich fürchte, Gott habe mich vergessen.« Zum Glück trifft dann gleich eine Hiobsbotschaft ein. Ein Burgherr trachte ihm nach dem Leben. Er hätte nämlich dessen Tochter zu einer abgesonderten Lebensführung veranlasst, »die man den Geist nennt, und die in gleicher Weise leben, die nennt man die freien Geister und das sei (…) das verkehrteste Volk auf Erden.« Ein anderer wirft Seuse vor: »Er hat mir eine Frau, die ich liebe, abspenstig gemacht, sie zieht jetzt den Schleier vors Gesicht und will mich nicht mehr anblicken; sie will nur noch in ihr Innerstes schauen; das soll er mir büssen.« Eine bedrohliche Nachricht dieser Art stellt beim Diener der ewigen Weisheit das verlorene seelische Gleichgewicht wieder her[33].

Aus Seuses Sicht muss es ein Ausbund einer üblen Nachrede sein, wenn man ihm unterstellt, er werbe für die Brüder und Schwestern vom freien Geiste. Das bedeutet einen diffamierenden Verdacht auf

Sektiererei in fundamentalistisch übersteigerter Nachfolge von Meister Eckhart. Dass aber seine Leidenspredigt für Frauen seiner Generation attraktiv ist, ist kaum zu bestreiten. Für intelligente, hochsensible und oft auch kränkliche Töchter aus guten Familien wirkt der Diener der ewigen Weisheit wie ein Apostel der Befreiung, ein charismatischer Vermittler der Sinngebung für Menschen, die ein Wort des Trostes bitter nötig haben.

Für ein gesegnetes Leben muss man weder verheiratet noch gesund sein. Auch für die Plagen und Schikanen des klösterlichen Alltags bringt die Leidenspredigt mannigfaltige Entschädigung. Es hiesse jedoch Seuse falsch einschätzen, wollten wir ihm Unkenntnis der geistlichen und geistigen Gefahren des Leidens unterstellen. Im vierzigsten Kapitel der Vita steht die Warnung, man finde »manch eitles Leiden ohne Trost, wie die es haben müssen, die der Welt nach weltlicher Weise dienen wollen. Sie müssen in gar harter Weise sich die Hölle verdienen, während ein nach Gottes Willen leidender Mensch sein Leiden als Hilfe gebrauchen könne (...)« Man finde auch Menschen, die keine Leiden hätten ausser denjenigen, die sie sich selbst bereiten, indem sie das für gross veranschlagen, was nicht für gross zu halten sei. Seuse bringt das Beispiel einer Klosterfrau, die eine verlorene Nadel nicht hätte wiederfinden können und daraus ein Leidensdrama mache[34]. Da gibt er sich als mahnender Seelsorger, wiewohl seine eigenen Leiden durchaus nicht immer eine gravierendere Ursache haben. Die Schriftsteller, die das Leiden zum Hauptthema ihres Schaffens machen, im neunzehnten Jahrhundert Schopenhauer, in der Schweiz von heute Hermann Burger mit seinem Spätwerk, bezahlen ihre Fähigkeit, vom Leiden zu schreiben, häufig mit einer überdimensionierten Portion gefährlicher Hypochondrie[35]. Diese bedeutet ihrerseits ein Leiden.

Es bleibt eines der Verdienste der Leidens-Ideologie, auf das Leiden der Tiere aufmerksam zu machen. Dazu Heinrich Seuse: »Herr, ich will geschweigen der Menschheit: denn aller Tierlein und Vöglein und Gottes unscheinbarer Kreaturen Mangel und Trauer, so ich das sah und hörte, ging mir an mein Herz, und so ich ihnen nicht helfen konnte, bat ich den obersten milden Herrn, dass er ihnen helfe.« Diese Sensibilität der Kreatur gegenüber gilt bei Seuse, wie bei Franz von Assisi, auch für die Pflanzen. Seuse bricht keine Blumen, Franz fällt keinen Baum, will das Feuer nicht kränken, dem Wasser nichts zuleide tun. »Das sind«, kommentiert Reinhold Schneider, »letzte Folgerungen aus dem von Christus gestifteten

Verhältnis zur Welt.«[36] Diese Konsequenzen sind noch kaum in die Praxis der christlichen Weltanschauung eingegangen.

Der Lobpreis des Leidens als »Konzept der Gleichförmigkeit mit dem leidenden Christus« (Alois M. Haas)[37] ist im Hinblick auf die Nachwirkung so wenig das ausschliessliche Erbe Seuses wie die verführerische Predigt der Weltflucht. Aber dieser hat solcherlei Gedanken wie kein zweiter im süddeutschen Raum populär gemacht. Dafür zeugt die weite Verbreitung des *Büchleins der ewigen Weisheit*. Dort ist, bis in die Satzformen hinein, ein Diskurs der Hingabe geführt, wie er bei den Nonnen und später beim Eremiten in Obwalden nachvollziehbar ist. Einfachheit und Wiederholbarkeit bei höchster Intensität prägen einen spirituelle Redeweise, die auch von Menschen übernommen und weitergeführt werden kann, die weniger gebildet und belesen sind als die grossen Meister der Mystik. Im Vordergrund steht die Anrede Gottes in der Beziehung, Ich und Du, wie sie nun in die Seelsorge eingeht. Dies bedeutet einen neuen Umgang der Menschen mit sich selbst. Dass Eckhart von Hochheim mit seiner gewagten Predigt der Gottesgeburt in der Seele Schwierigkeiten mit der Obrigkeit bekommen hat, liegt eher in dieser Wirkung auf das Ich, in Richtung von Luthers »Freiheit eines Christenmenschen«, als in der gewagten dogmatischen Randposition. Eckharts Spekulation, bei den Gebildeten von hoher Erweckungskraft, findet über Seuse, in der dialektischen Radikalität gemildert, im Gefühlsinnigen gesteigert, im süddeutschen Raum den Weg zu den einfachen Gläubigen. Nicht die Leidensideologie, sein queres Heldentum mit den bekannten Blamagen, hingegen der Diskurs der Hingabe, wie Seuse ihn mit dichterischer Kraft volksnah zu führen versteht, macht den Diener der ewigen Weisheit zu einem wahrhaft seligen Mann. Das Heilige, wie er es realisiert, ist Herzenskraft, überfliessend ins Wort. Im letzten Grund kommt der Diskurs der Liebe zur Entfaltung. Ein Äusserstes, wozu der Mensch fähig wird, sofern zuvor eine noch mächtigere Liebe ihn je schon ergriffen hat. Diese nennt Bruder Heinrich »die ewige Weisheit«. Sie spricht zu ihm:

Wer sein Lieb selber hat, wem hat der nachzufragen?
Wer sich selbst gibt, was hat der versagt?
Ich gebe mich dir und nehme dich dir und vereine dich mit mir.
Du verlierst dich und wirst verwandelt in mich[38].

Für Ernst Ludwig Rochholz (1809–1892) ist dies schon die Vorform des bekannten Bruder Klausen-Gebetes[39]. In formaler Hinsicht geht diese Behauptung zu weit. Inhaltlich liegt die Fortführung einer Thematik vor, welche schon beim Kirchenvater Augustin zu finden ist, bei Thomas von Aquin in Gebetstexte eingeht und bei Mechthild von Magdeburg sich aufs äusserste steigert[40]. Es macht einen Unterschied, ob im Rahmen herkömmlicher christlicher Katechese einfach das Vaterunser, das Avemaria und das Glaubensbekenntnis gemurmelt werden oder ob das betende Herz sich unmittelbar selber an Gott und über Gott auf sich selber wendet im Sinne dessen, was Seuse »den Kehr« nennt[41]. Findet die christliche Seele ihr persönliches Gebet, verändert sich dann auch der Vollzug des Vaterunsers und der anderen Gebete der Kirche. So wird herkömmliches Beten zu einem Teil des inneren göttlichen Diskurses. In Menschen, welche diesen »Kehr« erfahren, wird Gott neu geboren.

In diesem Sinn gilt es einen Text zu betrachten, dessen Autorschaft nicht geklärt, aber für immer mit dem Namen von Bruder Klaus verbunden bleibt. Präziser: Die Susonische Tradition, wie sie in Klaus von Flüe ihren Ausdruck und ihre Vollendung findet. Eine Schlichtheit auf der Ebene des Vollzugs, welche den Konstanzer Meister in dem Mass übertrifft, wie der Gottesfreund seinen angeblichen Lesemeister Johannes Tauler.

Bruder Claussen gewonliches Gebeth:
O myn got unde myn herre nym
mich mir und gyb mich gancz zcu eygen dyr
O myn got unde myn herre nym von mir
alles das mich hyndert gegen dir
O myn got unde myn herr Gyb myr
alles das mich furdert zcu dyr Amen (EB 209)

Dieser Text, in der ältesten schriftlichen Fassung in Oberhessen/ Thüringen aufgezeichnet, wird auch *Bruder Niclausen gebett, Sein gebet war under andern, Sin Spruch* oder *Bruder Klausen-Gebet* genannt[42]. Die meisten Fassungen stammen aus dem sechzehnten Jahrhundert. Nach Heinrich Stirnimann, dem wir hier folgen, ist der Hauptstrang der Rezeption bei Vertretern und Anhängern der Reformation zu finden, darunter Sebastian Frank, Bovillus, Johannes Stumpf und Heinrich Pantaleon. Eine gewichtige katholische Rezeption setzt erst 1586 mit Petrus Canisius ein. Am Beispiel des Bruder Klausen-

Gebetes lässt sich eindrucksvoll zeigen, wie der Weg der Mystik von Seuse über Bruder Klaus in die protestantisch-evangelische Spiritualität der Neuzeit führt. Errungenschaften dieser Spiritualität werden von der Gegenreformation übernommen, und Seelsorger wie Canisius erfassen, in welch hohem Ausmass das Attraktive am protestantischen Gedankengut über Bruder Klaus gleichsam aufgefangen werden kann. Für die katholische Propaganda wird dies für Jahrhunderte bedeutsam. Das »Protestantische« bei Bruder Klaus gerät deshalb zeitweilig in Vergessenheit. Viele evangelische Christen in der Schweiz halten, fälschlicherweise, die Tradition von Klaus von Flüe für eine konfessionell-katholische Angelegenheit. Im Sinne seines Gebetes ist er aber keineswegs »katholischer« als Martin Luther. Ohne Klaus von Flüe ist die Tiefenstruktur des Protestantismus möglicherweise nicht zu verstehen.

Das Bruder Klausen-Gebet hat mannigfache Abwandlungen erfahren. Steht in der Urfassung die absolute Hingabe im Vordergrund, hat sich in der Seelsorge eine Art Dreiweg durchgesetzt, in welcher zunächst die Askese, dann der Gewinn daraus und zuletzt die Vereinigung der Seele mit Gott hervorgehoben werden:

Mein Herr und mein Gott,
nimm alles von mir,
was mich hindert zu dir.

Mein Herr und mein Gott,
gib alles mir,
was mich fördert zu dir.

Mein Herr und mein Gott,
nimm mich mir
und gib mich ganz zu eigen dir[43].

Wie dieses Gebet zum Eremiten vom Ranft gekommen sein könnte, ob er in einigen Formulierungen sogar selber dazu beigetragen habe, ist Gegenstand umfangreicher Erörterungen. Diese sind bereits geführt worden. Der Seuse-Tradition entspricht eine Einsiedler Handschrift von 1482: »Min herz, züh mich zu dir unn benime mich mir und allen creaturen und veraine dich mit mir.« Das »nim mich mir« findet sich schon bei Gertrud von Helfta (1256–1302), genannt die Grosse. Und in einer Engelberger Handschrift wird ein Gebet des heiligen Thomas von Aquin, *das er teglich sprach mit andacht,* deutsch wiedergegeben, darunter die Zeile: »Nichts mich erfreue *denne das mich fürderet zu dir*«. Bei Augustin, in den *Bekenntnissen,* ist die Rede davon, im eucharistischen Christus werdest »du in mich verwandelt«[44]. Im gesamten Diskurs liegt ein transitives Verhältnis von Ich und Du vor, aber bei keinem anderen Autor ist es direkter formuliert als bei Seuse: *Ich will dich nu dir selber nemen*[45]. Der Unterschied liegt zur Hauptsache in der Perspektive. Bei Seuse spricht die ewige Weisheit, im Bruder Klausen-Gebet bittet der Mensch um das, was die ewige Weisheit ohnehin verfügen will. Ein Gebet um Gelassenheit.

Nach allem, was wir wissen, wiederholt der Eremit dieses Gebet unablässig, zirkuliert es früh in seinem Namen. Ob es ihm sein gelehrter Miteremit Bruder Ulrich, seine Seelsorger Isner oder Amgrund oder vielleicht sogar der unbekannte Dominikaner von 1469 zugetragen hat, ist möglich, aber nicht sicher. »Autorschaft« hat kaum je eine unmodernere Bedeutung als im vorliegenden Fall. Ohne zu viel behaupten zu wollen, mag man es wie folgt auf den Punkt bringen:

– Das Bruder Klausen-Gebet ist die bei weitem kürzeste und einfachste Form, die mystische Lehre der Eckhart, Tauler und Seuse für Laien nachvollziehbar zu machen.

– In diesem Gebet gibt es weder Spekulationen noch Erörterungen, es enthält auch keine Philosophie. Jedes Wort ist reiner Vollzug, der Sprechakt ist linguistisch gesehen eine Proferation, Darbringung, eine Hingabe in Wort und Satz. Dieses Gebet ist so einfach wie ein schlichtes: »Ich liebe dich.«

– Im Bruder Klausen-Gebet ist der Unterschied zwischen den geistigen Anforderungen hoher Mystik und populärer Gottesfreundschaft aufgehoben.

– Das Gebet wird dem Manne zugeschrieben, der es mit seiner Existenz am stärksten gelebt hat. In Analogie zum Sohne Gottes: Jesus Christus müsste auch dann als Autor des Vaterunsers gelten, wenn die Bibelphilologie einen Vorläufer ausmachen könnte.

– Wie Jesus Christus auf einzigartige Weise als Sohn Gottes gilt, ist Klaus von Flüe zumindest ein überragendes Beispiel für einen »Freund Gottes«. Im Vergleich zum Leben Seuses verkörpert Klaus den Gedanken der Gottesfreundschaft schlicht und im ganzen weniger widerspruchsvoll. Dies schliesst Anfechtbarkeit nicht aus.

– Ein Heiliger im christlichen Sinn ist, wer das Gebet von Bruder Klaus nicht nur spricht, sondern es mental und lebensmässig verwirklicht. Soweit dies bei Klaus von Flüe der Fall ist, lebt er als der Heilige schlechthin. Kanonisation durch die Kirche, Wunderheilungen und dergleichen lenken von dieser »phänomenologisch« gegebenen Heiligkeit eher ab.

Bekanntlich hat sich die katholische Kirche schwer damit getan, Klaus von Flüe in den Kanon ihrer Heiligen aufzunehmen. Heinrich Seuse, 1831 seliggesprochen, würde es derzeit wohl kaum mehr schaffen. Zu viele Ungereimtheiten finden sich in seiner Lebensgeschichte, auch im Zusammenhang mit Frauen. Trotzdem ist er stärker als jeder andere für viele Generationen der wahre Herzbruder und Lehrer der Gottesfreunde. Ausführlicher und differenzierter als Laienmystiker wie Merswin vermag er in Worte zu fassen, worauf es bei der Suche nach wahrer Gelassenheit ankomme. Die Betrachtung des Leidens würdigt er als »das Tor, das alle wahren Gottesfreunde durchschreiten müssen«[46]. Dabei wird Seuse genau so wie seinem »lieb heiligen Sant Thomas«[47] klar, Gott sei jedem Ding innerlicher und gegenwärtiger als dieses sich selbst. Auch dieser Gedanke führt zum Bruder Klausen-Gebet. »Nichts Schmerzvolleres und Nützlicheres gebe es für den Menschen, als dass er in Gelassenheit vor Gott in Geduld den eigenen Willen aufgebe und so sich Gott um Gottes Willen überlasse.«[48] Eindrucksvoll schildert das neunzehnte Kapitel der Vita die hohe Schule der Gelassenheit: »Je weniger man hier tut, umso mehr hat man in der Wahrheit getan.«[49] Paradoxerweise wird grosse Mystik gerade aus dieser Einstellung heraus wirkmächtig, nicht nur karitativ, in nicht wenigen Fällen auch politisch. »Gott ist mit dir und wird dich in keiner Not verlassen: darum hör nicht auf, weltliche Menschen zu Gottes Liebe zu führen!«[50] In diesen Worten deutet sich die Kraft der Innerlichkeit an, wobei im Hintergrund schon bald wieder die Gefahr des Übereifers lauert. Hier den richtigen Takt zu finden, ist Ausdruck heiligen Lebenswandels.

Für die Gottesfreunde hat Seuse einige Regeln aufgestellt, denen man den Sinn für das gesunde Mass nicht absprechen wird, so gemäss dem 49. Kapitel der Vita:

Wenn du unter Menschen bist, lass alles abgleiten, was du siehst oder hörst, und sei mit deinen Gedanken nur bei dem, was sich dir im Inneren gezeigt hat. Bemühe dich, deiner Vernunft in den Werken den ersten Platz einzuräumen, denn von dem zu schnellen Vordringen der Sinne kommt alles Übel.

Gott will uns nicht der Freude berauben, er will in uns Verlangen nach seiner Fülle erwecken.

Wo man ein Bild oder eine Person liebt, liebt Unwesenhaftes das Unwesen-

hafte. (...) Im Innern des Menschen gibt es irgend etwas Einfaches; da liebt der Mensch nicht die Gegenwärtigkeit des Bildes, sondern das ist dort, wo der Mensch und er selbst und alle Dinge eins sind.

Der Mensch kann die Dinge nicht verstehen. Verhält er sich abwartend, so verstehen die Dinge ihn.

Wem Innerlichkeit auch im Äusseren zuteil wird, dem wird Innerlichkeit im stärkeren Masse zuteil als dem, welchem Innerlichkeit nur im Innerlichen gegeben wird.

Ein gelassener Mensch muss dem Geschöpflichen entbildet, in Christus neu gebildet, in der Gottheit überbildet werden.

Verharre auf nichts, das nicht Gott ist[51].

In diesen Maximen gibt es einige erstaunlich modern anmutende Gedanken, etwa den über die Gefahren des Bildes im Diskurs der Liebe. Das Bild, das wir uns von einem geliebten Wesen machen, steht zur Überwindung an. Max Frisch schreibt in seiner berühmten Tagebuchstelle von 1946 kaum etwas, was als Grundgedanke nicht schon bei Seuse angetönt wäre[52]. Im 51. Kapitel der Vita warnt der geistliche Vater Elsbet Stagel ausdrücklich vor einem falschen Bild von Gott. Vor allem der furchtbare Gott sei zu überwinden: »Von diesem Gott hat er sich befreit: Er fasst ihn auf als ein herzliches, liebwertes Lieb, vor dem die knechtische Furcht abgefallen ist, wie Paulus sagt.«[53] Da erreicht Seuse als Seelsorger ein hohes Niveau. Die Frage muss erlaubt sein, ob die christliche Theologie seither grundsätzlich Fortschritte gemacht habe. Vom Diener der ewigen Weisheit stammen nicht nur viele der geistigen Grundlagen für die Gottesfreundebewegung. Auch das Visionsleben wird mächtig bei ihm vorgeprägt. Bekannt und von hoher spiritueller Zartheit sind Seuses Rosenvisionen. Diese entsprechen den Lebenserfahrungen des ehemaligen Kriegers aus Obwalden weniger als die apokalyptische Pilgervision, in welcher der Sohn eines Thurgauers Bruder Klaus teilweise zum Vorbild geworden ist.

In seiner Vision erschien ihm (Seuse) *ein armer und fremder Pilger, draussen stehend und mit einem Stab in der Hand, voller Not und Armut. Neben ihm erschienen die Ruinen wie von einer uralten Stadt, deren Mauern und Gebäude einst aufs eindrücklichste mit Türmen und Gräben, Toren und Schlössern und andern Befestigungsbauten gesichert waren. Aber die Einwohner waren nachlässig; ein Teil der Stadt war durch feindliche Angriffe zerstört worden, ein anderer Teil durch die Fahrlässigkeit der Bewohner zusammengebrochen. Der Teil, der übriggeblieben war, bedrohte die Ruine; hier und da wurden Brüche sichtbar. In der Stadt traten Tiere auf: Meerungeheuer mit menschlicher*

Gestalt, von denen der um Hilfe bittende Pilger mit Verachtung zurückgewiesen wurde; und jene, die ihm helfen wollten, wurden von einigen von ihnen daran gehindert. Verwirrt, erschreckt und weggeschickt von ihnen, ging er weg und »rief Himmel und Erde zu Zeugen an« (1 Mach 2,37). Ich, der hier sprechende Schüler (der Weisheit) *habe es gesehen und ich bitte dich, o ewige Weisheit, mir dessen Bedeutung aufzuzeigen, da du alle Mysterien und alles Verborgene kennst*[54].

Beim Vergleich dieser Pilgervision mit der späteren von Klaus von Flüe stimmen die Angstaspekte überein, das Drama des Weltzusammenbruchs. Stärker als bei der Schauung von Klaus wird die Berufung des »sprechenden Schülers« zum Zeugen hervorgehoben, dem jedoch der ausreichende Durchblick fehlt. Doch ist der Pilger kein faszinierender, erotisch ausstrahlender Mann, bloss ein armer Fremdling. Der Schüler der ewigen Weisheit scheint nicht mit dem Grad der Begnadung ausgestattet zu sein, welcher offenbar Bruder Klaus vorbehalten bleibt. Eine Errungenschaft Seuses scheint die Sensibilität, womit er seine Verletzlichkeit, die sich im Bild des Hautlosen[55] ausdrückt, emotionell anrührend in Worte fasst und exemplarisch für andere Menschen, vor allem Nonnen, zu vermitteln versteht. In der Betrachtung des Leidens Jesu gelingt es ihm, weltverlorene Subjektivität in ein »christförmiges Ich«[56] umzuwandeln und dergestalt Halt zu finden und Halt zu gewähren. Der Ratschlag von Klaus von Flüe an die Berner, allezeit das Leiden Gottes in ihren Herzen zu tragen, es sei des Menschen grösster Trost an seinem letzten Ende, scheint bis in die Formulierung hinein von Seuse vermittelt: »Wer immer ewiges Heil und grosses Verdienst haben möchte, (…) einen sicheren Weg gehen möchte, (…) der muss unaufhörlich dich, Jesus, als den Gekreuzigten in seinem Herzen tragen«, schreibt der Diener der ewigen Weisheit im *Horologium Sapientiae*[57]. In dem Sinn bleibt er, auf geheimnisvolle Weise, der brüderliche Lehrer der Gottesfreunde im süddeutschen Raum und damit auch der beiden Männer, Bruder Klaus und Bruder Ulrich, welche die Melchaaschlucht in Obwalden zu ihrer ägyptischen Fremde erwählen.

Aus dem seligen Leben der Schwestern von Töss

Ich schwebe in der Gottheit
wie ein Adler in der Luft.
Elsbet Stagel

Unter dem weisswollenen Rock mit schwarzem Skapulier, Mantel und Schleier geht dem Teufel die Arbeit nie aus. Die Schwester Ita von Tengen aus dem Dominikanerinnenkloster Töss lockt er in den Fluss[1], Ita von Hohenfels in Ötenbach beim Lindenhof in Zürich versteckt er das Kopftuch. Und Subpriorin Elsbet von Beggenhofen, eine gelehrige Schülerin von Meister Eckhart, vernimmt drunten in der Trotte, wo man den Wein keltert, eine fürchterlich Stimme: Das hast du davon, wenn du dich *dick lüstlich* betrinkst![2]

Elsbet Stagel, die Tochter des reichen Inhabers der Fleischbank am Neumarkt in Zürich, ist für höhere Anfechtungen auserlesen. Sie vertieft sich in die Schriften von Meister Eckhart, die ihr schwer verständlich erscheinen. Ausserdem lässt sie sich von Heinrich Seuse, ihrem Beichtvater aus Konstanz, mit Altvätersprüchen versorgen. Die feingebildete Frau soll den Fortschritt in der Gelehrsamkeit nicht überschätzen: »Sich lauter halten bringt mehr Weisheit ein als viel studieren. *Theodorus*«[3]. Eine spirituelle Freundschaft darf man aber nicht mit einer persönlichen Liebesbeziehung verwechseln. »Es bat eine Frau einen Altvater«, vermittelt Seuse via *Arsenius* »er möge im Gebet ihrer gedenken. Er antwortete ihr: Ich bitte Gott, dass er dein Bild aus meinem Herzen tilge.«[4]

Der Gesundheitszustand von Schwester Elsbet lässt immer mehr zu wünschen übrig. Findet sie in ihrer Krankheit Trost im vielgerühmten Wort des lieben heiligen Meisters Eckhart, wie Seuse ihn nennt? Gott lasse, so das *Buch der göttlichen Tröstung*, nie eine Krankheit zu, es sei denn zum Besten des Patienten. Wolle Gott, dass man krank sei, solle man aufhören, um Gesundheit zu beten[5]. Seuse hält seiner geistlichen Tochter das Beispiel der heiligen Eremitin Syncletica vor Augen. Die Frau aus dem Altväterumfeld: »Wirst du krank, so freue dich; denn Gott hat deiner gedacht. Wirst du kraftlos, so schiebe das nicht auf dein Fasten. Denn die, welche nicht fasten, erkranken auch.«[6] Zum Beispiel die Liebhaberinnen des Weines? Da halte man sich besser an Altvater Helias: »Eine bleiche Gesichtsfarbe, ein abgezehrter Leib und demütige Lebensführung stehen einem geistlichen Menschen wohl an.«[7]

Sprüche, nichts als Sprüche? Die Metzgertochter nimmt sich in Töss zu Herzen, was der Meister aus Konstanz ihr schreibt. Trotz ihrem angeschlagenen Gesundheitszustand plagt sie sich zusätzlich mit härenen Hemden, Stricken und furchtbaren Banden, schreckt vor dem Gebrauch spitzer eiserner Nägel auf ihrer Haut nicht zurück. Noch scheint sie nicht in der Lage, sich die Texte der Altväter im richtigen Geist anzueignen. Seuse muss zu Mass und Zurückhaltung mahnen. Über einen Boten lässt er mitteilen: »Unterlass derlei übertriebene Strenge. Dies ziemt sich der Schwäche der Frau nicht und deiner wohlgeordneten Natur. Ein langes Leben ist für deinen Körper wichtiger. Solch ein strenges Leben und solche Vorbilder sind für jene gedacht, die ihre widerspenstige Natur zu ihrem ewigen Schaden mutwillig gebrauchen.«[8] Nicht wenige Schwestern in Töss disziplinieren sich auf diese Art, so dass ihr Schreien greulich anzuhören ist. Der schreibenden Schwester aber wäre eine solche Praxis nicht angemessen. In dem Sinn sind die Vita von Seuse wie auch diejenige seiner geistlichen Tochter exemplarisch zu lesen als Beitrag zur Verwesentlichung des geistlichen Lebens.

Elsbet hat genug zu leiden. Als »schwer leibskranker Mensch« bleibt sie, gemäss ihrer Lebensgeschichte, »siech, dürr, dürftig bis zu ihrem Tod«[9]. Der ernste Gesundheitszustand der Freundin macht Seuse mit der Zeit grosse Sorgen. Es hat sich eine Zusammenarbeit entwickelt, die das übliche Mass autoritärer Seelsorge auf partnerschaftliche Weise übersteigt. Wie kaum ein Mensch des Mittelalters bringt Seuse es fertig, die liebende Zuwendung von Frauen in sein Lebenswerk zu integrieren: Mutter, Schwester, Freundin, geistliche Tochter. Seuse lässt sie Gott so lieben, dass sie, wenn sie Gott lieben, seinem Lebenswerk zu Diensten stehen. Nun aber ist Elsbet gesundheitlich derart auf die Probe gestellt, dass alles auf dem Spiele steht. »Liebe Tochter«, schreibt der Diener der ewigen Weisheit, »Gott hat damit nicht allein dich getroffen, sondern in dir auch mich; denn ich habe niemanden mehr, der mir mit solchem Fleiss und mit solcher frommer Zuverlässigkeit hülfe, meine Bücher zu beendigen, wie du es tatest, so lange du gesund warst.«[10]

Seine Gelassenheit findet ihre Grenze fast immer dann, wenn ihn im Leben selber Unannehmlichkeiten heimsuchen. Ohne Elsbet, so empfindet er, kann er sein Lebenswerk, das *Exemplar*, nicht vollenden. Wie soll es ohne die begabte Mitbeterin und Mitarbeiterin weitergehen? Es bleibt nicht bei diesen sorgenvollen Zeilen. Ein Mann wie Bruder Heinrich glaubt, er stehe mit Gott persönlich und gewissermassen ganz privat in Kontakt. Da wird er sich wohl mal etwas herausnehmen dürfen. Das Leiden seiner geistlichen Tochter erfüllt ihn mit Wut. Wo bleibt da die Gelassenheit, was gilt noch die Lehre von Meister Eckhart über das Annehmen der Krankheit? Stärker als der Meister aus Köln gibt Seuse seinen subjektiven Widersprüchen Raum. Wer sich immer nur gelassen gibt, weiss vielleicht nicht, was wahre Gelassenheit bedeutet. Da muss man auch mal Gott lassen. Frater Amandus, der Lobredner des Leidens, tritt um des Leidens einer Frau willen gegen den Herrgott in den Streik. Er droht dem Allerhöchsten, nie mehr ein Buch über die göttliche Liebe zu verfassen. Aber heisst das wirklich, Gott um Gottes Willen zu lassen? In kindischem Trotz setzt er den Morgengruss an den Herrn Jesus Christus aus, solange Gott nichts zur Gesundung der Freundin unternehme. Stumm setzt er sich in der Kapelle nieder. Die Sinne schwinden ihm, wie damals, bei der Betrübnis über seine leibliche Schwester. Da ist es ihm, Engel sängen ein himmlisches Lied, fragten ihn, warum er so traurig sei und nicht in ihren Gesang einstimme. Seine Antwort: Weil Gott mir die Bitte um Gesundung meiner geistlichen Tochter nicht erhört!

Die Engel legen ihm nahe, sich fernerhin nicht mehr so zu benehmen. Die Krankheit sei zu Elsbets Bestem über sie verhängt. »Darum, meine Tochter«, schreibt er ihr nach Töss, »bleibe geduldig und nimm dein Leiden auf dich, als freundliche Gabe des liebevollen Gottes.«[11] Sind sie jetzt wieder zufrieden miteinander, Seuse, Eckhart und Gott?

Und welch schöner Krankheitsgewinn! Eine Visitation und damit ein Krankenbesuch in Töss ist angesagt, auf dass der geistliche Vater der Patientin etwas erzähle von »erbaulichen Dingen, die nicht gar so ernst und auch für einen frommen Sinn erfreulich zu hören sind.« Heilige Freundschaft erfordert nicht, dass man sich unter vier Augen treffe. Die spätere Losung der heiligen Theresia von Avila »Tue nie etwas, das du nicht vor allen sagen kannst!«[12] gehört zu den unausgesprochenen Regeln im Kloster. Bei Besuchen ist eine Anstandsdame dabei, die sogenannte Fenstrerin. Eines der ehrwürdigen Ämter der Konventualinnen neben der Kellerin, der Kornmeisterin, der für die Kranken besorgten Siechenmeisterin, der Küsterin, der Vorsängerin, der Buchmacherin und anderen. Als Fenstrerin kommt nur eine besonders vertrauenswürdige und verschwiegene Schwester in

Frage. Als Gesellschaftsdame wird Elsbets Zürcher Mitschwester Elsbet Schäfli genannt. Eine mystisch begnadete Frau, die jedoch etwas sauertöpfisch dreinblickt. Sie leidet nämlich unter starkem Wurmbefall[13]. Die meistgerühmte Fensterfrau in der Tösser Klostergeschichte ist eine ehrwürdige Frau aus Unterwalden, eine einsame Schwester ohne bevorzugte Freundinnen. Sie kennt keinen anderen Trost als den Herrn Jesus Christus. Ihr Ansehen ist zu Lebzeiten wie auch nach ihrem Hinschied, da sie in den Kirchen von Veltheim und Bülach bis zur Reformation als Heilige verehrt wird, höher geschätzt als das der Schriftstellerin und Seuse-Gefährtin: *Mechthild von Stans.* Am wahrscheinlichsten gehört sie dem Adelsgeschlecht der Meier von Stans an. Der Nidwaldner Landammann von 1331, Hartmann von Stans, Inhaber des Turmes von Stans, heute Höfli oder Rosenburg, wird ihr Neffe oder Grossneffe sein. Das Geschlecht derer von Stans, eine österreichfreundliche aristokratische Familie aus der Vorsempacher Zeit, ist im vierzehnten Jahrhundert auch in Luzern vertreten[14]. Über Mechthild von Stans, Nidwaldens vergessene Heilige, berichtet uns das Tösser Nonnenbuch:

»Was man sie im Gehorsam zu tun hiess, das vollbrachte sie schnell, denn ihr Wille war ganz und gar dem Gehorsam zugeneigt. Viele Jahre lang war sie Gesellin am Fenster. Sobald sie in den Kreuzgang zurückkam, hatte sie alles vergessen, was sie gesehen und gehört hatte, und war wieder bei ihrer ursprünglichen Andacht und Einkehr. Sie hatte auch ein mildes Herz: Wenn sie einen betrübten Menschen sah, war sie betrübt, mit einem Getrösteten aber war sie fröhlich.«[15]

Dürfen wir es uns so vorstellen? Seuse erzählt seiner geistlichen Tochter seine erbauliche, für seine Verhältnisse lustige Geschichte. Dabei freut sich eine andere mit, obwohl diese so tut, als würde sie das Gehörte gleich wieder vergessen. Ihre ausdrücklich gerühmte Diskretion macht sie zu der Gesellschafterin, in deren Gegenwart Elsbet Stagel und Heinrich Seuse ihre Freundschaft in angemessener Freiheit leben könnten. Aber wahrscheinlich weilt sie zu der Zeit, da Seuse in Töss ein und aus geht, schon nicht mehr unter den Lebenden. Die beiden müssen wohl mit der wurmbefallenen Elsbet Schäfli oder einer anderen Schwester als Fenstrerin vorliebnehmen. Der Krankenbesuch bei Elsbet in Töss zeigt den heitersten Seuse, der sich je einem Mitmenschen offenbart hat. Kein Vergleich zur peinlichen Szene mit seiner Schwester in der Konstanzer Vorstadt. Und statt Altväter zu zitieren, plaudert er ermutigend über das

Aderlassen. Seine Gewohnheit, weiss er zu berichten, sei es gewesen, beim Aderlass sich sogleich an den lieben Gott unter dem Kreuz zu wenden, ihm seinen verwundeten Arm darzubieten und mit innigem Seufzen zu sprechen: Lieber Freund, bedenke, dass Lieb zum Lieb zu gehen pflegt, wenn man um gutes Blut zur Ader gelassen ist. Nun weisst du, dass ich nichts Liebes habe als dich allein, darum komme ich zu dir, dass du mir die Wunde segnest und mir gutes Blut verleihst. (...) Und da du allein aufs Herz siehst und auf Äusseres nicht viel achtest, lieber Herr, so bietet dir doch mein Herz ein Liebeszeichen, dass ich mich damit zu dir und zu sonst niemandem wende[16].

Die Worte Seuses, leichthin gesprochen, sind gleichzeitig geistliche Betrachtung, Zuspruch an die Kranke und exklusiver Ausdruck einer Sprache der Liebe. Jetzt, da er weder predigt noch mahnt, gelangen das rein Menschliche und das Göttliche in freundschaftlichen Einklang. Die Schwestern verstehen das sicher richtig. Der Trost, der sich aus einer solchen Kommunikation ergibt, lässt sich kaum ermessen. Die anwesenden Personen sind in Liebe und Freundschaft unter dem Zeichen der ewigen Weisheit »aufgehoben«, in einer Heiterkeit, welche durch die Anwesenheit einer Drittperson nicht gestört, sondern vollendet wird. In einer hohen Freundschaft wie auch in der ehelichen Liebe sind Ich und Du stets eingebunden in eine dritte, göttliche Instanz. Diese wird im vorliegenden Fall durch die Fenstrerin repräsentiert. Die Freundschaft erfüllt sich gemäss Nikolaus von Kues, indem man Gott noch mehr liebt als das Geschöpf, und auf diese Weise dem Freund oder der Freundin die gebotene Zuneigung gewährt[17]. Die Szene macht anschaulich, wie Seuse als Seelsorger die mystische Lehre in die Praxis umzusetzen versteht, unvergleichlich besser, als es ihm bei der »Rettung« seiner Schwester gelungen ist. Heiter erzählt er von sich selber, kein Bekehrungseifer greift dem Wirken der Gnade vor. Schlicht und einfach trifft er einen Ton, der bei der Patientin ankommt. Spielt doch der Aderlass bei der ärztlichen Versorgung der Schwestern eine grosse Rolle. Neben auswärtigen Fachleuten ist der Siechenmeisterin, Krankenschwester des Klosters, einer der wichtigsten Amtsträgerinnen, diese Kunst anvertraut. Töss macht zur Zeit von Elsbet Stagel fast den Eindruck eines gehobenen Sanatoriums für Töchter aus dem schweizerisch-süddeutschen Adel, dem städtischen Patriziat und dem aufsteigenden Bürgertum[18].

Im konkreten Fall wäre es ohne den Befund der Krankheit kaum möglich geworden, unbefangen ein derart intimes Gespräch zu führen, Freundschaft zu pflegen, wie es sonst eigentlich nicht erlaubt wäre. Verzweiflung, Kranksein, Verlassenheit stehen am Anfang des Weges zur ewigen Weisheit. Dabei machen die Männer, auch Seuse, bei all ihrer Begeisterungsfähigkeit den Eindruck von Lesemeistern, Intellektuellen, fähig zur Distanzierung. Radikaler als die grossen mystischen Lehrer und Schriftsteller nehmen die Frauen den mystischen »kêr« in ihr Herz hinein[19], Elsbet als Schriftstellerin, Mechthild von Stans mit plastischen und musikalisch unterlegten Visionen und der Gabe der Stigmatisierung. Die Abkehr von der Welt, der Eintritt ins Kloster sind auch bei denjenigen, die aus freien Stücken diesen Weg gehen, nur äussere Zeichen der Umkehr. Auf das unendliche Gefühl kommt es an, die Einheit von Erweckung und Ekstase, die Einung mit Gott nicht nur programmatisch-verbal, sondern unmittelbar, den sinnlichen und den übersinnlichen Bereich gleichzeitig ergreifend. Ob die Meister, zumal Eckhart, der grösste Intellektuelle seiner Epoche, es so gemeint haben, bleibt fraglich. Den Frauen, die mit der Wendung im Innern ernst machen, unterstellt ein moderner Forscher, das innere Glück werde über den »Grad der Zerstörung des Leibes« angestrebt, die Objekte der Begierde würden denaturiert und dadurch die natürliche Bedürfnisbefriedigung bewußt gestört. Auch elementare Kupidität – das sei die Moral der Geschichte – könne gebrochen werden (Otto Langer). Demgegenüber wende sich Meister Eckhart gegen ekstatische Einheitsgefühle, weise die Verwechslung affektiver Zustände mit dem Einssein in Gott zurück. »Gott soll nicht im Gefühl, sondern im Sein gefunden werden.« Die Gottesgeburt in der Seele dürfe nicht mit der einsamen »fruitio Dei«, dem Genuss Gottes, bei den Nonnen verwechselt werden[20].

Was immer unter der »fruitio Dei«, Gott in seinem Busen zu geniessen, zu verstehen ist, die Nonnenmystik macht im Vergleich mit der hohen Spekulation bei Meister Eckhart einen keineswegs vulgären Eindruck. In den Dominikanerinnen-Klöstern Töss, Diessenhofen, Ötenbach, Sankt Gallen, Adelhausen, Unterlinden bei Colmar und anderen haben Frauen in manchmal stärkerem Ausmass als ihre Lehrmeister mit der mystischen Existenz ernst gemacht[21]. Neben dem Gedanken der Gottesfreundschaft, der bei den Nonnen, in der literarischen Verarbeitung, oftmals einen erotischen Beigeschmack bekommt, tritt in hohem Grad das konkrete Leiden in den Vordergrund: Krankheit, Seelennot, Gebrechlichkeit. Die Krankheit als der christliche Zustand (Blaise Pascal)[22]. Eckhart, Seuse, Nikolaus von Strassburg, unter einigen Gesichtspunkten Tauler, sind in dem Sinn fast immer auch als Krankenseelsorger zu würdigen. Dabei ist der Zustand der Lesemeister in der Regel komfortabler als der ihrer Nonnen. Die Männer erfreuen sich, wenn auch meist als gehorsame Ausgesandte ihrer Oberen, einer europaweiten Mobilität mit damit verbundenen geistigen Kontakten.

Zahlreiche Schwestern, besonders jene, deren Lebensgeschichten Aufnahme in die Vitenbücher finden, leiden unter leiblichen Gebresten. Dazu kommen Anfechtungen der Schwermut, die, wie bei Sophie von Klingnau, schon auf die Zeit vor dem Klostereintritt zurückgehen[23]. Trotz oder vielleicht wegen der Herkunft der Frauen aus hochklassigen Familienverhältnissen scheinen mannigfaltige seelische und körperliche Schädigungen gängig. Dies braucht nicht zu verwundern. Handelt es sich doch immer wieder um Töchter, die aus gesundheitlichen Gründen für eine Verheiratung nicht in Frage kommen, aber auch solche, die als gewissermassen überzählige Familienmitglieder schon als kleine Kinder dem Kloster anvertraut worden sind. Allerlei unausgefochtene und in Einzelfällen, etwa Elsbet Bächli, auch ausgefochtene familiäre Konflikte finden ihren Niederschlag in der späteren geistlichen Entwicklung[24]. Adelheid von Lindau betet im Krankenbett:

Ach lieber Herr, du bist mein Vater, meine Mutter,
meine Schwester und mein Bruder.
Ach, Herr, du bist mir alles, was ich will,
und deine Mutter ist mein Gespiel[25].

Selbst Elisabeth von Ungarn, die Stieftochter der Königin Agnes, mit der sie sich betrüblich schlecht versteht, findet in Töss eine Herberge für ihre Traurigkeit. Die Siechenmeisterin und auswärtige Ärzte erhalten reichlich Arbeit mit ihr. Einen Arzt besonderer Art erhält die phantasievolle Kellerin Elsbet Bechlin oder Bächli, die mutmassliche Würenlingerin. Ihre Bezugspersonen sind ihr geliebter verstorbener Bruder und ihr Beichtvater, der Leutpriester von Bichelsee[26]. »Sie wurde an einem Bein krank, so dass sie nicht mehr Kellermeisterin sein konnte. Da war ihr, als ob ihr Bruder käme und hiesse sie ans Tor gehen mit den Worten: *Ich habe dir einen Arzt gebracht.* Und als sie hinkam, stand ein Jüngling in schneeweissem Kleid da und trug eine Büchse mit einer edlen Salbe auf sich und salbete sie recht wohl, und so wurde sie gesund, war darauf noch viele Jahre Kellermeisterin. Ihr Lieblingsheiliger ist der Bischof Blasius, Dorfpatron von Bichelsee wie auch ihrer Heimatpfarrei Klingnau, der beliebte Nothelfer gegen die Enge und das Würgen im Hals. Ihrem Beichtvater, Konrad von Bichelsee, gesteht sie die Befürchtung des Liebesverlustes, die göttliche Liebe verlösche vielerorts in den Herzen der Menschen. Vom Leutpriester lernt sie den direkten Dialog mit dem Herrn. Sein Versprechen: *Ich will mich nimmer von dir trennen.* In der Fastenzeit stellt sie sich vor, sie nähme seine Füsse im Geist in ihren Busen und durchwärmte sie ihm recht wohl.«[27] Bichelsee ist in der Nähe von Fischingen gelegen, dem nachmaligen Idda-Wallfahrtsort, der gern von Fussleidenden aufgesucht wird.

Ausser den genannten Frauen wird die hochadlige Ita von Wetzikon lebenslang von »unerträglichen Schmerzen der Krankheit gepeinigt«. Aus diesem Grunde, vor allem aber in betonter Demut, lehnt sie die Wahl zur Priorin ab. Beli von Liebenberg muss jahrelang das Bett hüten; Margret von Zürich ist »so krank, dass man sie auf dem Stuhl tragen musste«; Margret von Klingenberg und Mechthild von Wädenswil leiden, wie einige andere, unter bösen Kopfwehanfällen. Margret ist es, »wie wenn ihr Mäuse um den Kopf herumliefen und ihr in den Mund schlüpfen wollten«. Besonders häufig treten Verdauungs- und Essstörungen auf, auch mit Verdacht auf Anorexie, etwa bei Ita von Sulz, Beli von Liebenberg und Offyma von Münchwilen. Letztere ist mit der Zeit nicht mehr in der Lage, Nahrung bei sich zu behalten; selbst die Hostie muss sie erbrechen. So bleibt es ihr Los, ausschliesslich geistlich zu kommunizieren, woraus dann ein nicht geringer Krankheitsgewinn erwächst: die Erscheinung der Hostie in der wunderbaren Lichtvision eines schwebenden Tuches. Adelheid von Frauenberg leidet an Schwindsucht, Elsbet von Cellincon ähnlich wie Mechthild von Stans unter gravierenden Ohnmachten, möglicherweise epileptischer Natur. Oftmals findet man sie leblos. Mechthild fällt eine Zeitlang täglich in einen bewusstlosen Zustand. Ihr Leiden, dem man auch ärztlich zuleibe rücken will, dauert fünfzehn Monate. Elsbet Bächli hat ein böses Bein; Jützi Schultheiss muss, wie noch weitere Mitschwestern, ihre Visionen mit gefährlichen Fieberanfällen bezahlen. Die älteren Schwestern werden oftmals mit Blindheit geschlagen. Gesundheitlich robust wirkt, als Ausnahme, Margret Wille aus Zürich. Gerne leckt sie Hostien, welche ihre kranken Mitschwestern erbrochen haben, auf, das schmecke ihr besser als Klevner Wein, bekennt sie. Sie stirbt gottselig mit den Worten: »Das ist das schönste Leben, das jemals war!« Schönes Sterben gehört zu den grossen Gnaden bei nicht wenigen Tösser Nonnen. Fünf Tage nach ihrer besten Freundin, Schwester Luzia, stirbt Anna Wannaseller. »Sie hatte das schönste Ende, das wir je bei einer Schwester gesehen. (...) Sie redete bis zuletzt, (...) dann machte sie ein deutliches Kreuz und legte ihre Hände richtig aufeinander und verschied zur selben Stunde. Und es war eine grosse andächtige Bewegung im Konvent, der zugegen war.«[28] Für schönes und gutes Sterben hat Seuse angemessene Texte verfasst[29]. Man kann es bei ihm lernen.

Für fast alle Schwestern gilt, was Anna von Klingnau, Lateinlehrerin und wahrscheinlich langjährige Novizenmeisterin, beim Spinnen auf ihre Kunkel geschrieben hat. In ihren alten Tagen kann sie vor Schmerzen kaum stehen und fast nicht sitzen. Ihre Trostverse der ewigen Weisheit, die sie nicht ausdrücklich auf sich beziehen will, lauten:

Je kränker du bist, je lieber mir du bist.
Je verschmähter du bist, je näher mir du bist.
Je ärmer du bist, je ähnlicher mir du bist[30].

Das Lob der Armut kommt, wie in der Geschichte der Spiritualität nicht eben selten, aus dem Mund eines Menschen aus reicher Familie. Anna von Klingnau, von welcher der Name ihres Beichtvaters, Bruder Berchtold, und Kontakte nach Endingen im Surbtal bekannt sind, wo ihre Freundin Lücki lebt, eine Klausnerin, gehört zu den prominenten Schwestern des Stiftes. Wie bei Sophie von Klingnau, mutmasslich ihrer Schwester, Tante oder Nichte, ist die Zugehörigkeit zu einem der besten aargauischen Rittergeschlechter anzunehmen[31].

Die Summe der vielfältigen Krankengeschichten im Tösser Schwesternbuch lässt den Verdacht aufkommen, es handle sich um einen quasi-obligaten Bestandteil der Textsorte, eine Art Klischee. In den meisten Fällen wird man ein ernsthaftes Leiden anerkennen müssen, das nicht als exaltiertes »Weh nach Gott« abgetan werden kann. Von letzterem ist gelegentlich die Rede, zum Beispiel bei Beli von Suhr, abermals einer Aargauerin[32].

Der Zusammenhang zwischen geistlicher Erhebung und Krankheit lässt sich bis in die Moderne hinein verfolgen, etwa bei Anna Katharina Emmerich, Thérèse von Lisieux und Marthe Robin[33]. Eine frühe Darstellung des Phänomens gibt Jakobus von Vitry (1180 bis 1254) in einem Brief an Fulko, den Bischof von Toulouse. Dabei besteht der Verdacht auf eine ideologische Betrachtungsweise, bei welcher das reale Leiden zugunsten des Leidensgewinns nicht ausreichend ernst genommen wird. Die mystische Bewegung in Frankreich läuft, unter dem Einfluss von Bernhard von Clairvaux, wie die im deutschsprachigen Raum, auf eine Sinngebung des Leidens hinaus. Aber es wäre zu billig, die Krankheit als Folge statt als Ursache der Sehnsucht nach Gott zu deuten. Überhaupt bringen uns Begriffe wie »Ursache« und »Folge« das Phänomen nicht in ausreichender Weise nahe. Im Vordergrund stehen das Leiden, die Sehnsucht, eine Art adventlicher Zustand von Menschen, die ihr Dasein als Ausnahmesituation erfahren. Ein Erlösungsweg. Karitative Zuwendung wird dabei, über die Bewältigung des Leidens hinaus, ebenso zum Lebensinhalt wie bedeutende innere Glückserfahrungen in der Art der euphorischen Sophie von Klingnau. Es fällt auf, in welch hohem Ausmass mittelalterliche Menschen das Äusserste ihrer Erfahrungen einerseits pathologisch, anderseits sogar tänzerisch zum Ausdruck bringen:

Du hast einige Frauen gesehen, die in so besonderer und wunderbarer Liebesergriffenheit zu Gott aufsehen, dass sie vor Verlangen krank wurden und sich durch viele Jahre nur selten vom Bett erheben konnten. Sie hatten keinen anderen Grund für ihre Krankheit als Ihn, nach dem ihre Seelen vor Verlangen vergingen. Um wie vieles sie im Geiste gestärkt wurden, um so vieles wurden sie am Leib geschwächt. Im Herzen riefen sie – mochten sie es auch anders mit der Stimme verheimlichen –: »Stützt mich mit Blumen, stärkt mich mit Äpfeln, denn krank bin ich vor Liebe!« (...) Der Friede Gottes überwältigte und begrub ihre Sinne nämlich so, dass sie bei keinem Geschrei aufwachen konnten und sie überhaupt keine körperliche Verletzung, sogar wenn sie heftig gestossen wurden, spürten (...) Ich sah eine andere, die öfters fünfundzwanzig Mal am Tage ausser sich entrafft wurde. Auch in meiner Anwesenheit wurde sie, wie ich glaube, mehr als sieben Mal entrafft. Sie blieb in eben der Stellung, in der sie sich gerade befand, unbeweglich, ohne (...) zu fallen (...) Wenn sie zu sich zurückkehrte, wurde sie von solcher Freude erfüllt, (...) dass sie (...) gezwungen war, die innerliche Freude mit körperlichem Tanz zu zeigen, wie David bei der Bundeslade sprang nach jenem Vers: »Mein Herz und mein Fleisch jauchzten zum wahren Gott.«[34]

Bei den oberdeutschen Dominikanerinnen fehlt es nicht an geistlicher Fröhlichkeit, aber die Gebundenheit in Krankheit, Schmerz und in der Enge der Klausur dominieren. Von Tanz ist kaum die

Rede. Mystische Persönlichkeiten männlichen Geschlechts machen immer wieder von sich reden durch den Wechsel von Aufbruch und meditativer Stille. Ein Wanderleben, womit die innere Unruhe einen angemessenen Ausdruck findet. Demgegenüber sind die Nonnen viel stärker an ihr Mutterhaus gebunden. Badereisen, etwa nach Baden im Aargau oder nach Pfäfers, kommen in der Regel nur für die Priorinnen und für Schwestern aus königlichem Geblüt, wie für die Prinzessinnen Elisabeth und Margarethe aus Ungarn, in Frage. Letztere verdankt ihr Nonnendasein einem Gelübde ihres Vaters, König Béla. Für den Fall eines Sieges gegen die Tataren hat er die nächstgeborene Tochter im voraus für das Kloster versprochen. Damit ist das Leben der Prinzessin schon im Mutterleib, vielleicht sogar vor der Zeugung, vorausbestimmt[35].

Eine Existenz unter solchen Bedingungen enthält ihre Privilegien. Der Phantasie und der Betrachtung sind keine Grenzen gesetzt, und können die Frauen auch nicht wie die fahrenden Schüler den europäischen Kontinent durchqueren, dürfen sie sich, in allegorischer Verbildlichung, alleweil wie ein Vöglein oder ein Fischlein vorstellen. Am schönsten kommt dies bei den Sinngedichten der Schwestern von Sankt Katharina in Sankt Gallen zum Ausdruck. Die Texte aus einer von Carl Greith 1861 veröffentlichten Sankt Galler Handschrift aus dem fünfzehnten Jahrhundert enthalten so viele Vogel- und Fischnamen, dass sie als naturhistorische Fundgrube zu lesen wären, wenn nicht Fische wie Schleie, Karpf, Grundel, Aal, Waldfisch (Forelle), Logelin, Presslin, Hecht, Kresseli, Hering, Trische, Blaufelchen, Rheinlanke, Glürling, Barbe, Heuerling, Rotäuglein, Gröpple, Alant, Blatis und Lachs durchwegs Nonnen und ihre Eigenschaften allegorisch verkörperten. Der »gedörrte Gangfisch« steht sogar für die Nonnenexistenz schlechthin: Wie er im Rauch konserviert wird, so soll in der Seele der Auserwählten alle zeitliche Freude im Feuer der göttlichen Liebe versiegen, dann werde die abgedörrte Natur wieder grünen und der Geist frei und ledig sein. Der »feine Hering« deute auf subtile Vernunft, er bleibt frisch, sofern gut gesalzen: So erhalte sich die Seele, wenn sie das Salz der Weisheit schmeckt!

Das Rotäuglein charakterisiert eine Nonne, die, wie viele Fromme, mit der Gabe der Tränen beglückt ist. »Der Lachs wird in dem rauschenden Rhein gefangen«, womit vom Rheinfall bei Neuhausen die Rede ist, man beachte die noch bei Paracelsus typische akustische Wahrnehmung. Der Rhein sei der süsse Gnadenstrom des heiligen Geistes, ein Topos, den man auch bei den Schaffhauser Gottesfreunden antrifft. Dass nicht alle Klosterfrauen anämisch, depressiv und magersuchtsanfällig sein müssen, deutet das reizende Gedicht auf die Nonne an, genannt *Der Karpf:*

Ein schöner Karpf bin ich, fett und gut
Schmeck auf dem Tisch gar wohlgemut;
Du wirst einst freuen dich am Himmelstisch,
Wenn du hier mässig und auch dankbar bist.
Wahrlich, sie ist gar süsse und gesund
Und macht dir allzeit einen guten Mund[36].

Bei den Vogel-Gedichten aus dem Katharinenkloster von Sankt Gallen sind die Namen der Schwestern bekannt, die je einem Vogel zugeordnet sind. Ob das Zaunschlüpflein den Zaunkönig, die Heckenbraunelle oder eine Grasmücke meint, kann weniger sicher gesagt werden, als dass die Eigenschaften der Nonne Elsbet Stierli zur allegorischen Darstellung kommen:

Zaunschlüpflein bin ich genannt,
Demut ist mein Gesang:
Ich lehre das Gemüt niederbiegen
Und zu Füssen Christi liegen.

Apollonia Brugger ist das Bruströtele, Rotkehlchen, Erythracus rubecula:

Ein Bruströtele bin ich, nehm alle zeitliche Sorge dahin,
Mein Gesang tut dich lehren
Nutzloser Sorgen dich zu erwehren,
Niemals schweren Kummer fassen,
Gott wird die Seinen nicht verlassen.

Agnes Sattler ist das Rebhuhn, Vogel des Lieblingsjüngers Johannes, Benedicta Bücheler das Spinzli aus der Familie der Käuze, wahrscheinlich der Steinkauz (»Betrachtung der ewigen Freude ist mein Gesang«), ausserdem sind Distelfink (»geistliche Freud«), Spar oder Spatz (»Einsamkeit«!), Eichelhäher (»Verträglichkeit«), Taube (»Sanftmut«), Amsel (»willige Armut«), Auerhahn (»Geduld«), Blaukehlchen (»Dir selber absterben«), Lerche (»andächtig Gebet«), Kuckuck (»Fürsichtigkeit«), Phönix (»göttliche Liebe«), Dohle (»aufrichtige Beichte«) und

Turteltaube (»Jungfräulichkeit«) mehr oder weniger passende Beispiele für Vogel-Allegorien[37]. Elsbet Stagel erwählt sich, wie Katharina Roschach in Sankt Gallen, den Adler als Leitbild aus dem Reich der Vögel:

»Wahrlich, ich schwebe in der Gottheit wie ein Adler in der Luft.«[38] Ihre Beziehung zu Seuse gipfelt in der weiteren Vogel-Allegorie des Pelikans: »Die fromme Schwester hörte von dem Diener der ewigen Weisheit. Gott brachte sie dahin, mit grosser Andacht des Dieners Leben und Lehre kennenzulernen. Sie entlockte ihm heimlich den Hergang seiner Umkehr zu Gott und schrieb es nieder (...)« Ihrem geistlichen Vater, dem dies zunächst nicht behagt, schreibt sie appellierend: »Herr, ich habe sagen hören, es liege in der Art des Pelikans, dass er sich selbst beisse und seine Jungen im Nest aus Vaterliebe mit seinem eigenen Blut nähre. Das ist nun meine Meinung, Ihr möchtet in gleicher Weise an mir, einem durstigen Kinde, handeln und mich mit der geistlichen Speise einer guten Lehre nähren und nicht weitab suchen und nach Euch selber greifen. Je mehr Ihr es selber durchlebt habt, um so begehrenswerter ist es meiner Seele.«[39]

Auf diese Weise wird Elsbet Stagel, wie die Sankt Galler »Adler«-Frau Katharina Roschach, zu einem »himmelspähenden Menschen«:

Ein Adler bin ich genannt,
Den himmelspähenden Menschen wohl bekannt;
Ich bin ein Vogel, der gewaltig singt,
Mein Ton zum Rad der Gottheit dringt,
Wo den schauenden Menschen ist bereit
Wonne, Freud und ewige Süssigkeit[40].

Schreiben ist für eine Nonne keine aussergewöhnliche Beschäftigung. Die meisten von Elsbets Mitschwestern sind der Schrift mächtig. Einige beherrschen die lateinische Sprache, sind im mystischen Schrifttum belesen, betreiben als »Buchmeisterin« die Kunst des Schönschreibens sogar als Broterwerb für das Kloster. Unter dem Einfluss von Lesemeistern aus dem Dominikanerorden, Bruder Wolfram aus Schwaben, Hugo von Staufenberg, einem Mitbruder von Seuse aus Konstanz, sind einige Schwestern beflissen, »Bücher abzuschreiben«, ja sogar geschickt genug, »Bücher zu verfassen.«[41] Vor allem jene, die schon in kindlichem Alter ins Kloster gekommen sind, erhalten eine lateinische Bildung, zum Beispiel Margaret Fink aus Zürich, die mutmassliche Aargauerin Elsbet von Cellincon und andere. Als Lehrerin genannt ist Anna von Klingnau, die »bestellt war, ihre Mitschwestern in Latein und im Lesen zu unterrichten.«[42] Dank Elsbet von Cellincons Schreibarbeit kann ein kostbares Chorbild im Kreuzgang angeschafft werden, berichtet Elsbet Stagel. Schwester Willi von Konstanz, die schon als Vierjährige im Kloster lebt, »wohnte Gott so süss inne, dass sie voll Innigkeit von ihm redete und auch von ihm reden hörte, und was sie hörte, behielt sie im Gedächtnis und machte daraus ein schönes Buch.« Aus der Summe dieser Berichte wirkt die Mitautorschaft von Elsbet Stagel an Seuses Autobiographie glaubwürdig. Neben Lesen und Schreiben werden Musik und Gesang eindrucksvoll gepflegt: Adelheid von Lindau »sang ihren Mitschwestern oft schöne Lieder«; Mezzi von Klingenberg amtiert als Vorsängerin: »Der Chorgesang wurde von ihr auf das Beste geordnet; auch in ihrer Krankheit sang sie oftmals geistliche Lieder und kurz vor ihrem Sterben noch.« Es ist üblich, sterbenden Mitschwestern »süsse Lieder vom Himmelreich zu singen«, so im Fall von Elsbet Schäfli[43]. Zu dieser gediegenen Bildung gesellt sich das Recht der freien Priorinnenwahl. Dieses steht jedoch nur den Konventualinnen mit ewigem Gelübde, nicht den zur Mithilfe im Kloster vorgesehenen Laienschwestern zu[44]. Männliche Visitatoren aus dem Dominikanerorden tauchen selten auf, höchstens einmal oder zweimal im Jahr. Dafür finden sich einige der bedeutendsten Gelehrten Europas darunter, in Töss einige Jahre nach der Gründung zum Beispiel kein geringerer als Albertus Magnus (1193–1280)[45]. Der gewaltige Universalgelehrte und angebliche Verfasser eines Buches über weibliche Sexualität, *De secretis mulierum,* über die Heimlichkeiten der Frauen, in der französischen Ausgabe *Le petit Albert* genannt.

Schliesslich bedeutet der schriftliche und zum Teil auch persönliche Kontakt mit den überragenden Vertretern der deutschen Mystik für die Dominikanerinnen im süddeutschen Raum eine Privilegierung, die sie zu schätzen wissen und die auch aus der Sicht der Nachwelt denkwürdig bleibt. Mystisches Leben, auch bei Frauen, setzt ein Umfeld gehobener Bildung voraus. Im Engelthaler Nonnenbuch wird einer Schwester, Adelheid von Trochau, bescheinigt, dass sie schwierige Bücher genauso gut deuten könne als ein »wol gelerter pfaff«[46]. Dabei sind trotzdem zwei Typen von Mystikerinnen ziemlich klar zu unterscheiden: Die gelehrten Frauen, welche Visionen und Berichte anderer aufschreiben, sie oftmals noch nach dem Hinschied in Erfahrung bringen, manchmal auf dem Weg der postmortalen Privatoffenbarung. Auf der anderen Seite die mystischen Naturtalente, deren Stärke nicht in der Bildung liegt, sondern im blühenden Visionsleben. Mit ihren Lichterscheinungen, inneren Umarmungen, vorgestellten Besucherreigen und musikalischen Ekstasen gehören diese Frauen zu den auffälligsten Vorläuferinnen von Bruder Klaus. Bei allen Unterschieden realisieren sie Beispiele von Gottesfreundschaft, welche für sich genommen nicht weniger reichhaltig sind als das erleuchtete Innenleben des Eremiten vom Ranft. In beiden Fällen ist die mystische Erfahrung einfacher Menschen in der vorliegenden Gestalt kaum möglich ohne Beeinflussung aus der Seelsorge. Nicht zu unterschätzen ist die Atmosphäre der Umgebung, wie sie von der religiösen Kunst mitgeprägt wird. Doch sind Visionen niemals nur das Produkt von Bildung und Milieu. Sie enthalten ein unberechenbares »Eigenleben«, wie nicht nur die Beispiele von Jeanne d'Arc, Katharina von Siena und Bruder Klaus zeigen. Im Vergleich zu deren Schauungen ist jedoch die »gewöhnliche Nonnenmystik« in Töss und anderswo fern von politischem und gesellschaftlichem Einfluss. Dies ändert nichts an ihrer Teilhabe an der höchsten Kategorie grosser Mystik: dem Grundwert des Heiligen. Dieser gilt unabhängig von jeder äusseren Wirkung.

Zu den Frauen, die wie nicht wenige aus der Zeit ein Innenleben wie dasjenige von Klaus von Flüe in ihrer Existenz »vor-bilden«, gehört die diskrete Fensterfrau, deren Leben von Elsbet Stagel erzählt wird. Die Eigenbrötlerin aus Unterwalden macht nicht viele Worte. Sie betätigt sich weder als Kopistin noch als Schriftstellerin. Über ihre Bildung verliert die ausführliche Vita kein Sterbenswörtchen. Bei ihrem Eintritt ins Kloster findet sie, im Gegensatz zu anderen, die hier Verwandte antreffen, niemanden, der ihr nahe stünde, »und weil sie ein fröhliches Herz hatte, tat ihr das gar weh und sie kehrte sich an den Herrn alles Trostes und begehrte, dass er sie tröste.« Ihr Lebensmotto aus der Bibel entspricht dem zahlreicher Eremiten, auch jenem von Bruder Klaus: »Wer alle Dinge, spricht der Herr, um meines Namens willen lässt, der soll sie hundertfältig wieder erhalten und dazu das ewige Leben gewinnen.« (Mt 10.28) Ähnlich wie Elsbet Bächli, mutmasslich aus Würenlingen oder Endingen im Aargau, oder Elsbet Schäfli und eine grosse Zahl weiterer Schwestern ist sie aus eigenem Entschluss nach Töss gekommen. Die Fenstrerin pflegt, trotz ihrer Frohnatur, mit niemandem Gesellschaft, verzichtet auf jede Art Erholung, wie sie sonst auch guten Leuten anstehe, also Klosterfrauen erlaubt ist. Freie Zeit verbringt sie im Chorgestühl, »und glich so dem Kinde, das aus Zärtlichkeit seiner Mutter nimmer aus dem Schoss kommt«[47]. Nachts lässt sie sich von einem Engel zum Chorgebet wecken, so dass sie bei der Mette und der Prim stets die erste ist. Jede Art Lärm ist ihr zuwider. Das ist auch der Grund, weshalb der Teufel sie nur mit Trommeln und Pfeifen und überhaupt Lärm aus der Ruhe bringen kann. Woher hört sie wohl diese Teufelsmusik? Es kommt noch schlimmer mit diesen Anfechtungen. Einmal ist es der einsamen Frau im Chor, das Gewölbe der Klosterkirche stürze ein. Der Schrecken des Weltuntergangs bleibt auch ihr nicht erspart. Nichts schätzt sie aber mehr als Einsamkeit und Schweigen. Als Fenstrerin kriegt sie so viel zu hören, dass sie vor und nach der Ausübung ihrer Amtspflicht nur schweigen will. Umso aufmerksamer horcht sie auf die Tischlesung. Ist dabei von Kreuz und Leiden des Herrn die Rede, was häufig genug vorkommt, verzichtet sie auf die Mahlzeit. Dafür vergiesst sie Tränen, »dass sie ein Tuch damit so füllte, dass man daran keinen Finger breit trocken fand, sondern es wohl hätte auswinden können.«

Eine »reine, auserwählte Schwester« sei Mechthild von Stans, rühmt die Biographie. Ihr Gebet lautet: *O Herr, mein Gott, nun habe ich um deiner Liebe willen gelassen die ganze Welt und alles, was mir darin zu Lieb und Troste möchte kommen; ich bitte dich um dein göttliches Erbarmen und durch deine unbegreifliche Güte, dass du mein Trost sein wollest, weil ich sonst nirgends Trost auf dem Erdreich habe*[48]. Eine sentimentale »Vorfassung« des Bruder Klausen-Gebetes.

Im Gegensatz zu den Erscheinungen bei einigen ihrer Mitschwestern, etwa Elsbet Bächli, spielt in ihrem Innenleben das Jesuskind als Einheit von geliebtem Mann und Kind keine Rolle. Umso faszinierender sind die geordneten Gruppen, Züge und Ringe von Männern und Frauen vor ihrem geistigen Auge. Es werden von mal zu mal mehr. So zahlreich ist ihre himmlische Gesellschaft, dass sie keiner irdischen mehr bedarf. In ihrer ersten Vision schaut sie *einen gar leutseligen Herrn und mit ihm eine grosse Schar von Herren. Der Herren einer trug ein grosses Kreuz, das klar wie ein Kristall war, und er sprach freundlich zu ihr: »Schwester Mechthild, du sollst dich nicht fürchten, dir mag nichts schaden!« Und dieser Herr ging mit dem herrlichen Kreuz voran in den Chor, die anderen Herren gingen ihm gar schön nach und sangen andächtig den Gesang* VEXILLA REGIS, den man am Karfreitag singt. Da steigt Jesus Christus herab vom Himmel an das Kreuz, das der leutselige Herr trägt, schaut ihr, mit all seinen Schmerzenszeichen, freundlich ins Gesicht und fordert sie auf: »So geh herzu!« Sie aber fürchtet sich zuerst, denn es stehen so viele Männer um den Herrn. Aber als sie unser Herr hiess hinzugehen, wichen sie alle aus, bis sie vor unseren Herrn kam. Dieser erklärt ihr seine Liebe: »Weil du jeden anderen Trost willst fahren lassen, so will ich dich selber trösten mit meinem heiligen Leib und mit meinem heiligen Blut. Ich habe niemanden so lieb, dem ich dich anvertraue, als mir selber allein.«

Seither ist Schwester Mechthild mit der Gabe der Stigmatisation ausgezeichnet. Nichts aber wäre ihr mehr zuwider, als wenn andere Leute das sehen könnten. Mit fragwürdigen Heiligen, die ihre Stigmen zur Schau stellen, hat sie nichts gemein. Sie bittet *unseren Herrn gar inniglich, dass er ihr die Wunde aussen wegnehme, ihr jedoch den Schmerz im Herzen lasse, den wolle sie gerne tragen. Da kniete ein Engel vor sie; er hatte ein kleines blaues Stück Werg in seiner Hand, legte es ihr zärtlich in die Wunden, und sogleich war die Wunde von aussen zugeheilt. Sie sah aber die Rinnsale des Wassers und des Blutes, wie sie von ihrem Herzen geronnen waren*[49].

Mechthild von Stans ist als wahrscheinlich wenig gebildete Frau dem Ansturm der inneren Bilder ausgeliefert. Wie sollte sie schon, wie Eckhart, Seuse und Johannes vom Kreuz, Bilder durch Bilder austreiben und dergestalt sich von ihren seelischen Erlebnissen distanzieren können? Diese sind, wie später bei Bruder Klaus, von schlichter Stärke und grosser Gewalt. Die Erhebung der Frau, bei welcher die Männer bescheiden zurücktreten, bedarf, bei der Demut und Diskretion der Seherin, keiner Relativierung. Welcher Mann auf Erden lebt schon ein so stilles Leben wie sie? Die Bitte um Zurücknahme der Stigmen bedeutet die Bereitschaft zum Verzicht auf Insignien geistlicher Macht. Als Topos kommt dies auch in der Lebensgeschichte der Katharina von Siena vor.

Gerade weil Mechthild von Stans weder als Schriftstellerin noch als Künstlerin tätig ist und auch keine besonderen Verpflichtungen in der Ökonomie des Klosters auf sich nehmen muss, kann sie umso freier ihre Entraffungen und Ekstasen ausleben. Wie weit es sich bei diesen um eine leichte Bewusstlosigkeit, wie weit um gravierende Absenzen handelt, ist schwer auszumachen. Auf jeden Fall erschrekken die Mitschwestern über ihre Verzückungen, die kaum mehr enden wollen. Man versucht, sie mit Wasser wieder zum Normalzustand zu bringen. Wie dies einmal gelingt, spricht sie »sehr freundlich: Das sollt ihr mir nie mehr antun!« Sie mag lange Zeit weder essen noch trinken, »oder dann so wenig, dass es über Menschenkraft war«[50].

Ein denkwürdiger Fall in der Geschichte der Mystik ist Mechthilds grosse Entrückung. Während fünfzehn Monaten ist sie tagsüber, zwischen der Non und der Vesper, ganz ausserhalb jeder äusseren Wahrnehmung, und auch die übrige Zeit offenkundig nicht ansprechbar. Man erklärt sie für krank, bestellt einen nicht namentlich genannten gelehrten Arzt zur Untersuchung ins Kloster. Diese wird im Krankenzimmer stattgefunden haben, welches ausserhalb der strengen Klausur von der Siechenmeisterin gewartet wird. Der Doktor berührt die Adern der Bewusstlosen, diagnostiziert: »Sie hat keine Krankheit, sondern vielmehr eine grosse Sehnsucht nach einem unbegreiflichen Ding, und ihre ganze Natur ist so stark gedehnet, dass ihr davon das Blut zum Herzen gestiegen ist, um dem Herzen zu Hilfe zu kommen. Es ist so unmöglich, dass sie begreifen kann, wonach sie sich sehnt, als es unmöglich ist zu begreifen, warum das Gras grün ist.«[51]

Die Weisheit des Arztes trägt so weit wie die traditionelle Säftelehre von Galenus aus Pergamon und die damit verbundene frühe Theorie vom Lauf des Blutes. Darüber hinaus ist der Gelehrte am Ende seines Lateins. Warum das Gras grün ist, weiss um 1300 nur Gott. Der menschliche Verstand reiche nicht aus, das Wesen einer Mücke zu erfassen, vermerkt Thomas von Aquin, ein Dominikaner, tiefsinnig[52]. Nach dem Arzt lässt man Bruder Wolfram kommen, den schwäbischen Provinzial des Ordens[53]. Ein kluger Mann. Anstatt es mit einem plumpen Exorzismus zu versuchen, appelliert er an die Einsicht in die Gefahren der Ekstase. In einem Appell, der an die Praxis eines Hypnotiseurs erinnert, jedoch geistlich begründet ist, befiehlt Bruder Wolfram »ihr gar ernstlich, sich der Gnaden zu erwehren: sie war ihm gehorsam und tat es.« Mit dieser Art Besprechung vermag sie aus der Ekstase gelöst zu werden. Dabei wird sie abermals bettlägerig, erblindet an einem Auge. Mit der Zeit aber bessert sich ihr Allgemeinzustand, sie kann wieder am Chorgebet teilnehmen und im Refektorium essen. Die Priorin will Näheres über die Erfahrungen in der Ekstase wissen. Barsch erhält sie zur Antwort: »Hätte man mich nicht geheissen, mich der Gnaden zu erwehren, Gott hätte mit mir Wunder getan, von denen allezeit zu berichten wäre.«[54] Das Vorgehen der Ordensoberen entspricht einer bewährten Tradition. »Der Zurückruf aus der Ekstase ist der Befehl des rechtmässigen Obern an den Ekstatischen, die Ekstase oder Verzückung zu unterbrechen und zum gewöhnlichen Leben zurückzukommen.«[55] Diese Praxis habe sich schon im vierten Jahrhundert, beim heiligen Domacus bewährt, dessen Ekstase von Gründonnerstag bis Christi Himmelfahrt nicht enden will, bis ihn ein Vorgesetzter zum Bewusstsein ruft. Papst Gregor IX. holt 1237 in Viterbo den Ekstatiker Bruder Ägidius in den Alltag zurück. Auch Katharina von Siena gehorcht ihrem Oberen, dem seligen Raimund von Capua, bricht die Ekstase auf Befehl unverzüglich ab, desgleichen die heilige Colette (1381–1447), bekannt als Anorektikerin, deren Beichtvater der vierzehntägigen Entrückung ein Ende befiehlt. Dazu 1948 der geistliche Fachmann August Ackermann: »Die Ekstatischen sind unempfindlich für Schläge, Stiche und Brennungen, aber nicht für zuständige Befehle. Gott ist es eigentlich, der da gehorcht und so den Wert der Tugend des Gehorsams lehrt.«[56] Wunder und wunderbare Zustände sind in der katholischen Tradition schon immer im Vergleich zum Wert des Gehorsams von nur ergänzender Bedeutung gewesen.

Beim heiligen Johannes vom Kreuz, einem Schikanierten der Kirche, findet sich eine substantielle Warnung: Gesichte und aussergewöhnliche Wahrnehmungen solle man mit Vorsicht über sich ergehen lassen, stark im Glauben sich dagegen wehren. Die Macht der Bildlosigkeit steht für ihn über allen Bildern[57]. Das ist aber eine Theorie von Gelehrten. Die weniger Gebildeten und Ungebildeten, zu denen Mechthild von Stans wohl fast so gehört wie Bruder Klaus, können auf das Zeichensystem der Bilder nicht verzichten. Ihre Visionen sind ihre innere Freiheit. Die Forderung, sie preiszugeben, wäre eine Zumutung, wie hoch auch immer der Wert des Gehorsams eingeschätzt wird.

Mechthild hat auch nach dieser denkwürdigen Episode noch Visionen. In ihren späteren Jahren ist sie im Ordenskollegium weniger isoliert. Eine Tochter ihres Bruders, Hemma von Stans, schliessst sich der Gemeinschaft an, stirbt jedoch bald. Mechthild erlebt ihre Nichte visionär in einem Kreis von »schönen, wonniglichen Jungfrauen« auf einer sommerlichen Heide. Mitten in diesem Ring steht ein Stuhl, auf dem sie Platz nehmen darf. Ein anderes Mal schaut sie im Refektorium ein himmlisches Gastmahl mit der Muttergottes und der heiligen Katharina von Alexandrien. »Sie brachten viel Himmelsbrot und gaben davon allen Mägden und auch ihr.«[58]

Das Sterben von Schwester Mechthild wird im Konvent als erhabenes Schauspiel am Anschlagbrett angekündigt. Umgeben von ihren Mitschwestern schaut die Stanserin vor ihrem geistigen Auge grosse Scharen von Heiligen, ausser den oben Genannten die heilige Ursula mit der Menge ihrer Gefährtinnen, die zehntausend Ritter der thebäischen Legion, die Schutzheiligen der eidgenössischen Krieger. Zuletzt das gesamte himmlische Heer unter Einschluss des Teufels. *Omnis, omnis*, stammelt die Sterbende. Alle! Alle! Die einsame Frau scheint stärker als alle anderen Mitglieder des Konvents mit der Gesamtheit der Seelen verbunden. Alle, alle sind gerettet. Die Botschaft einer heiligmässigen Frau. Kurz vor dem Übergang erlangt sie noch einmal das Bewusstsein. Nur leise dürfe sie sprechen, haucht sie, das Heer der Himmlischen solle nicht gestört werden. Der Herr lasse mitteilen, dass, wo der Konvent sei, auch er gegenwärtig sei. »Danach lebte sie noch einige Tage und verschied mit einem heiligen Ende. Eine sehr alte Schwester sprach: Es ist nicht der hundertste Teil aufgeschrieben von dem, was Gott ihr getan hat.«[59]

Mechthild von Stans macht, wie Generationen nach ihr Bruder Klaus aus dem oberen Tal, den Eindruck einer rechtgläubigen und gehorsamen mystischen Persönlichkeit. Gehorsam ist ihr wesentlicher als die göttlichen Auszeichnungen, nicht weil die Befehlenden im Recht wären, wohl eher, weil sie sich selber nicht wichtig nehmen will. Ihr Visionsleben geht bis an die Grenze dessen, was aus katholischer Sicht tragbar ist. Wie bei Eckhart (»Die Hölle ist ein Wesen«[60]) ist die Hölle als Zustand der Gottferne nicht geleugnet. Aber man hat den Eindruck, sie sei leer. Alle sind bei Gott, auch der Teufel, obwohl dies der Seherin Unbehagen bereitet. Eine unwillige Armbewegung während ihrer letzten Ekstase wird damit erklärt.

Mechthild verbindet als spiritueller Mensch Pflichterfüllung im Alltag und ein unendliches inneres Liebesleben miteinander. Damit unterscheidet sie sich von der Bewegung der Brüder und Schwestern vom freien Geist. Diese neigen, im Gegensatz zu Mechthild von Stans und Bruder Klaus, zur grosssprecherischen Geste. Die Stanserin ist eine Heilige. Aber das braucht niemand zu wissen. Die Auszeichnungen Gottes sind nicht auf dem Marktplatz zu verkünden, auch auf keinem geistlichen. Wer die Himmlischen erblickt hat, zieht es vor, mit leiser Stimme zu sprechen. Ganz anders Schwester Katrei, die angebliche geistliche Tochter von Eckhart. »Herre, freuet euch mit mir, ich bin Gott worden!« ruft sie aus[61]. Ein für Mechthild wie auch Elsbet Stagel unmögliches Bekenntnis.

Trotzdem gibt es Gemeinsamkeiten zwischen den »wilden« Brüdern und Schwestern vom freien Geiste und den Nonnen, die in der Tradition von Bernhard von Clairvaux, sowie unter dem Einfluss von Tauler und Seuse »brav« rechtgläubig geblieben sind. Vorbild aller Vorbilder der Freunde des Herrn, ob orthodox oder ketzerisch, bleibt die heilige Maria Magdalena, das Urbild der nackten Seele. Elsbet Stagel identifiziert die seelsorgerliche Situation zwischen ihr und ihrem Beichtvater mit der Zuwendung, die Magdalena von Jesus Christus erhält[62]. Der Traktat von Schwester Katrei, ein Text aus dem sektiererischen Umfeld der Eckhart-Mystik, in dieser Form nicht dem Meister zuzuschreiben, erreicht in der freien Auslegung von Johannes 20.17 ein beachtliches Niveau, jenseits der sonst geläufigen Übersteigerungen in Richtung Selbstvergottung. Magdalena lebt, im Gegensatz zu ihrer Schwester Martha, die sich zu viele Sorgen macht, die wahre Gelassenheit. Und die tiefsinnige Pointe: Nicht auf die Berührung durch Jesus Christus, seine lieblichste Gegenwart, kommt es an, sondern auf die Erkenntnis: »Als sie den Vater erkannte in dem Sohn, da lief sie in die Einöde und bekannte und liebte und gebrauchte Gott nach ihrem besten Willen. Sonst hätte sie sich nicht im Wald den Tieren gleich gemacht. Wisset, dass sie Gott heimlicher war in der Einöde denn in aller Gegenwart, die ihr Christus gewährte.«[63]

Nicht das aktuelle Empfinden der Gegenwart Jesu ist entscheidend. Darauf kommt es an: Aus dem Schatz der Gnade Konsequenzen ziehen, sein Leben ändern, frei werden, im Geist und in der Praxis. Dieses Ziel haben die Beginen, Nonnen, Eremiten und gelehrten Mystiker und Mystikerinnen angestrebt, jedoch längst nicht immer erreicht. Im Kloster Töss ausser Mechthild vielleicht Mezzi Sidwibrin aus Zürich. In »magdalenischer« Gelassenheit, reif und bei sich, erklärt sie, mit Gott nicht tauschen zu wollen: »Herr, wärest du Mezzi Sidwibrin und wäre ich Gott, so wollte ich Gott doch Gott sein lassen und Mezzi Sidwibrin bleiben.«[64] Eckhart und Seuse sind wohl selten so gut verstanden und auch »gelebt« worden wie durch dieses Bekenntnis.

Im geistlichen Leben der Schwestern in Töss, Sankt Katharinenthal, Ötenbach, Sankt Gallen, Villingen, Adelhausen, Colmar, Strassburg und wohl auch Engelberg, wo wir kaum biographische Zeugnisse haben, formt sich unter dem Einfluss bedeutender Gelehrter ein neues Bewusstsein. Laien mit beschränkter Handlungsfähigkeit, vor allem Frauen, vollziehen in ihrem Herzen eine stille Revolution. Eine Revolution der Phantasie und der Betrachtung als Weg zu sich selber in der Beziehung Ich – Du – Gott. Dabei kommt Unvollkommenes, auch Krankhaftes und Abseitiges, ebenso zum Austrag wie höchste Erfüllung. Auf welche Weise diese Blumen im Garten des Geistes, die Vögel und Fische der heiligen Magdalena, über Generationen in die Lebenswelt der Menschen im Alpenraum ausstrahlen, ist vielleicht über die Geschichte der Kunst und der Seelsorge teilweise darstellbar. Wie die Seelen wirklich beeinflusst werden, vermag kein Historiker ausreichend zu erklären. Die dunkel vorgefühlte Philosophie der Zeit wird von Meister Eckhart in Worte gefasst, wenn er im *Buch der göttlichen Tröstung* schreibt: »Wäre der Mensch imstande und könnte er einen Becher vollkommen leer machen und leer halten von allem, was zu füllen vermag, auch von Luft, der Becher würde zweifellos seine Natur verleugnen und vergessen, und die Leere trüge ihn hinauf bis zum Himmel. Ebenso trägt Nacktsein, Armsein und Leersein von allen Kreaturen die Seele hinauf zu Gott.«[65]

Dieses Lebensgefühl, an dem Rechtgläubige und Ketzer teilhaben, Priester und Laien, Männer und Frauen, nicht zuletzt Künstler, nennen wir »gotisch«. Ein Ausdruck der Verlegenheit. Zu diesen Menschen, die ihren Kopf, ihr Herz und ihren Bauch auf exemplarische Weise leer machen für eine Existenz höherer Freiheit, gehört Bruder Klaus von Flüe, der Gottesfreund. Ein Nachzügler oder, unter anderen Gesichtspunkten, ein Vorläufer? In seinem »einig Wesen« ein *homo pro se*, ein Mensch für sich, wie die Humanisten sagen. Im inneren Brand einer grossen Liebe gern allein wie Mechthild, seine stille Genossin vom unteren Tal, wird man bald einmal über ihn herumbieten, Hunderttausende würden ihn kennen. Die Wahrheit über den Mann bleibt vielleicht nicht minder heimlich wie die über Schwester Mechthild, die heilige Frau aus dem Turm von Stans, die schon einige Generationen vor ihm den Saal der Herrlichkeit schauen darf. Dass die Nachwelt über sie so diskret bleibt wie sie selber zu Lebzeiten über das, was sie am Redfenster aus dem Mund ihrer Mitschwestern erfahren hat, wird sie im Reigen der Himmlischen nicht stören. Mechthild von Stans, bitte für deinen Landsmann vom oberen Tal, dass die Eidgenossen, der Bischof, der Papst, die Gelehrten und die andern Ranftpilger ihm nicht zu nahe treten. In der Abgeschiedenheit sucht er seinen Trost beim Herrn wie du einst im stillen Chor von Töss.

Wo die Nonnen an der Kunkel gearbeitet und meditiert haben, erhebt sich Jahrhunderte später eine Spinnerei, dann eine Maschinenfabrik. Alles nicht für die Ewigkeit gebaut. Das bei der Reformation aufgehobene Dominikanerinnenkloster ist noch in der Zeit der Romantik und auch später ein beliebtes Motiv für nostalgische Zeichner[66]. Heute sind von der Stätte, wo Mechthild und ihre Mitschwestern das Schweigen geübt haben, nur noch wenige Grundmauern übrig geblieben. Der Turm von Stans ist mittlerweile zu einem Kaffeehaus umgebaut.

»Leiden ist das Tor, das alle wahren Gottesfreunde durchschreiten müssen« (Heinrich Seuse). Das Klostertor von Töss im 19. Jahrhundert, kurz vor dem Abbruch. Stich v. L. Schulthess.

Inedia Prodigiosa
oder ein
Hungerkünstler?

Hunderttausend können es bezeugen

Vor dem Duft seines Fastens fürchteten sich die Löwen, und sie neigten ihr Haupt vor ihm, um ihm die Füsse zu küssen.
Ephrem der Syrer über den Propheten Daniel

Winter 1468/69. Ein »nachhaltiges Gerücht« geht um auf dem Gebiet der Eidgenossenschaft. Auf der bischöflichen Kanzlei in Konstanz runzelt man darüber die Stirn. Solchem Gerede mit dosiertem Verdacht begegnen, es notfalls aufgreifen, um das Beste für die Kirche daraus zu machen. Die Sorge um die geistigen Güter, sich ausdrückend in der Warnung vor Aberglauben, geht einher mit der Sicherung der eigenen, geistlich begründeten Macht. Ein würdiger Oberhirte traut keinem Gerücht, welches man nicht selber in Umlauf gesetzt hat. Was würden die Gläubigen nicht alles herumfaseln über das leere Grab in Jerusalem, hätte das heilige Lehramt nicht zu diesem grössten aller Wunder ein für allemal das Nötige gesagt! Festgefügt müssen sie bleiben, die Vorstellungen der Menschen. Sonst bliebe kein Stein mehr auf dem anderen, auch nicht auf dem Fundament von Petrus, dem Felsen.

Als Bischof von Konstanz amtet seit 1466 Hermann der Dritte von Breitenlandenberg, ein Verwandter des von den Eidgenossen Erstgeköpften von Greifensee[1]. Er kennt also seine Schweizer Schäfchen samt der Wolfshaut darunter. Für Fragen der Seelsorge ist ein Prälat aus Überlingen, Weihbischof Thomas Weldner, zuständig. Zu den Sorgen um die Gesundheit des Oberhirten, die Politik und die Finanzen gesellen sich pastorale Probleme. Die Regierbarkeit des Bistums hat sich nicht verbessert, seit die Eidgenossen den Bodenseeraum zu einem grossen Teil politisch und militärisch kontrollieren, im Gegenteil. Was steckt hinter diesem Gerücht, »unbekannt durch welche Machenschaft oder Verursachung es entstanden«? (D 31) Nicht genug, dass man diesen Berglern kaum mehr einen Pfarrherrn ohne ihre Zustimmung vorsetzen kann. Die Menschen, tief gläubig, sind von aussen schwer zu beeinflussen. Die Machtmittel der Kirche greifen ins Leere. Bann und Interdikt, auch auf Tiere anwendbar, taugen als Versuche, ein Zeichen zu setzen gegen die Engerlingsplage. Eindruck auf die politische Haltung der einheimischen Kirchgenossen ist damit kaum zu machen.

Nun soll einer von diesen, *ein gewisser Laie, Nikolaus von Fluocht* genannt, schon über mehrere Monate und Tage, ja über ein Jahr hinaus, in einer waldigen Gegend oder Schlucht ohne menschliche Nahrung und irdische Speise sich dank himmlischer Stärkung auf wunderbare Weise am Leben erhalten. Das Gerücht nehme, schreibt der Oberhirte an seinen Weihbischof Thomas Weldner, derartige Ausmasse an, dass immer mehr umwohnende Leute beiderlei Geschlechts, geistliche und weltliche, ihm Glauben beimässen und jenen Nikolaus und seine Wohnstätte besuchten. Sie hielten ihn für einen heiligen Mann und glaubten, bei einem Besuch in seiner Klause allerlei geistliche Verdienste und Gnadenschätze erlangen zu können. Nikolaus sei ein Mann von lobenswertem Lebenswandel, der viel durch seine Tugendwerke erlangt und zustande gebracht habe. (D 31f.)

Am guten Ruf des Eremiten wagt man in Konstanz nicht zu zweifeln. Wenn aber das Volk glaubt, mit einem Besuch bei diesem Einsiedler seien geistliche Verdienste verbunden, steht die Kirche nicht mehr im Dorf. Das landesübliche Mass an religiöser Spontaneität ist überschritten. Dabei bedarf die Einsiedlerexistenz nach Kirchenrecht bischöflicher Gutheissung. 1452 hat Kardinal Nikolaus von Kues für den Tiroler Salzmeier Johannes Frankfurter und seinen Miteremiten Heinrich auf sein Gesuch hin eine Regel geschrieben und die Einsiedelei kirchenamtlich approbiert, und zwar nach vierjähriger Bewährungszeit. Frankfurter, der dem Bistum Brixen unterstellt ist, lebt über hundert Jahre nach Rulman Merswin den Gedanken der Gottesfreundschaft. Ein Eremit mit gutem Vermögenshintergrund, das eher städtisch-bürgerliche Pendant zum bäuerischen Klaus von Flüe[2]. Einer, der mit dem Bibelwort »Ihr seid das Salz der Erde« (Mt 5.13) ernst machen will.

Im Bistum Konstanz sind die Voraussetzungen nicht die nämlichen, die politischen Verhältnisse wenig übersichtlich. Gegen die Eidgenossen drängt sich der Verdacht auf, mit ihrer Emanzipation von Habsburg hielten sie den Bischof, zumal denjenigen der grössten Diözese, allmählich für überflüssig. Als Gegenmassnahme fördert man von Konstanz aus die Volksfrömmigkeit. Fleissig beglaubigt man neue Wallfahrtsorte, etwa Heiligblut in Willisau, dank dem Kartenspielwunder[3], und Ettiswil mit seiner wiederaufgefundenen Hostie, gleichzeitig eine Gelegenheit, in Sachen Hexen dem Volksglauben entgegenzukommen[4]. Aus solcherlei Gesichtspunkten wäre das Auftreten eines heiligmässigen Eremiten nicht unwillkommen. Unheimlich aber mutet sein fast von Tag zu Tag wachsender Bekanntheitsgrad an. Das Problem liegt nicht im Verdacht auf Ketzerei. Aber der Eindruck könnte sich verdichten, Konstanz hätte die Lage nicht unter Kontrolle. Der Fall dieses aufsehenerregenden Volksheiligen, eines Starzen, wie man ihn in Russland nennen würde, bietet auf der anderen Seite eine Chance. Bei richtigem Vorgehen, wenn man den braven Mann zum Gehorsam veranlassen kann, wird dem gläubigen Volk die Funktion des Bischofs wieder einmal nahegelegt. Dafür ist es höchste Zeit.

In dem Sinn ist der Verdacht, den Bischof Hermann in einem Brief vom April 1469 formuliert, eher grundsätzlicher als persönlicher Natur: »Da aber aus Erwägungen und Wahrscheinlichkeitsgründen sich der lebhafte Verdacht aufdrängen könnte, dass hinter allen diesen sogenannten Tatsachen ehrgeizige und betrügerische Machenschaften stecken und da zu befürchten ist, dass, wenn nicht mit raschen und geeigneten Mitteln durchgegriffen wird, die einfältigen Schäflein Christi verführt werden und in Irrtum und Aberglauben versinken (...), und weil es unsere Pflicht ist, solches nach Möglichkeit zu verhüten, so sind wir bestrebt, .über all dieses die Wahrheit zu erfahren und genau zu untersuchen (...)« (D 32)

Die Warnungen vor den Gefahren des Aberglaubens klingen schon fast wie das aufklärerische Programm von Bistumsverweser Ignaz Heinrich von Wessenberg, im Amt 1802 bis 1827, sind aber kaum zum Nennwert zu nehmen. Die abstrusesten Hexen- und Wundergeschichten werden anerkannt, wenn es darum geht, das Volk seelsorgerlich bei der Stange zu halten und oberhirtliche Präsenz zu markieren. In diesem Fall geht es um die kirchliche Approbation von Klaus von Flüe als Einsiedler. Sein Ruf als Wundermann ist im Volk weit verbreitet, von den Seelsorgern in Unterwalden teilweise gestützt. Das Gerücht, er könne sich irdischer Nahrung enthalten, wirkt unheimlich. Dass sich Altväter in der Wüste und Heilige früherer Generationen in kaum mehr menschenmöglicher Weise der Nahrung enthalten hätten, zählt im fünfzehnten Jahrhundert zum Allgemeinwissen der Gebildeten. Umso skeptischer ist man jedoch, je näher derlei Heilige der eigenen Gegenwart stehen. Lebende Heilige sind in der Kirche eigentlich nicht vorgesehen. Charakteristisch für diese Sicht der Dinge ist die Pfälzische Chronik des Matthias von Kemnat, eigentlich Matthias Widmann (1430–1476). In der Frühzeit des Eremiten Klaus von Flüe äussert er sich zurückhaltend, sieht ihn sogar im Umfeld der Betrügereien der Begarden und Beginen, welche er als Sektierer brandmarkt. Anschliessend vermerkt er: »Und man sagt jetzunt aber von einem in Schwitz, geheissen Bruder Nicklaus, der in vil jarn nit gessen hatt. Ist es also, so muss er ein lebendig heilig sein, oder ein deuffel, und ist kein mittel.« (D 1013)

Ein lebender Heiliger sei er, oder dann ein Teufel. Tertium non datur. Etwas Drittes, Mittleres, gebe es nicht. Bischof Hermann schreibt an seinen Weihbischof: »Da nach dem Zeugnis des Apostels sich der Engel der Finsternis nicht selten in einen Engel des Lichtes verwandelt und Zeichen tut, welche nicht auf dem Grundstein des Glaubens beruhen und nicht zu beachten sind; der ist nämlich unklug, der die Zauberer des Pharaos, die nach dem Zeugnis der Schrift Zeichen taten, oder die Eselin Balaams, die mit dem Weissager redete, als verehrungswürdig verkündete oder aufzählte. Wir geben daher Euch als Amtsperson, deren Urteilskraft wir höchlich vertrauen, den Auftrag, durch geheime Nachforschung und eifrige Verhörung, nachdem Ihr die hiezu geeigneten Wege und Mittel erkannt habt, kraft unserer übertragenen Autorität, auch über die obengenannten Verhältnisse und deren nähere Umstände (...) genau zu informieren und was Euch begegnet und Ihr durch Gerücht und Zeugnis als bewiesen oder wahrscheinlich erfahren habt, uns baldmöglich mitzuteilen, damit wir diesbezüglich das Heil der Gläubigen wahrnehmen können.« (D 32f.)

In diesen Tagen lässt das Aufsehen des Mannes, von dem das Gerücht umgeht, er esse nichts, den Aufschub der kirchlichen Kontrolle als nicht geraten erscheinen. Dabei gibt es in Unterwalden keine Kontrolle dieser Art, ohne dass die politischen Instanzen ein gewichtiges Wort mitzureden hätten. Die Verhöre überlassen sie Geistlichen, aber die Bewachung des Eremiten und damit die effektive Kontrolle seines Fastens übernehmen sie selbst. »Die Schweizer haben Bruder Klaus«, schreibt Waltheym, »zunächst Tag und Nacht, da sie sich wunderten, dass er weder ass noch trank, bewachen und kontrollieren lassen, um zu sehen, ob ihm jemand heimlich am Tag oder in der Nacht Essen oder Trinken zutrüge. Man hat aber nie feststellen oder herausfinden können, dass er isst oder trinkt, sondern er lebt von der Gnade des allmächtigen Gottes.« (D 61) Waltheym, in diesem Fall ein nachträglicher Zeuge, berichtet, was er von Bruder Klausens Landsleuten gehört hat. Wer im einzelnen für die getroffenen Massnahmen zuständig gewesen ist, bleibt ihm unbekannt.

Die kirchliche Untersuchung erfolgt im Frühjahr 1469, noch in der Amtszeit von Landammann Nikolaus von Einwil, dem Schwiegervater von Hans von Flüe. Für die Durchführung polizeilicher Aufgaben in Frage kommen auch Altammann Heintzli und als besonders bewährter Mann dessen Halbbruder Erny an der Halten, zusammen mit Erny Rorer und Oswald Isner der früheste Zeuge des Fastens überhaupt. Er ist der Schwiegervater des nachmaligen Landammanns und Eremitensohnes Welty von Flüe. Ausserdem ist Berns Altschultheiss, der Ritter Adrian von Bubenberg zugegen[5], ein Mann, der gegenüber geistlichen Herren nicht zu kuschen pflegt. Wenn also Weihbischof Thomas Weldner mit Gefolge nach Sachseln kommt, trifft er bei den einheimischen Potentaten auf eine Phalanx von interessierten Bruder Klaus-Freunden. Im Vergleich zum Bauernmädchen von Domrémy, Jeanne d'Arc, welches übel gesinnte Experten hat aushalten müssen[6], ist die Ausgangslage für Klaus von Flüe denkbar günstig. Die Kirche, selbst wenn er im Verhör einen Fehler machen sollte, hat kaum den Hauch einer Chance, ihm nahe zu treten. Souverän ist, wer im Ernstfall die Lage interpretieren, den gültigen Richterspruch ausfällen oder allenfalls über die Nichtauslieferung des Verdächtigten befinden darf. Das wären in diesem Fall der Landammann, die Räte und die Landsgemeinde von Unterwalden ob dem Kernwald. Sie allein, und keine fremden Richter, könnten Bruder Klaus, ihren nunmehr angesehensten und für die meisten liebsten Landsmann, als allfälligen Betrüger oder kirchlich erkannten Ketzer einem bösen Schicksal zuführen. Dazu besteht nicht nur kein Anlass. Es würde ihnen auch nicht im Traum einfallen!

Die Konstellation, bei welcher man die heilige Existenz von Bruder Klaus einer Prüfung unterziehen will, bringt es an den Tag: ein ungünstiges Resultat käme niemandem gelegen. Den Landsleuten nicht, weil sie, von der Heiligkeit ihres Landsmannes überzeugt, sich auf keinen Fall blamieren wollen, schon gar nicht Nikolaus von Einwil und Erny an der Halten. Dem Vertreter des Bischofs erst recht nicht. Mit welchen Machtmitteln wollte die Kirche einen negativen Spruch durchsetzen? Sich exponieren würde die Beziehung des Bistums mit der Eidgenossenschaft nur belasten, die schwache Autorität der Kirche blossstellen. Für die Inquisition gibt es in Europa keinen abschüssigeren Boden als das steile Gelände beim Ranft. Erny an der Halten, Klausens verschworener Genosse, ist in der Lage, er hat es bewiesen, einen Geistlichen von auswärts, der sich anmassend aufführt, mit seinem Schutztrupp dingfest zu machen, ihn zu verhauen, ohne Rücksicht auf den geweihten Stand, bis er Urfehde schwört. Anschliessend wird er dorthin vertrieben, von wo er hergekommen ist[7]. Dem Weihbischof gegenüber wird man Manieren zeigen, höchstens ein bisschen die Zähne fletschen. Der gnädige Herr bleibt wohlberaten, die politische Realität hierzulande im Auge zu behalten.

Weldner, den der Titel eines Weihbischofs von Agathopolis ziert, verhält sich als geistlicher Realist. Dem Volk das Wunder nicht wegnehmen, doch im Zweifelsfall den Gehorsam über das Wunder stellen. Im Vergleich zu Wunderheilungen auch der unwahrscheinlichsten Art reagiert die Kirche auf die Kunde von Hungerwundern auffällig zurückhaltend. Die Verantwortung für die Beglaubigung überlässt man lieber der politischen Obrigkeit. Auch wenn kein offensichtlicher Betrug vorliegt und fromme Vorbilder bekannt sind, etwa die im Gotteseifer glühende Heilige von Siena oder die Niederländerin Lidwina von Schiedam. Die Kirche wird das, was für das Volk bei Bruder Klaus das Wesentliche ist, nie formell anerkennen. Rechtgläubigkeit ist wichtiger. »Das Höchste ist der heilige Gehorsam.« (D 64) Um diesen urkatholischen Satz zu hören, ist der Weihbischof nach Sachseln gereist. Ist man sich darüber im klaren, mag das andere vielleicht hingehen.

Bei Gehorsamsprüfungen liegt der fatale Ernstfall missbrauchter religiöser Existenz vor. Gott fordert von Abraham die Hinschlachtung seines Sohnes zum Zeichen bedingungsloser Unterwerfung. Bei Klaus von Flüe wird der Inhaber der geistlichen Autorität nicht in sein Familienleben eingreifen. Das würde nicht zur Sache gehören, darüber verliert man kein Wort. Der Einsiedler hat die Seinen, die Welt losgelassen. Seine Landsleute, auch die Mitglieder seiner Familie, sind ihrerseits aber nicht gewillt, ihn einfach loszulassen. Zu gross sind die Möglichkeiten, aus seinem geheimnisvollen Dasein Nutzen zu ziehen. Noch viel weniger will die Kirche von ihm lassen. Sie verlangt von ihm die Preisgabe seines Mysteriums. Dieses auch noch lassen zu können, würde zum Höchsten gehören, was einen Heiligen auszeichnet. Eine ungeheure Anmassung liegt vor, wenn von aussen in diesen Bereich eingegriffen wird, wie es der Weihbischof kraft seines kirchlichen Auftrages tun will. Eine frühe Münchner Handschrift aus der zweiten Hälfte des fünfzehnten Jahrhunderts, 1983 von Peter Ochsenbein entdeckt, gibt die Fastenprüfung in erschreckenden Dimensionen wieder:

Ein Jäger, der mit seinen Hunden Nikolaus in der Wildnis angetroffen habe, soll den Bischof von Konstanz über den »heiligen Nicolay« unterrichtet haben. »Als dies bekannt wurde, wollte der Bischof nicht darauf verzichten, diesen Richter (Klaus von Flüe) in der Berghöhle zu besuchen und erfahren, aus welchem Grund er begehre, dort zu leben, und ob er von Gott oder vom Bösen Geist veranlasst sei. Er verfügte sich mit seinen Herren und Priestern in den Wald der Berghöhle. Auf die Frage, wovon er lebe, antwortete er (Bruder Klaus) dem Bischof: *Von der Gnade Gottes und sonst keiner anderern Speise.* Da sagte der Bischof: *Sag mir, was ist das Grösste auf Erden, darin man die Gnade Gottes erwerben kann?* Der Richter antwortete: *Der Gehorsam.* Da sagte der Bischof: *Nachdem du nun so lange menschliche Speise nicht genossen und allein von der Gnade Gottes gesättigt worden bist, gebiete ich dir beim Gehorsam, dass du drei Bissen Brot issest.* Das tat er alsdann wegen des Gehorsams willig. Als er den ersten Bissen ass, floss ihm Blut aus dem Mund, und als er auch den zweiten essen sollte, war er dem Tod nahe. Beim dritten Bissen sprachen die Schweizer zum Bischof von Konstanz: *Gnädiger Herr, kommt es so weit, dass ihr mit dieser Speise Bruder Nikolaus um sein Leben bringt, kommen Eure Gnaden um seinetwillen zu einer Verkürzung des Lebens.* Nun erkannte der Bischof die Gnade Gottes, und Bruder Klaus wurde vom nächsten oder vom selben Bischof im Jahre 67 als heiliger Mensch bestätigt.« (EB 36)

Die Münchner Handschrift, die im Vergleich zu den Berichten Waltheyms, Wölflins und anderer im Hinblick auf ihre Zuverlässigkeit zu verifizieren ist, enthält einige Ungenauigkeiten. Nikolaus hat sich gelegentlich in eine Höhle zurückgezogen, seine Einsiedeleien auf der Alp Chlysterli und im Ranft sind jedoch damit nicht zu verwechseln. Die Fastenprüfung geht der Einweihung der Ranftkapelle voraus, ist also auf Frühjahr 1469 anzusetzen. Eindrucksvoll und glaubhaft aber erscheint, wie die Landsleute den Eremiten in Schutz nehmen, mit Empörung, ja einer unverhüllten Todesdrohung auf dessen Misshandlung durch den Zwang zum Essen reagieren. Davon hören wir im freimütigen Bekenntnis von Bruder Klaus nichts, welches Waltheym notiert, weil es ja nie die Art des Eremiten gewesen ist, sich zu beklagen. Die Version des Brunnenmeisters aus Halle an der Saale ist trotzdem eine weitgehende Bestätigung der Münchner Handschrift:

»Lieber Bruder Klaus«, fragt Waltheym im Mai 1474 »ich habe in unseren Ländern und auch hier gehört, dass ihr weder essen noch trinken sollt und fastend viele Jahre weder gegessen noch getrunken habt. Wie steht es damit? Er antwortete mir: *Gott weiss,* und hob dann an und sagte: *Es waren etliche Leute, die sagten, das Leben, das ich führe, möchte nicht von Gott sein, sondern vom Bösen Geist. Darum hat mein Herr von Konstanz, der Bischof, drei Bissen Brot und auch Sankt-Johannis-Segen geweiht, in der Meinung, falls ich drei Bissen Brot essen und den heiligen Trank trinken würde, wäre es recht um mich. Falls ich aber das Brot nicht essen und den Wein nicht trinken würde, wäre es ein wahrhaftiges Zeichen, dass meine Sache und mein Leben mit dem bösen Geist zugingen. Unter vielen anderen Reden fing mein Herr, der Bischof von Konstanz an, und fragte mich, was in der heiligen Christenheit das Allerbeste und Allerdienlichste wäre. Ich antwortete ihm: der heilige Gehorsam. Da sprach mein Herr, der Bischof: Ist der Gehorsam das Beste und Allerdienlichste, so gebiete ich Euch kraft des heiligen Gehorsams, dass Ihr diese drei Bissen Brot esst und diesen Trank Sankt-Johannis-Segen trinkt. Nun bat ich meinen Herrn, den Bischof, er wolle mir dies erlassen, weil es mir gar schwer und bitter schmerzlich fallen würde. Das bat ich ihn mehr als einmal. Er wollte es mir aber nicht erlassen, ich musste von Gehorsam wegen das Brot essen und den Wein trinken.* Nun sprach ich (Waltheym) zu Bruder Klaus: Habt Ihr auch seit dieser Zeit nie mehr gegessen und getrunken? Ich konnte aber nicht mehr aus ihm herausbringen, als dass er sagte: *Gott weiss.*« (D 64f.)

Wölflin ergänzt: »Nikolaus wollte dem Befehl des Prälaten sich nicht widersetzen, aber die Schwierigkeit infolge der langen Entwöhnung fürchtend, erlangte er durch Bitten, dass jener ihm erlaubte, nur eines der Stücke, in drei kleine Teile zerteilt, essen zu müssen. Er konnte sie nur mit grösster Mühe geniessen, und auch das Schlücklein Wein kaum ohne Erbrechen schlürfen.« (D 543) Ursprünglich also sollte er drei grössere Brotstücke verspeisen. Der Bischof erlaubt ihm, nur eines, in drei Teile geteilt, einzunehmen. Zum Johanniswein lautet ein zeitgenössischer Trinkspruch: »Ich will euch Sankt-Johannis-Segen zubringen!« Dazu Renward Cysat: »Dieses ist bei uns Catholischen ein löblicher uralter Brauch, wann gute Freunde von einander scheiden, es sei von einer Zeche oder Mahlzeit oder sonst, dass einer dem andern zu einem freundlichen Abschied noch einen Trunk erbiete, unter dem Namen Sankt-Johannis-Segen, damit ihm der Trunk wohl bekomme, auch die gute Freundschaft zwischen ihnen, dass der letzte Trunk desto besser im Gedächtnis behalten werde.«[8]

Die Funktion des Johannissegens, eines Gedächtnistrunks unter Freunden, ähnlich dem treueidgenössischen Mosttrinken, ist hier in ihr Gegenteil verkehrt. Der Trinkzwang erscheint als Perversion der eidgenössischen Freundschaft in der Freiheit. Anstelle der Feier freier Gemeinschaft geht es um ein fragwürdiges Experiment mit dem Ziel der Unterwerfung.

Dass Klaus mit dem Johannissegen Schwierigkeiten bekommt, hat nicht nur mit den verwandelten Verhältnissen im Magen des Hungernden zu tun. Darüber hinaus manifestiert sich damit eine Geste der Verweigerung aus der Tiefe des Mysteriums. Dies bei äusserster Demut des solchermassen Gedemütigten. Er weiss sehr wohl, was er der Kirche verdankt. Da würde er mit keinem Prälaten tauschen. Ohne gute Seelsorger hätte er den Weg zum mystischen Leben nicht finden können, sich in seinem Trübsinn und seiner unbegreiflichen Appetitlosigkeit verloren. Vor allem gewähren ihm die Diener der Kirche die Betrachtung des Allerheiligsten, der Hostie in der Monstranz, woraus ihm eine wunderbare Stärkung erwachse, sonst möchte er, wie er dem Beichtvater schon bekannt hat, das Hungern nicht erleiden. Auch dem Bischof gegenüber empfindet der Eremit die höchste einem Menschen zu gewährende Ehrfurcht. Gehorsam präsentiert er die Antwort, die ihm wahrscheinlich der Beichtvater bei der Vorbereitung des Gesprächs empfohlen hat. Doch gibt sich der hohe Herr damit nicht zufrieden. Er schreckt vor der seelischen Vergewaltigung, der Malträtierung des geheimnisvollen Magens, nicht zurück. Eine Zumutung, für den wahren Anorektiker vielleicht schlimmer als ein sexueller Übergriff. Der Mann, der dem Bischof über alles gehorsam sein will, erhebt mehrmals seinen flehenden Widerspruch. Auch bei diesem behält er die Ruhe der Demut. Die Empörung, das Zähnefletschen, überlässt er seinen Landsleuten, die dem Prozedere als Zeugen beiwohnen. Sein Geist behält die Gelassenheit. Den Widerstand anvertraut er dem Meister in seinem Magen, dem, was in seinem Leib erwählt ist und rein.

Jemanden zum Gehorsam zwingen bis zum Missbrauch des Brotes, der Schändung des Freundschaftstrunkes. Das Erbrechen ist eine Möglichkeit, den Heiligen bei Gott und bei sich selber zu bewahren. Wie sonst den Übergriff der babylonischen Hure in Schach halten? Seine innere Reinheit bleibt unangetastet, das Brot und der gesegnete Johanniswein behalten ihre ursprüngliche Würde. Auf den Grundwert der Heiligkeit nimmt die Gewalt des Grossinquisitors keinen Einfluss. *Gott weiss,* lautet die Botschaft vom Ranft. Die Prüfung von dem, was Gott weiss, der Blick in das Gewissen, ist, wie man dem Zeugnis der Quellen entnehmen muss, im wörtlichsten

Sinn zum Kotzen. Quod erat demonstrandum. Was zu beweisen war. Im April des Jahres 1469 nach Christi Geburt.

Die Fastenprüfung mit der Bewachung durch die Landsleute, der Ess- und Trinkzwang durch den Bischof geht als lehrreiche Farce in die Geschichte ein. Alle können aufatmen, Bruder Klaus, die Unterwaldner, die gesamte Eidgenossenschaft und nicht zuletzt der Weihbischof selbst. Nachdem er im gleichen Monat in Zug die Sankt-Michaels-Kirche, Kapellen in Oberwil und Goldau, sowie die Pfarrkirche in Muotathal und einen Altar im urnerischen Attinghausen eingeweiht hat, kann er nun der 1468 erbauten Ranftkapelle getrost seinen Segen geben: »Im Jahre 1468 wurde dann jene Einsiedelei oder kleine Kapelle im Ranft, welche man heute die obere nennt, an der obgenannten durch göttliche Weisung (einer Lichtvision des Heiligen) gezeigten Stelle errichtet und (...) am 27. April 1469 vom hochwürdigen Herrn Thomas, Bischof von Agathopolis, Weihbischof von Konstanz, in der Ehre der seligsten Jungfrau Maria, der heiligen Maria Magdalena, der Kreuzerhöhung und der zehntausend Martyrer eingeweiht.« Es sind dieselben Heiligen, die auch im Kloster Töss in höchster Verehrung stehen. Die Anerkennung wird bald nach Rom weitergeleitet. Schon 1470 verleihen sechzehn Kardinäle der Ranftkapelle einen ewigen Ablass, womit die Feiertage Mariä Himmelfahrt, Kreuzerhöhung, Maria Magdalena und der zehntausend Ritter zu den offiziellen Festtagen des Heiligtums erhoben werden. Klaus von Flüe wird in der Bulle nicht erwähnt. Der Ruf des lebenden Heiligen ist Sache des Volkes, nicht der Kirche. Doch erlauben die bischöflichen und päpstlich-kurialen Anerkennungen jetzt eine ungehemmtere Verbreitung des Rufes, die der »sellig man« (D 45) schon in den ersten Jahren seines Einsiedlerlebens geniesst. Bereits 1471 wird ins Gefängnis geworfen, wer öffentlich diesen Ruf in Frage stellt und dies gar noch mit Lästerungen gegen den Eremiten und die Eidgenossen ganz allgemein verbindet. So Heinrich Morgenstern, der Schreiber von Horb im Schwabenland. In einer Berner Taverne stellt er in Abrede, dass Eidgenossen je einen heiligen oder seligen Mann hervorgebracht hätten. Ein *kuhgehiger* sei Bruder Klaus, einer, der es mit dem Rindvieh treibe. Ist dem Schwaben nicht bekannt, dass einer der engsten Freunde des lebenden Heiligen, Adrian von Bubenberg, in Bern zu den Stadtmächtigen gehört? Und nach einem alpenländischen Landrecht, ausgerechnet dem von Nidwalden, genügt das Schimpfwort mit der Kuh sogar als Kriegsgrund! Auch an der Aare ist es eine todeswürdige Beleidigung, welche nur durch eine saftige Busse und Schwören von Urfehde vielleicht wieder gut gemacht werden kann. Das Geld dazu pumpt dem Herrn Morgenstern der reiche Metzger Laurentius Dürr aus Nürnberg. Zu den Unterzeichnern des Urfehde-Dokuments gehört Diebold Schilling, der Berner Chronist, nicht zu verwechseln mit seinem Namensvetter aus Luzern.

Die Ereignisse in den Jahren 1468 bis 1471 zeigen auf, wie Bruder Klaus in kurzer Zeit zur eidgenössischen Denkmalfigur emporsteigt. Nicht seines Eremitenlebens wegen, das wäre zu wenig aussergewöhnlich, sondern als »der Mann, der als heilig gilt, weil er nichts isst.« Die zum Topos gewordene Formulierung des mailändischen Gesandten Bernardino Imperiali. »Die Eidgenossenschaft« schreibt der Diplomat seinem Herzog, »bringt ihm grosses Vertrauen entgegen.« (D 228) Dies gilt nach den vorliegenden Quellen schon rund vierzehn Jahre vor dieser diplomatischen Note aus dem Jahr 1483.

Eine Sichtung der Quellen zeigt: Bei der Fastenprüfung liegt für die Eidgenossen viel zu viel Prestige auf dem Spiel, als dass von einer glaubwürdigen Beweisaufnahme die Rede sein kann. Es wird geraten sein, noch einmal einen Blick auf die Anfänge des Fastens zu werfen. Bei den frühesten Zeugen in Unterwalden fallen fünf verschiedene Positionen auf: Die realistische Schilderung der Anfänge des Fastens bei Leutpriester Oswald Isner; der bedingungslose Glaube an die Nahrungslosigkeit bei Erny Rorer und Erny an der Halten; das beredte Schweigen der Familienmitglieder Hans, Welty und Dorothe; der Testfall des Miteremiten Bruder Ulrich; die Neugierigen aus aller Welt, die Klaus wie einen Hungerkünstler anstaunen und in Einzelfällen kritisch befragen.

Ein authentischer Bericht über das Fasten, im Kirchenbuch von Sachseln zu Protokoll gegeben, stammt von Oswald Isner, neben Heimo Amgrund Klausens engster Vertrauensmann. Ihm zufolge beginnt der Abbruch natürlicher Speise in Liestal. In der Krise seiner Heimkehr habe Klaus elf Tage lang gefastet, den Beichtvater dann um seelsorgerischen Rat ersucht, ob er wieder essen oder weiter versuchen solle, ohne Nahrung zu leben. Er, Klaus, begehre nämlich, allezeit ohne Essen sein Dasein zu fristen, damit er umso besser von der Welt frei sein könne. Isner hat sich bei diesem Beratungsgespräch nicht mit Worten begnügt. Er ergreift die Glieder von Klaus unten und oben, findet ihn bis auf die Haut abgemagert, seine Wangen ganz dünn, seine Lippen schrundig. Trotzdem erkennt er im Fasten von Klaus einen guten, gerechten Grund göttlicher Liebe, rät ihm zur Fortsetzung der Abstinenz, sofern er sie, ohne den Hungertod zu erleiden, ertragen könne. Isner bestätigt damit eine elftägige Fastenphase, auch den bedingungslosen Wunsch des Heimkehrers, weiterzuhungern. Dieser Entscheid hängt mit Sicherheit zusammen mit der grossen Vision von Liestal, die mit Klausens schmerzlichster Niederlage verbunden ist. Der Wunsch, weiterzufasten, erscheint aus dieser Perspektive als eine Kompensation dafür, wohl auch als Ausdruck des dringenden Wunsches, nicht mehr zur Familie und überhaupt in die Welt zurückkehren zu müssen. Klaus ist überzeugt, ohne Speise leben zu können. Ja sogar, es scheint: »Er hat nie mit solcher Inbrunst gelebt wie unter dem Druck einer schwersten Niederlage.« (Elias Canetti)[9]

Die Überzeugung, Klaus könne ohne Speis und Trank leben, verdichtet sich bei Erny Rorer und Erny an der Halten früh zur Gewissheit. Die beiden angesehenen Nachbarn stehen für den Beginn des Volksglaubens von der totalen Abstinenz des Eremiten. Rorer »glaubt fest, Bruder Klaus habe ohne Speise und Trank neunzehneinhalb Jahre lang gelebt.« (D 463) An der Halten bestätigt diese Überzeugung mit den fast nämlichen Worten, fügt noch hinzu: Drei Gnaden hätte ihm sein Freund Bruder Klaus eingestanden: erstens, dass er fern von Frau und Kind in der Einsamkeit leben könne; zweitens, dass er nie den Willen, die Begierde und die Anfechtungen gehabt habe, zu seinem früheren Leben bei Weib und Kind zurückzukehren; drittens, dass er ohne leibliche Speise und Trank leben könne. Er, an der Halten, habe in neunzehneinhalb Jahren nie gesehen, gehört oder vernommen, dass Klaus irgendeine Speise zu sich genommen hätte.

Im Diskurs um das Fasten von Bruder Klaus fallen das nachgerade betretene Schweigen der Söhne Hans und Welty und der Ausschluss von Gattin Dorothe aus dem Zeugenstand auf. Letzteres ist mit der juristischen Disqualifikation der Frau nicht hinreichend erklärbar, kommen im Kirchenbuch doch auswärtige Pilgerinnen zu Wort, wenn es um Zeugnisse von allerlei wunderbaren Heilungen geht. Hans äussert sich aber präzise über die Ernährungsgewohnheiten des Vaters zu Hause. Wir erfahren, dass Klaus gemäss den strengsten, nur für Ausnahmefälle geltenden Fastenregeln der alten Kirche, am Montag, Mittwoch, Freitag und Samstag gefastet und dabei auf warme Küche ganz verzichtet, an Fasttagen nicht mehr als ein kleines Stück Brot und wenig dürre Birnen zu sich genommen habe.

Über die spätere Totalabstinenz sagt er nichts, genau so wenig wie sein Bruder Welty, dessen Zeugnis über den Vater bekanntlich keineswegs schmeichelhaft ausfällt. Als »törichter Mann« hätte sich dieser erkannt und schliesslich in den Willen Gottes ergeben.

Dorothe wird im Zusammenhang mit dem Fasten ihres Mannes in keiner Quelle erwähnt. Umso mehr fällt auf, dass sie um Ernährung und Unterhalt von Bruder Ulrich, dem Miteremiten, besorgt ist. Dieser leistet seit 1468, spätestens aber seit 1469 in gebührendem Abstand, drüben am Abhang des Mösli, dem Dasein des Fastenbruders Gesellschaft. Ulrich aus Memmingen, der Familienname ist nicht identifiziert, ist in der einen Version ein Kaufmann in der Art von Rulman Merswin, nach Rupert Amschwand aufgrund eines ihm gespendeten Tragaltares und anderer Indizien aber Priester. Waltheym vermutet in Bruder Ulrich, der mehrere Personen aus Magdeburg kennt und sich überhaupt sehr weltläufig gibt, einen Handwerksmann. Wirt Hans under der Fluo von Kerns ist da anderer Meinung: »Er ist seine Tage ein grosser Räuber gewesen.« (D 66) Waltheym lernt den Schwaben als »gelarten« Menschen kennen, spricht mit Respekt von den Büchern, in die er sich vertiefe.

Der Mann aus Memmingen, zu Lebzeiten in Unterwalden von zwiespältigem Ansehen, bald nach seinem Tod mit einem Bildnis in der Kirche Sankt Niklausen verewigt, ist die in der Lebensgeschichte von Klaus von Flüe wohl meist unterschätzte scheinbare Nebenfigur. Für die Vermittlung von mystischem Gedankengut kommt er in mindestens gleich hohem Ausmass in Frage wie die beiden einheimischen Priester Isner und Amgrund. Desgleichen als Lehrer der Meditation und Kenner der Altvätertradition. Aber man traut ihm offensichtlich weniger, fürchtet vielleicht, es könnte von ihm ein Schatten auf den Eremiten mit dem Ruf eines Heiligen fallen. Eher ist das Umgekehrte der Fall. Bruder Ulrich macht als gelehrter Schatten von Bruder Klaus den Eindruck eines Mitdenkers, diskreten Beraters. Vielleicht ist er der Mann, der die Hand von Bruder Klaus beim Briefschreiben führt. Der Phantomheilige vom anderen Ufer der Melchaa. Eindrucksvoll ist der gewaltige Stein, unterhalb dem er gelebt haben soll. Aus der Sicht des Volkes, auch früher Biographen wie Heinrich von Gundelfingen, steht Bruder Ulrich für den Durchschnittseremiten, dem die höchste Erwählung vorenthalten bleibt. Er ernährt sich von drei Bissen Brot täglich, die er ins Bachwasser tunkt, sowie vor allem von Baumfrüchten. In der Ranftschlucht ist er so etwas wie der Blitzableiter für alles Zwiespältige und Zweifelhafte. Der Eindruck, es sei dies eine ihm zugewiesene Rolle, die er gern übernimmt, drängt sich auf. Lebt er doch gewissermassen von der Heiligkeit dessen, den er als sein Vorbild anerkennt und wortreich zu preisen versteht. Er ist von Anfang an einer der grössten Bruderklausen-Verehrer, vielleicht der grösste überhaupt. Gundelfingen gegenüber erklärt er, wohl unmittelbar nach dem Tode des Heiligen: »Nikolaus habe ihm im Gespräch so augenscheinliche Zeugnisse seiner Tugend und Zeichen seiner Liebe erwiesen, und seine Bewunderung sei (...) so gestiegen, dass er bezeuge, ihn allein in der Schar der Einsiedler so milde, fromm, rechtschaffen und mit dem eremitischen Geist begabt gefunden zu haben. Nikolaus hätte ihn, beim Anhören dieses Lobes, bescheiden gebeten, auf derlei übermässige Preisungen zu verzichten, die Würdigung der Verdienste bis nach seinem Tode zu verschieben (...)« Über das Fasten vernimmt man aber von Bruder Ulrich nichts Detailliertes. Dass er im Kirchenbuch von Sachseln darüber nicht zu Wort kommt, lässt aufhorchen. Möglich ist, dass er sich zum Zeitpunkt der Aufzeichnungen auf einer längeren Wallfahrt im Ausland befunden hat. Wahrscheinlicher ist ein Misstrauen. Dieses schwindet erst nach seinem Tode, 1491, allmählich. Seine Grabstätte in der Kirche von Kerns ist 1813, wie der Taufstein für Klaus, beim grossen Brand zugrunde gegangen.

Für die Lebensgeschichte von Bruder Klaus sind die Berichte über die Lebensweise seines Miteremiten von hohem Interesse, gerade weil sie vom Bild des heiligen Mannes abweichen, auch äusserlich. Bonstetten: »Er ist ein Männlein von kleiner Gestalt, glatzköpfig und fleischig, nicht dickbärtig, gesprächig, weiss mehr über die Welt als Bruder Niklaus, das hängt (...) mit seinen literarischen Kenntnissen zusammen. Er ist gekleidet fast wie der andere (Bruder Klaus), doch glaube ich nicht, dass er den Rock auf blossem Leib trägt. Er hat auch Schuhe an, ist aber barhäuptig. Er isst täglich einmal, wie die Nachbarn erzählen, Brot mit Honig und Wasser, nimmt selten noch andere Speisen ausser Baum- und Haselnüssen.« (D 88) Gundelfingen ergänzt: »Mit Schmutz bedeckt, schrecklich anzusehen, in armseligem Gewande, sonnengebräunt, ungestrählt und vernachlässigt, aber glücklich bis zum heutigen Tag dient er Gott.« (D 489) Der Chorherr von Beromünster gehört zu denen, die bei Bruder Klaus den vollständigen Verzicht auf Hygiene, Kamm und Waschungen, hervorheben.

Überaus interessant für unseren Zusammenhang ist Wölflins Bericht über Bruder Ulrichs gescheiterten Fastenmarathon. Dreizehn Tage hätte er vollständig auf jegliche Verpflegung verzichtet. »Am folgenden Tag ergriff den Mann ein solches Hungergefühl, dass er es kaum für möglich hielt, durch eine Speise jemals sattwerden zu können. Nikolaus hatte das vorausgesehen und inzwischen dafür gesorgt, dass seine Frau ihn mit genügend Speise versorge (...)« (D 544)

In keiner Szene findet die Schattenexistenz von Ulrich, dem Bildbetrachter, Altvätervermittler und Kenner mystischer Schriften (D 88), einen so frappierenden Ausdruck wie in diesem Bericht. Die Frau von Bruder Klaus leistet als berufene Darbringerin der Speise für Bruder Ulrich, was sie für ihren Ehemann ohne Zweifel lieber tun würde und sicher auch getan hätte, wäre es von ihr verlangt worden.

Ob Bruder Klaus gegessen und was er gegessen hat, kann historisch nicht als gesichert gelten. Die Eucharistie, so oft als seine leibliche Speise erwähnt, kann es nicht sein, denn er stärkt sich, wie Offyma von Münchwilen, die Tösser Nonne, aus ihrer Betrachtung[10]. Der Kommunionempfang kommt für einen Laien nur an den höheren Kirchenfesten in Frage. Entweder hat er, wie er selbst andeutet und alle Welt glaubt, keine Speise zu sich genommen, oder dann das Bewusstsein irgendwelcher Nahrungsaufnahme völlig von seinem tatsächlichen physischen Unterhalt trennen können. Von keinem Essen zu wissen ist die Form, wie er von der Welt getrennt und rein in seiner Gesinnung ganz für Gott leben will. Der Mensch aber, der seine naturhafte Seite, die irgendwie weiterexistiert, am besten kennt, ist niemand anders als Ehefrau Dorothe. Ihr ist zuzutrauen, den Liebesdienst für den Schatten von Bruder Klaus, den kleinen hässlichen Bruder Ulrich, auch dem geliebten grösseren Original zu leisten und dabei in reiner Gesinnung verschwiegen zu bleiben. Weiss sie doch am besten, dass ihr Mann kein Held der Tugend, sondern ein Leidender ist. Das ist keine erwiesene These, aber ein mögliches Szenario. Dieses geht davon aus, dass aus der Existenz von Bruder Ulrich mehr über Klaus von Flüe zu erahnen ist, als man bisher hat annehmen wollen. Merkwürdig die späte Behauptung von Charles de Bouelles (Bovillus) von 1503: »Seiner Ehefrau verbot er, fürderhin zu ihm zu kommen, einem seiner Söhne aber befahl er, ihm täglich Speise zu bringen. So Waldbruder geworden, fing er an, alle übrigen Tugenden aus der Nüchternheit zu schöpfen. Er wollte sich vor allem ans tägliche Fasten gewöhnen; nur einmal des Tages setzte er sich nieder, um sich an der notwendigen Speise zu erquikken, und indem er sogleich auch das Weintrinken aufgab, wurde er ganz Abstinent und Wassertrinker, er trank nur aus dem Bache, der aus den Bergen herab bei seiner Zelle vorbeifloss. Aber er war mit dem täglichen Abbruch nicht zufrieden, und indem er den Versuch machte, über die menschlichen Kräfte hinauszugehen, begann er jede Woche einen Tag ganz ohne Nahrung zu bleiben, und als er sah, dass es ihm nach Wunsch gelinge, fügte er allmählich dem einen Fasttag einen zweiten, dem zweiten bald einen dritten hinzu. Er wollte dann auch erproben, ob ein noch vom Fleisch umgebener Mensch, auch wenn er vier Tage in der Woche keine Speise geniesse, leben könne. (...) Nach und nach fügte er den fünften und sechsten hinzu (...) und endlich verschmähte er auch am siebten Tage zu essen. Belehrt, dass ihm die göttliche Hilfe keineswegs fehle, unternahm er es, den Menschen und die menschlichen Kräfte gänzlich zu überschreiten und zu überwinden. Denn er verwandelte mit Erfolg die Tage in Wochen, die Wochen in Jahre.« (D 566f.)

Diese Bemerkung von Bovillus, welche den allgemeinen Glauben an die Nahrungslosigkeit des Eremiten nicht leugnet, ist interessant als Indiz für eine mögliche Beteiligung der Familie an der Verköstigung ihres Vaters, zumindest in der Anfangszeit. Dass die von Flüe sich über die Abstinenz Sorgen gemacht haben, nicht einfach von einem vollkommenen, engelhaften Menschen ausgegangen sind, liegt auf der Hand.

Gesetzt den Fall, Bruder Ulrich, der Beiseitegeschobene, nie Hervorgehobene, würde eine unentbehrliche Seite von Bruder Klaus repräsentieren? Verrät vielleicht fast jeder Satz über den geheimnisvollen kleinen Mann aus Memmingen auch ein Detail über Bruder Klaus? Bei dem Anhauch von Paranoia und Gnade, der es umgibt, wird man das Hungern von Klaus kaum mit einem simplen Betrug erklären können, obwohl Wölflin, ohne Namen zu nennen, auf Zeitgenossen verweist, die diesen Verdacht formulieren. Erst recht ausschliessen muss man die Vorstellung, Bruder Klaus hätte es für eine Selbstverständlichkeit gehalten, Tag für Tag ohne Speise zu leben. Dazu die klugen Bemerkungen von Roland Gröbli: »Bruder Klaus hatte die Gnade der Abstinenz nicht auf Lebenszeit erhalten, sie musste täglich neu ertragen und erlitten werden. Und an dem Tag, da er überlegt hätte, was die Menschen denken würden, wenn er wieder essen würde, von diesem Tage an hätte er wieder essen oder sterben müssen.«[11]

Kokettieren mit dieser Abstinenz ist die Sache von Bruder Klaus nicht. Dringt jemand allzu sehr in ihn ein, ist er fähig, sein Fasten gar zu dementieren: Einem Abt, in dem er einen Verführer erkennt, gibt er auf die Unterstellung, sich einer jahrelangen Nahrungsenthaltung zu rühmen, zur Antwort: »Guter Vater, ich habe nie gesagt und sage nicht, dass ich nichts esse.« Man hat diese Aussage vorschnell als Bekenntnis zur exklusiven Ernährung durch das heilige Brot der Eucharistie gedeutet. Naheliegend ist ein hartnäckiger Widerspruchsgeist, die entschiedene Weigerung, sich mit der Abstinenz wichtig zu machen. Allerdings hält es schwer, Widersprüche in den eigenen Aussagen von Klaus zu leugnen. Einmal bezeichnet er die Fähigkeit, ohne Speise leben zu können, als besondere, ihm zukommende Gnade; dann schliesst er diese Möglichkeit mit seinem »Gott weiss« wenigstens nicht aus; im äussersten Fall bestreitet er die Nahrungslosigkeit rundweg. Weder tendenziöse Unzuverlässigkeit einzelner Quellen noch der Verdacht auf schizophrenes Verhalten dürften die Sache treffen. Wichtiger erscheint der Ausdruck von Widerwillen. Die Koelhoffische Chronik (1499) behauptet: »Er ward oft (...) von geistlichen und weltlichen Personen versucht und um Auskunft gefragt, ob er leibliche Speise empfange und esse, worauf er antwortete, es wäre ihm alles zuwider.« (D 512) Er will nicht als Wundermann bestaunt, nicht auf einer bestimmten Vorstellung über ihn behaftet werden. »Ich bin nicht der Heilige, für den ihr mich hält«, lautet, in den Jahren wachsender Prominenz, mit zunehmender Intensität die Grundhaltung in seinem Diskurs mit den Zudringlingen. Nach der bischöflichen Zumutung des Esszwangs, einem glücklicherweise einmaligen Vorgang, wird der Zustrom von Frommen oder auch nur Neugierigen zum grössten Hindernis für seine Sehnsucht nach dem »einig Wesen«. Diese glotzen ihn an, fragen ihn aus und haben oftmals keine Hemmungen, ihn abzutasten, die Beschaffenheit seiner Haut und seine Körpertemperatur abzuschätzen. Waltheym, Bonstetten, Numagen und der kaiserliche Leibarzt Dr. Burkhard von Horneck, welcher die Nahrungslosigkeit unter medizinischen Gesichtspunkten, mit einem bestätigenden Resultat, untersucht hat (D 51), werden bei weitem nicht die einzigen gewesen sein, die sich so verhalten haben.

Schon früh wird der Eremit dieser Besuchermeute überdrüssig. Waltheym dazu: »Bruder Klaus hat die Gewohnheit, dass er oft einen oder zwei Tage, wenn er seine Beschaulichkeit haben will, in den wilden Wald geht und allein drin bleibt.« Bonstetten ergänzt, was er wahrscheinlich von Bruder Ulrich erfahren hat: »Jeden Tag und besonders im Sommer verlässt er seine Zelle und geht für drei Stunden in eine Höhle, wo er sein Gebet vollbringt.« Der Bewegungsdrang, der ihn um 1467 in die Unruhe getrieben hat, verlässt auch den Einsiedler im Ranft nicht. Dieser Befund ist, abgesehen von der Belästigung durch Pilger, darunter »fremde streitsüchtige Theologen« (D 403), auch als typisches Merkmal des Anorektikers erklärbar[12]. Die ältere Medizin, die das Phänomen von Galenus (2. Jahrh. n. Chr.) bis Fabricius Hildanus (1560–1634) schon kennt, spricht im Zusammenhang mit tief religiösen Menschen ab der Barockzeit von *Inedia Prodigiosa,* der wundersamen Nahrungsverhaltung[13]. Falls es eine heilige Krankheit gibt, ist es nicht die Epilepsie, sondern eher diese. Im letzten Grund wird man jedoch kein Leiden zur heiligen Krankheit stilisieren dürfen. Auf exemplarische Weise zu respektieren und damit heilig zu halten sind Patienten, die in ihrer Krankheit eine äusserste und letzte Möglichkeit des Menschseins wahrnehmen können und damit den Kräften der Verzweiflung die Stirn bieten.

Die Vermutung, Klaus nehme in Zeiten seiner Abwesenheit vom Ranft auf irgendeine Art Nahrung zu sich, wird man grundsätzlich nicht von der Hand weisen können. Die Heimlichkeiten der Anorektiker rund um Essen und Stuhlgang sind bekannt, seit Jahrhunderten von Ärzten beschrieben. »Sie scheissen nit, sie seichen aber«, bringt Theophrast von Hohenheim 1531 einen Teil des Erscheinungsbildes auf den Punkt[14]. Mahl-Zeiten wollen sie nicht beiwohnen, den lebensstiftenden Rhythmus der Tischgemeinschaft nicht einhalten. Über die Welt ihrer Vorstellung schreibt Elias Canetti: »Man lebte von Luft, dort war sie gesunde Nahrung, ihre Aufnahme war nicht an bestimmte Zeiten gebunden, man wusste nie, dass man ass«[15]. Und in *Nachträge aus Hampstead:* »Der weise Mann ist der, der nie das Fressen erlernt hat.«[16] »Ein Land in dem man die Menschen nie essen sieht. Heimlichkeit des Essens. Was bei uns nur die Heimlichkeit der Entleerung ist, ist dort von Anfang zu Ende die Heimlichkeit des ganzen Prozesses.«[17] Vielleicht kann Klaus in der verborgenen Einöde, endlich in Einsamkeit und Freiheit, essen und vor allem trinken und damit das Stigma der Nahrungslosigkeit für kurze Zeit unterbrechen. Die ihn lieben, würden es ihm gönnen. Aber er selbst, darf er es sich erlauben?

Möglicherweise hat er tatsächlich nicht gegessen, sich von der Art der Nahrungsaufnahme, an die wir uns alle gewöhnt haben, verabschiedet. Wie weit er sich dessen bewusst ist, scheint unbestimmt. Und wenn schon, kann er davon nicht reden. Ein Wunder? Paranormale Ernährung? Heiligkeit? Schizophrenie? Gar ein von seiner

Umgebung geförderter Betrug? Über alle Rätsel, auch alle Ungereimtheiten hinaus, zählt die Integrität der Seele, der Mensch in seinem Strahlen und Leiden. Von denen, die über Besuche bei ihm berichten, scheint niemand Hemmungen zu haben, fast alles über ihn zu glauben. An der Reinheit seiner Seele gibt es keinen Zweifel. In dem Punkt ist er Jesus Christus und Franz von Assisi ähnlich. Für alle Jahrhunderte bleibt er der Eidgenosse, den die Menschen – im In- und Ausland – wie keinen zweiten für vertrauenswürdig halten.

Soweit steht das Zeugnis der Geschichte, auch unter wissenschaftlichen Gesichtspunkten, nicht in Frage. Zum Rätsel der Nahrungslosigkeit schreibt Robert Durrer, dessen Forschungsarbeit sich von Mystifizieren freihält: »Als Tatsache ist nach dem übereinstimmenden Eindruck der Quellen zu konstatieren, dass die Mitwelt gemeiniglich an die gänzliche Nahrungslosigkeit des Einsiedlers glaubte. Wenn es sich um eine rein historische Frage handeln würde, könnte es kaum jemandem einfallen, die bestimmten Zeugnisse zu bezweifeln.« (D XXI) Diese »bestimmten Zeugnisse« sind so eindeutig aber nicht. Für die einen hat Klaus seit dem Tag des Aufbruchs in die Fremde nicht mehr gegessen, so Waltheym, der sich bei dieser Notiz jedoch nicht auf Dorothe beruft. Er bringt sie im Zusammenhang mit allgemeinen Informationen zur Vorgeschichte, darunter Falschmeldungen wie »Er ist ein gewaltiger Ammann im Lande gewesen«. Auf der anderen Seite unterstellt vier Jahre nach Waltheym der Benediktiner Albrecht von Bonstetten eine anfängliche Verpflegung des Einsiedlers mit dürren Birnen und Bohnen, Kräutern und Wurzeln mit Wasser aus dem Bach. Dies entspricht ungefähr der Ernährung von Bruder Ulrich. Erst mit der Zeit habe Klaus begonnen, mit jeglicher zeitlicher Speise zu brechen (D, 84f.). Dies bezeichnet der Pater aus Einsiedeln als ein *merwunder*. Die für die Zeit »wissenschaftlichste« Würdigung desselben, das Gutachten von Peter Numagen aus Trier, bleibt einem gesonderten Kapitel vorbehalten.

Unter den frühen Hinweisen auf die Nahrungsabstinenz aus der Feder eines Intellektuellen liest sich die Version des Basler Predigermönchs Felix Fabri mit überdurchschnittlichem Interesse. Dieser steht dem Milieu der oberdeutschen Gottesfreunde nahe, äussert jedoch ähnlich wie der Zürcher Chorherr Felix Hemmerli[18] Antipathien gegen die Innerschweizer. Er ist ein Verwandter des bei Sankt Jakob an der Sihl erschlagenen Zürcher Bürgermeisters Stüssi, hat einen Teil seiner Jugend in der Nähe von Winterthur verbracht, im österreichischen Milieu der Kiburg. Sein Besuch im Ranft erfolgt kurz nach dem Frieden der Eidgenossen mit Österreich, der sogenannten *Ewigen Richtung* von 1474. Inhaltlich fallen die Stilisierung des fastenden Bauerneremiten zum lebenden Altvater und ein vielsagender Vergleich mit Katharina von Siena (1347–1380) ins Gewicht. Die Hommage ist, nicht unähnlich derjenigen Bonstettens, eine Huldigung aus pro-österreichischem Geist. Sie begründet eine Tradition, die über Generationen nicht mehr abreissen wird. Der Eremit steht ausserhalb der üblichen Feindbild-Konstellationen. Aus Fabris Aufzeichnungen:

»Deshalb lesen wir nie, dass Gott seine Auserwählten Hungers sterben liess. Denn den Martyrern, die zum Hungertod eingeschlossen wurden, sandte er seine Engel, die ihnen himmlische Speise brachten, wie wir öfters lesen. Die Propheten nährte er mit Hilfe von Raben, und die heiligen Väter, die Einsiedler, hat er wunderbar erhalten. Und von Vater Dominikus lesen wir, dass einmal den an Brotmangel leidenden Brüdern von Gott durch Engel Brot gesandt worden sei. Und wenn der Herr kein wirkliches und sichtbares Brot schicke, erhalte er seine Erwählten wunderbar durch unsichtbare Kraft, wie wir es von Sankta Katharina von Siena lesen. Und das gleiche können wir in unserer Zeit mit eigenen Augen sehen. Wir wissen ja, dass der Einsiedler Nikolaus, der in der Bergeinsamkeit am Luzerner See weilt, schon bei zwanzig Jahren ohne alle Speis und Trank gelebt hat. Dies ist wunderbar zu hören. Ich habe ihn selber im Jahr 1475 gesehen.« Die Altväterversion von der Speisung der Asketen aus dem Schnabel des Raben ist auf dem zeitgenössischen Isenheimer Altar illustriert, gehört aus dieser Sicht zu dem in der Epoche Geläufigen. Aussagekräftiger scheint der Hinweis auf die heilige Katharina. Damit wird der Ruf des lebenden Heiligen mit einem naheliegenden Bezug unterstrichen, welcher aus der Sicht der Kirche hohe Anerkennung bedeutet. Dabei ist bei der Sieneserin im Unterschied zu Bruder Klaus die Nahrungslosigkeit nur eine von zahlreichen Auszeichnungen, dem Anschein nach nicht die meistgerühmte. Stärker hebt man ihre Stigmen hervor, die Bilokationen, mysteriösen Ortswechsel, zum Zweck des Sakramentenempfangs. Bemerkenswert auch das laut hörbare Herzklopfen[19], ein bekanntes Symptom des Extremfastens: Nach einer guten Woche totalen Nahrungsentzugs spüren, einer modernen Untersuchung gemäss, etwa zwanzig Prozent der Versuchspersonen »das klopfende Herz meist nachts und beim Linksliegen. Dabei ist die Frequenz in der Regel nicht beschleunigt, die Intensität jedoch stark, so dass dadurch

Angstgefühle ausgelöst werden«, schreibt Fastenarzt Heinz Fahrner, ein heutiger Experte[20]. – Bei Katharina setzt, im Vergleich zu Bruder Klaus, die Nahrungslosigkeit erst ein, da die Dominikanerin längst durch ein aussergewöhnliches Leben aufgefallen ist. Ihr strenges Fasten soll sich über die letzten acht Jahre ihres Lebens erstrecken, Verhungern wird bei ihr als Todesursache nicht ausgeschlossen. Während Jahren zeigt sie hochanorektisches Verhalten mit signifikantem Bewegungsdrang, wozu noch ein aus der Sicht der Nachwelt »fanatischer« Eifer hinzukommt, der in dieser Form Klaus von Flüe fremd bleibt. Aus pathologischen Ursachen leidet sie sogar beim Essen der Hostie verzehrende Pein. »Wenn sie über Vermögen etwas zu sich nahm, empfand sie grosse Schmerzen und konnte nichts für sich behalten«, schreibt Joseph Görres in seinem materialreichen Standardwerk *Die christliche Mystik.* Nach dem Versuch, mit der Zeit ganz auf Nahrung zu verzichten, habe sie dann wegen des Geredes der Leute wieder zu essen angefangen, sei dabei aber jedesmal »beinahe in Todesgefahr« geraten. Dabei habe sie ihre Nahrungsverweigerung als Strafe für ihre Sünden denunziert. »Nach vielfach versuchten und wieder versuchten Proben liess man sie endlich gewähren; sie nahm nun nichts als blosses Wasser zu sich (...), dagegen gewann sie jedesmal durch den Genuss des Sakramentes unglaubliche Kraft und Stärke; das blosse Anschauen desselben, ja auch nur der Priester, die es denselben Tag gehandhabt, (...) that oft dieselbe Wirkung. (...) Man sah sie plötzlich dadurch wieder zu Kräften kommen, aufstehen, gehen und ohne Beschwerde irgendein anstrengendes Liebeswerk verrichten.«[21] Bei Katharina scheint die Nahrungslosigkeit im Gegensatz zum Ruhm von Bruder Klaus bei den Eidgenossen zum Teil mit dem Ruch des Skandals verbunden. Die acht Jahre ihres Totalfastens, mit Ausnahme von Wassertrinken und Hostienverzehr, gelten weder als gesichert, noch sind sie kirchlich als Wunder anerkannt. Dem Renaissancepapst Sixtus IV. bereitet der Kult ihrer Heiligkeit Unbehagen. Er verbietet die bildliche Darstellung der Stigmatisierten. Mit Angela von Foligno (1248–1309)[22], einer Zeitgenossin von Gertrud der Grossen und Mechthild von Stans, gibt es für Katharina auch schon ein Vorbild. Einer der frühesten Fälle von anorektischem Verhalten, welcher bekannt ist, geht auf das achte Jahrhundert zurück[23], wenn wir von den legendären Fastenstrapazen der Altväter absehen. Bei diesen gibt es jedoch keine Beispiele eines jahrelangen gänzlichen Nahrungsverzichts.

In der Lebenszeit von Bruder Klaus werden nördlich der Alpen zwei Fälle von *inedia prodigiosa* berichtet. In Deutschland gilt die sogenannte gute Beth, Elisabeth von Reute (1389–1420), als fromme Hungerleiderin mit dem Ruf der Totalabstinenz[24]. Sie stirbt im Alter von gut dreissig Jahren an Auszehrung. In den Niederlanden sorgt der Fall von Lidwina von Schiedam (1380–1433) für Aufsehen. Wenn man dem bei Joseph Görres wiedergegebenen Lebensbericht glauben will, liegt eine überdurchschnittliche Vergleichbarkeit mit modernen Anorektikerinnen vor. In ihrer Krankheit erkennt die heilige Lidwina allmählich eine göttliche Erwählung, eine Bestätigung ihres Strebens nach Reinheit und Vollkommenheit. Ihre Probleme mit der Nahrungsaufnahme beginnen um die Zeit der Pubertät, im Alter von etwa fünfzehn Jahren:

»Sie erkrankte 1395 zuerst an dem Übel, das sie dreiunddreissig Jahre all die übrige Zeit ihres Lebens getragen, und in den ersten neunzehn Jahren dieser Krankheit war all ihre Nahrung etwa ein Apfelschnitz von der Dicke einer Hostie, wie man damals sie zu backen pflegte, oder etwas weniges Brot mit einem Schlucke Bier; bisweilen etwas weniges süsser Milch. Als sie bei zunehmender Schwäche dergleichen nicht mehr geniessen konnte, gebrauchte sie sich während einiger Jahre des Weines, bis zum vierten Theile einer holländischen Quarte; anfangs ohne Beimischung, später mit Zusatz von Wasser. Bisweilen nahm sie etwas Zucker, Zimmet, Datteln oder Muscaten. Als ihr später auch das versagt war, nahm sie statt Speise und Trank blosses Wasser; den vierten Theil einer Maass die Woche über, und zwar aus der vorüberfliessenden Maas, und so fein und rege war ihr Geschmack, dass sie unterschied, ob der Strom im Vorgang, oder der Flut wegen im Rückfluss sei; dieser sein Geschmack aber schien ihr den des besten Weines zu übertreffen. Vom neunzehnten Jahr ihrer Krankheit nahm sie keinerlei Speise mehr zu sich; sie selbst hat im Jahr 1422 gegen einige sie besuchende Brüder geäussert, wie sie nun seit acht Jahren aller Nahrung sich enthalten, und seit zwanzig Jahren weder Sonne noch Mond, ihrer Krankheit wegen gesehen, oder die Erde mit einem Fusse berührt.«[25]
Ähnlich wie Marthe Robin (1902–1985) gehört sie zu den Extremfasterinnen, die als bettlägerige Dauerpatientinnen gelten[26], deshalb im Gegensatz zu Katharina von Siena und Klaus von Flüe auch keine auffällige motorische Aktivität mehr entfalten können. Ihr Einfluss bleibt entsprechend beschränkt. Dieser geht wenig über das klösterlich-asketische Milieu hinaus. Als Heilige wird sie, nicht unähnlich Seuse, rosenbekränzt mit Rosenzweig und Kruzifix in der

Hand dargestellt. In der neueren Forschung findet sie Beachtung als eine der bedeutendsten heiligmässigen Kranken.

Ein Überblick auf die bekanntesten Abstinentinnen unter den Nonnen im Hoch- und Spätmittelalter lässt neben einigen Gemeinsamkeiten die Unterschiede nur umso stärker hervortreten: Klaus von Flüe, Bauer, Krieger, Ratsherr, zehnfacher Familienvater, ein Mann, mit dem sich dank seines Vorlebens das Volk früh identifizieren kann, frei von Sendungsbewusstsein, lediglich angetan vom Rhythmus des klösterlichen Gebetslebens und der Betrachtung des Leidens Christi, erregt mit seinem Ruf der Nahrungsenthaltung ein Aufsehen, wie es unter diesem Gesichtspunkt europaweit unvergleichlich ist. Es gibt, von seiner volksnahen Weisheit, Herzlichkeit und Frömmigkeit abgesehen, sonst nichts Ungewöhnliches an ihm. An Stand und Bildung ist er den bekannteren unter den Gottesfreunden unterlegen. Trotz seines hohen und mit der Zeit noch zunehmenden Ansehens bei seinen Landsleuten liegt auch nicht ein simpler, leicht durchschaubarer Fall politisch-religiöser Propaganda vor. Der Mann, der für seinen europäischen Ruhm besonders viel tun wird, ist in höherem Ausmass als Felix Fabri politisch ein Gegner der Eidgenossen: Johannes Trithemius, der berühmte Abt von Sponheim (1462–1516), ein Prälat, der sich in ausgezeichneter Weise für Mystik, Alchemie und die Erneuerung der Kirche aus dem Geist des Humanismus interessiert zeigt. Was für den Bischof von Konstanz zunächst nur ein Gerücht, bei den Eidgenossen bald eine Gewissheit ist, bei Trithemius macht es schon fast den Eindruck einer Offenbarung. Kein zweiter Schriftsteller tut für die Vergrösserung von Ruhm und Nachruhm von Bruder Klaus mehr. Damit entfernt er sich allerdings von dessen Bedürfnis nach Selbstverkleinerung. Vom Sponheimer Abt wird Klaus zum bedeutendsten Wundermann in Europa ausgerufen. Dies bedeutet die Bestätigung und Verstärkung eines schon bestehenden Massenphänomens. Das Lob für den Eremiten übersteigt bei Trithemius aber alles, was man später über sein Wunderleben rühmen wird, auch in den Dokumentationen zur Selig- und Heiligsprechung.

Mit Bonstetten, dem neben Numagen interessiertesten Gelehrten unter den Ranftpilgern, hat Trithemius die Zugehörigkeit zum Orden des heiligen Benedikt gemeinsam. Dabei gehört er keiner blühenden Adelsfamilie an. Geboren 1462 in Trittenheim an der Mosel, wächst er als Spross einer verhältnismässig einfachen Familie von Winzern und Weinhändlern auf[27]. Aus dieser Herkunft wird man sein praktisches Interesse für Alchemie würdigen (»Ein Alchemist ist der Rebmann, so er den Wein keltert«[28], lehrt sein Schüler Paracelsus), vielleicht auch seine intellektuelle Aufgeschlossenheit für eine Reform der Kirche. Ähnlich wie der Hohenheimer hat Trithemius das Fundament seiner Bildung in Oberitalien gelegt, an der aristotelisch orientierten Hochschule von Pavia. Ausserdem findet man seinen Namen in Matrikeln der Universitäten von Freiburg im Breisgau und von Basel, wo der ungefähr gleichaltrige Numagen aus Trier ebenfalls anzutreffen ist. Nach Abschluss seiner Studien, ohne Doktortitel, legt er im Benediktinerkonvent von Sponheim 1482 die ewigen Gelübde ab. Ein Jahr später wählt man den Einundzwanzigjährigen bereits zum Abt. Sein Besuch bei Bruder Klaus, sofern dieser überhaupt anzunehmen ist, dürfte ähnlich wie derjenige Numagens in die Jahre als fahrender Schüler fallen. Naheliegend scheint das Jahr 1482, da er möglicherweise auf der Heimkehr von Italien Obwalden besucht hat. Indiz für diesen Zeitpunkt ist die Erwähnung der Ereignisse von Stans im Dezember 1481, denen er auffällig viel Gewicht beimisst. Zu der Zeit steigen besonders viele Theologen in den Ranft hinab, mehr als es den Obwaldnern lieb ist.

»Für Johannes Trithemius war der Wunderfaster und Büsser in der schweizerischen Einöde ein lebendiger Zeuge für die erneuerungsbedürftige Kirche«, schreibt Rupert Amschwand[29]. Dessen Bericht über den Eremiten sei »um vieles bedeutungsvoller als die Schilderungen Bonstettens«. Letzteres kann in bezug auf historische Genauigkeit und Detailtreue nicht unterschrieben werden, ist aber im Hinblick auf die Geschichte der Propaganda für den Wallfahrtsort Flüeli-Ranft zutreffend. Gibt Bonstetten in detailgenauer Wiedergabe das Bild eines eher verlegenen Menschen, findet man bei Trithemius in seinen allgemeiner gehaltenen Ausführungen keine Einschränkungen des Lobes. »Scharfer Verstand« sei dem Einsiedler eigen, und eine »weit über seine Bildung hinausgehende Unterscheidungsgabe«. Wie der Wüstenvater Antonius sei er »ein gelehrter Philosoph, der nicht lesen kann«. Mit »wunderbarem Scharfsinn« könne er auf Fragen über die heilige Schrift Auskunft geben[30]. Besonders liegen ihm Fragen, die das heilige Altarssakrament betreffen. Dieses Lob erfolgt zu einem Zeitpunkt, da sich Klaus schon während über zehn Jahren an Besucher hat gewöhnen können. Bei Bruder Ulrich, Ranftkaplan Bachtaler und den beiden Leutpriestern aus Kerns und Stans hat er nunmehr eine recht gründliche Schulung erfahren. Das Lob, mit einer gepfefferten Anekdote gewürzt, bleibt dennoch nicht überzubewerten. Glaubhaft erscheint, dass der heilige Mann ein feines Gespür entwickle für das, was er Geiz nennt. Dieser Geist des Wuchers wird auf einen namentlich nicht genannten Abt aus dem Umfeld von Konrad von Wiblingen, einen Kollegen des Trithemius, bezogen. Dieser Prälat ist als Hauptzeuge für den Bericht genannt. Bruder Klaus scheint jede Art von Spekulation auf Teuerung ein Greuel zu sein. Erst recht stört es ihn, wenn ein Geistlicher sich solche Praktiken herausnimmt. Das Beispiel bewegt sich auffällig im seelsorgerlichen Interessenbereich von Trithemius. Für den Sohn eines Weinproduzenten erregt es Anstoss, wenn ein geistlicher Geschäftsmann mit dem Wertzuwachs von siebenundzwanzig Fuder Wein von sechs Gulden pro Fuder innert Jahresfrist auf vierundzwanzig Gulden ein Riesengeschäft macht. Für eine flammende Predigt gegen Usura, den Geist des Wuchers, dient da Bruder Klaus als leuchtendes Beispiel. Ein Mensch, welcher den Wucherer durchschaut. Das illustriert, unter welchen Gesichtspunkten man ihn zu einem Propheten der Epoche aufbauen will, vergleichbar dem »Orakel des Pythischen Apollo«, einem Ruf, den er bei den Eidgenossen bereits geniesse, wie Trithemius betont. Seit der Frührenaissance ist die Kritik am aufkommenden Kapitalismus ein Standardelement des intellektuellen Diskurses in Europa. Dabei macht man sich gern die Perspektive einfacher, ungebildeter und oft armer Menschen zum Ausgangspunkt, um noch stärker den moralischen Gesichtspunkt zu unterstreichen. Trithemius' Schüler Paracelsus denkt in seinen sozial-politischen Schriften ganz ähnlich. Dazu kommt noch das Bestreben, die Eidgenossen dank Bruder Klaus zu domestizieren. So hebt der humanistisch interessierte Abt zu einem gewaltigen Autoritätsbeweis an, wird er zum megaphonischen Sprachrohr, welches aus dem anfänglichen Gerücht von der Nahrungslosigkeit eine für niemanden mehr zweifelhafte Tatsache machen will:

»Dieser Eremit«, gibt Trithemius in den *Hirsauer Annalen* bekannt, »der lange in der Einsamkeit lebte und in zwanzig Jahren nichts gegessen hat, wurde nämlich zu unserer Zeit mit Recht bewundert. Ich weiss und zweifle nicht daran, die ganze Nachwelt wird sich darüber wundern, einige werden uns der Lüge bezichtigen, andere der Unwissenheit. Aber wir sind in dieser Sache weder lügenhaft noch der Wahrheit unkundig, wenn wir das, was durch das Zeugnis von mehr als hunderttausend Menschen bestätigt ist – nicht bloss geringen Volkes, nicht bloss der Schweizer und Luzerner, seiner Landsleute, sondern allerhöchster Fürsten, der Päpste Sixtus IV. und Innocenz VII., des Kaisers Friedrich III., des Erzherzogs Sigmund von Österreich, des Bischofs Thomas von Konstanz und anderer Päpste, Herzoge und Prälaten, die teils persönlich, teils durch ihre ohne Zweifel zur Feststellung der Wahrheit fähigen Gesandten, die alles bewiesen fanden –, als geschichtliche Tatsache annehmen.«

Eine derartige Wichtigkeit hat man weder einem fastenden Altvater noch einer anorektischen Nonne je zugesprochen. Der Erbauer der Sixtinischen Kapelle und Förderer Michelangelos und Raphaels, Papst Sixtus IV., und Innozenz VII., der die Einsiedelei von Bruder Johannes Wagner in Hergiswald bei Luzern bestätigt[31], Kaiser Friedrich, Kusanus-Gegner Sigmund von Österreich und natürlich der Bischof von Konstanz sind die Anführer einer Verehrungsmasse der Hunderttausend. Wer wollte ihnen widersprechen? Der Mann, der sich klein hat machen wollen im »einig Wesen«, wird zur geistigen Macht stilisiert. Dies wegen des Mysteriums in seinem Magen, einer Auszeichnung und zugleich einem Leiden. Damit wird er, kurz vor und für die Zeit nach seinem Tod, aufs äusserste beansprucht und damit missbrauchbar. Auf den ersten Blick wundert man sich über das hochgradig Irrationale, womit der Geist der Renaissance die früheren Epochen noch zu übertreffen scheint. Man fragt sich, ob ein Propagandafeuerwerk, wie das von Trithemius entfachte, dem Namen eines Humanisten würdig sei. Doch darf man nicht vergessen, dass Trithemius in Vorläuferschaft zu Erasmus eine Friedensvision vertritt. Der Eremit wird beispielhaft, für die Schweiz und die Welt, als ein Mann des Friedens dargestellt. Vor allem natürlich als Gegner der eidgenössischen Kriegs- und Feldsucht gewürdigt. Als einziger scheint er in der Lage, der »Wildheit dieses Volkes« in angemessener Weise Einhalt zu gebieten. Die Worte, wie sie Trithemius Klaus in den Mund legt, dürfen nicht mit Hans Salats patriotisch verstandener Botschaft »Machet den Zaun nicht zu weit« verwechselt werden. Eher sind sie ein beschwörender Aufruf zur Friedfertigkeit für ein Volk, dem diese Tugend am wenigsten zuzutrauen ist. Es geht weder um die Maxime der Neutralität noch um Landesverteidigung, sondern Zähmung der vorhandenen Aggressionen. Die »kitzliche« Art der Eidgenossen soll ein Mass und eine Grenze finden. In einer heiligen Person und ihrem politischen Ratschlag: »Wenn ihr in euren Grenzen bleibt«, soll Bruder Klaus die Landsleute ermahnt haben, »kann euch niemand überwinden, sondern ihr werdet euren Feinden zu jeder Zeit überlegen und Sieger sein. Wenn ihr aber, von Habsucht und Herrschbegier verführt, euer Regiment nach aussen zu verbreiten anfangt, wird eure Kraft nicht lange währen.« (D 685)

In diesem Sinn erhält das Fasten von Bruder Klaus Bedeutung als machtvolles Instrument des Friedens, Autorität aus dem Geist des Verzichts. »Essen heisst immer, sich selbst einem anderen vorziehen. Es heisst, einem anderen Lebenden seine Nahrung und sein Fleisch entziehen«, lehrt Gandhis Schüler Lanza del Vasto[32]. Das scheint nicht weit entfernt von dem, was mit dem Zeichen von Klaus von Flüe gemeint ist. So steht das Phänomen auf einer ganz anderen Ebene als die Irrationalitäten, Banalitäten und Bestialitäten der aufkommenden Hexenprozesse und der damit verbundenen Propaganda. Unbestrittenermassen aber ist mit dem Fastennimbus eine der am meisten archaischen Strukturen des menschlichen Bewusstseins angesprochen. Beim wildesten und zornigsten Volk im Alpenraum, wofür Trithemius die Eidgenossen fürchtet, sie bei Machiavelli Bewunderung finden, können die Argumente der Gebildeten wenig weiterhelfen. *Die Gelehrten – die Verkehrten* lautet ein geläufiges, jetzt aufkommendes Sprichwort gegen Scholastiker und Humanisten, Theologen und Juristen[33]. Dieses trifft die Mentalität der Länderorte besser als die in den Städten. Im Umgang mit den Berglern kann, wenn überhaupt, die Rettung, mit Gottes Hilfe, vielleicht aus dem Bauch kommen.

Unter den Hunderttausenden, welche gemäss Trithemius vom wunderbaren Fasten von Klaus angetan sind, werden die wenigsten dem Geheimnis mit kritischen Fragen nahetreten wollen, obwohl Zweifler gelegentlich erwähnt sind, zum Beispiel bei Bonstetten und Numagen. Die es wagen, der Bischof mit seinem Verhör, Waltheym mit mehr taktvollem Erkunden, der diabolische Abt mit seinem direkten Vordringen: Sie alle wollen, je auf ihre Weise, die Geheimnissphäre von Magen und Darm aufspüren, in einem versiegelten Buch lesen. Darüber hat sich, im siebenten Teil seines philosophischen Hauptwerks *Masse und Macht* (1960), Elias Canetti ausgelassen, dabei aber das Beispiel von Klaus von Flüe scheinbar absichtlich nicht erwähnt. Einige seiner Ausführungen treffen trotzdem in hohem Mass auf den Einsiedler zu: »Alles Fragen ist ein Eindringen«, betont Canetti. »Wo es als Mittel der Macht geübt wird, schneidet es wie ein Messer in den Leib des Gefragten: Es ist bekannt, was man da finden *kann*; man will es aber wirklich finden und berühren. Mit der Sicherheit eines Chirurgen geht man auf die inneren Organe los. Der Chirurg hält sein Opfer am Leben, um Genaueres über es zu erfahren. (...)

Während das Ergreifen selbst sich dann öffentlich manifestiert, (...) spielt sich vom Beginne der Einverleibung an alles wieder im Dunkel ab. Der Mund ist dunkel, und finster sind Magen und Darm. (...)

Das eigentliche Geheimnis ist, was sich im Körperinnern abspielt. Ein *Medizinmann,* der durch seine Kenntnis von Körpervorgängen wirkt, muss sich, bevor er seinen Beruf ausübt, ganz sonderbare Operationen an seinem Leibe gefallen lassen.

Bei den *Aranda* in Australien begibt sich ein Mann, der zum Medizinmann geweiht werden will, vor die Höhle, in der die Geister hausen. Da wird ihm erst einmal die Zunge durchbohrt. Er ist ganz allein, und zu seiner Weihe gehört es, dass er sich vor den Geistern sehr fürchtet. (...) Für unsere Welt ist er bewusstlos, in jener werden ihm alle seine inneren Organe herausgenommen, und statt ihrer bekommt er neue. (...) Er wird so in seinem Beruf gestärkt, aber von innen her, seine neue Macht beginnt in seinen Eingeweiden. (...) Sein Geheimnis ist nur ihm und den Geistern bekannt; es liegt in seinem Leibe.«[34]

Die Pointe dieser Ausführungen liegt in einem »leiblichen« Geheimnis als dem »innersten Kern der Macht«. Etwas, das aus dem Bauch kommt. Der Mächtigste scheint derjenige zu sein, der sein Innerstes, hier gemeint die Sphäre von Magen und Darm, beherrscht. Der alte Mensch muss in den inneren Organen aufgegeben werden, er lebt in einer neuen Leiblichkeit weiter. Genau das ist der Eindruck von Klaus seit Liestal. Analoges behauptet von sich der bei Canetti geschilderte ehemalige Dresdner Senatspräsident *Daniel Paul Schreber* (1845–1911) in seinen *Aufzeichnungen eines Nervenkranken* (1903)[35]. Dieser Paranoiker, der sieben Jahre in Nervenheilanstalten verbringt, realisiert Visionen vom Weltuntergang, sieht wie Klaus von Flüe eine Art Lichthaupt und erklärt seinem Wärter ausdrücklich, »dass er nicht essen könne, weil er keinen Magen habe«. Ausserdem versteht er sich als Deutschlands »Nationalheiliger«, als Person mit Anspruch auf göttliche Verehrung will er respektiert sein[36].

Der australische Medizinmann, Daniel Paul Schreber und Klaus von Flüe realisieren, bei einigen Parallelen, höchst Unterschiedliches. Bei den Aranda geht es um ein Ritual, bei welchem die inneren Organe symbolisch ausgewechselt werden und der Magier dadurch in eine andere Sphäre gehoben wird. Er ist jetzt wirklich anders als die anderen, worin seine Autorität begründet liegt. Dass dies Konsequenzen für die Ernährung haben muss, auch im Zusammenhang mit Fasten, liegt auf der Hand. Dabei scheint von völliger Nahrungslosigkeit bei den Medizinmännern nie die Rede zu sein. Bei Schreber liegt wahrscheinlich eine paranoide Imitation von Bruder Klaus vor. Indem er sich selber zum »Nationalheiligen« zelebriert, pervertiert er die beim Eremiten vom Ranft vorauszusetzende Grundhaltung in ihr Gegenteil. Dieser rühmt sich selber nie, setzt sich beim Besuch Bonstettens zum unbedeutenden Sünder herab, ähnlich wie Katharina von Siena bei den Erklärungen ihres Fastens. Canetti selbst spricht, in brieflicher Präzisierung der bei *Masse und Macht* referierten Probleme, von der »Selbstverkleinerung« bei Klaus im Gegensatz zu den Ausdehnungstendenzen der Paranoia. In der Tat zeigt ein Vergleich des Falles Schreber mit der Geschichte des Eremiten grosse Unterschiede: Der Paranoiker bläht sich mit seinem Sendungsbewusstsein auf. Statt Deutschland retten zu können, blüht ihm für den Rest seiner Tage das Irrenhaus. Bei Klaus von Flüe verläuft die Tendenz eher umgekehrt. Eine gewisse Verwirrung ist ihm bei einigen Visionen der Krise wie auch bei seinem Auszug nicht fremd. Aber nichts liegt ihm ferner, als Grosstun mit seinen Auszeichnungen und Leiden. Das ist, wenn schon, die Sache anderer. Die These von Canetti, das Geheimnis des Körperinnern manifestiere Macht, bewahrheitet sich in der massenpsychologischen Dynamik des Fastengerüchtes. Geltungsgelüste des Asketen in der Art von Schreber scheinen ausgeschlossen. Wenn er aber trotzdem, meist durch Schweigen, zur Aufrechterhaltung seines Rufes als Nahrungsloser beiträgt, hängt dies mit grosser Wahrscheinlichkeit mit einer Abnormität seiner Erhaltung des Lebens, wie auch seines Bewusstseins, zusammen. Soweit seiner Abstinenz neben der religiösen Bedeutung, die nicht zu leugnen, aber schwer zu deuten ist, noch eine »weltliche« Funktion zukommt, geht es um den Willen zur unbedingten Abgrenzung: das »einig Wesen«, die Abgeschiedenheit. Eine erzwungene Rückkehr zur »Welt«, zur Politik, zur Familie wäre für ihn nicht zu überleben gewesen.

Elias Canetti hat sich, als Beitrag zur hier publizierten Lebensgeschichte, über Klaus von Flüe geäussert. Sein Hinschied hat jedoch ein vertiefendes abschliessendes Gespräch verhindert: »Das Thema ist faszinierend. Die Enthaltung von Nahrung und das religiöse Ansehen, das sie verleiht, ist von solcher Bedeutung, dass ich mit den wenigen Sätzen in *Masse und Macht* natürlich nicht zufrieden bin. Ich habe mir im Laufe der Jahre manches dazu notiert, aber nicht in schlüssige Form gebracht.

Auf jeden Fall müsste man bei Niklaus von Flüe von der Depression ausgehen und von seiner *Flucht* (die an die des alten Tolstoi erinnert). Der Prozess beginnt mit der *Selbstverkleinerung* im Gegensatz zu den Überlebens- und Ausdehnungsgelüsten der Paranoia und der üblichen Macht (etwa in der totalitären Form, die man heute so gut kennt). Ich glaube nicht, dass man den Fall Schreber für Niklaus von Flüe heranziehen kann. Beim Depressiven ist alles anders, flüssiger und nicht selbstsüchtig. Ich habe grossen Respekt vor Niklaus von Flüe.

Ich müsste die Quellen zu ihm studieren, um eine genaue Vorstellung von ihm zu gewinnen, aber die Grundtendenz scheint mir (...) schon völlig klar. Sie ist eine urchristliche und erinnert an die Wüstenväter, von denen es wunderbare Aussprüche gibt. Sicher kennen Sie die *Weisung der Väter*, ein Buch, das ich seit Jahren immer um mich habe und in dem ich sehr oft lese.«[37]

Zu den Quellen, welche Überlegungen der obigen Art überraschend vertiefen können, gehört die umfangreiche Studie von *Peter Numagen* aus dem Jahr 1483 oder 1484. Um zu verstehen, wie Klaus von Flüe trotz einer extrem verinnerlichten Existenz geistig nicht unbedingt zum einflussreichsten, in gewissem Sinn aber zum mächtigsten Eidgenossen hat werden können, lohnt sich ein Blick auf die Sehweise des leib-seelischen Geheimnisses aus der Sicht eines scholastisch, humanistisch und alchemistisch gebildeten Intellektuellen, der sich selber, bis zur Lebensgefahr, im Strudel religiös-politischer Auseinandersetzungen befindet. Seine Untersuchung, eine Mischung von Spekulation und Erfahrung, bietet lohnende Ausblicke auf die geistige Wirkung des Eremiten und macht vielleicht deutlicher als jeder andere Text aus der Lebenszeit desselben, warum man in Klaus zur Epoche Zwinglis den Geist der Reformation in Vor-Bildung gesehen hat[38].

Von Altvater Isidor, dem Presbyter, wird überliefert: »Wenn ihr in der rechten Weise durch Fasten Askese übt, dann werdet ihr nicht aufgeblasen«, lehrt er, »denn wenn ihr euch dessen rühmt, wäre es besser für euch, Fleisch zu essen. Es nützt dem Menschen mehr, Fleisch zu essen, als sich aufzublasen und sich gross zu rühmen.«[39] Ein anderer Altvater, ein Einsiedler, wird zu ungewohnter Stunde von Mitbrüdern zum Essen genötigt. Auf die Frage, ob es ihn betrübt habe, gibt er zur Antwort: »Es schmerzt mich, wenn ich den eigenen Willen getan habe!«[40] Die Altmutter Amma Synkletika fügt hinzu: »Je mehr Fortschritte die Wettkämpfer machen, desto stärker müssen die Gegenspieler sein, mit denen sie kämpfen.«[41]

Mahatma Gandhi (1869–1947), von seiner Umgebung genauer beobachtet als die Altväter und Bruder Klaus, entgegnet den Bewunderern seines strengen Fastens: »Ich weiss, dass ich keine übermenschliche Kraft besitze, dass mein Leben ebenso dem Verfall ausgesetzt ist wie der des niedrigsten meiner Gefährten. Mein Handeln ist begrenzt, aber trotz seiner Unvollkommenheit hat Gott es gesegnet.«[42] Und an anderer Stelle: »Niemand kann mehr geben als sein Leben. Ich hoffe auf Gott und ich bete zu ihm, damit ich die Reinheit erlange, die dieses Fasten rechtfertigt.«[43]

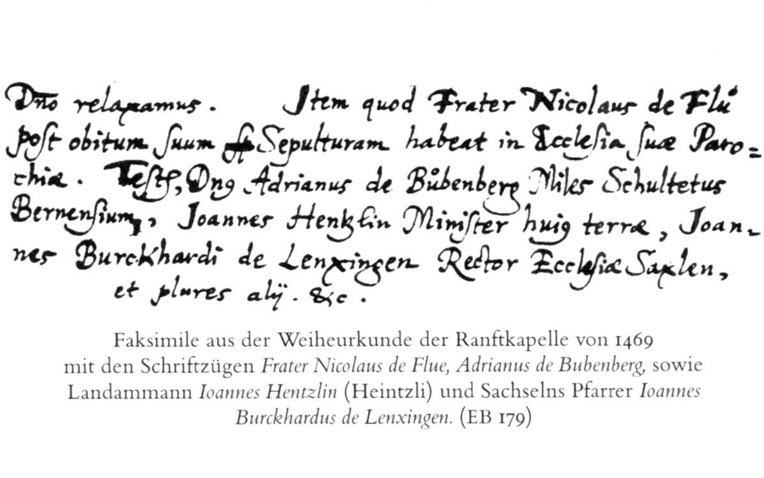
Dno relaxamus. Item quod Frater Nicolaus de Flü
post obitum suum Sepulturam habeat in Ecclesia suæ Paro=
chiæ. Testes, Dns Adrianus de Bubenberg Miles Schultetus
Bernensium, Joannes Henzlin Minister huius terræ, Joan=
nes Burckhardi de Lenxingen Rector Ecclesiæ Saxlen,
et plures alij. &c.

Faksimile aus der Weiheurkunde der Ranftkapelle von 1469 mit den Schriftzügen *Frater Nicolaus de Flue, Adrianus de Bubenberg,* sowie Landammann *Ioannes Hentzlin* (Heintzli) und Sachselns Pfarrer *Ioannes Burckhardus de Lenxingen.* (EB 179)

Alle Verwandlung geschieht im Magen

Und der Ekel ist nichts anderes als die Vernichtung aller körperlichen Zuneigungen.
Numagen über Bruder Klaus

Heruntergewirtschaftet sei der Zustand der Heiligen Römischen Kirche, die Geistlichkeit faul geworden, das Heiligtum verschüttet. Unter den Besuchern von Bruder Klaus im Ranft gibt es nicht wenige, die so denken. Aber wer wollte für diese Meinung schon Kopf und Kragen riskieren, gar als Geistlicher Amt und Pfründe? Hätte sich für das Auftreten eines Reformators wie Martin Luther in den Tagen des Einsiedlers Klaus von Flüe schon Gelegenheit geboten?

Ohne über das Charisma und die politische Fortune des Mannes aus Wittenberg zu gebieten, wagt einer am Tag der Gnade Mariä Verkündigung 1482, 25. März, im Chor des Basler Münsters den grossen Coup. Sein Name: Andrea Zamometič. Kroate, Dominikaner, dann Erzbischof von Granea, ohne realexistierende Residenz[1]. In seiner Jugend hat er als einen seiner Studienfreunde Francesco della Rovere, den späteren Papst Sixtus IV., kennengelernt. Die grosse Aktion im Münster, gegen den prachtliebenden Erbauer der Sixtinischen Kapelle gerichtet, wirkt auf die Zeitgenossen spektakulärer als ein im akademischen Brauchtum verankerter Thesenanschlag. Mit hämmernden Worten kündigt der Prälat ein Ökumenisches Konzil an. Im Sinn der Ideologie des Konziliarismus die einzige Instanz, die, im erklärten Notstand, einen säumigen oder korrupten Papst zur Rechenschaft ziehen kann. Das eigenmächtige Vorgehen liegt in der Luft, sonst hätten es Päpste wie Eugen IV., der nunmehr herausgeforderte Sixtus IV. und auch später noch Innozenz VII., nicht bei Strafe der Exkommunikation verboten. Dabei behauptet der nominelle Erzbischof von Granea, Thessalien – sein nie gesehenes Bistum gehört längst dem türkischen Sultan –, nur die Fortsetzung des dreissig Jahre zurückliegenden Basler Konzils wieder an die Hand zu nehmen. Dieses sei nie abgeschlossen worden. Für das Vorprellen fragt er nicht einmal den Bischof von Basel um Bewilligung. Der residiert nicht mehr am Rheinknie, haust nun im jurassischen Pruntrut, im Land der Bären, Werwölfe und Einsiedler. Hauptsache aber, die politischen Behörden der Stadt, auch die Theologen der Universität, die den von Zamometič hoch gelobten Piccolomini, Papst Pius II., noch gekannt haben, sind nicht gegen das Projekt. Sie stellen ihm einen Sekretär zur Verfügung, den jungen *Peter Numagen* aus Trier[2]. Mit dem Stift des Schnellschreibers versucht dieser vielseitige Mann, auch in lateinischen Versen bewandert, der Wahrheit über Bruder Klaus näher zu kommen. Er kennt die hohen Schulen genau so wie die magischen und alchemischen Künste. Sein Besuch im Ranft, vom Freiburger Hochschullehrer Heinrich von Gundelfingen das *Gymnasium des heiligen Geistes* genannt, ist zwar mit grösster Wahrscheinlichkeit ein persönlicher Misserfolg gewesen, erlangt eines Tages aber dann doch unerwartete Bedeutung. Um diese zu würdigen, wollen wir die in den Geschichtsbüchern vergessenen Basler Ereignisse von 1482 Revue passieren lassen.

Verhalten sich die Barfüsser und die Mitglieder des Domkapitels gegenüber dem Konzilsplan skeptisch bis ablehnend, ist dafür das städtische Establishment aus dem Umfeld der Zünfte, etwa Heinrich Rieher, mit guten Gründen optimistisch[3]: Ein Konzil verspricht ein Grossanlass zu werden. Das gibt Arbeit für Metzger und Bäcker, Gastwirte und Barbiere, Küster und Marktfrauen, Schreiber und Buchdrucker, eine Hochkonjunktur für Huren aller Gattungen. Kein Zweifel, mit dem Konzil sind Konstanz und Basel gut gefahren. Konzil dürfte immer sein! Und Basel ist dafür die erwählte Kongressstadt. Der Kaiser wird sich hier wohl fühlen, man gehört nicht zur Eidgenossenschaft; Frankreich, die älteste Tochter der Kirche, liegt nahe, räumlich und geistig, dafür Rom weit weg. Wäre da dem Diktat des Papstes nicht leicht zu trotzen? Auch den Niederländern und den Engländern pflegt es in Basel zu gefallen. Mit Oberitalien und den freien Reichsstädten Deutschlands steht man in fruchtbarem Austausch, ökonomisch und intellektuell. Für eine ganz Europa umgreifende, dem Leben zugewandte Reformation scheint Basel der richtige Ausgangspunkt. Pech, dass es dazu nicht gekommen ist?

Die Konzilsproklamation des Kroaten gleicht eher einer utopischen Schnitzelbank als einem Aufruf, dem hohe Repräsentanten der westlichen Christenheit Folge leisten würden. Schon mit den ersten Worten nimmt der Initiant kein Blatt vor den Mund. Unbekümmert darum, ob auch nur einer der Geladenen anreisen werde, posaunt er, wie ein Engel des jüngsten Gerichts, von der Münsterkanzel herab:

Im Namen des Vaters und des Sohnes und des Heiligen Geistes Amen! Sacrosancta Romana Ecclesia Dissipata Desolata Et

Ruinata Concilium Petit Pro Restauracione Et Reformacione Sui Ipsius[4]. Die Allerheiligste Römische Kirche, im Zustand einer versprengten Horde, verödet und verschüttet, bietet zwecks ihrer Wiederherstellung und Reform zu einem Konzil auf.

Die Form bleibt insofern gewahrt, als der Papst, angesprochen mit dem Ehrentitel Beatissime Pater, Heiliger Vater, Adressat der Proklamation ist, erst nach ihm folgt die Huldigung an Kaiser Friedrich III., dem der Papst vier Jahre zuvor über seinen Gesandten Ludovico de Agnellis ein Konzil in Aussicht gestellt hat. Non fiat. Es mag halt nicht sein. An die Realisierung des Versprechens denkt der Pontifex nicht im Traum. Darum will der mit dem Kirchenoberhaupt verkrachte Zamometič der Vorsehung endlich unter die Arme greifen. Er fühlt sich unter Schutz und Schirm der mutigsten Frau aus aktueller Vergangenheit, der erst vor zwei Jahren verstorbenen Katharina von Siena (1447–1480). Deren Andenken habe der Papst, mit dem Verbot der Verehrung und bildlichen Darstellung ihrer Stigmen, auf diabolische Weise verunehrt. Auch darüber würde am Konzil zu disputieren sein! Dabei scheint Papst Sixtus in diesem Punkt dem Reformkardinal Nikolaus von Kues ziemlich nahe zu stehen. Die sinnlich orientierte Spiritualität ist zugunsten stärkerer Betonung der Bibel und der Prinzipien der Scholastik in ihren möglichen Auswüchsen zu bremsen. In der Kunst sollen Anmut und Würde eines neuen Stils, später Renaissance genannt, Einzug halten. Und Katharina, den Augapfel der Dominikaner, lieber auf kleinem Feuer verehren lassen. Man könnte sich sonst auf ihre Kirchenkritik berufen, ihre kühnen Mahnungen an die Adresse des Papstes. Und das tut Zamometič tatsächlich, legt im Vergleich zur dreisten Heiligen verbal noch ein paar Zacken zu: Superbia, Vana Gloria, Pompa, Vanitas, Iniusticia, Ambicio, Omnis Iniquitas sind die Laster, deren der Heilige Stuhl öffentlich, in dem der heiligen Jungfrau geweihten rotsandsteinernen Basler Münster, bezichtigt wird. Also Überheblichkeit, eitle Ruhmsucht, Zurschaustellung, Eitelkeit, Ungerechtigkeit, Ämtersucht und jegliches Unrecht. Im Zentrum der Kritik an Papst Sixtus stehen Simonie und Nepotismus, Ämterhandel und Vetternwirtschaft[5].

Wie nötig die Wiederaufnahme des Konzils sei, hält ein nachträgliches Rechtfertigungsschreiben zum Basler Konzilsversuch in drastischen Worten fest. Zamometičs geistiges Testament 1483, im Geburtsjahr von Martin Luther: »Unter dem Klerus sind Kirchenschänder, Simonisten, Mörder, Unzüchtige jeder Art, Fresser und

Säufer; sie können ihrem Beruf nicht genügen, haben nicht Acht auf ihre Untergebenen, verteidigen die ungerechteste Sache und verkaufen die Gerechtigkeit für Geld. Da findet man Leute, welche Jungfrauen entehren und vor denen die eigenen Schwestern nicht sicher sind; Menschen, die im Zölibat leben sollten und Kinder erzeugen, die sich insgeheim Mätressen halten oder den Nonnen nachstellen. Ehrgeizige Streber, Händelstifter und Raufbolde, die nur mit Waffen auf die Strasse gehen; Wucherer, welche die Kirchen, denen sie nicht vorstehen können, mit Gewinn weiter verpachten, die ernten, wo sie nicht gesät, sammeln, wo sie nicht ausgestreut, essen, wo sie nicht gearbeitet haben; Menschen, jeder Gottesfurcht bar, die durch ihr Beispiel ein Leben der Schande und Geilheit predigen und nur für Jagd, Spiel und Possenreisserei Sinn haben; knabenhafte Schwätzer, die in unehrbarer Kleidung daherstolzieren, sich die Haare lang wachsen lassen und sie strählen und allen möglichen Lastern ergeben sind.« Und mit dieser massiven Sprache wagt es ein Erzbischof, direkt an den Papst zu appellieren! »Warum vertraust du und überträgst du die Sorge für die Seelen jenen, denen du vor allem die eigene Weide untersagen solltest? Wohl deswegen, weil du selber den Heiligen Stuhl erkauft hast, das Heilige zu entweihen und an den Meistbietenden weiterzuveräussern!«[6]

Aus diesen weithin berechtigten Vorwürfen, die in vorreformatorischer Zeit allmählich geläufig, hier aber schon in unübertrefflicher Schärfe formuliert werden, spüren wir den zurückgesetzten Intellektuellen, zumal im Verlauf der weiteren Ausführungen. Die Ernennung zum Kardinal, der Purpur des Zeugen Christi, ist Zamometič vorenthalten geblieben. Das schmerzt, und der Empörte schreckt nicht davor zurück, sich als selbsternannten *Kardinal von San Sisto* zu präsentieren, um die Werbung für sein Konzil voranzutreiben. Der Papst hat sich aber geweigert, den Kirchenkritiker zu empfangen, ihn sogar vorübergehend in der Engelburg in Rom Gefängnisluft schnuppern lassen. Dafür ist ihm, aus der Sicht des Kroaten, jede Sorte übler Hofschranzen willkommen. Entsprechend die weiteren Invektiven. Die beleidigte Wut des fortschrittlichen Theologen in schon klassischer Formulierung: »Während Ungelehrte und Unwürdige versorgt werden, werden gelehrte, bescheidene, würdige Männer nicht nur übersehen, sondern verachtet. (...) Diejenigen, welche starke Säulen der Kirche hätten werden können, begabt mit scharfem Geist, werden zurückgeschreckt durch unvernünftige Erhebung der Unwürdigen. Tüchtige Männer verlassen Universität und Gymnasium, weil es dort keine Belohnung ihrer Verdienste gibt, und wenden sich einem Handwerk zu, zum Nachteil der Kirche und zur Schmach für den Klerus. (...) In den Lagern des Klerus ist kaum einer, der (...) den Wortkampf der Disputation wagt; sie können ja kaum irgend einen Zweifel eines Laien zu dessen Befriedigung lösen, von einem verschlagenen Häretiker gar nicht zu reden. (...) Deshalb ist bei fast allen Menschen die Beobachtung der evangelischen Gebote – von den Räten will ich nicht sprechen – leider eingeschlafen, und die Einzelnen leben, einer wie der andere, dem Evangelium so schnurstracks zuwider, als ob sie das Gesetz nicht hätten. So sind die Sitten der Christen sozusagen heidnisch und schlimmer noch als heidnisch geworden. Du aber, o Sixtus, wann wirst du mit Hirtensorgfalt diesem Übel steuern? Wann verbesserst du die Sünden, wann reformierst du das Einzelne, wann gebrauchst du mit Kraft die Schlüssel der Kirche? Wann gehst du mit den gehörigen Strafen vor?«[7]

Eine Philippika wider den Stellvertreter Christi, mit vielen bitteren Wahrheiten, im Ton aber Ausdruck politischer Verzweiflung. So spricht, so schreibt einer, der nicht den Erfolg in der Durchsetzung von Reformen erhofft, sondern vor sich selber, vor der Geschichte und vermeintlich vor dem Richterstuhl Gottes mit sauberer Weste dastehen will. Im Gegensatz zu Savonarola in Florenz, mit Papst Alexander VI. als Feindbild, geht dem Kroaten mit Neigung zu Amtsanmassung und Hochstapelei die Statur des Propheten im Geist von Johannes dem Täufer ab. Ganz zu schweigen vom Glanz der Heiligkeit, aus welchem Vorbild Katharina von Siena über die Jahrhunderte Ausstrahlung behält. Ein wahres Kirchenlicht. Zamometič, in Schillings Chronik als erhängter Selbstmörder verewigt, ist es nicht, obwohl die Zukunft ihm in vielen Punkten recht geben wird.

Der gescheiterte Konzilsversuch von Basel geht als zwielichtiges Wetterleuchten in die Annalen ein. Die Selbstdarstellung eines verzweifelten Rechthabers. Die Reaktion auf die Demonstration ohne ausreichende kirchenpolitische Basis folgt auf dem Fusse. Der Papst gibt die Losung zu brutalem Durchgreifen: Dem Bischof von Basel, Kaspar ze Rhin, dessen Domkapitel und dem Propst von Sankt Leodegar in Luzern, Peter von Brunnenstein, werden »strengste Massnahmen« gegen den Aufrührer zur Pflicht gemacht[8]. Bei der ideologischen Untermauerung des Gegenangriffs kann sich Deutschlands berüchtigtster Inquisitor, der Dominikaner Heinrich Institoris, ein Ordensbruder von Zamometič, profilieren und für weitere Aufgaben empfehlen. Ein Widerstandsrecht gegen den Papst via ein Konzil existiere nicht, moniert der spätere Verfasser des *Hexenhammers*, schon die Zurechtweisung des Kirchenoberhauptes, die *correctio fraterna* könne gegenüber dem Träger des höchsten Amtes nicht gelten. Theoretisch zulässig wäre einzig die *admonitio per dilectionem et benevolentiam*, die liebevolle und wohlwollende Ermahnung[9]. Unter diesem Begriff wird die nicht vergessene Kritik heiliger Männer und Frauen, wie Franz von Assisi und Katharina von Siena, an ihrem jeweiligen Papst kirchenrechtlich klassifiziert und domestiziert. Dieses Mittel aber sei bei dem so vorzüglichen Knecht der Knechte Gottes, Papst Sixtus, überflüssig. Für den erzbischöflichen Aufwiegler schlägt Bruder Heinrich Institoris als biblisch begründete Strafe die Steinigung vor. Der Beschuldigte erlebt den vorbereiteten Prozess nicht. Das Verfahren gegen ihn geht schleppend vorwärts. Der Haftbefehl von Ende April 1482 wird erst Ende Jahr, am 20. Dezember, vollzogen. Die Überstellung zum Prozess nach Rom lässt noch einmal zwei Jahre auf sich warten. Wie es ernst gilt, entzieht sich der Angeschuldigte, bislang in städtischer Haft, durch Selbstmord der päpstlichen Gerichtsbarkeit[10]. Für die gehabten Umtriebe zieht die Stadt Basel die Konzilskasse ein, ein stattliches Häufchen von Golddukaten[11]. Die Episode hat sich für die Basler gelohnt.

Zamometič wird bald vergessen sein. Man findet seinen Namen in keinem Lexikon. Eine ungerechte Hinrichtung wie bei Johannes Hus, 1415, und später Giordano Bruno, 1600, hätte für die Sache offenbar mehr gebracht als Selbstmord. Verzweiflung hat keine Zukunft. Dafür gibt es ein allegorisches Porträt des Konziliaristen in der Sixtinischen Kapelle. Raphael verewigt ihn als Korah, den alttestamentlichen Aufrührer, auf einem Fresko einer Seitenwand. Hat Gott schon kaum Freude an seiner Kirche, sollen wenigstens prachtvolle Kunstwerke das Herz der Gläubigen höher schlagen lassen. Papst Sixtus IV., da hat sein Verteidiger Institoris recht, versteht es, die Einnahmen der Kirche, darunter die happigen Ablassgelder, wie kaum ein Kirchenfürst fruchtbringend und zum Wohl der Christenheit auszugeben. An Stilgefühl, Geschmackskompetenz und wohl auch Bildung ist der Renaissancepapst modernen Machthabern überlegen. Hätte er mit seinen Theologen so viel Glück gehabt wie mit seinen Künstlern, niemand würde ihm historische Grösse absprechen.

Wie kann ein Mann wie Zamometič seinen tollkühnen Versuch einer Reformation auf dem Weg eines Konzils überhaupt wagen? Hinterlässt seine hurtig versprengte Truppe geistig irgendwelche Spuren? Die Frage führt, eher überraschend, über Numagen zu Bruder Klaus und zum Fastengeheimnis.

Die eigenmächtige Proklamation eines Konzils ist, soweit ein realistischer Ansatz dazu besteht, ein Versuch, mittels Provokation die in Aussicht gestellten Reformen, vor allem aber die von Papst und Kaiser versprochene Kirchenversammlung, zustande zu bringen. Immerhin hat Zamometič in Oberitalien und Frankreich, Schottland und Spanien Unterstützung für sein Vorhaben gespürt, wohl auch unter der Hand Geld bekommen[12]. Bei politischen Schachzügen, besonders im Falle Frankreichs und der italienischen Stadtrepubliken, gehört es zum Arsenal geschickter Diplomatie, bei Interessenkonflikten mit dem Papst die Konzilswaffe im Auge zu behalten und im richtigen Moment als Trumpfkarte auszuspielen. Aber ernst, im Sinn einer Reform der Kirche, ist es dabei den wenigsten. Der Kroate hat sich bei der Einschätzung der politischen Verhältnisse vergriffen und ist erst noch ein Pechvogel: Der König von Frankreich, Ludwig XI., auf den er Hoffnungen setzt, erkrankt schwer, lässt sich auf dem Sterbebett vom heiligen Franz von Paola, einem getreuen Sixtus-Anhänger, zum braven Jünger Petri bekehren; Kaiser Friedrich III. kann sich vor lauter Ärger mit den Ungarn um das versprochene Konzil nicht kümmern, ausserdem hat er als klassischer Habsburger Finanzprobleme. Und mit den ruchlosen Eidgenossen soll keiner rechnen. Mit diesen sind Reformvisionen nicht in die Praxis umzusetzen. Die Schweizer haben erst 1480, dank der Vermittlung des fabelhaften Institoris (sein Auftrag: »den Krieg predigen!«) einen umfassenden Soldvertrag mit dem Papst abgeschlossen, mit zehn unterzeichnenden Orten, mehr als bei internen Bündnissen zu unterschreiben pflegen[13]. Schon mit dabei sind die Städte Freiburg im Üechtland und Solothurn, die mit der Beteiligung an diesem Vertrag ihre Bundeskompatibilität unterstreichen. Sixtus IV. wird nachgesagt, er lächle über seine Kritiker. Den Eidgenossen gegenüber ist er freundlich und dankbar, sieht sich als ihr Förderer, genauso wie sein Neffe Giuliano, der schon kräftig mitmischt, der spätere Kriegerpapst Julius, der zweite seines Namens, beliebt bei eidgenössischen Söldnern und einem Reformgeist und Frühpazifisten wie Erasmus verhasst wie kein anderer[14]. Unter diesen Voraussetzungen wäre es naiv, ein tiefgreifendes Reformkonzil zu erwarten. Der Opposition fehlen Ansätze zu einer revolutionären Massenbasis, wie sie in Luthers Protest, der Täuferbewegung und beim Bauernkrieg vorhanden sein werden. Wo nur der Kopf mitmacht, aber nicht der Bauch, wie sollen sich da die Verhältnisse von Grund auf wandeln?

So gerät der Reformator aus dem Geist des Konziliarismus, Erzbischof Andrea, nicht ohne eigenes Versagen unter das Räderwerk der Geschichte. Dafür findet sein junger Sekretär Peter Numagen in der Klosterhaft im jurassischen Lützel eine Nische zum Überleben. Es gelingt ihm, die Verantwortung für die von ihm mitverfassten Denkschriften mit papst- und kirchenkritischem Inhalt ganz auf den unglücklichen Ausländer Zamometič abzuwälzen. Numagen will sich nicht als dessen rechte Hand, sondern als Vertreter der Universität Basel verstanden wissen. Doch 1483, da der Aufrührer auf seine Auslieferung nach Rom wartet, zittert auch der Schreiber um sein Leben. »Gott hilf mir hier heraus, schone meiner Jugend!« (D 233), lesen wir auf dem Vorsatzblatt der Originalniederschrift seiner Abhandlung über Bruder Klaus. Ein Stossseufzer. In einer schwierigen Situation verfasst Numagen zwei Abhandlungen, deren mutmasslich erste, eine Studie über Geistererscheinungen, er am 1. August 1483 dem Prior von Lützel zueignet. Die Studie über Bruder Klaus, in Durrers Quellenband von Theodor Mathis übersetzt und redigiert, erstmals gedruckt, umfasst um die hundert Seiten. Das Werk eines Gefangenen? Eine Bussarbeit? Eine Pflichtaufgabe? Ganz sicher ist das nicht. Beide Abhandlungen sind inhaltlich originell, bringen eigenwillige Thesen zur Darstellung. In den Darlegungen zu Bruder Klaus taucht sogar Gedankengut aus den Konzilsproklamationen wieder auf! In der Geisterschrift leugnet Numagen die Möglichkeit, dass Hexen mit dem Teufel zusammenkommen und sich in Katzen und andere Tiere verwandeln könnten. Hingegen lasse Gott zu, dass sie Gewitter machten. Der Verfasser wendet sich gegen Wahrsager, Nekromanten, Astrologen, Dämonengläubige, ohne diese Linie widerspruchsfrei durchzuhalten[15]. Ähnlich wie fünfzig Jahre später Agrippa von Nettesheim und Paracelsus[16]. Noch weit entfernt von aufklärerischem Gedankengut, hält er einige Distanz zu dem, was im *Hexenhammer* behauptet wird. Dies schliesst, im Rahmen der Zeitstimmung, Übereinstimmungen in Einzelfällen nicht aus. Ein phantasievoller christlich-esoterischer Schriftsteller, vielfältigen Einflüssen unterliegend, das Ketzerische nie vorsätzlich anstrebend, versucht er, für die Verhältnisse seiner Generation, eine originelle, eigenständige Linie zu wahren. Als Theologe noch stark an die Scholastik gebunden, vor allem was die Ethik betrifft, nimmt sich sein Geist auf dem Gefilde magischer Naturbetrachtung gleichsam freien Ausgang. Ein typischer Fall eines christlichen Humanisten mit eklektischer Bildung, ein früher Polyhistor, wie Cysat von Luzern einer werden sollte. Vor der Würdigung seiner Studie über Bruder Klaus verdienen seine ferneren Lebensumstände Erwähnung.

Geboren um 1460 in Trier, möglicherweise aus dem nahe gelegenen Neumagen stammend[17], gehört Peter Numagen zu den jungen Männern seiner Generation, für die der geistliche Stand voller Anziehungskraft ist als Weg zu gediegener Bildung. Zu dieser gehören die *bonae litterae,* die schöne Literatur. Ein in bürgerlichen Kreisen der Zeit hochgeschätzter Lebensinhalt im Sinne wahrer Musse. Den Zölibat nimmt er als notwendiges Übel in Kauf. Dessen Umgehung kann nach seiner Meinung keine besonders schwere Sünde oder gar ein Sakrileg sein. Diese Auffassung finden wir in der spätesten seiner Abhandlungen erhärtet, einer vorreformatorischen Verteidigungsschrift gegen den strenger denkenden Zürcher Münsterpfarrer Dr. Konrad Hoffmann von Bremgarten. Die Lizenzen der Kleriker und Nonnen zum besseren Ertragen der Ehelosigkeit seien weder eine Schändung ihres heiligen Standes, noch dem Ehebruch vergleichbar, sondern reine Disziplinarvergehen gegen eine kirchliche Anordnung. Die Verbindung zwischen Mann und Weib sei naturgegeben, insofern könne der Kleriker davon nicht ausgenommen sein. Ein Ehebruch wäre, wegen der exklusiven sakramentalen Verbindung zweier Menschen, weit schlimmer. Zwischen den Zeilen spürt man die Ablehnung eines Gesetzes, dessen zynischer Bruch im Einzelfall dann doch zum Gegenstand herber reformatorischer Kritik wird[18].

Von seiner Sturm- und Drangzeit in Basel bis zu seinen späten Jahren als geistlicher Notar in Zürich spürt man bei Numagen den Zwiespalt des Intellektuellen. Er legt Wert auf geistige Eigenständigkeit und möchte doch im Rahmen des Systems ein angenehmes und interessantes Leben führen. Seine Studienjahre müssen ihn nach Italien geführt haben, wo er sich sein mannigfaltiges esoterisches Wissen aus neuplatonischer Schule angeeignet haben kann. Als fahrender Schüler wird er, bei der Überquerung der Alpen, wie andere auch, Bruder Klaus und dessen Familie einen Besuch abgestattet haben, sofern die Ranftwallfahrt nicht direkt mit dem Konzilsversuch und dessen Bewältigung zusammenhängt. In Basel bringt ihm seine

Schreibbegabung Arbeit und Lohn. Schnelles Schreiben liegt ihm, das Rechnungswesen gehört zu seinen Pflichten, sein Latein ist anerkannt. Zwar um Klassen schlechter als das von Piccolomini und Erasmus, aber immer noch geschmeidiger als das blamable Küchenlatein von Paracelsus. Als Schreiber, Finanzverwalter, Notar und bescheidener Pfründeninhaber der Kaplanei von Sankt Leonhard in Zürich gelangt Numagen bis zu seinem Hinschied 1518 – Zwingli liest in Glarus noch Messe – zum Frieden eines bescheidenen Wohlstandes. Er hinterlässt 124 Lot Silbergeschirr, geschätzt auf 123 Pfund und 13 Schilling. Dieses Vermögen bekommt das Grossmünster vermacht[19]. Auf diese Weise geht sein Nachlass in das Startkapital von Zwinglis Reformation ein. Einige Spuren von Numagens Existenz finden sich in Urkunden im Zürcher Staatsarchiv: *Petrus Nümagen notarius capituli subscripsit,* steht unter einer Zehntenbeschreibung der Gemeinde Fällanden aus dem Jahr 1491. *Herr Peter von St. Lienhart* unter mindestens zwei weiteren Urkunden. 1495 darf er die goldene Bulle Kaiser Sigismunds für das Stift Einsiedeln beglaubigen[20]. Bei dieser Gelegenheit liegt ein Kontakt mit Bonstetten nahe. Auch Wilhelm von Hohenheim lebt zu dieser Zeit, mit Frau und Sohn, in Einsiedeln. Die Humanistenszene in der Schweiz ist klein. Die Protagonisten kennen einander in der Regel. Das muss nicht gegenseitige Wertschätzung bedeuten. Ein Intellektueller kennt nichts besser als die Fehler seiner Kollegen. Und bequemer ist es, eine Abhandlung zu schreiben, als seine Umgebung oder gar die Welt verändern zu wollen. Das hat Numagen mittlerweile gelernt. Findet er die Aufmerksamkeit auch nur eines Lesers, hat er auf freiheitliche Art gleichsam ein Konzil eröffnet. Wer weiss, was daraus noch werden kann?

Die Handschrift Codex C 99 der Zentralbibliothek in Zürich beginnt mit den Versen:

> *Treverus Nicolaum inedium Numagen Petrus*
> *Probat, quem vocant sub rupe Subsilvanensem.* (D 234)
> (Petrus von Trier, Numagen, erbringt den Beweis:
> Unterwaldens Klaus, genannt von Flüe, lebt ohne Speis.)

Anschliessend folgt eine Art Dissertation in der scholastischen Anordnung einer *quaestio disputata*, einer zu erörternden Frage. Der Gehalt liegt im vorliegenden Fall weder im eher mühsam gehandhabten methodischen Korsett noch in der logisch nicht unbedingt konsistenten Beweisführung. Stärker ins Gewicht fallen die Vielzahl der Beobachtungen, die bewusste Pluralität der hermeneutischen Ansätze. Eine entgegen der Form undogmatische Darstellung der Frage, unweit der weitschweifigen Polyhistoren, die den strenglogischen Scholastikern allmählich den Rang ablaufen. Mit Respekt stellt man fest, dass Numagen in der für ihn brenzligen Situation keineswegs opportunistische Selbstkritik übt. In gemässigter Form verharrt er auf den Positionen, womit Zamometič die Inquisition provoziert. In dem Sinn deutet er das Fasten von Bruder Klaus als ein Wunder in dieser beklagenswerten und unrühmlichen Zeit: »O Jesus, viele suchen dich, doch nicht deinetwegen suchen sie dich, möchte ich ausrufen, sondern Gewinn suchen sie durch dich, und wenn sie um deinetwillen geehrt werden, so geben sie nicht dir die Ehre, und wenn sie fette Weiden bewirtschaften, so hüten sie dennoch nicht deine Schafe für dich. (...) Wie viele streiten heute in der heiligen Kirche Gottes, um Hirten sein zu können (...) für Verdienst und Lebensunterhalt. Wie viele feige Emporkömmlinge treten in die Miliz der Kirche ein, nicht um zu kämpfen, sondern um vom Brot der Kirche zu faulenzen. Solche nennt der Apostel mit Tränen die Feinde des Kreuzes Christi, dessen Tod und Untergang, und sie dienen nicht dem Herrn Jesu, sondern ihrem Bauch (Röm 7). (...) Es müsste aber (...) das Fasten des Nikolaus als ein Wunder angenommen werden. Der erste Grund ist die Beschämung jener, die wir oben verkehrt und ehebrecherisch genannt haben. Es gibt nämlich solche, die Tag und Nacht daran verwenden, um sich genügend zu betrinken, die des Bauches Schlemmerei für Glückseligkeit halten, deren Gott der Bauch ist.« (D 299 f.) Aussagen dieser Art hat Numagen noch vor kurzem im Verein mit Zamometič noch direkt gegen Papst Sixtus IV. und seine Kurie gerichtet, zum Teil mit wörtlichen Übereinstimmungen.

Die Abhandlung, ist wegen ihrer Schwerverständlichkeit und Brisanz aus der bisherigen Diskussion um Bruder Klaus weitgehend ausgeklammert worden. Durrers Mitherausgeber Theodor Mathis, Redaktor und Übersetzer des Erstdrucks, 1919 an der Grippe gestorben, verniedlicht den Text als Beispiel für Nichtbeherrschung der scholastischen Methode, wobei er immerhin »hohen zeitlichen Wert« einräumt. (D 332 f.) Von Niedergang der Theologie ist im Sinne von »scholastischem Tiefstand« die Rede. Andere, zum Beispiel Walter Nigg, sprechen Numagen den Sinn für das Übernatürliche kuzerhand ab und unterstellen ihm, er wolle die Ernährung von Bruder Klaus lediglich mit »fetter Luft« erklären[21]. Dies trifft den Sachverhalt nicht. Numagen liefert die erste einigermassen kritische Darstellung des Phänomens Bruder Klaus. Allerdings hätte man ihr eine noch stärkere Untermauerung durch direkte Beobachtungen und Gesprächsauszüge gewünscht. Das Verdienst des Trierers bleibt, die Kunde von der Nahrungslosigkeit als die Hauptsache bei Bruder Klaus ernst zu nehmen, ohne sich vor lauter Staunen über das Wunder Frageverbote aufzuerlegen. Nebst einer nur angedeuteten Beschreibung seines Besuches erörtert er die Problemlage unter bibelexegetischen, historischen, allgemein-naturwissenschaftlichen, physiologischen, medizinischen und generell semiotischen Gesichtspunkten. Klar ist für ihn, dass die Geheimnisse der Natur nicht vollständig zu ergründen sind, weder mit aristotelischer Naturphilosophie noch aus der Sicht der Theologen. (D 237)

Nebst Beispielen aus der Bibel und bei den Altvätern bringt er neuere Fälle von Frauen mit anorektischem Erscheinungsbild, macht wertvolle Erörterungen über Magen und Verdauung und nimmt die Zeichenbedeutung der Nahrungslosigkeit unter die Lupe. Dabei entwickelt er einen vorsichtigen, unspektakulären Wunderbegriff, bei welchem mit keinem Wort von der Aufhebung der Naturgesetze durch Gott die Rede ist. Wiewohl ein frommer Christ, steht Numagen dem neuplatonischen Begriff »Geheimnis der Natur«, später Bestandteil von Goethes Weltanschauung, näher als einer vulgärkatholischen Sicht des Wunders. Er eröffnet eine Diskussion, die im sechzehnten Jahrhundert weitergeführt und in der Neuzeit mit allerlei Verästelungen, auch recht undurchsichtiger Art, das Feld der sogenannten Grenzwissenschaften beschlägt. Das Wunderbare, Rätsel, Geheimnisse, die Wissenschaft vom Irrationalen und auch irrationale Pseudowissenschaften geben sich, auf unterschiedlichem Niveau, bis in die Gegenwart hinein ein mannigfaltiges Stelldichein. Mit der Vergrösserung des Wissens wächst gleichzeitig der Schatten, den allerlei Vergessenes und Verdrängtes erzeugt, auch das Bedürfnis, sich ein Geheimnis nicht nehmen zu lassen. Wenn Numagen nach dem Wunder bei Bruder Klaus fragt, vermag er keine befriedigende Antwort darauf zu geben. Unbestritten wunderbar ist für ihn das Zeichen, das Bruder Klaus setzt, seine prophetische Mahnung. Das ist aber im engeren Sinn des Wortes noch kein Wunder. In der zerfallenden Scholastik wagt der Frühhumanist einen vormodernen Versuch, dem Irrationalen gegenüber einen gewissen

Überblick zu gewinnen, um für sich und andere damit einen Gewinn an Lebensorientierung einzubringen. Bei der gefährdeten Stellung des Verfassers in einem dogmatischen System, das in Auflösung begriffen scheint, dessen Machtstrukturen aber den Alltag nach wie vor bestimmen, ist die Beschäftigung mit Fragen dieser Art ein Rezept zum Überleben. Das Nebeneinander von Dogmatik und Esoterik macht, nach einer gescheiterten Revolution, einen zeittypischen Eindruck. Interessant ist vor allem: Der Besuch bei Bruder Klaus erfolgt mit grösster Wahrscheinlichkeit noch vor dem gescheiterten Konzilsversuch. Die Auswertung erfolgt jedoch erst nach dem Zerstieben der hochfliegenden Pläne von Zamometič. In dem Sinn wird Numagens Abhandlung eine Möglichkeit, den mannigfaltigen Erfahrungen in den letzten Monaten und Jahren geistige Gestalt zu geben. Aus dem Konzil wird nichts. Es ist nicht mehr zu erwähnen. Aber Bruder Klaus existiert, und damit bleibt eine Hoffnung erhalten.

Der Verfasser gliedert seine Abhandlung in zwei Hauptteile, deren Gewicht inhaltlich und umfangmässig unterschiedlich ausfällt. Das scholastische Schema wirkt bemühend. Montaigne (1533–1592) ist noch nicht geboren, die für einen humanistischen Geist empfehlenswerte Form des Essays kaum entwickelt. Zwei Fragen stehen, mit Gründen und Gegengründen, zum Abwägen. Erstens: Durfte Bruder Klaus Frau und Kind verlassen und in die Einsamkeit gehen? Zweitens: Hat er auf natürliche oder auf wunderbare Weise mit leerem Magen gelebt? (D 242)

Die erste Frage wird, mit gravierenden Einwänden, grundsätzlich bejaht. Der Frau kommt für die Entscheidung ein enormes Gewicht zu[22]. Bei der zweiten Frage plädiert die Quaestio grundsätzlich für ein Wunder, gebraucht die Begriffe jedoch so, dass zwischen einem übernatürlichen Wunder und einem Mysterium der Natur nicht streng geschieden wird. Die Argumentation erinnert an geriebene Vertreter der nachscholastischen modernen katholischen Theologie. Kunstvoll, dialektisch versiert und trickreich stellt man modernes Gedankengut und kirchliche Dogmatik als vermeintlich oder wirklich übereinstimmend hin. Bei der Wertschätzung der natürlichen wissenschaftlichen Erkenntnis in den philosophischen Summen der Scholastik muss ein solches Vorgehen nicht verwundern. Im Hinblick auf Numagen interessieren der Quellenwert und die naturphilosophische Fundierung seiner Erörterung mehr als formale Gesichtspunkte. Dass er die Quaestio weniger sauber und konse-

Temperamalerei, um 1500. Aus der Inkunabel IV 190 der Zentralbibliothek Zürich, heute Obwaldner Staatsarchiv, Sarnen.

Der beim Kirchenbrand 1813 zerstörte mittelalterliche Taufstein in der Pfarrkirche St. Gallus und St. Magdalena in Kerns, Obwalden. © Charles Seiler

Magdalena-Statuette mit Turban und Salbgefäss, um 1550. Kapelle Bettelrüti am Wellenberg (Nidwalden), bei der ehemaligen Einsiedelei des Neffen von Bruder Klaus. Glockeninschrift: BRUDER KONRAD SCHEUBER LANDAMMANN ANNO 1543, HERNACH IN DER EINÖDE GEWOHNT BEI 15 JAREN © Charles Seiler

Heinrich Seuse (um 1295–1366). Kolorierter Holzschnitt, Ulm, um 1470.

Flügelbild vom Hochaltar in Sachseln (Obwalden), 1492. Bruder-Klausen-Museum, Sachseln. Als Modell für diese älteste bildliche Darstellung des Eremiten wird Magister Nikolaus von Flüe (gest. 1503) vermutet.

TAFEL 6

Die Galgenheilige Katharina von Alexandrien, Statuette in der Kapelle von Wisserlen (Kerns), um 1450. Zu Lebzeiten von Klaus von Flüe Schauplatz der gemeinsamen Landsgemeinden von Ob- und Nidwalden. © Charles Seiler

Sühnekreuz für den 1486 vor dem Steinhaus in Sarnen erstochenen Landammann Hieronymus Heintzli. Sarnen, Heimatmuseum. © Charles Seiler

Die Leiche des gescheiterten Reformators Erzbischof Andrea Zamometič wird in Basel aus dem Gefängnis geschleppt. Folio 94 v (190), Schweizer Bilderchronik des Luzerner Diebold Schilling 1513, Bürgerbibliothek Luzern.

Musizierender Engel mit kleinem »orgelîn«. Detail einer Orgel-Galerie von Hans Memling (1430–1494), Kgl. Museum Antwerpen.

Bruder Klaus von Flüe. Fresko in der Pfarrkirche St. Katharina in Klingnau (Kt. Aargau), nach H.J. Welti von Hans Hügeli, anfangs 17. Jahrhundert. Wie die Darstellungen in den Chorgestühlen von Herrenberg (Baden-Württemberg) und Beromünster kirchenrechtswidrig vor der Erhebung zum Seligen geschaffen.

Oben: Pfarrer Heimo am Grund bei Bruder Klaus im Ranft, 21. oder 22. Dez. 1481. Unten: Pfarrer am Grund als Friedensvermittler mit der Autorität von Bruder Klaus bei der Tagsatzung von Stans am 22. Dez. 1481. Schweizer Bilderchronik des Luzerner Diebold Schilling 1513, Folio 126 v.

Kapelle St. Joder in Altsellen b. Wolfenschiessen (Nidwalden), geweiht mit Vergabungen von Bruder Klaus am 12. November 1482. Heimat von Mutter Hemma Ruobert. Kritzelinschrift am Chorbogen (Rötel): »O helger Joder bit für uns.« © Charles Seiler

Der Ranft. Einsiedelei von Bruder Klaus von Flüe, erbaut aufgrund eines Landsgemeindebeschlusses 1468. Weihe der Ranftkapelle im April 1469, Stiftung der Ranftpfründe am 12. Oktober 1482, untere Ranftkapelle 1501.

Tafel 12

Das Betrachtungsbild. Um 1475, mit Übermalungen aus dem 17. und 19. Jahrhundert. Mutmassliche Herkunft Basel oder Elsass. © J. Reinhard, Sachseln

Rekonstruktion der Zentralfigur im Betrachtungsbild, aufgrund einer Röntgenaufnahme von Pavel Krbalek, Luzern 1996. Das gekrönte lockige Haupt ist schwerlich mit einer Jesus-Ikone gleichzusetzen. Luthers Deutung vom »Antichrist« scheint ebenfalls kaum haltbar.

Das »Bätti« (Zählgerät) des heiligen Bruder Klaus. Altarflügel aus dem Kloster Muri, um 1550, jetzt Benediktinerkollegium Sarnen. © Charles Seiler

Kapelle auf der Brüderenalp, Entlebuch. Ehemalige Einsiedelei aus der Gottesfreunde-Epoche, aufgegeben um 1470. Fünf Wegstunden von Sachseln, zwei Stunden von Witenbach (Heiligkreuz), eine mögliche Station des Pilgers auf dem Weg nach Liestal. © Charles Seiler

Gruppenbild der Eremitenkongregation in Luthernbad, vor 1900. Vorne in der Mitte Bruder Meinrad Marbach, eine spirituell profilierte Persönlichkeit. Das Mutterhaus wurde 1916 aufgelöst. © Jakob Zettel

Die Fahne mit der Bärentatze gemäss Visionsbericht nach Eremitengattin Dorothe Wyss. Glasmalerei von Albert Wider aus dem Jahre 1957, Bruder-Klaus-Kapelle bei der Pfarrkirche Düdingen, Kt. Freiburg. © J. Maute

quent durchzieht als Thomas von Aquin, ändert an der Qualität des Diskussionsbeitrages wenig. Der Verdacht, die scholastische Form könnte nur Vorwand sein, liegt nahe.

Im Vergleich zu Waltheym und Bonstetten bringt der ehemalige Schreiber des aufrührerischen Erzbischofs wenig Neues über das Erscheinungsbild des Eremiten. Die interessantesten Details betreffen die Lebensweise: »Es ist nun schon überall verbreitet, dass Bruder Klaus, in Unterwalden oder Subsilva in der Diözese Konstanz, Provinz Mainz, bereits sechzehn Jahre ohne Speise lebe. (D 238) (…) Unser Bruder Klaus von Unterwalden bedeckt mit einem einzigen gegürteten Rock seinen Körper, lebt barfuss und barhaupt; die Stube freilich ist ordentlich warm, doch schläft er auf dem blossen Boden und hat ein Stück Holz oder einen Stein zum Kopfkissen. (D 258) (…) Wir bemerken daher, dass Nikolaus, da er seinem Magen reine Luft verschafft, sich, wenn wir mit ihm reden, von uns wegwendet und sich so in acht nimmt vor unserem Atem, der ihm lästig ist. Das soll uns aber keineswegs verwundern, die wir uns aus dem gleichen Grund vor dem Atem Betrunkener hüten; und doch beleidigt dieser unseren Geruchssinn, der an den Speisegeruch gewöhnt ist, nicht so sehr, wie unser Atem seinen (Bruder Klausens) Geruchssinn beleidigt, weil er an den Speisegeruch nicht gewöhnt ist. So ist denn leicht einzusehen, dass wir durch unseren Atem bei ihm den Eindruck machen, als würden wir Jauche herumtragen. (D 287f.)

Und auch unser Nikolaus ist, wie ich gesehen habe, ein Mann von kräftigem Körperbau. Darum ist denn nicht zu verwundern, dass er durch Fasten besser die geile Lust des Fleisches zu demütigen vermag. (D 313)

Es gibt nun dennoch solche, die meinen, Nikolaus esse, wenn auch ganz im geheimen, und sei so nicht ohne Speise, deswegen, weil es nicht bekannt sei, dass er je einem gesagt hätte, er lebe ohne Speise. Vielmehr habe man ihn zuweilen gesehen, wie er am Ufer des Flusses die Zähne reinigte und trank. Dagegen steht, dass das Gerede von seinem Fasten allgemein ist. Ein Mann von so heiligem Leben hätte ein solches Gerede, das man eben so manches Jahr hindurch hört, wohl unterdrückt, wenn es nicht wahr wäre. Doch auch das, dass er die Zähne reinigt, wenn er es überhaupt tut, beweist noch nicht, dass er Speise zu sich nimmt, weil der Niederschlag von den Zähnen durch den Gebrauch von Speise eher abgewischt wird, als dass er wüchse. Was daraus hervorgeht, dass bei denen, die verdorbener Zähne wegen bloss auf einer Seite die Speisen kauen, diese

Seite sauber bleibt, während die andere belegt und voller Niederschlag ist. Die Zahnausscheidungen entstehen nämlich eher aus der Feuchte, die die Zähne umspült und sich an ihnen absetzt. Oder dieser Niederschlag ist jene Feuchtigkeit, die aus dem Zahnfleisch sich ausscheidet, an den Zähnen absetzt, in diese sich einfrisst und da zersetzt. Dieser Niederschlag ist also kein Speiserest, sondern ein Zersetzungsprodukt des Zahnfleisches, das man öfters abwaschen muss, damit es nicht allzu stark rieche. Vielmehr ist es nicht zu verwundern, wenn Nikolaus die Mundhöhle ausspült, um den Speichel zu verbessern, wenn er etwa nach Galle oder andern unzukömmlichen Säften schmecken sollte.« (D 292)

Bericht und Kommentar, Schilderung und Erörterung sind bei Numagen grundsätzlich nicht getrennt. Einige Informationen erinnern an Bonstetten, könnten direkt von ihm stammen, etwa die Nachricht von der geheizten Eremitenzelle. Erstmals hören wir vom Stein als Kopfkissen, es könnte auch ein Stück Holz sein. Im Erfahrungsbereich lassen Numagens Ausführungen tief blicken. Er gibt keine direkt geführten Gespäche wieder, vielleicht weil es nicht opportun ist, man denke an die heiklen Themen im Zusammenhang mit dem Konzilsplan. Gefährliche Fangfragen hat Bruder Klaus nie gern gehabt, dabei stets den Versucher, den Teufel, herausgehört. Streitsüchtige Theologen mag er nicht. Bei Numagen kommt nun aber das nonverbale Verhalten von Bruder Klaus umso deutlicher in den Blick. Die Art, wie die Besucher ihm, »bis auf den Hals« (D 203), nahe treten, wird nie deutlicher als aus diesem Bericht. Bruder Klaus zeigt unverhohlen Ekel, begegnet Numagen und Kollegen wie Leuten, die ihn Jauche riechen lassen. Die Fremden zeigen keine Scheu, sich der Sphäre seines Mundes zu nähern, möchten offenbar in grenzenloser Neugier alles noch genauer wissen. Ein unwürdiges Verhalten. Kein Wunder, erfahren sie über das Fasten nichts Näheres. Dass seine Freunde den Eremiten vor solchen Besuchern schützen wollen, wird man begreifen. Der Quellenwert der Berichterstattung scheint bemerkenswert, die scheinbare Kuriosität spricht nicht gegen die Glaubwürdigkeit, im Gegenteil. Der Hinweis, dass Bruder Klaus Wasser aus der Melchaa trinke, ist glaubhaft, auch die Bemerkung über die Zahnpflege. Dabei ist jedoch kaum anzunehmen, der Verfasser habe dies alles selber gesehen.

Für die Tiefenstruktur des Erscheinungsbildes von Bruder Klaus sind die Ausführungen über Zähne, Zahnfleisch, Zahnsteinbildungen und die sensible Reaktion gegenüber Mundgeruch, die Andeutungen über Beschwerden des Nahrungslosen im Zusammenhang mit der Galle, keineswegs Nebensächlichkeiten. Sie deuten, als Silhouette, einen Grenzfall von Erwähltsein und pathologischem Zustand an. Dazu passt durchaus der Hinweis auf den kräftigen, wohl gemeint starkknochigen Körperbau. Am Anfang des Asketenlebens von Bruder Klaus steht für Numagen, ähnlich wie beim unbekannten Dominikaner von 1469, die Depression. Er spricht von einem »von Furcht und Trauer ermatteten Leib«. (D 269) Der mögliche Zusammenhang mit dem, was wir heute Anorexie nennen, ist ihm bekannt: »Ich habe von Männern erprobten Ansehens und tüchtigen Wissenschaftlern gehört, es habe ein junges Mädchen (iuvencula) während gewisser Monate oder wenigstens während eines längeren Zeitraumes ohne Speise gelebt und zwar auf Antrieb der Natur selber. Es sind solche Vorgänge durchaus natürlich, (...) die Natur erzwingt nichts gegen das Beste, gibt nicht Anlagen, die sich gegen sie selber richten.« (D 284) Ergänzend berichtet er, manche »Studenten und solche, die sich fleissig betätigen« würden »schlecht verdauen und nur sehr wenig und feine Speisen ertragen; deswegen nennen die Dichter sie auch blass.« (D 289) Ausserdem gibt er das Beispiel einer Kuhhirtin aus den savoyischen Alpen, welches er bei Vincent von Beauvais (gest. 1264), einem Predigermönch aus dem Umfeld von König Ludwig dem Heiligen von Frankreich (1215–1270) nachgelesen hat. Dieses Mädchen hätte jahrelang ohne Speise gelebt und sei doch gediehen. (D 295)

Das für die Biographie von Klaus von Flüe bei Numagen Hervorstechende ist die mehrmalige Hervorhebung des Ekels, als Motiv für die Weltflucht (D 242) und, noch frappanter, als Haltung Besuchern gegenüber. (D 259) Dabei markiert der Trierer den grösstmöglichen Abstand zu Waltheym, ohne deswegen unglaubwürdig zu erscheinen. Nicht alle Besucher erleben Bruder Klaus gleich. In einigen Fällen erscheint der Kontakt als problematisch bis unerwünscht. Das ist bei Waltheym bereits angedeutet. Der Sachse hat deshalb spezielle Massnahmen in die Wege geleitet. Der Mann zur richtigen Stunde, im richtigen Alter und mit dem richtigen Gesprächsthema. Die heilige Maria Magdalena hat da in jedem Sinn des Wortes geholfen. Für Numagen hingegen bietet der Eremit vielleicht nur Gelegenheit, die Phänomenologie des Ekels zu studieren. Wenn schon kein erwähnenswertes Gespräch zustande kommt, gibt die Begegnung wenigstens Anlass für eine Beschreibung. Die Art, wie einer den Besucher nicht riechen kann, gibt ein Lehrbuchbeispiel für die scholastische Definition eines Affektes: Ekel, *tedium*, sei nichts anderes als die Vernichtung aller körperlichen Zuneigungen. (D 259) Im Zusammenhang mit Mund- und Körpergeruch ist Ekel, aus der Sicht der älteren Medizin, keineswegs eine bloss physiologisch bedingte Abwehrreaktion. Die Luft, wie sie einer »mache« in seiner Umgebung, drinnen in der Stube oder draussen auf dem Feld, bildet sein *astrum*, ein schicksalsmässiges Milieu, womit er die Mitmenschen krank machen, »kränken«, kann[23]. Bei ungünstigem astrum kann von einer Wahlverwandtschaft im Sinn von Goethe nicht die Rede sein. Redensartlich wird man später sagen: Die Chemie stimmt nicht. Bei den Altvätern tönt das so:

Johannes Kolobos, glühend im Geist, mediert gerade bei der Arbeit an einem Seil. Da kommt ein Besucher, lobt ihn, erhält jedoch als Antwort nur Schweigen. Dreimal versucht er, ein Wort aus dem Altvater herauszubringen. Schliesslich sagt Johannes: »Seit du hereingekommen bist, hast du Gott von mir verjagt.«[24]

Ähnlich scheint es Numagen mit Bruder Klaus ergangen zu sein. Über den Mann, der sich von ihm abgewandt hat, ist kein einziges exklusives Wort aus seinem Munde zu berichten. Dafür gibt der Berichterstatter allerlei Präzisierungen, zum Beispiel zur bischöflichen Fastenprobe. Diese wird »rücksichtslos« genannt. Offenbar hat der Besucher selber erlebt, wie schwierig es ist, dem Eremiten in dieser Sache in die Karten zu blicken. Bei der wahrscheinlichen Datierung des Besuchs in den frühen achtziger Jahren des vierzehnten Jahrhunderts meldet sich der Verdacht, es liege die Kategorie von Ranftpilgern vor, welche mit dem Erlass vom 25. Juni 1482 künftig abgewehrt werden sollen. Der Zeitpunkt des Erlasses, drei Monate nach der sogenannten Konzilsproklamation in Basel, kann auch als Argument für eine wahrscheinliche Datierung von Numagens Besuch ins Feld geführt werden: *Landammann und Landleute von Obwalden treffen Massregeln gegen Belästigungen des Bruder Klaus durch fremde streitsüchtige Theologen.* (D 402) Darunter hat man sich gemäss dem Zeugnis der Quellen Unterschiedliches vorzustellen. Ausdrücklich genannt sind inquisitorische Befragungen, die heilige Dreifaltigkeit betreffend, und andere Katechisierungen. Ausserdem ist von »untzucht«, unanständigem Verhalten von »sölichen frömden schellmen« die Rede. Dies würde dem »guten bruder Clausen« allerlei Versuchungen und Anfechtungen bereiten. Höhepunkt der Schikanierung ist die Drohung eines Geistlichen, »er wolle ihm (Bruder Klaus) dann noch einen anderen auf den Hals schicken, der ihn noch gründlicher ausfragen und untersuchen solle«. (D 203) Letzteres wird sicher nicht Numagens Art gewesen sein, würde wohl besser ins Umfeld von Institoris passen. Doch muss eine mehr naturwissenschaftliche Neugier des jungen Mannes erst recht abstossend wirken. Im Ranft sind weder Inquisitoren noch allzu Neugierige erwünscht. Bruder Klaus will sich nicht von einem dahergelaufenen Gelehrten, der sich für die Physiologie der Verdauung interessiert, ausfragen oder gar in Mund und Rachen blicken lassen. Ganz zu schweigen davon, dass er solchen Leuten sein Herz öffnen würde! Das Eindringen in den Mund, mit Augen, Händen oder Geräten bedeutet zu allen Zeiten die Überschreitung einer Schamgrenze. Auch aus diesem Grund ist die Wahl des geeigneten Scherers, Baders oder Zahnarztes stets eine Vertrauenssache. Für einen Menschen, für den das Thema Essen ein existentielles Tabu bedeutet, gilt das in noch höherem Grad. Es liegt ein Fall von Belästigung vor.

Ein Augenschein im Ranft ist Glückssache. Der Heilige ist nicht für die Bruder Klaus-Forscher in die Einöde gegangen. Erst recht würde Numagen auf Granit beissen, wollte er den Eremiten gar für Zamometičs Konzilsplan gewinnen. Das wäre einer der zahlreichen Vereinnahmungsversuche. Mit Bruder Klaus die Kirche erneuern? Die Schweiz retten? Europa gestalten? Heiligkeit ist etwas anderes.

Was sein Besuch im Ranft für ihn wirklich bedeuten kann, ist Numagen wohl erst in den Tagen der Gefahr, beim Abfassen der Abhandlung, klar geworden. Die systematische Erkundung von Weltflucht und Askese, unter theologischen und naturphilosophischen Gesichtspunkten, hätte dem lebenden Heiligen nicht hilfreich sein können. Eher schon dem, der sich mit dessen Beispiel befasst. Auf der Grundlage einer beeindruckenden Gelehrsamkeit bringt der Verfasser einen Beitrag zu Phänomenologie und Spiritualität des Essverzichts. Dabei findet er eine Orientierung für sich und vielleicht andere, eröffnet eine Diskussion, die über Jahrhunderte nicht verstummen wird. Wenn Friedrich Nietzsche einmal bissig erklären wird, für das »Heil der Menschheit« hange an der Frage der Ernährung mehr als an »irgendeiner Theologen-Kuriosität«, und sich vom *homo pamphagus*, dem allesfressenden Menschen distanziert, welcher nicht als die »feinste Spezies« gelten könne[25], dann ist ihm dabei Numagens ganz spezielle Theologen-Kuriosität sicher nicht vor Augen gekommen. Dieser stellt sich nämlich, unter dem Gesichtspunkt der Alchemie der Ernährung, der aufgeworfenen uralten Fragestellung. Nietzsches Formulierungen vom »höheren Leibe eines wirklich kultivierten Menschen«, womit »immer wieder von neuem und auf eine neue Weise (...) diese Welt verklärt werden« könne, bewegen sich, bei veränderten Wertmassstäben, im Bereich alchemistischer Betrachtungen[26]. Der moderne Philosoph lehnt asketische Ideale wie Einsamkeit, Fasten und Keuschheit ab, genau genommen ihre christlichen Begründungen, plädiert aber auf seine Weise für eine neue Diätetik der Einsamkeit.

Numagen macht wie wenige die Frage der Ernährung zum Gegenstand humanistischer Neugier und erhebt die im Vergleich zum *homo pamphagus* höhere Existenz der verklärten Leiblichkeit zum Programm seiner Untersuchung. Dabei will er das Geheimnis nicht wegrationalisieren. Es geht ihm offenkundig um eine Art esoterische Diätetik. Dabei zieht er, ähnlich wie später Nietzsche, Hippokrates, den Arzt und Medizinphilosophen der Griechen, zu Rate. Dessen Schrift *Über Wasser, Luft und Örtlichkeiten*[27] spielt in die Abhandlung betreffend das Fasten von Bruder Klaus hinein, wie auch die Lehre vom Fieber, sowie die Auffassungen von Aristoteles und Galen über die Luft und das Hungern. Diese Autoritäten der Medizin sind fast ebenso wichtig wie die Quellen des Glaubens. Der Hinweis von Plinius, der Mensch könne nicht länger als elf Tage ohne Nahrung leben, gar die Meinung des Hippokrates, acht Tage Nahrungslosigkeit führten zum Tod, wird erst in der Zeit der Aufklärung in die Diskussion um Bruder Klaus eingeführt. Numagen geht es aber nicht um die Leugnung des Mysteriums[28]. Naturphilosophische und spirituelle Gesichtspunkte, auch Hinweise auf die Bibel, geben aus seiner Sicht spezifische Einblicke in die menschliche Leiblichkeit. Von wegweisender Bedeutung ist dabei die antike, bei den Ärzten Hippokrates und Galen ausformulierte Säftelehre oder Humoralpathologie. Gemäss dieser erhält sich der Mensch gesund durch das Zusammenwirken der vier Säfte Blut (sanguis), Schleim (phlegma), gelbe Galle (cholos) und Schwarze Galle (melas cholos). Zu diesem System gehören die Definitionen von Hunger und Durst, wie sie Aristoteles vorgegeben hat. Es handelt sich dabei um die Grundlagen der mittelalterlichen Lehre von der Ernährung. Ohne diese Hintergründe bleiben Numagens Ausführungen eine weithin unverständliche Kuriosität.

Für den griechischen Naturphilosophen ist Nahrung nicht einfach eine quantitätsbezogene Umsetzung von Energie, sondern primär Ausdruck des Seelenlebens. Auf dieser Grundlage wird jedes Lebewesen, von der Pflanze bis zum Menschen, erhalten. Ginge es vorrangig um etwas Quantitatives, wäre ein unbeschränktes Wachstum möglich. »Hunger und Durst sind Formen der Begierde, der Hunger ist die Begierde nach Trockenem und Warmem, der Durst die nach Kaltem und Feuchtem«, schreibt Aristoteles im zweiten Buch *Von der Seele*. Drei Dinge seien zu betonen, das Ernährte, die Nahrung und das Ernährende. Das Ernährende sei die erste Seele, das Ernährte der Körper und das, womit man sich ernähre, die Nahrungsmittel. Das »Ernährende« ist also nicht mit dem Nahrungsmittel identisch, aber notwendigerweise müsse jede Nahrung verdaut werden. Diese Verdauung bewirke das Warme. »Darum besitzt jedes Lebewesen Wärme.«[29] Ernährung ist für Aristoteles nur teilweise eine physikalische Angelegenheit, sicher nicht im letzten Grund. Die Geheimnisse des Lebens liegen tiefer.

Im Weltbild von Numagen hat es für das Wunder Platz, genau so wie im siebzehnten Jahrhundert bei Jacob Zwinger von Basel (1569–1610), dem Sohn des Paracelsisten Theodor Zwinger (1533–1588), einem überzeugten Anhänger der Nahrungslosigkeit von Bruder Klaus[30]. Die naturphilosophische und theologische Betrachtung des Wunders setzt voraus, dass man über das, was im Rahmen der Natur möglich und notwendig ist, grundsätzlich im Bilde sei. Der Mensch als leibliches Wesen ist auch aus der Sicht von Numagen auf Nahrung angewiesen: »Da die Natur mit dem Geringsten sich begnügen kann, bedient sie sich oft des Geringsten und Unscheinbarsten, durch das sie gerade noch leben kann, als Nahrung; sie kann also nicht ohne Speise oder Gleichwertiges bestehen.« (D 278) Die Frage nach dem *equivalens* der Speise, ihrem substantiellen Ersatz, zieht sich wie ein roter Faden durch die Abhandlung. Gibt es eine der herkömmlichen Nahrungsaufnahme und Nahrungsverwertung gleichwertige Supposition? Wenn ja, im Rahmen der Natur oder als Wunder? Hier setzt die Diskussion an.

Hohes Interesse, verbunden mit erstaunlichen Hintergrundkenntnissen, die eher einem Mediziner als einem Theologen zuzutrauen wären, zeigt der Verfasser für alles, was mit Magen und Verdauung zusammenhängt. Die Verdauungskraft im Magen (D 252), von den Paracelsisten später *archeus* genannt, bleibe erhalten, selbst wenn Magen und Eingeweide leer seien. »Wie ein leeres Öllämpchen, in dem noch Licht brennt, durch die Kraft des Feuers selber verbrennt, so greift schliesslich die Verdauungskraft, die sehr zersetzend wirkt und in beständiger Tätigkeit ist, wenn sie (...) keine Speise mehr findet, diese inneren Organe selber an, so dass die Verdauung ihr eigenes

Fleisch (des Magens und der Eingeweide) infolge Mangels an notwendigen Zersetzungsstoffen, welche über die Nahrung zuzuführen sind, elend vernichtet und dem Menschen unter grossen Qualen den Tod bringt.«

Soweit der in der Natur vorgesehene Normalfall. Es würde aber keine Überschreitung der menschlichen Artnatur bedeuten, wenn die Ernährungskraft ein *equivalens cibi*, einen Speiseersatz, zur Verfügung stellen könnte. Auf keinen Fall ist der menschliche Körper eine Art perpetuum mobile, die Selbsternährung aus der *potencia naturalis*, der Ernährungskraft, sei auszuschliessen. Der Verdauungsorganismus brauche entweder Speise oder Ersatzmittel, womit der für das Leben notwendige Umwandlungsprozess in Gang zu halten sei. Dafür im Vordergrund steht bei Numagen, analog zu Plinius' Beschreibung der Astoni aus Indien, welche sich nur von Düften ernähren könnten[31], die Luft. Dabei muss man wieder an die humoralpathologisch fundierte, auf der alten Säftelehre beruhende Definition des Hungers bei Aristoteles denken. Hunger sei ein Bedürfnis nach Trockenem und Heissem, welches durch die Leere des Magens und durch das Saugen der Adern entstehe und dessen Ziel es sei, die ursprüngliche Feuchtigkeit im Magen wiederherzustellen[32]. Beim Verhungern werde nämlich die Feuchtigkeit durch die eingeborene Körperwärme verbraucht. Durch die Nahrungsaufnahme sollen die ausgedörrten Organe wiederhergestellt werden, um den Körper und damit das Leben so lange wie möglich zu erhalten.

Wie hat man sich nun auf dieser theoretischen Grundlage die Nahrungslosigkeit vorzustellen? Nach Numagen vermag starkes Fasten die Verdauungskraft auf ein neues System umzustellen. Dieser Vorgang wird in der modernen Ernährungsphysiologie die Umstellung auf die innere Ernährung genannt[33].

Diese Zusammenhänge sind Numagen natürlich noch unbekannt. Die erhöhte Atemfrequenz und das spontane Tiefatmen ergeben indes eine »fastenspezifische, stoffwechselabhängige Intensivierung der Atmung«, so Fastenarzt Heinz Fahrner, die Numagen offenbar bei Bruder Klaus schon aufgefallen ist. Er schreibt: »Wir nun brauchen weniger Luft zum Leben als er, was uns deutlicher sein mag, wenn wir bei Nebel einige Bissen essen, denn wenn der Magen nach Genuss von Speise ausrülpst, kommt Dampf hervor. Dieser stösst also den Nebel, der eindringen will, zurück. Und so ist denn ein gefüllter Magen nicht gleichermassen fähig Luft aufzunehmen, als ein leerer.« Heinz Fahrner spricht dabei von »vermehrter Atmung auch bei kleineren Anstrengungen sowie einem ausgesprochenen Frischluftbedürfnis (...), auch kommt es öfters zu einem spontanen tieferen Atemzug oder auch Seufzeratmen.«[34] (D 287) Numagen interpretiert die oben angedeuteten Phänomene wie folgt: »Wenn also dank der aufgerüttelten Verdauungskraft die Luft, die durch das starke Fasten ganz aus dem Körper verdrängt worden ist, wieder reichlicher zugelassen würde und dies dann bewirkte, dass ein gewisser Saft reichlicher flösse, so dass der Magen dadurch gefüllt, Ekel vor der Speise hätte – die Natur verschmäht nämlich weise den Überfluss – würde sie so bewirken, dass man sich der Speise enthielte. Und wie Poggio in seinen Facetien erwähnt, hat sich das bei einem Höfling ereignet.« (D 279)

Tatsächlich berichtet der Frühhumanist Poggio Bracciolini (1380–1459) im 244. Stück seiner berühmten Anekdotensammlung aus dem Jahre 1450 von einem Jakobus, welcher während zwei Jahren weder gegessen noch getrunken habe. Einige behaupten, so der Italiener, der Teufel stecke dahinter, andere seien der Meinung, die melancholische schwarzgallige Art seiner Körpersäfte hätte ihn mit Nahrung versorgt. Die letztere Meinung, der Körpersaft führe bei den Melancholikern zu einer spezifischen Selbsternährung, eben die Melancholie, die man in sich hineinfrisst, findet sich auch bei Paracelsus. Numagen präzisiert: »Diese Säfte wirken nun wunderbar kraft himmlischen Einflusses und durch eine wunderbare körperliche Anlage oder Anpassung, sie beeinflussen den Magen, indem sie ihn austrocknen und keine Speise dulden, solange sie Oberhand haben. Gemischt und durchtränkt von gewissen verdichtenden Eigenschaften der Luft, werden diese Säfte durch die Ausdünstung der Erde, die etwa in der Art erfrischender Frühlingsdüfte oder auf eine andere Weise wirken, erhalten. Und so mögen sie gerade an dem mit solchen Eigenschaften ausgestatteten Ort, wo unser Einsiedler ständig wohnt, besonders wirksam sein.« (D 280)

Den Einwand, dann müssten die anderen Bergbewohner ebenfalls auf diese Weise leben, weist er zurück. Durch ihre Lebensweise, ihr Arbeiten und Essen, könnten sie ihren Organismus nicht auf Lufternährung umstellen. (D 280) Entscheidend für dieses Modelldenken bleibt, dass das Leben durch die Urfeuchte und die natürliche Wärme erhalten werde, die Luft im Sinn der aristotelischen und galenischen Lehre von den Qualitäten zugleich warm und feucht sei, »so kann die Natur das Feuchte und Warme, die Lebensspender, so aus der Luft entnehmen, dass eine Erhaltung ohne (sonstige) Speise möglich ist.« Und er fährt fort: »Somit glaube ich denn nicht, dass es der menschlichen Natur entgegen sei, wenn ich annehme, dass das Fasten des Nikolaus durch das Einatmen einer fetteren Luft vor sich gehe und dass, wenn er sie in sich hineinatmet, er so unter dieser andersgearteten Luft leben kann.«(D 285f.) Der Ort, wo er lebe, sei als »dünstig« zu empfinden, und deshalb für eine solche Luftbeschaffenheit günstig. Die Bedingungen seien jedoch im Winter schlechter als zur Zeit der Frühlings- und Herbstwinde. (D 287) Den Hauptunterschied mache die Beschaffenheit des Magens aus: »Und so ist denn ein gefüllter Magen nicht gleichermassen fähig Luft aufzunehmen, wie ein leerer.« (D 287) Der Magen ist in dem Sinn ein polyvalentes Wunderwerk: »Nachdem wir das alles nun gründlich erwogen haben, betonen wir durchaus, es gebe eine wunderbare Ernährung der Natur ausser dem Magen; eigentlich wird sie viel wunderbarer innerhalb des Magens. (...) Magen und Eingeweide sind auf diese Weise nicht umsonst; denn wenn sie auch keine Speise aufnehmen, scheiden sie doch Feuchtes und Warmes aus, ohne die das Leben nicht bestehen kann. Diese werden dann ausgetrocknet, entweder durch die Winde und durch den Luftzug, der eingeatmet wird und durch sie hindurchgeht, oder aber durch einen Stoff, der der Nahrung gleichwertig ist, irgendwie verdaut wird und dann zur Ausscheidung kommt.« (D 290) Darüber hinaus legt Numagen nahe, Klaus von Flüe bedürfe zu seinem Lebensunterhalt nebst Luft »der äusseren Wärme, nämlich des Feuers oder der Sonne, ebenso auch des Feuchten, nämlich der Luft und des Wassers.« Zum Unterhalt des lebenden Heiligen braucht es also zur »fetteren Luft« hinzu im Winter einen Ofen. Ausserdem ist Wasser nötig, so weit dies nicht schon in der Luft enthalten ist. Ist die Luft trocken, muss Bruder Klaus essen. Die pathologische Seite der Nahrungsenthaltung wird auch bei Karl Bovillus angesprochen: »Gott liess in seinem Fleische den Stachel irdischer Schwachheit zurück, damit er sich bewusst bleibe, noch ein Mensch und menschlicher Pflege bedürftig zu sein. Durch seine beständige Nahrungslosigkeit entstand eine solche Magenverderbung und er begann an solcher Kälte des Magens zu leiden, dass er gezwungen wurde, an Stelle innerlicher Ernährung, Magen und Brust täglich am Feuer eines Ofens zu erwärmen. Diesen Ofen habe ich selber noch in seiner Zelle gesehen.«

Numagens Theorie hängt eng mit der schon skizzierten Lehre von den vier Säften zusammen, in Verbindung mit den vier Elementen und den sogenannten Qualitäten (warm – kalt; trocken – feucht). Mit dieser nur scheinbar im Widerspruch steht der Hinweis auf eine Heiligenernährung durch eine Art Manna. Avicenna, der als Autorität meistzitierte islamische Arzt, lehre die Zugehörigkeit des Mannas zur Luft. Es sei ein »Tau, eine Art Honig (...), der in heissen Ländern niederfalle, (...) sehr trocken und von grosser Nährkraft.« (D 317) Die Heuschrecken und der wilde Honig, wovon Johannes der Täufer gelebt habe, seien in dem Sinn als Luftprodukte aufzufassen. »Wenn wir also sagen, Johannes habe wilden Honig und Heuschrecken, leichte Ware, die von der Luft ihm dargeboten wurde, gegessen, was ist es dann mehr, als wenn wir behaupten, Nikolaus habe verdickte Luft zu sich genommen?« (D 318)

Numagen gibt sich überzeugt, die Natur mache im Fall von Bruder Klaus, analog zu den Altvätern und weiteren Heiligen, keine Sprünge. Dies hindert ihn aber nicht, diese Art Ernährung in ihrer Zeichenbedeutung als wunderbar einzuschätzen. Der Magen spielt auch bei Fällen aussergewöhnlicher Ernährung eine zentrale Rolle, und die Natur vermag auf unterschiedliche Art Wärme und Kälte zu erhalten. Dabei lässt sich der Verfasser gleichsam im Vorübergehen über das Prinzip des Kühlschranks aus: »Auch wird die Natur der Sonne deswegen nicht verändert, dass sie den Lehm härtet, das Wachs aber erweicht, noch ändert die Spreu ihre Natur, wenn sie durch Kälte, was weiss ich, woher sie die hat, den Schnee, auf den sie geschüttet wird, zu erhalten vermag und sie selbst doch einigermassen dabei in Hitze kommt, dass sie unreife Äpfel zur Reife bringt.« (D 283) Mit einem grossen Haufen locker über einander geschichteter Blätter würden also Eis und Schnee erhalten. Dieses Verfahren ist bei Bierproduzenten und auch bei Älplern, zur Konservierung von Schnee und Eis zur Kühlung von Milchprodukten, über Jahrhunderte gängig gewesen. Physikalisch, so der vielseitige Theodor Mathis, »sind diese Erscheinungen zu erklären aus der raschen Strömung der Luft durch die zahlreichen Zwischenräume. Bei der Ausgleichung der heissen und kalten Luft entsteht eine so wirksame Verdunstung, dass ein beträchtlicher Wärmeverlust eintritt und es sogar zur Eisbildung kommen kann. Es liegt (...) ein der künstlichen Eisbildung in Gefrieranlagen analoger Fall vor.« (D 283)

Mit diesen interessanten Analogien kann eine spezielle Art der Ernährung bei Bruder Klaus nicht bewiesen werden. Ohnehin gelten die humoralpathologischen Theorien, worauf das Ganze sich stützt, ein paar Generationen darauf für immer erledigt. Zu den frühesten Opponenten der Säftelehre gehört Paracelsus. Dies verhindert aber nicht ein analoges Erkenntnisinteresse für die theoretische und praktische Möglichkeit einer paranormalen Ernährung. Numagens Gedanke, in der Natur sei vieles möglich und deshalb bei Klaus von Flüe eine aussergewöhnliche Art des Lebensunterhalts nicht ausgeschlossen, erhält bei Theophrast von Hohenheim eine Illustration, bei welcher vor allem die Theorie vom *archeus* wichtig wird. Dieser hat nicht nur mit Verdauung und Energieumwandlung, sondern generell mit dem Prinzip der Verwandlung zu tun. »Alle Verwandlung des Menschen muss im Magen geschehen, ohne ihn wird nichts verwandelt«, lautet der zentrale ernährungsanthropologische Grundsatz. »Magen« ist jedoch nicht im engeren anatomischen Sinn zu verstehen, sondern als umfassender Bildbegriff für das Prinzip Verarbeitung und Verwandlung. Darum gibt es sogar einen »Magen« in den Augen, in den Ohren, im Mark, im Gehirn und auch im Mund. Auf allen diesen Ebenen gibt es etwas zu »verdauen«. Die feinsten Vorgänge werden durch das Auge und den archeus im Munde in Gang gesetzt. Theoretisch wäre eine Ernährung durch reine Betrachtung schon möglich, wie das Heilige immer wieder andeuten, doch ist davon im *opus paramirum* (Sankt Gallen, 1531) nicht explizit die Rede. Im Vordergrund steht im Zusammenhang mit der Theorie einer subtilen Ernährung die Unterscheidung zwischen Magen- und Mundverdauung. »Darumb, was wir in den munt bringen, das ist in der dauung als wärs im magen«[35]. Diese Feinverdauung ist die edlere Art, während die Verdauung über den Bauch als »bäuerisch« denunziert wird. Die »Mundverdauenden« verwirklichen einen je eigenen Typus der Nahrungsverwertung: »Die im Mund essen, scheissen nit, sie seichen aber. Auf diese Weise haben sich viele Heilige erhalten, von denen man glaubt, dass sie nicht gegessen hätten, dabei ist doch der Mund den ganzen Leib zu erhalten genügsam«. Die Exkremente der Mundverdauenden würden jedoch in den Zähnen hängenbleiben[36]. Diese Bemerkung stimmt überraschend mit dem Text von Numagen überein. Ist über Zürich, Basel oder vielleicht Einsiedeln eine Beeinflussung möglich?

Gemäss dieser Theorie der Heiligenernährung ist der Konsum der Hostie, wie schon bei Numagen, nicht ausgeschlossen. Für die reine Mundverdauung, die edelste Art der Ernährung nach Paracelsus, scheint sich eine Erhaltung exklusiv durch diese heilige Seelenspeise aufzudrängen. Wird der Leib Christi, für Hohenheim das Pharmakon des ewigen Lebens, bei einigen Heiligen nur im Mund verdaut, womit sich diese auf wundersame Art am Leben erhalten können? Die »Hitze der Verdauung im Mund« (Paracelsus) scheint eine phantasievolle Anspielung auf viel spätere physiologische Erkenntnisse zu sein: dass nämlich bereits eine Vorverdauung durch das Enzym Ptyalin stattfindet, das im flüssigen Speichel enthalten ist und vor allem die Kohlehydrate angreift, diese in einen Prozess weiterer Auflösung und Aufspaltung überführt. Von Stoffabbau spricht bereits Numagen, ohne natürlich die für die Verdauung massgeblichen Fermente und Enzyme, nämlich Ptyalin, Pepsin, Trypsin und Lipase bereits zu kennen. Bei Paracelsus steht die Stoffverwandlung im Vordergrund. Seine alchemistische Fragestellung mutet kindlich an. Wie wird aus Nahrung ein neuer Stoff, »Fleisch« und »Blut«?[37]

Bei Hohenheim ist wegen der Verwerfung der galenischen Säftelehre kein Platz für Numagens Theorie der »fetteren Luft«. Dafür geistern magnetopathische Modelle durch sein Werk, wie Franz Anton Mesmer (1734–1815) sie im achtzehnten Jahrhundert wieder aufgreifen wird. Auf magnetische Art könne der Leib »durch die ganze Haut« Luft, Erde, Feuer und Wasser an sich ziehen. »Wir haben einen gesehen, der sechs Monate lang nichts gegessen hat als allein einen Erdknollen, den er auf seinem Magen liegen hat. Wenn der dürr war, so legte er einen andern darauf und beklagte sich keines Hungers, (...) darum gibt es auch viele, die etliche Jahre nichts gegessen haben, auf die zwanzig, als bei unserem Gedenken geschehen ist. Obwohl solches Gott zugeschrieben wird, wegen der Frömmigkeit der Person, wollen wir das nicht so beurteilen.«[38]

Damit ist, ohne Namennennung, der berühmteste Fastenheilige des Alpenraums angesprochen. Die Berichte über seine Enthaltung gehören für den Arzt aus Einsiedeln zu den Mysterien der Natur, die er *magnalia* zu nennen pflegt. Diese sind mit dem Übernatürlichen nicht zu verwechseln. Ausserdem wird auf die pathologische Seite strengen Fastens verwiesen. Zu bedenken sei, so gemäss der Schrift *Vom Fasten und Casteyen*, dass »Krankheit, Traurigkeit, Herzeleid, Unsinnigkeit, Phantasey (Wahnvorstellungen) auch speisen, wie es denn die tägliche Erfahrung zeigt, dass oft ein Mensch mit einer Krankheit viele Tage und Wochen nichts isset und doch über keinen Hunger klagt. (...) Dergleichen ist bei gefangenen, besessenen und unsinnigen Leuten und bei denen, die mit grosser Phantasey beladen seind, zu sehen.«[39]

Von solchen Leuten sei, beeilt sich nun Hohenheim zu betonen, *Bruder Class* (einzige Nennung des Namens im Gesamtwerk) streng zu unterscheiden. Zu der Bemerkung über das zwanzigjährige Fasten, die schon in der alchemistischen Programmschrift *Archidoxen*

(1525) enthalten ist, lesen wir, »wie Bruder Class und ander waldleut (...) nicht gessen hat, ausser dass er zu aufenthaltung seines lebens etlich kreuter und wurzeln us ein magen auswendig (äusserlich) ufs herzgrüeblein gelegt; und wann das dürr ward, leget er andere drauf, und also hat er vil jar sein leben erhalten, auch sonst kein speis in seinen munt genomben, noch vil weniger hinab in sein magen verschlückt.«[40]

Diese Theorie stimmt mit derjenigen, die Mundverdauung betreffend, nicht überein, hält aber grundsätzlich fest: Wundersame Heiligenernährung erfolge im Rahmen dessen, was in der Natur noch möglich sei. Die Erhaltung durch äusserliches Auflegen von Kräutern und Wurzeln ist im Sinn einer weissmagischen sympathetischen Übertragung der *quinta essentia*, also des Wirkstoffes der Speisen, auf den menschlichen Organismus zu verstehen. Nach diesem Prinzip gelangen auch die Heilmittel, die sogenannten Arcana der Natur, zur Wirkung. Das heisst in letzter Konsequenz: Die Heiligkeit des Klaus von Flüe ergibt sich nicht schon aus dem Fasten, obwohl ihm grundsätzlich die richtige Einstellung dazu bescheinigt wird, gemäss dem Bibelwort, der Mensch lebe nicht vom Brot allein, Mt 4.4. Auf der anderen Seite sind die mannigfaltigen physischen, psychischen und geistlichen Gefahren des Fastens zu bedenken. Wie schon das Beispiel Jesu in der Wüste zeige, gelte es »hierbei zu wissen, dass der Teufel noch keinen unangefochten liess, der sich in ein solches ernstliches Fasten begeben hat.«[41] Dies erinnert an die krampfähnlichen Teufelskämpfe, die dem Heiligen sein Leben lang nicht erspart bleiben.

Diese Theorien, denen weder Numagen noch Paracelsus je voll vertrauen und ihnen wohl darum weitere, zum Teil widersprüchliche Varianten hinzufügen, sind über Theodor Zwinger, Jacob Zwinger, Fabricius Hildanus[42], Joseph Görres[43] und Carl Gustav Jung[44] bis in die Moderne kolportiert worden. In der Zeit der Aufklärung greift Leonard Meister aus Zürich in seiner *Helvetischen Galerie grosser Männer* (1785) mit Berufung auf das *Evangelium medici* des britischen Arztes Bernard Connor auf die Austrocknung des Magensaftes und das »Einathmen stärkender Kräutergerüche usw.« zurück, um die Nahrungslosigkeit des Nikolaus von Flüe angemessen zu erklären. Ein indirekter Nachklang von Numagen, dem einstigen Zürcher Kleriker[45]. Die Vorstellungen von Numagen und Paracelsus sind dem heutigen Denken fremd, gehören aber doch der Welt an, in welcher Bruder Klaus, zum Beispiel über die Propaganda von Trithemius, zu einer europäischen Berühmtheit gelangt. Faszinierend bleiben die Thesen von der Verwandlung im Magen und das primär semiotische Verständnis des Wunders. Es geht um eine Botschaft der Zeichen. Eindruck macht, wie die beiden Publizisten aus der Zeit der Renaissance bei allem Respekt vor Bruder Klaus die pathologischen Gesichtspunkte der Betrachtungsweise nicht verleugnen. Aber nicht das Fasten, hebt Numagen hervor, sondern der Hunger bringe den Menschen ins Grab: »Das bewirkt nun offenbar das Fasten nicht, ausser es verursache vorher Hunger. Deshalb ist es nicht richtig zu sagen, Hunger, das heisst Fasten; denn der Hunger kommt zwar stets vom Fasten, aber auf das Fasten folgt nicht immer der Hunger. (...) Aus diesem Grund ist denn auch nicht ohne weiteres klar, was oben behauptet wurde, dass sie (die Heiligen) nämlich nur aus menschlicher Kraft enthaltsam von Speisen leben konnten, (...). Denn hätten sie so lange gefastet und dabei wirklich gehungert, so hätten sie es aus menschlicher Kraft gar nicht während so vieler Tage, wie die obigen Ausführungen besagen, aushalten können. Hätten sie aber nicht gehungert, so hätten sie auch aus bloss menschlicher Kraft es noch viel länger ohne Speise aushalten können. (...) Das ist es, was von Christus gesagt wird: Nachher hungerte ihn, woraus klar erhellt, dass er während dieser Zeit (des Fastens) nicht gehungert hat.« Die Heiligen hätten also »nicht während der Zeit des Fastens, sondern nachher gehungert. Wenn sie nämlich während der Zeit des Fastens gehungert hätten, so wären sie gestorben, im Sinn der obigen Ausführungen.« (D 326)

Hier geht es nicht nur um den Unterschied zwischen Fasten und Hungern, sondern um zwei verschiedene Arten des Leidens. Die Fastenheiligen leiden nicht Hunger, sie leiden an der Welt, und wenn diese sie zwingt, ihr wieder gleichförmig zu werden, gehen sie an ihr zugrunde. Signifikanter als viele naturwissenschaftliche oder esoterische Modellvorstellungen vermag die Erzählung *Ein Hungerkünstler* von Franz Kafka die geschilderte Problemlage zu illustrieren. Die Geschichte ist entgegen dem Anschein nicht bloss eine surrealistische Phantasie. Sie gibt einen erstaunlich realistischen Einblick in die vielfach dokumentierte Situation des Schauhungerns, welches um 1880 aufgekommen, aber bald nach 1900 wieder aus der Mode gekommen ist. Der von Essstörungen heimgesuchte Dichter (»Ich bin der magerste Mensch, den ich kenne«, schreibt er an Milena Jesenskà) identifiziert sich weitgehend mit dem Hungerkünstler[46]. Der Einblick in den isolierten Seeleninnenraum des Extremfastenden wird nur umso glaubwürdiger. Das Deprimierendste, was der Hungerkünstler jeweils mitmachen muss, ist der vom Impresario befohlene Abbruch des Fastens: »Er entschuldigte den Hungerkünstler vor versammeltem Publikum (...), kam dann im Zusammenhang damit auch auf die ebenso zu erklärende Behauptung des Hungerkünstlers zu sprechen, er könne noch viel länger hungern, als er hungere; lobte das hohe Streben, die grosse Selbstverleugnung, die gewiss auch in dieser Behauptung enthalten seien; suchte dann aber die Behauptung einfach genug durch das Vorzeigen von Photographien, die gleichzeitig verkauft wurden, zu widerlegen, denn auf den Bildern sah man den Hungerkünstler an seinem vierzigsten Hungertag, im Bett, fast verlöscht vor Entkräftung. Diese dem Hungerkünstler zwar wohlbekannte, immer aber von neuem ihn entnervende Verdrehung der Wahrheit war ihm zu viel. Was die Folge der vorzeitigen Beendigung des Hungerns war, stellte man hier als Ursache dar!«[47]

Mit anderen Worten: Nicht das Fasten, sondern dessen Beendigung stellt das wahre Leiden dar. Dieses ist, im Sinn von Numagens Begriff, der Hunger als Leiden im Zusammenhang mit der seelisch bedingten Appetitverhaltung. Der Hungerkünstler will kurz vor seinem Tod nichts mehr davon wissen, dass man sein Hungern bewundere: »Weil ich hungern muss, ich kann nicht anders, (...) weil ich, sagte der Hungerkünstler, hob das Köpfchen ein wenig und sprach mit wie zum Kuss gespitzten Lippen gerade in das Ohr des Aufsehers hinein, damit nichts verloren ginge, weil ich nicht die Speise finden konnte, die mir schmeckt. Hätte ich sie gefunden, glaube mir, ich hätte kein Aufsehen gemacht und mich vollgegessen wie du und alle.«[48]

Für Klaus von Flüe hingegen gibt es, im Gegensatz zu Kafkas Hungerkünstler, eine gewaltige Kompensation für sein Fasten. Einerseits in der Betrachtung der Hostie, andererseits im unermesslich reichen, teilweise jedoch auch schreckhaften Visionsleben. Dabei bleibt das Leiden ein konstanter Bestandteil seiner Existenz. Diese ist aber unterwegs zu einer grossen Verwandlung, die man im christlichen Sinn in die Nähe des auferstehenden Leibes wird rücken können. Der Kirchenvater *Basileios von Kaisareia* sieht im Endziel eines solchen Fastens die Rückkehr zum paradiesischen Zustand: »Wir sind aus dem Paradies vertrieben worden, weil wir nicht gefastet haben; fasten wir jetzt, um zum Paradies zurückzukehren! Aber gerade auch das ganze Paradiesesleben ist ein Fasten; nirgends wird dort Fleisch gekocht, niemals Rebensaft gepresst, noch gibt es anderes, mit dem man der Körperlust dienstbar ist; aber dort ist das Leben gemeinsam mit den Engeln, das Los gleich mit den himmlischen Mächten. Gerade jene Speise der Erkenntnis, wie sie dort auch immer genannt wird, nährt sich vom Fasten und wird durch Enthaltsamkeit vermittelt.«[49] Ein gnostisches Konzept, welches in dieser Weise nicht mit dem Fasten von Klaus von Flüe gleichzusetzen ist, vielleicht eher mit dem Horizont der absoluten Freiheit, wie er in Kafkas Erzählung *Ein Hungerkünstler* angedeutet wird, vom armen Schauasketen aber dann doch nicht zu realisieren ist.

Numagen erklärt, bei aller Fülle des noch im Licht der Natur Erklärlichen, das Fasten von Klaus grundsätzlich als ein wunderbares Zeichen. Dabei ist aber nie von der Aufhebung einer in der Natur vorhandenen Gesetzlichkeit die Rede. Der Gehalt des Wunders liegt im Ausnahmecharakter dieser Art Erhaltung. Ein Signal Gottes gegen diejenigen, deren Gott der Bauch sei und die an Übersättigung und Schlemmerei zugrunde gingen, ein Mahnzeichen auch gegen die Korruption in der Kirche. Ein Appell an diejenigen, welche lediglich das tägliche Brot, Mühe und Arbeit, im Auge behalten, die Menschen also, über die Bruder Klaus in seiner Brunnenvision erschrocken ist. »Während sie also erwägen, von welchem Brot Nikolaus lebt, mögen sie trauern, dass sie mit so übel angebrachter Sorge für das irdische Brot so viel gearbeitet haben, so dass sie das himmlische vernachlässigen. Und sie mögen lernen, ständig nach jenem Brot zu trachten, das zarter und nahrhafter ist als jede Speise.« Das Fasten von Bruder Klaus steht in dem Sinn für die Offenbarung der Werke Gottes (D 303), im Widerspruch zu den Prioritäten, welche man in der Zeit setzt. Damit ist der Wert des gewöhnlichen Brotes, das aus gemahlenen Körnern besteht (D 329), nicht herabgesetzt. Dazu Klaus von Flüe zu einem Pilger: »In einem jeden Brot ist die Gnade des allmächtigen Gottes enthalten.« (D 362) Seine Askese ermöglicht viele Deutungsansätze. Gnostisch-manichäische Verneinung der Schöpfung muss man jedoch ausschliessen.

Aber, so Numagen, neben denen, die nur vom Brot allein leben, und denjenigen, die das Bemühen um das tägliche Brot und den Kult des Wortes Gottes nebeneinander zu ihrem Lebensinhalt machen, gebe es einige wenige, die das Wort ganz allein zum Inhalt ihres Daseins zu gestalten verständen. Dadurch vermögen sie sich selbst und andere zu verwandeln. »Das Wunder als eine umfassende, oberste Verwandlung«, formuliert Elias Canetti in *Nachträge aus Hampstead*[50]. Auf diese Weise realisieren die Heiligen das Wunder.

Dabei behauptet Lidwina von Schiedam, wenn sie auch noch menschliche Speise zu sich nähme, würde sie auf dieser Welt viel zu mächtig. Das will sie, als wahre Heilige, auf keinen Fall. Sie erhalte, bekennt Lidwina, »von einer guten und gründlichen Betrachtung mehr Stärke, als andere von den ausgesuchtesten Speisen. Wäre nicht die Vielheit ihrer Krankheiten und die Gegenwart der Menschen, dann würde sie sich nicht wundern, wenn sie in der Überfülle göttlicher Gnaden stark wie eine Tonne würde.«[51]

Alle Verwandlung geschieht im Magen? Bei Katharina, Lidwina, Klaus, vielleicht auch bei der Yogini Giri Bala[52], die um die Mitte des zwanzigsten Jahrhunderts in Indien als fastende Heilige lebt. Erst recht bei Mahatma Gandhi, der nicht zu den Totalfastern gerechnet sein möchte, manifestiert sich eine grundlegende Neuorientierung durch eine Umstellung der Lebensweise, wie sie radikaler nicht sein könnte. Wer behauptet, seine Haltung zu ändern, aber weiter isst wie bisher, kann nicht als verwandelter Mensch gelten. Als »extreme Existenzen« (Reinhold Schneider)[53] verwirklichen einzelne – wie Fermente im Ganzen eines Volkskörpers – das Prinzip Verwandlung in Richtung einer Existenz reiner Zeichenhaftigkeit. Dabei ist die Leiblichkeit nicht geleugnet, sondern sie vollendet sich, als Ziel aller Werke Gottes (Oetinger), auf einer höheren Ebene. Wäre dies ohne Leiden möglich, die Gefahr der Überheblichkeit, der Selbstvergottung, läge auf der Hand, wie auch der schon genannte gnostische Manichäismus, das Schlechtmachen der Welt als Schöpfung.

Peter Numagen, gescheiterter Sekretär einer Reformation, welche keine Chance erhält, vollendet sein Dasein als Chronist eines grossen Geheimnisses. Unerwartet zeitigt die zwiespältige Begegnung mit Bruder Klaus Früchte. Voller Ekel hat sich der Heilige von einem Besucher abgewandt, den blosse Neugier oder gar propagandistische Absichten hergelockt haben. Erst im Angesicht zerscherbelter Hoffnungen, in Todesangst, erfährt der Unerwünschte einen späten Lichtstrahl aus dem Ranft in sein jurassisches Exil, stark genug, um dem Konzil der Illusionen eine Perspektive zu verleihen. Zum Weiterleben genügt ein Herz, das man sich fasse. Was zählt, ist die Geschichte seiner Verwandlung.

Zum Altvater Sisoes kamen einst viele Weltleute, ihn zu sehen, berichtet die *Weisung der Väter*. Sie redeten viel. Er jedoch antwortete nicht. Da sagte einer der Umstehenden: »Was belästigt ihr den Alten, er isst ja nicht! Darum kann er nicht sprechen.« Da antwortete der Greis: »Wenn ich es nötig habe, dann esse ich.«[54]

Das arme reiche Land

Der Zaun um den Brunnen

Gott fliesst durch dich.
Drum lerne dich selber kennen.
Der Einsiedel, in: Hansjörg Schneider, Das Kalbsfell

In seiner Zelle aus Rottannenholz wacht und schläft vogelleicht der Einsiedler. Fast kein Herzschlag, kein Atemzug, kein Knarren, kein Tierlaut, kein Windstoss, den er nicht wahrgenommen hätte. Kann er sich in Gott verkriechen? Unter dem Gehäuse, sagt Balthasar von Flüe im Seligsprechungsprozess aus, sei aus einer beständigen Wasserader ein »Bronnen« geflossen, den habe man eingeworfen, weil er der Kapelle schädlich gewesen[1]. Schon Gundelfingen hat in Erfahrung gebracht, der Eremit habe sich bis zum Bau der Einsiedelei bei einer Quelle an einem überhängenden Stein niedergelassen. (D 429) Auch Bruder Ulrich soll bis zur Vollendung der Mösli-Einsiedelei im Jahr 1484 unter einem grossen Stein gehaust haben. (D 340)

Der Stein. Der Brunnen. Die Zelle. Der Mensch, angelehnt an die Wand, unterbricht den Schlaf. Um Gottes und um seines Leidens willen, schreibt der Chronist, und der Asket danke Gott für seine Leiden und seine Marter. Auf diese Weise, so Caspar am Buel, finde der Schlaflose auf gnadenhafte Art *kurczwil und wollust* in seinem Zustand. (EB 29) Im Übergang zum Halbschlaf, »dünkt es ihn, es käme einer die Tür hereingeschritten.« (EB 31) Dann aber kommt es ihm vor, er schreite auf einem Platz, welcher der Allgemeinheit gehört.

Wachen und Schlafen als einsiedlerische Diätetik des Leidens? Darin eingeschlossen ist die eigene Verletzlichkeit, wonach die Besucher nicht zu fragen pflegen. Dafür erschrecken sie oftmals über seine zerzauste Erscheinung. Wann hat er wohl das letzte Mal ans Essen gedacht, und wie steht es, trotz dem lauwarmen Ofen, um sein Schlottern? Wie erträgt er die Feuchtigkeit aus seiner Umgebung? Und die Teufelsanfälle! Oft ist ihm, es käme einer, zu rütteln an seiner Zelle, »als wolt er es um stossen« (EB 167). Der Fremde beschimpft ihn mit groben Scheltworten, zerrt ihn an den Haaren hinaus vor die Tür. Wohl bis hinunter an die Melchaaschlucht, wo er sich den Eingang zur Hölle vorstellt. Wer möchte ein solches Leben schon aushalten? Die Leute sehen in ihm nichtsdestoweniger einen Titanen, stark genug, die ganze Welt, besonders ihren Jammer und ihre Not, auf seine hageren Schultern zu laden. Fast täglich trägt man ihm zu, was die Menschen bedrückt. Mächtige und Ohnmächtige bürden ihm ihre Gebresten auf.

Hens Brendli, der Ammann der leibeigenen Gotteshausleute aus Interlaken, entblödet sich nicht, mit seinem bösen Bein aufs Flüeli zu reiten. Von dort humpelt er den Ranft hinunter, um den Weisen um Hilfe anzuflehen. Ein Wachsbein *ex voto* stellt er der Kaplanei in Aussicht, wenn die Gebetshilfe sich als wirksam erweise. Die Besserung fällt bald zu, aber wie es so oft kommt mit frommen Versprechen, der Ammann lässt die abermalige Wallfahrt mit der Überbringung der Gabe »liederlich anstehn« (D 470), reklamiert das Kirchenbuch von Sachseln, und zur Strafe überkommt ihn ein Rückfall ins alte Leiden. Da erinnert sich Brendli seines Gelöbnisses, Ranftkaplan Bachtaler darf das Wachsbein entgegennehmen, der Pilger ist »von stunden an gesund worden und ihm aller schmertz gantz und gar vergangen«. (D 469f.)

Auf diese Weise wissen sich die Plumpen und Robusten zu helfen, wie sie sich zu allen Zeiten zu helfen gewusst haben. Wozu ein Heiliger zu gebrauchen sei, wissen sie zumal besser als dieser selbst. Und könnte die Wallfahrt nichts fruchten, ein paar Wundverbände und Wundtränke mit Johanniskraut und Beinwell in Verbindung mit einigen *Gsätzli* Avemaria samt kräftigen Zaubersprüchen würden sicher nicht wirkungslos bleiben. Anzunehmen ist bei einem Mann wie Brendli pragmatisches Vorgehen: Das eine tun, das andere nicht lassen! Die Fahrt zu Bruder Klaus ist für den frommen Egoisten gerade das, was noch fehlt, eine gewichtige flankierende Massnahme im Prozess der Heilung. Natürlich hätte er ebensogut zum heiligen Beatus oder nach Einigen am Thunersee verheissen können, nicht unbedingt nach Oberbüren, wo es eher die Frauen hinzieht[2]. Aber für das Haslital und Interlaken ist Bruder Klaus der liebe hilfreiche Nachbar von ennet dem Brünig. Das Berner Oberland verdankt ihm viel, Adrian von Bubenberg, der Herr von Spiez, ist sein Freund und Gönner[3]. Und für die Selbständigkeit der Kirchgemeinde Lauterbrunnen, wo die Geister singen über den Wassern, ruft man ihn zu Lebzeiten mit Erfolg um Unterstützung an. Sein Name steht an der Spitze der Gönnerliste für die Kirche, soweit es sich um Laien handelt. Die Sage hält ihn sogar für den Baumeister und Stifter des Gotteshauses[4]. So familiär empfindet man in der Gegend für ihn, dass da einer sogar eine versprochene Votivgabe liederlich vergessen kann, so wie man einem gütigen Vater gegenüber das gegebene Wort nicht immer hält, weil man sich an seine Hilfsbereitschaft gewöhnt hat. Für den Mann aus Interlaken geht aber zum Glück alles gut aus. Ist das Wachsbein deponiert, gesundet der Brendli von seinem Brand. Er kann weitervogten wie bisher. Gott wird es schon richten.

Geschäftige Zeitgenossen! Politiker und Richter, Geschäftsleute, oft mit grossen Schulden, Diplomaten, die bei den Eidgenossen ihre Verhandlungsposition verbessern wollen, Bauern mit Sorgen um das Vieh, Männer und Frauen mit Eheproblemen, freiheitserpichte Untertanen, Kleriker, welche Reformen fürchten und solche, welche diese vorantreiben wollen, vom Hexenwahn Verängstigte und schlicht zufällige Passanten und Neugierige – sie alle sind unterwegs zu Bruder Klaus. Der eigene Nutzen steht meistens aus sehr konkreter Perspektive stärker im Vordergrund als der Weg zur Wandlung, die Erleuchtung gar, obwohl sich dann und wann echte Mystiker einfinden. Viele aber kämen, soll der Eremit nach Wölflin geklagt haben, »nicht zur Erbauung, sondern vielmehr zu ihrem eigenen Schaden, nach Art der Pharisäer, welche bloss eine Gelegenheit suchen.« (D 547) Die lästigen Ausfrager unter den Geistlichen, die neugierigen Intellektuellen nach Art von Numagen, sind lange nicht die schlimmsten. Was wohl haben so sinistre Gestalten wie der Bankrotteur Kaspar Bertschy aus dem Lande Glarus, der sich grosssprecherisch »Fryheit vom Sernftal« zu nennen beliebt, im Ranft zu suchen? Eine peinliche Gerichtsverhandlung in Solothurn vom Frühjahr 1480 macht ihn zum Pilger. Bevor der Angeschuldigte die Schweiz für immer über den Rhein verlassen muss, verspricht er seinen Richtern und Gläubigern eine Busswallfahrt nach Einsiedeln mit anschliessendem Abstecher »stracks zu Bruder Clausen gen Underwallden«. (D 94f.) Dies als Bestandteil einer Genugtuung im Rahmen einer Urfehdeleistung. Ob Bruder Klaus an dieser Art Problemlösung gelegen sei, scheint die Richter ebenso wenig zu kümmern wie den Angeklagten, sie setzen seine »Mitwirkung« als selbstverständlich voraus. Ein heiliger Einsiedler, ein Vertreter dieser Lebensform überhaupt, wird nicht als Privatperson betrachtet. An diesem 8. April 1480, also eineinhalb Jahre vor dem Abkommen von Stans, stellt Bruder Klaus aus Solothurner Sicht eine Instanz von übermenschlichem Rang dar.

Zeitweilig verdichtet sich der Eindruck, der Stein und die Quelle, woran die Zelle des Einsiedlers gebaut ist, seien so etwas wie Schüttstein und Kloake der alpenländischen Christenheit. Die Unreinen sind unterwegs zu dem einzig Reinen im Land, hoffen teilzuhaben am Lichtglanz des Heiligen. Wie sehr er selber »verwüstet« ist, das bekümmert sie nicht, wohl auch nicht die eigenen Angehörigen. Hauptsache, er betet Tag und Nacht für die mannigfaltigsten Anliegen. Auch seinem Fasten kommt zu einer Zeit, da Gesuche um Fastendispense, die sogenannten Butterbriefe[5], zu den häufigsten Alltagsgeschäften der kirchlichen Bürokratie bei Bischöfen und Papst gehören, eine stellvertretende Bedeutung zu. Von einem »Heilsegoismus« bei Bruder Klaus, wie ihn noch 1969 der Mystikforscher Ernst Benz unterstellt[6], kann nicht die Rede sein. Dieser liegt viel eher bei den Pilgern vor, deren Lebensweise nicht selten das äusserste Gegenteil von derjenigen des Eremiten repräsentiert. »Während wir also essen, trinken und ausgelassen sind«, schreibt Gundelfingen 1488, »und durch den von vieler Speise aufgeblähten Bauch fast zerbersten, widmete sich Nikolaus dem Gebet, da er für Tisch und Mahlzeit keine Zeit brauchte, bevor er sich der Ruhe hingab. Solchen Lobgebeten widmete Nikolaus sein Leben. Wir Weltleute schlafen tagsüber und verbringen die Nächte schlaflos.« (D 439)

Chorherr Gundelfingen, Professor und humanistischer Schriftsteller mit ähnlichen Interessen wie Bonstetten, Sohn eines hohen Prälaten und Enkel des Abtes von Sankt Gallen, spricht nicht zufällig in der Wir-Form. Leute seines Standes essen an einem Festtag gut und gern den achten Teil eines Schweines[7] und sind in der medizinischen Fachliteratur der Zeit bekannt für die gewaltige Grösse ihrer himmelwärts dampfenden Scheisshaufen, wie man sich jenseits lateinischer und griechischer Nomenklatur im gemeinen Landdeutsch auszudrücken versteht[8]. Für den Arzt ein Zeichen der Völlerei. So einer hält sich dann noch für befugt, Fastenpredigten zu halten oder nimmt an, die Lebensaufgabe eines Mannes wie Bruder Klaus sei es, für Menschen, wie er einer ist, zu beten und den eigenen »Abbruch« stellvertretend für ihn darzubringen. Dank der theologischen Ausbildung und auf seinem hohen intellektuellen Niveau müsste es einem Gundelfingen klar sein, dass sich ein Leben aus dem Geist des Evangeliums, sinnvolles Leben überhaupt, in keinem Fall delegieren lässt.

Unter den vielen, die ihre Hoffnungen auf Bruder Klaus setzen, gibt es etliche, die vor lauter Geschäftigkeit nicht selber eine Wallfahrt unternehmen können. Sie vertrauen ihre Anliegen Stellvertretern an, oft Geistlichen, die den Heiligen um Gebetshilfe anhalten sollen. Neben Unverfrorenen wie Brendli und Bertschy findet sich selten einer, bei dem sich im Gegenteil der Eindruck aufdrängt, er hätte vor einem Gang in den Ranft vielleicht Hemmungen, weil er sich in seiner Existenz allzu tief abgestürzt fühlt. Doch wären nicht gerade solche Menschen, heimgesucht von der *Arbeit der Nacht*, vielleicht am ehesten mit dem Geist des Mannes in der rottannenen Zelle verbunden?

Zu dieser merkwürdigen Sorte zählen wir den Luzerner Heinrich von Hunwil. Der Stadtmüller, ehemaliger Säckelmeister und zwölffacher Schultheiss, entstammt dem Geschlecht der 1382 aus Unterwalden vertriebenen Landadligen und ist mit führenden Geschlechtern Zürichs und Berns verwandt oder verschwägert. Die Familie verfügt über Häuser am Löwengraben, an der Eisengasse und der Furrengasse, gehört zu den Reichsten der Stadt. Ein stehender Hund, inständig winselnd, prangt im Wappen. Geboren 1423, gehört Heinrich zur Generation der Waltheym, Bubenberg und Klaus von Flüe. In jüngeren Jahren einer der angesehensten Politiker der Schweiz, bleibt ihm die Gnade des rechtzeitigen Abgangs auf unselige Weise versagt. Nach seinem politischen Aufstieg zur Zeit des Zürichkriegs hält er 1449 zum ersten Mal das Schultheissenamt inne. In den folgenden Jahren ist er Vogt von Beromünster, Meier des luzernischen Hofstiftes Sankt Leodegar und Stadtsiegler. In Respektierung seines Vermögens von siebentausend Gulden vertraut man ihm früh die städtischen Finanzen an. Beeindruckend sind seine zahlreichen Mandate als Schiedsrichter und Friedensvermittler. 1448 ist er bei der Vermittlung zwischen Bern, Freiburg und Savoyen eidgenössischer Gesandter, 1455 schlichtet er in einem Streit zwischen Bern und dem Bischof von Basel, gewissermassen als Vorläufer in der heiklen Jurafrage. 1460 ist er in Murten abermals Friedensvermittler zwischen Bern und Savoyen; 1461 findet man ihn bei Friedensverhandlungen mit Österreich im Zusammenhang mit den Altlasten des Zürichkrieges. Als Heerführer der Luzerner ist er 1468 an der Belagerung von Waldshut dabei, anschliessend wiederum bei den Friedensverhandlungen. Der Konflikt mit Burgund beginnt sich abzuzeichnen. 1471 veranlasst er Hilfe für die Geschädigten des Stadtbrandes von Sursee[9]. Bedeutende Verdienste erwirbt er sich als Unterhändler mit der Stadt Strassburg, welche auf den früher habsburgischen Territorien der Luzerner Landschaft noch achtzig Jahre nach der Schlacht bei Sempach über Rechte verfügt[10]. Diese »Altlasten« abzutragen gehört zu den Aufgaben luzernischer Politik nach der Mitte des fünfzehnten Jahrhunderts. Ob Hunwil allerdings mit der Delegierung der luzernischen Aussenpolitik, Frankreich und Mailand betreffend, an den versierten und sprachgewandten Beromünsterer Propst Jost von Silenen eine glückliche Hand gehabt habe, wird man offen lassen müssen. Dieser, ein alter Bekannter, lebt eine Zeitlang in Hunwils Haus an der Eisengasse[11].

Bis um 1470 hat man den Eindruck, dieser Politiker verkörpere wie wenige vielleicht das, was man im Fall einer politischen Karriere Klaus von Flüe gern zugetraut hätte. Aber bei Hunwils letzter Wiederwahl zum Schultheissen im Jahr 1473 gibt es Nebengeräusche. Von ungetreuer Amtsführung ist andeutungsweise die Rede. Eine Finanzaffäre? Am 29. Oktober 1473 muss Hunwil vor dem Stadtrat und dem Rat der Hundert Abbitte leisten. Damit ist seine Wiederwahl ins höchste Amt der Stadt ein letztes Mal durchgesetzt. Aber wie weit hat er es gebracht, welches Ende nimmt seine glänzende Karriere? Die Schande des Verdachts und die Sorge um seinen Ruf zerstören sein schon angeschlagenes seelisches Gleichgewicht. In einem Anfall von Verfolgungswahn glaubt er, der Rat von Luzern trachte ihm nach dem Leben. Niemandem in der Stadt kann er mehr trauen, nicht einmal der eigenen Gattin, mit der er kinderlos und in der letzten Zeit seiner Ehe in Unfrieden lebt. Im Alter von fünfzig Jahren ist der Mann, den doch beste Beziehungen mit dem In- und Ausland verbinden, unversehens der traurigste Schweizer. Er stellt sich vor, sein Lebenslicht mit eigener Hand auszulöschen. Damit steht auch sein Seelenheil auf dem Spiel.

Ein einziger Geistlicher hat noch sein Vertrauen, der Pfarrherr von Horw, wahrscheinlich Johann Schnider[12]. Dieser nimmt am 17. Januar 1474 in der Peterskapelle von Luzern, gleich bei der heutigen Kapellbrücke, an einer Sitzung des Waldstätterkapitels teil. Wie der Geistliche die Versammlung verlässt, tritt vor der Brücke der Schultheiss auf ihn zu, »und war schwermütig, bat ihn inständig, dass er bei Gott für ihn bitte, gab ihm noch einen Gulden, dass er (nach dem Ableben des Schultheissen) den Dreissigsten für ihn abhalten wolle und vertraute ihm eine Sache an, worüber zu schweigen wäre. Bat ihn dann sehr ernsthaft, dass er in dieser Sache zu Bruder Klaus gehe, ihn um seinen Rat zu bitten, und ihn auch zu bitten, dass er getreulich bei Gott für ihn bete.«

Das, versichert der Pfarrer, habe er alles getreulich ausgeführt, und kaum sei er vom Ranft heimgekehrt, habe ihm in seiner Pfarrstube zu Horw der Luzerner Schultheiss schon einen Dankbesuch abgestattet. Da aber habe der Gast sich plötzlich selber bezichtigt mit den Worten: »Owe, owe, es ist alles ein schimpff, das ich ye getan han!«

Ausserdem habe er die Befürchtung geäussert, es sei für ihn gefährlich, wieder nach Hause zu gehen. Dort sei er seines Lebens nicht mehr sicher. Die Herren von Luzern wollten ihm an Leib und Gut, und selbst die eigene Gattin mache mit diesen gemeinsame Sache. Und im Fall eines Prozesses habe er falsch geurteilt. Es geht um Andreas Walser aus Weggis, den freigesprochenen Schwängerer seiner fünfzehnjährigen Stieftochter. Unter der Last all dieser Ängste, bekennt der Schultheiss, in Todesangst, wolle er aus Sicherheitsgründen draussen übernachten. Von seinem Knecht Peter Bürkli lässt er sich zum Heimritt bewegen, erholt sich wieder etwas von seiner schweren Depression. Darum lässt er zwei Tage später dem Pfarrer ein Mass Wein schicken mit einer Entschuldigungsadresse. Es sei alles nicht so schlimm gewesen, er bitte um Vergebung, »dass er so unvernünftiglich mit inen gerett hette, wann sin sachen weren guet worden und ihm verziehen.« (D 55)

Die Besserung ist nur von vorübergehender Natur. Am 18. August 1474 stirbt Heinrich von Hunwil als der Letzte seines Geschlechtes. Ein hartnäckiges Gerücht raunt von Selbstmord. Nach einer nicht allzu peinlichen Untersuchung lässt man ihn, vielleicht in Berücksichtigung seines Geisteszustandes, seines Vermögens und seines früheren Ansehens, mit kirchlichen Ehren im Kloster Sankt Urban beisetzen[13]. Die Zisterzienserabtei wird Jahrhunderte später, nach ihrer Aufhebung, zur Kantonalen Psychiatrischen Klinik.

Eine persönliche Bekanntschaft zwischen Klaus von Flüe und dem Hunwiler ist wahrscheinlich, beinahe sicher. In den Zeiten politischer und militärischer Aktivitäten in den vierziger und fünfziger Jahren des fünfzehnten Jahrhunderts müssen sich die beiden Männer gesehen haben. Ein Ranftbesuch in den noch gesunden Zeiten des Schultheissen scheint naheliegend. Dass der Kranke, von Sorgen Überwältigte, wie auch noch der Abgeschiedene, die Fürbitte des Eremiten erhält, wird man kaum bezweifeln. Der Hunwiler kann die Krise, die ihn im gleichen Alter rüttelt und schüttelt wie seinerzeit Klaus, nicht bewältigen. Eher ein Skrupulant als ein Politiker, der sich wirklich schwerer Vergehen schuldig gemacht hätte, wäre ein rechtzeitiger Ausstieg aus der Politik – warum nicht in der Art von Ritter Hans von Aarwangen oder Bruder Klaus? – für ihn vielleicht die Rettung gewesen. Wie weit, diese Frage scheint, bei allen Unterschieden, erlaubt, hätte Klaus von Flüe, als Landammann statt als Eremit, bei seinem Charakter das Risiko eines vergleichbaren Schicksals in Kauf nehmen müssen? Auf jeden Fall kann ihm eine

Geschichte wie die des Hunwilers die Richtigkeit des einmal eingeschlagenen Weges nur bestätigen. An der Mauer der Peterskapelle, vor welcher Hunwil dem Pfarrer von Horw sein Leid geklagt hat, prangt für alle Zeiten ein frühes Fresko mit dem Bild von Bruder Klaus, die Behörden von Luzern und der Eidgenossenschaft zum rechtzeitigen Rücktritt mahnend.

Ob der Hunwiler in der späten Zeit seiner Verwirrung mit finanziellen Problemen oder »nur« mit Skrupeln wegen seiner richterlichen Tätigkeit nicht klargekommen ist, lässt sich nicht mehr sagen. Aber in dessen Todesjahr 1474 sollen gemäss der Berner Chronik von Valerius Anshelm erstmals Mahnungen des Einsiedlers zu hören sein, die Versuchungen durch das Geld beklagen. Im Zusammenhang mit der intensivierten französischen Werbung ist von einer Warnung vor dem Söldner- und Pensionenwesen die Rede: »Der heilig eidgenoss, bruder Klaus von Flue, (...) ernstlich und treffentlich riet und ermant, dass d'Eidgenossen söltid der frömden hern und ires gelts müssig gon, irer landen und friheiten truwlich und einhellig warten und der gerechtigkeit fromklich anhangen.« Aufgrund dieses Machtwortes aus dem Mund des Einsiedlers habe man in Schwyz an Pfingsten 1474 eine alte fromme Satzung gegen solche Arten von Werbung erneuert. (D 68) Bruder Klaus ist zu dieser Zeit mit dieser Meinung nicht allein, doch kann er sie sich eher leisten als der Mann, der ihm gesinnungsmässig nahe steht, Adrian, der Ritter von Bubenberg (1431?–1479). Dieser, ursprünglich ein Befürworter einer Allianz Berns mit Burgund, warnt, ganz im Gegensatz zu seinem geschäftstüchtigen Rivalen Nikolaus von Diesbach, lebenslang vor den Werbungen der Franzosen. Diese hätten »mit Behendigkeit manches Land betrogen und in Kummer gebracht, und noch täglich tun sie solches«. Und er würde es befürworten, »dass wir minder mit ihnen zu schaffen hätten, als wir es leider haben. So wie wir es und unsere Altvorderen getan, da uns keine Pension vom König ward«[14]. Diese Haltung trägt dem mehrfachen Berner Schultheissen aus ältestem Twingherrenadel 1474 vorübergehend die Verbannung aus der Stadt ein. Das Sagen hat die franzosenfreundliche Partei um Diesbach, den guten Freund und Geschäftspartner von Mötteli. Falls es für die politische Meinung von Bruder Klaus eine auswärtige Beeinflussung gibt, kommt diese am naheliegendsten von Bubenberg. Dieser hat ihm, bei der Einweihung der Ranftkapelle im April 1469, als vornehmster politischer Ehrengast die Reverenz erwiesen, ihn vielleicht auch als potentieller Beschützer vor allfälligen Übergriffen des Bischofs bewahrt[15]. Der Stern, den Klaus von Flüe schon vor seiner Geburt visionär gesehen haben will, und der Stern im Wappen der Bubenberger (er ist am Sinken, weil sie mit der Entwicklung hin zum freien Unternehmertum Mühe haben), treffen sich in der Entfaltung einer eigentümlichen Krieger- und Pilgermystik. Bei dieser scheint der Traum von Gerechtigkeit und Frieden aus rückwärtsgewandten Horizonten auf. Mit Burgunderherzog Philipp dem Guten, dem Vater von Karl dem Kühnen, will Adrian zu einem Kreuzzug aufbrechen. Daraus wird nichts. Aber 1466, ein Jahr vor dem Exodus von Klaus, wird er Morgenlandfahrer und Jerusalempilger[16].

Pfennige und Gulden, mag sie der Bubenberger bei seinen wachsenden finanziellen Sorgen notgedrungen annehmen, sind seinem Weltbild im Grunde zuwider. Um Lohn Dienste zu leisten, ist aus der Sicht vornehmsten bernischen Adels unehrenhaft. Bruder Klaus sieht darin eine grosse Versuchung für seine Landsleute, wohl nicht ausgenommen die Mitglieder der eigenen Familie. Dabei hat man aber nicht den Eindruck, er hätte persönlich etwas gegen die Reichen, Mächtigen und Prominenten. Diesen begegnet er mit Respekt, mit grosser Bescheidenheit, schlagfertig dann, wenn sie ihn in seinen Wertmassstäben herausfordern, weil sie allzu sehr auf geschäftliche Ratschläge aus sind. Aber ein Weltbild, das dem ritterlichen des Bubenbergers verwandt ist, lässt ihn Geld aus innerstem Gefühl heraus als etwas im Grunde Unbegreifliches empfinden. Man hält entweder Abstand davon, oder man lässt es sich schenken, um es wieder als Almosen oder für ein frommes Werk weiterzugeben. Diese Einstellung nennt Thomas von Aquin die *magnanimitas*, die Grossherzigkeit als Bereitschaft, das Lob Gottes mit viel Aufwand sichtbar und hörbar zu machen[17]. Da gehört es dazu, sofern man es vermag, auch tief in die Tasche zu greifen.

Die vorgegebenen Episoden und Gegebenheiten deuten den Erfahrungshintergrund an, der mitzubedenken ist, wollen wir uns die bestdokumentierte Schauung des Eremiten, die Brunnenvision, in ihrem nicht nur mystischen, sondern auch historisch-politischen Profil angemessen vergegenwärtigen.

Dabei ist nicht einer »sozialpolitischen« Deutung das Wort gesprochen. Was diese Bildwelten, von denen als erster, vielleicht noch zu Lebzeiten des grossen Träumers, Caspar am Buel, ein Nidwaldner Kleriker, berichtet, »wirklich« bedeuten, wird immer umstritten bleiben. Nicht unerhebliche Unterschiede ergibt schon ein Vergleich der verschiedenen Fassungen, wie ihn Roland Gröbli in seiner verdienstvollen Arbeit unternommen hat[18]. Heinrich Wölflin (1501), Sebastian Rhaetus (1521), Hans Salat (1537) und Ulrich Witwyler (1571), letzterer mit Berufung auf ein altes Original, geben, bei wesentlichen Übereinstimmungen, viele Perspektiven, so dass eine »einheitlich-vollständige« Deutung beinahe ausgeschlossen ist. Es ist möglich, dass wir bei einem vielschichtigen Text Wesentliches übersehen, welches erst ein paar Generationen später jemandem auffallen wird.

Wie bei den meisten Zeugen mittelalterlicher Visionsliteratur ist der gestaltgebende Einfluss der Schreiber und Redaktoren nicht zu unterschätzen, eine »Urvision« kaum mehr zu isolieren. Dies braucht uns nicht zu beunruhigen, da ja auch die moderne Traumdeutung der Situation des Erzählens und Rezipierens einen eigenständigen Erkenntniswert einräumt. Dieser ist nicht geringer zu veranschlagen, als »der Traum selbst«. Bei Bruder Klaus kommt hinzu, dass die Art und Weise, wie die Zeitgenossen, etwa Numagen, ihn wahrnehmen, für die historische Würdigung seiner Persönlichkeit und seines Denkens von erstrangiger Wichtigkeit ist. Nach dem Unterwaldner Caspar am Buel, der dem Eremiten zeitlich und räumlich näher steht als die anderen »Redaktoren« der Brunnenvision, spielt die Umgebung von Klaus, die *gelägenheit* (E 30) der Wüstung um seine Zelle, eine grundlegende Rolle. Sebastian Rhaetus[19], um 1521 Ranftkaplan, und später Ulrich Wytwiler, Abt von Einsiedeln, der sich auf ein »sehr altes, geschriebenes Original« beruft, mutmasslich nicht identisch mit dem Text von am Buel, erwähnen den »Standort« des Träumenden nicht. Dafür schreibt Wölflin von einer »in überirdische Regionen ausschweifenden Phantasie« (D 535). Gemeinsam sprechen alle Quellen von einem traumartigen »Gesicht«. Sie gehen von einem persönlichen inneren Erlebnis des Eremiten aus, nicht etwa bloss einem Lehrvortrag oder einer Gleichnisrede. Andererseits wird bei keiner der Visionen göttliche Eingebung oder gar ein göttlicher Befehl beansprucht. Dies lässt umso mehr Spielraum zu für das, was man in der europäischen Zivilisation seit 1500 als Traumdeutung ausgibt.

Danach legte er sich zur Ruhe, und in seinem Schlaf dünkte es ihm in seinem Geist, er käme auf einen Platz, welcher der Allgemeinheit gehört (gemäss alemannischem Recht), *da sah er eine grosse Menschenmenge ununterbrochen an der Arbeit, doch blieben sie dabei ohne Ertrag. Und er stand da und schaute ihnen zu, verwunderte sich sehr, wie sie so viel zu arbeiten hatten und doch arm blieben. Da fiel ihm zur rechten Hand ein schön erbauter Tabernakel auf mit einer Tür. Diese Tür sah er offen, und bei sich dachte er: Du musst in den Tabernakel hineingehen und schauen, was darin sei und musst bald zu der Tür hereinkommen. Durch diese gelangte er in eine Küche, die der gesamten Gemeinschaft offensteht. Da führte rechts eine vierstufige Treppe hinauf zu einem Brunnen, aus dem Wein, Öl und Honig fliessen, mit einem gewaltigen Getöse, so dass das ganze Gebäude dabei musikalisch erschallte wie ein Horn.*

Da sah er einige Leute hinaufgehen, aber wenige. Ihm schien, ihre Kleider seien etwas gesprenkelt mit Weiss. Und er dachte: Du musst die Stiege hinaufgehen und sehen, woher der Brunnen kommt. Und er verwunderte sich abermals sehr, wie die da unten so arm waren und doch niemand hineinging, aus dem Brunnen zu schöpfen, was doch leicht gewesen wäre, da er doch allen gehörte. Und er ging die Treppe hinauf und kam in einen weiten Saal. Da sah er inmitten des Saales einen grossen vierschrötigen Kasten stehen, aus dem der Brunnen quoll. Und er ging ganz nahe an den Kasten und schaute ihn an. Und wie er sich näherte, da wäre er fast versunken, wie einer, der über ein Moor geht. Und er zog seine Füsse rasch an sich. Und er erkannte in seinem Geist, wer seine Füsse nicht rasch an sich zöge, der möchte nicht zum Kasten kommen. Der Kasten war an den vier Ecken beschlagen mit mächtigen eisernen Blechen. Und dieser Brunnen floss durch einen Kännel hinweg und sang so schön im Kasten und im Kännel, dass der Betrachter sehr darüber erstaunte.

Dieser Quell war so lauter, dass man eines jeden Menschen Haar am Boden wohl hätte sehen können. Und wie gewaltig es auch daraus floss, so war der Kasten doch wimpervoll, so dass er andauernd überfloss. Und er erkannte in seinem Geist, wieviel daraus floss, es war aber immer noch mehr darin, und aus allen Spalten sickerte es heraus. Und er dachte: Du willst hinausgehen und sehen, was die Leute tun, warum sie nicht hereingehen, aus dem Brunnen zu schöpfen, der doch mächtig überfliesst. Und er ging zur Tür hinaus. Da sah er die Leute wieder schwere Arbeit tun und trotzdem in grosser Armut verbleiben. Da schaute er, was sie eigentlich täten. Da sah er einen stehen, der hatte einen Zaun um den Platz geschlagen. In der Mitte des Zaunes hatte es ein Gatter, das hielt er mit seiner Hand zu und sprach zu den Leuten: »Hier kommt keiner herein oder heraus, es sei denn, ihr zahlt mir den Pfennig.« Er sah noch einen anderen, der drehte in seiner Hand einen Stock und drohte: »Ich bin angewiesen, dass ihr mir den Pfennig gebt.« Er sah Pfeifer, die ihnen aufspielten und ebenfalls den Pfennig heischten. Er sah Schneider und Schuhmacher und allerlei Handwerksleute, die da den Pfennig von ihm haben wollten. Und ehe sie das alles ausrichteten, da waren sie so arm, dass sie kaum etwas verdienten. Und niemanden sah er hineingehen, aus dem Brunnen zu schöpfen. Wie er so dastand und ihnen zusah, da verwandelte sich die Gegend, wurde zu einer wüsten Steinhalde daselbst und glich der Gegend, die um Bruder Klausens Kirch-

lein liegt, wo er seine Zelle hat, und er erkannte in seinem Geist, dieser Tabernakel wäre Bruder Klaus.

Auffällig ist bei diesem Bericht, wie häufig Tätigkeitsformen wie »er dachte« oder »er erkannte« vorkommen, insgesamt sechzehnmal »sehen« in den Varianten »er sah«, »er schaute ihnen zu«, »er sah es mächtig in den Trog strömen«, »dass man eines jeden Menschen Haar am Boden hätte sehen können«. Der Brunnen erschallt in der Art eines Harsthorns, einer »Nidwaldner Kuh«, wie es Klaus aus seiner Kriegserfahrung kennt. Ausserdem kommt das Märchenmotiv des singenden Brunnens vor, bei Wölflin und Sebastian Rhaetus ist von einem sprechenden Brunnen die Rede. Wölflin: »Diesen Palast betretend, stiess er darin auf eine Stiege von zehn Stufen, unter welcher hervor er einen Brunnen aus Öl, Wein und Honig gemischt fliessen sah, und eine Stimme ertönen hörte: Die Dürstenden mögen das Nass aus diesem Brunnen schöpfen.« Ferner Witwyler: »Und er hörte aus dem Kasten und aus dem Kännel einen solchen lieblichen Gesang, dass er sich darüber gross verwunderte.« Bei Witwyler steht mehrmals: »sol gesehen haben im gaist«[20].

Die Überlieferung des Textes, zumal bei am Buel, weniger bei Wölflin, der mit Bibelanalogien und allegorischen Deutungen zur Hand ist, deutet auf eine Intensität des Schauens und Hörens, die in der alpenländischen Visionsliteratur ohne Beispiel erscheint. Drückt eine Vision wie diese die Spontaneität des Innenlebens aus, wie sie nur einem begnadeten Analphabeten, einem kindlichen Menschen mit einer einfachen und geschlossenen Bildwelt zukommen kann? Die Visionsberichte machen einem geistlichen und vielleicht auch weltlichen Publikum Eindruck, wobei jedoch für spätmittelalterliche Menschen »Spontaneität« oder »Originalität« keine Massstäbe für die Tiefe des Offenbarungserlebens darstellen[21]. Einigen Geistlichen kommen diese Visionen nicht ganz geheuer vor, was sich aus dem Schicksal von am Buels Aufzeichnungen vermuten lässt. Ursprünglich wohl in einem Stanser oder Engelberger Frauenkloster aufbewahrt, gelangen die Texte mit der Zeit in das 1586 gegründete Kapuzinerkloster Wesemlin in Luzern, wo sie, über Generationen verschollen, erst 1927 wieder ans Licht der Geschichte gelangen[22]. Bei der Selig- und Heiligsprechung erlangen diese Visionsberichte keine Bedeutung, da gewichtet man die Lösung von Gesundheitsproblemen aktueller Bruder Klaus-Verehrerinnen stärker[23]. Ohnehin werden Träume in der Geschichte der Spiritualität und des Prophetentums häufig zurückhaltend bis ablehnend beurteilt, erst recht in der katholischen Tradition. Dabei haben Träume in der Bibel in nicht wenigen Fällen heilsgeschichtlichen Rang, etwa Mt 2.12: »Da erschien der Engel des Herrn Joseph im Traum.« Der für die Wertung göttlicher Offenbarungen bedeutende Prophet Jeremia unterscheidet klar zwischen Träumen und Weissagungen: »Ich höre wohl, was die Propheten predigen und falsch weissagen in meinem Namen und sprechen: Mir hat geträumt. (...) Ein Prophet, der Träume hat, erzähle Träume. – Wer aber mein Wort hat, der erzähle mein Wort recht. Wie reimen sich Stroh und Weizen zusammen? spricht der Herr.« (Jer 23.25 ff.)[24]

In der Bruder Klaus vorausgehenden Tradition, etwa den *Revelationen*, Enthüllungen, der heiligen Birgitta von Schweden, wird empfohlen, Traumvisionen als gefährlich aus dem Herzen auszuschliessen, »als hättest du es nie geschaut«[25]. Dies geht in die Richtung des Programms der Bildlosigkeit analog der hohen Mystik bei Meister Eckhart. Für Gelehrte, welche ganze Bibliotheken lesen können, eine vielleicht richtige Losung geistiger Disziplin. Bei Bruder Klaus gibt es jedoch für diese prägende Art des Innenlebens keine Alternative. Gefährliche und beängstigende Erscheinungen ergreifen ihn genauso wie erbauliche, ein Ausscheiden des Negativen liegt nicht in seiner Gewalt. Gerade dies trägt zum geistigen Rang der Traumvisionen bei. Wenn sie überhaupt würdig sind, von Klerikern aufgeschrieben zu werden, so wohl deshalb, weil kirchliche Autoritäten einen spirituellen Wert von Träumen wenigstens nicht ausschliessen. So die heilige Birgitta, zusammen mit Hildegard von Bingen, Katharina von Siena und Theresia von Avila, eine Frau mit dem faktischen Rang einer Kirchenlehrerin: »Wie also nicht alle Träume anzunehmen sind, so sind auch nicht alle zu verachten, denn manchmal inspiriert Gott auch den Bösen Gutes (...), auf dass sie wieder zu Verstand kommen von ihren Sünden. Manchmal inspiriert er auch den Guten Gutes in Träumen, damit sie weiter auf Gott hin fortschreiten. Wenn daher auch dir dann und wann solches widerfährt, so hänge nicht dein Herz daran, sondern wäge und prüfe es mit deinen weisen geistlichen Freunden.« Selbstzweck sind die Träume nie: »Wer an solchem sich erfreut, der wird häufig enttäuscht und verwirrt.«[26]

In diesem Sinn ist die Zensur der »weisen geistlichen Freunde« im Sinn Birgittas bei Bruder Klaus unbedingt vorauszusetzen, gehören ja alle Schreiber der Brunnenvision, von Hans Salat abgesehen, der ganz von Wölflin abhängt, dem geistlichen Stand an. Die Annahme, diese Zensur erfolge kleinlich und bedeute womöglich eine Verfälschung, läge jedoch daneben. Das Bemühen um Authentizität ist naheliegend, weil Bruder Klaus bei Klerus und Volk spätestens seit 1469 als beglaubigter lebender Heiliger in Ansehen steht. Am Buel, auch Wölflin, Sebastian Rhaetus und Witwyler sind Autoren, deren Respekt vor ihrer Leitfigur kaum zu übertreffen ist. Der Ruf der Heiligkeit trägt dazu bei, dass man bei den Visionen auch Gewagtes durchgehen lässt, zum Beispiel Momente der Homoerotik wie in der Pilatus-Vision. Dies ist nur möglich, weil fast niemand bei Bruder Klaus den Verdacht teuflischer Eingebung hegt.

Die geordnete Bilderflut der Brunnenvision mutet wie ein Filmtreatment an, und sie wird 1991 vom Schweizer Filmemacher Edwin Beeler auch entsprechend umgesetzt[27]. Sie stellt ein Beispiel für das eigentümlich Paradoxe der visionären Erfahrung dar, wovon Ernst Benz in seinem Standardwerk *Die Vision – Erfahrungsformen und Bilderwelt* (1969) spricht: »Die Vision (...) scheint den Charakter der Spontaneität zu besitzen: die Vision überkommt den Visionär zu einem unberechenbaren Zeitpunkt, unter unvorhergesehenen Umständen, (...) scheinbar wie ein Blitz aus heiterem Himmel. (...) Aber der Schein der Spontaneität schlechthin bei der Vision trügt. Die Vision ist dem Seher nicht wesensfremd, sie steht in einer geheimnisvollen Beziehung zur geistigen Struktur des Sehers, zu der Prägung seiner Imagination, zu der Bildsamkeit der Phantasie, zu der Tiefe und Reaktionsbreite seiner Gefühle, zu der gerade vorherrschenden Stufe seines Bewusstseins und zum Stand seiner geistlichen und weltlichen Bildung. Die Spontaneität der Vision steht in einem eigentümlichen Spannungsverhältnis zu der Tatsache, dass auch die visionäre Erfahrung durch die Tradition geprägt ist und eine eigene Methodik entwickelt. (...) Diese visionäre ›Atmosphäre‹ ist charakterisiert durch ein strenges System geistlicher, seelischer und leiblicher Zucht, deren Erhellung von elementarer Bedeutung für das Verständnis der Phänomene der visionären Erfahrung ist. Ein wichtiges Mittel der geistlichen Zucht des Visionärs bildet das Fasten.«[28]

Von einem rein spontanen Überwältigtsein durch Visionen kann man bei Bruder Klaus nicht ohne weiteres sprechen. Visionen und Auditionen sind für sein Innenleben, analog wie bei Jeanne d'Arc, grundlegender als alle äusseren Erfahrungen. Darum ist er sogar von vorgeburtlichen Schauungen überzeugt. Die Visionen, manchmal gefürchtet, manchmal mit geistig-physischer Wollust verspürt, gehören in höherem Ausmass zu ihm als sogar Familie und Eigentum.

Sie begleiten ihn durch alle Lebensphasen, gehören zu seinem Dasein wie sonst nichts ausser Gott selbst und seine im Lichthaupt erfahrene Abgeschiedenheit. Dass das Fastenleben durch visionäre Erfahrungen motiviert, durch die Abstinenz die Intensität des Schauens wiederum gefördert wird, lässt sich aus den älteren Nonnenviten ebenso aufzeigen wie bei den späteren evangelischen Frühpietisten und Emanuel Swedenborg (1688–1772). So beim protestantischen Visionär Johannes Tennhardt (1666–1720) aus Nürnberg, der nach Überwindung eines »Fress-Wolfs« von nächtlichen Jesus-Visionen überkompensatorisch erquickt wird. Und Birgitta von Schweden sieht Visionen nicht als Frucht, aber doch als Folge vorausgegangener »innerer Arbeit«. »Die innere Arbeit ertötet in dir alle Untugend, Hoffart, Gier, Unkeuschheit, allen Zorn, Neid, Hass, Ungehorsam, alle Trägheit, Ungeduld und eitle Ehre. (...) Sie macht den Menschen Gott ähnlich und treibt ihn zu ihm.«[29]

Visionen dieser Art sind gnadenhaft, kein Erzeugnis spontanen Wollens, für Birgitta nicht mit »gewöhnlichen« Träumen zu verwechseln. Dazu kommt die schon genannte Schwierigkeit der Unterscheidung, wieviel bei den Visionen auf den Anteil von Redaktion und »Regie«, wieviel aus dem innersten Auge Geschautes sei. Dabei ist das Vorkommen literarischer Motive, so des umzäunten Gartens, des singenden Brunnens und dergleichen keineswegs ein Beweis für die literarische Gestaltung durch den Schreiber. Offensichtliche Redaktionen sind jedoch Bibelstellen, womit Wölflins Fassung auffällt. Vorgeformte Motive sind fester Bestandteil aller Volkserzählungen, Sagen und Märchen, und sie spielen auch im Traummaterial der Psychoanalyse und der Jungschen Tiefenpsychologie eine fest zugewiesene Rolle. Dies heisst aber gewiss nicht, der Analysand habe nicht »tatsächlich« geträumt. Dabei bringt jedoch eine moderne Schematisierung, etwa bei den Schulen von Freud und Jung, generell jede Art Aufzeichnung durch Gebildete, eine im Vergleich zum »Originaltraum« stärkere Anpassung des Gehörten an eine traditionelle Rezeption mit sich. Die Übertragung einer Wahrnehmung in einen Text enthält immer schon erste Elemente einer Interpretation.

Caspar am Buel bringt nicht nur die älteste und ausführlichste Gestaltung der Brunnenvision, er betont wie kein zweiter deren Nähe zu Schlaf, Traum und Geistersehen. Mit Wendungen wie »in dunckt in sinem schlaf oder in sinem geist«, »er bekant in sinem geist« (E 29), und ähnlichen bewegt er sich innerhalb eines Diskurses, wie er in der frühneuzeitlichen Traumdeutungsliteratur auch anderswo geführt wird. Ein Begriff wie *geist* ist da mehrdeutig schillernd aufzufassen, von »denkendem Subjekt« oder »Bewusstsein« gemäss dem späteren rationalen Schema bei Descartes und Kant um Welten entfernt. Auch vom »Unbewussten« im modernen Verständnis wird man nur mit Vorsicht sprechen dürfen. Näher liegt schon, was sich die Volkserzählung unter »Geist eines Toten« vorstellen mag. Recht anschaulich wird das Gemeinte aus Hohenheims Abhandlung *Von dem Schlafen und Wachen der Leiber und Geister.* Die dort ausgeführten Gedanken behaupten weder eine göttliche Privatoffenbarung, noch bewegen sie sich in einem rationalistischen oder modern-psychologischen Schema. Geist und Mentalität von Traumaufzeichnungen in der Art der Brunnenvision erhalten jedoch eine Erhellung, die womöglich »der Sache selbst« näher liegt, als zum Beispiel das Deutungsmodell aus der Jungschen Psychologie, wie es Marie Louise von Franz mit einigen Ergebnissen auf die Visionen von Bruder Klaus anwendet[30]. Sowohl aus der Perspektive des frühneuzeitlichen Arztes, wie aus der von Carl Gustav Jung, liegt eine metaphorische Annäherung vor, eine mögliche Orientierung[31]. Mit einer »wissenschaftlichen« Erklärung wird man das nicht verwechseln.

Der natürliche Schlaf, schreibt Hohenheim, *ist die Ruhe des Leibes. (...) Deshalb sollt ihr wissen, dass der Tag den Körpern, die Nacht den Geistern gehört. Denn wenn der Leib schläft, wacht der Geist, und wann der Leib wacht, schläft der Geist, ist ruhig und still. (...) Das seht ihr zum Exempel an einem, der da schläft, denn alles, was der Leib im Schlaf tut, ohne sein Wissen, das tut der spiritus in ihm. Denn ihr seht, dass etliche Leute im Schlaf reden und Antwort geben, oder gar vom Bett aufstehen und umhergehen; das tut nun alles der Geist in ihnen, der den Leib regiert. (...) Nun, weiter, sollt ihr von dem geistlichen Reden im Schlaf wissen, dass ihr also keinen Menschen bei solchen Reden beschreien oder nennen sollt, wenn er fein lustig oder fröhlich Antwort gibt oder etwas fragt, es sei denn, dass er mit Zittern und Zagen oder furchtsame Antwort gibt, oder schwitzt, oder gar hart in seinem Gemüt arbeitet. Das wäre ein Zeichen eines gar bösen Gesichts oder schweren Traums, den selbigen mag man beschreien. (...)*

Es ist auch weiter das zu wissen, dass nicht alle Menschen im Schlaf mit dem Mund ihres Leibes, sondern mit dem Mund ihres Geistes reden. Das ist, man hört ihre Stimme auch nicht. Darum ist auch grosse Aufmerksamkeit vonnöten, wann einem Menschen im Schlaf ein Gesicht vorkommt oder eine Erscheinung eines spiritus hominis (Menschengeistes) *oder corporis coelestis* (himmlische Gestalt), *was wir dann durch die Kunst magica auf dreierlei Weise oder*

Wege verständlich machen können. Nämlich dass der Mensch nach seinem Schlaf, so er erwacht, wohl (...) wisse, was ihm ein solcher Geist angezeigt habe; zum andern, dass wir im Glauben ein Bild machen, in eines Menschen Namen, den wir meinen und in Gedanken tragen. Und schreib auf den Leib des Bildes den Namen des Menschen, (...) so erscheint dir in der Nacht der Mensch geistlich, (...) unterrichtet dich in deiner Frage, und lehrt dich, was er kann. Zum dritten, (...) ohne ein Bild, und viel besser und gewisser, allein durch den Glauben und die Imagination, zum Beispiel, wenn ich zu einem sagte: Gehe hin und leg dich schlafen und sage mir, was du begehrst im Schlaf zu sehen oder zu erfahren, die ganze Wahrheit (...), wenn man's einem an sein Bett leget und der Mensch darauf schläft, erscheint ihm die ganze Wahrheit von alledem, was er wachend begehrt hat. (...) Darum hab fleissig acht darauf, was du die Nacht siehst oder was dir von diesem oder jenem spiritu humano (Menschengeist) *gesagt oder angezeigt wird, dass du es auch morgen wissest, und fürcht dich nit, denn es wird dir nichts geschehen*[32].

Neben somnambulischem und hypnotischem Hokuspokus, wovon im Umfeld dieses Textes auch die Rede ist, geht es in diesem Verständnis bei Träumen und Visionen um ein Gespräch des eigenen »Geistes« mit dem Träumenden, wobei sich die tiefsten inneren Erfahrungen auf ambivalente Weise, heilsam oder schädlich, spiegeln können. Dabei kommt es, im Sinn der biblischen Unterscheidung der Geister (Kor 1.13f.), hauptsächlich auf den Grad der Integrität des Mediums an: *Da ist des Aufmerkens hoch vonnöten, dass wir die spiritos humanos* (Menschengeister) *wohl zu unterscheiden wissen und sie in ihrem Leben auch recht wohl erkannt haben, was sie im Leben des Leibes für einen Wandel geführt und was Art sie gewesen seien, denn ihr sollt wissen, dass die spiritus humani nit alle wahrhaftig gewesen sind, nit alle lügenhaftig. (...) Denn das sollt ihr hie wohl merken: ist der Mensch in seinem Leben wahrhaftig gewesen, ist auch sein Geist (...) wahrhaftig, ist aber der Mensch in seinem Leben lügenhaftig gewesen, so ist sein Geist nach seinem Absterben auch ein Lügengeist, und ihm ist nit zu glauben und zu trauen*[33].

Damit sind wir beim Kernstück, der Gemeinsamkeit von Traumgesichten mit wahrhaftigen oder lügenhaften Geistern von Toten. Träume, wie auch Totengeister, sind nach der Wahrhaftigkeit und Reinheit des Menschen zu beurteilen, als dessen Geistrede sie auftreten. Gesetzt also der Fall, Bruder Klaus sei ein reiner und wahrhaftiger Mensch, in einem Massstab, der von seiner Generation und auch später als einzigartig empfunden wird, dann spiegelt sich in seinen Schauungen eine Wahrheit, wie sie bei niemandem sonst in dieser Lauterkeit und Klarheit aufscheint. In der Rezeptionsgeschichte wird die Brunnenvision allmählich zu einem Medium schweizerischer und alpenländischer Selbsterkenntnis. Mit der Zeit glaubt man, in der Tiefe des Brunnens jedes Härchen zu erkennen.

Die Brunnenvision, für viele ein Porträt der Schweiz im kleinen, durch kein Werk der Kunst, der Literatur, der Wissenschaft und der Politik in ihrem Gehalt übertroffen? Die seelische Wirklichkeit eines Volkes in Widerspiegelung der inneren Realität eines Menschen, den man eher als jeden anderen Mitbürger für einen Heiligen hält. Das arme reiche Land, ein umzäuntes Gehege, um nicht zu sagen ein Gefängnis, in dem Menschen leben, die trotz einzigartiger Bedingungen ihre höchsten Möglichkeiten nicht wahrnehmen. So wird noch der bedeutendste moderne Schriftsteller der Schweiz, Friedrich Dürrenmatt, kurz vor seinem Hinschied einer konsternierten Öffentlichkeit seine Heimat charakterisieren[34]. Dabei geht es in der Brunnenvision weder ausschliesslich um die Schweiz noch einfach um Politik. Der umzäunte Garten, in den nicht hereinkommt, wer den Pfennig nicht bezahlt, steht gleichnishaft für die neuen gesellschaftlichen Strukturen, deren Grundlagen sich in der Zeit der Frührenaissance herausbilden. Es ist andeutungsweise schon die Welt des *homo faber* oder des *Arbeiters* im Verständnis von Ernst Jüngers bekanntem Buch. Bei Bruder Klaus wird sie repräsentiert durch Schneider, Schuhmacher und andere Handwerksleute. Diese Gesichtspunkte im Zusammenhang mit dem Kulturwandel werden bei Sebastian Rhaetus und Wölflin noch verstärkt wiedergegeben. Bei Rhaetus droht ein Beamter den Fremden mit dem Knebel, bei Wölflin ist die Rede von einer »unzählbaren Menschenmenge (...), die, wie Ameisen, geschäftig nach Gewinn und weltlichen Reichtümern strebten. Die einen, die einen Zaun errichteten, liessen niemanden ohne einen Zollbatzen eintreten, andere, die eine Brücke über den Fluss schlugen, erpressten den Passierenden ein Brückengeld; wieder andere, die mit Flöten, Pauken und anderen Musikinstrumenten bereit standen, stimmten ihr Stück nicht an, sofern ihnen der Lohn nicht vorausbezahlt wurde.«[35]

Im Inneren des Gartens aber, in der Art eines Altares aufgerichtet (Rhaetus), ein Brunnen, dessen Ströme so vollkommen zusammenfliessen, dass keiner den andern in der Entfaltung seiner Überfülle hindert, alles wird vollkommen erkennbar und durchsichtig. Aber die Menschen nehmen keine Notiz davon! »Er erkannte«, schliesst Wölflin, »dass dies die menschliche Nichtigkeit bedeute, durch welche alle, die in der Welt private und vorübergehende Vorteile suchen, von dem Besuch der vorgenannten Quelle abgehalten werden und ins Verderben gehen.« Für Sebastian Rhaetus heisst dies, »der Gnaden manglen«[36].

Mit den gegebenen interpretatorischen Hinweisen ist bei weitem nicht alles gesagt. Der Basistext bei am Buel enthält eine Fülle von Motiven und Vorgängen, die in der Visionsliteratur zum Teil gängig, hier aber einzigartig kombiniert und »inszeniert« erscheinen. Der himmlische Garten, der himmlische Brunnen, die himmlische Musik, der Gang durch das Moor, das Treppensteigen, der Zaun, der Pfennig, die Menschenmenge, die abschliessende Einheitserfahrung, letztere eventuell ein Zusatz am Buels, bilden ein vielschichtiges Ensemble. Die Deutungsperspektiven sind ergiebig, ob wir eher von der Seelengeschichte des Eremiten oder von der allgemeinen Heilsgeschichte, dem Schicksal des Kollektivs, ausgehen. Auffällig die grosse Eigenaktivität des Sehers, die enorme seherische und denkerische Bewegtheit, die für seinen »Geist« charakteristisch ist. Das Ich, wohl zu einer Art Geist entäussert, ist einerseits Position, andererseits Existenz im Raum, vom Verhalten der Aussenstehenden zutiefst betroffen. Die Vision spielt nicht isoliert innerhalb der »Zweierbeziehung« Ich und Gott, sondern betrifft, wie sonst nur noch die Pilatus-Vision, das sittliche Verhalten aller Menschen. So weit gehen die Nonnen-Visionen in der Regel nicht. Ein prophetischer Traum, erweckend und mahnend, vor allen Dingen schön. Mysterien dieser Art würdigt Thomas von Aquin, neben den üblichen Warnungen, grundsätzlich positiv: »Zu allen Zeiten sind Menschen von Gott belehrt worden, was sie tun sollen, je nachdem es zum Heil der Auserwählten nötig war. (...) Und in keiner Zeit hat es an Menschen gefehlt, die den Geist der Weissagung besassen, zwar nicht, um eine neue Glaubenslehre zu entwickeln, sondern, um dem Handeln der Menschen die Richtung zu weisen.«[37].

Der von der Vision vorgestellte Handlungsraum entspricht dem traditionellen Bild des himmlischen Gartens, dem Paradies. Die schmerzliche und für den Propheten kennzeichnende Erfahrung ist aber, dass die Menschen dies nicht wahrnehmen wollen. Umso wichtiger aber wird für sie der Zaun oder Hag, ein dämonischer Ort, der *hagazussa*, Hexe, als ihr Wirkungsort zugewiesen. Das umzäunte Gebiet ist gebannt, zum Bereich des Tabernakels, beziehungsweise des Brunnens, haben die Mächte des Bösen keinen Zutritt. Der Weg ins Innere wird als ein Gang durch ein Moor erlebt, eine für den Landmann des Mittelalters ungemütliche Erfahrung. Das »Anziehen« der Beine bedeutet, dass bis zum Erreichen des Zieles kein fester Halt besteht. Es mag wohl symbolisch den Weg vom Diesseits zum Jenseits andeuten[38].

Gemäss dem Entlebucher Landrecht von 1491 gehört die Anlage eines Zaunes, das sogenannte Zaunrecht, in die Ordnung des Eigentums, welches jedoch durch gewisse Rechte der Anlieger, Nachbarn, eingeschränkt ist. Die verschiedenen Besitzer unterscheiden ihre Wiesen, Äcker und Alpen gegeneinander durch sogenannte Friedzäune. Ein solcher Friedzaun muss einem Mann mittlerer Grösse unter die Achseln reichen, und es soll auf jedes Klafter vier Stecken treffen. Das Vieh, das eindringt, etwa Kaninchen, gilt als schädliches Getier und darf abgetan, getötet werden. Über das Recht bezüglich des Schirmzaunes gilt im Entlebuch, und wohl analog auch in Obwalden: »Wenn zwei Anstösser gegeneinander einen Schirmzaun errichten, so soll der Zaun genau auf der Grenze stehen und aufgestellt werden. Wenn sie den Zaun aber nicht gemeinsam errichten, so soll der Zäuner den Zaun auf seinen eigenen Boden stellen und nicht auf denjenigen des Anstössers, der ihm auch Frieden (gegen Übergriffe auf das Land) halten und gegen ihn zaunpflichtig ist.« Der sogenannte Hofzaun umgibt das Heim des Bauern. Jedes Klafter muss sechs Stecken, die Stecken müssen einen Abstand von etwa dreissig Zentimeter haben. Wenn die Anstösser den Zaun nicht gemeinsam errichten, dann muss der Inhaber den Zaun auf seinen eigenen Boden stellen, damit der nachbarschaftliche Friede nicht gestört wird. Eine Verlegung der Zäune wäre, wie die Verlegung von Marksteinen, ein bedeutender Friedbruch. Das Zaunrecht deutet an, dass mit der allmählichen Einführung des privaten Eigentums viel Irrationales verbunden ist[39].

Innerhalb des Zaunes, aber nicht im innersten Bereich, ist die Stätte, wo die Menschen arbeiten, dabei jedoch arm bleiben. Im Sinn der alten Landwirtschaft ist das umzäunte Land, das »Eigen« (im Beipiel der Vision allen gehörig) kultiviertes Gebiet, die Steine sind weggeräumt, das Unkraut gejätet, der Boden entsprechend gepflegt[40]. Die Voraussetzungen für ertragreiches Arbeiten wären gegeben. Aber für die meisten ist, mit Ausnahme weniger Erwählter in weissen Kleidern in der Art, wie die Erlösten in den Fresken der Kirche von Sankt Niklausen dargestellt sind (1385), alle Mühe vergebens[41]. Die Kunde vom Brunnen, aus welchem Wein, Öl und Honig quellen, dringt trotz gewaltigem Getöse nicht bis zu den Ohren der Vielbeschäftigten vor. Dabei böten diese Kostbarkeiten für alle

Speise genug. Beim fastenden Eremiten handelt es sich wohl um eine Hungerhalluzination, vielleicht eine mächtige Kompensation für die jahrelange Zügelung des Appetits. Wein und Honig sind, über ihren Wert als Nahrungsmittel hinaus, Speisung der seligen Geister, der armen Seelen, desgleichen spricht man dem Öl geisterbannende Wirkung zu. Ausserdem hat es, wie der Wein, eine sakramentale Funktion bei Taufe und Krankensalbung. Die drei gehaltvollen Flüssigkeiten sind stets auch Heilmittel, schon in der vorchristlichen Tradition kultisch zu deuten. Wein, Honig und Öl sind Erquickungen für den Gott Dionysos, seine bevorzugten Opfergaben. In der christlichen Tradition steht der Wein für das Blut Christi, der Honig generell für das Altarssakrament. Nach den *Benedictiones ad mensas* beim Sankt Galler Mönch Ekkehard IV. ist Christus die »süsse Honigwabe«[42]. Diese Metaphorik ist unter anderem auch ein Schlüssel zum Begreifen der bekannten Darstellung des Honigleckers in der Klosterkirche Birnau am Bodensee. Der wohlgenährte Prachtskerl steht Bruder Klaus näher, als es den Anschein macht. In der Volksmedizin ist Honig ein bekanntes Wundmittel und vor allem wirksam bei Anwendungen gegen Entzündungen der Augen und des Mundes. Ein wahres Allheilmittel[43].

Als Motiv der Visionsliteratur ist der himmlische Brunnen weit verbreitet. Wölflin deutet ihn mit einer Stelle aus der Geheimen Offenbarung des Johannes: »Wer dürstet, der komme; und der da will, nehme das Wasser des Lebens umsonst« (Offb 22.17). Bei Gertrud von Helfta steht ein in Röhren gefasster Fluss im Vordergrund, als Gleichnis für die Gnade[44]. Bei Caterina Ricci, einer Anorektikerin aus dem sechzehnten Jahrhundert, scheint eine Renaissance-Version von Bruder Klausens Brunnen-Vision gegeben: *Es war im Juni des Jahres 1542, als Caterina sich, im Geiste verzückt, auf einer schönen Wiese sah, in deren Mitte sich ein prächtiger in Granit gefasster Springbrunnen befand. Drei verschiedene Treppen führten auf die Einfassung: eine aus Steinen von verschiedener Färbung, eine andere aus weissem und die dritte aus grauem Marmor. Alle drei hatten ein zierliches Geländer zu beiden Seiten und mündeten in einen mit Perlmutter gepflasterten Weg. Auf diesem Weg gelangte man bis zur Mitte des Brunnens, wo sich noch eine Treppe befand, die ganz aus Diamanten gebaut war und auf eine breite Plattform führte. (…) Caterina schritt bis zur Mitte dieser schönen Wiese vor, wo der göttliche Heiland nebst seiner heiligen Mutter und einer grossen Anzahl Engeln und Heiligen weilte. (…) Sogleich fiel sie Jesus und Maria zu Füssen und bat sie um Verzeihung, dass sie es des Morgens unterlassen habe, ihrer Priorin die verschiedenen Bestellungen zu machen, mit denen sie die Himmelskönigin zur Zeit der Mette beauftragt hatte. Jesus und Maria blickten darauf sehr ernst, als aber bei Caterina die Tränen kamen, erheiterten sich ihre Mienen wieder, und Caterina erhielt die erbetene Verzeihung.»*[45]

Diese Art Brunnenvision macht, bei allen zierlichen Details und Verschnörkelungen, den Eindruck einer für klosterinternen Gebrauch verwendbaren Offenbarung im Rahmen der Heiligung des Gehorsams. Von einem allgemein-ethischen oder gar politischen Gehalt kann nicht die Rede sein, auch »mystisch« wird man eine solche Erfahrung nur im weiteren Sinn des Wortes nennen wollen. Jesus und Maria treten als Gewissensinstanzen auf, bei welchen der Anteil an Angst mindestens gleich gross erscheint wie die Barmherzigkeit, ganz zu schweigen vom »selbständigen Gewissen«. Dieses ist wohl eine moderne Idee. Der Gehalt von Caterinas Vision erschöpft sich in einer eher vordergründigen persönlichen Mahnung. Bruder Klaus näher zu liegen als bei Caterina Ricci scheint das Brunnenmotiv in der Erstlingsschrift von Jakob Böhme, *Aurora*[46]. Hier deutet der »mittlere Quellgrund« auf die Gottesgeburt in der Seele, also die Identitätserfahrung, wie sie am Buel am Schluss seines Visionsberichts anführt. Dabei enthält das spirituelle Leben von Böhme Elemente intellektueller gnostischer Spekulation. Diese können wir bei Bruder Klaus, dem Analphabeten, nicht unterstellen.

Eine gewaltige Mahnung, die einiges mit authentischen Erfahrungen von Bruder Klaus zu tun hat, liegt in der akustischen Wahrnehmung des Harsthorns. Der kriegerische Hornstoss deutet, als vielleicht stärkstes Zeichen überhaupt, auf die Letzten Dinge, die Ankündigung von Gericht und Tod. Die Besinnung auf die wahren ewigen Schätze würde es erfordern, nutzlose Geschäftigkeit fahrenzulassen. Dies geschieht nicht, und das wird mutmasslich zu Bruder Klausens Leiden an der Schweiz. Die Menschen halten hartnäckig an ihrer Zaunmentalität fest und verfehlen ihren Reichtum gerade deshalb, weil sie alles im voraus bezahlt haben wollen. Damit ist einiges, Wesentliches, auch über die Ranftpilger gesagt. Kaum einer kommt hier vorbei, ohne den Pfennig zu bezahlen, entweder beim Ranftkaplan oder bei der Familie von Flüe, nach dem Tod des Eremiten gern der Pfarrkirche Sachseln. Dabei ist die Grosszügigkeit einiger Pilger, auch ganzer eidgenössischer Stände wie Luzern und Solothurn, im Sinn der *magnanimitas* sicher nichts Schlechtes, normaler Ausdruck des klassischen Wallfahrtswesens. Erbarmungswürdig aber sind Menschen, welche nicht wegen Öl, Wein und Honig im

Geist von Bruder Klaus vorbeikommen, sondern ausschliesslich mit ihren beschränkten persönlichen Anliegen. Diese sind allzu oft von irgendwelchen Ängsten geprägt. Dafür wollen sie beten lassen, damit sie, wie Ammann Brendli, ihr bisheriges Leben, mag es auch ein frommes gewesen sein, im Sinn von »Weiterarbeiten« fortsetzen können. Wie ihnen dabei das Wunderbarste entgeht, das Bruder Klaus ihnen zeigen könnte, spüren sie nicht.

Doch ist es durchaus ein sittlicher, religiöser und seelsorgerischer Wert, dass die Menschen mit ihren Sorgen und Leiden in den Ranft hinuntersteigen. Von Bruder Klaus, dem lebenden und später dem toten, fühlt man sich hier ernst genommen und angenommen. Dies bezeugen eine Reihe von schönen Geschichten aus der mündlichen Überlieferung des sechzehnten und frühen siebzehnten Jahrhunderts, welchen bei der intensiven Erinnerung an den Eremiten, mit Einschränkungen, ein gewisser historischer Stellenwert zukommt. Landammann Hans Rossacher erfährt von seinem Vater Andreas, verheiratet mit Verena von Flüe, einer Enkelin des Eremiten, die Geschichte von einer eifersüchtigen Ehefrau aus Kerns. Vielleicht als Morgengabe hat Andreas Rossacher bei seiner Heirat mit Verena das »Bitzi« bekommen, ein umzäuntes Gehege beim Ranftbord[47]. Volkserzählungen sind häufig Geschichten, die viel mit Fluren, ihren Namen, und den damit verbundenen Personen zu tun haben. Ihre Wahrheit liegt eher im Narrativen als im rein Historischen, der Gehalt aber ist fast immer getroffen.

Landammann Rossacher erzählt:

Eine Frau aus Kerns, die ihren Mann schon lange »in argwon des eebruchs hiellt mitt einer anderen frawen irer nachpurin« (D 923), lässt sich auf einer Wiese vor einem grossen Gebüsch von eifersüchtigen Gedanken überwältigen, denen sie ausgiebig Nahrung gewährt. Da ist es ihr, ein Mann und eine Frau verschwänden hinter der Böschung. Sie ergreift, im Wahn, es seien ihr Mann und die Nachbarin, ein Messer, rennt über die Wiese, »in der meinung, das wyb umbzebringen«. Es entpuppt sich aber alles nur als Einbildung und Vorspiegelung des bösen Geistes. Da eilt sie zum Haus der Verdächtigen, findet diese ruhig in der Küche »mitt irem iungen kind an der brust, dasselbig söugende«. Welche Verwirrung der Gefühle! So entschliesst sie sich, in den Ranft zu gehen, um bei Bruder Klaus Rat zu holen. Es hält sich aber gleichzeitig viel Volk um die Kapelle auf, ein persönliches Gespräch mit Klaus ist unmöglich. Abwechselnd kommen und gehen die Scharen, die mit dem Einsiedler Kontakt pflegen wollen. Schon will die Frau umkehren, da hört sie Bruder Klaus, draussen zwischen Zelle und Kapelle, zu den Leuten sagen: »Es ist eine Frau hier, die begehrt meinen Rat. Sie soll ruhig nach Hause zurückkehren. Sie tut unrecht, denn die Menschen, an die sie denkt, sind unschuldig.« Da wundern sich die Umstehenden, wen er wohl meine, er aber zieht sich ohne weitere Worte in seine Zelle zurück. Die Frau aber, nicht länger betrübt, »merket es wol, ward getröst und irer zwifel erlediget, dess danket sy gott und bruder Clausen und zoch frölich heim«. (D 924)

Was Klaus wirklich gesagt haben mag, wird man in dieser nach Generationen weitererzählten Geschichte offenlassen müssen. Die Hauptsache bleibt, dass die Frau ihn und damit sich selber »richtig« verstanden hat. Dank dem Besuch bei Bruder Klaus ist nicht so sehr die Unschuld des Mannes bewiesen, aber die Gesinnung der Eifersüchtigen heilsam gewendet. Ihr Leben ist nicht weiterhin auf eine quälende Sorge gegründet. Eine ähnlich befreiende Geschichte wird von einem »töchterlin« von Bruder Klaus erzählt, offenbar noch aus der Zeit vor dem Abstieg in den Ranft: »An einem Ort, wo es gegen das Melchtal geht, schrie das Töchterlein (von Bruder Klaus) auf gegen den Vater, es sei ein grosser schwarzer Hund da, der hätte nur ein Auge mitten in der Stirn. Darüber sei es sehr erschrokken. Da habe der Vater ihm gut zugesprochen: Es solle sich nicht fürchten, ihm geschehe nichts. Und sofort sei der Hund verschwunden.« (D 926)

Angst und deren Überwindung stehen abermals im Vordergrund einer Geschichte, die Jakob von Flüe 1654 erzählt:

Von seiner Grossmutter habe er gehört, Hans Rengger (wahrscheinlich aber Jost Rengger) von Kerns habe ein Weib als Hexe verdächtigt. Diese Frau habe ihm nämlich drei Jahre lang hintereinander beim Alpaufzug »Viel Glück!« gewünscht, und jedesmal sei ihm bald darauf das schönste Haupt Vieh tot umgefallen. Vor der formellen Klageerhebung beim Landammann habe Rengger noch den Rat von Bruder Klaus einholen wollen. Da muss er hören: »Du hast einen bösen Verdacht gegen die Frau, du tust ihr damit unrecht. Gehe zu ihr, bitte sie um Verzeihung, so wird dein Vieh in Zukunft behütet sein. Weil du so freventlich über das Weib denkst, hat der böse Feind Gewalt bekommen über dein Vieh.« Das nimmt sich Rengger zu Herzen, und tatsächlich sei darauf dem Vieh kein Schaden mehr zugestossen[48].

Diese Geschichte ist in mehrfacher Hinsicht denkwürdig. Sie wird zu der Zeit erzählt, da Margarethe von Flüe, der Giftmischerei verdächtigt, Opfer eines brutalen Hexenprozesses wird, und Jakob, der Erzähler dieser Geschichte, wird seine Verwandte dabei keineswegs in Schutz nehmen, im Gegenteil[49]. Er sieht sie als Opfer ihres Krämergeistes, vor welchem Ahnvater Bruder Klaus schon abgeraten habe. Die Geschichte von Rengger hat nichts mit einer Leugnung des Hexenwesens zu tun. Es geht nur um einen anderen Umgang mit dem Phänomen, demjenigen, welchen man einem Heiligen zutraut. Auf einmalige Weise macht der Ratgeber klar, wo der Ursprung des Übels, der Kern des Satanismus, zu suchen wäre: In den eigenen bösen Gedanken, den imaginativen Projektionen, wie der Arzt es ausdrücken würde. Für weiterreichende Konsequenzen aus dieser Geschichte ist es Mitte des siebzehnten Jahrhunderts anscheinend noch zu früh. Der Hexenwahn hat seinen Ursprung in der Gesinnung aktiven Verdachts, im modern anmutenden Bestreben, das Böse ideologisch zu isolieren, mit einer rituellen Geschäftigkeit unbedingt vertreiben zu wollen. Dabei gelingt dies gerade auf diese Weise nicht, weder mit Hexenprozessen noch mit Verschwörungstheorien. Die Menschen, die ihre Augen und Ohren vor dem singenden Brunnen verschliessen, wollen ihre Probleme mit Aktionen lösen. Allzu nahe halten sie sich im Bereich des Zaunes auf. Hier lassen sie sich von den Zaundämonen überrumpeln, den Hexengeistern in sich selber. Da hilft alle Wachsamkeit nichts, erst recht nicht der Pfennig, den zu heischen man nie vergisst. Bruder Klaus jedoch kommt er, in der Pilgervision, zu, ohne dass er weiss warum und wofür.

Im Charakter und Wesen des Eremiten vom Ranft schwingt Kindliches mit. Dies deutet auch auf Verletzlichkeit, eine nie geheilte und auch nie preisgegebene innere Verwundung aus der Zeit des Weltlebens. Ein Abstand zur Welt der Erwachsenen, der sich gelegentlich voller Widerspruchsgeist äussert. Ohne dem Geheimnis dieses Menschen nahezukommen, behelligen ihn die Besucher anhaltend mit ihren hausbackenen Sorgen. Für ein Kind muss es eine Zumutung besonderer Art sein, zu einem Besuch mitgenommen und dabei dauernd mit ungelösten Problemen der Erwachsenen konfrontiert zu werden. So wenigstens scheint es der kaum zehnjährige Antoni Rengger (1475–1565), in Begleitung seines Grossvaters Jost oder Hans Rengger, zu empfinden. Unaufhörlich seien die beiden Alten, der Grossätti und Bruder Klaus, miteinander im Gespräch gewesen. Dem Knaben sei es mit der Zeit verleidet, so dass er

»heimbelangette«(D 921), »weil der Vatter mit Bruder Clausen zu lange gesprachet«(D 999). Da habe er den Vater »heimgemahnt«. Der Eremit legt dem Knaben die Hand aufs Haupt, mahnt ihn zur Geduld, er werde noch alt genug werden. (D 921) Ob Bruder Klaus so gesprochen hat oder nicht, die Berührung der Stirn, wie es Jesus mit Magdalena vorbildhaft getan, und das gegebene Wort verdichten sich zu Zeichen für die Gnade des langen Lebens. Antoni Rengger erreicht das patriarchale Alter von neunzig Jahren als letzter überlebender Zeuge persönlicher Bekanntschaft mit Klaus von Flüe. Wie der Greis bekennt, er habe sich als Bub über die Sorgen des Grossvaters gelangweilt, obwohl immerhin von verhextem Vieh die Rede gewesen ist, verstärkt die Glaubwürdigkeit dieser mündlichen Überlieferung. Wer weiss, wie oft auch Bruder Klaus sich über die Sorgen und Sachen seiner Zaungäste langweilen muss, sieht er die Dinge doch aus anderer Perspektive als diese selbst. In mehr als einem Fall scheut er sich nicht, seinem Unwillen schlagfertig Luft zu verschaffen. Die Anekdoten aus dem ersten Kanonisationsprozess von 1591 und bei Joachim Eichorn geben da, gerade wegen ihrem Charakter als Volkserzählungen, ein Bild, dem viel innere Realität zukommt.

Da will einer, bevor er in Lungern ein Geschäft abwickeln geht, beim Vorbeigehen in Sachseln Bruder Klaus noch geschwind seine Aufwartung machen. Nützt es nichts, so schadet es mindestens nichts. »Wohin willst du?« fragt ihn der Heilige. »Nach Lungern«, lautet die Antwort. Dorthin aber komme er nur, meint der Eremit, wann es Gottes Wille sei. Und wirklich, berichtet Balthasar von Flüe, der Mann »habe den Fuoss gebrochen, ehe er nach Lungern komen«. (D 1000) Der Mensch denkt, aber wer lenkt?

Dem eher oberflächlichen Besuchertypus gehört Grossmetzger Löwel aus Konstanz an. In grossem Ausmass, fabuliert Landammann Rossacher in seiner wenig sympathischen Darstellung des Schwaben, habe dieser Vieh eingekauft und verkauft, dabei unsorgfältig gewirtschaftet, deshalb sein Gut »alles vertan«, wie man sprichwörtlich auch den Mötteli nachgesagt. Löwel sei zu Bruder Klaus gekommen, weil er von ihm viel habe sagen hören »und wolle auch gerne sehen oder hören, was der wüsste«. (D 925) Den Eremiten habe er sich mit vielen Hälslingen, Seilen, umhangen vorgestellt, als ob er in Obwalden eine Menge Vieh einkaufen wollte. Da redet Bruder Klaus ihn an: »Du kommst daher, als wärest du ein reicher Kaufmann und wolltest viel kaufen, dabei hast du doch keinen Heller in der Tasche!« (D 925) Schamrot muss der Prahlhans den Heimweg antreten, in Obwalden macht er sicher keine Geschäfte mehr. Diese launige Geschichte, aus bodennaher Perspektive erzählt, attestiert Bruder Klaus Bauernschläue. Die sonst unheimliche Erscheinung des Erwählten wird mit einer Prise Schalkhaftigkeit den Landsleuten wieder angenähert, und damit seine einmalige Popularität bei allen für Obwalden untypischen Charakterzügen unterstrichen. Sicher pflegt Klaus von Flüe fremde Besucher, auch solche, von denen er wenig hält, nicht zu duzen. Dies käme, wenn schon, nur gegenüber Unterwaldnern weltlichen Standes in Frage.

Im Vergleich zum derb-dummen Viehhändler aus Konstanz schliesst sich der reiche Kaufmann »mitt der grossen täschen« der Reihe der dämonischen Zaungäste an. Das Gespräch findet, im Gegensatz zu den meisten andern, nicht vor dem Ranft statt. Die Melchaaschlucht, vor der »Stäubi«, wo das Wasser zwischen die beidseitig hohen Felswände einmündet und in die Tiefe stürzt (D 925), wird Schauplatz einer unheimlichen Begegnung. Die Melchaa, eine Wasserhölle, analog der Perspektive, wie man sich, aus der Sicht der Heiligen Ulrich und Konrad, den Rheinfall bei Neuhausen vorstellt[50]. Der Versucher tritt als eine bei Bruder Klaus charakteristische glänzende und erfolgversprechende Persönlichkeit auf. Das Kompliment des Satans: »Bruder – ir sind ein witzig man und könten den lüten wol helfen und raten.« Ist Klaus von Flüe nicht gescheit genug, den Menschen weltliche, ökonomische, politische Ratschläge zu erteilen? Vielleicht gerade die, welche viele von ihm erwarten? Beratung dieser Art wird in modernen Zeiten professionell geboten, und sie beschränkt sich nicht allein auf gesinnungsmässige Ermahnung. Der Einsiedler wehrt der Versuchung: »Warum hast du es im Himmel nicht ausgehalten, so dass du daraus verstossen wurdest?« Ein exorzistischer Sprachgestus.

Als Zeugnis für die Wertordnung gemäss Bruder Klaus im Sinn der Brunnenvision gibt die Geschichte von den Richtern mit den Feuerflammen, in der Version von Jakob von Flüe, beredte Auskunft. Historisch ist der Vorfall, erst 1654 aufgezeichnet, wenig zuverlässig. Symbolisch aber bringt er eine monumentale Verdeutlichung des in der Brunnenvision Angezeigten. Einem Garten kommt eine unendlich höhere Wertschätzung zu als dem Geld – ist das nicht ein authentischer Gedanke von Bruder Klaus?

Er, Jakob, wisse noch das Haus in Sarnen zu zeigen, in welchem die Historia von den falschen Richtern, aus deren Mund Feuerflammen ausgegangen, sich zugetragen habe. Um Geld für den Kauf einer Wiese zu borgen, habe ein Mann sein Gärtlein zum Pfand versetzt. Bei der Ablösung aber habe der Gläubiger dieses behalten wollen, die Rückgabe der geborgten Summe ausgeschlagen. Bei der Verhandlung hätten die Richter dem Besitzer das verpfändete Gärtlein jedoch abgesprochen, mit der Begründung, er sei ausreichend mit Geld entschädigt worden. Da aber habe Klaus gesehen, wie Feuerflammen aus den Mündern der Verantwortlichen gelodert seien. Dies habe ihn zum Rückzug aus dem Richteramt veranlasst, und auch des offerierten Landammannamtes und anderer weltlicher Geschäfte hätte er sich deswegen für immer entschlagen. Jakob will diese Geschichte von vornehmen, glaubwürdigen Personen gehört haben, und nie sei dieser Erzählung widersprochen worden.

Das Gärtlein als Gegenstand eines Rechtsgeschäftes, wobei für Klaus die völlige Verkehrung der gottgegebenen Massstäbe manifest wird, erinnert an den Gehalt der Brunnenvision. Der Pfennig gilt mehr oder doch mindestens gleich viel wie der Garten. Wer seinen Garten, sein Land, definitiv für Geld umtauschen wollte, wäre fürwahr ein armer Erdenbürger. Alle Moneten dieser Welt können das Wunder eines Gartens nicht aufwiegen. Armes reiches Land, in welchem die hohen Richter ein sittlich verkehrtes Denken durch ihren Spruch sanktionieren! Hört denn niemand den Gesang des Brunnens im Innern des Gartens, sind die Menschen taub geworden für den Klang des apokalyptischen Horns?

Dieses neue Denken, dem Klaus sich verweigert, gilt der allgemeinen Käuflichkeit nicht nur von Gärtlein, sondern von ganzen Völkern, Heeren, Herzogtümern, Pfarrpfründen, auch dem geschworenen Landrecht der Eidgenossen. Nicht nur Viehhändler und Kaufleute lassen sich davon ergreifen, mehr und mehr auch die Herren der eidgenössischen Tagsatzung, Schultheissen, Landammänner und sogar ein hoher Prälat wie Jost von Silenen, Propst von Beromünster und gewiegter Unterhändler des französischen Königs bei den Eidgenossen[51]. Erst recht sind die Nachbarn und Partner der Schweizer davon betroffen, Kaiser und Päpste, der König von Frankreich ganz besonders, der Herzog von Mailand, dessen Werben auch ein Landammann Hans von Flüe nicht widerstehen wird, und natürlich der reichste und glänzendste Fürst der Epoche, Herzog Karl der Kühne von Burgund. Mit Geld und Geist, Politik und Krieg, will *Charles le Téméraire* das alte Königreich Burgund wieder herstellen. »Als Königin Bertha spann«, sagt man in der Schweiz sprichwörtlich, ein frühmittelalterliches Traumbild für Frieden und Gewerbefleiss preisend. Bern gilt in Erinnerung an das ehemalige Königreich als die »Krone von Burgund«. Der Mann aber, der noch in diesen Kategorien denkt, ist nicht der ehrgeizige Karl, eher Ritter Adrian von Bubenberg, der verhinderte Kreuzzügler[52].

In den neuen Zeiten liegt der ritterliche Geist darnieder, die Politik verkommt offenkundig zum Geschäft. Daran ändert auch Karls Sinn für altburgundische Folklore nichts. Er ist umgeben von einer Konstellation königlicher Schachspieler, Ludwig XI. und den Habsburgern, die ihm auf ihre Weise den burgundischen Traum eines mitteleuropäischen »Zwischenreiches« vereiteln wollen. Dabei spielen die Eidgenossen eine mitentscheidende Rolle. Den stärksten Einfluss auf sie behält, wer die grössten Pensionen in Aussicht stellt. Das ist, mit raffinierten Hintergedanken, beim König von Frankreich der Fall. Wie weit es sein strategisches Ziel ist, seinen burgundischen Rivalen und die Eidgenossen in einen Krieg hineinzutreiben, in welchem sie sich gegenseitig aufreiben sollen, wissen die späteren Geschichtsbücher wohl besser als er selbst. Die Herren von Bern, welche den burgunderfreundlichen Ritter Adrian von Bubenberg in die Verbannung treiben (1474), vertreten so gut wie Karl der Kühne eine Politik der Beanspruchung savoyischer Herrschaften. Savoyens Herzog Amédée IX., ein kränklicher frommer Mann, probt seine Seligsprechung, die fast gleichzeitig mit derjenigen von Bruder Klaus erfolgen wird[53]. Die politischen Geschäfte überlässt er seiner Gattin Jolanthe, einer französischen Prinzessin. Das Herzogtum Savoyen wird als eigenständige Macht allenthalben kaum ernst genommen. So wird ein Zusammenstoss zwischen den Eidgenossen und dem Burgunderherzog auf dem Gebiet der nachmaligen Westschweiz immer wahrscheinlicher. Eine Koexistenz zwischen Bern und Burgund, für Adrian, angeblich als Page am Hof Philipp des Guten aufgewachsen, wohl wünschbar, hätte ein Gewinn für die Wohlfahrt der Region werden können.

Dienen heisst für Adrian, der auf einige unzimperliche Feldzüge ins Elsass zurückblicken kann, die Herausforderung eines Krieges auch dann anzunehmen, wenn man ihn nicht gewollt hat, zumal nicht gegen diesen Gegner. Nach dem Tod seines innenpolitischen Kontrahenten Nikolaus von Diesbach, im Sommer 1475, und nach der Massakrierung der eidgenössischen Besatzung von Grandson, auf Befehl Karls des Kühnen, wird Adrian von Bubenberg ab April 1476 zum Kommandanten der Feste Murten. In dieser Eigenschaft bringt er es zu einem der grössten Helden der eidgenössischen Geschichte, dem einzigen in diesem gewaltigen Format, dessen historische Existenz man nie bestreiten wird. Dafür ist sein berühmtester angeblicher Ausspruch »So lange in uns eine Ader lebt, gibt keiner nach!« einigermassen frei erfunden, zur Förderung der geistigen Landesverteidigung späterer Generationen[54]. Immerhin würde Herzog Karl, im Fall einer Übergabe der Feste Murten, wohl nicht zögern, mit seinem angeblichen Jugendfreund so umzugehen, wie es 1444 in Greifensee und im Spätwinter 1476 in Grandson grausame Wirklichkeit geworden ist. Der Bubenberger, menschlich ein Charakter und militärisch ein Held, kommt dafür bei ökonomischen und politischen Problemen regelmässig in Schwierigkeiten. Solange Krieg herrscht, droht wenigstens kein weiterer Verkauf oder gar die Verpfändung einer der Herrschaften.

Adrian von Bubenberg, mit rund fünfzehnhundert Mann die Befestigung, eine Eroberung der Berner und Freiburger, vierzehn Tage lang haltend, kommt sich gegen Karl den Kühnen keineswegs wie David gegen Goliath vor. Aus den eidgenössischen Orten ist ein für einheimische Verhältnisse riesengrosses, ausgezeichnet motiviertes Heer unter der Führung von Hans von Hallwyl, Hans Waldmann und Kaspar von Herthenstein, im Anmarsch. Der Sieg bei Héricourt 1474 und vor allem die prachtvolle Beute von Grandson vom Frühjahr 1476 bilden eine glänzende Motivation, ganz zu schweigen von der Verachtung, welche der Burgunder die Eidgenossen spüren lässt. Diese ist eine Provokation, welche sich zu seinen Ungunsten auswirken wird. Beleidigung, einer der wichtigsten Gründe für private Fehden, spielt auch im Krieg eine grosse Rolle für die Motivation einer Truppe. Die Kampfbereitschaft eidgenössischer Krieger beruht kaum auf politischen oder religiös-ideologischen »bürgerlichen« Werten[55].

Was für ein Gegner! Unter allen, die im akustischen Umfeld des tönenden Brunnens sich abmühen, und dennoch den wahren Wohlstand nicht erreichen, entspricht Herzog Karl vielleicht am meisten dem in Bruder Klausens Vision gezeichneten Negativbild. Dies wird noch aus der Charakteristik des Hofbiographen Georges Chastellain (1403–1475) irgendwie anschaulich:

Der Herzog Karl war kein so schlanker Fürst wie der Vater, beleibt, wohl gewachsen und wohl gestaltet, kräftig im Arm und Rückgrat, hatte etwas starke Schultern und neigte vornüber, besass gute Beine und dicke Schenkel, lange Hände und zierliche Füsse, hatte nicht zu viel Fleisch an sich, (…) sondern einen behenden und zu jeder Anstrengung und Arbeit wohl geeigneten Körper. Er hatte die dicken roten Lippen des Vaters, eine längliche Nase und einen braunen Bart, eine frische, hellbraune Gesichtsfarbe, eine schöne Stirn und schwarzes, aufgelöstes struppiges Haar, einen weissen und wohl geformten Hals, und schaute im Gehen zur Erde. (...) Er besass eine natürliche Rednergabe; zuweilen war er im Beginn seines Sprechens daran verhindert, sie zu äussern; aber einmal im Zug, war er sehr beredt. (...) Im Rat war er scharfsinnig, fein und rasch für sich einnehmend. Er war tätig, nur zu arbeitsam, mehr als für einen solchen Fürsten gut war, abends und morgens, den ganzen Tag über im Rate, den ganzen Tag beschäftigt mit Sorgen wegen irgend eines grossen Ereignisses oder mit Geld- und Kriegsangelegenheiten oder mit der Fürsorge um das öffentliche Wohl. Er verlor wenig Stunden und beschäftigte viele Leute. Wahrhaftig und zuverlässig in seinen Worten, liebte er die Ehre und fürchtete Gott, war der Jungfrau Maria ergeben, beobachtete Fasten, gab reichlich Almosen, fürchtete keines Menschen Stärke, noch das Schwert irgendeines Königs, und, so schien es, in Eisen geboren, hatte er seine Lust an Waffen und an Feldern, die von Harnischen starren. Er liebte sehr die Kunst und das Schachspiel, spielte eifrig um Geld, besuchte Konzerte, war prächtig in seinem Gewand und gern reich geschmückt; lebte keuscher, als die Fürsten gemeiniglich tun, trank wenig Wein, wenn er ihn schon von Natur aus sehr liebte; aber aus Verstand liess er ihn, und trank meist nur mit Wein gefärbtes Wasser, um seine Hitze zu mässigen, und war zu keiner Weichlichkeit und Wollust geneigt[56].

So weit ein offiziöses Bild von Karl dem Kühnen. Ein Erdenmensch und zugleich eine Spielernatur, geschäftiger als irgendein Fürst seiner Zeit, mit einem ordentlich beladenen Tagesprogramm, das schon an moderne Anforderungen erinnert. Aber trotz der ihm attestierten Frömmigkeit ist er unter den Prominenten aus der schweizerischen Nachbarschaft fast der einzige, der Bruder Klaus nie durch irgendwelche Abordnungen je eine Aufwartung machen lässt, auch nicht rein anstandshalber. Zu gross ist seine Verachtung für die Schweizer. »Er wolle diesen Abschaum *(ces brodes)* auf eine Art bestrafen, dass davon ewige Erinnerung sei«[57]. Der Grosssprecher läuft in Hérincourt, wo sein Heerführer der Angegriffene ist (1474), Grandson (Frühjahr 1476), Murten (Sommer 1476) und zuletzt in Nancy (1477) in eine Niederlage hinein. Deren unglückliche Folgen für die europäische Geschichte, man denke an das spätere Schicksal des Elsass und der Niederlande, sind kaum abzusehen. Ein erneuertes Königreich Burgund, unter der Führung eines klugen, friedliebenden Monarchen, hätte, politisch und vor allem kulturell, wohl auch wirtschaftlich, ein vielversprechendes Projekt sein können, vielleicht eine Basis für ein friedlicheres Europa. Der Herzog hat diese Möglichkeit aufgrund eigenen Versagens verspielt. *In Grandson*, lernen die Schweizer Schulkinder, *verlor Karl der Kühne das Gut, in Murten den Mut, in Nancy das Blut.* Sein nackter, geplünderter und geschändeter Leichnam wird einige Tage nach der Schlacht am 5. Januar 1477 stockgefroren aufgefunden. Die Eidgenossen gewinnen bei diesen Siegen politisch wenig. Dafür fällt eine gewaltige Beute an, auch mit einzigartigen Reliquien und Reliquiaren. Als Riesensumme gelten die 150 000 Goldgulden Entschädigung für die Freigrafschaft Burgund, bezahlt vom Franzosenkönig, doch wird das prächtige Land dem mit Karls Tochter Maria verheirateten späteren Kaiser Maximilian zugeschlagen. Die Eidgenossen sind an einer Erweiterung ihres »Zaunes« nach Westen nicht interessiert, weil damit Bern zu einer den alten Bündnissen nicht mehr angepassten Grossmacht anwüchse.

Unter den eidgenössischen Siegen gegen den Herzog hat derjenige bei Murten die grösste politische und vor allem symbolische Bedeutung. Schlachttag ist der 22. Juni, das Fest der heiligen zehntausend Märtyrer, der grossen Vorbilder der eidgenössischen Horden[58]. Der Tag bleibt in Bern bis in die Zeit der Reformation Feiertag, in den katholischen Kantonen noch ein paar Generationen länger. Obwohl keine der beiden Armeen im modernen Sinn einen »Verteidigungskrieg« führt, gehört der sogenannte Geist von Murten zu den wenigen Lichtblicken im alteidgenössischen Kriegertum. Der Unterschied zur Schlacht bei Ragaz, wo die Festfeier wichtiger gewesen ist als das strategische Resultat, ist so gross auch wieder nicht, mögen die Dimensionen von Gewinn und Verlust in Murten bei Freund und Feind auch ganz andere sein. Vor allem dank Adrians Führungsqualität unterliegt das Chaotische des eidgenössischen Kriegerwesens wenigstens vorübergehend einem sittlichen Prinzip. Der Ritter habe es verstanden, schreibt der Berner Schilling, »eine Ordnung zu machen, dass jedermann wusste, wohin er gehen und was er tun solle. (...) Und sie waren ihm auch alle gehorsam, was er sie hiess ordnen oder tun – dies alles war ein besonderes Glück und eine Gnade von Gott dem Allmächtigen.« Ein Grundsatz des Bubenbergers: »Es solle ein jeder unter allen denen, so in der Besatzung lägen, von dem Geringsten an bis auf den Höchsten gerechnet, befugt sein und Gewalt haben.« Dem Kommandanten wird bescheinigt: »Er selbst stellte sich dem Geringsten gleich unter dieses Gesetz.«[59]

Im Murtenlied von Veit Weber wird, im euphorischen Überschwang, aus dem Triumphgefühl des Sieges, wie auch in genereller Identifizierung aller mit Bubenberg, das ganze Heer der Eidgenossen gleichsam kollektiv zu Rittern geschlagen:

All die in Murten sind gesin,
Die hand gross Ehr geleget in,
Will ich von ihnen sagen;
Und welcher es vermöcht am Gut,
So riet ich das in meinem Mut,
Man hätt' ihn zum Ritter geschlagen[60].

Dabei ist der Sieg bei weitem nicht nur das Werk der freien Eidgenossen und ihrer Verbündeten aus dem Elsass und Lothringen, nicht zu vergessen die Mithilfe der pfauenfedergeschmückten Österreicher, sondern fast ebensosehr eine Genugtuung für die streitbaren Untertanen. Dazu gehören zum Beispiel die der Stadt Luzern tributpflichtigen Entlebucher. Ihr Banner führt in Murten der spätere Verschwörer wider Luzern, Peter Amstalden, Weibel und Wirt in Schüpfheim, ein verhinderter Bruder Klaus-Wallfahrer. Er hält den Helden von Murten für einen möglichen politischen Verbündeten der Entlebucher, was sich als Illusion erweisen wird[61]. Der adlige Berner, Gesinnungsfreund von Klaus von Flüe, zeigt bei seinem Handeln gegen die Saubannerzüge von 1477 kein Verständnis für jede Art Unordnung und Aufruhr. Für eine Unterstützung von entsprechenden Plänen im Entlebuch gibt es weder Beweise noch ein Motiv. Trotzdem liegt es nahe, dass Amstalden, als Bewunderer Bubenbergs, in der Euphorie nach Murten, angestachelt von unzuverlässigen Ratgebern aus Obwalden, sich zutraut, seine Heimat von Luzern loszureissen. Im Murtenlied finden die Entlebucher schmeichelhafte Erwähnung. Dies hat vielleicht bei einigen den Sinn für die politischen Realitäten getrübt:

Die Vorhut, die zoch vornen dran,
Darunder waren zwei schöne fahn,
Entlibuch war das eine,
Das andre Thun mit sinem stern;
Sy warent by einander gern,
Man sach ir fliechen keine[62].

So tragen die Burgunderkriege, wenn auch zum Teil anders, als es den Herren in der Eidgenossenschaft lieb sein kann, anfänglich zur Bildung eidgenössischen Gemeinschaftsgeistes bei. Obwohl aus schweizerischer Sicht nicht schlechthin sinnlos, bleiben die Kriege in den Hauptstrukturen ein Beispiel für den Dämon der Erde, von welchem der geschlagene Herzog nicht allein gepackt worden ist. Aus der Sicht von Bruder Klaus wird man vom Rasen der Zaundämonen sprechen können. Es dominiert die Verhaftung an das Irdische, der Missbrauch von Militär und Politik, der Geist der Plünderung und der Prostitution, auch im politisch-militärischen Sinn dieses Wortes. Nach Gundelfingen sind diese Siege der Eidgenossen ebensosehr dem Gebet des Eremiten im Ranft wie der eigenen Tapferkeit zu verdanken. Aber betet er wirklich für den Sieg? Das echte Gebet gilt dem Heil aller. Will er überhaupt politischen Einfluss nehmen? Die Frage ist wohl zu verneinen. Aber im Gefolge der prächtigen Siege bricht in der Eidgenossenschaft eine generelle Orientierungskrise aus, mit anarchischen Begleiterscheinungen. Gerade weil man sich auf fast nichts verlassen kann, wollen alle um ihren Einfluss und ihre Macht Besorgten den Rat und die Autorität des Ranftheiligen auf ihre Weise nutzen, ihn als ihren Verbündeten beanspruchen, unabhängig davon, als wie gut und wie gerecht ihre Sache auch zu betrachten sei. Dies gilt vor allem für Luzern, in zweiter Linie für dessen Entlebucher Untertanen und gewiss für Solothurn, welches mit noch grösserem Nachdruck als Freiburg seine Beteiligung an den Burgunderkriegen endlich mit der vollen Mitwirkung bei den eidgenössischen Bündnissen honoriert sehen will.

Die Schweiz samt dem benachbarten Burgund macht in diesen Tagen den Anschein eines verwüsteten Gartens. Der Sieg stärkt nicht den Hunger nach Frieden, sondern reizt den Appetit nach mehr und wenn möglich lustigeren Kriegen. Der Geist von Murten ist bald vergessen. So versammeln sich denn schon, einen Monat nach der Schlacht bei Nancy, im Februar 1477, in Arth bei Schwyz die wilden Gesellen vom sogenannten *torechten Leben*. In Fasnachtslaune wollen sie sich über luzernisches, bernisches und freiburgisches Gebiet in Richtung Westschweiz verschieben, nachdem in Schwyz, Zug, Uri und Unterwalden entsprechende »Aufgebote« ergangen sind. Sogar Krieger aus dem Livinental und Walser aus dem Pomatt sind dabei. Die politischen Führer wollen mit der Aktion nichts gemein haben, scheinen sie insgeheim aber doch zu billigen, geht es doch um eine von der Stadt Genf in Aussicht gestellte Brandschatzungssumme von insgesamt 24 000 Gulden. Auch hier spielt der »Pfennig« bei vielen eine Rolle als Motivation für ein kriegerisches Abenteuer, wobei die zwei Gulden Sold pro Mann für den ganzen Feldzug im Vergleich zur Gesamtsumme, die man »abholen« will, weniger ins Gewicht fallen. Einige würden sich wohl sogar ohne persönliche Besoldung am Auszug beteiligen. Auf dem Banner der wilden Buben aus den Ländern prangt ein Kolben als Sinnbild der Selbsthilfe, ausserdem ein fasnächtlicher Eber[63].

Die Sau rauslassen, und damit erst noch für die heimatliche Republik ein gutes Werk tun! Die 24000 Gulden sollen nämlich nach Ständen verteilt werden. Da lohnt sich eine Aktion am Ende eines harten Winters immer. Feuer und Blut, nicht Öl und Honig sind angesagt, und wenn schon Wein, dann zusammen mit Most und Bier als Fasnachtsgesöff in grossen Mengen, am liebsten beim Durchmarsch durch die eidgenössischen Städte, die auf die Kunde vom Zug der Burschen vom »torechten Leben« ihre Alarmdispositive auslösen. Zu diesem Zweck reitet Bubenberg in einer seiner letzten politischen Aktionen, am 20. und 21. Februar 1477, eigens über Huttwil, wo er sich mit der Solothurner Abordnung trifft, nach Luzern zu einer ausserordentlichen Tagsatzung, um über geeignete Massnahmen zur Bändigung der wilden Scharen, »iungen mutwilligen lüten«, zu beraten. Diese sind aber nicht aufzuhalten. So beschränken sich die Städte, etwa Bern und Freiburg, vor allem auf Schadenbegrenzung und gütliche Abmachungen mit den Gesellen[64]. Der Feldzug ist das Nachspiel al buffo zu den Burgunderkriegen. Was soll erfolgreiches Kämpfen, wenn man den Erfolg nicht angemessen feiern darf? Das will man jetzt nachholen. Hei, da wird gefressen und gezecht beim Fasnachtsfeldzug, da ist vielleicht Ragaz, wo nicht einmal alle genug bekommen haben, nichts dagegen! *Es trinkend tusend eh den tod, eh einer sturb in durstes not*, lautet eine Losung spätmittelalterlicher Festfreude. Fasten wird man später, und für alle fastet ja schon längst einer in seiner Bergschlucht. Wenn der die Stadt Genf je gesehen hätte! Über seine Mahnung, bei Hans Salat 1537 erstmals in der bekannten Form publiziert: *O lieben fründ, machend den zun nit zu wit* (D 685), würden die wilden Gesellen nur lachen. Nicht den Zaun zu erweitern ist ihr Begehren. Lieber auf der dämonischen Piste entlang des Zaunes Beute machen. Jederzeit den Pfennig eintreiben, die Metzgete, Schinken, Wein und Most samt Apfelmus und fette Fasnachtskrapfen holt man sich gratis dazu. Dafür kann der Winter gar nicht lange genug dauern!

In den Städten ist man sich aber im klaren, dass der Wohlstand nicht auf Krieg, sondern auf Gewerbefleiss und erfolgreiches Geschäften gebaut wird. Dafür braucht man Frieden, Landfrieden zumal, Recht und Ordnung. Der Rat von Bern lässt die Städte Zürich, Luzern und Solothurn am 28. Februar 1477 in einer speziellen Note seine Besorgnis wissen: »Wir haben sie«, gemeint die Gesellen vom *torechten leben,* »durch die Stadt gelassen, und sie halten sich jetzt während zweier Tage in Freiburg, bei unseren Mitbürgern, auf, wo sie durch Eure Boten und diejenigen der anderen Eidgenossen nicht zur Umkehr bewegt werden. Sie haben den Vorsatz, nach Genf zu marschieren, das Savoyische Haus und seine Zugehörigen anzugreifen, was uns mit grosser Sorge erfüllt. So werden bei uns auch Zölle, sicheres Geleit, Kaufmannshandel und dergleichen Behelf ganz abgestellt, neuer Aufruhr gegen den König (von Frankreich) und Savoyen wird entfacht.«[65] Weil die Führungskräfte der Länderorte sich aus opportunistischen Gründen und aus Einsicht in ihre tatsächliche Machtlosigkeit passiv verhalten, entgleitet die Lage der politischen Kontrolle. So treffen sich Vertreter der fünf Städte Bern, Freiburg, Solothurn, Zürich und Luzern am 23. Mai 1477 im luzernischen Sankt Urban, um mit der Schliessung eines »Ewigen Burgrechts« für etwas mehr Ordnung zu sorgen. Der heilige Urban, Patron der Gastfreundschaft, soll dabei helfen. Aber mit diesem separaten Pakt beginnt ein über vier Jahre währendes Zerwürfnis zwischen den Stadtorten der Eidgenossen und den sogenannten Ländern. Dass unter diesen Bedingungen die Gesuche Solothurns (1476) und Freiburgs (1477) um volle Aufnahme in den Bund kaum Aussicht auf Erfolg haben, liegt auf der Hand.

Der Held von Murten, gesinnungsmässig zu Frieden und Kompromiss geneigt wie kein zweiter Politiker seiner Heimat, sitzt bei diesem Streit zwischen Stühlen und Bänken. Wegen ein paar freundlichen Worten zum Obwaldner Landammann Bürgler, der ihn für die Bekämpfung des Burgrechts gewinnen will, gilt er in Obwalden, im Entlebuch und bald einmal in Luzern schon als Vertreter des ländlichen Standpunktes. Was hat er, vertraulich, zum Unterwaldner gesagt? »Er habe zur Zeit nicht die Befugnis (das Burgrecht aufzuheben), sie sollen sich gedulden, bis es besser werde, es sei niemandem zu argem aufgerichtet, es sei zu überdenken, und man solle nicht jählings verfahren.«[66]

Angeekelt von der politischen Auseinandersetzung um seine angeblich ungeschickten Äusserungen und die Überinterpretationen, die sie auf beiden Seiten erfahren, bittet Bubenberg den Rat von Bern um seine Entlassung als Feldhauptmann. Der Rat will ihn nämlich als faktischen Oberkommandierenden der bernischen Streitkräfte, auf Ende Jahr 1478, zur Unterstützung der Urner gegen den Herzog von Mailand über den Gotthard ins Livinental schicken. Wenn schon weiter Krieg, denkt man in Bern, dann möglichst weit weg von den eigenen Märkten, und für den Frieden innerhalb der Schweiz ist es gut, wenn die Schlägerkohorten aus den Länderorten »anderswo« beschäftigt sind. Es ist klug, sie dabei zu unterstützen. Darum schreibt Bern an Luzern, es wolle dem Gesuch Bubenbergs um Entlastung nicht stattgeben, aber man erwarte, die Luzerner würden denselben beim Durchzug in ihrer Stadt weder anpöbeln noch mit Taten beleidigen[67].

So muss Ritter Adrian abermals zu einem Krieg aufbrechen, der nicht der seine ist, ihn auf keine Weise interessiert, mit innerlich friedlosen Bundesgenossen, die ihn beidseits zutiefst enttäuscht haben. Weder ist es ihm gelungen, seine Vorstellungen von Ritterlichkeit und Disziplin durchzusetzen, noch ist die Hauptrichtung der Politik in den Städten die seine. Er denkt zum Beispiel anders als der Zürcher Bürgermeister Hans Waldmann, der sich vom französischen König eine hohe jährliche Pension auszahlen lässt und gegenüber der eigenen Landbevölkerung eine unverfrorene Politik betreibt. Trotz allem aber lässt sich Bubenberg im Frühjahr 1479 ein letztes Mal zum Schultheissen der Stadt Bern wählen. Zu den letzten Amtshandlungen des Rates unter seinem Vorsitz gehört eine Verschärfung des Verbotes, in burgundischen und französischen Diensten das Reislaufen zu betreiben. Am 25. Juli, dem Tag des Pilgerheiligen Sankt Jakob, leitet er, gesundheitlich angeschlagen, zum letztenmal eine Sitzung. Eine pestartige Seuche wirft ihn aufs Sterbebett. Wegen der misslichen Lage des Bubenbergschen Familienvermögens gelten seine letzten Gedanken eher dem Pfennig als der Sehnsucht nach dem Öl des Sterbesakramentes, welches man ihm wahrscheinlich vorenthält. »Sonderlich ist es mein Wille, dass man vor allen Dingen alle Schuldner auszahle und gütlich befriedige, (...) damit meine arme Seele dadurch nicht leiden und bekümmert werden muss (...)«, diktiert er testamentarisch seinem Notar. Am 6. August schreibt sein Sohn ins Ratsmanual von Bern: »Min Herr der Schultheiss selig.« Als Geschäftsmann offenbar kaum tauglich, geht

Adrian als braver Krieger und respektierter Politiker in die Geschichte ein[68].

Der dreckigste Gegner, von dem wir Kunde bekommen, schlägt nach dem Ableben zu: der Lausanner Domherr Nicolas Garillat. Mit Bubenberg wahrscheinlich wegen einer Pfründenangelegenheit im Streit, aber als päpstlicher Beamter über ausgezeichnete Verbindungen mit der Kurie verfügend, legt er Verwahrung gegen das kirchliche Begräbnis ein. Der Schultheiss sei unter kirchlichem Bann verschieden, seine sterblichen Überreste gehörten nicht ins Münster, sondern an die Engehalde, den Schindanger für die verendeten Rosse, die Erhängten, Geköpften und Selbstmörder. Da sendet Bern den Sohn von alt Schultheiss Peter Kistler (einem vormaligen politischen Gegner), Propst Kistler, nach Rom zu Papst Sixtus, um die geistliche Intrige beizulegen. So kommt es nachträglich zur formellen Bewilligung eines ehrlichen Begräbnisses[69]. Garillat aber wird kurz darauf Abt im Konvent der Sankt Petersinsel auf dem Bielersee, Prior von Rüeggisberg, Abt der Abtei Lac de Joux und Titularbischof einer italienischen Stadt[70].

Für die Seele Adrians aber, seinen Förderer und Gesinnungsfreund, wird Bruder Klaus mit nicht geringerer Andacht gebetet haben als für den schwermütigen Luzerner Schultheissen Hunwil. 1890 schreibt das *Initiativ-Comité für Erstellung eines Bubenberg-Denkmals in Bern*: »So steht er (Bubenberg) vor unserem geistigen Auge, als ein leuchtendes Vorbild wahrer Ritterlichkeit, männlicher Selbstbeherrschung und hochherziger Selbstverleugnung, altbernischer Thatkraft und unverbrüchlicher Treue, bürgerlicher Opferfreudigkeit und werkthätiger Vaterlandsliebe; hervorragend als ein Edelmann nicht nur der Geburt, sondern auch der Gesinnung, ein glühender Patriot, genialer Krieger, ein unbestechlicher, uneigennütziger Staatsmann, ein wahrer Rocher de Bronze in einer Zeit wilder Leidenschaften und skrupellosen Jagens nach Geld und Gewinn, mit einem Wort als einer der edelsten Charaktere der bernischen und schweizerischen Geschichte.«[71]

Er wolle der Stadt gern dienen, nicht aber für die Stadt in die Hölle fahren, hat Bubenberg in seiner berühmten Rede zum Berner Twingherrenstreit bekannt, und sich dabei auf eine Devise von Urban von Muhleren berufen[72]. Das Geschlecht der Bubenberger stirbt 1564 aus. Die von Flüe blühen und gedeihen, gehalten vom Segen und der Last ihres Namens, über den heutigen Tag hinaus. An der Stätte, wo der Held von Murten nach dem Willen des Prälaten hätte verscharrt werden sollen, an der Engehalde, plätschert, ein Nachtschatten der Geschichte, das Henkerbrünnlein. Ein anrüchiger Winkel.

Nicht nur die Wasser aus dem Paradies, auch diejenigen aus der Hölle steigen und sickern aus unversieglichen Quellen.

Bruder Klaus von Flüe, mit Anspielung auf die Brunnenversion in Hartmann Schedels Weltchronik von 1493.

Fried ist allwegen in Gott

Das ist eine verlorne Eidgenossenschaft, wo das Vertrauen nicht weiter als der Buchstabe geht.
Johannes von Müller:
Geschichten Schweizerischer Eidgenossenschaft

Ganz zufrieden sei er, und wäre die Gabe noch um die Hälfte kleiner, sehr wohl wäre er zufrieden, lässt im Dezember 1482 ein Dankschreiben den Rat von Bern wissen. Die Unterschrift, nicht eigenhändig, lautet *Ich Bruder Claus von Flüe.* Im Siegel, unterdessen verloren, hält die gekrönte Himmelskönigin ihr Kind zärtlich in den Armen. Dem Dank für die zwanzig Goldgulden zugunsten der Kaplaneistiftung im Ranft folgt die berühmte Mahnung: »Fried mag nicht zerstört werden, Unfried aber wird zerstört.« (D 209)

In den fünf vorangehenden Jahren scheint sich meistenteils just das Gegenteil zu bewahrheiten. Stadt und Land, Patrizier, Bürger und Bauern leben sich auseinander, und bietet sich Gelegenheit, dem andern eins auszuwischen, tut man's frischauf. Vor provokativen Sonderabkommen schrecken auch die Länderorte nicht zurück. Dem Bischof von Konstanz bieten sie anfangs 1477 ein Bündnis, das Landrecht betreffend, an, ohne sich darum zu scheren, ob der Rechtsstreit zwischen diesem und den Städten Zürich, Bern und Luzern um die Landvogtei Baden im Aargau erledigt sei oder nicht[1]. Nicht allein Bewohner der freien Länderorte, zu denen aufgrund seiner Verfassung auch Zug gehört, führen sich unberechenbar auf. Bei der bäuerlichen Bevölkerung im Herrschaftsbereich der drei Städte muss man sich vor verdeckten Konfliktherden in acht nehmen. Nicht immer wird der Treueid willig geleistet, und die kriegerischen Zeiten begünstigen den untertänigen Geist keineswegs. Das Misstrauen und die Abgabenscheu bei der Landbevölkerung vergällen Berns Säckelmeister *Hans Fränkli* schon seit längerem die Freude an der Arbeit. Die Steuermoral der Untertanen beurteilt er voller Trübsinn: »Auf Erden gibt es nichts Unbeständigeres als einen Bauern; stets sucht er nach neuen Dingen, obwohl ihm dies nur Schaden bringt. Und besonders, wenn er meint, dass es ihm etwelchen Vorteil bringe, und spare er in einem Jahr nur einen Fünfer, so wagt er es gerade, es gehe wohl oder übel.«[2] Damit beklagt der städtische Finanzminister das allenthalben grassierende Drückebergertum. Allen noch so einfallsreichen Massnahmen des Fiskus begegnet der

Landmann mit noch grösserem Einfallsreichtum in der Kunst der Umgehung. Für eine bessere Ordnung im Steuerwesen bietet sich der Aufbau eines modernen Territorialstaates, wie er den neuen Führungsschichten in der Stadt vorschwebt, als zeitgemässer Fortschritt an.

Das Chaos nach den Burgunderkriegen bringt es zutage: Die Stabilität einer zivilisierten Gesellschaft, Regierbarkeit und Recht, sind innerhalb von Stadtmauern eher zu garantieren als auf dem Land. Schultheissen, Bürgermeister und städtische Ratsherren verstehen sich, bei allen Interessengegensätzen, untereinander. Sie sind aussenpolitisch interessiert und entwickeln ein ökonomisches Denken. Auch wissen sie Verhandlungsergebnisse, wenn nötig, geheim zu halten. Aber auf manche Landammänner der Alpenrepubliken ist kein Verlass. Kaum geben sie für dies oder jenes ihr Wort, lassen sie sich von den Landsgemeinden wieder zurückpfeifen. Allzu gerne drücken sie sich, mit Berufung auf die Gemeinderechte, um ihre Verantwortung. Schlimmer noch, einige Gemeinden machen es sich zur Gewohnheit, im Bedarfsfall sogar ohne Führer zu tagen und Beschlüsse zu fassen. Das gilt vor allem für Knabenschaften und Kriegergemeinden im Zeichen des Kolbenbanners[3]. Wo führt das hin?

Unter solchen Perspektiven haben die fünf Städte – Bern, Zürich, Luzern, Solothurn und Freiburg – ihr Burgrecht geschlossen. In fünf je separaten Briefen gewährleisten sie einander gegenseitige Aufnahme der Bürger, Schutz und Schirm in Fragen der öffentlichen Sicherheit und versprechen einander, diesem Vertrag solle gegenüber allen anderen Bündnissen Priorität zukommen[4]. Solothurn und Freiburg, welches sich erst 1477 von der savoyischen Oberherrschaft gelöst hat, sehen in diesem Bund einen wichtigen ersten Schritt in ihrer Absicht, die Gemeinschaft der acht Orte als gleichberechtigte Mitglieder zu ergänzen. Für Zürich und vor allem Bern ist dieses Bündnis ein souveräner Entscheid, womit diese beiden Städte ihre starke Stellung in der Eidgenossenschaft weiter ausbauen. Anders liegen die Verhältnisse bei Luzern. Seit 1332 ist es auf Gedeih und Verderb im sogenannten Waldstätterbund politisch, militärisch und wirtschaftlich mit den drei alten Waldorten verbunden. Ausdrücklich hält das Bündnis, politisch gewichtiger als der bei schweizerischen Bundesjubiläen gefeierte Landfrieden von 1291, fest, »dass niemand unter uns vorgenannten Eidgenossen sich mit besonderen Eiden oder einem besonderen Gelöbnis nach aussen oder nach innen verbinden soll, ohne der anderen Eidgenossen Wissen und Willen.«[5] Das sind nicht einfach Schriftzüge auf einem Stück Pergament, welche ohnehin fast niemand lesen könnte und entsprechend bald vergessen wären. In Worte gefasst ist es der Waldstättergeist in seiner Quintessenz. Ohne diese in Freiheit geschlossene Klammer, die Vergewisserung eines städtischen Elementes, wäre die Urschweiz politisch, wirtschaftlich und vor allem geistig nicht lebensfähig. Luzern lebt von den drei Ländern, und die drei Länder, am meisten Unterwalden, leben von Luzern. Das sagt man einander nicht *expressis verbis.* Aber seit Generationen hat es jedermann in Bauch und Rückenmark verinnerlicht.

Nach den Burgunderkriegen macht den Eidgenossen weder die Verteilung der beträchtlichen Beute sehr viel Kopfzerbrechen, noch macht sich eine übermässig negative Stimmung gegen die alten Verbündeten aus Solothurn und die neueren aus dem Üechtland breit. Als Skandal aber empfindet man in den Länderorten den Riss, der sich mitten durch das Herz des Schweizerbundes abzeichnet. Luzern gerät in Verdacht, sich auf leisen Sohlen aus dem Waldstätterbund fortstehlen zu wollen. Mit der Besiegelung des Städteburgrechts, ohne die satzungsgemässe Einwilligung der Länder, setzt es die innerwaldstättische Partnerschaft unverfroren hintan. Ein öffentlicher und zugleich sehr intimer Vorgang. Die Menschen in den Bergtälern lassen sich dabei aufwühlen und politisieren wie durch sonst nichts seit Menschengedenken. Einen Vogt erschlagen, je nach Gelegenheit innerhalb oder ausserhalb des Badezubers, einen Bischof mit dem Tod bedrohen, Inquisitoren in Schach halten, den glänzendsten Herzog Europas aufsuchen und ihn in einen kalten Graben schmeissen – wem macht das schon Bauchweh? Aber wenn man auf Luzern nicht mehr bedingungslos zählen kann, dann sind die alten Bünde vergeblich geschworen.

Luzern und Bern, die Vormacht des Städtebundes, müssen die Opposition gegen das Burgrecht in den Ländern früh zur Kenntnis nehmen. Viele glauben jedoch, diese sei das Werk von ein paar intriganten Politikern. Wie tief die Sache im Volk Wurzeln fasst, merkt man lange Zeit nicht. Diplomatische Missionen erklären den Standpunkt der Städte, das Burgrecht sei gegen niemanden gerichtet. Aber auf eine luzernische Ratsbotschaft von Ende Jahr 1477 gibt es in den Ländern fast nur »ruche Antwort«[6], bloss der friedfertige und bekannt bernfreundliche Obwaldner Landammann Hans Heintzli soll sich entgegenkommend geäussert haben. Heintzli ist ja zusammen mit Bubenberg 1469 bei der Einweihung der Ranftkapelle in offizieller Funktion dabeigewesen. Dieses Beziehungsfeld um Bruder Klaus ermuntert den Luzerner Ratsherrn Peter Tammann, im Januar 1478 gleich zweimal in offizieller Mission die Einsiedelei aufzusuchen, das zweite Mal in Begleitung von Petermann von Meggen. (D 76) Im gleichen Monat lässt Bern in seinen Aargauer Vogteien Brugg, Schenkenberg, Lenzburg, Aarau und Zofingen anmahnen, keine Unruhe aufkommen zu lassen. Das Burgrecht errege öffentliches Missfallen. Das könnte man in den ländlichen Untertanengebieten zuungunsten der Herrschaft nutzen.

Mit Besuchen bei Bruder Klaus, vielleicht ein halbes Dutzend in dieser Sache, lässt es Luzern nicht bewenden. »In der Woche auf Samstag der alten Fasnacht Abend« geht es in den Gaststätten der Leuchtenstadt auf öffentliche Kosten hoch her. Die Landsgemeinden von Unterwalden sind zur freien Bewirtung eingeladen. Die hiesige Gastfreundschaft steht dank dem Sustwesen im Gefolge des Gotthardverkehrs auf gediegenem Niveau. Es mangelt nicht an gesundheitspolizeilichen Vorschriften. Das Geschirr muss einmal die Woche gewaschen werden, und der Wein ist in Zinnbecher einzuschenken. Ein Pfund und fünf Schilling investiert Ratsherr Tammann »Zum Schlaftrunk für die von Unterwalden«, zwischen vier und fünf Pfund kostet die Zeche je in der Schniderstube, der Metzgergstube, der Schmiedstube, während es im »Affenwagen« für die aus Unterwalden etwas billiger gekommen ist. Für nur neun Pfennig haben sie dort auf Kosten der Stadt gegessen und getrunken. Ein Riesenbankett aber findet in der Schützenstube statt: 24 Pfund, 13 Schilling und 5 Heller macht die Zeche, dafür kann man Elsässer Wein und Most fassweise ausschenken und allenfalls einen ganzen Ochsen am Spiess braten. Selbstverständlich lassen sich auch die städtischen Unterhändler, der vornehme Jost von Silenen, Propst von Beromünster, Sondergesandter des Königs von Frankreich und bald Bischof in Grenoble und Sitten, ihre Spesen reichlich entschädigen. Mag der Mann in Unterwalden, mit dem man im Notfall immer wieder mal rechnet, die Nahrungsannahme verweigern, für fünfeinhalb Pfund, also knapp drei Goldgulden, notiert der Stadtschreiber, »haben meine Herren verzehrt an Wildpret, als sie gegen Unterwalden fuhren.«[7]

Mit dieser Fress- und Saufoffensive verraten die Luzerner ihr schlechtes Gewissen und erreichen damit politisch das Gegenteil von dem, was sie beliebt machen möchten. Zudem beginnt im Frühjahr nach dieser denkwürdigen Fasnacht turnusgemäss die Amtszeit von Landammann Heinrich Bürgler aus Giswil. Er ist zusammen mit dem Obwaldner Ratsherrn Künegger ein besonders unnachgiebiger Gegner des Burgrechts. Schon unmittelbar nach dessen Abschluss ist Bürgler nach Bern gereist, um in Lombachs Gaststätte – bei einem Glas Ryfwein vom Genfersee? – Ritter Adrian von Bubenberg für das Anliegen der Länder zu gewinnen. Mehr Erfolg ist ihm bei seinem Schwager Peter Amstalden, Wirt in Schüpfheim und Hauptmann der Entlebucher vor Grandson und Murten, beschieden. Um diesen für seine Sache zu gewinnen, beruft sich Bürgler, wie nachweisbar beim Herzog Ludovico Sforza, genannt il moro, und mutmasslich gegenüber Bubenberg, auf seine Gevatterschaft mit Bruder Klaus. Für den Fall, dass Luzern sich vom Burgrecht nicht lossage, soll der Landammann dem Entlebucher Söldnerführer ein gewaltsames Vorgehen gegen Luzern nahe gelegt haben. Dabei könne er auf Obwaldner Unterstützung zählen. Möglich sei ein Anschluss an Unterwalden, wobei dann das Entlebuch einen Viertel, Nidwalden einen Viertel, Obwalden zwei Viertel der ständischen Souveränität beanspruche. Auch eine Verselbständigung des Entlebuchs zu einer unabhängigen Alpenrepublik sei möglich. Misslinge die Verschwörung, könne Amstalden lebenslänglich in Obwalden Exil nehmen. Ein Bauernhof in Sachseln stehe ihm dafür zur Verfügung. Diese privat gepflegte Diplomatie ist nicht mit einer offiziellen Obwaldner »Aussenpolitik« zu verwechseln. Eine solche existiert noch kaum.

Eine Verschwörung dieser Art, von der wir hauptsächlich über Geständnisse des im August 1478 verhafteten und gefolterten Amstalden Kenntnis haben, wäre indes in noch höherem Mass als die Beteiligung Luzerns am Städteburgrecht ein offener Bundesbruch, abgesehen davon, dass Nidwalden aus begreiflichen Gründen – es würde in seiner Bedeutung weiter eingeschränkt – von den Entlebucher Plänen nichts wissen will[8]. Der Sempacherbrief von 1393, nebst dem Pfaffenbrief von 1370 die älteste verfassungsähnliche Grundlage des eidgenössischen Bundes, verbietet Aufwiegeleien in Untertanengebieten ausdrücklich. Im Fall von Aufruhr wären die Orte vielmehr zu gegenseitiger Hilfe verpflichtet.

Die Mitwirkung an den Entlebucher Aufruhrplänen, die mit grösster Wahrscheinlichkeit sein Werk sind, gibt Bürgler nie offiziell zu. Vorladungen zu Zeugenaussagen vor Luzerner Gerichten ignoriert er mehrmals. Und auch der kompromittierte Bubenberg erhält keine Gelegenheit, weder in Obwalden noch in Luzern, via Ehrverletzungsklage die unangemessene Beanspruchung seines Namens zurückzuweisen. Bürgler muss die Stadt Luzern bis an sein Lebensende meiden, lässt sich nach 1478 während einiger Jahre an eidgenössischen Tagsatzungen durch weniger belastete Obwaldner Altammänner oder Ratsherren vertreten[9].

Als Höhepunkte der Amstaldenschen Verschwörung wären eine politische Wallfahrt von Entlebuchern zu Bruder Klaus im September 1478 und ein Handstreich in der Stadt Luzern am Tag des Stadtheiligen Leodegar, 2. Oktober, angesagt. Beide Ereignisse finden nicht statt. Die Verhaftung vereitelt die hochfahrenden Pläne eines Mannes, der sich von seinem Schwager den Titel »Landammann von Luzern« hat suggerieren lassen[10]. Eine solche Bezeichnung existiert, im Gegensatz etwa zum Aargau und zu Solothurn, bis heute nicht. Der Regierungsvorsitzende heisst, mutmasslich für alle Zeiten, Schultheiss, womit der Vorrang der Stadt über das Landgebiet wenigstens symbolisch festgehalten ist.

Die Akten einer für alteidgenössische Verhältnisse gründlichen Untersuchung bringen kaum stringente Beweise für Amstaldens Hochverrat, dafür, bei Abwesenheit einer auch nur formellen Verteidigung, reichen Einblick in die Gerüchteküche vor allem in den luzernischen Ämtern. Als Widerhall einer politisch aufgeregten Stimmung geben die Dokumente mehr her als in juristischer Hinsicht. Da sind sie selbst für mittelalterliche Verhältnisse Zeugnis grober obrigkeitlicher Willkür. Der Landeshauptmann, im neunzehnten Jahrhundert aus der Sicht des Staatsphilosophen Troxler ein »Freiheitsheld«, wird zur Vierteilung verurteilt, je ein Viertel seines Leibes soll zur Abschreckung an je einem der vier Stadttore aufgehängt werden[11]. In Verdankung seiner Wundnarben aus der Schlacht bei Grandson begnadigt man ihn schliesslich zu einfacher Enthauptung. Aus Furcht vor Entlebucher Racheaktionen wagt man es nicht, den Verurteilten zu enteignen[12]. Als Scharfrichter bestellt man einen Mann aus Konstanz, der sich weniger vor Entlebucher Racheakten in acht nehmen muss. Luzern verfügt erst ab 1485 über einen amtlichen Henker. Der Geköpfte wird auf der Sentiwiese begraben, wo auch die Dirnen des Frauenhauses ihre letzte Ruhestätte finden[13]. Seit dem vierzehnten Jahrhundert muss der Stadteremit, wohnhaft im *Bruderhaus im Koppen*, bei allen Hinrichtungen der zum Tode Verurteilten das Kreuz vortragen und für ihre ewige Ruhe das Vaterunser beten. Dafür erhält er vom Rat ein Mass Wein[14].

Ist Bruder Klaus mit der geplanten, aber vereitelten Wallfahrt der

Amstalden-Anhänger nicht wider Willen in die Affäre hineingezogen? Zeuge Hans am Lindeten, Bauer aus dem entlebuchischen Romoos, gibt zu Protokoll: Er, Lindeten, sei am Tag Mariä Himmelfahrt, 15. August 1478, im Haus von Peter Amstalden gewesen. Da habe ihn dieser eingeladen, zusammen mit zwanzig oder dreissig Gesellen an eine Kirchweih nach Unterwalden zu fahren, und die Priester müssten alle auch mitkommen, zu Bruder Klaus, um bei ihm Messe zu halten. Es gebe dort viele Ehrungen für die Entlebucher. Wenn aber unsere Herren von Luzern das Burgrecht nicht aufgäben, habe Amstalden gesagt, so wisse er, dass die Länder mit ihnen einen Krieg anfangen würden, das habe er von seinem Vetter Bürgler vernommen. Einen halben Tag lang, versichert der Zeuge, hätten sie über das Burgrecht beratschlagt, und von Obwaldens Landammann habe es geheissen: »Wolten wir von Entlibuch es mit den lendern han, so wolten sy uns helffen, dass wir ein ort der eitgenossen werden.» Abschliessend versichert der Zeuge, ihm persönlich habe dieses Gerede gar nicht gefallen, die Länder würden nicht so handeln, wie Amstalden glaube[15]. Das musst du sagen, Hans Lindeten von Romoos, sonst würden sie dich bald um einen Kopf kürzer machen.

Wie verhält sich Bruder Klaus in dieser für Luzern, Obwalden und die Eidgenossenschaft so delikaten Geschichte? Vor und nach der Aufdeckung der Affäre reisen Luzerner Delegationen zu ihm. Er ist, vielleicht neben Heintzli, der einzige Obwaldner, wohl einer der wenigen aus den Ländern überhaupt, den sie als vertrauenswürdig ansehen. Sie identifizieren ihn also auf keinen Fall mit der Verschwörung. Je brenzliger sich das Verhältnis zwischen Luzern und den Ländern entwickelt, zumal dann 1481, desto dringlicher wird für Luzerns Notabeln die Notwendigkeit einer Wallfahrt in den Ranft. Was sie dabei von Bruder Klaus zu hören bekommen, ist nicht bekannt und vielleicht auch gar nicht so wichtig. Auf die Haltung, die sie bei diesen Besuchen gewinnen, kommt es an. Über alles zählt: In einer Phase, da fast kein Politiker mehr dem andern traut, wo der Verdacht nicht einmal vor einem erhabenen Namen wie Bubenberg haltmacht, soll wenigstens einer als letzte menschliche Instanz Bürge für das Vertrauen in den Bund sein.

Lässt sich ein mässigender Einfluss des Eremiten auf das Geschehen nachweisen? Mit Sicherheit spricht Klaus von Flüe weder den Verfechtern des Burgrechts das Wort, noch identifiziert er sich mit der Haltung, gar den Intrigen, von Landammann Bürgler. Da bei diesem Streit jede Aussage nur belastet, wird er mit grösster Wahrscheinlichkeit dazu nichts gesagt haben. Damit bleiben auch die Anhänger Amstaldens im Glauben, er sei zumindest nicht gegen sie. Dies könnte indes täuschen. In den Entlebucher Prozessakten taucht nämlich überraschend der Name von Klausens engstem militärischen und politischen Weggefährten auf, Erny an der Halten. Dieser habe, ganz im Gegensatz zu Heiny Amschwand aus Sarnen, Müller und Obwaldner Tagsatzungsgesandter 1476, einem Parteigänger Bürglers, zur Mässigung gemahnt: »Daruff sprach Erny In der Halten, Seckelmeister zu Underwalden, wir sond ruw haben und daheim blyben; denn die von Entlibuch und andre empter, die sind unsern Eidgnossen von Lutzern als gehorsam, das sy nüt wider sy tund und wir sond rüwig bliben.«[16]

Sie sollen zu Hause bleiben und Ruhe bewahren! Die Mahnung zu Bundestreue und Gehorsam aus dem Mund des kriegserprobten Landessäckelmeisters. Dieser behauptet, in allen Lebensphasen mit seinem Freund Klaus von Flüe einer Meinung gewesen zu sein. Also verhält sich an der Halten Luzern gegenüber, ähnlich wie Heintzli, gemässigt, vielleicht auch, weil er aufgrund seiner Erfahrungen als Landvogt im Thurgau die Notwendigkeit der Kooperation zwischen Stadt- und Länderorten einsieht. Mit etwas anderem Hintergrund wird man eine ähnliche politische Haltung auch bei Bruder Klaus vermuten dürfen, sonst würden die Städte keine Abordnungen zu ihm schicken.

Im Amstaldenhandel vertreten die Gemässigten sicher nicht die in den Bergtälern vorherrschende Mehrheitsmeinung. Unfriede ergreift die Gemüter. In der Heimat der stillen Mechthild erklingen, von Bruder Klaus unbeeinflusst, erstmals schrille Stimmen politisch aufgeregter Landfrauen. Diese machen, stärker als die Intrigen der Männer, deutlich, wie sehr der Burgrechtsstreit die Volksseele in den Ländern aufwühlt. Marty Nagler, ein Bauer aus den luzernischen Ämtern, mit einer Unterwaldnerin verheiratet, blickt konsterniert auf einen Besuch »da innen« zurück. »Innen« und »hinein« sagt man noch heute, wenn man von Luzern aus die »Länder« besucht. Statt über Textilien und Federvieh zu werweissen, spricht Naglers Schwägerin ihre Schwester auf das Burgrecht an! Es wäre empfehlenswert, vernimmt Naglers Frau, ihr Gut wäre in Obwalden in Sicherheit, denn wenn die Luzerner Amstalden töteten, gebe es Krieg, und dabei würden die Unterwaldner auf dem Gebiet der Luzerner brandschatzen. Eine andere Frau, eine Obwaldner Ratsherrengattin, habe

Naglers gesagt: »Ihr Luzerner wähnt, die von Bern würden euch helfen, wenn es Krieg gibt, aber ihr täuscht euch! Tun sie es, werden die aus dem Wallis heraufkommen und den Bernern *hinden in das nest ziehen*!« Es sei mit der Besetzung des Berner Oberlandes durch die Walliser zu rechnen, »doch so verbott die frouw, dass man das nieman sagen sölte.«[17]

Als »Weiberklatsch«[18] will noch im neunzehnten Jahrhundert Bruder Klaus-Biograph Johann Ming solche Aussagen vom August oder September 1478 abtun, die Theodor von Liebenau im vorigen Jahrhundert aus den Beständen des Luzerner Staatsarchivs gesichert hat. Die politische Diskussion der Obwaldner Frauen tönt so abwegig nicht. Zwar besteht zwischen Luzern und dem Wallis erst seit kurzem, 1473, eine ewige Freundschaft, von Bischof Walther von Supersaxo gesiegelt[19]. Aber zwischen Bern und dem Wallis existieren objektive Interessengegensätze, und Bürgler hat tatsächlich seine Kanäle, die ihn mit dem südlichen Bergtal verbinden. Welches aber immer der Wahrheitshintergrund des »Weiberklatschs« ist, die Frauen zeigen deutlicher als die Männer mit ihren zum Teil verklausulierten politischen Botschaften: der innereidgenössiche Hausfriede hängt äusserst schief. Die Eskalation des Amstaldenhandels ab August 1478 verschüttet wertvolle Kompromissmöglichkeiten, die sich im Burgrechtsstreit ab Juli 1478 abzeichnen. Auf die Erklärung der Städte, unabänderlich bei ihrem »ewigen Burgrecht« bleiben zu wollen, bieten die Boten der Länder den Städten eine Verbesserung des Sempacherbriefs von 1493 an, worin auch die Bundesbeteiligung von Freiburg und Solothurn inbegriffen sein könnte[20].

Misstrauen bis zu Kriegsdrohungen im Amstaldenhandel, dann die kriegerischen Auseinandersetzungen mit Mailand lähmen den innereidgenössischen Friedensprozess für Jahre. Freiburg und Solothurn würden wahrscheinlich für eine Alternative zum Burgrecht Hand bieten, sofern ein annehmbares »ehrliches« Bündnis mit den acht Orten zustandekäme. Aber Bern benützt den Städtevertrag als eine Art Hebel, um seine Stellung als Vorort und Ordnungsmacht im westlichen Teil der Eidgenossenschaft zu festigen. Wenn die fünf Städte jeweils die Tagsatzung eines Bundes von insgesamt zehn Orten gemeinsam vorbereiten, besonders in aussenpolitischen, wirtschaftlichen und sicherheitspolitischen Fragen einen gemeinsamen Standpunkt erarbeiten, dann sollten die weniger berechenbaren Länderorte leichter zu zähmen sein. Dafür nimmt Bern einen Streit innerhalb des Waldstätterbundes in Kauf.

Drei Jahre später sind die Wunden des Amstaldenhandels nicht verheilt, das gerichtliche Nachspiel hält noch bis zum Ende der achtziger Jahre an, über den Tod von Klaus von Flüe hinaus. Erst recht bleibt das Burgrecht ein Streitpunkt, welches für den Schweizerbund eine permanente politische Krise bedeutet. Aber es ziehen keine anarchischen Kriegergemeinden mehr auf eigene Faust in Richtung Westschweiz, Savoyen und Burgund. Und glücklicherweise bieten die Soldverträge mit dem Papst und dem König von Frankreich Beschäftigung genug für die Soldateska. So umstritten diese Abkommen vor allem in der rückblickenden Beurteilung geworden sind, als Arbeitsbeschaffung für den wildesten Teil der Bevölkerung wirken sie innenpolitisch konfliktdämpfend. Der Streit um das Burgrecht könnte nämlich jederzeit in einen Krieg ausarten. Wenn zahlreiche Konferenzen und Tagsatzungen vom Frühjahr 1481 bis kurz vor Weihnachten ein knappes halbes Dutzend Vertragsentwürfe beraten, mit zum Teil heftigsten Auseinandersetzungen, haben wir es mit einem für die Verhältnisse in der frühen Eidgenossenschaft einmaligen Vorgang zu tun. Zwar sind auch den ältesten Bündnissen Verhandlungen vorausgegangen, aber nie und nimmer in diesem Ausmass und nicht mit vergleichbaren Komplikationen. Es gibt noch keine Rechtsbürokratie, welche ihre Existenzberechtigung mit der Produktion von Satzungspapieren ausweisen müsste. Die fieberhafte Aktivität fast aller politisch Verantwortlichen macht deutlich, wie sehr ohne eine Einigung in den wichtigsten Fragen das innere Gefüge des Bundes auf dem Spiel steht. Wenn Schultheiss Feer von Luzern Ende März oder anfangs April 1481 mit Begleitung und auf Staatskosten zu Bruder Klaus reitet, geschieht dies nicht nur aus politisch-taktischen Erwägungen.

Man hofft, direkt oder indirekt, auf einen politischen Einfluss des Eremiten, mag es auch schwer halten, etwas anderes als Gebetshilfe versichert zu bekommen. Das Gebet eines beschwerten, verstummenden Herzens. Der Weg über diese spirituelle Vaterinstanz, von allen Parteien begangen, von niemandem aber fleissiger als von den Luzernern, bezeugt Sorge um den tatsächlichen Ernst der Lage. Der innere Friede ist in Gefahr, Unfriede droht seine zerstörerische Saat auszustreuen. Das ist schlimmer als Krieg gegen aussen, den ein Eidgenosse, zumal einer aus den Ländern, nicht fürchtet. Solch ein Krieglein scheint bald geführt, beim Gebrüll der Kuh ziehen die Genossen aus, sprechen mit »zertanen«, ausgebreiteten, Armen das Schlachtgebet, stürmen und schlagen drein bis sich nichts mehr bewegt; dann pflegen sie die Verwundeten, begraben die Toten und machen sich nach drei Tagen Schlachtfeldwache beutebeladen wieder auf den Heimweg. Aber Unfriede, eine beleidigende und beleidigte Gesinnung innerhalb geschworener Bünde, zerstört die Rechtsordnung von innen heraus wie ein Krebsgeschwür. »Wo die inneren Krebs seint«, sagt der Alpendoktor, »ist tötlich mehr dann leblich zu erwarten.«[21]

Für die Eidgenossen sind Friede und Unfriede, wie Fehde und Krieg, kein Problem scholastischer Definitionen, sondern konkret, das Leben selbst. Eindrucksvoll kommt in den Briefen von Bruder Klaus an die Städte Konstanz und Bern zu Wort, was unter Friede und den Bemühungen darum zu verstehen ist, was sich zum Beispiel im Ringen um das Burgrecht und dessen Beseitigung zugunsten eines tragfähigen Kompromisses abzeichnet. Diese Briefe, mit der gekrönten Himmelskönigin gesiegelt, mit *bruder Claus von Flüge* und *Ich bruder Claus von Flüe* (D 180; 218) unterzeichnet, bezeichnen die Grundlagen von dem, was man unter der politischen »Beratertätigkeit« des Absenders hauptsächlich verstehen will[22].

Der Rechtsstreit mit Konstanz ist, im Hinblick auf den Eremiten als Friedensinstanz, das nachvollziehbare Paradigma schlechthin. Was in Stans Sache zu sein scheint, worüber wir aber keine Botschaft von Bruder Klaus haben, kann am naheliegendsten über das Konstanzer Dokument erschlossen werden. Dass die dazugehörigen Geschehnisse nach den Stanser Ereignissen anzusetzen sind, ist nebensächlich.

Mit Konstanz liegen die Eidgenossen schon seit 1460, in verstärktem Mass seit 1480 im Rechtsstreit um das thurgauische Landgericht, bei welchem zu Zeiten Erny an der Halten Amtstätigkeit ausgeübt hat. Konstanz, die natürliche Hauptstadt des Thurgaus, beim Feldzug mit Hauptmann Klaus von Flüe nicht miterobert, verfügt als freie Reichsstadt seit 1415 über wohlerworbene Rechte bezüglich die hohe Gerichtsbarkeit in einem früher habsburgischen Gebiet, das die eidgenössischen Orte mit Ausnahme Berns als sogenannte gemeine Herrschaft verwalten. Bern und Sankt Gallen schlagen im Januar 1481 einen Kompromiss vor: die Landgerichte sollen zur Hälfte oder wenigstens zu einem Drittel mit Konstanz geteilt werden. Davon aber will die Tagsatzung nichts wissen, erst recht nicht in der Zeit, da sie wegen dem Burgrechtsstreit den inneren Frieden vermissen lässt. Die Teilung der Landgerichte wäre schwer praktikabel, würde leicht zu Kompetenzstreitigkeiten führen. Und was hat Konstanz eigentlich militärisch zu bieten, wenn es die Landgerichte schon zurückhaben will? In dieser für die Stadt am Bodensee ungünstigen Ausgangslage scheint Bruder Klaus der einzige Schweizer zu sein, dem man aus Konstanzer Sicht Neutralität als strikt rechtliche Haltung zutraut. Darum bittet man ihn, eingedenk von »Schaden und Nachteil« für die Stadt durch die Eidgenossen, um sein »andächtiges Gebet zu Gott (...) und auch sonst alles, was Euch tunlich scheint, vorzukehren.« Dem »frommen, andächtigen Christen, Bruder Nikolaus von Flüe, unserem viellieben Freund«, legt der Rat von Konstanz nahe, alles, was »zu gutem Frieden und Freundschaft« diene, in die Wege zu leiten. Ein Zeugnis des grossen Zutrauens, das man im Bodenseeraum, bis hinaus ins Allgäu, dem betenden freien Schweizer entgegenbringt.

Die Antwort ergibt, wie ergänzend der Dankbrief an Bern, bestimmte Hinweise, wie wir uns die Praxis der Vermittlung im Burgrechtsstreit zwischen Städten und Länderorten, sowie bei der Frage der Aufnahme von Solothurn und Freiburg in den Bund der Eidgenossen, vorstellen können. Der Konstanzer Brief gehört zu den Preziosen des Rosgartenmuseums in der Stadt am Bodensee. Das Schreiben an die Berner ist schon früh nach Solothurn gekommen, wo es, aufbewahrt im Historischen Museum, zu den Heiligtümern der Republik gezählt wird. Der Kanzleivermerk in Konstanz lautet: »Antwurt uff miner herren schriben von bruder Clausen«:

1482, 30. Januar
Der nam Jhesus sigy üwer gruess und ich wünsche üch vil guetes. Der Name Jesus sei Euer Gruss, und ich wünsche Euch viel Gutes. Ich habe Eure Bitte gut verstanden, so weit Ihr begehrt, dass ich für Euch zu Gott bete. Ich will es tun in guten Treuen, es geschieht aber nicht mehr, als was Gott geschehen lässt. Was mich betrifft, will ich mit gutem Willen tun, dass meine Worte zum Frieden hinziehen und sie wohl fruchten mögen. Mein Rat ist, Ihr sollt diese Sache gütlich beilegen, denn eine gute Tat folgt aus der anderen; wenn es sich aber nicht in Freundschaft bereinigen lässt, *so lausent das recht das böst sin,* so beschreitet im schlimmsten Fall den Rechtsweg. Zu wahrer Urkunde habe ich mein eigenes Siegel am Ende dieses Briefes beifügen lassen. Gegeben am Mittwoch vor dem Sankt-Blasius-Tag im Jahr des Herrn 82.

bruder Claus von Flüge (D 183)

Der Brief an die Stadt Bern, längere Zeit kaum beachtet, ist in der Frühzeit der Reformation in der Schweiz von Heinrich Bullinger, dem Nachfolger Zwinglis in Zürich, erstmals abgeschrieben und in das Quellenwerk *Von den Tigurinern und der Stadt Zürich Sachen* gelangt. Für die katholische Schweiz wird er erst für die Seligsprechungsakten von 1618 wichtig, ferner noch 1636 für die Biographie aus der Feder des Jesuiten Petrus Hugo, das repräsentative Bruder Klaus-Buch der Barockzeit[23]. Der Berner Brief ist, allein schon aus der Geschichte seiner Rezeption, ein Dokument, in welchem sich, idealtypisch, ein Stück Konsens aller Christen in der Schweiz widerspiegelt:

1482, 4. Dezember
Der Name Jesus sei Euer Gruss, wir wünschen Euch viel Gutes, und der Heilige Geist sei Euer letzter Lohn. Die freundliche Gabe verdanke ich Euch fest und aufrichtig, denn ich erkenne daraus Eure väterliche Liebe, über die ich mich mehr freue als über die Gabe selbst.

Um der Liebe willen lasse ich für Euch noch einiges dazu schreiben. Gehorsam ist die grösste Ehre, die es im Himmel und auf Erden gibt. Darum sollt Ihr schauen, dass Ihr einander gehorsam seid, und Weisheit ist das Allerliebste, denn sie fängt alle Dinge zum besten an. Fried ist allwegen in Gott, denn Gott ist der Fried, und Fried mag nicht zerstört werden, Unfried aber wird zerstört. Darum sollt Ihr besorgt sein, dass Ihr auf Frieden abstellt, Witwen und Waisen beschirmen, wie Ihr es bisher schon getan habt. Und bei wem auf Erden das Glück Zuwachs erfährt, der handle dankbar, dann mehrt sich sein Glück auch im Himmel. Den offenen Sünden setze man Widerstand entgegen, und man scheue sich nicht, der Gerechtigkeit allezeit beizustehen. Auch sollt Ihr das Leiden Gottes in Euren Herzen tragen, denn es ist des Menschen grösster Trost an seinem letzten Ende. Mancher Mensch ist im Zweifel an seinem Glauben, und der Teufel verübt manchen Angriff durch den Glauben und allermeist über den Glauben. Wir sollen aber darin nicht wanken, denn er ist so, wie er gesetzt ist. Und ich schreibe Euch dies nicht in der Meinung, als wäret Ihr nicht rechtgläubig. Ich zweifle nicht daran, dass Ihr gute Christen seid. Ich schreibe es Euch zu einer Ermahnung, dass, wenn der Böse Feind jemanden von Euch in Versuchung führt, er umso ritterlicher widerstehe. Nicht mehr. Gott sei mit Euch.

Gegeben am Tag der heiligen Barbara im 82. Jahr. Auf das Ende dieses Briefes habe ich mein Siegel aufdrücken lassen.

Ich Bruder Claus von Flüe (D 209f.)

Wie weit vermitteln uns die Texte der beiden Briefe den »Originalton«? Wie weit sind sie auf dem Niveau eidgenössischer Dokumente, wie sie im Zusammenspiel von klugen analphabetischen Politikern und deren Schreibern zustande kommen? Sind Bildungselemente des geistlichen Umfeldes von Bruder Klaus auszumachen, die als Anteil eines theologisch geschulten Federführers in den Text eingehen? Worin liegt, im engeren Sinn, die Kompetenz des Analphabeten als Autor? Als Schreiber kommen in Frage, aufgrund seiner politischen Interessiertheit, Pfarrer Heimo Amgrund, aufgrund der Nähe Ranftkaplan Bachtaler, Bruder Ulrich oder Pfarrer Oswald Isner von Kerns. Womöglich sind die Verfasserverhältnisse noch komplizierter, zum Beispiel mit Bruder Klaus, einem beratenden Geistlichen und einem professionellen Schreiber, der gewohnt ist, politische Dokumente in die geeignete Form zu bringen.

Grundsätzliche Zweifel an der Verfasserschaft des Einsiedlers, was die Intention und Verantwortung für den Text betrifft, sind nicht angebracht, aber redaktionelle Einwirkung liegt, wie bei der Brunnenvision, nahe. Inhalt und Tonfall entsprechen weitgehend dem, was Bonstetten bei seinem Besuch am Silvester 1478, notabene sechs Wochen nach der Hinrichtung Amstaldens, aufgefallen ist: »Er lopt hoch gehorsammikeit und den frid, welchen frid zu halten er die Eidgenossen vast ermanet und alle die zu im komment.« (D 89) Auf Gehorsam und Frieden laufen die permanenten Mahnungen hinaus. Ob es dabei Landammann Bürgler an jenem Jahresende im Ranft wohl gewesen ist, sofern er und nicht alt Landammann Hans under der Fluo Bonstetten begleitet hat?

Im Bernerbrief fällt eine rhetorische kunstvolle Viergliederung auf:

frid ist allwegen in got,
wan got der ist der frid
und frid mag nit zerstört werden
unfrid wurt aber zerstört. (D 209)[24]

Gott als der Friede scheint eine Anspielung an den Epheserbrief des Apostels Paulus zu sein, worauf schon Durrer hinweist: »Denn er (Jesus Christus) ist unser Friede«, Eph 2.14. Bruder Klaus nennt Jesus, abgesehen von der spirituell bewegenden Grussformel, konsequent Gott. Der Anklang an die gesprochene Sprache des Gläubigen liegt nahe. Hingegen wird man Bezüge zu Augustinus, betreffend das Verhältnis von Gehorsam und Friede, oder gar Kenntnisse der scholastischen Staatsphilosophie beim einstigen Bauern vom Schübelacher nicht voraussetzen. Der Friedensgedanke in seinen Briefen ist in dem Sinn mehrschichtig zu würdigen: Auf der einen Seite liegt ein biblischer und philosophischer Hintergrund vor, welcher dem geistlichen Umfeld des Eremiten angemessen ist, auf der anderen Seite die praktische Vernunft des ehemaligen eidgenössischen Schiedsrichters. Dieser versteht »Friede« eher in der Lesart, wie sie zum Beispiel das Nidwaldner Landrecht von 1456 bietet, als im Sinn klassischer augustinischer Definitionen wie »Ruhe in der Ordnung«[25]. In diesem Fall geht es um den Friedensgedanken aus der Sicht der Gebildeten, bei jenem um die Praxis, Frieden zu bieten, wie es die Ammänner, die Räte und die getreuen lieben Mitlandleute von Unterwalden gewohnt sind. Klaus von Flüe wird den Frieden eher von dieser praktischen Seite her verstanden haben. Eine moderne Formalabstraktion wie »Pazifismus« wäre ihm wohl unverständlich geblieben.

In den Bruder Klaus-Briefen ist das Friedensverständnis der Gebildeten trotzdem implizit mitenthalten. Das weiss der Mitautor, der wahrscheinlich als Schreiber fungiert, besser als der Autor selbst, desgleichen der gebildete Leser. Über Frieden und Gehorsam schreibt der meistzitierte aller Kirchenväter, Aurelius Augustinus (354–430), in der berühmten Friedenstafel seines Hauptwerks *Der Gottesstaat*: »Der Friede der sterblichen Menschen mit Gott ist der durch den Glauben geordnete Gehorsam gegenüber dem ewigen Gesetz. Der Friede unter den Menschen ist die geordnete Eintracht. (…) Der Friede im Staat ist die geordnete Eintracht der Bürger in bezug auf Befehlen und Gehorchen. Der Friede für alle Dinge ist die Ruhe in der Ordnung.«[26] Auf vergleichbarem Abstraktionsniveau lässt sich Thomas von Aquin (1224–1274) vernehmen: »Das Gute aber und das Heil einer vergesellschafteten Menge beruht darin, dass ihre Einigkeit bewahrt werde, welche Friede genannt wird.«[27] Stärker auf dem Boden der praktischen Vernunft sieht der Arzt und Philosoph Marsilius von Padua (1280–1343) das Problem. Sein Buch *Defensor Pacis*, Verteidiger des Friedens, widmet er am 14. Juni 1324 König Ludwig dem Bayern, einem Freund der Eidgenossen, bekannt für fleissiges Bestätigen schweizerischer Freiheiten und Privilegien: »Die Norm des Handelns, von deren richtiger Aufstellung das Dasein der Allgemeinheit im Frieden abhängt, und aus deren verfehlter Aufstellung der Allgemeinheit Schaden droht, muss von der Gesamtheit der Bürger aufgestellt werden. Diese Norm nennen wir Gesetz. (...) Stärker muss der Teil der Bürgerschaft sein, der will, dass der Staat bestehen bleibt, als der, der das nicht will.« Damit man diese prinzipiellen Ausführungen aus der *Politik* des Aristoteles nicht voreilig mit Demokratie verwechselt, fügt er, in der Tradition Platons, hinzu: »Die Weisen, die ihrer wenige sind, können Fragen des Handelns, die zu Gesetzesvorlagen führen, klarer beurteilen als das übrige Volk.« Deswegen hänge dann das Gemeinwohl von einem wohlberatenen Monarchen ab, der sich in politischen Fragen aber auf keinen Fall von kirchlichen Instanzen dreinreden lassen soll. Darum wird das Buch von Marsilius von der Kirche von Anfang an und für Jahrhunderte unterdrückt[28].

Solche Gedanken, scholastische in der Art von Thomas, pragmatische in der Nähe des Denkens von Marsilius, wie sie Machiavelli aufgreifen wird, liegen zur Lebenszeit von Bruder Klaus in der Luft. Die Gilde seiner Berater, welche Hochschulen besucht haben, mag davon zehren. Frieden stiften unter den Eidgenossen kann man mit schönen Worten nicht, selbst wenn man diese zu brillanten Sätzen komponiert. »Die Gelehrten, die Verkehrten«, raunt ein aufkommendes antischolastisches Sprichwort[29]. In der verfahrenen Situation des Burgrechtsstreites sind die Intellektuellen in der Schweiz praktisch bedeutungslos. Ein Diskurs mit Augustinus-Zitaten könnte keinen Tagsatzungsabgeordneten beeindrucken. Den Landammann eines Bergtals würden Definitionen von Frieden und Recht langweilen. Dabei versteht er mehr davon, als die Gebildeten, auch die aus der besserwisserischen Nachwelt, es ihm vielleicht zutrauen. Konkreter Friede beruht auf Landrechtsbasis.

In den entsprechenden Satzungen, zum Beispiel der *Einung* von Landammann und Landleuten von Nidwalden vom 1. Mai 1456, treffen die freien Bauern, die unterhalb des Kernwaldes leben, Regelungen, wie sie in Frieden miteinander leben können[30]. Friede bedeutet da, wie bei den Alemannen allgemein, den Zustand ungebrochener Rechtsordnung. Diese gilt grundsätzlich nur für die geschworenen Rechtsgenossen. Der Friede hat also fast ausschliesslich »innenpolitische« Bedeutung, als das Rechtsprinzip, welches der Fehde und der Rache entgegensteht. Seit den Bündnissen von 1291 und später gilt der Friede analog auch mit den Genossen aus den Bruderorten. Wenn zwei oder mehrere in Streit geraten, seien es Private oder ganze Stände, dann darf und soll ein Dritter Frieden bieten. Ein Schiedsgericht wird erstellt, bei welchem es darauf ankommt, ob der Fall freundschaftlich, »in Minne«, oder streng nach Recht, Bruder

Klaus spricht vom »bösesten Recht«, einer Lösung zugeführt wird[31]. Der Friedensschluss »in Minne« entspricht dem Primat des Brauchtums vor der Politik, das Beschreiten des Rechtsweges mit einem Richterspruch nach »bösestem Recht« könnte den Frieden längerfristig untergraben.

Wie wird der Friede gebrochen? Nach dem Nidwaldner Landrecht, »indem man mit diesen nachgeschriebenen Worten und Werken einen Krieg anfängt«. Dabei wird zwischen der privatrechtlichen und öffentlichrechtlichen Bedeutung des Wortes »Krieg« noch kaum unterschieden. Einen »Krieg« fängt an, wer zum Beispiel sein Messer zieht, das Schwert zückt, mit der Waffe sticht oder schlägt, ausserhalb der Jagd, beziehungsweise des erlaubten oder gebotenen Auszuges mit Langspiess oder Armbrust herumläuft. Erschwerend wirkt sich aus, wenn dies sogar an einem heiligen Tag geschieht, etwa Auffahrt oder Kirchweih oder sonst zu einer Zeit, die für Krieg und Fehde aus sakralen Gründen gebannt ist. Auch die Markttage sind tabu. Dies zeigt den durchaus praktischen Gehalt der Friedensordnung. Wann immer vom Kalender her mit grösseren Zusammenrottungen zu rechnen ist, mit erhöhtem Risiko von Schlägereien aufgrund verbaler Ausschreitungen, besteht ein erhöhter Regelungsbedarf. Tief auf die Gesinnung des Friedbrechers lässt die Liste der bösen Worte und Beschimpfungen schliessen, die das Nidwaldner Dokument, erlassen zur Zeit des kaum vierzigjährigen Klaus von Flüe, in homerischer Breite aufzählt, weil nur die genannten Beispiele auch rechtswirksam geahndet werden können. Das klingt dann sinngemäss, in freier Umschreibung, wie folgt:

Den Frieden brichst du, wenn du zu einem sagst: Du lügst! Oder *din muoter gehyge*, motherfucker würde heute ein vulgärer Amerikaner sagen. Oder du nennst einen Bösewicht, Schelm, Sodomit, *kuhgehiger.* Einen Krieg fängst du an, wenn du dem andern das Fallende Weh anwünschest. Böse Worte sind allerdings nur dann strafbar, wenn daraus tatsächlich eine Fehde entsteht. Und in diesem Fall giltst du, zu welcher Partei du auch gehören magst, dann als ein Friedbrech, wenn du dich weigerst, die gebotene Versöhnung und den Frieden anzunehmen. Bei Nichtannahme des Friedens trotz dreimaliger Mahnung musst du mit einer Busse im Betrag von fünf Pfund rechnen, das sind rund zwei Rheinische Gulden[32].

Wie wird, generell in der Rechtsordnung freier Gemeinden, der gestörte Friede wieder hergestellt? Indem einer Genugtuung durch Vergleich anbietet. Der »gebotene und gelobte Friede« soll den entzweiten Parteien Einhalt befehlen. Auf *trostung*, soviel wie »Vertrauen, Sicherheit«, verbunden mit dem Gelöbnis, den Streit ruhen zu lassen, folgt *stallung*, das heisst, »den Streit einstellen, zum Stehen, zum Stillstand bringen«. Mit Handschlag verspricht einer dem andern Frieden und Sicherheit. Bei wirklicher Aussöhnung erfolgt *richtung*, ein feierliches Mahl, bei dem die früheren Feinde miteinander essen und trinken[33]. Mit dem »Abtrinken des Friedens« wird der normale Rechtszustand unter den Genossen wieder hergestellt[34]. Ein berühmtes Beispiel, aber schon nicht mehr im Stil archaischer Eingeborener in Szene gesetzt, sondern mehr obrigkeitlich und konferenzmässig, bildet die berühmt-berüchtigte *Ewige Richtung* zwischen Österreich und den Eidgenossen von 1474, ein Vorspiel der Burgunderkriege. Auch das gemeinsame Schlürfen der Kappeler Milchsuppe, 1529, zwei Jahre vor Zwinglis Untergang, ist aus den oben geschilderten Traditionen zu würdigen.

Damit ist der konkrete Vorstellungshintergrund von Bruder Klausens Friedensbriefen grob skizziert. »Dass meine Worte zum Frieden hinziehen«, wie er den Konstanzern mitteilen lässt, bedeutet, den Weg der gütlichen Einigung, »in Minne«, zu gehen. An den Krieg als Lösung ist im Sinn des Heiligen gar nicht gedacht. Aber Prozessieren, mit unerbittlichem Beschreiten des Rechtsweges, *das böst recht,* steht dem Krieg näher als dem Frieden, vor allem, wenn wir an die dahinterstehende Gesinnung denken. Zudem ist ein erzwungener Friede erfahrungsgemäss unzuverlässig. Ein solcher hält, besonders bei den fehdelustigen und kampfbereiten Eidgenossen, nicht lange hin. Ein gewonnener Prozess, zumal gegen einen an Mitteln zur Gewalt stärkeren Gegner, wäre ein Pyrrhussieg. Es ist die schlechteste aller politischen Lösungen, wenn auch immer noch besser als Krieg.

Dabei muss die gütliche Friedensregelung einige einfache Grundgesetze des Zusammenlebens unter Rechtsgenossen berücksichtigen. Ein Nachgeben nur bei der schwächeren Seite wäre kein Friede, bliebe auch zum Beispiel Konstanz wohl beraten, bei einer allfälligen Teilung der Landgerichte als militärisch unterlegene Partei in kluger Zurückhaltung den kleineren Teil zu beantragen. Aber es ziemt sich, dass der Stärkere es lerne, dem Schwächeren gehorsam zu sein, das heisst, diesem Entgegenkommen zu zeigen. Nicht zufällig fordert der Berner Brief nach der Friedensformel die Beschirmung der Witwen und Waisen. Für diese, als die schwächsten Glieder in der Gesellschaft, ist zu sorgen aus einer Haltung, eingedenk des Leidens Gottes. Damit ist der soziale Gehalt der deutschen Mystik, wie bei Meister Eckhart gleichnishaft hervorgehoben, in einen konkreten politischen Ratschlag verwandelt. Mit dem Hauptgrundsatz »Darum sollt Ihr schauen, dass Ihr einander gehorsam seid«, findet der Staatsgedanke der Schweizerischen Eidgenossenschaft, das vorjakobinische, nicht totalitäre Verständnis der Demokratie, eine idealtypisch reine Ausprägung. Zwischen »einander gehorsam sein« und dem Machtprinzip der Volkssouveränität klaffen Welten. Die Frage »Wer soll herrschen?« und der Grundsatz »Schauen, dass Ihr einander gehorsam seid« machen den Unterschied zwischen dem eidgenössischen Ethos und der Ideologie der Französischen Revolution aus.

Die beiden Briefe von Bruder Klaus sind, schon damals auf uralter Grundlage geschrieben, auf paradoxe Art zukunftsweisend. Dem modernen, individualistischen Weltbild kommen sie auf keiner Zeile entgegen. Der einzelne, das politische Individuum, ist bezeichnenderweise vor allem Subjekt der Versuchung. »Wenn der Böse Feind jemanden von Euch in Versuchung bringt, soll er umso ritterlicher widerstehen.« Der Appell an das ritterliche Ethos erscheint wie eine Hommage an Adrian von Bubenberg, der zum Zeitpunkt des Berner Briefes schon seit drei Jahren im Münster die Posaune des Jüngsten Gerichts erwartet. Die Obsorge für Witwen und Waisen ist Bestandteil von dem, was ein Kaiser des Heiligen Römischen Reiches Deutscher Nation seit dem zwölften Jahrhundert bei seiner Krönung geloben muss[35].

Die grössten Versuchungen des einzelnen aber sind die Anfechtungen im Glauben und durch das Glück. Bei jenen haben wir nicht an moderne Glaubenszweifel zu denken, eher an den Eigenwillen, den Wahn, mit dem Glauben Berge versetzen zu können, nach Hohenheim die schlimmste, krankhafte Form des Glaubensmissbrauchs. Eine nicht minder grosse Gefahr erwächst beim Ausruhen im Glück. Wenn dieses sich mehrt, es einem Land gut geht, dann ist tätige Dankbarkeit angesagt. Neben der Fürsorge für Witwen und Waisen sind die weiteren Werke der christlichen Barmherzigkeit fleissig zu üben, wie in der Betrachtungstafel im Ranft angezeigt.

Aus dem Geist der beiden später abgefassten Briefe ist die vielbeschworene heroische Vermittlungsrolle des Eremiten in den Jahren 1477 bis 1481 zu begreifen. In diesen Jahren versuchen die Eidgenossen insgesamt viermal, ein Schiedsgericht über ihre Streitfragen entscheiden zu lassen, aber mit Trostung, Stallung und Einung ist es offenbar nicht weit her. Im Vordergrund steht meist der Streit zwischen Luzern und seinen drei alten Bruderorten. Gerade dafür gäbe es in den Bundesbriefen von 1332 und 1351 eine gangbare Konfliktregelung: Für das Schiedsverfahren muss jede Partei zwei Richter ernennen; diese sollen den Fall entweder in Minne oder nach Recht entscheiden. Bei Uneinigkeit muss man Schiedsrichter aus der übrigen Eidgenossenschaft berufen. Die Schiedstage, von denen zwei in Beckenried (Nidwalden) vorgesehen sind, kommen entweder gar nicht zustande oder scheitern, weil Luzern sich von den Länderorten nicht in die Minderheit setzen lassen will. Erst im April 1481, zu dem Zeitpunkt also, da Luzerner Ratsbotschafter bei Bruder Klaus vorgesprochen haben, bekommt Luzern gleich viele Schiedsrichter zugesprochen wie Uri, Schwyz und Unterwalden zusammen. Man einigt sich aber nicht über den alles entscheidenden Obmann der Schlichtungsstelle. Eine Winkeltagsatzung, bei welcher die inneren Orte sich mit Luzern versöhnen sollen, fällt somit aus. Damit tritt der Friedensprozess weiterhin an Ort. Seit der Tagsatzung vom 29. Dezember 1480 zeichnet sich aber die Möglichkeit eines eigentlichen »bösen« Gerichtsentscheides ab, welcher bei einem Rechtstag in Stans getroffen werden soll[36]. Das wäre dann die Voraussetzung für weitere Revisionen der Bundesverträge. Damit könnte Solothurn und Freiburg die Tür für eine angemessene Beteiligung am Schweizerbund geöffnet werden.

Mag das Nachgeben der Waldstätte im Hinblick auf Parität bei den Schiedsrichtern ein Fortschritt für Luzern sein, der Autorität des Eremiten zugeschrieben, wäre eine Entscheidung nach »bösestem Recht« sicher nicht nach seinem Sinn. Kein Wunder, sind doch die Versuche an insgesamt drei Konferenzen im Jahr 1481, bei welchen man »das Recht vollziehen« will[37], jeweils schon im Vorverfahren gescheitert. In der Hoffnung auf eine Lösung in Minne zeigt sich Luzern aber im Juli 1481 geneigt, »im Burgrechtsstreit nachzugeben, auf die Forderung der Länder einzugehen und sich mit ihnen auf der Grundlage des im April zu Stans versprochenen zweiten Verkommnisentwurfes verständigen zu wollen«. Für Bern aber kann das Burgrecht, in seinen Untertanengebieten bereits als Bollwerk gegen anarchische Gewalt öffentlich verkündigt, nicht »ohne Gesichtsverlust und Einbusse an Autorität« (Walder) zurückgezogen werden[38]. Zudem ist es für die Aarestadt, wie oben schon dargetan, ein politisches Instrument, mit verstärktem Gewicht auf die Willensbildung der

Städte einzuwirken und damit eine Dominanz in eidgenössischen Angelegenheiten zu begründen.

Den ganzen Sommer und Herbst über hält die Konferenzdiplomatie mit Zusammenkünften in Zofingen, Zug und Stans an. Das hat es in der Geschichte der Eidgenossenschaft noch nie gegeben, auch wenn nicht gerade von einer permanenten Tagung gesprochen werden kann. Dabei vergrössern sich einzelne Meinungsverschiedenheiten auch innerhalb des Städtebündnisses. Interessengegensätze kommen zum Vorschein. Dafür dämmert im Verhältnis Luzerns gegenüber den inneren Orten allmählich eine Entspannung herauf. Diese Entwicklung schreibt man in der Stadt fast ausschliesslich Bruder Klaus zu. Geschenke sind in der Diplomatie selbstverständliche, gebräuchliche Mittel, und Vergabungen an die Ranftkapelle machen allenthalben einen guten Eindruck. Und so lässt sich Peter Kündig happige sieben Gulden als Spesengeld für einen neuen Eremitenrock gutschreiben, in den Ranft zu liefern! Für diesen Betrag hätte man beinahe ein Hochzeitskleid anfertigen lassen können! Da wird sich der Gesandte, in dieser Eigenschaft nicht als erster, einiges in den eigenen Sack gesteckt haben. Als schon entscheidenden Durchbruch würdigt man in Luzern die Tagsatzung in Stans vom 25. bis zum 30. November. Vierzig Gulden spendet die Stadt zugunsten der Ranftkaplanei, also gleichviel, wie Obwalden von Mötteli für die Erteilung des Landrechts erhalten hat. Auch die Gesandtschaftsspesen steigen ohne Unterlass. Für Durrer deutet diese »beträchtliche Schenkung des Luzerner Rates (…) auf eine bereits liquide Dankschuld, das heisst auf eine Mitwirkung Bruder Klausens am Zustandekommen des Schlussentwurfs und der prinzipiellen Einigung der anwesenden Boten auf dem Tage vom 25./30. November.« (D 116)[39]

Was ist in Stans geschehen, dass Luzern drei Wochen vor dem endgültigen Abschluss des Abkommens der acht Orte bereits triumphiert? Das »Wunder von Stans«, von welchem 1994 der Verfassungshistoriker Ernst Walder zu sprechen versucht ist, liegt in der Absage eines am 6. November bereits vereinbarten ordentlichen Prozesses zwischen Luzern und den drei Waldstätten. Statt dessen kommt es, »unter Beteiligung aller Orte samt Freiburg und Solothurn, zu einem Tag der Vermittlung und des Ausgleichs, auf dem mit den Verkommnis- und Bundesentwürfen vom 30. November der entscheidende Durchbruch gelang.«[40] Wie soll die Lösung aussehen? Die Städte lassen ihr Burgrecht fallen, die Länder ziehen dafür ihren Bündnisvertrag mit dem Bischof von Konstanz, ein Abkommen von vergleichsweise geringerer Bedeutung, zurück. Ausserdem schliessen die acht Orte Zürich, Bern, Luzern, Uri, Schwyz, Unterwalden, Glarus und Zug, die Aufzählung bildet bis zum heutigen Tag die protokollarische Reihenfolge dieser eidgenössischen Stände, einen neuen Bundesvertrag mit Ergänzungen zum weiterhin geltenden Sempacherbrief. In diesem wird Vorkommnissen wie dem Saubannerzug und dem Amstaldenhandel ein Riegel geschoben; in einem zweiten Vertrag sollen Solothurn und Freiburg in den Bund der Eidgenossen aufgenommen werden. Das ist ja schon seit Jahren im Gespräch. Diese Beschlüsse um den fünften Verkommnisentwurf müssen jedoch von den Regierungen und Landsgemeinden zu Hause noch abgesegnet werden; gelingt dies, können die Abgeordneten in einer letzten Tagsatzung kurz vor Weihnachten alle Beschlüsse erwahren und in Kraft setzen. Nicht nur der Friede wäre geboten, der Bund der Eidgenossen hätte zum ersten Mal so etwas wie eine kohärente Verfassung. Diese ist jedoch mit derjenigen eines Bundesstaates noch nicht vergleichbar.

Dies sei, nach der Lesart der klassischen Geschichtsschreibung in der Schweiz, vom Luzerner Diebold Schilling über Johannes von Müller bis hinein ins Schulbuch des zwanzigsten Jahrhunderts, hauptsächlich das Werk von Bruder Klaus, seine Friedenstat. Angeblich hat er die Tagsatzung von Stans einberufen, und dort nach Eichorn, von Müller und Ming persönlich als sogenannter Tädingsmann gewirkt, oder dann, schon nach Segesser, als Abwesender eine umso grössere Macht ausgeübt[41].

Unter den wenigen abweichenden Stimmen findet die profilierte des grossen Staatsphilosophen der Schweiz, aus der Zeit der Romantik, Ignaz Paul Vital Troxler von Beromünster (1780–1866), wenig Beachtung. Der Philosoph, ein radikaler Demokrat mit mystischem und theosophischem Hintergrund, erfüllt von tiefer Hochachtung vor Bruder Klaus, warnt davor, die Verträge von Stans leichtfertig dem heiligmässigen Mann zuzuschreiben. Da hat er wohl recht. Welchen Sinn macht es, einem Barfüssigen etwas in die Schuhe schieben zu wollen? Dabei sieht der ehemalige Revolutionär aus der Zeit der Helvetik und entschiedene Förderer der Gleichberechtigung ehemaliger eidgenössischer Untertanengebiete die Ereignisse um 1481 tendenziös. Vor dem Stanser Verkommnis habe der Bund auf Menschen und Bürgern beruht, nicht auf Gauen und Tälern. Dann aber hätten die Ereignisse »die Aristokratie in den Bund geführt, und auch damals geschah es unter Friedenspredigten; sogar der gute edle Von Flue diente zum Werkzeug der Aristokratie. Die Geschichte wahrer Freiheit der Eidgenossen nimmt nur wenige Blätter der Eidgenossen ein.«[42] Dieses Urteil, in seiner schroffen Einseitigkeit unhaltbar, wird zumal von neueren Forschungsergebnissen nicht gestützt. Aber eine Mahnung bleibt im Hinblick auf die Beanspruchung von Klaus von Flüe bedeutsam: Troxler vergleicht den »edlen und frommen, aber der Welt und ihren Händeln, wie dem häusichen und bürgerlichen Leben entfremdeten Bruder Niklaus« etwas salopp mit einem »Liberalen von gutmüthigem Schlag«, der sich für einen fragwürdigen Frieden vereinnahmen lasse[43]. Allzuviel Kleingedrucktes enthalten die Stanser Verträge für den Philosophen, zum Beispiel in Sachen Beuteteilung und Niederhaltung der Untertanen.

Selbst wenn der Befund des Philosophen aus heutiger Sicht differenzierter gewürdigt werden muss, sieht Troxler eines wohl richtig: Die Stanser Beschlüsse bedeuten weder ein heiliges Bündnis noch einen in jeder Hinsicht befriedigenden Kompromiss. Kommt dazu, dass einige der Bestimmungen nicht mehr als den Papierwert haben. Eine unheilige Eigenschaft auch neuerer, fortgeschrittener Staatsverfassungen. Ausserdem wäre es ein Missverständnis, im Beitrag von Bruder Klaus zum Frieden in der alten Eidgenossenschaft inhaltliche Anregungen zu sehen, im Sinne eines »Verfassungsgebers«. Solche Direktiven wären, zumal aus der staatsphilosophischen Perspektive Troxlers, eine fragwürdige Sache. Ein Heiliger ist von der Verantwortung für das, was hier gespielt wird, eher zu entlasten. Eine Persönlichkeit in der Art von Bruder Klaus wäre auch heute nicht der Mann, welcher im Hinblick auf die Verhandlungen zwischen der Schweiz und der Europäischen Union die »richtigen« Vorschläge zu machen wüsste. Sub specie aeternitatis, aus dem Gesichtswinkel der Ewigkeit, gibt es zwar Heilige, die eine politische Rolle spielen – noch häufiger wird diese mit ihnen gespielt –, aber eine heilige Politik müsste entweder ein Widerspruch sein oder eine gefährliche fundamentalistische Illusion.

Die Auffassungen von Troxler enthalten, trotz Einseitigkeiten und Irrtümern betreffend das Stanser Verkommnis, über Bruder Klaus grundsätzlich Bedenkenswertes. Denn entgegen zahlreicher Darstellungen in Malerei, Grafik und Bildender Kunst hat der Eremit, gemäss übereinstimmender Ansicht aller neueren Historiker, an den Verhandlungen in Stans nicht teilgenommen. Seine historisch unbestrittene Vermittlungsleistung betrifft zum kleinsten Teil Inhaltliches. Vor allem sind die Verträge nicht sein Werk. Der Appell aus der Einsamkeit, vermittelt durch den Stanser Pfarrer Heimo am Grund, einen Luzerner, seit 1481 möglicherweise aus politischen Gründen in Unterwalden, betrifft das Prinzip des Friedensschlusses. Die Parteien sollen sich in Minne einigen. Auf die ethischen Grundlagen, die Gesinnung, mit welcher man sich zu einem konkreten Pakt zusammenfinden soll, kommt es an. In dem Sinn verhält sich Bruder Klaus nicht unähnlich wie einer der von Troxler gerügten »gutmüthigen Liberalen«. Es kann tatsächlich nicht um den Sieg einer politischen Sache gehen, und ein gewisses Ausmass an Unrecht ist wohl, um des Friedens willen, zu dulden. Die neun Paragraphen des Verkommnisses und die Details der Bundesverträge mit den zwei Weststädten müssen die Politiker selber verantworten. Falls überhaupt eine Meinung von Bruder Klaus zu den Geschäften angenommen werden kann, dann ist es die Befürwortung eines Friedens der Länderorte mit Luzern, sowie ein entgegenkommendes Verhalten gegenüber Freiburg und Solothurn.

Für die Linie, welche auf eine Einwirkung aus dem Umfeld von Bruder Klaus auf die Vertragspartner schliessen lässt, gibt es in der sogenannten Präambel zum fünften Verkommnisentwurf Indizien. Ernst Walder misst diesen hohes Gewicht bei. Eine Silhouette des Heiligen wird sichtbar: *Nachdem die menschliche Ordnung dieser Zeit durch mancherlei Bewegung und Widersetzlichkeit angefochten wird, obliegt es den Regierenden dieser Welt, ohne Unterlass fürsorglich wachsam zu sein und ihr Regiment so einzurichten und zu handhaben, dass es, in gleicher Liebe und weiser Voraussicht für alle, den Menschen zum Wohl und dem gemeinen Nutzen zu Trost und Förderung gereicht, damit Land und Leute, Witwen und Waisen in gesichertem Frieden vor aller unziemlichen Gewalt und Ungerechtigkeit beschirmt und in Ehren gehalten werden, Gott unserem Erhalter zum Lob. Denn Gott hat uns, hat allen Menschen, damit in diesem zeitlichen Leben und in Hinblick auf das verheissene künftige sich ein jedes Staatswesen in beständigen Würden und Ehren erhalte, aus göttlichem Mund befohlen, über allen Dingen Frieden und Eintracht zu lieben. Indem die Altvordern mit hoher Vernunft und mannhaft in allem, was sie vornahmen, sich das vor Augen gehalten und einander in brüderlicher Eintracht lieb gehabt, haben sie durch die Gnade und Kraft des ewigen Gottes zu allen Zeiten, und haben auch wir nach ihnen Gück und Heil erlangt: mit steter Zunahme an Ehren und Gut, Überwindung unserer Feinde und in anderen Sachen. Wir setzen unsere Hoffnung in die göttliche Allmacht, dass uns und unseren Nachkommen bei solch unserer Liebe und Treue auch weiterhin solches Glück und Heil stetsfort zuteil werde.*

Indem wir so in die Fussstapfen unserer frommen Altvordern treten (...) bekennen wir öffentlich für uns und unsere Nachkommen, die wir fest mit uns dazu verbinden, dass wir fortan friedlich miteinander in Liebe und Eintracht leben wollen, zu unserer und unserer Nachkommen Ruhe und Sicherheit, und dass wir deshalb mit einhelligem Rat diese nachstehenden Sachen, Stücke und Artikel, sie auf ewige Zeiten unversehrt, wahr und stet gegeneinander zu halten, gütlich vereinbart und sie wie hernach folgt zwischen uns abgeredet und beschlossen haben.«[44]

Diese Einleitung, in der Schweizer Verfassungsgeschichte »ganz ungewöhnlich, tatsächlich einmalig, (...) hört sich eher an wie der Nachhall einer Predigt, wie die Zusammenfassung von religiös-politischen Ermahnungen – wegen der Anklänge im Schreiben aus dem Ranft an den Berner Rat – wie eine freie Wiedergabe von Worten des Bruder Klaus.«[45] Diese Anklänge, zum Beispiel die Witwen und Waisen und das Friedensprinzip betreffend, sprechen für sich selbst.

Die Präambel ist nur im Entwurf enthalten, den die Abgeordneten den Regierungen und Landsgemeinden zur Genehmigung vorlegen, nicht aber in der endgültigen Fassung. Für diese ist der Text offensichtlich nicht vorgesehen. Es handelt sich aufgrund aller Indizien um eine Art Brief von Bruder Klaus an die zehn Orte. Für die Form und teilweise wohl auch den Inhalt dieser Aussagen kommt zuallererst der Mittelsmann zwischen Klaus von Flüe und der Tagsatzung, Pfarrer Heimo am Grund, in Frage, der noch am 21. Dezember, in brenzliger Lage, den mehrstündigen Weg von Stans nach Sachseln aufs Flüeli unter die Füsse genommen hat.

Und Klaus selber, was hat er dem klugen Geistlichen für einen Rat mitzugeben? Wir wissen es nicht. Er sitzt in diesen Tagen bei seinem Ofen mit Kachelrosetten, diese betrachtend und sich dabei vom Archeus der Wärme nährend. Er lebt vom Warmhaben. Denn er ist, beim Anschein abgegerbter Härte, unter der Oberfläche seiner Haut ein *Gfröörli* oder *Gfreerli*, wie man in Unterwalden zu sagen pflegt. Darum fällt es ihm auch nicht ein, am Samstag nach Sankt Thomas, 22. Dezember, an die Tagsatzung nach Stans zu gehen, um sich dort als barfüssiger Einsiedler zur Schau stellen zu lassen. Es ist ihm zu kalt, die Politik ekelt ihn, und versteht er überhaupt so viel davon, wie die Eidgenossen glauben? Auch wäre es ihm unlieb, so viele Leute um sich zu haben, erst noch solche, die laut reden. Das hat er, zwar vergeblich, durch Wirt und Ammann Hans under der Fluo, vielleicht auch durch Gattin Dorothe, schon vor Jahren und mutmasslich mehrmals ausrichten lassen.

Eine persönliche Beteiligung an einer politischen Haupt- und Staatsaktion wie derjenigen in Stans würde allen Grundsätzen der Altväterethik widersprechen. Ein Beispiel gibt Mönchsvater Antonius, der mit dem Schwein, dargestellt in unzähligen Kirchen und Kapellen der inneren Schweiz: »Einmal erhielt Antonius ein Schreiben vom Kaiser Konstantin, er solle nach Konstantinopel kommen, und er überlegte, was zu tun sei. Er fragte nun den Altvater Paulus, seinen Schüler: Soll ich gehen? – Dieser antwortete ihm: Wenn du gehst, wirst du Antonius heissen, wenn du nicht gehst, Altvater Antonius!«[46] »Wenn du dich an einem Ort niederlässt, entferne dich nicht leicht«, lautet einer der Hauptgrundsätze des Mönchvaters[47], und die *Weisung der Väter* berichtet von zwei Einsiedlern, von denen der eine nach dem Wort der Schrift »Selig sind die Friedfertigen« (Mt 5.9) Streitende versöhnen, der andere Kranke besuchen will. Beide, zumal derjenige, welcher der Welt den Frieden bringen will, scheitern an ihrem Vorhaben. Der Weise, um Rat gefragt, »schwieg eine Weile, dann goss er Wasser in ein Gefäss und sagte ihnen, sie sollten hineinschauen: Betrachtet nun, wie ruhig das Wasser jetzt geworden ist! versetzt er. Und sie schauten hinein und erblickten ihr Angesicht wie in einem Spiegel. Darauf sagte er weiter: So geht es dem, der unter Menschen weilt. Wegen Unruhe und Verwirrung kann er seine Sünden nicht sehen. Wer sich aber ruhig verhält, besonders in der Einsamkeit, der wird bald seine Fehler einsehen!«[48] Über einen unbekannten Einsiedler, nackt wie Magdalena, steht geschrieben: »Er konnte den Geruch der Menschen nicht ertragen.«[49] Trotz der analogen Darstellung bei Numagen trifft dies auf Klaus von Flüe so nicht zu, wenigstens nicht generell. Aber in Stans hätte es ihm gar sehr nach schweizerischer Politik gerochen.

Von Heimo am Grund und seinem Begleiter aber wissen wir nur so viel, dass sie tatsächlich zu einer Schicksalsstunde der Schweiz den Ranft aufgesucht haben. Das Vertrauen des Eremiten in den Stanser Pfarrer, seinen geistlichen Berater in einer kritischen Lebenssituation, ist unbeschränkt. Heimo am Grund kann für jeden Friedensvorschlag, den er einbringt, die Autorität von Bruder Klaus mitnehmen. Und dieser Vorschlag zielt, vor allem für die Luzerner und die Obwaldner, auf Kompromiss. Die inneren Orte müssen sich wieder einigen, dann soll, in zweiter Linie, auf Freiburg und Solothurn Rücksicht genommen werden. Diesen ist ein Bündnisangebot zu machen, jedoch auf keinen Fall eine formell gleichberechtigte Teilnahme am Bund der acht alten Orte zu ermöglichen.

Über den Hintergrund der nächtlichen Wallfahrt von Heimo am Grund in den Ranft sind wir über den berühmten Bericht des Chronisten Diebold Schilling aus Luzern unterrichtet, der mit seinem Vater Heinrich an der Stanser Tagsatzung teilgenommen hat. Ihm zufolge kommt es an der letzten Konferenz vom 18. bis 22. Dezember zu einem Theatercoup. Der eindrückliche präambelartige Begleitbrief vermag die tiefgreifenden Differenzen nicht aus dem Weg zu räumen. Verhandlungspartner einigen sich naturgemäss leichter als die politischen Gemeinschaften, die sie vertreten sollen. Jeweils zu Hause, sieht man die Dinge anders. Die Länder sind zwar mit dem Verkommnis grundsätzlich einverstanden, nicht aber mit der Anerkennung von Freiburg und Solothurn als gleichberechtigte Partner. So verlangen sie eine Minderung der Rechtsstellung der beiden Städte. Dabei geht aus Freiburger Sicht schon der vorliegende Bündnisvertrag zu wenig weit. Es fürchtet um eine Ausburgerregelung, Bürgerrechtsbestimmungen, und die Einmischung eidgenössischer Schiedsrichter in seine ehemals savoyischen Herrschaften Grandson und Orbe[50].

Das Resultat präsentiert sich ernüchternd: Weder alle Städte noch die Länder wollen dem Friedenswerk als Ganzem zustimmen. Man will einseitig nur jeweils die Vorteile des Vertrages für sich beanspruchen. Aber wenn die Aufnahme der beiden Städte nicht zustande käme, verlöre das Verkommnis seine Basis, und das umstrittene Burgrecht bliebe erhalten. In diesem Fall fürchten Heinrich und Diebold Schilling einen Krieg. Auch Heimo am Grund ist in grosser Unruhe. Hans von Stall, der tüchtige Ratsschreiber von Solothurn, sieht die Substanz von Jahren und Jahrzehnten solothurnischer Politik ruiniert. Auch für ihn ist Bruder Klaus die mutmasslich letzte Hoffnung. Mit Berufung auf die heilige Autorität will er sich zu Sonderverhandlungen mit den Ländern legitimieren lassen. Dabei ist es nicht so wichtig, dem Eremiten die Komplizierung der Lage zu schildern, eher wird sich dieser für den heiligen Ursus, den Stadtpatron von Solothurn, interessieren lassen. Ursus, einer der Heiligen der Thebäischen Legion und Märtyrer, im weitesten Sinn einer der zehntausend Ritter, »beweist« wohl deutlicher als jeder Politiker, dass Solothurn zum heiligen Bund der eidgenössischen Krieger gehört. Und heisst nicht eine Tochter des Eremiten Verena von Flüe, nach der heiligen Einsiedlerin getauft? Diese Schutzpatronin in der Waldschlucht hilft jederzeit, wenn den Solothurnern das Wasser bis zum Hals steht. Wie auch immer, den Bemühungen des Hans von

Stall ist es in besonderem Masse zu danken, dass die Verhandlungen am Tag vor Sankt Thomas nicht geplatzt sind. Dabei nimmt er, Solothurn zuliebe, eine Überschreitung seiner Befugnisse in Kauf, indem er Konzessionen anbietet: Die Stadt gebe sich auch mit einem minderen Bund mit den acht Orten zufrieden, sofern dieser nur endlich geschlossen werde. Schlau genug ist er, um zu merken, wie man den empfindlichen, »kitzlichen« Männern aus den Ländern ein Prestigeopfer bringen muss. Ist Solothurn erst einmal im Bund, wird es sich schon Gewicht zu verschaffen wissen. Man braucht nicht nur Verfassungen und Verträge, nötig sind vor allem Männer, die von Staatskunst etwas verstehen. In dem Punkt politisieren die Solothurner geschickter als ihre Bundesbrüder aus dem Üechtland. Am besten wissen sie, dass der Erfolg vom Vertrauen abhängt, das sie gewinnen und gewähren. Auch aus diesem Grund setzen sie auf Bruder Klaus und erzielen ihren politisch grössten Erfolg mit einem dosierten Vertrauensvorschuss. Das ist ihr gekonnter Beitrag zum Friedensschluss. Heiligkeit und Prinzipien genügen nicht. Man muss auch von Politik etwas verstehen.

Hans von Stall kann indes den Erfolg der Tagsatzung allein nicht gewährleisten. Er ist Partei. Zum willkommenen Mittelsmann wird Pfarrer Heimo am Grund, »von Luzern gebürtig, Bruder Klaus (…) sehr angenehm. (…) Derselbige (am Grund) verstand so viel, dass nichts anderes als ein Krieg drohte. So stand er auf, noch in der Nacht und verfügte sich schnell zu Bruder Klaus, legte ihm die Dinge vor und verzog die Sache so lang, dass man im Schiedsgericht zu gleichen Stimmen geteilt und jedermann nach Mittag willens war, heimzufahren und sich mit dem zu behelfen, was er sich zu seiner Rechtfertigung vorzubringen getraute. (…) Als man nun gegessen hatte und heimkehren wollte, da kam Herr Heiny von Bruder Klaus gelaufen, dass er schwitzte, lief allenthalben in die Wirtshäuser, bat die Schiedsrichter (der inneren Orte) mit weinenden Augen, sich um Gottes und Bruder Klausen willen wieder zusammen zu verfügen und Bruder Klaus Rat und Meinung zu vernehmen. Das geschah nun. Was er aber brachte, wurde nicht jedermann mitgeteilt, sondern Herrn Heiny von Bruder Klaus verboten, dass jemand ausser den zugesetzten Schiedsrichtern es hören sollte. Und also gab Gott das Glück; wie bös die Sache vor Mittag war, wurde sie doch von dieser Botschaft an viel besser und in einer Stunde ganz und gar verglichen und aus dem Weg geschafft.«[51]

Was ist geschehen? Hans von Stall erklärt sich damit einverstanden, dass Solothurn als Bundesgenosse minderen Rechts in den Bund aufgenommen werden kann. Es ist in seiner Freiheit, gegen aussen hin nach Gutdünken Bündnisse zu schliessen oder Kriege zu führen, eingeschränkt; daran denkt Hans von Stall ohnehin nicht. Da will der Freiburger Gesandte nicht Spielverderber sein. Er schlägt vor, die anderen Städte sollen sich Freiburgs »bemächtigen«, das heisst stellvertretend für die spätere Zustimmung der Stadt bürgen und für sie den Bund schliessen, »denn es wäre weger besser, dass sie uns vermächtiget haben, dann dass man sagen sollte, wir wollten diesen Bund nicht eingehen, da hätte der gemeine Mann seinen Überdruss an uns bekommen und ausgesprochen.«[52] Um des Friedens willen gibt Freiburg nach, obwohl dieses Vorgehen in der Saanestadt eigentlich wider Gesetz und Herkommen ist. Der Abschluss des Paktes, das Resultat eines jahrelangen Prozesses, kommt, nach einer Krise kurz vor dem Ziel, dank eines gruppendynamischen Exploits, doch noch zustande. Es gibt keinen Grund, dieser Darstellung Schillings zu misstrauen. In der Form wirkt sie etwas dramatisiert. Geschichtsschreibung, die etwas bewegt, ist ein grosser Anruf aus der Vergangenheit.

Und was ist mit der Botschaft aus dem Ranft? Der Orakelmann, genauer aber wohl dessen Tempelpriester, setzt auf die Macht des Geheimnisses. Die politische Meinung von Bruder Klaus, sofern er eine hat, soll besser nicht publik werden. Zur Hauptsache ist es wahrscheinlich die autorisierte Ansicht seines Beraters und Freundes. Eine konkrete Stellungnahme des Einsiedlers könnte nicht nur dem Gang der Verhandlungen schaden, sondern noch mehr der geheiligten Institution des Friedensstifters, auf welche die Eidgenossen vielleicht auch in Zukunft angewiesen sind. Was sein Rat bedeuten kann, verstehen Politiker und Volk intuitiv, sobald es aber einer in Worte fasst, wird es einseitig. Gott gehört zu keiner Partei, das weiss Heimo am Grund wahrscheinlich besser als seinerzeit in Frankreich die Hintermänner des Mädchens Jeanne. Und wenn eine politische Aussage schon unabdingbar ist, dann soll man sie so anbringen, dass Andersdenkende, zumal Verlierer, dabei keine Demütigung erfahren. Dies gilt am dringendsten, wenn diese Andersdenkenden etwa gar dem eigenen Lager angehören. Ob zum Beispiel ein Landammann Bürgler mit den Stanser Bestimmungen einverstanden sein kann, scheint äusserst fraglich.

Darüber hinaus bleibt das einsiedlerische Wesen des Gebetes zu bedenken. Eine Wende des Willens, ein Erliegen des Herzens vor

Gott? In diesem Gebet geht es wenig mehr um eine Sache, es läuft, dem Geschehen gegenüber, eher auf ein Entschweren und Steigen hinaus, mögen viele darin auch die Not und die Anliegen aller aufgehoben sehen. Ob auf diese Weise, wie Reinhold Schneider glaubt, der Beter zum Vollender der Geschichte wird?[53]

Gemäss dem Zeugnis des Abschiedes der Tagsatzung vom 22. Dezember ist Klaus von Flüe an diesem Tag für alle Zeiten der Schweizer Bundesheilige geworden, unabhängig davon, welches sein konkreter Beitrag zum Geschehen dieses Tages gewesen ist. »Des ersten heimbringen die Treue, Mühe und Arbeit, so dann der fromme Mann Bruder Klaus in diesen Dingen getan hat, ihm das getreulich zu danken, wie es jeder Bote weiterzusagen weiss.« (D 115) Die Dankadresse, mit einem legendären Glockenläuten in allen Ständen der Eidgenossenschaft verbunden, bedeutet, dass keine Politiker hervorgehoben werden, im Gegensatz zur Usanz bei modernen Friedensschlüssen, wie etwa zwischen Israel und seinen Feinden seit 1976. Das Hervorheben der Verdienste einzelner Politiker würde der eidgenössischen Eintracht nur schaden, die Frage provozieren, wer da wohl wen über den Tisch gezogen habe.

Das Verdienst um die Einigung von Stans wird allenthalben fast allein dem Eremiten zugeschrieben. Statthalter und Rat von Schwyz geben in einer Botschaft vom 23. Dezember 1481, elf Uhr vormittags, dem Schultheiss und dem Rat von Rapperswil die grosse Genugtuung über die Aufhebung des Burgrechtes kund und fügen hinzu, man wolle in grosser Freude, »dem allmächtigen Gott und auch dem guten Bruder Klaus zu Ehren, der auch sehr grossen Fleiss und Ernst in dieser Sache gezeigt hat, dass es in Freundschaft abgehe«, mit allen Glocken läuten und die Priester einen Lobgesang anstimmen lassen. Die Glocken von Schwyz, wovon die eine oder andere einstige Kriegsbeute ist, können endlich ihrem gottgewollten schönsten Zweck entsprechen, den Frieden zu verkünden. Eine gnadenreiche Zeit und der Tag des Heils, 2 Kor 6.2.

Solothurn beeilt sich, Bruder Klaus über den Pfarrer von Stans zwanzig Gulden für eine ewige Messe zu spendieren. Von noch grösserer, symbolischer Bedeutung ist die Überreichung einer Prachtsausgabe der Legende des heiligen Ursus an Heimo am Grund, wohl, damit er Bruder Klaus daraus vorlese. Am Tag des Solothurner Stadtpatrons soll der gute Ausgang der Stanser Tagsatzung »loblich gefirret und begangen« werden. Der Rat von Freiburg spendet am 4. Mai 1482 Bruder Klaus und seinem Gefährten Bruder Ulrich als

Geschenk der Stadt ein Stück weisses und ein Stück graues Tuch, also in den Stadtfarben. Ein sinnvolles Geschenk der Üechtländer, die mit ihrem Emblem weniger Probleme bekommen als die Solothurner. Deren Aufnahme in den Bund soll auch wegen der Identität ihrer Farben mit denjenigen der Obwaldner umstritten gewesen sein[54]. Gemäss den Seligsprechungsakten haben Boten der Stadt Freiburg ausserdem fünfzig Sonnenkronen in den Ranft gebracht, aber da habe er, »Bruder Clauss, den Botten mit dem Geld wiederumb heissen nach Hauss ziechen und sagen, er hätte das Geld nicht vonnöhten begehre auch das wenigste nit«. (D 193)

Umso fleissiger pflegen Stadt und Kanton Freiburg bis zum heutigen Tag das Andenken des Eremiten auf Plätzen, in Kirchen, oft mit grandiosen Fresken, zum Beispiel an der Pfarrkirche in Düdingen und in Posieux. Zeugnisse einer Monumentalmalerei, einer schweizerischen Variante des mexikanischen Muralismus. Auf besondere und intime Weise aber entspricht dem Geist des Mannes die in den Sandstein gehauene Magdalenen-Einsiedelei oberhalb der Saane bei Düdingen. Stadt und Kanton Freiburg bringen ihm während mehr als fünfhundert Jahren grosse Anhänglichkeit entgegen.

Im ehemaligen Beinhaus neben der Pfarrkirche Düdingen, mit dem eindrucksvollen Fresko an der Aussenmauer der Altarseite, das Stanser Verkommnis darstellend, schwebt eine verklärt wirkende Bruder Klaus-Plastik, angetan mit einem goldenen Gewand. Bruder Klaus, wie schon Nikolaus von Myra, als Helfer der Abgeschiedenen. Ein farbiges Fenster zeigt die Fahne des Sieges, mit dem Emblem der Bärenklaue. Am Opferstock steht geschrieben: »Für die armen Seelen.« Der Friede für die Toten ist »allweg« in Gott. Ob sie ihn wirklich gefunden haben?

Älteste Darstellung des Wappens von Freiburg i. Üe., 1410.

Die Abgeschiedenheit

Das Gymnasium des Heiligen Geistes

> Sein Thron war von Flammen und seine Räder von Feuerbränden. Ein Strom von Feuer ging von ihm aus und floss daher. Ich war darüber in meinem Geist entsetzt, und die Gesichte meines Hauptes erschreckten mich.
> *Dan 7.9–10; 15*

Aus dem Feuer stürzt das Gewitter, aus der Luft entsteht ein Donner ohne Regen, aus der Erde das Beben, aus dem Wasser die Springflut[1]. Braut sich im Sommer über dem Alptal ein ander Wetter zusammen, schwächt es den Verstand. Da wiehert's, muht's und blökt's von der Flühe herab, der Buchfink kündet den Regenruf, und mit Ingrimm beissen die aggressiven Fliegen, Brämen genannt, Mensch und Tier. Böse Stunden kommen und schrecken. Also verhalte es sich, behauptet der Arzt, mit den Vorboten des Paroxysmus, anzeigend den hinfallenden Siechtag. Mit einer Schwüle im Geist künde er sich an, falle herein mit grossem Schaum, oft mit viel Wasser, Schreien oder unvermitteltem Verstummen, mit Verrenken und Krümmen, und im gnädigsten Fall gibt es ein sanftes Daniedersitzen. Die schwerste Niederstreckung gehört dem Feuer an. Mit nachlassender Gewalt folgen der Anfall aus der Erde, der Sturz nach Art des Wasserfalls, die sinkende Ohnmacht des Luftgeistes[2]. Das Feurige kommt über dich wie ein Blitz. Wetterstrahlt es, öffnet Gott ein Fenster oder eine Tür des Himmels, sagen die Leute und fügen hinzu: »Helf is Gott und verzeih is Gott.«[3]

Mit Schreckensmären sind die Berichte der Ranftpilger, vor allem aus den Städten, vielfach durchwirkt. »So viele auch zu ihm kamen«, berichtet Wölflin, »alle wurden beim ersten Anblick von grossem Schrecken befallen. Er selber gab als Grund für dieses Erschrecken an, er habe einst einen riesigen Lichtglanz gesehen. Dieser habe ein menschliches Antlitz umgeben. Bei diesem Anblick sei sein Herz, schreckerschauernd, in kleine Stücke zersprungen. Betäubt, mit abgewandtem Gesicht, sei er zur Erde niedergestürzt. Darum komme sein eigener Anblick anderen Leuten schrecklich vor.« (D 547) Bonstetten scheint es besser zu wissen: *In anfang siness heremitischen lebens hab in der böss geist mit schlahen fast* (sehr) *gepiniget, also das die, so im zue visitieren pflagent, offt halben tod ligen funden habent.* (D 89) Halb tot hätten sie ihn oft, zu Boden gestreckt, aufgefunden!

Wie ein lebender Toter sehe er aus, erzählen einige. Andere wollen in seinen tiefschwarzen Augen einen überirdischen Blitz wahrgenommen haben. Oswald Geisshüsler, genannt Myconius, nachmaliger Zwingli-Biograph und einer der Patriarchen der Reformation in der Schweiz, vernimmt von Augenzeugen, wie sehr dieser numinose Glanz den Besuchern Angst eingeflösst habe. Zu Lebzeiten von Kaplan Numagen ist der langbärtige Myconius, in Luzern aufgewachsen, Schulmeister in Zürich. Seine Beschreibung reflektiert deutlich die Perspektive Numagens, lässt zudem mögliche Luzerner Hintergründe und einen naheliegenden Einfluss Bonstettens ahnen: »Die Adern des Halses und der Kehle schienen beim Sprechen nicht mit Blut, sondern mit Luft gefüllt. (...) Seine Stimme war männlich, seine Rede langsam. Wenn er von Gott redete, schien er alle Geheimnisse der Heiligen Schrift zu erfassen, obwohl er keinen Buchstaben lesen konnte.« (D 611f.)

Diese »Beschreibung«, wenn man den Text so nennen will, ist auf zweifache Weise aufschlussreich. Sie spielt offenbar auf das Denkmodell der Ernährung aus der Luft an, ausserdem entspricht sie der phänomenologischen Vorstellung zeitgenössischer Ärzte von Epilepsie: Die Wirkung der Luft auf den Kranken gehe dahin, dass sich ihm der Hals aufblähe, und alle Körperhöhlen sich mit diesem Wind anfüllen würden[4]. Klaus von Flüe selber erklärt den Schrecken, der von seinem Anblick ausgehe, mit den Folgen eines Ereignisses, bei welchem er das Bewusstsein verloren habe und hingestürzt sei. Wichtiger als das Symptom ist ihm die Erfahrung, die ihm vorausgeht, das Haupt im Blitzglanz. Gundelfingen spricht, noch dreizehn Jahre vor Wölflin, von häufigen Ohnmachtsanfällen, *crebro refocillatus.* (D 429) Diese erklärt er jedoch wohl fälschlicherweise mit der Erschöpfung in der Anfangsphase des grossen Fastens, als Folge der Nahrungsabstinenz. Die damit verbundenen Probleme bereiten Klaus weniger Schwierigkeiten als das Essen.

Zusammen mit dem eindrucksvollen Bericht von Hans von Flüe über den grossen Teufelsanfall auf der sommerlichen Alp legen die vorliegenden Indizien nahe, Vater von Flüe habe vielleicht zeitlebens, zumindest aber die letzten Jahrzehnte seines Lebens, unter Absenzen gelitten. Diese bewegen sich im Bereich der »hinfallenden Siechtage«, der Epilepsie. Andere Deutungen sind nicht ausgeschlossen, von leichten Störungen bis zu vereinzelten Schüben von Schizophrenie. Die Bewusstseinsstörungen, von Klaus meistenteils als körperlicher Angriff des Teufels oder dann als Schreckensvision wahrgenommen, vermögen aber ungeachtet ihrer Schwere die Persönlichkeit des Bauern und Eremiten nicht zu zerstören. Im Gegenteil tritt eine geistig-moralische Erhebung ein, jenseits von Verzweiflung, wahnhafter Aufgeblasenheit oder gar langfristiger Kommunikationsunfähigkeit. Dies nicht wegen, sondern trotz des teilweise pathologischen Befundes. Die Lichthauptvision, bei anderen, zum Beispiel Daniel Paul Schreber, ein Symptom schizophrener Demenz[5], wird bei Klaus von Flüe zu einer Station seines Weges zu Gott, so wie die Nahrungslosigkeit zumindest von aussen als Auszeichnung, ein Wunder, gewürdigt wird. Offenbar gelingt es ihm, eine Erfahrung von ungeheuerlicher Stärke, die Körper und Geist bis über die Grenze der Belastbarkeit hinaus bedroht, in sein Leben zu integrieren. So etwas aushalten, Gott gleichsam oder gar wirklich ins Angesicht schauen, und weiterleben, dabei nicht einmal den Verstand verlieren – ist das nicht noch mehr Gnade, als von den biblischen Schriften versprochen? »Du kannst mein Angesicht nicht sehen«, spricht Gott zu Mose, »denn kein Mensch kann mich schauen und dabei am Leben bleiben.« (Ex 33.20) Im Neuen Testament ist verheissen: »Glückselig, die ein reines Herz haben, denn sie werden Gott schauen.« (Mt 5.8) Erst nach dem Tode oder doch schon in der Gegenwart, im Ausblick zur Ewigkeit? Sobald sich aber ein Lebender mit einem solchen Erlebnis hervortäte, eine Botschaft der Macht oder auch der Selbstvergrösserung daraus ableitend, müsste der Absturz auf dem Fusse folgen. In der Lichthauptvision, religiös gedeutet, ist die Gefahr, im Brief an die Berner angesprochen, besonders gross: Die schlimmsten »Einfälle«, das gefährlichste Zerstörungswerk, unternimmt der Widersacher mit dem Mittel des Glaubens[6]. Für Bruder Klaus scheinen die Anfechtungen im Zusammenhang mit seinen Absenzen doch vor allem ein Problem der physischen Gesundheit zu sein. Der Wahn, Paranoia, liegt im eng pathologischen Sinn des Begriffs nicht vor. Er lauert auf den Sprung, aber seinen Würgegriff vermag er nicht anzubringen.

Mit dem Lichthaupt liegt eine Intensivierung der Existenz vor, körperlich, seelisch, geistig. Wer die Grenzen der Normalität, physisch, psychisch und auch gesellschaftlich, nicht verlässt, über den wird das Lichthaupt nicht fallen. Aber den wenigsten, welche sich auf diese Stufe höchster Gefahr begeben, gelingt eine Rückkehr in die Gemeinschaft der Menschen. Sie wollen es wohl auch nicht. Eine Vorstufe der immerwährenden Anschauung?

»Von solcher Art ist dieses Lichtes Wirkung,
Dass sich von ihm zu andrem Schaun zu wenden
Aus freiem Willen nimmer möglich ist.«
(Dante, Paradiso, 33.100)[7]

Und Bruder Klaus? Das Herz sei ihm in Stücke zersprungen, sagt er. Das Lichthaupt markiert seine unumkehrbare Wende in die Abgeschiedenheit. Grundsätzlich kann dies die Einsamkeit von Schizophrenie oder Paranoia sein, aber gerade aus der Sicht eines Psychiaters wie Carl Gustav Jung, dem zur Lichthauptvision einiges eingefallen ist, müssen wir dies bei Bruder Klaus nicht annehmen[8]. Trotzdem, einmal im Bannkreis des göttlichen Blitzes, kann er nie wieder aus dem »einig Wesen« heraustreten. Nicht nur seine Frau, auch alle, die ihn politisch, gesellschaftlich, religiös oder sonstwie für einen praktischen Zweck beanspruchen wollen, sollten verstehen, dass er nicht mehr einer der Ihrigen ist. Vielleicht, wenn es ihnen gelänge, ein Stück von seiner Abgeschiedenheit in die eigene Existenz herüberzunehmen, fänden sie Anteil an der Kraft, die noch aus einem zersprungenen Herzen hervorgeht. Wäre das der Beginn des Friedens, von welchem er in seinen Briefen spricht? Tauler schliesst nicht aus, ein Mensch, über den ein solches Gesicht gekommen sei, werde sein Dasein von da ab im wesentlichen Frieden gründen, und niemand könne ihm diesen Frieden nehmen.[9]

Liebe, Freundschaft, Gemeinschaft mit dem Eremiten? Viele haben sie auf ihre Weise beansprucht, gesucht, was haben sie gefunden? Erny an der Halten, Bruder Ulrich, Heimo am Grund, auf eine besondere Weise Gattin Dorothe. An der Liebe dieser Menschen zu Bruder Klaus ist nicht zu zweifeln, und sie finden gewiss Gegenliebe. Aber das »einig Wesen« übersteigt die Liebe, und das ist von aussen beinahe nicht zu begreifen. Altvater Agathon gibt einen Rat, die *Parrhesia*, falsche Vertraulichkeit, betreffend: »Wenn du zu ihm kommst, bewahre die Haltung des Fremdlings alle Tage deines Lebens, damit du nicht zu vertraulich mit ihm wirst. Die Vertraulichkeit gleicht einem gewaltigen Glutsturm.«[10] Er selber bittet Besucher: »Tut mir den Gefallen und sprecht nicht mehr mit mir.«[11] Von Abbas Ammoes wird berichtet: »Wenn er in die Kirche ging, liess er seine Schüler nicht neben sich gehen, sondern nur in weitem Abstand. Und fragte ihn einer über das geistliche Leben aus, trieb er ihn auf der Stelle fort mit der Begründung: Selbst wenn wir Nützliches besprechen, es könnte sich doch eine weltliche Unterhaltung mit einschleichen – deshalb lasse ich dich nicht nahe an mich herankommen!« – Tauler erzählt in seiner 80. Predigt von einem Waldbruder, der seinem leiblichen Bruder, auf die Bitte, einen ins Wasser gefallenen Karren mit viel teurem Gut herausziehen zu helfen, zur Antwort gibt: Wende dich an den Bruder, der in deiner Nähe lebt! Dieser sei vor einem Jahr verstorben, gibt der Flehende zu bedenken. Darauf der Waldbruder: Ich aber bin vor zwanzig Jahren gestorben! und er heisst seinen Bruder gehen, ohne sich weiter um ihn zu kümmern[12]. Dieses schroffe Verhalten ist die Art von Bruder Klaus nicht. Allenfalls hat Numagen ihn in dieser altväterischen Haltung kennengelernt. In der Regel erträgt er seine Besucher mit Geduld, zeitweise sogar aufgeräumt und leutselig.

Die Abgeschiedenheit. Eckhart, der grösste aller Lesemeister, predigt sie wie kein zweiter. Vermag er sie auch zu leben? Vielleicht. In seine eigenen Abgründe hat er weniger tief blicken lassen als Augustinus, später Pascal, Kierkegaard und andere. Über seine geistlichen Abenteuer sind wir, im Vergleich zu Seuse, weniger unterrichtet. Eckhart, Tauler, Seuse lehren die Abgeschiedenheit, haben sicher einiges von ihr erfahren. Klaus von Flüe lebt sie in einer Radikalität, wie sie bei grossen mystischen Schriftstellern eher selten anzutreffen ist. Im Blitz des Lichthaupts, niedergestreckt durch den Anfall des Wetterstrahls. Aus dem *grand mal*, der Absenz aus der Kraft des Feuers, blüht in unerhörter Stärke eine negative Erfahrung. Das Nichts in seiner Überfülle. Eckharts Traktat über die Abgeschiedenheit zirkuliert während Generationen unter dem Namen von Bruder Klaus[13]. Ein Text auf diesem intellektuellen Niveau ist aber sicher von keinem Analphabeten diktiert worden. Überdies liegt es nahe, dass derjenige, welcher die Abgeschiedenheit am stärksten lebt, darüber kaum gelehrte Diskurse führt. Der grosse Abgeschiedene ist nicht zugleich der Theoretiker der Abgeschiedenheit.

Abgeschiedenheit, predigt Eckhart, übertreffe die Demut, weil diese ohne Abgeschiedenheit, die vollkommene Abgeschiedenheit aber nicht ohne vollkommene Demut bestehen könne, denn vollkommene Demut gehe auf ein Vernichten des eigenen Selbst hinaus. Nun rühre aber Abgeschiedenheit so nahe an das Nichts, dass zwischen vollkommener Abgeschiedenheit und dem Nichts keine Differenz mehr bleibe[14].

Eines sei notwenig, *unum est necessarium* (Lk 10.42), predigt Eckhart, die Abgeschiedenheit. Sie übertreffe jede Tugend, Abgeschiedenheit sei sogar höher als die Liebe. Die Theologen würden die Liebe in hohem Masse loben, wie der Apostel Paulus im Korintherbrief. »Ich hingegen lobe die Abgeschiedenheit vor aller Liebe, weil sie Gottes Liebe zu mir und nicht meine Liebe zu Gott erzwingen könnte. (...) Denn dass Gott Gott ist, das hat er von seiner unbeweglichen Abgeschiedenheit, und von der Abgeschiedenheit hat er die Lauterkeit und seine Einfaltigkeit und seine Unwandelbarkeit. Und daher, soll der Mensch Gott gleich werden, soweit eine Kreatur Gleichheit mit Gott haben kann, so muss das geschehen durch Abgeschiedenheit[15]. (...) Nun kann Gott nicht in allen Herzen nach seinem ganzen Willen wirken, denn obgleich Gott allmächtig ist, so kann er doch nur soweit wirken, wie er Bereitschaft findet oder schafft. (...) Ebenso wirkt Gott nicht gleich in allen Herzen; er wirkt danach, wie er Bereitschaft und Empfänglichkeit findet. (...) Soll daher das Herz Bereitschaft haben zum Allerhöchsten, so muss es auf einem reinen Nichts stehen, und darin liegt auch die grösste Möglichkeit, die sein kann. Da nun das abgeschiedene Herz auf dem Höchsten steht, so muss dies auf dem Nichts sein, denn in ihm liegt die grösste Empfänglichkeit. Dafür ein Gleichnis: Will ich auf eine Wachstafel schreiben, dann kann nichts noch so edel sein, was auf der Tafel geschrieben steht, dass es mich nicht hindert (...), will ich aber doch schreiben, so muss ich alles tilgen und auslöschen, was auf der Tafel steht. Ganz ebenso (...) steht es mit dem abgeschiedenen Herzen. Deshalb kann Gott darin auf das allerhöchste nach seinem höchsten Willen wirken. (...) Des abgeschiedenen Herzens Gebet ist die Einförmigkeit mit Gott; darüber hinaus kann es nichts beten.«[16]

So weit Eckhart von Hochheim in theoretischer Höhenluft über Abgeschiedenheit. Klaus von Flüe liegt spekulative *Gotesgelârtheit*[17] dieser Art fern, und er hätte sich nicht vorstellen können, dass und wie die Abgeschiedenheit, und wäre es Gottes eigene in sich selber, Gott zu irgend etwas zwinge. Der Gedanke der Gleichheit mit Gott, die früheste Formulierung eines Denkens in dieser modernen emanzipatorischen Kategorie, findet bei ihm keine Worte. Er hat starke innere Erlebnisse, Visionen. Mit dem Lichthaupt kommt etwas über ihn, das bedingungslos stärker ist als er. Geschlagen vom Blitz dieser Erscheinung würde es ihm nie einfallen, eine Gleichheit mit Gott zu behaupten. Ebensowenig beansprucht er, in seinem abgeschiedenen Herzen mit Gott eins zu sein. Eher ist Gott eins mit ihm. Die Visionen deuten es an, aber er kann kein spirituelles Programm daraus machen. Was bei Eckhart zu kühnen und kühnsten Gedanken führt, verbleibt bei Bruder Klaus meistenteils in heiliger Sprachlosigkeit. Vor allem fehlen ihm die Voraussetzungen, das Vorgefallene zu analysieren und damit intellektuelle Distanz davon zu gewinnen. Seine erste Reaktion ist elementares Erschrecken. Ähnlich das Mädchen Jeanne, 1425: »Als ich dreizehn Jahre alt war, hörte ich eine Stimme, die von Gott kam, um mich zu leiten. Das erste Mal hatte ich grosse Furcht. Die Stimme kam zur Mittagsstunde; es war im Sommer, im Garten meines Vaters. (...) Fast immer begleitet sie eine grosse Helligkeit. Dieses Licht kommt von derselben Seite, von der man die Stimme vernimmt. Dort zeigt sich meist ein heller Schein. (...) Beim dritten Anruf wusste ich: es war die Stimme des Engels.«[18]

Dass die Stimme »von Gott kam, um mich zu leiten«, ist dem Mädchen nicht von Anfang an klar. Aber es scheint bestrebt, einen Rat, eine Wegweisung, einen Befehl herauszuhören. Die Umwandlung der Vision in Ideologie wird für Jeanne zur naheliegenden Möglichkeit, den ursprünglichen Schrecken zu bewältigen. Ob sie eine Heldin sei, eine Heilige, eine Hexe oder eine Hysterikerin, vielleicht alles zusammen auf einmal, ist eine Frage der Perspektive. Bei den Experten kommt der Konsens darüber jeweils gruppenintern, dann aber einstimmig, zustande. Auf die nämlichen protokollierten Fakten kann sowohl mit Hexenverbrennung wie auch mit Heiligsprechung reagiert werden. Beides ist, natürlich zeitverschoben, erfolgt. Im späten zwanzigsten Jahrhundert wäre die Disqualifikation und Ausgrenzung als Sektiererin oder Fundamentalistin wahrscheinlich.

Bei Klaus von Flüe gibt es indes keine ideologische Engführung seiner stärksten Erfahrung. Er vernimmt keinen Befehl. Aber er erschrickt aus tiefstem Grund. Vor dieser Vision zu bestehen, helfen ihm Gebet und Betrachtung. Das Gebet des beschwerten, verstummenden Herzens[19].

Einige deuten das Lichthaupt als das Antlitz von Jesus Christus. Wieder andere, Bouelles, Horus und Martin Luther, sehen in der Erscheinung von Bruder Klaus das Zeichen des Antichrist, ein Schreckbild des Papstes, ankündigend, dass es mit der römischen Abgötterei zu Ende gehe. Im Zusammenhang mit der von Fritz Blanke vorgeschlagenen Datierung der Vision, die Zeit der Burgunderkriege, ist sogar das Gesicht Karls des Kühnen vermutet worden[20]. Im Hinblick auf die Vielzahl der Deutungen mag eine Bemerkung von Nikolaus von Kues aus der Schrift *De dato patris luminum*, den göttlichen Spiegel betreffend, weiterhelfen: »Dein Gesicht, das von sich aus die Gleichheit des flächenhaften Beschaffenseins vervielfältigt, wird mannigfach im Spiegel aufgenommen, gemäss der Verschiedenheit der Spiegel, die dieses aufnehmen; in dem einen klarer, weil das Empfangen des Spiegels klarer ist, im andern verdunkelter, aber in keinem jemals so, wie das Gesicht selbst ist. Denn es muss in einem Anderen anders empfangen werden. Nur ein Spiegel ist ohne Makel, nämlich Gott selbst.«[21]

Wie auch immer: Das Lichthaupt ist das Lichthaupt, nicht wenige Aussagen darüber sind tautologisch oder rein gleichnishaft, so dass die Sache selbst kaum in den Blick kommt. Die verschiedenen Deutungen weisen auf die mögliche Wahrheit hin: Das Lichthaupt ist die stärkste psychophysische mystische Erscheinung und insofern ambivalent: Das Schlimmste und das Beste bilden in ihm nicht eine Coincidentia oppositorum, einen Zusammenfall der Gegensätze, wie der Kusaner die Helle und Dunkelheit Gottes hat begreifen wollen[22]. Es handelt sich um eine gefahrvolle Alternative. Das Lichthaupt zeigt die Gottesbegegnung im Absturz an. Von einer Erwählung könnte nur gesprochen werden, sofern diese »bestanden« wird. Wer hat schon die Gnade, das Lichthaupt zu bewältigen? Elsbet Bächli, die Tösser Nonne, trifft die schlagartige Berührung durch das Haupt des Herrn schwer. »Durch eine schwere Krankheit getroffen«, macht sie in der Folge Tobsuchtsanfälle durch. Diesem abschreckenden Beispiel wehrt ihre Mitschwester Jützi Schultheiss mit einer Art Traumzensur: In den Himmel entrückt, will Jützi zwar das Angesicht Gottes anschauen, wie es zwei Predigermönchen vor dem Throne des Herrn vergönnt ist. Aber: »Wohin sie sich wandte (...), vermochte sie doch nie wahrzunehmen, was jene sahen, denn immer hielt er (Gott) ihr die Rechte entgegen, so dass sie sein Antlitz nie erblicken konnte.«[23] Beim Engelberger Prediger, ein Jahrhundert vor Bruder Klaus, ist die Rede vom furchtbaren Aussehen des vom Sinai herabsteigenden Moses[24]. Das Lichthaupt hat auch ihn gezeichnet.

Ausser in der biblischen Tradition wird im Umfeld des Neuplatonismus von schrecklichen Lichtvisionen berichtet. Symeon der Theologe (949–1022) schildert eine lichthauptähnliche Schauung: »Wenn jemand nämlich sieht, wie diese Sonne, die wir alle schauen, in sein Herz herniedersteigt, gänzlich in ihm wohnt und strahlend darin aufgeht, wird er da nicht ob dieses Wunders ganz bestürzt sein und fast ausser sich geraten?« Der Anblick des Lichtes, welches vom Bildner der Sonne komme, sei überwältigend. »Woher nur kommst du, wie trittst du in meine Zelle ein, die überall verriegelt ist? Das ist ein grosses Wunder, dem meine Worte und mein Verstand nicht gewachsen sind.«[25]

Von Plotin (205–270) wird ein analoges ekstatisches Erlebnis überliefert: »Jetzt aber reissen ihn die Wogen des Geistes fort: (…) da erblickt er Es (das unbestimmbare, transzendente Eine) mit einem Schlag, er sieht nicht wie, sondern das Schauen füllt seine Augen mit Licht. (…) Es ist ein Gleissen, das diese Dinge gebiert und von sich entlässt. (…) Ein Gleissen, das von seinem Licht nichts einbüsst im Gebären, sondern es bleibt Gleissen, und jenes entsteht eben dadurch, dass es Gleissen ist.«[26] Im Vergleich zu Plotin, bei dem die Aussage auf eine Tautologie, »Ein Gleissen bleibt ein Gleissen« hinausläuft, bietet sich Symeon die Deutung des Lichtglanzes als Jesushaupt an. »Dass du in mir bist und plötzlich ganz in mir erstrahlst, in Licht getaucht dich von mir schauen lässt (…), das raubt den Geist mir und die Sprache, Christus mein.«[27]

Mag es ihm die Sprache noch so sehr verschlagen, der Name löst den Bann. Mit »Christus mein« erhält das Licht personale, religiöse, göttliche Identität. Aus dem Stossgebet, sofern die Anrufung Jesu als solches zu vernehmen ist, erwächst eine ekstatische Hymne: »Da ich den Glanz erblickte, hat unglaublicher Jubel mich erfüllt.« Der 1956 in Engelberg verstorbene Schweizer Schriftsteller Albert Talhoff zu Texten dieser Art: »Und als ich die Mystiker las, sah ich, dass für das Unsagbare immer das Wort Licht erscheint.«[28]

Wie verhält sich das nun bei Bruder Klaus?

Seit Charles Bouelles, genannt Bovillus, in Begleitung von Abt Barnabas Bürki aus Engelberg und dem geistvollen Nidwaldner Kleriker-Humanisten Wolfgang von Matt den Ranft besucht hat (1503), wird die Lichthauptvision fast stets im Zusammenhang mit dem berühmten Meditationsbild gesehen. Schon zu dieser Zeit scheint das im oberrheinischen Raum entstandene Tuchgemälde, mit sieben Kreismedaillons innerhalb eines quadratischen Rahmens, als eine Art »Ersatz« für das Wort des verstorbenen Eremiten zu gelten[29]. Aus diesem Grund nimmt das Bild seit eh und je viele Projektionen über diesen in sich auf, vielleicht schon bei Gundelfingen, der 1488 das Bild bereits ausführlich würdigt. Die Zentralfigur, heute das bekannte gekrönte bärtige Christushaupt im Innern eines Rades, ist zweimal, im siebzehnten und neunzehnten Jahrhundert, übermalt worden. Beim Original, welches über eine Röntgenaufnahme von 1947 erahnbar ist, hat man das Bild nicht notwendig als Ikone von Christus dem König ausgelegt. Über Nachrichten von Bouelles und Nikolaus Horius hat noch Luther das Bild als Zeichen des Antichrist gedeutet, eine Prophetie des von ihm anerkannten Einsiedlers, dass die päpstliche Abgötterei bald ein Ende nehme. (D 647f.)

Die Sache wird noch komplizierter, gehen wir davon aus, dass das bekannte Gemälde nur wahrscheinlich, aber nicht sicher, schon zu Lebzeiten von Bruder Klaus im Ranft gehangen hat, nach Gundelfingen in der Kapelle. Mit Sicherheit wissen wir von einer Art Meditation des Einsiedlers über ein Radschema, worüber dieser sich mit einem schreibenden Pilger unterhalten hat. Der trübe Gast vermischt jedoch bedenkenlos eigene Gedanken und diejenigen des von ihm verehrten Sehers. So entsteht der sogenannte Pilgertraktat, das älteste Druckwerk über Bruder Klaus, zwischen 1486 und 1488, höchstwahrscheinlich jedoch im Todesjahr 1487 in Augsburg publiziert. Gundelfingens Zeugnis über das Radbild, mutmasslich aus älterer Kenntnis schöpfend, jedoch erst im August 1488 zu Papier gebracht, bestätigt die Echtheit der Angaben des Pilgers über das Radschema. Wegen einiger Übereinstimmungen gibt es die Hypothese der Identität des Pilgers mit Gundelfingen[30]. Letzterer hat jedoch ausschliesslich lateinisch geschrieben und pflegt seine Ausführungen jeweils mit reichem humanistischem Bildungsballast zu garnieren, was beim Pilgertraktat nicht festzustellen ist. Andeutungsweise ist Gundelfingen der erste, der einen Zusammenhang mit der Lichthauptvision und der Betrachtungstafel behauptet. Dieser ist sogar durch einen frühen Messtext aus der Zeit der Seligsprechung bestätigt worden, Von einer *Sanctissimae Trinitatis visio* ist dort die Rede: »Er wurde mit vielen himmlischen Visionen erfreut, von denen die berühmteste jene war, in der ihm die Heiligste Dreifaltigkeit in Gestalt eines leuchtenden Rades erschien.« (EB 230)

Die anerkanntesten frühen katholischen Biographen, Eichorn und Petrus Hugo, sehen, mit anderer Deutung als Bouelles und Luther, die grosse Vision ebenfalls im Zusammenhang mit dem Radbild[31]. Einige moderne Deutungen wollen davon nichts mehr wissen. Beide Ansätze scheinen falsch zu sein. Weder ist das Betrachtungsbild ein »Gemälde« von Bruder Klausens Vision, noch hat die damit verbundene Meditation mit der »Schreckensvision«[32], wie Carl Gustav Jung sie nennt, etwas zu tun. Die gesamte Existenz von Klaus von Flüe gründet auf Depressionen und Visionen, oft verbunden mit Absenzen, welche in der Literatur gern als Ekstasen bezeichnet werden. Zur Bewältigung derselben pflegt er die Kanonischen Stundengebete, nimmt er Zuflucht zu Stossgebeten, betrachtet das Vaterunser und schliesslich, dank eines mystisch inspirierenden Umfeldes, wohl Bruder Ulrichs, die göttlichen Geheimnisse im Meditationsbild des Rades.

Die Spiritualität von Bruder Klaus ist in ihrer Gesamtheit zu würdigen, einschliesslich der bescheidenen religiösen Erziehung, die bei seinem Werdegang vorauszusetzen ist. Die Bildbetrachtung ist nur ein Teil dieser Spiritualität, zwar in der Überlieferung der bedeutendste, für ihn aber wohl kaum der wichtigste. Im Gegensatz zu den gelehrten Theologen redet er nicht über Gott, sondern zu Gott. Aus Depression, Askese und Gebet fallen Visionen ein, auf die Vision antwortet er mit Gebet, aus diesem kommt die Betrachtung, aus der Betrachtung das Bestehen des Leidens. Dabei wird ihm noch die Fähigkeit zugeschrieben, das Leiden der Mitmenschen, vom bösen Bein des Ammanns Brendli, von den Angstzuständen des Schultheissen Hunwil bis zu den politischen Sorgen der Luzerner und Solothurner, in seinen spirituellen Prozess einzubeziehen. Die Versenkung in die Abgeschiedenheit, ein Stück Gelassenheit. Auf diese Weise überlebt er. Der Vorgang wird mit Formeln wie »Kraft aus der Stille« und dergleichen eher zu einem ideologischen Rezept verfälscht als wirklich verstanden.

Wäre es nicht ein Gebot der Ehrfurcht, vor allem gegenüber dem in seiner Existenz geborgenen Leiden, ihm diese Abgeschiedenheit und Gelassenheit zu lassen? Seine Existenz: Leben, Weiterleben, Sterbenlernen aus der Perspektive der Abgeschiedenheit. Wer an den Sieg der guten Sache glaubt, so Reinhold Schneider, glaubt nicht an die gute Sache, sondern an den Sieg[33]. Die Abgeschiedenheit braucht den Sieg der guten Sache nicht. Gewinnt der Ratsuchende bei Bruder Klaus etwas, ist ihm aus Einsichten dieser Art vielleicht geholfen, andernfalls wird ihm der klügste Rat nichts nützen. Was bringt es dem Mailänder Gesandten Bernardino Imperiali, den Einsiedler an einem seiner aufgeräumtesten Tage *informato del tutto* anzutreffen? Er will im Ernst ja gar keinen Rat von ihm, sondern den Kontakt als Bestandteil diplomatisch ergiebigen Umganges mit den Eidgenossen in sein Kalkül einbeziehen. Ohnehin hat Klaus von Flüe viele der klugen Ratschläge, die man ihm unterstellt, mutmasslich nicht gegeben. »Gewirkt« hat er trotzdem, bei Unzähligen, nicht nur in Stans. Mit Blick auf seine Abgeschiedenheit haben zu allen Zeiten Menschen auch für sich selber »abgeschiedene« Entscheidungen getroffen.

Ratschlüsse dieser Art sind wohl nicht immer und in allen Lebensphasen die richtigen, dafür gibt es keine Garantie. Meistenteils haben sie einen grossen Anteil am Verzicht. In dem Sinn können Rücktritte, Friedensschlüsse, Amnestien, Trennungen, im politischen Bereich unpopuläre Ratschlüsse jenseits vordergründiger Interessendurchsetzung Entscheidungen aus dem Geist der Abgeschiedenheit sein. In keinem Fall aber ist das selbstherrliche, »gottgleiche« Handeln, mit dem ein einzelner sich selber entfaltet, ein Tun in diesem Sinn. Näher daran ist wohl das bekannte Siechensüpplein gemäss der bekannten Geschichte bei Meister Eckhart[34]: Statt etwas Grosses tun oder erfahren, innerlich oder äusserlich, dieses Grosse fahrenlassen zugunsten des ganz konkreten kleinen Süppleins, oder was es sei. Handeln nach der Maxime der Abgeschiedenheit muss keine Absage an die Grösse sein. Der heilige Ignatius von Loyola gibt einen Hinweis: »Nicht ausgeschlossen sein vom Grössten, aber dennoch gehalten werden im Kleinsten, das ist der Weg Gottes.«[35]

Über die stärkste Vision von Bruder Klaus gibt es Szenarien und Hypothesen, zum Beispiel die Datierung betreffend. Der evangelische Kirchenhistoriker Fritz Blanke vermutet die Zeit zwischen 1474 und 1478[36]. Das dazwischenliegende Ereignis der Lichthauptvision macht angeblich den Unterschied zwischen dem heiteren Empfang gegenüber Waltheym und dem schwerblütigen bei Bonstetten aus. Für diesen Stimmungsunterschied gibt es jedoch genügend andere Gründe. Frühestens in der Zeit der Burgunderkriege könnte das Betrachtungsbild, als Geschenk, in den Ranft gelangt sein. Am wahrscheinlichsten ist aber hierfür das Jahr 1483. Die Radbetrachtung, aufgrund eines einfachen Schemas, kann jedoch schon früher begonnen haben. Rupert Amschwand warnt davor, die Bildmeditation zu überschätzen: »Als das Betrachtungsbild in seinen Besitz gelangte, da war seine Art und Weise zu betrachten schon ausgebildet (...). Und diese war wohl weniger ein diskursives Nachdenken über die Geheimnisse der Offenbarung als vielmehr ein betendes Sichversenken in die Liebe Gottes.« (EB 235)

Tappen wir in der Datierungsfrage der Hauptvision im dunkeln, bleibt die Gewissheit von Lichtvisionen, die in sich steigernder Intensität das ganze Leben von Bruder Klaus begleiten. Er selbst glaubt sogar an einen vorgeburtlichen Lichtschein, einen »Stern, der die ganze Welt durchschien, und seit er im Ranft wohne, habe er stetsfort einen Stern am Himmel gesehen, der ihm gleich wäre, so dass er sicher glaubte, er möchte es sein.« (D 531). Ein mütterliches, mildes Licht gemäss dem Wort des Arztes: »Also bedarf das Kind keines Planeten und keines Gestirns, die Mutter ist sein Planet und sein Stern.«[37] Dann die Vision von den vier Lichtern: »Als er lange und viel Klüfte und grausige Schluchten durchwandert hatte, sah er vier heitere Lichter vom Himmel kommen und in jenen Teil der Zelle hinabsteigen, die man den Ranft nennt.« (D 540) Die Zahl Vier, die Welt bedeutend, das ihm zugemessene Geviert, signalisiert väterliche Stabilität. Die vier heiteren Lichter wirken im Vergleich zur späteren Lichthauptvision noch auf eine gemütliche Art unheimlich, im phänomenologischen Gehalt den geleitenden Irrlichtern in Goethes *Märchen* innerlich verwandt. Weit schreckender ist dagegen der rote Lichtschein über Liestal. Nichts aber ist vergleichbar schrecklich wie das Lichthaupt. Eine Blendung, und als Folge davon die totale Entmachtung durch die katastrophale Grösse Gottes[38]. Ein feiner Unterschied aber ist nicht zu übersehen. Schrecklich ist nicht das »menschliche Antlitz«, von welchem Wölflin spricht, sondern der gewaltsame Lichtglanz, von dem dieses umgeben ist. Vielleicht kulminieren seine vielen Gesichte in diesem einen Gesicht, aber das Blitzen darum lässt sein Herz in Stücke zerspringen. (D 547)

Der Gewalt dieser Erfahrung begegnet Bruder Klaus kaum mit dem Auftrag an einen Künstler, ein »Visionsbild« oder »Betrachtungsbild« zu malen, welches dann Gegenstand einer hochspirituellen spekulativen Geistesakrobatik würde. Die Würdigung des Radbildes bei Carl Gustav Jung als Versuch von Bruder Klaus, »sein Urerlebnis in verständliche Form zu bringen«, stellt wohl eine Verkürzung des Vorganges dar, überschätzt insofern das Bild, welches mit grösster Wahrscheinlichkeit ein Geschenk oder eine Votivgabe sein muss[39]. Mit dem Betrachtungsbild beginnt ohne Zweifel die Bruder Klaus-Esoterik. Ihre Faszination reicht von Gundelfingen über Luther und den Freiherrn von Mörsberg (»in geist und sinn verwirrt gsin«, urteilt Cysat über ihn) über die barocke und aufklärerische Rezeption bis in die Gegenwart hinein[40]. Ob katholisch oder protestantisch, gläubig oder aufgeklärt, spirituell, philosophisch, psychologisch, fundamentaltheologisch oder pastoral orientiert, bis zum heutigen Tag muss das Bild herhalten, die Existenz von

Bruder Klaus in eine Lehre umzusetzen. Unbestrittenermassen handelt es sich beim Betrachtungsbild, sowie bei seinen einfacheren Vorläufern oder Parallelprodukten, um hervorragende Zeugnisse christlicher Bildmeditation[41]. Dies hat der Religionsphilosoph Alfons Rosenberg in seinem Buch *Christliche Bildmeditation* (1975) überzeugend herausgearbeitet. Als erwiesen muss gelten, dass Bruder Klaus im Verlauf seines zwanzigjährigen Eremitendaseins tatsächlich von jemandem eine Einführung in das *Gymnasium des Heiligen Geistes*, die Bildbetrachtung, erhalten hat. Rupert Amschwand behält aber recht mit seinem Hinweis, das sogenannte Visionsbild könne weder den Ursprung, noch das Zentrum von Bruder Klausens geistlichem Leben ausmachen[42]. Dieses entfaltet sich nämlich unabhängig vom Betrachtungsbild, erhält jedoch dadurch eine Vertiefung und Vollendung. Vor allem wäre ohne die berühmte Bildtafel die eindrucksvolle Nachwirkung über den Kreis der herkömmlichen Pilgerscharen hinaus, besonders im zwanzigsten Jahrhundert, kaum erklärbar. Solange sich Menschen aller Geisteshaltungen, unabhängig von der Konfession, für Klaus von Flüe interessieren, wird das Betrachtungsbild Gegenstand eines interessierten Diskurses bleiben. In Deutschland ist es als Hungertuch bekannt geworden.

Bruder Klaus selber hätte das Bild mutmasslich nicht nötig gehabt. Die Ofenkachel mit dem in konzentrischen Blättern angeordneten Rosenmotiv, die er besonders wintersüber beim Beten stundenlang betrachten kann, genügt. Vielleicht hat er von Bruder Ulrich noch eine einfache Kreisgrafik zur Betrachtung erhalten, welche er gemäss Pilgertraktat, mit einer Prise Selbstironie, »mein Buch« nennt[43]. Dabei kommen weder Ofenkachel noch Kreisgrafik als sein erster Betrachtungsgegenstand in Frage. Dazu dient vielmehr das *Bätti*, der noch unsystematische grobe Vorläufer der Rosenkranz-Gebetsschnur. Dieses finden wir in fast allen frühen bildlichen Darstellungen des Eremiten, so auf dem Tafelbild von 1492, in der Chronik des Luzerners Schilling, auf der ersten Grabplatte von 1518, und bei einem ehemaligen Flügelaltar aus dem Kloster Muri, heute im Klausurtrakt des Kollegiums Sarnen einen Korridor verzierend. Eine vielleicht sogar echte Kugel aus diesem »Bätti«, auf jeden Fall ein authentisches Stück aus der Zeit, befindet sich, als kostbare Reliquie, im Aargauer Frauenkloster Hermetschwil im Freiamt. Es ist eine dunkelbraune Rosenkranzperle aus Lindenholz, knapp von der Grösse einer Baumnuss[44]. Aus dem Wust der Bruder Klaus-Reliquien ist diese Holzkugel von überdurchschnittlichem volksreligiösem Dokumentationswert. Ein Hinweis auf seinen Alltag während zwanzig und mehr Jahren.

Für eine angemessene Darstellung des spirituellen Lebens von Bruder Klaus ist das »Bätti«, auch Paternoster, Noster oder Nuster genannt, historisch zuverlässiger als das Betrachtungsbild. Es empfiehlt sich, die Frömmigkeitsformen des Waldbruders in ihrer Gesamtheit zu überblicken. Damit entgehen wir der Gefahr, einzelne Elemente daraus isoliert zu sehen und damit falsch einzuschätzen.

Am Anfang steht die Überwältigung. Geblendet, zu Boden geworfen. Ein Ausgesetzter. Den arbeitenden Bauern wirft »es« das Bord hinunter, den Einsiedler zerrt »es« aus dem Kellion. Einmal geschieht es mit Schreien, ein andermal sinkt er still in sich zusammen. Die Seinen helfen ihm, so gut es geht. Ihn unters Dach tragen, ihm »Schärmen« geben. Diese Art Beistand können sie leisten, wie Hans von Flüe gemäss seiner Protokollaussage. Eines Tages aber will der Vater sich nicht mehr tragen und schirmen lassen, findet er sich selber untragbar. Ist es nicht eine Zumutung für Ehepartner, unter solchen Bedingungen miteinander das Lager zu teilen? Es muss etwas geschehen. Gott will es so haben. Das ist seine tiefste Überzeugung und sein letzter Trost.

Seinem Sohn ist er zeitlebens dankbar für die praktische Hilfe in der Not. Noch mehr weiss er es zu schätzen, dass ihn die Gattin aus familiären Banden losgelassen hat. Es ist die Zeit, da sich, sogar in Unterwalden, Frauen erstmals auf dem Rechtsweg für ihre ehelichen Ansprüche wehren. Niemandem aber fühlt er sich mehr zu Dank verpflichtet als den Menschen, die ihm mit gutem Rat zur Seite stehen, mit denen er über das reden kann, was ihn aus innerstem Herzen bewegt. Darum hält er das »königliche und priesterliche Geschlecht« hoch in Ehren, mag es auch unvermeidlicherweise Anziehungskraft für unseriöse Karrieristen ausüben. Er ist ein Armer im Geiste, er liebt die Worte der Weisheit, auch und zumal Bibelworte. Er gehört zu den Menschen, die für Seelsorge wirklich und absolut dankbar sind. Für einen einzigen Menschen, wie er einer ist, würde es sich schon lohnen, Priester zu sein. Von diesen, nicht von Ärzten, begehrt er die Ratschläge, die ihm weiterhelfen. Zum Beispiel im Bereich des Gebetes und der Betrachtung. Für die Bedürfnisse in dieser Richtung ist die Basis freilich schon früher gelegt worden. Was Jeanne d'Arc von sich bekennt, trifft in gleichem Ausmass auch für den Sohn der Hemma Ruobert aus Altsellen zu: »Ich habe von meiner Mutter das Vaterunser gelernt, das Ave Maria und das Credo. Und nur meine Mutter hat mich im Glauben unterwiesen.«[45] Religionsunterricht von Geistlichen hat den jugendlichen Klaus von Flüe kaum beeinflusst. In diesen Jahren steht Obwalden unter dem Interdikt, beziehungsweise die Pfarre ist verwaist. Erst in reifen Jahren erhält er von auswärtigen Geistlichen die genannten Hinweise auf das Passionsstundengebet. Dank dieser Wegweisung in die Spiritualität geht es ihm in der ersten Zeit als Waldbruder etwas besser als in den Jahren, die er der Familie geschenkt hat. Spätestens aber in der Zeit der Burgunderkriege, da Glanz und Schmutz seiner Landsleute in chaotischem Heldentum kulminieren, verschlimmert sich sein Zustand abermals. Jenseits politischer Entwicklungen muss ein Mensch, der unter Altväterbedingungen lebt, mit der Attacke des gefährlichsten Gegners rechnen. Einer allein ist noch mächtiger und darum furchtbarer als der Teufel. Im schwersten aller epileptischen und paranoiden Schläge manifestiert er sich im Lichthaupt. Der Gottesanfall. Er wäre verloren, hätte er sich ihm gegenüber nicht schon längst verloren gegeben.

Amma Syncletica, die Altmutter, über Anfechtungen dieser Art: »Züchtigend hat Gott mich gezüchtigt, aber mich nicht dem Tod überantwortet. (Ps 118.18) Du warst wie Eisen, aber durch das Feuer brennst du den Rost weg; wenn du aber als Gerechter der Krankheit verfällst, wirst du vom Grossen zu Grösserem fortschreiten. Gold bist du, aber durch das Feuer wirst du noch bewährter. (...) Wirst du durch Hitze erprobt und durch Kälte gezüchtigt, dann sagt dir die Schrift: Wir gingen durch Feuer und Wasser hindurch, und du hast uns in die Erquickung geführt. (Ps 66.12) Vollendet wirst du durch diese doppelte Bedrängnis. Denn er sagt: In der Bedrängnis hast du mir weiten Raum geschaffen. (Ps 4.2)«[46]

Wie kann ein Verlorener existieren? Keine Philosophie, keine systematische Methode, keine Reflexion im modernen Sinn des Wortes hilft ihm weiter. Betrachtung bei Bruder Klaus besteht aus Gebet in jeder nur möglichen Form. Ob er je meditiert hat, ohne gleichzeitig auch zu beten, scheint fraglich. Sein Diskurs mit Gott reicht weiter als Erkennen und Glauben, gibt sich anheim. Ein mit Leib und Seele vollzogener Akt, in dem er sich Gott überlässt im Versinken und Lauschen, Geschehenlassen der Abgeschiedenheit. Schweigen. Am Anfang und am Ende Schweigen. Dazwischen Stossgebete, das Vaterunser, das Ave Maria, das Passionsstundengebet, dann erst die gebetsmässige Betrachtung des Rades, das Gymnasium und die Hochschule des Heiligen Geistes. »Das Betrachten der Bildtafel war für ihn weniger ein Nachdenken über den Bildinhalt, sondern vielmehr Gebet – vor allem Gebet. Es war nicht so sehr ein intellektuelles Meditieren, bei dem der Gedanke über der Empfindung steht«, mahnt Rupert Amschwand[47]. Dem ist zuzustimmen und zugleich entgegenzuhalten, dass ein Ausdruck wie »Empfindung« die Hauptsache nicht trifft, eher zum Maler Melchior Paul von Deschwanden passt (»Ich male für fromme Gemüter«) als zu Bruder Klaus. Dieser würde zum Beispiel mit dem Begriff »unendliches religiöses Empfinden«, welcher der romantischen Schule des Philosophen und Theologen Friedrich Schleiermacher (1768–1834) angehört, in seinem mystischen Leben nicht getroffen. Sein Gebet, so ein Eindruck, geht noch über das Empfinden hinaus. Es ist ein versunkenes, selbstvergessenes Gebet, Teilhabe am Selbstgespräch Gottes, wie es sich Meister Eckhart und seine Schule der Abgeschiedenheit vorstellen mögen[48].

Das kürzeste und vielleicht wichtigste Gebet von Bruder Klaus ist die Anrufung des Namens Jesu. »Der name jesus sygi üwer gruess!« ist eine seiner meistgenannten Maximen, in zahlreiche Kirchenfester eingraviert, zum Beispiel in Würenlingen/Aargau. Dieser Name ist im Gebet nie Subjekt, immer Vokativ, Fall der Anrufung. Das intime Du, welches den Heiligen in die erstrebenswerteste Gemeinschaft einbezieht. In der Tradition der spätmittelalterlichen Frömmigkeit ist diese Form des Gebets gleichzeitig populär und umstritten. Der Kult des Namens Jesu, schon bei Seuse hochemotionell, trägt dem Zeitgenossen von Bruder Klaus, dem heiligen Bernardino von Siena (1380–1444), eine Anklage wegen Häresie ein, weil er im Symbol des Namens Jesu predige und die Verehrung dieses Namens unter dem verbindlichen Zeichen IHS verlange[49]. Bruder Klaus ist kein Prediger, fordert kein Dogma, sondern praktiziert mit dem Sprechen des Namens Jesu schlicht das Herzensgebet, den sogenannten *Hesychasmus*, wie bei den Wüstenvätern seit antiken Zeiten üblich. Der Name Jesus, gehaucht mit dem Einatmen und Ausatmen. Die erste Silbe bildet den Einhauch, die zweite den Aushauch, das Wort der Worte, analog zum östlichen Om, aber »unzerstörbar, eins mit dem Weltall« – so Hermann Hesse in *Siddharta*[50] – ist es wohl nicht. Jesus ist bei Seuse und Klaus von Flüe, im Gebet angerufen, der Gekreuzigte, der Leidensgott. Nicht so sehr Alpha und Omega wie bei den gnostisch angehauchten Christen, als vielmehr letzte Zuflucht. Damit findet eine elementare Sehnsucht nach Sicherheit und Geborgenheit ihren Ausdruck, auch ein Schutzbedürfnis. Auf diese Weise lebt er, wie es Reinhold Schneider ausdrückt, »atmend und wirkend aus der Kraft Christi«[51]. Im *Hirt des Hermas*, einer Schrift aus der frühen Zeit der Kirchenväter, steht geschrieben: »Den Namen des Sohnes erhalten heisst dem Tod entgehen und das Leben erwerben.«[52] Origines betont das Bannen der dämonischen Mächte: »Noch heute beruhigt der Name Jesu die verstörten Seelen, verscheucht die Dämonen, heilt die Krankheiten.«[53]

Für Bruder Klaus ist der Name Jesus der Gruss schlechthin. Wir gehen nicht fehl, wenn wir im Namen Jesu als Herzensgebet das Prinzip, das beherrschende Woher seines spirituellen Lebens erahnen. Als Ergänzung ist die Formel *Jesus. Maria* belegt. Weitere Stossgebete sind in Adam Walassers Nachdruck des Pilgertraktats, Dillingen 1569, angeführt als »kurtze und andächtige Gebetlin, welche Bruder Claus täglich gebettet hat«, darunter: *O mein hertzen lieb komm mir zuhülff!* und *Mein Lieb ist gecreutzigt worden.*[54]

Zwischen diesen Stossgebeten und dem Vaterunser steht das wie die obigen Kurzformeln der Seuse-Tradition entstammende »gewonliche gebeth« von Bruder Klaus. Bei diesem werden die Anfangsverse der ältesten Fassung zum bekanntesten Ausdruck seines Gebetslebens:

O du mein Herr und mein Gott
nimm mich mir und gib mich gantz zu aigen dir.

Diese Stossgebete liegen der Erfahrung mit der Lichthauptvision mutmasslich viel näher als eine abgehobene Bildmeditation. Sie drücken gänzliche Unterwerfung aus, Sehnsucht nach Vereinigung, Geborgenheit. Wenn die Praxis der Kontingenzbewältigung[55], nach dem Philosophen Hermann Lübbe, die Hauptfunktion der Religion sein soll, indizieren die Stossgebete eine reinste Form davon. Im Gottesanfall erfährt der Mensch auf unübertreffliche Weise seine unverrückbaren Grenzen gegenüber einer absoluten und übermächtigen Instanz, welche über sein Schicksal auf unbegreifliche Weise verfügt. Auf diese religiös gesetzten Grenzen reagiert der Fromme mit der Demutshaltung des Niederkniens, erfolge diese nun liturgisch oder nur mental. Bei einem extrem Ausgesetzten wie Klaus von Flüe ist die körperlich-seelische Antwort auf die Heimsuchung das Niederstürzen. Die allmähliche Wiederaufrichtung erfolgt durch Stossgebete, die Gebete der Kirche und die mathematisch-geometrische Betrachtung im Zusammenhang mit Kreis und Rad, eine Art Unterhaltung mit dem göttlichen Spiegel. Von diesem ist im Pilgertraktat, wohl im Anschluss an Nikolaus von Kues, die Rede.

Zwischen den Stossgebeten und der Radbetrachtung, auch als wesentlicher Bestandteil beim Passionsstundengebet, steht das Vaterunser. In der Praxis ist es für Bruder Klaus das zentrale Gebet, zusammen mit dem Ave Maria das meistgesprochene. In der permanenten Wiederholung wie auch zur Konzentration ist es vom Halten des »Bätti« begleitet, der weitverbreiteten Gebetsschnur, für deren Herstellung in Frankreich schon seit dem zwölften Jahrhundert die Zunft der »Paternôtriers« zuständig ist. Das Tragen dieser Gebetsschnur gehört zu den charakteristischen Merkmalen des Pilgers, wie Muschel und Kalebasse, und gilt allgemein als Kennzeichen frommer Gesinnung: »Wer khain paternoster tragen hat oder bey ihme gehabt hat, den hat man nit für einen christenmenschen gehalten«, steht in einer süddeutschen Chronik[56]. Bei Bruder Klaus setzen indes die schriftlichen Zeugnisse über das »Bätti« erst Jahrzehnte nach den bildlichen Darstellungen ein, wohl weil man es als selbstverständlich erachtet. Hans Salat, 1537: »Syn embsig fasten, syn streng gebeth on underlass, mit dem zeychen des paternosters an synen henden, syn achtlich contemplation, die unerhört abstinenz, so er beharret zwantzigeinhalb jar« (D 689) gelten als seine Hauptmerkmale. Sehr schön sichtbar ist das Paternoster auf dem ehemaligen Altarflügel aus dem Kloster Muri, heute im Benediktinerkollegium Sarnen aufbewahrt. Es enthält kein Kreuz, wie man es erwarten würde, aber fünfunddreissig bis sechsunddreissig etwa nussgrosse Kugeln, ohne Unterteilung in sogenannte Gsätzli, wie sie später dem Rosenkranz zukommen wird. Ein einfaches Zählgerät. Die sechsunddreissig Kugeln entsprechen der dämonenabwehrenden Zahl sechs mal sechs, ihre Quersumme entspricht der Tarotzahl des Eremiten. Dieser, in der Sachsler Monstranz von 1516 als Silberfigur dargestellt, trägt ein »Bätti« mit mutmasslich achtzehn Kugeln. Die mathematischen Relationen verhalten sich analog.

Bruder Klaus mag in seinem Leben unzählige Vaterunser gebetet haben. Wesentlich aber scheint für ihn die Betrachtung des Gebetes als Einheit. Georg Sigrist, Aaraus katholischer Stadtpfarrer in der Zeit der Regeneration, vor 1848, verbreitet die Legende, der Pilger habe auf seiner Rückkehr von Liestal nur ein einziges Vaterunser gebetet[57]. Der Schriftsteller, Volksphilosoph und »Weltüberblicker« Josef Ignaz von Ah aus Kerns (1834–1896) hebt mit vielen anderen hervor, Bruder Klaus habe auf seinen Pilgerfahrten nach

Maria Einsiedeln jeweils nur ein einziges Vaterunser gebetet[58]. Dasselbe vernimmt Bruder Klaus-Biograph Johann Ming als Kind von seiner Mutter: Auf dem Weg in die Kirche nach Sachseln habe der Selige jeweils ein Vaterunser gebetet[59]. Der Gebrauch des »Bätti« legt jedoch die Wiederholung des Gebetes nahe. Schon der Bauer und Familienvater vor dem Ofen in seinem Haus am Schübelacher wird das »Bätti« benutzt und nächtelang Vaterunser und Ave Maria abgezählt haben. Der Text, von Peter Ochsenbein rekonstruiert, lautet:

Vater unser
Der du bist in dem himel
Geheiliget werde dîn name
Zuo kome uns dîn rîch
Dîn wille werde als in dem himel und ûf der erde
Gip uns unser tegelich brôt
Vergip uns unser schulde als ouch wir vergeben unsern schuldenaeren
Nicht vüer uns in boese versuochunge
Sunder erloes uns vor allem übel Amen.[60]

Zur Zeit von Bruder Klaus und viele Generationen später ist das Vaterunser, ausser in seinem Rang als allgemeines Gebet, vor allem Fürbitte für die Verstorbenen. Dazu Ulrich Witwyler: »War auch sein gewonheit, für die christglaubigen seelen gar fleissig got zu bitten, wann er das vatter unser und ave Maria gesprochen.« (D 788) So sind die Hunwil, Amstalden, Bubenberg, aber auch die Gefallenen der Schlachten in seinem Vaterunser mit Gewissheit eingeschlossen. Das Vaterunser und das Ave Maria sind auch Hauptbestandteil der Leidensbetrachtung im Passionsstundengebet. Ein Vorläufer des modernen katholischen Rosenkranzgebetes, jedoch auf die Leidensbetrachtung beschränkt. Im heutigen Rosenkranz, auch Psalter genannt, gelten fünf Vaterunser und fünfzig Ave Maria der Leidensbetrachtung, die gleiche Anzahl Gebete den Freuden der Gottesmutter, die dritte grosse Serie der Verherrlichung des Auferstandenen. Die moderne Seelsorge will den christlichen Glauben als Frohbotschaft attraktiv machen. Ostern ist der wichtigste Feiertag. Für Seuse aber, Bruder Klaus und in Spanien gar bis heute, ist es der Karfreitag, das Gedenken von Leiden und Agonie des Herrn. Im Schmerz, so scheint es, erlebt die christlich-mystische Glaubenserfahrung ihre höchste Intensität. Darum bleiben Krankheit und Armut die erbärmlichen Signale des Christlichen mittelalterlicher Prägung, die Zeichen der Kontingenz, was nichts anderes heisst als Erlösungsbedürftigkeit. Für diese auf das Leiden gerichtete, ja darauf fixierte Religion, dem modernen westlichen Denken weitgehend fremd geworden, bleiben die Probleme dieser Welt grundsätzlich unlösbar. Dies bedeutet nicht Untätigkeit. Aber die Werke, die zu tun dem Christen übrig bleiben, sind Taten der Barmherzigkeit, wie im Betrachtungsbild dargestellt: Kranke pflegen, Pilger und Flüchtlinge beherbergen, Hungernde und Durstige sättigen, Gefangene befreien, Nackte bekleiden, Tote begraben. Im Vergleich zu diesen elementaren Handlungen sind Pionierleistungen des Menschengeistes nur sekundär, wenn auch mit der Zeit in der westlichen Zivilisation wichtiger als das, was ursprünglich den Auschlag gegeben hat.

Je näher wir das Betrachtungsbild an die Gebetspraxis des Eremiten rücken, desto deutlicher wird der Zusammenhang mit einer gläubigen Existenz, für welche »Meditation« nicht den selben Sinn haben kann wie im modernen Sprachgebrauch. Ein Zusammenhang mit der indogermanischen Wurzel *med – *me-[d]* = messen, ermessen –, die auch im Wort Medizin enthalten ist, mit Rat und Heilung zu tun hat, scheint jedoch gegeben[61]. Komplizierte Modelle der Bildmeditation führen von Bruder Klaus weg. Hingegen liegt es nahe, die Betrachtungstafel als Verbildlichung des Vaterunsers zu sehen. »Vater unser im Himmel« hat sicher mit dem Zentrum zu tun, auch wenn das im Hinblick auf die Vielschichtigkeit des Rades sich nicht von selber ergibt. »Dein Reich komme« gilt vor allem für die Geburtsszene im Stall von Bethlehem; »Dein Wille geschehe« für die Verkündigung in Nazareth; »Vergib uns unsere Schuld, wie auch wir vergeben unseren Schuldigern« ist aktuell vor Christus, dem Weltenrichter; »Führe uns nicht in Versuchung«, kristallisiert sich in der Verhaftungsepisode am Ölberg, im Judasverrat und im Zücken des Schwertes durch Petrus, der Malchus soeben ein Ohr abgehauen hat und noch immer wie ein Renaissancepapst mit der Waffe herumfuchtelt; »Sondern erlöse uns vor dem Bösen«, manifestiert sich in der Kreuzigung. Weniger zum Vaterunser, aber umso besser zu dessen Darbringung und Vollendung im Messopfer passt das Bild mit dem Priester im Kreis unten rechts, der auf dem Kelch die Hostie präsentiert. »Wie im Himmel so auf Erden«, wie auch, anstelle des Vatergottes, die ungeteilte Gottheit, wird durch das Zentrum, das Rad, symbolisiert. Die einwärts zeigenden Strahlen verweisen auf die Gottheit, den Himmel, die nach aussen sich verjüngenden

Strahlen den sich demütigenden Gottmenschen in der Krippe von Bethlehem, bei Verrat und Verhaftung und, in winziger Leiblichkeit, in der Hostie. Hier macht sich Gott »klein«. Auf der anderen Seite sind die erhabenen Szenen der Verkündigung, des Weltgerichts und, für uns schwer nachvollziehbar, der Kreuzigung, als Erhöhung angesehen. Die Erhöhung des Heiligen Geistes vor Maria ist aus der spätmittelalterlichen Mariologie zu verstehen. Sie ist nicht nur die unbefleckt Empfangene, sondern sogar die »Frau Gottes« – diese umstrittene Wertung, der Pilgertraktat deutet es an, ist auch in einer von Klausens Visionen angedeutet. Der Gekreuzigte ist im Sinn der Leidensmystik, entgegen unserer heutigen Sicht, aber sichtbar, ein Erhöhter. Der Weltenrichter ist der Erhabene schlechthin, gemäß Joh 12.32 f.

So ist die Betrachtungstafel im Sinn von Bruder Klaus wohl vom Vaterunser her zu verstehen, im ethischen Gehalt aus den sechs beziehungsweise sieben Werken der Barmherzigkeit, wie sie im Brief an die Berner angedeutet sind. Das Bild hat mit Gewissheit noch andere »Schichten«, wie Rosenberg dargetan hat, aber die Paternoster-Schicht wie auch diejenige der Praxis der Barmherzigkeit sind jene Strukturen, die nahe bei Bruder Klaus bleiben. Dazu gehört wohl auch die Kombination der Christologie mit der Mariologie. In den drei unteren Rundbildern tritt Maria in drei Ständen der Erhöhung auf, als Jungfrau, Mutter und Königin – letztere als Gekrönte auf dem Altarbild vor dem Dominikaner mit der Hostie auf der Patene. Jesus Christus, eigentlich auf allen Medaillons präsent, dominiert in den drei oberen: als Richter, als Verratener, als Gekreuzigter. Diese Bilder sind, mit wenigen Veränderungen, ausser auf der Meditationstafel, im Erstdruck des Pilgertraktates enthalten. Wenn Gundelfingen recht hat, ist das farbige Tuchbild älter als die Holzschnitte in den Druckfassungen des Pilgertraktates, obwohl diese primitiver anmuten. Unwahrscheinlich bleibt, dass Bruder Klaus das farbige Bild habe malen lassen. Es trägt Stilmerkmale einer im süddeutschen Raum und im Elsass verbreiteten Medaillonkunst[62]. Einige Indizien verweisen nach Basel, zum Beispiel das mutmassliche Wappen von Stephan Irmi, dem Prior des dortigen Predigerkonvents – identifiziert von Heinrich Stirnimann, jedoch ohne Gewähr. Pater Wladimir Koudelka hat im Emblem des Lukas-Stiers die Jahreszahl 1483 identifiziert[63]. Dies verweist auf die Zeit des gescheiterten Konzilsversuches in Basel, Zamometič ist noch am Leben, Numagen fasst eine Abhandlung über Bruder Klaus ins Auge. Dass zu dieser Zeit in

Basel das Interesse für den Eremiten grösser ist als je vorher und später, liegt aufgrund der Quellenlage auf der Hand.

Zwischen 1483 und 1486 können wir den Ranftbesuch eines unbekannten Pilgers annehmen, sofern dieser nicht etwa mit Bruder Ulrich oder Heinrich von Gundelfingen identisch ist. Von Symbolik und Meditation versteht der Pilger mehr als der Mann, den er besucht, und darum spricht er vor allem selbst. Gundelfingen und der »Pilger« sind in zweifacher Hinsicht für die frühe Bruder Klaus-Rezeption repräsentativ: Sie bringen als Zeitgenossen echten Quellengehalt ein, begründen eine Art Lehre von Bruder Klaus, der sie ungefähr zur Zeit seines Todes Nachachtung verschaffen wollen. Sie sind offenkundig bemüht, der Nachwelt ein bleibendes Vermächtnis des Heiligen zu präsentieren. Jeder »Bruder-Klausismus« ist mit Vorbehalten zu betrachten, selbst wenn er älter ist als fünfhundert Jahre. Beim »Pilger« und bei Gundelfingen liegt immerhin, ähnlich wie bei der Darstellung des Sokrates durch Platon und Xenophon, ein Autorenprodukt mit historischer Silhouette vor[64].

Für Gundelfingen ist Klaus von Flüe dank der Bildbetrachtung, obwohl nur ein Laie, zum weisen Ratgeber aufgestiegen. Kraft der Erkenntnisse aus dem Betrachtungsbild habe er seine Landsleute gemahnt, das Staatswesen nicht für Geschenke der Fremden zu verschachern, vom Krieg als Mittel der Politik Abstand zu gewinnen, bei Einbürgerungen Zurückhaltung zu üben und den Predigten der Priester auch dann gerne zu lauschen, wenn diese in ihrem privaten Wandel ein negatives Beispiel gäben. »Indem er durch prächtige und zierliche Parabeln, Metaphern und Gleichnisse jene Lehre bekräftigte, sagte er: wie man aus einem und demselben Brunnen, der verschiedene – bleierne, kupferne, silberne und goldene – Röhren habe, dasselbe Wasser der Frische und dem Geschmack nach trinke, so geniesse man auch von guten und bösen Priestern, die das Sakrament der Eucharistie am Altar vollziehen (...) die gleiche Gnade.« (D 434)

Gleichnisse auf dieser Höhe seien aus dem Gymnasium des Heiligen Geistes, der Radbetrachtung, hervorgegangen: »Lernte er nicht auch in jenem Gymnasium des Heiligen Geistes die Darstellung des Rades, die er in seiner Kapelle malen liess und durch die er wie in einem klaren Spiegel das ganze Wesen der Gottheit widerstrahlen liess? Drei Strahlen heften dort seitwärts ihre Spitzen in das göttliche Antlitz im innersten Kreis, von dem die dreipersönliche Gottheit die drei vorzüglichsten Wirkungen dieser Dreiheit, die

Schöpfung, die Passion und die göttliche Verkündigung aus dem Ohr, dem Auge und dem Mund des leuchtenden Gotteshauptes in der Richtung der Breitseite entspringen lässt und so den Himmel und die Erde umfasst. Und wie in der Kraft die drei Personen die Spitze jener Strahlen aussenden, so kehren sie durch die Breitseite dreier anderer Strahlen in selber Kraft wieder zurück in den Spiegel der Gottheit.

Durch eifriges Nachdenken können wir zur Erkenntnis der unfassbaren Gottheit gelangen. Das zeigen die drei Strahlen an, die mit ihrem breiten Teil das göttliche Abbild berühren, denn unser Verstand sucht auf dem breiteren Weg, vermittels innerlicher Wahrnehmungen nach der Absicht der Gottheit, die fein und scharf ist; der äussere Teil der Strahlen aber ist aus dem Grund der Menschwerdung und Erlösung weit und breit. Diese und die anderen Geheimnisse und verborgenene Bedeutungen jenes Rades hat unser Einsiedler in seinem *Buch*, das heisst in jenem Rad gelehrt, indem er vorzüglich in zwei der Strahlen, die mit der Breitseite das Gotteshaupt berühren, die Geheimnisse des Altarssakramentes und die Geburt Christi und das Wunder der unbefleckten Jungfrau und Mutter Maria, seiner besondern Patronin, wodurch sie vom strahlenden Abbild der Gottheit aus durch den Heiligen Geist beschattet wird, betrachtete. Wie unser kurzes und vergängliches Leben nach kurzer Zeit im Himmelreich die grössten, unvergänglichen und unaussprechlichen Freuden erlangt, zeigt unser Eremit an dem dritten Strahl, der mit der Breitseite das göttliche Antlitz berührt. Weiteres darüber überlasse ich solchen, die von ihm besser unterrichtet sind.«

Gundelfingen will mit seiner Darstellung nur einen allgemeinen Leitfaden der Radbetrachtung geben, hält sich in dieser Sache für weniger kompetent als andere. Wahrscheinlich irrt er sich in der Deutung von Christus vor den Engeln mit dem Schaf und dem Bock, welches Rundbild er als Schöpfungsszene auslegt. Es muss sich um das Weltgericht handeln. Die Motive stammen aus der Apokalypse oder Mt 25.32: »Und alle Völker werden vor ihm zusammengerufen werden, und er wird sie voneinander scheiden, wie der Hirt die Schafe von den Böcken scheidet.«. Dabei lässt sich das Schaf auf dem Radbild wegen technisch unbeholfener Darstellung leicht mit einem Hasen verwechseln.

Gundelfingen, ab 1480/81 nicht residierender Pfarrer von Sarnen[65], ist der mutmasslich früheste Zeuge des Betrachtungsbildes. Der »Pilger«, aufgrund sprachlicher Merkmale als Mann aus Bayern identifiziert[66], kann, wie gesagt, mit Bruder Ulrich identisch sein, ein Kleriker, der sich kurz vor dem Tod des Eremiten über eine Begegnung mit diesem äussert. Mit dem Pilgertraktat, gedruckt in Augsburg zwischen 1486 und 1489, wahrscheinlich aber im Todesjahr 1487, wird Klaus von Flüe erstmals als Repräsentant einer schlichten Gottesfreunde-Theologie, wohl eher franziskanischen als dominikanischen Ursprungs, in Anspruch genommen. Das Gespräch mit *brueder Clausen zue schweeicz* erfolgt in *red und frag*[67] mit den Themen Liebe zu Gott, Mariä unbefleckte Empfängnis, Vom täglichen Brot, Von der Radfigur und Von der Pestilenz. Bei den meisten Kapiteln spricht der Pilger selber, der Heilige gibt lediglich Bestätigungen, zum Beispiel in jedem Brot sei die Gnade des allmächtigen Gottes verborgen. An der Lehre von der unbefleckten Empfängnis, im fünfzehnten Jahrhundert noch Gegenstand erbitterter theologischer Streitigkeiten, habe der Eremit sein Wohlgefallen gefunden. Er scheint das erst 1854 verkündete Dogma zu lieben: »Dyse wort gab freüd dem benannten brueder Clausen.«

Umso mehr fällt auf, wie der sonst so wortkarge Einsiedler im vierten Kapitel als Redner auftritt, dem Pilger das »Urrad« zeigend, mit dem er Betrachtungen anstelle. »Und er fing wieder zu reden an und sagte zu mir: Wenn es dich nicht langweilt, will ich dich auch mein Buch sehen lassen, worin ich lerne und die Kunst dieser Lehre zu ergründen suche. Und er trug mir eine Zeichnung herein, eine Gleichnisfigur in Form eines Rades mit sechs Speichen, in der Gestalt, wie sie hernach folgt:

Danach legt bruder Claus diese Figur des Rades aus. Er begann und sprach: Siehst du diese Figur? Also ist das göttliche Wesen. Im Mittelpunkt ist die ungeteilte Gottheit, darin sich alle Heiligen erfreuen. Die drei Speichen, die da spitz in den Mittelpunkt des inneren Kreises verlaufen, sind die drei Personen, welche von der einen Gottheit ausgehen. Und sie umfassen mit ihrer Gewalt den Himmel und dazu die ganze Welt. Und wie sie aus ihrer göttlichen Gewalt herausgehen, so gehen sie dahin wieder ein und sind eins und ungeteilt in ewiger Macht. Das bedeutet diese Figur.«[68]

Soweit die zentrale Partie im Pilgertraktat. Insofern die Auslegung kurz und einfach gehalten ist, bleibt eine authentische Rede des Eremiten nicht ausgeschlossen. Im Gegensatz zu Gundelfingen ist vom göttlichen Gesicht als Andeutung der Lichthauptvision nicht die Rede. Die Mitte des Rades bedeute die »ungeteylt gotheyt darinnen sich alle heyligen erfrewen.« Der Ausdruck »ungeteylte gotheyt« setzt mystische Tradition voraus, mithin das Umfeld von Klaus, wohl vor allem Bruder Ulrich. Man wird dem Eremiten zutrauen, dass er sich im Verlauf der Jahre eine gewisse Meditationstechnik angeeignet habe. Die Freude an geometrischen Figuren, eine mathematische Begabung scheint bei ihm, zusammen mit der auffallenden Musikalität, ohne weiteres vorhanden zu sein, eine mögliche Stärke von ihm. Intelligent und klug, ist er nicht der Mann vieler Worte. In der Betrachtung neigt er zum Klaren, Einfachen, Durchsichtigen. Es liegen bei ihm Voraussetzungen vor, wie man sie noch im zwanzigsten Jahrhundert bei manchem Innerschweizer Bergburschen antrifft. Schwerblütig von Naturell, eher schwerfällig im Ausdruck, löst sich die Zunge, wenn das Auge mit erstaunlichem Scharfblick eine geometrische Struktur erfasst. Dem Bergler, »klug wie ein Rad« (Elias Canetti)[69], kommt gar nicht so selten eine Begabung zu, welcher die brillanten Rhetoriker nicht leicht Paroli bieten können.

Der Geist der Geometrie, seit Pascal und in der Moderne technisch orientiert, ist im Mittelalter ein betrachtender Geist. Einen seiner Höhepunkte erreicht er in der mathematischen Theologie von Nikolaus von Kues. Diese geht in ihrer eindrucksvollen Systematik weit über das hinaus, was der Verfasser Bruder Klaus im Pilgertraktat erklären lässt. Der Ansatz ist jedoch vergleichbar: Punkt, Kreis, Rad, Spiegel bieten in ihrer Symbolik Möglichkeiten, anstelle von fragwürdigem Geschwätz über Gott die klarstmöglichen Allegorien und Gleichnisse bereitzustellen. Möchte der Mystiker grundsätzlich lieber schweigen, schweigen über Gott, schweigen mit Gott, drängt es ihn nichtsdestoweniger, das, was sein Herz erfüllt, ja zerspringen lässt wie bei Bruder Klaus, nach aussen wenigstens anzudeuten. Mit mathematischer und geometrischer Bildrede findet eine vergleichsweise saubere Annäherung an das Unsichtbare statt. Dies hängt mit den Traditionen von Pythagoras und Platon zusammen. Für diese beiden Philosophen ist die Geometrie die optimale Möglichkeit, die Weltharmonie, beziehungsweise die transzendente und transzendentale Welt der geistigen Wesenheiten, darstellbar zu machen. Diese Hintergründe werden in der neueren Literatur über Klaus von Flüe zum Teil ausgezeichnet dargestellt.

Mit dem Kreis, der für Nikolaus von Kues in unendlicher Krümmung mit der Geraden zusammenfällt und damit eines der Beispiele für den Zusammenfall der Gegensätze andeutet, haben sich Generationen vorher schon Eckhart, Tauler und Seuse befasst. Eckhart sieht das Universum als Zirkel, Kreis, »die inbegriffenheit der wirkunge der drier persone«[70]. Der Punkt symbolisiert die Fähigkeit des dreifaltigen Gottes, unbeweglich alle Bewegung in Gang zu bringen. »Die Einheit der drei Personen ist das Wesen des Punktes.« Bei Eckhart stehen Punkt und Kreis in einem dynamischen Verhältnis zueinander, wie es im Rad bei Nikolaus von Kues und im Betrachtungsbild in der Radskizze gegeben ist. »Das Wirken ist also dreifaltig, was entsteht, ist ein Hervorgehen, aber alles strebt wieder zurück und sucht den Ruhepunkt im Wiedereingehen«[71] (Werner T. Huber).

Die meistzitierte Kreisallegorie stammt von Heinrich Seuse, aus dem *Buch der 24 Meister.* Gott sei, »nach seiner Gottheit genommen«, ein Kreis, ein weiter Ring, dessen Mittelpunkt überall und dessen Umfang nirgends auszumachen sei. Bedeutsamer als diese wenig informative Formulierung ist Seuses Gleichnis vom Steinwurf in den Weiher mit den Ringen, die sich dabei bilden. »Der Ring von seiner Kraft macht einen andern, und nach der Kraft des ersten Wurfes werden auch die Kreise weit und breit.« Aus einer unendlichen Kraft ergebe sich auch eine unendliche Kreisbewegung. Mit dieser vergleicht Seuse die Wechselwirkung von Vater, Sohn und Heiligem Geist und mit Bezug auf die Welt, »die Ausgegossenheit der ungeteilten Substanz.«[72]

So präsentiert sich der geistige Grossraum, aus welchem Klaus von Flüe als Beter, Visionär und, auf schlichte Weise, als Meister der Meditation Würdigungen, um nicht zu sagen: Huldigungen erfährt. Wie weit wir ihm dabei begegnen, wie weit wir uns damit im Gegenteil wieder von ihm entfernen, ist schwer auszumachen. Seine stärksten Visionen, vorab das Lichthaupt mit den Begleiterscheinungen, bedeuten eine Abberufung. Die Abgeschiedenheit. Durch Gebet und Betrachtung findet er zu sich selbst, wird auf wohltuende Weise wieder Partner der Menschen. Ein Beispiel dafür ist das Gespräch mit dem Pilger, selbst wenn daran nur etwa zwei bis drei Sätze authentisch wären. Immerhin erfasst der Gast etwas von der Abgeschiedenheit des Aufgesuchten, er versucht diese mit allerlei Gleichnisreden zu bannen. Dies gelingt ihm am besten mit dem Bild des Spiegels, für den Kusaner das *Angesicht der Angesichter.*[73] Dieses, an die Lichthauptvision immerhin erinnernd, bezeichnet gleichzeitig Nähe und Fremdheit des Gottesfreundes Klaus von Flüe vis à vis seiner Pilger. Bei richtiger Einhaltung von beidem ist eine freundschaftliche Begegnung, wie Waltheym sie ja erfahren hat, nicht ausgeschlossen, sofern nur die oberflächliche Vertraulichkeit, die *parrhesia*, ausgeschlossen werden kann.

Nach dem erhabenen Gegenstand der Radfigur wendet sich das Gespräch des Pilgers mit Bruder Klaus wieder dem Alltag zu. Das heisst der Krankheit, in diesem Fall der Pest. »Jeder Mensch«, doziert der »Pilger«, »in dem die Gottesliebe nicht ist, kann dieser Plage nicht entrinnen, denn es ist wohl so, dass sie eine Vergiftung ist, die über das ganze Land herfällt; doch verleiht Gott denen seine Gnade, die er erhalten will, dadurch, dass sie durch Arznei und Luftveränderung gerettet werden; das geschieht durch den Willen Gottes.«

Bruder Klaus, diesem Vortrag geduldig zuhörend – über den Vorrang des Willens Gottes kann ihm der Fremde schwerlich Fortbildung bieten –, gibt zur Antwort: »Das ist ganz und gar auch meine Ansicht, dass niemand dem Zorn Gottes entrinnen kann.« Dies sagt er wohl ungefähr zu der Zeit, da die Söhne von Landammann Heintzli wegen der Pest das Land verlassen haben, nach ihrer Rückkehr jedoch sehr schnell eines unnatürlichen Todes, Totschlag und Unfall, gestorben sind. Die Aktualität des abschliessenden Gespräches im Grenzgebiet zwischen Medizin und Politik steht im schroffen Gegensatz zur Schönheit der Betrachtung. Das Weltgericht findet jeden Tag statt, und jeden Tag kommt ein Stück Pilatus herunter nach Luzern und Unterwalden. So liegt es nahe, zum Abschied über Steine Betrachtungen anzustellen, von denen ja um die Ranftzelle mehr als genug herumliegen. Einer der Steine, meint der Pilger schulmeisterlich, bedeute »grosse Zuversicht in

Gott. Wer allezeit sein Vertrauen in Gott setzt, den wird er nie verlassen.«

Mit diesen Worten ungefähr nimmt der »Pilger«, in fortlaufender Gesprächigkeit, Abschied, bittet den Eremiten, für ihn und für alle, die ihn zu diesem Besuch ermuntert hätten, zu beten. »Er versprach, er wolle dies tun. Auch ich solle für ihn zu Gott beten. In dieser Weise umarmte er mich und sprach: Gott verleihe dir Heil und Glück.«[74] Der »Pilger« geht in Gottes Namen heim ins Baierland. Nach Art der Gelehrten und Theologen fällt es ihm leichter, selber eine Menge zu sagen als zuzuhören. Bruder Klaus wird das recht sein. Der gebildete Fremde wird es mit seinem geplanten Büchlein schon gut machen. Soll er doch schreiben, was ihm eingegeben wird.

Mit diesen Gedanken, vielleicht, steigt der gealterte Eremit die Treppenstufen hinauf in die dunkle Waldnacht seiner Zelle. Das Vaterunser vermurmelnd, mit zitterigen Händen die dicken Bättikugeln drehend, immerzu, bis im Schlummer nur noch der Atem weiterbeten mag.

Stockknauf aus dem Besitz der Familie Techtermann in Freiburg i. Üe, 16. Jhd., eine der frühesten Porträtdarstellungen.

Dorothe und die Fahne des Sieges

> Sterbend sagte der Altvater Besarion: Der Mönch muss sein wie die Cherubim und Seraphim: ganz Auge!
> *Weisung der Väter*

Schuldenfrei muss sein, wer als Einsiedler leben will, daher soll, wo es nötig erscheine, vor dem Eintritt in den Eremitenstand ein Schuldenruf stattfinden. Ein wichtiges und auffallendes Gebrechen wäre ein Hindernis, »sein Körperzustand sei wenigstens derart, dass er den Eremitenarbeiten obliegen kann«. Die Verhältnisse würden es erfordern, »dass er schreiben und Gedrucktes lesen kann«. Ausserdem sei er ledigen Standes oder Witwer ohne familiäre Verpflichtungen.

Unter diesen Bestimmungen aus dem *Regelbuch der Eremiten der vier Waldstätte*, neueste und verbesserte Auflage 1872, würde Klaus von Flüe nur gerade die erste erfüllen. Auch mit dem ebenfalls vorgeschriebenen Erbringen eines Tauf- und Firmscheins hätte er Mühe[1]. In seiner Jugend sind die kirchlichen Verhältnisse in seiner Heimat verworren, auch in rechtlicher Hinsicht, und Pfarrbücher werden um die Zeit seines Todes erstmals geführt.

Am meisten Anstoss erregt, teilweise schon zu Lebzeiten, der Sonderfall des verheirateten Eremiten. »Durfte er Weib und Kind verlassen und in die Einsamkeit gehen?« (D 242) Diese erste Hauptfrage in Numagens bedeutender Abhandlung wird vor allem in nachreformatorischer Zeit oftmals negativ beantwortet. Dabei ist, wie bereits dargetan, ein verheirateter Eremit in der Zeit der Gottesfreundebewegung nicht aussergewöhnlich, wenngleich in der Regel ein Problemfall. Schon zu Altväterzeiten bekunden nicht wenige fromme Männer und Frauen Mühe mit der Praxis einer christlichen Ehe. Vor allem mit der Sexualität kommen sie schwer zurecht. Die Flucht in den Zölibat ist naheliegend, zumal dieser Stand auch von den Schriften des Neuen Testamentes als der im Vergleich zur Ehe bessere empfohlen wird. Ein eher unrühmliches Beispiel bildet Abbas Abraham, gestorben 366 in Iduna bei Edessa. Nur eine Woche nach der Verheiratung lässt er Frau und Ehestand verzweifelt hinter sich, zieht sich in eine einsame Hütte zurück. Zum offensichtlichen Zeichen der Absage an die Werke der Frau sieht man ihn während fünfzig Jahren nie Brot essen, und auch vom Wein enthält er sich ganz. Mit dieser asketischen Lebensweise erreicht er, wie Bruder

Klaus, das biblische Alter von siebzig Jahren. Vom Ranftheiligen unterscheidet sich der Eremit Abraham aber wesentlich. »Die Buhlerei habe ich umgebracht und die Habsucht und den eitlen Ruhm«, lautet sein grosssprecherisches Bekenntnis, aber der Gedanke an das Weib verfolgt ihn dem Anschein nach lebenslänglich. Darum empfiehlt er in klassischer Altvätermanier eine asketische Übung wie diese: »Siehe, du gehst in dein Kellion und findest auf deiner Matte ein Weib. Kannst du denken, dass es kein Weib ist?«[2] Von der unverhüllt in Erscheinung tretenden Phantasie »als die eigentliche, die zu sich selber gekommene Phantasie, die den Erdulder der Phantasie plagt«, spricht Helmut Heissenbüttel in seinem obszönen Altvätergedicht *Die Versuchung des Heiligen Antonius,* das mit den Worten endet: »Die eigentliche Sünde besteht in der Verhaltung, in der Verhaltung der Vorstellung überhaupt.«[3]

Im Kellion von Bruder Klaus gibt es keine Matte, und er muss sich dort kein Ersatzweib phantasieren. Als Vater von zehn Kindern ist er in Sachen Sexualität mit Gewissheit weniger in Sorge und Wirrnis als Altväter in der Art von Abbas Abraham. Die Ehe mit Dorothe Wyss dauert nicht eine Woche, sondern zweimal zwanzig Jahre. Das Leben als Einsiedler bedeutet, auch abgesehen von der dogmatischen Sicht des unauflöslichen sakramentalen Bandes, nicht das Ende der Ehe. Von allen bekannten verheirateten Eremiten der Geschichte ist Klaus seiner Familie, auch seiner Frau, wie kaum ein zweiter verbunden, und selbst noch in der Erinnerung an die Krise, da ihm ihre Gegenwart »lästig« vorgekommen ist, nennt er sie seine »allerliebste Frau«. (D 39) Das moralische Problem mit seiner Depression nimmt er auf die eigenen Schultern, und auch nur eine Silbe Negatives über die Gattin und die Mutter seiner Kinder würde er sich verbitten. Die Probleme, die ihn in seiner Existenz herausfordern, haben im Gegensatz zu einigen Altvätern mit Sexualität vermutlich nichts zu tun. So wie er als Fastender das Brot rühmt, die Frucht der Gnade des allmächtigen Gottes, behält die Gattin seine höchste menschliche Wertschätzung. Sie ist gut wie das Brot. Dass über einen Umweg der Ranft[4], Teil des Familienbesitzes, also dessen »Rand«, wie der Name besagt, zur bleibenden Station seiner irdischen Pilgerfahrt wird, drückt zwar vor allem den Gehorsam gegenüber Gott aus. Konkret aber ist es wohl auch ein Akt des Gehorsams gegenüber dem Beichtvater, der Familie, der Ehefrau. Nach Wölflin sind die Angehörigen zwar über den Bau der Ranftzelle, ein Werk freiwilliger Helfer, naheliegenderweise vor allem von Hensli, dem

Knecht von Bruder Klaus, anfänglich nicht erfreut. Auf Dauer aber erweist sich diese Lösung als der für alle richtige Kompromiss – bei aller Kompromisslosigkeit von Klaus von Flüe im Hinblick auf seine letzten Intentionen. »Einander gehorsam sein« gilt da auch für die Familienmitglieder von Flüe. Diese erhalten ja bald und über Generationen den weltlichen Lohn für den Heiligkeitsruhm ihres Altvaters, sie werden, wie Kuno Müller sie rühmt, »ein Herrengeschlecht im alten Freistaat Obwalden«, was sie zuvor nicht gewesen sind.[5]

Bruder Klaus hat seine Familie und insbesondere seine Gattin für heilig gehalten. »Heilig« meint hier das Ansehen und die Unantastbarkeit, worüber Frau und Familie in den meisten traditionellen Gesellschaften verfügen, wobei dann zum Beispiel Geldwirtschaft und Hexenverfolgungen als Krisensymptome in einem Prozess der Auflösung auftreten. Im obigen Sinn ist ihm die Gattin, wie auch die Mutter, absolut heilig. Diese Art Heiligkeit ist jedoch weder mit der eigenen Abgeschiedenheit zu verwechseln, dem Allerheiligsten im Sinn von Meister Eckhart, noch mit der Heiligkeit von Frauen etwa wie Maria Magdalena, Elisabeth von Thüringen, Idda von Toggenburg, Mechthild von Stans oder Jeanne d'Arc. In diese Kategorie der Heiligen gehört Dorothe wohl nicht. Sie ist eine gesegnete, in Ehren gehaltene, ehrwürdige Frau, über die wir fast nichts wissen. Den Lebensweg ihres Mannes unterstützt sie, ordnet sich ihm im Entscheidenden unter, wie unzählige Frauen vor und nach ihr. Im Vergleich zu anderen Frauen ihrer Generation, nicht nur Eremitengattinnen, hat sie mit ihrem Ehemann aufs ganze gesehen eher Glück. Ungefähr zwei Jahre ihres Lebens, die Zeit der grossen Krise ihres Mannes, müssen als überschattet gelten. Im Vergleich zu anderen Frauen aus ihrer Zeit, wie Quellen berichten, wird man ihr kein überdurchschnittlich schweres Leben nachsagen können.

Die Gattinnen von Adrian von Bubenberg, sowie zahlreicher Landammänner, Schultheissen und Bürgermeister, müssen sich beispielsweise mit unehelichen Kindern ihrer Eheherren arrangieren.[6] Luzerns Schultheiss Hunwil verdächtigt im Verfolgungswahn seine Frau, mit seinen Feinden gemeinsame Sache zu machen. Und in der Zeit, da Klaus die Zehntlasten der Liegenschaft Schübelacher bereinigt und für seine Familie alles in beste Ordnung bringt, in Dorothes Schicksalsjahr 1467, hören wir über Ursula von Ramstein, eine Obwaldner Ratsherrengattin, eine unerfreuliche Geschichte: In den jungen Müller Heiny Amschwand, Inhaber der Aamühle in Sarnen, schreibt Durrer nicht gerade einfühlsam, habe sich um 1463 die »alte mannstolle Freifrau von Geroldseck, Witwe des letzten Freiherrn von Ramstein«, verliebt.[7] Der Gatte, von dem in der Obwaldner Politik zur Zeit von Bruder Klaus noch einiges zu hören ist – vielleicht ist er ein Musterbeispiel eines Ratsherrn, aus dessen Munde der Heilige Feuerflammen schiessen sieht –, erlaubt sich, das mitgebrachte Vermögen seiner Angetrauten auf unverschämteste Art durchzubringen. Die solothurnischem Landadel entstammende Frau, die in Obwalden wenig Achtung geniesst, muss wenige Jahre nach der Eheschliessung sogar Hunger leiden, sieht sich gezwungen, ihre persönlichen Effekten, unter anderem ihren Schmuck, zu veräussern. Selber schuld? Vor der Heirat mit dem Müller ist Ursula im Haus des Schultheissen Hasfurter in Luzern wohnhaft gewesen, hat als Vornehme in der Stadt sogar über einen Platz in der Peterskapelle verfügt, also in jenem Gotteshaus, wo das Waldstätterkapitel zusammenzukommen pflegt und das man später mit einem Bruder Klaus-Fresko schmücken wird. Mit Heiny Amschwand, einem der späteren Scharfmacher im Amstaldenhandel, lebt Ursula ziemlich von Anfang an in Unfrieden. Ihr Mann habe ihr Vermögen verschleudert, klagt sie 1467 vor dem Rat von Solothurn, sie leide Not, und »mit weinenden Augen« beantragt sie vor den städtischen Behörden ein Darlehen von hundert Gulden, verpfändbar auf die Herrschaft Seewen. Ausserdem muss sie für ihren Anwalt, Schultheiss Hasfurter, ihren Perlenkranz, goldene Ringe, Haften und anderes »heidnisch Werk« versetzen. Ein »trauriges Dasein«, kommentiert Theodor von Liebenau seine kulturhistorische Miszelle über die beklagenswerte Frau. Im Gegensatz zu Durrer disqualifiziert er sie nicht als »mannstoll«, nur weil sie einen jüngeren Ehemann genommen hat. »Die unglückliche Dulderin starb 1481.« Ein Frauenleben in Zeitgenossenschaft von Dorothe.[8]

Unter den Frauen im Umfeld von Bruder Klausens Einsiedelei verdient neben der Eremitengattin die prominenteste aller Gönnerinnen der Ranftkapelle, Prinzessin Eleanor, Eleonore von Schottland und Gattin von Erzherzog Sigmund von Österreich, hohe Aufmerksamkeit. Nach Gundelfingen hat diese Frau massgeblich zum Altarschmuck beigetragen, wie er Waltheym und anderen Besuchern in die Augen springt. Es scheint einigermassen reizvoll, das Leben dieser vornehmen Frau mit demjenigen der Bäuerin vom Schübelacher zu vergleichen, soweit sich dieses von der ungleichen Quellenlage her anbietet. Die beiden Frauen sind ungefähr gleich alt, von Eleanor kennen wir den Jahrgang, sie ist 1433 geboren. Um

1447 sind die beiden im heiratsfähigen Alter, die Prinzessin wohl etwas später, weil sie während dreier Jahre eine für die Zeit achtunggebietende gründliche Schulbildung geniesst. Dorothe verbringt ihre Jugend auf einem Berghof, wahrscheinlich auf der Schwendi ob Sarnen, Eleanor wächst als Tochter von König James dem Ersten von Schottland hauptsächlich auf Schloss Linlithgow, fünf Reitstunden westlich von Edinburgh, auf. Als junges Mädchen kommt die Prinzessin, schottischer Tradition gemäss, zusammen mit ihrer Schwester Joan nach Tours an den Hof des französischen Königs Karl VII., wo sie während dreier Jahre unter anderem auch in die französische Literatur eingeführt wird. Der Herzog von Österreich-Tirol, Friedrich mit der leeren Tasche, wäre kein echter Habsburger, würde er seine Hofauguren nicht auf eine passende Brautschau für seinen Sohn Sigmund an die Loire schicken. Man wird fündig, Eleanor wird zur Frau des späteren Erzherzogs ausersehen und noch im Herbst 1448 auf Schloss Belmont bei Chinon *per procurationem*, im Abwesenheitsverfahren, mit Sigmund verheiratet. Wenigstens ein Bild von ihrem Bräutigam wird sie zu Gesicht bekommen haben. Zur Zeit der fürstlichen Hochzeit ist Dorothe wohl schon zum ersten Mal Mutter, lebt in einem aus Anlass der Familiengründung neu erbauten Haus, das im Gegensatz zu Schloss Linlithgow, Ruine seit 1746, die Zeiten besser überdauern wird.[9]

Die vielleicht schönste Episode im Leben von Prinzessin Eleanor, wovon uns Quellen berichten, findet auf der Reise zu ihrem Angetrauten, der sich in Meran auf die Hochzeitsnacht vorbereitet, in Freiburg statt. Die Üechtland-Metropole ist bekannt für ihre festlichen Empfänge. Päpste, Gegenpäpste, Kaiser, Könige, Herzoge und andere prominente Gäste behalten die Gastfreundschaft der Stadt in bester Erinnerung, den Glanz altburgundischer Freude an Pracht und Schaustellung.

Von der Abtei Payerne her, wo der Geist der Königin Bertha und ihrer Tochter, Kaiserin Adelheid, weht, naht sich der berittene Zug mit der Prinzessin nach dem Dreikönigstag 1449 Freiburg. Ein »grand commendur« von Sigmund sowie ein Hofrat Bechler vollziehen den Auftrag, die Prinzessin abzuholen und ihr eine prachtvolle Reise ins Brautbett zu ermöglichen. Für die Ankunft der fürstlichen Gäste wird oberhalb der Saane ein gewaltiger Einritt veranstaltet. Am 9. Januar ist es soweit: Unter Glockengeläute und grossem Jubel einer dichten Volksmenge reitet, auf einem kräftigen Zelter, Prinzessin Eleanor ein, begleitet von ihrem Schatzmeister, sowie dem Landeshauptmann an der Etsch und anderen französischen und österreichischen Rittern, insgesamt mit einhundertfünfzig Pferden. Gegen dreitausend festlich geschmückte Kinder, angeblich mit Fähnchen in den österreichischen Farben, begrüssen die Gäste mit heller Stimme durch den Ruf *Österrich!* Die Kinder sollen, eigens für den Empfang, vom Land in die Stadt gekommen sein.

Bei fröhlichem Spiel und festlichen Gelagen wird, der Jahreszeit zum Trotz, aller Luxus entfaltet. Die Stadt zeigt festlichen Schmuck in den gereinigten Strassen und den ausgebesserten Brücken. Eine vorzügliche Küche mit viel Butter, gesundem Schweinefett und aromatischem Olivenöl erfreut den Gaumen der Gäste. Neben den üblichen Sorten von Fleisch, Geflügel und Fischen, altem Käse und ausgezeichnetem Vacherin, Trauben, Birnen, Äpfeln, Mispeln, Kressich-Salat, Petersilie und dem gewöhnlichen Brot gibt es, um die Prinzessin zu verwöhnen, feinstes burgundisches Backwerk. Da sich die Freiburger dessen Herstellung nicht richtig zutrauen, ruft man Pastetenbäcker André aus Lausanne herbei. Soll der seine Künste zeigen! Gemäss noch erhaltenen Rechnungen ist er neun Tage lang im Einsatz, backt zweihundertdreiundzwanzig Pasteten sowie fünfundsiebzig Torten, nebenher präpariert er Rebhühner. Die Freiburger ihrerseits verstehen sich auf das Backen von Lebkuchen, »es wurde stark an diesem Stück gearbeitet«. Das ist zu dieser Zeit das honighaltige Gebäck, wie es vor allem am Dreikönigstag genossen wird. Wie viel Zucker und Mandeln, Pfeffer und Saffran, Zimt, Ingwer, Koriander, Muskatblüten, Muskatnüsse sowie Reis und Anis zum Verbrauch kommen, braucht hier nicht berichtet zu werden, haben es doch die Apotheker Pauli Comte und Meister Remond Rogier, welcher noch achtzehn Kerzen herrichtet, getreulich aufgezeichnet, so wie auch Willi Guiger, der neben zwölf Kerzen auch Wachs für die *Tinguely* (Lämpchen) der Prinzessin besorgt. Alle diese Lieferungen sind sorgfältig berechnet. Ganz vorzüglich aber findet die Prinzessin den Freiburgischen Senf. Sie kriegt von den galanten Stadtherren gleich ein kleines Fässchen voll geschenkt. An Wein fehlt es selbstverständlich nicht, und wenn die österreichischen Köche in ihrer verantwortungsvollen Stellung zehn Extrakrüge meistern, wird es ihnen niemand verargen. Der Wirt zum Weissen Kreuz, Yanni d'Avri, beherbergt während der insgesamt sechs Besuchstage zweiundfünfzig Pferde, der Venner Hensli Helpach während derselben Zeit nur deren fünfundvierzig, dafür wohnen der Schneider, der Kürschner und ein Koch der Prinzessin unter seinem Dach.[10]

So also lernt Eleanor die Stadt Freiburg kennen. Weder sie noch die Stadtbewohner können sich zu diesem Zeitpunkt vorstellen, je bei einem Menschen beten zu lassen, der von allen diesen Herrlichkeiten nichts hält. Am Dienstag, den 14. Januar, reist der Tross weiter nach Bern, und Mitte Februar endlich trifft die Schottenprinzessin in Meran ein, wo in eher bescheidenem Rahmen die tatsächliche Hochzeit vollzogen wird. Während nun aber bäuerliche Paare einander anlässlich der sogenannten Komm- oder Probenächte vor der Hochzeit ein bisschen kennenlernen und beriechen können, stehen sich Mann und Frau fürstlichen Geblütes vor dem Brautbett als Fremde gegenüber, und deshalb macht die Intimität oftmals grosse Mühe.

Dank ihrer anerkannten Intelligenz, ihrer hohen Sprachbegabung, Bildung und einer angemessenen Erziehung wird man der Gattin des Herzogs von Tirol schon wenige Jahre nach ihrer Verehelichung politische Verantwortung anvertrauen. Insgesamt viermal erhält sie von ihrem Gatten bei längerer Abwesenheit die Regentschaft übertragen, dreimal ist sie Regentin über Tirol, einmal über die Vorlande um Hochrhein, Oberrhein, Breisgau und Elsass. Im Jahr 1467, zur Zeit des Auszuges von Klaus von Flüe, residiert sie als Regentin in Thann im Elsass.« Die Annahme, Klaus von Flüe hätte die fromme Frau dort aufsuchen wollen, wäre allzu gewagt.

Nach dem Vacherin, den Pasteten, Torten und Lebkuchen, sowie dem schmackhaften Freiburger Senf, beginnt für die kluge, wohlerzogene Frau im privaten Bereich ein bitteres Leben. Von einem Liebesleben mit ihrem Gatten wird kaum die Rede sein können. Die Ehe bleibt kinderlos, der Mann hält sich, weit über das übliche Mass hinaus, an Mätressen, Nebenfrauen und sogar Dienstboten schadlos, zeugt um die fünfzig nicht erbfähige Kinder. Wie kaum einem zweiten Habsburger geht dem buckligen Ränkeschmied mit dem Gebaren eines Verschwenders, der in seinen alten Tagen deswegen von seinen Verwandten bevormundet wird, der Ruf eines Wüstlings nach. Enea Silvio Piccolomini, ehemaliger kaiserlicher Sekretär, mit noch guten Beziehungen zum Habsburgerkaiser Friedrich III., äussert sich über Sigmund höchst abfällig: »Es ist aber kaum glaublich, wie schnell er sich änderte (nach einer hoffnungsvollen Erziehung), als er nach Tirol in die Mündigkeit entlassen wurde und eines grossen Mentors entbehrte. (...) Er begann zu rauben und zu bestechen, sich zu jedem Verbrechen hinreissen zu lassen, wurde grausam und unmässig und verletzte oder tötete mit eigener Hand Unschuldige.

Er redete unaufhörlich und hörte nicht auf die Worte anderer. Den Wein liebte er mehr als die Speise. In allen Dingen zeigte sich seine Leichtfertigkeit. Er glaubte den Denunzianten, liebte die Kriecher, konnte sich in seinen Zornesausbrüchen nicht zurückhalten und erlag ganz seinen Gelüsten. Frauen und Jungfrauen machte er zu Huren. Er heiratete eine Frau (Eleonore), die Tochter des Königs von Schottland, eine heilige und kluge, aber unglückliche Frau, weil sie einen solchen Mann geheiratet hatte. Sigmund sah seine Verbrechen nie ein. Weil er so viel fremden Besitz schändete, fürchtete er, dass seiner geschändet werde, und er schloss seine Frau durch scharfe Wachen ein.«[12]

Diese Darstellung des Basler Universitätsgründers und späteren Papstes Pius II., aus politischen Gründen tendenziös, enthält mehr als die Hälfte der Wahrheit. Hintergrund dieser vernichtenden Qualifikation bei gleichzeitigem Lob für die Prinzessin ist der Streit zwischen Herzog Sigmund und dem Brixener Kardinal Nikolaus von Kues, bei welchem es um handfeste Interessen beider Institutionen geht: die fürstliche Territorialgewalt und die überkommenen Rechte der Kirche. Bei diesem Konflikt wird Eleanor bedeutsam, weil sie, als unglücklich verheiratete gebildete Frau, ihr persönliches Glück mehr und mehr auf die Religion setzt. Unter diesen Voraussetzungen ist sie dem Einfluss des grössten Philosophen, der je den Kardinalspurpur getragen hat, sicher eher zugänglich als ihr rein politisch denkender Mann. Im Konflikt zwischen Kirche und Landesfürst kommt es deshalb immer dann zu Annäherungen, wenn Sigmunds Gattin die Regentschaft ausübt. Ein handgeschriebener, höchst ehrerbietiger Brief des Kusaners an Eleanor ist erhalten. Dieser drückt Hoffnungen auf ihre Vermittlung und ihr Entgegenkommen aus. Die Möglichkeiten der Fürstin sind jedoch beschränkt, und zwischen religiösen und politischen Ansprüchen weiss auch sie einen Unterschied zu machen. Ihr Mann beginnt ihr jedoch auch politisch zu misstrauen, und so zieht sie sich denn mehr und mehr aus der Politik zurück, um sich fast ganz kirchlichen und karitativen Aufgaben zu widmen. Dies ist ab 1469 der Fall[13]. Da liegt es nahe, dass sich die Erzherzogin wie kaum eine zweite hochgestellte Frau in Europa für Bruder Klaus zu interessieren beginnt, Vergabungen macht für seine Kapelle und bei ihm für ihre Anliegen, ihr Seelenheil, beten lässt. Nach Gundelfingen muss das schon in der Frühzeit des Eremitenlebens der Fall gewesen sein, wahrscheinlich schon vor den politischen Annäherungsbemühungen Sigmunds an die Eidgenossen:

»Mit Hilfe der Unterwaldner und anderer frommer Leute hat er (Nikolaus) eine Klause und eine Kapelle mit drei Altären errichtet, welche die vormalige fromme Gemahlin Erzherzog Sigmunds von Österreich, die Schottenkönigin Eleonora, auch dieser Erzherzog selbst, mit Kelchen, Paramenten und anderen zum Gottesdienst bestimmten Geräten ausstatteten.« (D 429)

Zuhanden der Kanonisationsakten von 1647 stellen die Visitatoren in der Sakristei der Flüelikapelle »einen vergoldeten Kelch« fest. Diesen habe im Jahr 1473 Erzherzog Sigmund von Österreich dem damals noch lebenden Bruder Klaus, »berühmt für seinen Ruf der Heiligkeit«, überreichen lassen. Dieses Geschenk hat man meistens im Zusammenhang mit der Einfädelung der sogenannten *Ewigen Richtung* zwischen der Schweiz und Österreich sehen wollen, einen Frieden, den man ähnlich wie das *Stanser Verkommnis* gern dem Heiligen zuschreibt. Nur handelt es sich dabei um einen durch und durch unheiligen Frieden, der im Zusammenhang mit den Burgunderkriegen zu sehen ist. Gemäss Gundelfingen steht bei den habsburgischen Vergabungen an die Ranftkapelle eher Eleanor im Vordergrund, da wäre an andere als nur politische Motive zu denken. Indes liegen beide Optionen nahe, die politische des Erzherzogs und die religiöse seiner Gemahlin. Bruder Klaus ist vielleicht das einzige Thema, welches das ungleiche Ehepaar in den späteren Jahren noch verbindet. Der Kelch mit den Wappen von Österreich und Tirol, dem Bindenschild und dem roten Adler samt der Jahreszahl 1473, macht den Eindruck des bitteren Kelches einer abschreckenden Ehe, die mit dem Tode Eleanors am 20. November 1480 in Innsbruck ihr Ende nimmt. Die Gebeine der ehrwürdigen Frau ruhen im Kloster Stams im Tirol. Als Übersetzerin des französischen Romans *Pontus und Sidonia* ins Deutsche, »dem durchleuchtigen hochgepornen fürsten und herren, herren Sigmunden erczherzog zu Österreich (...) irem eelichen gemahel zu lieb und wolgevallen« gewidmet, ist sie in die Literaturgeschichte eingegangen[14]. Im Geistigen und im Politischen deutet die Beziehung zu ihrem Mann wenigstens anfänglich positive Perspektiven an.

In der Zeit, da Eleanor Regentschaftsaufgaben übernimmt, bringt Dorothe ihre zehn Kinder auf die Welt, und in den verdunkelten Jahren des Unglücks der Schottin widmet sie sich der Erziehung ihres jüngsten Sohnes Nikolaus. Für diesen geschniegelten Jungen ist ein ganz anderes Leben vorgesehen als für alle von Flüe zuvor. Steht er zunächst den Pilgern, sicher nicht nur Waltheym, als Anlass zum

Entzücken und Empfänger von Geschenken zur Verfügung, lernt er, unter dem Einfluss der geistlichen Betreuer seines Vaters, als erstes Familienmitglied Lesen und Schreiben. Nicht als Soldat wie Vater und Brüder, als Fahrender Schüler soll er die Welt kennenlernen. Noch zu Lebzeiten des Vaters, 1483, führt sein Weg nach Basel (D 1017), wo er den dortigen Dominikanern sicher näherstehen wird als Numagen, dann geht es nach Paris und an andere Hochschulen. An der Sorbonne erhält er den Magistergrad. Sein Vater sähe ihn, wie er im Stiftungsbrief der Ranftpfründe andeutet, gern als Ranftkaplan, doch scheint sich der Sohn zeitlebens für dieses Amt nicht zu interessieren. Die Rolle als geschöntes Modell für ein Porträt des Vaters ist ihm eher auf den Leib geschrieben. Den ursprünglichen Wunsch des Vaters, in der Welt herumzuziehen, erfüllt sich der Sohn ohne Gewissensbisse. Eines seiner Traumziele ist Pavia, wohin er sich mit eidgenössischen und herzoglich-mailändischen Privilegien empfehlen lässt. In reiferen Jahren finden wir ihn wieder in Sachseln, als Pfründner der Pfarrkirche. Hier gefällt es ihm, in offensichtlichem Gegensatz zu seinem Vater, besser als im Ranft. Ein früher Tod steht dem Kirchherrn von Flüe ins Haus, schon 1503, vor seinen politisch prominenten älteren Brüdern, die noch mit grösserem Geschick den Namen der Sippe aus der Abgeschiedenheit hinweg in den Glanz eines Herrengeschlechtes zu stellen wissen[15]. Ob die Mutter den jüngsten Sohn überlebt, wissen wir nicht, aber dass er die Rute des Vaters am wenigsten zu spüren bekommen hat, liegt auf der Hand. Nach Erasmus von Rotterdam wird das richtig sein, aber aus der Sicht der damaligen Pädagogik ein Dilemma. Klaus von Flüe nimmt nicht nur Urlaub vom ehelichen Umgang mit seiner Frau, er entzieht sich auch der biblischen Pflicht, seinen Sohn mit der Rute zu erziehen. Auch ein zu erwägendes Argument für den Vater, ob sein Einsiedlerstand wirklich der richtige sei. Eine Bruder Klaus-Legende aus dem siebzehnten Jahrhundert besagt, der Eremit habe sich, beim Kirchgang sein Haus passierend, angesichts des Lärms einer streitenden Jungschar im Innern desselben, tief geschämt[16]. Wie es dabei Mutter Dorothe wohl ergangen ist? Zu den anstehenden Problemen schreibt Wölflin: »Er erlaubte zuweilen Frau und Kindern, zu ihm in die Einöde zu kommen, um seinen heilsamen Rat zu vernehmen, auf dass sie, durch die väterliche Überlieferung belehrt, ihr Leben demütig dem göttlichen Dienst weihten.« (D 550)

In den Jahren nach 1483 beginnen die Quellen über Besucher bei

Bruder Klaus kärglicher zu fliessen. Es ist die Zeit, da Landammann Hans von Flüe als führender Politiker Obwaldens zunehmend in Auseinandersetzungen verwickelt wird. Ausser mit dem Mötteli-handel hat er sich noch mit den Altlasten der Amstaldengeschichte zu plagen. Ein Grund für die Veränderung der Quellenlage wird dies aber wohl kaum sein. Vielleicht kommen mehr und mehr »gewöhnliche« Leute in den Ranft, deren Anwesenheit nicht eigens verzeichnet wird. Auch die Pest wird Mitte der achtziger Jahre den einen oder andern abgehalten haben. Sodann beginnt, zumal in der Landammannzeit von Hans, die Besuchsregelung zu greifen. Die Familien von Flüe, an der Halten, der Kaplan und der Sigrist halten die Lage unter Kontrolle. Mit dem Pfarrer von Sachseln, Burkard von Leissigen, besteht ein kühles, aber wahrscheinlich korrektes Verhältnis. Sein Name ist immerhin in der Weiheurkunde der Kapelle unter Zeugen verzeichnet. Neue Probleme gibt es 1484 beim Pfarrerwechsel von Burkard zu Walther Toub oder Trabener. In Sachseln glaubt fast jeder neue Pfarrer, sich mit formaljuristisch verbrämten Zehntenforderungen zuerst mal in die Nesseln setzen zu müssen. Dafür nimmt man ihn, auch schon fast routinemässig, gefangen und führt ihn dem Bischof zur Vermittlung vor. (D 343) Eine Vereinbarung scheint immerhin zustande zukommen. Mit diesem Toub, bald ein eifriger Förderer der Bruder Klausen-Verehrung in der Kirche Sachseln, scheint der Eremit wenig Kontakt zu pflegen. Die Vorstellung, er sei regelmässig nach Sachseln in die Kirche gegangen, gar mit dem für den Eremitenstand üblichen Sitzplatz im Chor, mutet legendenhaft an, ist nach der Stifung der Kaplanei nicht mehr wahrscheinlich. Ebenso ist unsicher, dass er in Luzern jeweils am Musegg-Umgang teilgenommen hat, wie die Biographen ab der Barockzeit wissen wollen. Schon Waltheyms Bemerkungen über die geheimnisvollen nächtlichen Einsiedeln-Wallfahrten erscheinen zweifelhaft. Es handelt sich eher um geistliche Entrückungen, wie sie später im luzernischen Luthern Bauer Jakob Minder erfahren wird, der in Form einer Vision nach Einsiedeln fährt, wo ihn die schwarze Madonna von seiner Gicht befreit, im Gegenzug jedoch seine sechs Söhne sterben lässt[17].

Über die letzten Jahre von Bruder Klaus legt sich das Dunkel der Abgeschiedenheit. Er ist nun so bekannt und berühmt, dass gerade deshalb der tiefste Grund für sein »einig Wesen« in Vergessenheit zu geraten droht. Man hat sich an ihn gewöhnt. Wer hätte nicht schon mehrmals gehört, er könne leben, ohne zu essen? Das Volk »weiss«

es, ohne viel Theorie darum herum. Die Gelehrten diskutieren darüber, die Mächtigen nehmen es hin. Wie perplex wären sie alle, würde er eines Tages, wie andere Fastenheilige, einfach Hungers sterben![18]

Für die Familie scheint längst alles klar. Dorothe ist Bruder Klausens Frau, der Landammann selbst in der Gegend des Bodensees »bruder Clausens sun«, das gleiche gilt für den Landesfähnrich und den jungen Magister. Statt auf dem Flüeli sagt man nun schon »bei bruder Clausen«[19]. Die Institution des Eremiten schreibt nicht nur Geschichte, sie wird zur geographischen Selbstverständlichkeit.

Was ahnen die Leute vom Pilger, dem schönen Mann mit dem durchsichtigen Gewand, vom Bärenhäuter, vom singenden Brunnen und gar vom Lichthaupt? Das Leben des Sehers steht im Zeichen einer radikalen Wende. Kann man dies als die Erneuerung des Eremitenstandes bezeichnen, wie Gundelfingen wohlmeinend unterstellt? Was wissen die Leute aus Stadt und Land, auch die Kleriker, von der Abgeschiedenheit? Vielleicht haben Dorothe und die Söhne in der Zeit eine Ahnung davon bekommen, da und solange sie sich gegen den grossen Abschied gesträubt haben. Und da sie denken, es sei mit dem Vater etwas nicht ganz geheuer, wird ihnen dabei wohl kaum ein Irrtum unterlaufen. Die Abgeschiedenheit ist mit niemandem zu teilen, auch nicht mit dem liebsten Menschen.

In der Abgeschiedenheit wird das Zwecklose, das Nutzlose, kurz: die Nichtigkeit der Verbindung mit Gott offenkundig. Die Verantwortlichen in Welt und Kirche, die Politiker, die Macher, die Sozialgesinnten, auch die Theoretiker und Theologen, die etwas zu verteidigen oder zu reformieren haben, werden die Abgeschiedenheit niemals gebrauchen können. Auch nicht Seelsorger, die noch 1996 von einer »geistlichen Trafo-Station« sprechen. Umso mehr ist die Abgeschiedenheit bei Bruder Klaus das Wichtigste, ein Zeichen, welches vielleicht ein Heiliger oder ein völlig Verworfener oder ein Verschrobener, vielleicht vom sanften Typus eines Robert Walser, setzen kann. In der Abgeschiedenheit erfahren Staat und Kirche, Ehe und Familie, Gott und Welt, Sonntag und Werktag, alle lieben Verwandten, Freunde und Bekannten ihre ehrfurchtsvolle Negierung. In dem Sinn hat die Abgeschiedenheit des Mystikers auch mit Gott nur negativ zu tun. Vielleicht aber hat Gott etwas mit der Abgeschiedenheit zu tun. Indem er den Menschen ganz bei sich Einkehr halten lässt. Die Abgeschiedenheit bei Bruder Klaus kennt, analog zum Betrachtungsbild, kein Ostern, aber den Karfreitag und das Weltgericht. Das Hochfest der Abgeschiedenheit könnte vielleicht Pfingsten sein. Wenn der Eremit in seiner Zelle betet – den Bussgürtel, den das Kollegium Sarnen aufbewahrt, muss er nicht unbedingt benützen –, die Leiden Jesu betrachtet, dann dämmert Karfreitag. Den Geist aushalten, bei der schwersten Prüfung vielleicht das Verstehen, aber nicht den Verstand verlieren, wieder aufstehen – ist das nicht Pfingsten, das vergessene grüne Fest?

Die Abgeschiedenheit ist ein Dasein zum Tode. »Wer in dieser Verlassenheit und Trostlosigkeit am wahrhaftigsten wäre, gefiele dem himmlischen Vater am meisten«, predigt Johannes Tauler am sechzehnten Sonntag nach dem Fest der heiligen Dreifaltigkeit[20]. Für Herzbruder Seuse gehört in die hohe Schule der Gelassenheit »wie man lernen soll zu sterben, und wie ein unbereiter Tod beschaffen ist«[21]. Der Ewigen Weisheit entspreche es, »dich sterben lehren« und »dich leben lehren«, beides gehöre untrennbar zusammen. Aber man verwechsle die Gelassenheit dem Tod gegenüber nicht mit Todesverachtung. Der Tod verdient es, dass ein Heiliger ihn fürchtet. »Die sind unverständig, die nicht dem Tod entsprechend gelebt haben und die vor ihm nicht erschrecken. Sie sind blind. Sie sterben wie das Vieh. Sie wissen nicht, was sie vor sich haben.«[22] Seuse, der rosengeschmückte Meister des Leidens, gehört nicht zu den Beschönigern.

Unter diesem Gesichtspunkt ist das Einsiedlerdasein vor allem eine Vorbereitung, ein Vorlaufen auf den Tod. Zu den Betrachtungen, wie sie seit dem frühen Mittelalter zur Tradition gehören und noch im *Regelbuch der Eremiten der vier Waldstätte* ihren Niederschlag finden, gehören Meditationen über Tod und Gericht. Welches ist des Menschen grösster Trost an seinem letzten Ende? wäre da zu fragen. Der sich verschlechternde Gesundheitszustand, die womöglich etwas besser gewährleistete Zurückgezogenheit in den letzten Jahren, geben dem bald Siebzigjährigen Gelegenheit, sich so auf das Ende zu rüsten, wie er es sich wohl schon immer gewünscht hat. »Alle Tage auf der Lauer stehen nach dem Tod, mich umsehen, dass er mich nicht rücklings erschleiche«, empfiehlt Seuses *Büchlein der Ewigen Weisheit*, enthalten in der 1462 zusammengestellten Traktatensammlung des Luzerner Hofschullehrers Jakob am Grund, mit grösster Wahrscheinlichkeit auch in der Bücherei von Bruder Ulrich vorhanden[23]. In späteren Zeiten, im *Regelbuch,* neigen die Sterbe-Betrachtungen eher zum Erbaulichen, etwa so: »O wie tröstlich muss nicht der Tod für einen gottseligen Eremiten sein! Traurigkeit und

Furcht verwirren sein Gemüth nicht! Fahre hin, spricht ein sterbender Einsiedler, fahre hin, meine Seele, siebzig Jahre hast du Gott gedient und solltest dich fürchten vor dem Tode? Ein gutgeführter Lebenswandel wird auch dir, lieber Eremit! im Todbette ein gutes Vertrauen einflössen – seliges Hoffen wird deine Seele erfüllen und alle Furcht von dir nehmen. Die gottseligen Übungen, denen du obgelegen, das heilige Gebet, die Betrachtungen, die Busswerke und Abtödtungen, besonders die Übung deiner Standestugenden und die genaue Beobachtung der Ordensregel werden dir den Tod süss und leicht machen als Übergang zum seligen Leben bei Gott.«[24]

Für Bruder Klaus, wie überhaupt für die Radikalen unter den Altvätern, ist das nicht so klar. Diese geben genügend Beispiele, dass ein Eremitenleben keineswegs einen leichten Tod garantiert. Arsenios bekennt auf dem Sterbebett seine Todesfurcht, »die jetzt in dieser Stunde in mir ist, sie ist in mir, seit ich Mönch geworden bin«.[25] Agathon stiert sterbend drei Tage lang mit offenen Augen an die Decke des Kellions. »Ich stehe im Angesicht des Richterstuhles Gottes«, gibt er seinen Mitbrüdern auf eine besorgte Frage zu bedenken: »Bisher habe ich meine Kraft eingesetzt, um Gottes Gebote zu halten, aber ich bin ein Mensch! (...) Ich habe keine Zuversicht, bis ich Gott gegenüberstehe. Denn anders ist das Gericht Gottes und anders das der Menschen.«[26] Analog dazu lässt Georges Bernanos in seinem *Dialog der Karmeliterinnen* eine sterbende Priorin sagen: »In jeder Stunde meines Lebens habe ich über den Tod fromme Betrachtungen angestellt, aber das alles nützt mir jetzt gar nichts.«[27]

Altvater Nikolaus von Flüe – er hat sich nie mit diesem Titel geziert – der lebendige Eremit, den Ernstfall dieser Existenzform wie wenige realisierend, weiss weder erbauliche Sprüche, noch gewährt er uns ein erhabenes Schauspiel von Furcht und Verzweiflung vor dem Angesicht Gottes. Seine Gedanken an den Tod halten sich an das Konkrete, Greifbare. Der Mensch braucht die Sakramente, am dringendsten die Beichte, notwendig die Krankensalbung und als Letztes und Kostbarstes die Hostie. In dem Sinn mahnt Bruder Klaus in seinem Diktum *das nützest*, aufgeschrieben im Jahr 1486, welches erst nach Durrers Tod von Dominikus Planzer in einer Handschrift der Prager Universitätsbibliothek entdeckt worden ist. (EB 15) Eine kurze Empfehlung des Einsiedlers an einen Besucher, ähnlich seinen Aussagen im Pilgertrakat. Die Wahrscheinlichkeit der Authentizität ist höher als bei diesem, weil die Aussage äusserst lapidar gehalten und kaum kommentiert ist.

»Bruder Klaus von Unterwalden wurde einst von einem Priester gefragt, was für einen anfangenden Menschen das Nützlichste – *das nützest* – zum Betrachten sei. Der Priester sagte, dass etliche es für das Nützlichste hielten, das Leiden Christi zu betrachten, den allgemeinen Tod und das allgemeine Gericht. Da antwortete Bruder Klaus: Das Leiden Christi betrachten ist nötig, aber eines ist nötiger: Dass der Mensch reinen Gewissens ist, dass er wenig Worte macht, gern allein ist, oft ehrlich beichtet und Speise und Trank nicht mehr als notwendig nimmt. So bereitet er dem Herrn eine Stätte. Wenn die Stätte bereitet ist, dann kommt der Herr und besetzt die Stätte und lehrt den Menschen zu betrachten sein Leiden, den Tod und das Jüngste Gericht und was des Herrn Wille ist.« (EB 15)

Er gibt dem Priester recht, natürlich soll man, der Tradition von Seuse und den Gottesfreunden gemäss, allezeit an die genannten drei Dinge denken. Aber das reine Gewissen geht vor, die Wortkargheit, das Alleinsein und vor allem die zeichenhafte Einstellung zu Essen und Trinken. Und bei den Sakramenten steht, vom Namensaufruf Gottes bei der Taufe abgesehen, die Beichte im Vordergrund. Beichten heisst, das Sakrament im Alltag vollziehen, seinen Zusammenhang mit dem Leben im tiefsten bekennen. Aus seiner Erfahrung mit Krieg und Interdikt weiss er, dass notfalls auch ein Laie seinem Nächsten die Beichte abnehmen kann. Wie oft hat er das wohl praktiziert im Alten Zürichkrieg und auf dem Thurgauerfeldzug?

Im Hinblick auf die Spiritualität von Bruder Klaus darf *das nützest* wohl als sein Vermächtnis gelten, die einfachen ehrlichen Worte eines gläubigen Christenmenschen, da gewinnt das Katholische Boden zum Bepflügen. Ein weltliches Testament, zumindest ein Papier in analoger Funktion, lässt er schon 1482 aufsetzen. Sein Reichtum gehört längst seinen Söhnen, da gibt es für den Todesfall nichts mehr zu regeln. Aber Hensli, sein Knecht, Ranftsigrist ab 1469, der unscheinbarste der Menschen in seiner Umgebung, soll nicht vergessen gehen. Das ist der Mann, der ihm Holz zuschleppt für seinen Ofen und insofern am meisten für seine Ernährung tut. Auch sonst ist er für alle Arbeiten rund um die Klause herum zuständig, von jäten bis Kerzen anzünden und ministrieren. Darum verfügt der Heilige auf Leben und Tod:

Ich bruder Claus von Flüe setze fest und tue hiermit jedermann kund, dass der *ersam knecht Hensli hier imm Ramft driczechen jar sigrist und knecht gewesen und imm nie nüt zu lon worden gebenn ist*, und darum, weil ihm nie Lohn gegeben wurde, ist in der Zeit die Pfründe umso wohlhabender geworden.« Darum ordne er an, dass dieser Mann fortan jedes Jahr einen Jahreslohn aus dem Ertrag der Kapelle unserer Lieben Frau von acht Pfund erhalte, und reiche dieser Lohn nicht aus, solle ihm aus dem Opferstock so viel gegeben werden, wie er für seinen Lebensunterhalt benötige. Ausserdem ist es *»ouch myn meinung das man inn alle die wyl und er lept, nit sol dannan triben, besunder in bliben lassen, wie gemalt ist und geschriben stät«.* (D 206f.) Hensli soll unkündbar bis an sein Lebensende Ranftsigrist bleiben. Eine Deregulierung dieser Stelle will Bruder Klaus auf jeden Fall ausschliessen. Was jedoch Hensli nach dem Ableben zurücklasse, das muss an die Ranftpfründe zurückfallen. Dies bestätigen Sohn Hans von Flüe und Andres zum Hoven, zu diesen Zeiten Landammann des Landes Unterwalden ob dem Kernwald, mit Brief und Siegel. Der Kleinste und Bescheidenste, der bisher nichts genommen hat, ist der einzige Mensch, für dessen weltliches Wohl sich Klaus von Flüe während seines Eremitendaseins ausdrücklich besorgt zeigt. Den andern, ausser seinen Familienangehörigen auch Bruder Ulrich, einem sicher nicht armen Mann, der in den achtziger Jahren noch zusammen mit dem Pfarrer von Muotathal zu einer Romwallfahrt aufbricht, geht es gut genug.

Auf die oben geschilderte Art ordentlich macht sich Bruder Klaus bereit für die letzte grosse Anfechtung, die auf ihn wartet. Die Beichte steht ihm näher als die Kommunion, denn jener ist jeder Getaufte bedingungslos würdig. Welcher Priester ihm wann das Sakrament der Krankensalbung spendet, lässt sich nicht mehr ermitteln. Doch wohl eher frühzeitig, als so spät als möglich, wie es bei den Weltkindern der Brauch ist. Die Gründe für das Hinausschieben der *extrema unctio*, der letzten Ölung, treffen auf ihn nicht zu: das Verbot von Tanz, Waschungen und ehelicher Beiwohnung wird ihn nicht schrecken[28]. Längst lebt er seine inneren Tänze und inneren Umarmungen, und keine Quelle versteigt sich zur Behauptung, er habe als fastender Eremit, mit Ausnahme der bei Numagen geschilderten Zahnreinigung, je eine Waschung vorgenommen. Dies schliesst Ernst Ludwig Rochholz (1809–1892), der Aarauer Kantonsschullehrer und radikalliberale ehemalige Asylant aus Deutschland, besonders deutlich aus[29].

Bei der Krankensalbung wird eine geweihte Kerze angezündet und dem Patienten ein kleines Kreuz aus gesegnetem Holz, das sogenannte Sterbekreuz, am Kopfende oder zu Füssen des Sterbelagers angebracht. Nichts wäre schlimmer als ein Tod ohne diese Requisiten. »Maria Weibel starb ohne Kreuz und ohne Kerze«, berichtet das Grosswangener Sterbebuch 1674[30], das muss ein jäher, unversehener Tod gewesen sein, ohne Beicht und letzte Ölung und ohne Kommunion (*viaticum,* Wegzehrung). Davor sollen der heilige Erzengel Michael und die heilige Barbara die Christgläubigen bewahren! Bei der Salbung schliesslich werden verschiedene Körperstellen durch das heilige Öl geschützt: Augen, Ohren, Lippen, Nase, Hände, Füsse, die Gegend der Leisten und Lenden, auch der Bauchnabel, wo der Sitz der Wollust angenommen wird[31]. Je nachdem nimmt der Priester sieben oder zwölf Salbungen vor. Erst nach der Spendung dieses Sakramentes, das mit der Zeit einen eher unheimlichen Beigeschmack bekommt, ist der Patient der ewigen Wegzehrung würdig. Der Leib Christi. Amen.

Der Tod trifft Klaus von Flüe sicher nicht unerwartet. Zwanzig Jahre irdischer Pilgerschaft sind mehr, als er am Gallustag 1467 noch hätte erwarten dürfen. Darum scheint Hartmann Schedel in seiner Weltchronik den Vorstellungen zu entsprechen, welche man in der Öffentlichkeit vom Hinschied eines heiligmässigen Menschen hegt. »Zuletzt starb er altershalber, und ein weicher Schlaf entlöste seine alte Seele.« (D 498) Friedlich eingeschlafen. Eine süsse Lüge, wie in einer modernen Todesanzeige insinuiert? Von der Natur der Seele her, mahnt mit Thomas von Aquin der grösste katholische Theologe, »ist der Tod nicht wesensnotwendig, ja wider die Natur«, und für den Menschen immerhin das grösste physische Übel[32].

Wölflin, der mit der Familie Kontakt aufnimmt, weiss es mit Bestimmtheit besser als der Chronist von Nürnberg. Im Auftrag des Landes Obwalden kann er sich in diesem Fall bestimmt nicht leisten, etwas anderes zu schreiben als das, woran zahlreiche Augenzeugen sich erinnern: »Als aber die Zeit nahte, da der barmherzige Gott seinem treuen Diener bestimmt hatte, aus der Mühsal des Lebens in die ewigen Freuden einzugehen, gestattete er, dass er zuvor noch an einer schweren Krankheit leiden musste. Da sie den ganzen Körper ergriff, klagte er aus angstvoller Seele über den innerlichen Schmerz in Knochen und Sehnen, so dass, da das Fleisch verzehrt und beinahe abgestorben war, er, sich hin und her wälzend, nirgends ruhig bleiben konnte. Als er dieses Leiden bis zum achten Tag nicht weniger geduldig als armselig ertragen, begann er brennend die Wegzehrung des heilsamen Leibes und Blutes Christi zu verlangen. Und nachdem er sie mit grösster Ehrerbietung empfangen, hauchte er, nach seiner Gewohnheit auf dem blossen Boden ausgestreckt, mit

Danksagungen am 21. März des Jahres der Menschwerdung 1487, siebzig Jahre alt, unter grossen Schmerzen seine Seele aus.« (D 549)

Es ist, gemäss den Worten, mit denen man über die böse Krankheit spricht, bei Eichorn noch von der Pein »in Gebein, Gäder und Mark« die Rede[33], als hätte nach Jahren der Epilepsie der Krebs zum abschliessenden Schlag, dem letzten grössten Schmerz, ausgeholt. Am 20. März, beim Übergang des Sternzeichens der Fische in den Widder, geht die Sonne für Bruder Klaus zum letzten Mal unter, und nach allen Indizien hat er in den Tagen und Stunden vor seinem Tod Mühe, die von ihm über alles geliebte Abgeschiedenheit zu leben. Die Kunde von seinem nahenden Hinschied löst, dem Brauch gemäss, viele, fast alle Schranken. Nichts ist weniger privat im Mittelalter als das Sterben. Die Könige und die Heiligen bekommen das am stärksten zu spüren. Also gibt es jetzt einen Zulauf auf seine Zelle wie vielleicht nie zuvor, nicht nur von den Priestern und dem Miteremiten, der soeben von Rom zurückgekehrt ist. Die ganze riesengrosse Verwandtschaft von Giswil bis Wolfenschiessen, wohl auch noch aus dem Entlebuch, eilt herbei, und für einmal darf man den bildlichen Darstellungen der weinenden Familie volles Vertrauen schenken. Auch die Söhne, Töchter, Schwiegertöchter, Schwiegersöhne und Enkel kommen vorbei, und vielleicht findet sich die Gattin zum ersten Mal überhaupt im Innern der Zelle ein, ein zwanzigjähriges Tabu der Berührung kann dahinfallen. Sicher sind auch die Rorer und an der Halten da. Der Pfarrer von Sachseln wittert Morgenluft. Wenn man den Toten bei ihm unten beisetzen wird, verwandelt sich die unpopuläre Pfründe unversehens in einen der wichtigsten alpinen Wallfahrtsorte. Nur ein Doktor ist nicht zugegen, und Schmerzmittel sind für den Mann, den man später wegen der Heilungen an seinem Grabe »Schweizerarzt« titulieren wird, schon aus spirituellen Gründen undenkbar. Und wie kann er bei diesem Gedränge die weisse Frau in einer seiner Visionen, die doch den Sterbenden beisteht und sie ja sagen lässt zum grossen Übergang, noch wahrnehmen? Der Schmerz am Ende bleibt eine furchtbare Anfechtung. Was dem Leibe schadet, zerbricht das Haus des Ewigen, philosophiert ein alpenländischer Meister der Arznei[34].

Unter seinen unsichtbaren Freunden scheinen mindestens zwei in seiner letzten Stunde ein Zeichen zu geben, und wäre es nur über das nie zufällige Datum: Seinen letzten hungrigen Seufzeratem tut Bruder Klaus von Flüe am Tag des heiligen Benedikt und am Geburtstag von Heinrich Seuse, dem Mitautor seines Gebetes. Mit dem

Verlöschen des Hesychasmus kehrt für den Eremiten Ruhe ein. Nicht aber für seine Zelle, erst recht nicht für Sachseln. »Mit unaufhörlichen Küssen und Thränen benetzten die Seinigen den Leichnam ihres so selig hingeschiedenen Vaters; und obgleich in ihrem Gemüth die freudigste Versicherung seiner ewigen Herrlichkeit lebte, ergriff sie, ihn leiblich verlassen zu müssen, dennoch der tiefste Schmerz. (...) Darum wollten sie, so lange sie noch konnten, seine irdische Hülle bei sich haben, und die Geschichtsschreiber erzählen, dass bis zum Zeitpunkte des wirklichen Begräbnisses Niemand von ihnen aus der Zelle zu bringen war.«[35]

Die Nachricht vom Tod des Eremiten veranlasst überall im Land, nachweisbar in Luzern, in den Türmen der Hofkirche und der Peterskapelle, sowie der Stiftskirche Beromünster, die Glöckner zu Sondereinsätzen[36]. Allenthalben wird geläutet, Unzählige empfinden, als hätten sie ein Familienmitglied verloren. Die Trauer umfasst über die Schweiz hinaus den süddeutschen Raum, in Österreich lässt Erzherzog Sigmund hundert Messen singen, in Beromünster textet und komponiert Heinrich von Gundelfingen in vorauseilendem Gehorsam ein Messoffizium, wie es nur einem Heiligen zukäme. Das gibt dem jeweiligen Bischof dann für hundert Jahre die Gelegenheit, mit Mahnungen und Verboten auf die Einhaltung der Kirchenordnung zu pochen. Manchenorts wird der Name *Bruder Clauss* in die Jahrzeitstiftungen für die Verstorbenen eingetragen, so in Stans, in Schwyz und im luzernischen Buttisholz. Wie in Beromünster, wird es wohl allenthalben üblich, nicht für ihn, sondern zu ihm zu beten.

Für die Schilderung des Begräbnisses ist, dem Ton zuliebe, einer älteren und altmodischen Biographie das Wort zu geben: »Nachdem nun der selig Mann sein christlichs, vernünftigs, ordentlichs End genommen hatte, ward sein Leib nach altem löblichen Brauch und Gewohnheit getragen in die Pfarrkirchen, nämlich Sankt Joders zu Saxeln, wie er dann bei seinem Leben begehrte und befohlen hatte. Sein Begräbnis aber wurde mit gar ernstlichem Gottesdienst, als singen, lesen, beten verricht in Beiwesung mit allen seiner verlassnen Hausfrawen, Kindern, Gesinde und Freunden, sonder auch aller Priester und aller gemainen Landleut ob dem Wald. Begruben diesen Freund Gottes ehrlich mit besonderm grossem Schmerzen, Trauren, Weinen und Klagen, und das geschah sonderlich von meniglich aus besonderer herzlicher Treue, Liebe und Neigung, so sie gegen diesen lieben Vater in seinem Leben zu haben pflegten. Dann er ward gleich wie Moses von Gott und den Menschen geliebt, deshalb sein Gedächtnis in hohem Lob stehet; auch sein Lob und Ehr wird allweg verkündt werden, dieweil Gott ihn gleich mit den Heiligen geehrt hat.«[37]

Bruder Klaus ist auf christliche Art gestorben, aber war das ein vernünftiges und ordentliches Ende? »Warum es Gott seinen Freunden so recht übel in der Zeit ergehen lässt«, wie Heinrich Seuse sich im *Büchlein der Ewigen Weisheit* ausdrückt, wird auch an diesem Frühlingsanfang nicht klar[38]. Das bleibt dem Schöpfer allen Lebens überlassen. Die Umstände des Ablebens lassen eine Beschönigung seines Todes nicht zu. Die Beisetzung, innert vierundzwanzig Stunden nach dem Ableben, veranlasst einige, die es noch rechtzeitig erfahren, nach Sachseln zu kommen. Von Luzern ist eine stattliche Delegation nach Unterwalden delegiert. Die Beerdigung findet nicht, wie vielfach angenommen, direkt im Gotteshaus statt, sondern auf dem Friedhof rechts vom Chor der alten Kirche, zu dieser Zeit ein romanischer Bau. Doch hat man zwischen 1488 und 1492 mit einem Durchbruch der Südwand der Kirche das Grab mit einer Kapelle überdeckt und in den Kirchenraum einbezogen. Mit der Beisetzung des im Geruch der Heiligkeit Verstorbenen beginnt eine neue Epoche für die Kirche Sachseln. Die unerwartete Fülle der Gaben an seinem Grab – Geld, Schmuck, Paramente, Hühner, Lämmer und Kitze – löst nicht überraschenderweise einen Kompetenzstreit um die Verteilung des Opfergutes aus. Pfarrer Walther Toub steht im Verdacht, sich zu viel von der kostbaren Opferbeute in den eigenen Sack zu stecken. Es kommt zu einer Gerichtsverhandlung, in die sich auch die bischöfliche Kanzlei von Konstanz einschaltet. Streitparteien sind der Lehensherr der Pfarrkirche, das Land Obwalden, vertreten durch Landammann Nikolaus von Zuben, und Pfarrer Toub. Dank unparteiischer Vermittlung aus dem benachbarten Nidwalden, darunter Pfarrer Heimo am Grund aus Stans, einigt man sich darauf, den grössten Teil der Einnahmen für die Verschönerung und den Ausbau der Kirche zu verwenden. Der Pfarrer geht nicht leer aus, erhält er mit den Pilgern doch einige Mehrarbeit, und wahrscheinlich ist er der Schreiber des Kirchenbuches.

Die denkwürdigste Anschaffung aus dem Spendengut ist, schon 1488, die erste Turmuhr Obwaldens. Auf dem Zifferblatt, dessen Original nur noch zum Teil erhalten ist, prangt das Bild von Bruder Klaus zur Rechten des Kirchenpatrons Theodul, mit Bischofsstab und Glocke, nach Robert Durrer das älteste, aber nicht mehr vorhandene Porträt des Verewigten überhaupt. (D 484) Dafür sind zwei Urkunden, welche den Krach um die Spenden bezeugen, im Staatsarchiv Obwalden noch vorhanden. Aus ihnen spricht nicht so sehr Kleinlichkeit und Eigennutz, die fast immer im menschlichen Verkehr mitlaufen, als vielmehr Opferbereitschaft und Grossmut, die Fähigkeit zu einem guteidgenössischen Kompromiss, womit jahrzehntelange Streitigkeiten im Pfarrsprengel Sachseln endlich zur Beilegung kommen. Der Hirt, wenn er auch wirklich Seelsorge betreibt, ist wie jeder andere Arbeiter seines Lohnes wert. Und im Zusammenhang mit dem Pilgerwesen, in der Reformationszeit wird es sehr umstritten sein, wird der Geschäftsgeist nicht beseitigt, aber in geordnete Bahnen gelenkt.

Der lebende Heilige ist dahingegangen. Die Einnahmen aus dem Pilgerzustrom, schon zu Lebzeiten erklecklich, steigen. Es liegt nahe, den Pilgerverkehr durch bleibende Einrichtungen zu erhalten und zu befördern. Dabei scheint umstritten, ob der Ranft wieder mit Eremiten, also Bruder Klaus-Nachfolgern, besetzt werden soll, was bei Einsiedeleien üblich ist. Unbestritten aber ist die Notwendigkeit der Aufnahme von Protokollen im Hinblick auf eine vielleicht baldige Seligsprechung, auch bauliche Massnahmen sind fällig. Hans von Flüe, der designierte Nachfolger des Landammanns von Zuben, kann bei Amtsantritt seine Termine dank der Kirchenuhr optimieren, auf deren Zifferblatt das Bild des Vaters für den unsterblichen Ruhm der Familie Zeugnis ablegt. Und gleichzeitig mit Hans danken ein Heinz Krieg aus Burgdorf und ein Heinz Oberhofer, vermutlich aus dem österreichisch-aargauischen Fricktal, für die Hilfe von Bruder Klaus gegen die fallenden Siechtage, Epilepsie, eines zehnjährigen Mädchens und eines Knaben. (D 475 f.) Dazu äussert sich Hans sicher nicht. Für ihn ist sein Vater, von den Umständen seines Lebensendes abgesehen, kein Kranker, sondern ein einstmals vom Teufel Heimgesuchter gewesen, ein Angefochtener, wie es ebenfalls Welty (Walter) von Flüe bezeugt, der Landesfähnrich von Obwalden und Stammvater aller heute noch lebenden von Flüe. Bei aller Prominenz und allen mitlaufenden Interessen bemühen sich die Brüder von Flüe um ein ehrliches Zeugnis. Sie scheuen sich nicht, Dinge zu sagen, welche den allseits verehrten Vater nicht in der Gloriole des Starken und Heiligen zeigen. Unvergessen bleibt die Zeit, da die Ratschlüsse und Wege des Vaters aus familiärer Sicht nicht nur eitel Freude ausgelöst haben.

Der erste Grabstein, für den mutmasslich noch die Familie die

Verantwortung trägt, ist mit einer im Vergleich zu später schlichten Inschrift versehen. Im Gegensatz zum Denkstein von 1518, errichtet noch zu Lebzeiten von Venner und Landammann Welty von Flüe, ist vom Gang in die Einöde mit Erwähnung von Frau und Kindern und vom wunderbaren Fasten noch nicht die Rede. Die vier letzten Worte passen auf seine Art des Sterbens am besten:

Hie lit bruder clauss von flue seelig der verschiden ist uf sant benedictustag dem gott gnädig sig 1487 (D 393)

Ein Schlussstein für die Lebensgeschichte des Verewigten, aber kein Ende der Geschichte von Bruder Klaus. Für die Zurückgebliebenen ist mit der Abdankung nur der kleinste Teil der Erinnerungsarbeit geleistet. Diese findet zur Hauptsache sieben Formen, die alle schon um die Zeit der Beisetzung ihren Ausdruck finden.

Erstens die Bruder Klaus-Volksfrömmigkeit, die sich nicht im Wallfahrtsbetrieb erschöpft – sie macht wohl während über fünfhundert Jahren keinen Tag Pause, keinem zweiten Schweizer sind so viele Wünsche ins Grab gelegt worden wie ihm –, das Volk bleibt mit ihm in einem ununterbrochenen Zustand der Mitteilung; zweitens die protokollartige Aufnahme seiner Lebensgeschichte durch Zeugen, wie es im Kirchenbuch von Sachseln geschieht, sowie der Beginn der biographischen Arbeit durch Gundelfingen und Wölflin; drittens die liturgische Verehrung, wie sie abermals Gundelfingen als Texter und Komponist, vorläufig inoffiziell, in Beromünster, dem »anderen Rom«, in die Wege leitet; viertens die private Verarbeitung des Todes in der Familie, bei der die Witwe eher unerwartet visionäres Profil gewinnt; fünftens die politische Respektierung des Rufes von Bruder Klaus auch nach seinem Tod; sechstens der bleibende Respekt, der sich in seinem Andenken bei der Gottesfreundebewegung manifestiert; siebtens die persönliche Nachfolge, wie sie besonders eindrucksvoll schon zu Lebzeiten Bruder Ulrich aus Memmingen, danach, in Hergiswald oberhalb Kriens, der Ittinger Kartäuser Johannes Wagner aus dem schwäbischen Riedlingen und später Neffe Konrad Scheuber, sowie die Begine Cäcilia Bergmann, aus dem Wallis vollziehen[39]. Wir beschränken uns auf Vorkommnisse, die etwas vom Eindruck von Bruder Klausens Absterben vermitteln. Vom Biographen Wölflin erfahren wir eine merkwürdige Episode unmittelbar aus der Zeit der Beerdigung:

»Als aber am Tag nach dem Hinscheiden des seligen Vaters die Gattin Dorothea zum Grab kam, um ein Gebet zu verrichten, tröstete sie ein Bote, der ihr nachlief und mit kurzen Worten erzählte, er habe den verstorbenen Nikolaus auf dem Felsen gesehen (der Flühe), von dem wir sagten, der Name der Familie stamme davon, in strahlendem Glanz, in der Hand ein Banner mit der Bärentatze, alle Widerwärtigkeiten seien nun dank der Standhaftigkeit des Tapferen überwunden.« (D 550)

Der Bote ist offenbar ein Fremder, es kann eine engelartige Gestalt sein, heisst doch Engel nichts anderes als Bote. Die Episode hat, wie die Visionen von Bruder Klaus, etwas Traumhaftes, spielt auf die Erscheinung des Bärenhäuters, des Berserkers an, eine Beziehung zur Pilatusvision scheint gegeben. Klaus von Flüe als Fahnenträger, mit einem tierischen Emblem. Der Bär ist zu dieser Zeit, wie auch der Wolf und der Luchs, ein Wildtier, das man keineswegs nur aus Volkserzählungen kennt. Noch im siebzehnten und achtzehnten Jahrhundert bedeuten die Bärenjagd und die Wolfsjagd für fast den ganzen männlichen Teil der Bevölkerung eine allgemeine Alarmierung, währenddem die Frauen, etwa in der Kirche von Kerns, für das Gelingen der Jagd beten. Die Jagd ist zu Zeiten von Bruder Klaus wohl die einzige Form der Landesverteidigung, die es in Unterwalden je gegeben hat. Das ist der Erfahrungshintergrund, den wir bei Dorothe voraussetzen. Mit dem Tod ihres Mannes ist eine ganz spezielle Jagd zu Ende gegangen. Der Krieger bringt das Banner. »Aus der Fahne kommt die Kraft«, meint Reinhold Schneider, »der Fahnenträger hat sie zu halten, was in ihm vorgeht, ist ohne Belang«[40]. Das kann durchaus eine fatale Finsternis sein, Unergründlichkeit auf jeden Fall. Das Zeichen ist gesetzt, der Held, identisch mit der Beute, gehäutet. Die letzte Begegnung zwischen Klaus und Dorothe bedeutet einen Triumph, wie zu Zeiten des Jägers und des Kriegers, den biographisch herunterzuspielen kein Anlass besteht. Dabei ist eines nicht zu vergessen: Diese Geschichte präsentiert sich aus der Perspektive der Ehefrau, von ihr oder einem anderen Familienmitglied muss Wölflin sie erfahren haben. Ein starkes, unsentimentales Bild. Der Triumph, die Fahne des Sieges, kommt in Klaus von Flües eigenen Visionen nie in dieser Weise zum Vorschein. Die in Luzern aufbewahrte braune Eremitenkutte, vielleicht ein Werk von Dorothe, macht optisch sogar ein bisschen den Eindruck eines »Bärenfells«. Das Tier in ihm, das Unbegreifliche, das ihn rasen und stürzen lässt, ist erlegt. Zurück bleibt eine starke Frau, die ihren Mann überlebt hat. Den Deutungen des Motivs bei Carl Gustav Jung und Marie-Louise von Franz ist sonst nichts hinzuzufügen[41]. Im Vergleich zu dieser visionären Apotheose wirken die Dichtungen Gundelfingens in seinem Offizium herkömmlich, Kunsthandwerk eben, eine kommandierte Poesie. Den Leidenden aber vergisst er nicht, und darauf kommt es an:

> Longo abstinet tempore
> paenas ferens in corpore
> memor tuorum operum
> conditori alme siderum
> (Lange Zeit fastet er
> Peinigungen ertragend in seinem Leib
> Deiner Werke eingedenk
> Erhabener Schöpfer der Sterne) (D 446)

In der Zeit, da Gundelfingen sich, in Verdankung seiner Beromünsterer Pfründe, für Luzerns Regierung als Schriftsteller und Komponist abplagt, berichtet Peter Schott, Doktor der Rechte und Kanonikus in Strassburg, seinem ehemaligen böhmischen Studiengenossen, dem Freiherrn Bohuslaw von Hassenstein, Ban von Lobkowitz, vom Ableben des Gottesfreundes: »Dass Bruder Nikolaus aus diesem Leben geschieden, wirst du wissen. Bei seinen Lebzeiten haben wir, mein Vater und ich, ihn einmal besucht. Es war ein Mensch mit ungepflegtem Haarwuchs, jedoch einem edeln, von Magerkeit verrunzelten und erdfahlen, wie von Staub bestreuten Angesicht, der seine langen hageren Glieder mit einem einzigen Gewand bedeckte. Mit freundlichen und wahrhaft christlichen Worten empfing er uns ohne einen Schein von Heuchelei, auf unsere Fragen gab er einfachen und kurz abgemessenen Bescheid. Ich werde Dir seine schon lange gewünschte Lebensbeschreibung ein andermal senden und dann ausführlicher über seinen Tod berichten. Ungewisses will ich Dir nicht als Tatsachen darbieten. Lebewohl. Aus Strassburg, am 10. September 1487.« (D 397) Schott, den man ebenso zu den Strassburger Humanisten rechnen kann wie zu den späten Gottesfreunden, hat ähnlich wie Waldheim das Vertrauen von Bruder Klaus gefunden.

Zur gleichen Zeit wird der Ranft von den drei Waldbrüdern Ulrich Hollerer, Leonhard Haudenschild und Thomas Schneider neu besetzt, Auswärtige aus Luzern, Solothurn und wahrscheinlich dem Aargau, die zwar über gute Beziehungen zur päpstlichen Kurie verfügen, in Obwalden aber doch einen schweren Stand haben. Der Pfarrer von Sachseln wehrt sich mit Erfolg gegen die Bemühungen der drei Frommen, den Leichnam des Landesheiligen wieder talaufwärts ins Flüeli zu übertragen. Die drei vermögen als Eremiten kaum Zeichen zu setzen. Eher gelingt dies dem Schwaben Johannes Wagner, der sich klugerweise in den Kopf gesetzt hat, nicht im Ranft, sondern in einer Berghöhle bei Kriens, oben im Hergiswald, den Stand altväterischer Vollkommenheit zu suchen. Diese Einsiedlergeschichte steht Klaus von Flüe eher näher als die Bemühungen der drei Übereifrigen, die trotz Privilegierung durch den Papst und wohl auch die Familie von Flüe den Kontakt zum Volk nicht gefunden haben.

Diesen Kontakt sucht Bruder Johannes gar nicht, sondern die Abgeschiedenheit. Diese ist im Ranft nach dem Tod des Eremiten kaum mehr zu finden, da ist fast alles nur Erinnerung an die Abgeschiedenheit. Der Kartäuser möchte, in der Nähe von Bruder Klaus, die Bedingungen finden, die ihm selbst in seinem Kellion in Ittingen fehlen. Der Laienbruder aus Riedlingen ist über die Verhältnisse im Kloster enttäuscht, bemüht sich bei Papst Innozenz VIII. persönlich um Dispens für die Fortsetzung seines geistlichen Lebens als Einsiedler. Am 16. Mai 1489 erhält er diese. Das Gesuch dürfte weiter zurückreichen, wohl noch in die Lebenszeit des Ranftheiligen. Angeblich soll Heimo am Grund in dieser Sache als Vermittler gewirkt haben[42]. Eindrucksvolles weiss die Stiftungstafel am Grabe von Bruder Johannes in der Wallfahrtskirche Hergiswald zu berichten: »Als aber nach getaner Profess über wenig Jahr sein Gotteshaus (Ittingen) etlicher Bauten nach dem Ordensbrauch höchlich vonnöten hatte, auch allbereits solche in das Werk stellte, fiel Bruder Hans in grosse Kümmernis und Traurigkeit, fürchtend, er würde alsdann nit wie bisher seiner Andacht, geistlichen Übungen und göttlichen Einsprechungen aufwarten und abwarten können, sondern aus Gehorsam oft an die Arbeit stehen müssen, kehrte sich deswegen zu Gott dem Allmächtigen mit grosser Inbrunst und Andacht, um einen Rat zu erwerben, auf dass er nit den Gehorsam verschmähte, noch in seinem angefangenen geistlichen Leben sich versäumte.«

Da bekennt einer offen und ehrlich, er müssse im Kloster viel zu viel »an die Arbeit stehen« und könne deshalb den höchsten geistlichen Gütern nicht in genügender Weise nachleben, und er getraut sich sogar, beim Papst um den Wechsel in den reinen Eremitenstand nachzusuchen. Die Beurlaubung von der Kartäuserregel wird ihm gewährt, mit folgendem Privileg: »Deine Kutte sei von grobem Tuch und grauer Farb (...). Ohne Fleisch soll deine Nahrung sein. Ein härenes Hemd sollst du auf deinem Leib tragen immerdar, solang du lebst. So magst du selbst erwählen eine Einöde für dich, allein oder mit einem Gesellen, da zu wohnen und Gott dem Allerhöchsten dienen.«[43] Dies geschieht, und bis zu seinem Tod im Jahre 1516 lebt er als abgeschiedener Einsiedler in Hergiswald, immerhin hier noch einige Rodungsarbeiten vollbringend. Zu seinen Gönnern gehört später Kardinal Matthäus Schiner, der kurz nach der Jahrhundertwende die untere Ranftkapelle erbauen lässt. Hans Wagner ist ein reiner Einsiedler, ohne Miteremit. Sein Nachfolger wird ein Holländer, welcher jedoch der Schizophrenie verfallen ist[44]. Gott verteilt seinen Eremiten die Gnaden ungleich.

Einen grossen geistigen Abstand zu Klaus von Flüe und Johannes Wagner markieren die beiden Mailänder Diplomaten, die mit einem Monat Verspätung die Meldung vom Tod des Ranfteremiten ihrem Herzog Sforza-Visconti vermitteln. Nicht die Stille der Abgeschiedenheit, der Geist der Turmuhr lässt sich da vernehmen: »Schliesslich, wiewohl aus Günden der Geschäftsüberlastung verspätet, geben wir Eurer Hoheit Kenntnis, dass der Einsiedler von Unterwalden am 21. des vergangenen Monats aus dieser Welt geschieden ist. Bis auf diese Stunde hat er, so viel wir vernehmen, noch kein weiteres Wunder gewirkt, aber jedermann steht in Erwartung.« (D 395f.)

Mit grösseren Wundern verhält sich der Geist von Bruder Klaus, den Mailändern zum Trotz, bis 1940 knauserig, wie es einem dickschädligen Bergler gemäss ist, so dass ihm Papst Pius XII., im Hinblick auf die bevorstehende Heiligsprechung, »Dispens« von einem der drei vorschriftsmässig verlangten Wunder erteilen muss. (EB 410) Am Fronleichnamstag 1491, dem 2. Juni, folgt Bruder Ulrich, der Schatten von Bruder Klaus, seinem geliebten Freund und Lebemeister nach in die Heiligkeit Gottes. In der Kirche, wo Säugling *Gloisli* bei der Taufe einen geheimnisvollen Mann erblickt hat, prangt bis zum Brand von 1813 die Inschrift, später in Goldbuchstaben erneuert:

OSSA
VENERABILIS FRATRIS
UDALRICI
OBIIT
1491

Heiliger Bruder Klaus

Der Eremit im Alpenland

Wo ich hingehe, kannst du noch nicht mitkommen.
Der Einsiedel, in: Hansjörg Schneider, Das Kalbsfell

13. August 1488. Dem grossmächtigen kriegsgewaltigen Schultheissen und dem Rat von Luzern überreicht der Chorherr von Beromünster, Magister der freien Künste und der Philosophie, seine zum Lesen und Singen verfasste Lebensgeschichte des Einsiedlers Nikolaus von Unterwalden. In dankbarer Gesinnung, »weil Eure Freigebigkeit gegen mich gross war«. (D 423) Heinrich von Gundelfingen heisst der Autor. Unerfahrene, denen danach zumute sein mag, sollen nach der Lektüre dieser Schrift aufhören, den Kopf zu schütteln über den Mann, der mit Zustimmung seiner Gattin ein einsames Leben gesucht und nichts anderes im Sinn gehabt habe als die Wiederherstellung des Eremitenstandes. Nicht für sich allein, sondern für die Lebensregel des Eremiten sei Nikolaus geboren, andern Einsiedlern zum Beispiel. Vor der Durchführung dieses Entschlusses aber sei er bemüht gewesen, seine Familie mit genügendem Wohlstand auszustatten.

Die Wiederherstellung des Eremitenstandes! Könnten die Menschen in der Welt nur begreifen, wieviel daran hängt, auch für das Wohl aller! Aber wie ist es zu Lebzeiten und in den Generationen nach Bruder Klaus darum bestellt? In einem Ratsbuch des eidgenössischen Standes Schwyz steht über den Einsiedler im Tschütschi, unterhalb der Haggenegg, wo seit 1250 ein Waldbruderhaus mit Kapelle erbaut ist, geschrieben: »Der Landrat hat den Waldbruder Rot Werni ins Tschütschi getan, ihm aber zugleich verboten zu spielen und ihm anbefohlen, mässig zu trinken.«[1] So ist es um den Ruf vieler Einsiedeleien auch noch in der Zeit der Reformation und Gegenreformation bestellt. In den Tagen Gundelfingens sind die Verhältnisse in den Waldbrudereien durchschnittlich die nämlichen. Dass die Brüdernalp im Entlebuch schon um 1470 verlassen ist, die Kuttenmänner lieber in Stadtnähe siedeln, ist kein gutes Zeichen. Im Mittelalter aber »galt vielen wenn nicht allen das Eremitentum als höchste Form und Stufe religiösen Lebens«, schreibt der Germanist Herbert Grundmann in seiner Studie *Deutsche Eremiten, Einsiedler und Klausner im Hochmittelalter* (1963)[2]. Davon zeugen Namen wie Zell und Einsiedeln, dieses die vormalige Wohnstätte des heiligen Meinrad, später die Zelle von Eberhard und von Benno, vornehmen Männern aus Deutschland, die im Etzelgebiet die Sinnerfüllung ihres Lebens im Eremitenstand finden und dabei mehr und mehr Gefolgschaft erfahren. Das führt vom Einsiedlerwesen fort, auf den Weg zur Klostergründung. Aus dem *heremita* oder *solitarius*, wie der sogenannte Anachoret oder Einsiedler auf lateinisch heisst, wird mit der Zeit ein *monachus*, Mönch, der in der Gemeinschaft die Existenz des Zönobiten, eigentlich des im Kollektiv Einsamen, betend und arbeitend verwirklicht. Aber Mönche, sofern sie sich auf die Radikalität ihrer Existenz besinnen, streben dann häufig wieder zurück ins Eremitentum.

Der Einsiedler, althochdeutsch *einsidilo*, verkörpert als *athleta Christi* die Ausnahmeerscheinung im Bereich der Askese, von seinem Ziel her das Äusserste, was einer anstreben kann. Entsprechend ist sein Ansehen höher als das der Mönche. Ein Beispiel dafür scheint Nürnbergs Stadteremit, der heilige Sebaldus, zu geben. Ihn ehrt die Stadt um 1500, Generationen nach seinem Tod, mit einer Grabstätte, die als Meisterwerk deutscher Renaissancekunst gilt. Über ihn steht in einem Standardwerk deutscher Kirchengeschichte: »Von dem Nürnberger Heiligen St. Sebald weiss man nicht, wer oder was er war: aller Wahrscheinlichkeit nach ein Einsiedler im Reichswald; es spricht sehr für ihn, dass man, so lange er lebte, nichts von ihm gehört hat: er mag also (!) Anspruch auf Verehrung gehabt haben.«[3] Wenn wir an Mechthild von Stans denken, eine der diskretesten unter den Heiligen der Christenheit, andererseits an den meisterwähnten deutsch-österreichischen Politiker aller Zeiten, Hitler, klingt der Satz aus dem Geschichtsbuch weniger komisch als auf den ersten Eindruck. Auch von andern Einsiedlern oder Inklusinnen mit hohem Ansehen wissen wir wenig, etwa von Wiborada in Sankt Gallen, vom Eremiten Gunther, der im Bayerischen Wald sein stilles Wesen entfaltet hat oder vom Sachsen Wonlef. Etwas mehr ist vom tapferen Schwaben Heimerad bekanntgeworden. Nach unstetem Herumwandern im Sinn der *xeniteia* wird er Einsiedler auf dem Berg Hasungen westlich von Kassel, in für Hessen recht abschüssigen Verhältnissen. Vom Bischof von Paderborn wird er schikaniert, nicht mit einer Fastenprüfung, sondern mit einer Tracht Prügel. Diese ist demütig hinzunehmen, da das Himmelreich, wie der Schwabe findet, Gewalt erleiden müsse. Fast alles, was er als Einsiedler geschenkt erhält, gibt er den Armen weiter, und bei vielen Besuchern aus allen Ständen gilt er als heilsamer Ratgeber. Ein deutscher, vielleicht typisch deutscher Volksheiliger[4].

Das hohe Ansehen des Eremitenstandes im Mittelalter bestätigen die Dichter. Walther von der Vogelweide lässt mehrmals Wichtigstes von einem *closenaere*, einem Klausner, sagen, zum Beispiel den berühmten Satz, der Papst sei zu jung. Der Klausner als Seher, erst noch mit der Gabe der Tränen. Mit Trevrizent in Wolfram von Eschenbachs *Parzival*-Dichtung erhält, aus der Sicht des Hochmittelalters, der ideale Einsiedler Konturen. Ein Begriff wie »der guote man« (guter Mann) soll mit diesem prakisch identisch sein. Er tritt in einem grauen, härenen Rock auf, unmittelbar an der Haut anliegend, fastet streng und dauerhaft, das heisst, er gestattet sich nicht mehr als eine Mahlzeit täglich, und zwar, gesunden Rindviechern gemäss, ausschliesslich vegetarische Rohkost, Kräuter und *würzelîn*. Im Wesen freundlich, zeigt er im Gespräch starke Teilnahme. Beim Anhören eines Geständnisses von Parzival laufen ihm die Augen über[5]. Das erinnert stark an Waltheyms und Bonstettens spätere Schilderung von Bruder Klaus, doch will Trevrizent, wie manche Wüstenväter, aus Prinzip über keinen Ofen oder Herd verfügen. Er folgt also nicht der gleichen Diätetik wie später der lebende Heilige im Ranft. Aber der Ideal-Typ, von dessen Verwirklichung Gundelfingen und andere die Regeneration des Eremitenstandes erhoffen, führt im *wilden walt* ein engelhaftes Leben, wird zur Orientierung für andere, zum Vorbild, wie es noch bei Grimmelshausen spürbar wird. Trevrizent, als Parzivals Oheim, ist der gütige Alte schlechthin, ein Seelenführer. So träumt man sich während Generationen den Waldbruderstand und lässt sich dann umso schlimmer enttäuschen, wenn die lebenden Vertreter der Gattung solchen Vorstellungen erbärmlich wenig entsprechen. Das Waldbrüder- und Waldschwesternwesen ist während diesen Jahrhunderten den Menschen geläufig. Die Vorstellungen darüber dürfen keineswegs als nur literarische Klischees abgetan werden. Trotz allfälliger Beeinflussung durch Leitbilder beschreiben die Ranft-Berichte, etwa von Waltheym und Bonstetten, einen konkreten lebenden Menschen. Es gibt wohl keinen Besucher von Bruder Klaus, der nicht schon längst Bekanntschaft mit andern Vertretern und Vertreterinnen des Eremiten- beziehungsweise Beginenstandes gemacht hätte. Dass überdies ein Bedürfnis nach Eremitenlegenden besteht, liegt auf der Hand. Ausser der Geschichte von Idda aus dem Toggenburg erfährt zum Beispiel die noch bekanntere vom Glaubensboten Beatus und von seinem Genossen Achat oder Justus in der Zeit Wölflins (1511) durch den Basler Franziskaner Daniel Agricola erstmals schriftliche Form[6]. Als Kirchenpatron wird Beatus im Berner Oberland schon Jahrhunderte früher verehrt.

Unter den Landstrichen in der Schweiz macht, neben dem Grossraum Sankt Gallen und dem oberen Zürichsee in der Umgebung des Etzel, der Jura über längere Zeit den Eindruck einer idealen Eremitenlandschaft. Trotz Quellennotstand wird die hartnäckige Volksüberlieferung von dörflichen heiligen Einsiedlern kaum aus der Luft gegriffen sein. So wie es in Mittelgriechenland, etwa Thessalien oder um Theben, von antik-mythologischen Geschichten wimmelt, können im Jura Geschichten von Heiligen, besonders von Einsiedlern, erzählt werden, so lange das Volk darin sich selber erkennt. Ein authentisches Kulturphänomen. Ohne diese Tradition, historisch mit der Christianisierung und der Rodung der Wildnis zusammenhängend, wird man für den Kanton Jura, das jüngste und in der Mentalität seiner Menschen oft unverstandene Bundesglied der Eidgenossenschaft, und seine Umgebung, nicht die nötige Einfühlung aufbringen. Die Art, wie der heilige Ursizin, Saint Ursanne, mit dem Bären umzuspringen weiss, scheint, Wanderlegende hin oder her, symbolisch für den Umgang der Jurassier mit dem Berner Bären. Dieser gilt bis zur Gründung eines eigenen Kantons, 1975, als Emblem der Fremdherrschaft.

Saint Fromont. Saint Ursanne. Saint Imier. Saint Romain. Saint Lupicin. Priez pour nous! Oder, inschriftlich unter dem Denkmal eines heiligen Eremiten: SAINT FROMOND PROTEGEZ NOTRE JURA. Fromont, der populäre Brunnenheilige von Bonfol, im äussersten Zipfel der Schweiz, ist ein ewiger Freund des jurassischen Volkes und aller Tiere, die dort leben. Dass die Bauern brauchgemäss bei seinem Brünnlein gesegnetes Gras für das Vieh mit nach Hause nehmen, wird man am Ende des zwanzigsten Jahrhunderts nicht mehr nur als kindlich-naive abergläubische Handlung belächeln. Im Vergleich zu Saint Fromont, einem klassischen Eremiten, allein in walddunkler Abgeschiedenheit, stehen die meisten jurassischen Heiligen des Frühmittelalters, besonders Ursizin und Roman, für die Gründung von Eremitengemeinschaften[7]. Zu ihnen passen die beiden Märtyrer von Moutier-Grandval, Saint Germain und Saint Randoald, die Dorfpatrone von Courrendlin, die ihre letzte Ruhestätte in der Pfarrkirche Saint Marcel von Delsberg gefunden haben. Bei der alten Kirche von Courrendlin liegt der Stein von Sankt German, *La pierre de S. Germain,* auf welchen sich der Legende nach der Heilige gesetzt habe[8]. Auf einem prächtigen Altargemälde der neueren Pfarrkirche von 1757 prangen die Bildnisse von Germain und Randoald vor einem umwölkten Himmel, dem Dorf und der bergichten Landschaft, und auf der Evangelienseite grüsst Bruder Klaus von einem Kirchenfenster. In Bonfol steht in der Pfarrkirche zum heiligen Laurentius eine schöne Holzplastik, den Eremiten Fromont darstellend. Bei einem Besuch im Sommer 1995 sieht man gleich neben dem Kircheneingang ein Plakat befestigt, welches auf die zweite Juliwoche zur traditionellen Landeswallfahrt des jurassischen Volkes aufs Flüeli nach Sachseln einlädt, zu *Saint Nicolas de Flue.* Diesem Aufruf wird alle zwei Jahre fleissig Folge geleistet.

Der Jura, erst 1815 beim Wiener Kongress unter unschweizerischen Bedingungen zu Bern geschlagen und damit zur Schweiz gekommen, hat mit Grund kaum eine Beziehung zur eidgenössischen Gründungslegende um Tell und Winkelried. Die Nabelschnur zur Urschweiz, sofern von einer solchen überhaupt die Rede sein kann, führt in den Ranft. Mit Bruder Klaus fühlt man sich schon seit mindestens dreihundert Jahren, wenn nicht länger, im Kontakt, über den Bischof von Basel, der lange in Pruntrut residiert hat und dessen Stab die jurassische Republik im Wappen führt. Über die Verbundenheit mit Bruder Klaus, macht es den Eindruck, gehört der Kanton Jura, so lange hier gläubige Menschen leben, zur Schweiz. Hier liegt auch, an der Strasse Pruntrut-Laufen, an der Grenze zu Frankreich, Lützel, der unscheinbare Weiler Lucelle mit dem ehemaligen Zisterzienserkloster, wo Peter Numagen, der Sekretär des unglücklichen Aufrührers, der sich selbst erhängt hat, zur Zeit von Abt Louis Jäger seine denkwürdige Abhandlung über den fastenden Unterwaldner geschrieben hat.

Über das Bistum Basel findet der Jura in der Barockzeit, 1714, Anschluss an die okzidentalische Eremitenprovinz der Schweiz, deren Altvater auch die Einsiedler der Kantone Freiburg und Solothurn zu betreuen hat. Eremitenmässig gehört also der Jura schon länger zur Schweiz als politisch. Neben der genannten Körperschaft existiert bis zur Zeit vor dem Ersten Weltkrieg die zentralische Provinz der Eremiten aus den Waldstätten, welche auch das Gebiet des heutigen Kantons Aargau mitumfasst. Im 19. Jahrhundert kommen noch die Sankt Verena-Einsiedelei in Solothurn und das ganze Bistum Chur zur Waldstätterkongregation. Die Ostschweiz bildet ursprünglich die orientalische Provinz, während im Tessin und im Wallis die Eremiten eigenständig organisiert bleiben[9]. Die Walliser Eremiten bilden sogar zwei Körperschaften, von denen die eine kirchenrechtlich dem Abtbischof von Saint-Maurice, die andere dem Bischof von Sitten untersteht[10]. Notorische Trinker und andere Disziplinarfälle, zumal aus der zentralischen Provinz, werden in Einzelfällen in die Felskluft von Longeborgne bei Sitten abgeschoben[11]. Dort herrschen, bis hinein in den Blutkreislauf, andere Massstäbe der Normalität. Wer im Alpenland und auch im Jura die Witterung für die feineren Unterschiede bewahren will, ist offenbar wohlberaten, sich zu vergegenwärtigen, in welcher ehemaligen Eremitenprovinz man sich jeweils befindet. Diese Einteilung hat sich aber zu Lebzeiten von Bruder Klaus noch nicht verfestigt. Eher handelt es sich um eine späte Konsequenz aus der Forderung Gundelfingens und anderer, die Erneuerung des Eremitenstandes an die Hand zu nehmen. Noch wichtiger ist eine Leitfigur, Vorbild und Ausnahme zugleich. Zu dieser Würde gelangt, für alle späteren Waldbrüder in der Schweiz und generell im mitteleuropäischen Raum, das Andenken von Bruder Klaus. Der Eremit im Alpenland.

Mit der geforderten Wiederherstellung des Eremitenstandes beginnt man, im Sinne institutioneller Reformen, erst nach 1700 ernst zu machen. Die grösste Dynamik wird um 1815 erreicht, in einem Zeitalter, das politisch im Zeichen der Restauration steht. Am stärksten engagieren sich im ehemaligen Bistum Konstanz Propst Franz Bernard Göldlin von Tiefenau (1762–1819), Päpstlicher Generalvikar und grosser Verehrer von Bruder Klaus und Bruder Scheuber, ferner Pfarrer Anton Brunner aus dem luzernischen Rothenburg[12]. Dieser bekennt sich als Schüler des gemässigt aufgeklärten katholischen Theologen Johann Michael Sailer (1751–1832) aus Dillingen und gewinnt Profil als geistlicher Berater des charismatischen katholisch-konservativen Bauern und Magnetopathen Niklaus Wolf von Rippertschwand (1756–1832), eines vielaufgesuchten Starzen des Innerschweizer Landvolks. Der Eindruck, man wolle angesichts aufklärerischer Zersetzung noch einmal die alten christlichen Werte demonstrieren, wird kaum trügen. Zum Zeitpunkt der Reform ist aber die Zahl der Waldbrüder stark im Schwinden begriffen. So wird es schwierig, für die neu geschaffenen Ämter und Verantwortungen Anwärter innerhalb der jeweiligen Eremitengemeinschaft zu finden.

Für die genannte, in Etappen erfolgende Reorganisation des Eremitenstandes sind die 1714 gedruckten *Constitutiones Fratrum Eremitarum Helveticorum,* das *Eydgenössisch-Catholische Kirchenregiment* von

1761 und das ab 1815 gültige, bis 1872 flexibel der Entwicklung angepasste *Regelbuch der Eremiten der vier Waldstätte* lehrreiche und interessante Quellen. Die Ordnung bleibt grundsätzlich in Kraft bis zum faktischen Untergang der innerschweizerischen Eremitenkongregation mit Sitz im luzernischen Luthernbad im Jahre 1916[13]. Dort weiss man heute noch Waldbrudergeschichten zu erzählen, und ein eindrucksvolles Gruppenbild der Kongregation hat sich erhalten. Literarisch hat in neuester Zeit Hermann Burger (1942–1989) mit der frei gestalteten Erzählung *Der Eremitenkongress* (1985) die Überlieferung aufgegriffen[14]. Die dem Mutterhaus Luthernbad angeschlossenen Brüder haben sich samt ihrer Institution um die Zeit des Ersten Weltkriegs mit einer neuen Zweckbestimmung der Genossenschaft der Barmherzigen Brüder von Trier angeschlossen[15]. Diese widmet sich dann in Oberwil bei Zug der Pflege Psychischkranker, im heute noch existierenden Franziskus-Heim. Der Übertritt der Brüder ist jedoch freiwillig erfolgt. Einzelne Einsiedeleien, zum Beispiel das Tschütschi bei Schwyz, bleiben, mit Unterbrechungen, nach wie vor von einem Eremiten bewohnt, 1915 bis 1942 vom heiter-frommen Bruder Makarios Eigner, 1950 bis 1957 von Bruder Hermann Larice, der sich fleissig mit Sense und Hacke betätigt[16]. Später ist ein Eremiten-Statthalter im Amt. Beim Besuch im Sommer 1996 ist das der 83jährige Kapuziner Pater Pankraz Kälin. Er betreut die Kapelle zu den Vierzehn Nothelfern, nimmt Gebetsanliegen entgegen, liest zweimal in der Woche Messe und lässt sich von einem Hund, seinem treuen Miteremiten, vor allfälligen Einbrechern schützen. Von der altväterlichen Strenge der Eremitenregel hält der humorvolle Nachfahre des heiligen Franz von Assisi Distanz. Als Kapuziner ist er an seine eigene Ordensregel gebunden. Wenn er aber in seiner Zelle den Telefonhörer abnimmt, meldet er sich mit »Waldbruder«. Historisch denkwürdig beim Tschütschi ist das Wirken des Schwaben Bruder Mathis Binzheim um 1809, »von Profession ein Schuhmacher, führte einen sehr erbaulichen Wandel, (...) unterrichtete die Bauerskinder im Kristenthum, auch im Schreiben und Lesen, war niemand überlästig, ruhig-einsam, und arbeitsam, und wohnte täglich dem Gottesdienst in der Pfarrkirche bei, (...) hat nebst dem Haus den Genuss eines Gartens, eines grossen Nussbaums und etwas Holz vom Schuhl-Rath erhalten, dann er war Jedermann werth«. Ein Gemälde zeigt den Schwaben, wie er, vor einem Spinnrad stehend, die Bergkinder unterrichtet, Mädchen, die erstmals Gelegenheit zum Schulbesuch bekommen[17].

Die Regelwerke der innerschweizerischen Eremitenprovinz sind Zeugen einer versunkenen Kultur geistlichen Lebens. Im Drang zum Perfektionismus verfehlen sie, was ein Bruder Klaus, ein Bruder Ulrich und noch ein Bruder Scheuber auch ohne die zum Teil weitschweifigen Ausführungen realisiert haben. In ihrer bemühenden Gründlichkeit gibt die letzte Fassung des Regelbuches, in der Redaktion von Eremitendirektor Sebastian Troxler 420 Seiten (!) umfassend, aber informative Einblicke ins neuzeitliche Waldbruderwesen[18].

In der Zeit des Ancien régime, also vor 1798, besteht die zentralische Prozinz der Eremiten in der Schweiz aus acht Zipfeln oder Zöpfen, nämlich den Einsiedlern von Luzern, Uri, Schwyz, Unterwalden, Glarus, Freiamt und Baden. Über diesen steht ein Provinzial, der Altvater, um 1760 Frater Petrus Doswald, Einsiedler auf dem Gubel bei Menzingen im Land Zug. Jeder Zipfel hat einen Kustos, Waldguardian genannt. Ausserdem gibt es als Gehilfen des Altvaters einen Vikar, vier Definitoren, vier Novizenmeister, einen Konsultor oder Büchsenmeister, der das Almosenwesen verwaltet, und einen Waldboten, der den Eremiten die Befehle des Altvaters und die Ordensnachrichten überbringen muss. Um 1752 ist ein Mann mit protestantischer Abstammung, Frater Conrad Deuffelbeis, aus dem aargauischen Veltheim, der Heimat der sagenhaften heiligen Eremitin Gisela[19], Almosenbüchsenmeister. Als Waldbote macht sich Frater Johannes Heinrich Ackermann von Beckenried, Nidwalden, auf den Weg, ein noch junger, kräftiger Mann. Er muss von Amtes wegen ein vorzüglicher Geher sein. Waldbrüder ohne spezielle Ämter gibt es 1761 in der ganzen Provinz nur deren sechs, darunter Wilhelm Lindau aus Köln, Waldbruder auf der Bettelrüti in Wolfenschiessen, und zwei Brüder aus dem Urnerland.

1815, im Jahr der Restauration des Eremitenstandes in den fünf Orten und im Aargau, setzt Generalvikar Göldlin von Tiefenau Paul Ilg zum neuen Altvater ein. Er soll mittels Aufsicht durchsetzen, »dass die Eremiten den hochwürdigen Ortspfarrherrn wie andere Pfarrkinder Ehrerbietung und Gehorsam leisten, ohne ihre Erlaubnis sich nicht mehrere Tage von der Klause entfernen, ihre Dienste unklagbar verrichten und alle Sonn- und Feiertage dem Gottesdienst, der Predigt und Christenlehre fleissig und erbaulich beiwohnen, auch öfters die heiligen Sakramente empfangen; übrigens dass sie den Besuch der Wirtshäuser, das Kartenspiel, unmässiges Trinken, den Umgang und Bekanntschaft mit dem weiblichen

Geschlechte und alles müssige und unnötige Herumziehen im Lande, was ihnen ernstlich verboten wird, vermeiden.«[20] Von diesen Bestimmungen scheint Klaus von Flüe die Ehrerbietung vor dem Ortspfarrer, vielleicht auch das Verbot des Herumziehens, keineswegs immer »vorbildlich« gehandhabt, auf jeden Fall nicht bedingungslos eingehalten zu haben. Man will offenbar mit der Organisation der Eremitengemeinschaft das bei einsiedlerischen Berufungen enthaltene Element des Anarchischen, Spontanen und Chaotischen nicht überhandnehmen lassen. Als das Höchste, dazu hat sich auch Bruder Klaus bekannt, gilt der heilige Gehorsam. Ob aber die Oberen, auch ein Bischof, in das Verhältnis des Heiligen mit Gott eingreifen können?

Zur Eremiten-Kongregation der Waldstätte gehören in der Zeit der Reform, also nach 1815, noch ein rundes Dutzend Klausen. Wegen unsittlichen Verhaltens des Waldbruders ist in den 1830er Jahren diejenige von Maria Wil bei Baden abgegangen[21]. In Troxlers Regelbuch sind zuletzt genannt: Im Kanton Luzern das Mutterhaus in Luthern-Bad, unweit davon Sankt Joder bei Hergiswil/Willisau, in der Landschaft der Goldwäscher, wo mit Bruder Michael Joseph Achermann ein künstlerisch begabter Einsiedler wirkt[22]; dann Flüss bei Nottwil, Schönbühl bei Sursee, Sankt Mauritz bei Schötz, eine angebliche Grabstätte thebäischer Legionäre und ein beliebter Wallfahrtsort zur Behandlung müder Füsse[23]. Im Kanton Zug Sankt Verena und Sankt Jost in Unterägeri am Pilgerweg nach Einsiedeln. In Obwalden der Ranft, im Aargau Emaus am Waldrand bei Zufikon in der Nähe von Bremgarten, heute eine der schönsten Bruder Klaus-Kapellen mit eindrucksvollen Bildfolgen aus dem Leben von Antonius und Nikolaus von Flüe; oberhalb Schwyz das Tschütschi und in Solothurn die bekannte Einsiedelei in der Verenaschlucht[24]. In den beiden letztgenannten Waldbrudereien sind auch nach dem Untergang des Mutterhauses in Luthern noch Einsiedler anzutreffen. Einen Altvater gibt es schon seit über achtzig Jahren nicht mehr.

Die verbliebenen Einsiedler in der Schweiz sind entweder nach kanonischem Recht direkt ihrem Bischof unterstellt, oder Ordensleute, die mit besonderer Bewilligung ihres Obern ein Eremitenleben praktizieren, im Einzelfall, wie der Laie Nicolas Buttet in Notre-Dame-du-Scex in der Felsen-Einsiedelei oberhalb der Abtei Saint-Maurice im Wallis, als tolerierte Einsiedler auf Zeit, ohne formellen kirchenrechtlichen Status. Der Jurist Buttet, ehemaliger Mitarbeiter im Ministerium von Bundesrat Flavio Cotti, ein feingebildeter Mann von tiefer Spiritualität, ist mittlerweile so etwas wie der Vorzeige-Eremit der Westschweiz geworden. 1995 und 1996 bringen Fernsehen und Illustrierte Berichte über ihn, zeigen, wie er in seiner Zelle auf blossem Boden im Schlafsack übernachtet[25]. Wintersüber betätigt er sich als Sozialarbeiter. Über Bruder Klaus ist er vorzüglich informiert, wie auch über die Französin mit dem Ruf der totalen Abstinenz, Marthe Robin (1902–1985). Das Aufhebens, das um Nicolas Buttet gemacht wird, steht noch längst in keinem Verhältnis zu demjenigen, das Bruder Klaus und Bruder Scheuber zu Lebzeiten über sich haben ergehen lassen müssen. Zu den bekannten aktuellen Einsiedlern der Schweiz gehören ferner Paul de la Croix, der in der Nähe des Staudamms Grand-Dixence im Wallis lebt, und Pater Gabriel Bunge in Roveredo bei Tesserete, Eremo Santa Croce, im Tessin. Ihm hat der Mystikforscher Alois M. Haas eine seiner Schriften gewidmet[26].

Das grosse Thema von Heinrich von Gundelfingen, die Wiederherstellung des Eremitenstandes, bleibt auf seine Weise aktuell. Die letzte Eremitenregel der Waldstätte ist im Vergleich zur massvolleren Regel des Mönchsvaters Benedikt gespickt mit zeitgebundenen Details, im einzelnen Ausdruck eines Rigorismus, worauf ein neues Eremitentum wohl schwerlich aufgebaut werden kann. Dabei spürt man durchaus den Geist der Altväter, die neben aussergewöhnlicher Weisheit einen hochentwickelten Sinn für Selbstschikanierung besessen haben. Aus dokumentarischen Gründen und im Sinn eines Rückblicks auf eine Welt, deren Massstäbe das Gegenteil der heute herrschenden ausdrücken, geben wir einige Müsterchen aus dem *Regelbuch der Eremiten der vier Waldstätte* von 1872:

A. *Kleidung der Eremiten*

1. Als ein von der Welt ausgeschiedener Stand soll sich die Kleidung der Eremiten von der der Weltleute unterscheiden.

2. Die Kleidung ist für alle Professbrüder die gleiche und besteht in folgenden Bestandtheilen:

a. Der schwarze Talar oder die sogen. Kutte; diese sei von grober Wolle, reiche herab bis an die Fussknochen, die Ärmel sollen gehen bis an die Finger und so weit sein, dass die andere Hand bequem hineingeschoben werden kann;

b. Die Kapuze; sie sei ungefähr so, dass sie über eine sog. Kappe

leicht hinuntergezogen werden kann; sie darf weder ganz rund noch zu scharf zugespitzt sein;
c. Das Skapulier; dieses soll eine Querhand kürzer als die Kutte und wohl anderthalb Spannen breit sein;
d. Der lederne Gürtel sei zwei Finger breit, an demselben hange ein Rosenkranz und eine weisse Schlinge von Wolle solange als das Skapulier;
e. Der Mantel sei eine Querhand länger als die Länge des ausgestreckten Armes; oben wird er mit einer Hafte geschlossen; die Farbe sei schwarz, wie bei der Kutte;
f. Die Schuhe, der Armuth und der Solidität entsprechend, seien von starkem Leder und einfacher Arbeit;
g. Der Hut sei breit und von schwarzer Farbe und die Strümpfe sollen wenigstens dunkelfarbig sein;
h. Die Unterkleider sollen ebenfalls von gröberm Stoffe sein, unter Umständen etwa wegen schwächlicher Gesundheit darf ein feinerer Stoff gebraucht werden.
3. Es ist den Eremiten streng verboten, ohne Strümpfe, ohne Schuhe, ohne Unterkleider zu sein, namentlich soll diese Vorschrift streng beobachtet werden beim Ausgehen.
4. Unter dem Skapulier trage jeder ein Kruzifix.
5. Das Ausgehen ohne Skapulier und ohne Kopfbedeckung ist untersagt.
6. In der Hand hält der Eremit bei seinen Reisen einen einfachen Eremitenstock. usw.

B. *In Betreff der Haare*
1. Der Bart darf nicht abgeschnitten werden, ausser der oberhalb der Lippen.
2. Die Kopfhaare dürfen nicht lang sein, nicht über die Dicke eines Kammes hinausreichen.
3. Die Tonsur und das Tragen der Perücken ist den Brüdern streng verboten. usw.

C. *Weitere äussere Bestimmungen*
1. Es ist den Eremiten verboten, ausserhalb der Klausur in fremde Sachen oder weltliche Angelegenheiten, die sie nichts angehen, sich einzumischen.
2. Sie dürfen nicht Handel und Gewerbe treiben nach Art der Weltleute. (...)

5. Streng verboten ist der Besuch der Wirthshäuser, ausser im Nothfalle auf Reisen, wobei aber Anstand und Mässigkeit zu beobachten ist; denn wehe denen, die Ärgerniss geben.
6. Ebenso ist es untersagt, an Lustspielen, Tänzen, Komödien usw. Theil zu nehmen, selbst bei solchen Spielen, die einen religiösen Charakter haben.
7. Die Eremiten dürfen nicht jagen und nicht mit Karten spielen in oder ausserhalb der Klausur, weil ihrem hl. Stande ungeziemend und zu grösseren gefährlichen Zerstreuungen Anlass gebend.
8. Niemals dürfen sie Gevatterschaft oder die Stelle der Tauf- oder Firmpathen versehen.
9. Die Antheilnahme an Hochzeiten und grössern Mahlzeiten ist ihnen verboten, ausser mit Erlaubniss des Direktors.
10. Auch dürfen sie nicht reiten oder fahren: letzteres darf geschehen in Fällen schicklicher Gelegenheit oder Noth; nie aber dürfen sie in einem Wagen neben einer Weibsperson sitzen, ausgenommen im äussersten Falle der Noth, wie es etwa geschehen kann in der Eisenbahn, wo man eben Platz nehmen muss, wo es ist.[27]

Der zuletzt genannte Eisenbahnartikel, 1815 noch undenkbar, spricht für die Fähigkeit, flexibel auf die neuesten technischen Entwicklungen zu reagieren, um dem Kulturwandel erst recht die Stirn zu bieten. Der Artikel wirkt frauenfeindlicher als noch die spätantike *Weisung der Väter*, worin gemäss der Schule der Gelassenheit zu lernen wäre, unterwegs nicht mehr zur Kenntnis zu nehmen, welchen Geschlechtes die einem entgegenkommende Person ist[28]. Weitere Bestimmungen der Waldstätter Eremitenregel betreffen die gemässigten Ausführungen über Ernährung und Fasten, mit der Vorschrift der traditionellen Fasttage Mittwoch und Freitag, sowie der Ermahnung zur Einhaltung der Fastenzeiten im Advent und vor Ostern, mit Ausnahmebestimmungen zugunsten von kränklichen und schwächlichen Brüdern. Dann Gebet, Gottesdienst, Stillschweigen, die Pflichten gegen die Oberen, Bestimmungen über die Errichtung neuer Klausuren, die Organisation der Eremiten-Kongregation und vieles andere. Die Vorschrift, eine neu zu errichtende Klause solle wenigstens anderthalb Stunden von einer schon bestehenden entfernt sein, ist bei der Ausdünnung der Eremitenpopulation mutmasslich obsolet. Aus moderner Sicht am befremdendsten wirken die Bestimmungen die

Disziplin betreffend. Darunter ist das Tragen eines Bussgürtels und die Selbstgeisselung zu verstehen. Diese Praktiken gehen auf uralte Gottesfreunde-Traditionen zurück, man denke an Seuse. Im Kollegium Sarnen wird als Reliquie ein Bussgürtel von Bruder Klaus aufbewahrt, dessen Echtheit nicht als nachgewiesen gelten kann. Die Waldstätter Regel schreibt die sogenannte Disziplin jeweils am Freitag und an Vorabenden hoher Feste vor, als Akt der Busse und der Abtötung von Begierlichkeiten, warnt jedoch vor Übertreibungen und empfiehlt beim Wunsch nach Steigerung Rückfrage beim Beichtvater. Ebenso fremd sind uns heute die mehrmals täglich durchzuführenden *Partikular-Examen*, formelle Gewissenserforschungen betreffend die Regel und alle Arten der Sünden. Noch stärker als vor Begierlichkeit warnt die Regel vor geistlicher Überheblichkeit, vor Hochmut, und den Gefahren der Melancholie. Das entspricht der Altvätertradition. Die wahren Versuchungen des Eremiten, vom Alkoholismus abgesehen, sind und bleiben geistiger Natur. Seine Sünden bewegen sich in der Regel auf einem anderen Niveau als diejenigen der Weltleute. In dem Sinn ist der folgende Text zu verstehen:

> *Tagesordnung für die Klausuren*
> 1. Morgens 4 Uhr im Sommer und 5 Uhr im Winter soll der Eremit aufstehen.
> 2. Während einer Viertelstunde ist Zeit zum Waschen, Ankleiden, Betten und Ordnen der Zelle.
> 3. Hierauf folgt das Morgengebet und die gute Meinung.
> 4. Nachher wird das Offizium (Stundengebet) bis zur Non gebetet; falls der Bruder weit zur Kirche hat, kann dies auf dem Weg geschehen.
> 5. Dann ist eine halbe Stunde geistliche Lesung und Betrachung, was immer vor dem Kirchenbesuche geschehen soll.
> 6. Hierauf wird das Frühstück genommen, wenn es nämlich der Bruder vor dem Kirchenbesuche nehmen kann.
> 7. Vom Frühstück, wenn es nach dem Gottesdienst genommen wird, soll die Zeit bis halb eilf Uhr zu nützlicher Arbeit verwendet werden.
> 8. Um halb eilf Uhr wird die Non gebetet, darauf folgt das Partikular-Examen und eine kurze Anbetung des Allerheiligsten; dies soll in der Kapelle geschehen, wenn es sein kann.
> 9. Um halb zwölf Uhr wird das Mittagessen bereitet und nach der Bereitung desselben sogleich genossen.

10. Nachher ist eine halbe Stunde Rekreation, wobei aber der eremitische Geist nicht vergessen werden soll.
11. Von dieser Zeit an kann und soll Nützliches gearbeitet werden.
12. Um halb drei Uhr wird Vesper und Komplet gebetet mit der lauretanischen Litanei (Litanei zur Gottesmutter).
13. Nachher ist wieder Arbeitszeit bis fünf Uhr.
14. Um fünf Uhr findet das zweite Partikular-Examen statt; darauf können, wenn es die Verhältnisse erlauben, die Mette und die Laudes des folgenden Tages gebetet werden; falls dies nicht geschieht, sollen andere Andachten verrichtet werden.
15. Um sechs Uhr wird das Abendessen bereitet und nachher genossen und darauf ist eine halbe Stunde freie Zeit.
16. Um sieben Uhr wird der Rosenkranz gebetet, eine geistliche Lesung gemacht als Vorbereitung auf die Morgenbetrachtung; den Schluss bilden die allgemeine Gewissenserforschung und das Nachtgebet.
17. Ist es Disziplintag, so findet nach dem Nachtgebet die Disziplin in der Zelle statt.
18. Um neun Uhr gehen alle Brüder mit frommen Gedanken zur Ruhe.
NB. Wem diese Tagesordnung nicht entspricht, oder zu halten nicht möglich ist, der mache sich selbst eine seinen Ortsverhältnissen entsprechende Tagesordnung, die er aber gewissenhaft zu beobachten hat und von der er ohne Noth oder wichtigen Grund nie ablassen soll.[29]

Vom Gebetsleben abgesehen, vielleicht der Tagwache und dem mutmasslichen Beginn der Nachtruhe, entsprechen diese Bestimmungen nur am Rande der Lebensweise von Bruder Klaus. Vor allem trennen ihn Welten vom verräterischen modernen Begriff »freie Zeit«. Ein Heiliger kennt keine Freizeit. Für ihn ist jeder Augenblick im Leben freie Zeit. Wer noch Freizeit benötigt, hat anscheinend von einem in letzter Konsequenz sinnerfüllten Leben wenig begriffen. Der Eremitenstand im Licht des Ranftheiligen kennt weder Ferien noch Freizeit, Worte, welche die metaphysische Sinnlosigkeit bürgerlichen Alltagslebens geradezu voraussetzen. Eine geistige Existenz braucht keine Freizeit, sie ist immer schon freie Lebenszeit. Dies gilt im höchsten Grad für das Leben eines Heiligen.

Das letzte Regelbuch der Eremiten der vier Waldstätte verfängt sich in der Strenge seiner eigenen Formulierungen. Es kommt etwas vom Dilemma einer restaurativen Gesinnung zum Ausdruck. In den Nihilismus, den man bekämpfen will, überhaupt in den modernen Zeitgeist, ist man unfreiwillig heillos verstrickt. Dem Programm fehlt der Sinn für die Gelassenheit, die Auszeichnung der grossen Heiligen. Die Eremiten der vier Waldstätte scheinen unterwegs zu Bruder Klaus, bleiben aber auf diesem Weg auf skurrile Art stehen. Das Resultat ist ein oft kauzig anmutender Lebensstil, bei dem die Gefahr gnadenloser pathologischer Abstürze grösser erscheint als das Eingeholtwerden durch menschliche Schwächen. Die alten Teufelskämpfe. Immerhin verwirklicht sich in diesen Existenzen meistenteils eine imponierende Frömmigkeit. Das Gegenteil einer bürgerlichen Existenz, in der Alternative radikaler als die meisten weltlich-revolutionären Entwürfe. Eine Sehnsucht nach Sinn, welche erneute Versuche zu einer Wiederherstellung des Eremitenstandes verständlich erscheinen lässt. Als Stand sind aber die Eremiten nach menschlichem Ermessen nicht mehr zu retten. Der Symbolgehalt eremitischer Existenz erweckt jedoch nach wie vor Interesse. Dafür entwickeln auch Weltmenschen Sinn, denen es, wie schon im Spätmittelalter, nicht im Traum einfallen würde, selber Einsiedler zu werden. In ihrer Seele aber scheint ein Bedürfnis vorhanden, es möchte wenigstens einen geben, der, wie Franz von Assisi, Nikolaus von Flüe, oder, wenn er durchhält, Nicolas Buttet, den andern Menschen das absolute Freisein für Gott vorleben kann. Für den lebenden Eremiten ist, wie die Geschichte zeigt, der Absturz schon heute oder morgen möglich, und seine inneren Finsternisse kennt niemand. Einige, viele möchten ihn aufsuchen, mit ihm reden, an seinen Betrachtungen und an seinem Gebet heilsam teilhaben. Vielleicht aber wird die Abgeschiedenheit sich einen Weg bahnen in das eigene Herz, um damit Raum zu schaffen für jene »eremitische« Einsamkeit, die historisch, äusserlich, der Welt meistenteils nur als Kuriosität vorkommt.

»Ein Hauptstudium der Jugend sollte sein«, schreibt Arthur Schopenhauer (1788–1860) in den *Aphorismen zur Lebensweisheit,* »die Einsamkeit ertragen zu lernen«, mehr noch, wer die Einsamkeit nicht liebe, behauptet der Philosoph, liebe auch die Freiheit nicht[30]. Das ist nicht aus christlicher Perspektive geschrieben, wie auch nicht Franz Kafkas merkwürdige frühe Erzählung *Gespräch mit dem Beter* (1908). In deren Zentrum steht eine Art Eremit, der sich in einer Kirche »mit seiner ganzen mageren Gestalt auf den Boden geworfen hatte«, nach Meinung des Erzählers, um von andern dabei gesehen zu werden. »Mein Unglück ist ein schwankendes Unglück, ein auf einer dünnen Spitze schwankendes Unglück, und berührt man es, fällt es auf den Frager«, bekennt der einsame Beter gegenüber dem Erzähler, und fügt im Verlauf des Gespräches hinzu: »Es hat niemals eine Zeit gegeben, in der ich durch mich selbst von meinem Leben überzeugt war. Ich erfasse nämlich die Dinge um mich nur in so hinfälligen Vorstellungen, dass ich immer glaube, die Dinge hätten einmal gelebt, jetzt aber seien sie versinkend. (...) Was sind das für Tage, die ich verbringe! Warum ist alles so schlecht gebaut, dass bisweilen hohe Häuser einstürzen, ohne dass man einen äusseren Grund finden könnte. Ich klettere dann über die Schutthaufen und frage jeden, dem ich begegne: ›Wie konnte das geschehn! In unserer Stadt – ein neues Haus – das ist heute schon das fünfte – bedenken Sie doch.‹ Da kann mir keiner antworten. (...) Dann aber, wenn ich einen grossen Platz zu durchqueren habe, vergesse ich alles. Die Schwierigkeit dieses Unternehmens verwirrt mich, und ich denke oft bei mir: ›Wenn man so grosse Plätze nur aus Übermut baut, warum baut man nicht auch ein Steingeländer, das durch den Platz führen konnte. Heute bläst ein Südwestwind. Die Luft auf dem Platz ist aufgeregt. Die Spitze des Rathausturmes beschreibt kleine Kreise. Warum macht man nicht Ruhe in dem Gedränge? Alle Fensterscheiben lärmen, und die Laternenpfähle biegen sich wie Bambus. Der Mantel der heiligen Maria auf der Säule windet sich, und die stürmische Luft reisst an ihm. Sieht es denn niemand? Die Herren und Damen, die auf den Steinen gehen sollten, schweben.‹«

Eine moderne Bruder Klausen-Vision, vom Dichter behutsam distanziert: »Geständnisse würden am klarsten, wenn man sie widerriefe«, sagt der Beter am Ende des Gesprächs mit dem Ich-Erzähler, der wie sein Partner in äusserster Einsamkeit lebt.[31]

In der Geschichte der Eremiten und der Heiligen steht diese Einsamkeit im Zusammenhang mit der Finsternis, von welcher im Gottesbild des Nikolaus von Kues die Rede ist: »Hieraus macht sich mir geltend, wie ich notwendig in die Finsternis eintreten (...) und dort die Notwendigkeit suchen muss, wo mir die Unmöglichkeit vor Augen tritt. Und je mehr diese finsterdichte Unmöglichkeit als dunkel erkannt wird, desto wahrer ist der Widerschein der Notwendigkeit, desto weniger verhüllt und desto angenäherter ist sie zugegen. (...) Fällt doch die Unmöglichkeit mit der Notwendigkeit zusammen.«[32] Die Begegnung mit Gott als notwendige Unmöglichkeit im abgeschiedenen Dasein. Vielleicht ein Schlüssel zu dem, was teils in Narrheit, manchmal in heiliger Torheit, von den abendländischen Eremiten angestrebt worden ist, im Sinne des Kusaners auch von Salzmeister Johannes Frankfurter, der vom Kardinal-Philosophen eine im Vergleich zum innerschweizerischen Regelbuch vorbildlich kurze Regel verschrieben bekommen hat[33].

Die heilige Finsternis, im letzten Grund die identische Kehrseite zur schrecklichen Lichthaupt-Erfahrung, ist für die gegen hunderttausend Pilger, die jedes Jahr nach Sachseln wallfahren, wohl nur in seltenen Fällen Motivation zum Aufbruch. Für den Ranft als Familienheiligtum bietet sich in den letzten Jahren die kirchlich noch nicht approbierte Verehrung der Eremitengattin Dorothe Wyss als Beispiel einer alttestamentlichen Mutter und Hausfrau und einer tüchtigen Bäuerin an. Eine Frau, die auf eindrückliche Weise ihre familiären Probleme bewältigt zu haben scheint. In den Pilgergottesdiensten mit der Landvolkbewegung aus dem Bistum Augsburg und aus Vorarlberg, die jeweils Ende Juli oder anfangs August, aus dem Allgäu kommend, nach einem achttägigen Fussmarsch betend und singend in der Pfarrkirche Sachseln eintrifft, wird die Ehe von Bruder Klaus und die Würdigung von Frau Dorothe mehr und mehr zur Hauptsache. Ein Schwerpunkt der heutigen Wallfahrtsseelsorge. Die Nahrungsabstinenz des Gatten und deren Hintergründe sind kaum ein Thema. So tritt das Unheimliche und Herausfordernde, vielleicht auch Skandalisierende bei Bruder Klaus allmählich in den Hintergrund. Es macht in frommen Kreisen aller Konfessionen Mühe einzugestehen, dass bei den radikalen Vertretern des christlichen Glaubens, zumal bei den Aposteln und Mystikern, besonders deutlich in der Gottesfreunde-Bewegung, die Familie nicht den höchsten Wert darstellt. Die Begegnung mit den Pilgern bleibt eindrucksvoll, und die Ausstrahlung des Ortes vermag, wie früher schon, manche vielleicht falsche Vorstellung von selbst zu korrigieren. Soweit am Grab von Bruder Klaus, erst recht in seiner rottannenen Zelle im Ranft, Stille herrscht, erfasst man Wesentliches vom Andenken des Eremiten. Dieses ist auch auf der Alp Chlysterli im Melchtal, beim Stein von Bruder Ulrich im Mösli, in der Bergkirche Sankt Niklausen, in der Pfarrkirche von Kerns, in der Galgenkapelle bei Wisserlen und auch bei der Magdalenenkapelle auf der Bettelrüti in Nidwalden in hohem Masse gegenwärtig.

Die politische Beanspruchung von Bruder Klaus über die Jahrhunderte folgt wechselnden Prioritäten. Das Stanser Verkommnis, in den »Nachrufen« auf den Verstorbenen nirgends erwähnt, weil aus Obwaldner Sicht eine eher peinliche Erinnerung, wird zunächst beim Chronisten Diebold Schilling, dann ab der Zeit der Aufklärung in der Moderne zum Hauptzeugnis für den Friedensstifter. Nur wenige wagen es zu relativieren. 1588 trägt Hauptmann Melchior von Flüe keine Bedenken, seiner Truppe in fremden Kriegsdiensten ein grün-weiss-rotes Flammenbanner mit dem Bild seines Urgrossvaters voranzutragen[34]. In der Zeit der Aufklärung, der Helvetischen Republik (1798–1802), der Restauration und der Gründung des Bundesstaates 1848 wird Nikolaus von Flüe stets als freundeidgenössischer Vermittler in einer schweren Lage bemüht. Liberale wie Konservative berufen sich auf ihn, und selbst ein geistlicher Jesuiten-Gegner, Georg Sigrist, Chorherr von Beromünster, Stadtpfarrer in Luzern und Aarau, nimmt sich Zeit für eine schöne Würdigung seines Lebens[35]. 1787 und 1887 kommt es in Sachseln zu grossen Jubiläumsfeiern mit Gottesdiensten. In der Innerschweiz ist das ausgehende 19. Jahrhundert in Sachen Bruder Klaus die Stunde des Pfarrers, Volksschriftstellers und Publizisten Joseph Ignaz von Ah, genannt »Weltüberblicker«, begraben bei der Pfarrkirche in Kerns[36]. Aus politischen Gründen verfasst Ernst Ludwig Rochholz eine leidenschaftliche Streitschrift wider die »Bruderklausenlegende«. Sie enthält erste Ansätze zu einer kritischen Darstellung, die aber vielfach über das Ziel hinausschiessen. Zukunftsweisend bleibt der bibliographische Teil. Gegen Rochholz schreibt Pfarrer Johann Ming zwei schwache Zusatzbände zu seiner wertvollen Bruder Klaus-Biographie, damit ein sonst verdienstvolles Vermächtnis beeinträchtigend. Die Atmosphäre des Kulturkampfs[37].

Im Jahrhundert darauf wird Bruder Klaus in einem noch nie dagewesenen Sinn zum Nationalheiligen der Schweiz. Menschen mit frommem Sinn wollen ihm die Verschonung des Landes sowohl vor dem Ersten wie auch vor dem Zweiten Weltkrieg zuschreiben. General Ulrich Wille, der Oberkommandierende der Schweizer Armee von 1914 bis 1919, gibt seinen Soldaten Bruder Klaus zulieb einen halben Tag frei, und am 21. März 1917, dem sogenannten 500. Geburtstag, empfiehlt die Landesregierung, der Bundesrat, zum Dank für die bisher gut überstandenen Kriegsjahre, man solle zur Huldigung an den Landesvater alle Glocken der Heimat läuten lassen[38]. Nach Kriegsende malt Robert Durrer, der Historiker und Quellensammler, ein umstrittenes Fresko in der unteren Ranftkapelle: Die Schweiz als Idylle, eine bergichte Insel des Friedens, vom dräuenden

Kriegschaos umgeben, beschützt und behütet von Engeln und Bruder Klaus. Einige zum Teil groteske Darstellungen, die Armeeführung betreffend, sind nicht, wie man glauben könnte, unfreiweillig komisch, sondern bewusst satirisch und lösen beleidigte Reaktionen aus[39]. Die Leistung Durrers als Historiker, auch als Kunsthistoriker, bleibt bedeutender als die des Künstlers. Bei aller Fragwürdigkeit behält das Fresko für das Selbstverständnis der Schweiz über die Zeit der Weltkriege und danach eine repräsentative Bedeutung. Mit Nachdruck verbindet man das Andenken des Eremiten jetzt auch mit der insularen immerwährenden Neutralität des Landes. So der Westschweizer Schriftsteller Denis de Rougemont, Verfasser des Librettos für Arthur Honeggers Bruder Klaus-Oratorium. In *Die Schweiz – Modell Europas* schreibt er über Bruder Klaus: »Und ausserdem hat er den Schweizern den Weg jener Neutralitätspolitik gewiesen, zu welcher später Zwingli seine Landsleute hinführte, trotz der Gegnerschaft der Katholiken, die immer bereit waren, fremde Bündnisse abzuschliessen – mit Rom, mit dem Kaiser, mit Frankreich, um ihre Minderheitenrechte zu sichern.«[40]

In der Zwischenkriegszeit macht sich die Tendenz bemerkbar, aus Nikolaus von Flüe »einen geistigen Führer für unsere Eidgenossenschaft zu machen«, so die Volksschriftstellerin Rosalie Küchler-Ming[41]. Auch Bundesrat Philipp Etter, der massgebliche katholische Politiker des Landes in den dreissiger und vierziger Jahren, im Amt bis 1959, spricht von einem »Führer zur Einigung und zum Frieden«[42]. – Seine Rede am 16. Dezember 1934 in der Bruder Klausen-Kirche Sachseln gehört zu den denkwürdigen Dokumenten schweizerischer Haltung in der Zeit des Totalitarismus. Mit Leidenschaft bekennt sich der Magistrat zur schweizerischen Art des Problemlösens: demokratische Verständigung und Kompromiss im Gegensatz zu modischen nationalsozialistischen, faschistischen und kommunistischen Modellen aus dem Ausland. Die Rede gehört, bei allem Pathos, zu seinen besseren und verdient in die historische Auseinandersetzung um eine umstrittene Epoche der Schweizer Geschichte einbezogen zu werden. In kaum verhohlener Selbstidentifikation mit dem Landespatron bekennt der Innenminister:

»Eidgenossen! Ihr wollt ein neues Schweizerhaus euch bauen. Bauet es! Schliesst ein neues Verkommnis, aufgeschlossen für die Forderungen der neuen Zeit. Aber schliesst dieses neue Verkommnis im Geiste des Friedens und der Verständigung! Keiner suche den andern in der berechtigten Sphäre seiner Freiheit und Eigenart zu vergewaltigen. Euer neues Verkommnis sei ein Verkommnis starker, ruhiger Sicherheit, ein Verkommnis der Ordnung, aber nicht einer Ordnung der blossen Gewalt, sondern einer Ordnung der Gerechtigkeit und der christlichen Liebe. Keiner werde, welchen Glaubens er auch sei, verfolgt oder gar vergewaltigt um seines Glaubens willen! Lasset euch nicht blenden vom Glanze fremder Ideen. Besinnet euch, Eidgenossen, auf eure eigenen Werte. Wahret treu und einhellig eure Lande und eure Freiheiten und lasst euch nicht beirren durch die Einflüsse fremden Gedankengutes!«[43] 1937 ergänzt Bundespräsident und Aussenminister Giuseppa Motta: »Gerade in der heutigen, aufgewühlten, trostlosen und hasserfüllten Zeit, wo unser Land wiederum in schweren Nöten lebt und allgemeine Unzufriedenheit, Zwietracht und Mutlosigkeit immer mehr um sich greifen, ist es unerlässlich, Rückschau zu halten in der Vergangenheit und sich des Mitbürgers zu erinnern, der durch sein Leben und Wirken uns allen ein leuchtendes Beispiel sein soll und der durch sein providentielles Eingreifen in der Stunde der Entscheidung der Heimat den inneren Frieden bewahrt und der Schweiz die Grundlage zu ihrer gesunden Fortentwicklung und Gestaltung in der jetzigen Zusammensetzung gesichert hat.«[44]

Die Worte der in ihrer Zeit hochangesehenen Magistraten Etter und Motta tragen bei zu einer Grundsatzbildung, welche die politische Mentalität vieler Menschen in der Schweiz während der Kriegsjahre und in der Epoche des kalten Krieges prägt, bis zu einem kaum zu bestreitenden Einfluss auf das Denken vieler noch in den achtziger und neunziger Jahren. Eine Erklärung für die historisch begründete Europa-Skepsis in der Deutschschweiz? Darum sieht eine Westschweizer Zeitung im Nein der Deutschschweizer zum Vertrag über den Europäischen Wirtschaftsraum vom 6. Dezember 1992 ein »Votum für Nikolaus von Flüe«[45]. Die Dinge so sehen, heisst den Grundgedanken der einvernehmlichen Lösung im Kern verdrehen, mag auch zum Dank für das Abstimmungsresultat im Ranft eine Ex Voto-Tafel hängen. Es ist das legitime Recht vieler, die ihre Meinung über politische, kirchliche und private Dinge von ihrem Gewissen her begründen, sich dann und wann auf den Heiligen zu berufen. Dies geschieht 1983 auch bei einer Wallfahrt von betenden Waffenplatzgegnern in Rothenturm, Kanton Schwyz, oder 1991 bei Margrit Spichtig in Obwalden, die mit aktivem Widerstand gegen die Ausschaffung von kurdischen Asylbewerbern eine gerichtliche Verurteilung in Kauf nimmt[46]. Dabei kann sie sich auf die Friedenspredigt von Papst Johannes Paul II. vom 14. Juni 1984 auf dem Schübelacher in Flüeli-Ranft berufen. Dort erinnert der Papst an die polnischen Internierten in der Schweiz zur Zeit des Zweiten Weltkrieges und fährt fort: »Bisher habt Ihr Euch in Eurem Land als Mit-Eidgenossen verschiedener Sprache, verschiedener Kultur und verschiedenen Bekenntnisses gegenseitig angenommen; heute muss sich dieses Einander-Annehmen ausweiten auf Menschen ganz anderer Denk- und Lebensweisen und vielleicht auch ganz anderer Religion, die bei Euch Arbeit und Schutz suchen. (...) Ja, ›macht den Zaun nicht zu weit‹, aber scheut Euch nicht, über den Zaun hinauszuschauen, macht die Sorgen anderer Völker zu Euren eigenen und bietet über die Grenzen hinweg eine helfende Hand, und dies auch auf der Ebene Eurer staatlichen Organe und Finanzmittel.« Bedenkenswerte Worte, obwohl die Predigt des Papstes auf der Fehlübersetzung vom Bruderklausenwort »das böseste Recht« aufgebaut ist, welches nun plötzlich als das »beste Recht« bezeichnet wird[47]. Der Fehler hängt vielleicht mit der Unfähigkeit aller bisherigen Päpste zusammen, das komplizierte Wesen der schweizerischen Demokratie zu begreifen. Damit haben auch die europäischen und erst recht aussereuropäischen Staatsmänner Mühe.

Für viele Mächtige auf dieser Welt gilt die Schweiz als Refugium und Idylle zugleich, und der Heilige aus Unterwalden spielt darin die Rolle des Zier-Eremiten, wie solche Einsiedler genannt werden, die in der Barockzeit die Stimmung in einer Gartenanlage verstärken helfen. In diesem Sinn errichtet der deutsche Verleger Axel Cäsar Springer bei seinem Chalet in Saanen einen Gedenkstein für den Heiligen, mit einem diesem zugeschriebenen Ausspruch: »Was die Seele für den Leib, ist Gott für den Staat. Wenn die Seele aus dem Körper fällt, dann zerfällt er. Wenn Gott aus dem Staat getrieben wird, ist er dem Untergang geweiht.« Der fromme Pressezar habe, ausserhalb der Reichweite seiner Tageszeitung BILD, in der Mitte des Dachfirstes seines Refugiums einen Turm errichten lassen, welcher dem Hausherrn dazu diene, so der »Anzeiger von Saanen«, »mit dem Glöcklein die Bergtiere zur gemeinsamen Andacht zusammenzurufen«. Täglich, so ein Biograph, habe der gläubige Hanseat dort gebetet und meditiert[48]. Wie bei vielen Ranft-Pilgern der Frühzeit ist von einer Umsetzung dieser Spiritualität in die täglichen Geschäfte kaum etwas zu spüren. An der BILD-Zeitung ändert sich dadurch so wenig wie einst beim Söldner- und Pensionenwesen. Im übrigen ist das Eremiten-Wort bei Axel Springers Gedenkstein wie vieles, was als solches ausgegeben wird, zur Förderung des frommen Sinnes frei erfunden.

Nicht nur in Saanen sowie in unzähligen Bruder Klaus-Kapellen und Bruder Klaus-Kirchen in der Schweiz bimmeln eine oder mehrere Glocken zur Erbauung für Mensch und Tier. Auch in Hagspiel und anderen idyllischen Winkeln im Allgäu, in Thäle beim schwäbischen Wettenhausen, in Euerfeld in der Diözese Würzburg, in Sachsen, auch im Vorarlbergischen, im Salzburgerland (»Maria Alm«), in Ungarn, in Ostasien und selbst in Herkunftsregionen afrikanischer Asylbewerber[49]. Oft und segensreich läutet es im Namen des Heiliggesprochenen, derweil sich die Person mit ihrem Geheimnis, wie schon seit Anbeginn, ins Verstummen entzieht.

Die Einsiedelei St. Magdalena in Räsch bei Düdingen, Kt. Freiburg. Seit 1488 ist von einer Eremitenwohnung die Rede. 1609 haut der »Waldbruder zu Sankt Magdalenen« zwei Zellen in Sandstein. Nach 1680 Ausbau zur grössten Höhlen-Einsiedelei der Schweiz. 1906 wird Waldbruder Johann Joseph Neuhaus in seiner Zelle ermordet. Zeichnung von Philipp Fegely, 1826.

Er ist ein frommer Man gsin

Die müterlin habind geredt, ich sye
frommer denn bruder Claus.
Ulrich Zwingli

Seit die Stimme des Eremiten aufgehört hat, die Besucher aus nah und fern liebreich zu grüssen, lasten die Schatten auf dem Land noch schwerer. Ein Gespenst geht um im Ranft anstelle des gütigen Mannes mit der dunkelbraunen Kutte. Eine weisse Gestalt. Sie stösst Mahnungen aus, die wie Drohungen klingen. Dies spürt wie vielleicht kein zweiter Welty von Flüe, Landesfähnrich von Obwalden, der Sohn des Heiligen und Schwiegersohn von Erny an der Halten. Wann immer dieser Mann eine Zeugenaussage aufschreiben lässt, kommt eine ungemütliche Geschichte zum Vorschein. Ist sein Bruder Hans ein forscher Mensch, ein Täter, der den Himmel zwingen will, scheint sich in Welty das Schwermutserbe des Vaters zu kristallisieren. Ein Anflug von Heillosigkeit, wie er bei Bruder Klaus in gefährlichen Heimsuchungen durchscheint. Es ist keine Kleinigkeit, Kind eines Heiligen zu sein. Den von Flüe eignet, bei aller Tüchtigkeit, Zuverlässigkeit und herben Sensibilität, für alle Zeiten viel Schwerblütiges. In ihrem Dasein herrschen umwölkte Stimmungen vor, und nur ausnahmsweise schiebt sich der Humor, der Bruderklausenschalk, an die Oberfläche der undurchdringbaren Person. Pfarrer Caspar Ofner hat um 1494 aus des *fenners von Flue mund* eine sonderbare Mär zu Papier gebracht:

Ein Frommer kam in den Ranft, in die Kapelle. Da kam aus dem Stübli von Bruder Klaus den Gang und das Trepplein herunter eine gespenstische Erscheinung in der Gestalt eines weissen Mannes, an dem alles weiss war, was er trug. Der brachte in seiner Hand drei Ruten mit sich und sprach also: Gott ist übel erzürnt und will eine grosse Plage über die Welt verhängen, (...) eine noch viel grössere sogar, wenn die Menschen sich nicht bessern wollen. Gott habe die Kapelle im Ranft selber auserwählt, gewürdigt und geheiligt und wolle, dass man dieselbe Kapelle in Ehren halte. Ausserdem sagte das Gespenst, dass aus der grossen Untreue und dem Neid in der Welt eine grosse Strafe erwachse, darum soll man nächsten Freitag in wollenen Kleidern und barfuss mit dem Kreuz um die Leutkirche (in Sachseln?) *herumwallen und Gott getreulich bitten, er solle ihnen die Sünden vergeben. Sie sollen fasten mit Wasser und Brot, und die Kirchherren sollen die zehn Gebote an die beiden Kirchentüren hinschreiben. Wer dazukomme und lesen könne, der soll es jedermann lehren, denn christlicher Glaube ist ein Lehen, und das soll man dem gemeinen Volk kund machen. So sprach das Gesicht: Wenn das geschieht, will ich bei Gott getreulich für euch bitten und ich glaube, Gott wird es erhören und von seiner Strafe absehen.*

Mag Venner Welty von Flüe wohl nicht mit der Person identisch sein, über welche diese Schauung gekommen ist, seine Aussage zuhanden von Caspar Ofner, dem Kirchherrn zu Stans und Nachfolger von Heimo am Grund, bleibt ein bedeutendes Zeugnis für den Geist der Zeit. Und man nimmt die Geschichte ernst genug, um sie sogar bei der Tagsatzung in Baden zu verlesen. (D 501) Das Gerede von der drohenden Strafe Gottes, die massive Mahnung im Hinblick auf die Förderung des Wallfahrtswesens, drückt weithin übliche Wunschvorstellungen aus, denen mit einem mysteriösen Bericht nachgeholfen wird. Im Vergleich zu den Bruder Klaus-Visionen klingt alles plumper, so wie man eben den Geist des Heiligen zu verstehen glaubt. Überraschend und zukunftsweisend aber wirkt der Hinweis auf die zehn Gebote, von den Kirchherren an die Kirchentür anzuschlagen, damit sie auch von gebildeten Laien zu lesen und den Gläubigen weiterzuvermitteln seien. Man geht kaum fehl, dabei etwas vom vorreformatorischen Geist Wölflins zu vermuten, der in diesen Jahren eine gut recherchierte Bruder Klaus-Biographie niederschreibt. Im Schlussabschnitt steht geschrieben: »Dieses, meine Unterwaldner, ist mir über euren seligen Vater und Landsmann Nikolaus mitgeteilt worden. Wenn auch alles wahr ist, so soll es euch keine Gelegenheit sein, unbedacht und unpassend zu prahlen, sondern vielmehr die Religion tiefer zu erfassen. Was konnte Gott eurem Land Besseres geben, als dass die Republik, die unter dem Schutz des Eremiten stand, unversehrt und friedlich so gefährliche Zeitereignisse überstand? Es ist jedermann offenbar, dass seine Intervention bis dahin nicht nur seinen engeren Landsleuten, sondern dem ganzen Schweizerbund geholfen hat. Ihr müsst daher alles aufwenden, um die Wohltaten eines solchen Fürsprechers zu Gottes Verherrlichung und zu eurer Erbauung zu vereinigen. Wenn ihr das tut, so wird es nicht vorkommen, dass ihr euch je beklagen könnt, seiner Hilfe beraubt zu sein.« (D 553)

Der Ruhm des Eremiten gehört in diesen Jahren zum moralischen Kapital, über das die Schweiz noch verfügt. Die positiven Meldungen in den Chroniken, auch in Erbauungsbüchern, betreffen sein wundersames Leben und seine einfachen Worte. Im übrigen befindet sich das Ansehen der Eidgenossen, zumal in Humanistenkreisen, auf einem Tiefpunkt. Die Mahnungen des Landesheiligen wollen und wollen keine Früchte tragen. Leichter fällt es den Gläubigen, seine Grabstätte mit Ex Voto-Tafeln zu verzieren, zum Beispiel die Hilfe bei Bruchleiden betreffend, statt die Herausforderung dieses Lebens als Mahnzeichen zur Umkehr anzunehmen, trotz der bei Ofner aufgezeichneten Visionsgeschichte. Um die Zeit des Schwabenkrieges kommt der Ruf der Schweizer, auf Isolation versessene Egoisten zu sein, in Intellektuellenkreisen erstmals zu schriftlichem Ausdruck. Ein dauerhaftes Klischee. Ihr Bestreben, sich jeder Art Reichsreform zu widersetzen, ist aus der Sicht des Johannes Trithemius eine Anmassung: »Das sage, schreibe und überliefere ich schriftlich der Nachwelt, was alle heute wissen, die mit uns in Deutschland leben, dass sie (die Eidgenossen) Leute sind, von Natur übermütig, den Fürsten feind, aufrührerisch und schon seit langer Zeit widerspenstig und ungehorsam gegen ihre Herren, von Verachtung gegen andere, von Anmassung in sich selber erfüllt, im Krieg hinterlistig und Liebhaber des Betrugs, im Frieden nie recht beständig, dass sie der Gerechtigkeit in dem, was sie von Rechts wegen schuldig wären, nicht nachfragen, namentlich darin, wo es sich um ihre angemasste Freiheit handelt.«[1]

Mag Trithemius aus Schweizer Sicht tendenziös klingen, ohne ausreichendes Verständnis für den freiheitlichen Geist innerhalb der kleinen, überblickbaren Gemeinschaft, schildert der bedeutende Berner Chronist Valerius Anshelm die vorreformatorischen Verhältnisse im Rückblick, aus der Perspektive von 1529, keineswegs schonender. Seine Klage über die Verwilderung der Sitten um 1500 gilt als klassisch: »Wie nun die fremden Reisläufer viel fremde, seltsame Münzen in die Eidgenossenschaft gebracht hätten, also mit ihnen noch viel mehr fremde, seltsame Weisen, Sitten und Gebräuche, welche in Städten und Ländern, ja auch in Dörfern und Höfen beinahe alle der alten Eidgenossen Tapferkeit, Ehrbarkeit, Einfalt, Mässigkeit, Zucht und Scham hinweggenommen oder doch geschwächt haben, ohne irgend welches Strafen, Verwehren und Wehren. Denn diejenigen, welche diese Neuerungen brachten und annahmen, waren oder wurden Obere, und also ist innert den letzten Jahren und vornehmlich jetzt alle Kleidung an Weib und Mann verändert worden.« Es folgt eine schon fast Gotthelfsche Moralpredigt, bei welcher sich das reformatorische Denken eindrucksvoll manifestiert. Die Spielsucht grassiere, die jungen Leute liessen sich die Haare kräuseln oder glattscheren, würden durch unsittsames

Jauchzen sowie Lauf- und Springtänze sich hervortun, viel verzehren, zumal zahlreiche und fremde Weine, viel Schleckereien, Gewürz und Gerichte. Anstoss erregt das Dominieren der gelben Farbe, »so früher Judas hiess, ist die gemeinste geworden, deren eine Schweizergelb genannt wird.« Mit diesem Kulturwandel geht das Aufkommen neuer Berufe einher, »viel Krämerei und eigennützige Kaufgesellschaften, viel Müssiggänger und neue Fensterjunker, viel Kriegsleute, viel Huren und aller Gattung Buben.« Anshelm ergänzt in Reimform:

Wag's, lug um Geld,
So kaufst du d'Welt!
Schlicht, Fromm schafft nüt;
List, Falsch gwinnt d'Büt![2]

Bei diesen, aus der Sicht des Chronisten, allzu lustigen Verhältnissen wird auch mit der Religion Schindluder getrieben. Das berüchtigtste Beispiel im alten Bern bildet der Jetzerhandel, grober Unfug und perfider Missbrauch des im Volk verbreiteten Wunderglaubens. Hans Jetzer aus Zurzach, ein Laienbruder bei den Dominikanern, wird von seinen Mitbrüdern mit Wundmalen ausgestattet, und auch seine Marienerscheinungen erweisen sich als Betrug. Unter anderem geht es darum, der Konkurrenz aus dem Lager der Franziskaner im Hinblick auf spirituelles Aufsehen den Rang abzulaufen. Das ist selbst für Berner Verhältnisse um 1500 zuviel. Es kommt zu einem Prozess, bei welchem Papst Julius II. zugunsten einer Verurteilung der Betrüger einlenken muss. Der Prior, sein Stellvertreter und selbst der Lesemeister werden verhaftet und hingerichtet. Ein Tiefpunkt in der Geschichte dieses einst für seine mystische Tradition vielgerühmten Ordens, aber in Anbetracht der Karriere zum Beispiel eines Heinrich Institoris nicht verwunderlich.

In all diesen Jahren wirkt der Magister und spätere Chorherr Heinrich Wölflin, genannt Lupulus, als einer der besten Humanisten und vorzüglicher Lateinlehrer in Bern. Geboren am 30. Juni 1470, wirkt er ab 1494 als Schulmeister. Die traditionell guten Beziehungen zwischen Obwalden und Bern legen es nahe, ihn mit dem Auftrag zu ehren, die offizielle Biographie des Eremiten zu schreiben, mit Einblick in das Kirchenbuch von Sachseln und der Möglichkeit von Rückfragen wohl auch bei überlebenden Angehörigen des Heiligen, vielleicht sogar bei Witwe Dorothe. Seine Hoffnung jedoch, diese grosse Arbeit möge durch die Drucklegung gleichsam gekrönt werden, erfüllt sich nicht. Erst Hans Salat und Ulrich Witwyler werden, gestützt auf die Unterlage Wölflins, Lebensgeschichten von Bruder Klaus publizieren. So muss sich der Vielbelesene darauf beschränken, seine Haltung und sein Wissen über Schüler weiterzuvermitteln, die sich dank des guten Rufs der Berner Lateinschule gerne auch von auswärts in der Aarestadt einfinden. Schreiben ist die vornehmste Tätigkeit eines Humanisten, ein wahres *otium*, Musse im besten Sinn. Aber Schule halten, zumal auf gymnasialer Stufe, bringt unvermeidlichen Ärger mit sich, dem mit der Rute nur mühsam abzuhelfen ist. Immerhin kommt es in der Schulstube zum Kontakt mit manchmal vielversprechenden jungen Menschen. So zum Beispiel mit dem Sohn eines Ammanns aus dem Toggenburg, geboren am Neujahrstag 1484 in einem schönen Bauernhaus, das demjenigen der Familie von Flüe ähnlich ist. Der Bub hat sich in Basel, bei Georg Binzli, als dessen bester Lateinschüler bewährt. In Bern möchte er ein mehreres dazulernen. Er hört auf den Namen Ulrich Zwingli, später Huldrych genannt. Aus einer älteren Biographie vernehmen wir:

»Hätte er nicht das Glück gehabt, in einer Zeit, da die Schulen so mangelhaft und der Unterricht so schlecht war, in bessere Hände zu gerathen, so wäre es ihm nicht möglich gewesen, schon nach drei Jahren in eine höhere Klasse in Bern zu ziehen, die unter der geschickten Leitung Heinrich Wölflis, genannt Lupulus, stand, der ihn in das Studium der lateinischen Klassiker einführte. Aus ihnen lernte er nicht bloss Sprache und Geschichte, sie entzündeteten auch in seinem Gemüthe jene heisse Vaterlandsliebe, welche er sein ganzes Leben hindurch ungeschwächt bewahrt hatte.«[3]

Eine kaum beachtete intime Szene alemannisch-lateinischer Schulgeschichte. Der Bruder Klaus-Biograph lehrt den jungen Zwingli Latein, und über die Klassiker, vom Lehrer engagiert vermittelt, wird in ihm der Sinn für die Geschichte und eine kritische Vaterlandsliebe wach. Der Eremit vom Ranft steht da zwar nicht im Lehrplan, aber die Wahrscheinlichkeit, dass von ihm immer wieder mal die Rede ist, liegt nahe. Kein Gelehrter in der Schweiz weiss mehr über den eidgenössischen Altvater als Zwinglis Lateinprofessor. Und bald wird dieser Schüler seines Schülers, des Reformators, werden. Wölflin gehört zu den frühesten Protagonisten der Glaubensumwälzung in Bern. Seine demonstrative Heirat im Jahr 1523 erregt noch Anstoss und trägt dem 53jährigen Chorherrn ein Disziplinarverfahren ein. Zwingli aber hat sich an der Aare neben guten Lateinkenntnissen einen lebenslangen Widerwillen gegen die Dominikaner angeeignet. Sie präsentieren, schon vor der Affäre Jetzer, ein abschreckendes Beispiel. Bei den hohen intellektuellen Interessen des Toggenburgers wäre ja sonst ein Eintritt in den Orden des heiligen Dominikus eine naheliegende Möglichkeit gewesen.

Trithemius, Wölflin, Zwingli, Anshelm: Alle diese Männer tragen schon vor der grossen Umwälzung reformatorisches Gedankengut im Herzen, doch meistenteils bleibt es Gedanke, von der Verwirklichung weit entfernt. Zwingli aber bleibt es vorbehalten, sich als einer der grössten Tatmenschen der mitteleuropäischen Geschichte zu bewähren. Dabei wird er, im Vergleich zu Luther, stärker ein politischer Reformator.

Die genannten Männer und noch viele andere sind sich über eines einig: Wenn es in der alten Schweiz einen Menschen von reinem vorbildlichen Leben und wahrhaft gläubiger Gesinnung gegeben hat, so ist das Bruder Klaus. »Wenn je einer, ein heiliger Mann«, bestätigt Jeremias Gotthelf im *Evangelischen Kalender, Jahrbuch für 1851* diesen alten Grundkonsens frommer Eidgenossen[4]. Nach ihm sich zu richten, nicht im Sinn herkömmlicher Heiligenverehrung, sondern einer geistig-sittlichen Orientierung, ist legitim, die gebotene Konkretisierung des Evangeliums. Und für den jungen Prediger Zwingli in Glarus und Einsiedeln scheint es kein grösseres Lob zu geben, als in der Hörerschar mit Bruder Klaus verglichen zu werden, auch wenn das bei seinem Lebenswandel in dieser Zeit, mit amourösen Abenteuern, gewagt klingen mag. Aber Zwingli ist ein charismatischer Prediger, der zumal die weibliche Zuhörerschaft mitzureissen versteht. Die Mütterlein brechen in Tränen aus. Wie schön hat er wieder gepredigt, der Herr Leutpriester! »Es habend viel alter müterlin geweynet«, schreibt Zwingli später, »sie weynend lychtlich.« Ja, sie behaupten, er »sye frommer denn bruder Claus«. (EB 203) In der Schweiz das grösste aller möglichen Komplimente für einen Prediger. Meister Ulrich weiss es in die richtigen Proportionen zu rücken: Sie hätten es so gemeint, »als wenn einer spräch, du wärist ein guter Christ.« Damit ist auch schon das beim Reformator gegebene Grundverständnis von Heiligkeit angesprochen. Ein Heiliger ist das Beispiel eines guten Christen, nicht mehr und nicht weniger. Dieses Beispiel gilt es zu beherzigen, nicht Wallfahrten zu machen und Reliquien zu verküssen. Bei allem biblischen Fundamentalismus ist ein Mann wie Zwingli weit davon entfernt, sich aus

Geschichte und Tradition zu verabschieden. Die Reliquien von Felix und Regula lässt er zwar beseitigen, aber seine älteste Tochter tauft er auf den gutzürcherischen Namen Regula, wie ihn auch die Schwester von Gottfried Keller hören wird[5]. Die christlich-sittliche Substanz der Eidgenossenschaft findet in Zwingli, wie später in Jeremias Gotthelf, für alle Zeiten einen wortmächtigen Anwalt.

Zwingli ist schon in jungen Jahren, als Feldprediger, ein politisch bewegter Mensch. Ein Stück weit verfügt er über geistige Gemeinsamkeiten mit dem Erbauer der unteren Ranftkapelle, Kardinal Matthäus Schiner (1465–1522) aus dem Wallis. Mit diesem hat er eine tiefe Abneigung gegen Frankreich gemeinsam, dem vielverlästerten Hort politischer und privat-sittlicher Unmoral. In der Söldnerwerbung namens der französischen Krone sieht der Prediger eine grosse Gefahr und eine satanische Versuchung für die Eidgenossen. Aber an den Kriegszügen nach Italien beteiligt er sich selber, lernt zur Zeit der Schlacht von Pavia den Neffen von Bruder Klaus, den Rottmeister, späteren Landammann und Eremiten Konrad Scheuber wohl persönlich kennen. Die Erfahrungen drängen ihn, genauso wie Konrad Scheuber, auf je eigene Weise zu Konsequenzen. Zwingli wird zum bedeutendsten Gegner des Söldner- und Pensionenwesens in der Schweiz, in Übereinstimmung mit Anshelm, der die Schlacht bei Marignano (1515) als Schock und Wendepunkt eidgenössischer Geschichte verinnerlicht[6]. Eine solche Gesinnung lässt sich in Zürich besser durchsetzen als in der Innerschweiz. In dem Sinn trifft es sich günstig, dass Zwingli 1518, im Todesjahr von Peter Numagen, unter massgeblicher Förderung durch Oswald Myconius, den Bruder Klaus-Verehrer, in die Limmatstadt ans Grossmünster berufen wird. Seit der Niederlage im Alten Zürichkrieg, vor allem aber seit dem Sturz und der Hinrichtung von Bürgermeister Hans Waldmann, weiss man in Zürich besser als in der Heimat von Bruder Klaus, worauf der künftige langfristige Wohlstand des Landes zu bauen sei. Nicht Krieg und Abenteuer, sondern Schaffen und sparsames Wesen sind gefragt! Aus Waltheyms »lustiger stadt« (1474) wird ein Gemeinwesen, in welchem um 1760 ein Giovanni Giacomo Casanova sich langweilt. Beinahe fluchtartig unternimmt er deshalb einen Ausflug nach Maria Einsiedeln[7].

Dass dann Zwinglis Reformation, entgegen den Warnungen von Erasmus, Vadian und Paracelsus, nach einem Zwischenspiel, bei welchem die Kontrahenten gemeinsam die berühmte Kappeler Milchsuppe auslöffeln, auf einen verhängnisvollen Bruderkrieg in der Eidgenossenschaft hinausläuft, erweist sich, wie die barbarische Vernichtung der Orgeln und Bildwerke in den Kirchen, als fundamentalistische Entartung, dem innersten Anliegen des Reformators im Grunde zuwiderlaufend. Dieser republikanische Streiter der Christenheit bleibt, wie Bruder Klaus, eine der geschichtlichen Leitfiguren, ohne welche ein Gebilde wie die Schweiz historisch schwer zu verstehen ist. Nicht Tell und Winkelried, vielmehr Bruder Klaus und Antistes Zwingli sind die Gestalten, welche die Eidgenossenschaft an der Grenze zur Neuzeit als christliches Land für Generationen prägen. Zur Zeit der Aufklärung, 1763, lässt der reformierte Sankt Galler Pfarrer Jacob Wegelin (1721–1791) Bruder Klaus und Zwingli im Buch *Religiöse Gespräche der Todten* einen jenseitigen Disput miteinander führen[8]. Die Erinnerung an die beiden hat sich noch in der neuesten Literatur, etwa bei Hans Rudolf Hilty, Hansjörg Schneider, und, Zwingli betreffend, in Peter Webers Roman *Der Wettermacher* (1993), denkwürdigen Ausdruck geschaffen. Zürich bleibt unter seiner gottfernen Affiche die Zwinglistadt, und ohne Bruder Klaus hat man von der Seele des Alpenlandes vieles nicht erfahren.

Das Verbindende zwischen Bruder Klaus und Zwingli ist nicht so sehr die religiöse als die sittliche Substanz. Die Mahnung vor Eigennutz, auch in der Volksdichtung des frühen sechzehnten Jahrhunderts als Kennzeichen des Gottesfreundes gelobt, ist die Klammer, die den Seher mit dem Prediger verbindet. Dabei läuft auch eine Gemeinsamkeit mit dem Arzt, dem vielverlästerten und bei seinen Landsleuten nie voll anerkannten Paracelsus, mit. Zwingli äussert sich im Corpus seiner Predigten und Schriften insgesamt sechsmal über Bruder Klaus, und jedesmal geht es ihm dabei um den sittlichen Gehalt des reformatorischen Anliegens. Während der zweiten Badener Disputation vom 28. Oktober 1523 beruft er sich in einer Predigt auf Bruder Klaus. Diese widmet er 1524, mit einigen Änderungen, auf Bitten Vadians, Jakob Schurtanner, dem Pfarrer von Teufen, Ausserrhoden, zuhanden der Appenzeller. Für das eigenwillige Berglervolk scheint die Berufung auf den Eremiten geeignet:

»Es ist wohl zu hoffen, dass die Appenzeller, obwohl sie bei der Aufzählung der Eidgenossen an letzter Stelle erfolgen, im Glauben doch nicht die kleinsten und letzten sein werden, denn nicht inmitten der lustbaren Landstriche, wo die Gefahr des Eigennutzes und der Wollust am grössten ist, sondern an einem ruhigen Ort mag die fromme Einfalt am besten gehütet werden. (...) Nicht dass den frommen Appenzellern etwas abgehe an Vernunft und Weisheit, sondern dass ihr ungespiegelter (echter) Lebenswandel uns noch etwas Alteidgenössisches anzeigt, wozu das Wort Gottes die gottesfürchtigen Menschen ohne Zweifel hinzieht, und dass sie den Eigennutz, von dem auch Bruder Klaus von Unterwalden gesagt hat, er sei schädlich, ablegen. Denn wo dieser nicht abgelegt wird, vermag keine politische Ordnung Bestand zu haben.« (D 634f.)

Desgleichen erwähnt Zwingli den Eremiten in seiner feierlichen »trüw und ernstlich vermanung an die frommen Eydgnossen«. In dieser Mahnpredigt, bei welcher der Reformator an den Konsens aller Eidgenossen appelliert, kommt Bruder Klaus höchste Bedeutung zu: »Nun weiss eure Weisheit zuallererst, was der fromme Bruder Claus von Unterwalden gesprochen hat, der Eidgenossenschaft wegen, dass kein Herr und keine Gewalt diese überwinden können ausser allein der Eigennutz.« In einer Antwort an Valentin Compar, den ehemaligen Landschreiber von Uri, vom 27. April 1525 verwahrt sich Zwingli gegen den Vorwurf, er wolle das Vaterland spalten. Eine Spaltung erfolge dort, wo die Bücher Zwinglis und das Gedankengut des Evangeliums verboten würden. Wo man es aber lese, sehe man, dass nicht Zwingli, sondern der Eigennutz die Eidgenossenschaft zertrenne, »wie bruder Claus ouch vorgseit hat«. 1526, in einem Antwortbrief an seinen Gegner Felix Faber, ist Bruder Klaus der Mann, »der frömden herren gelts und gaben nit angenommen. Thätind wir das ouch, wie bruder Claus geleert hat, und ein jeder frommer eidgenoss wol weisst«, so würden die Eidgenossen nicht den Mietlingen des Glaubens, womit die Sendlinge Roms gemeint sind, liebedienern. (D 636) Auf der grundsätzlich gleichen Linie wie Zwingli berufen sich dessen Stellvertreter und Nachfolger Bullinger, dieser mit analogen Vermahnungen (D 641f.), sowie Sankt Gallens erster Humanist, der Bürgermeister, Stadtarzt und Reformator Joachim von Watt, genannt Vadian, auf das Vermächtnis des Gottesmannes im Ranft. In der Sankt Galler Chronistik hat schon vor Vadian Hermann Miles um 1518 über das wunderbare Fasten des Eremiten berichtet. (D 624) Gestützt auf diesen, und mit nachweisbar grossem Einfluss auf die spätere Chronik des reformatorisch gesinnten Johanniterkomturs Johannes Stumpf aus Bubikon am Zürichsee, schreibt Vadian in der *Grossen Chronik der Äbte von S. Gallen*, vollendet um 1531:

»Hier aber ist zu vermerken, dass im 1481. Jahr die von Freiburg und Solothurn in Stans in Unterwalden zu Eidgenossen angenommen worden sind, und das durch die Vermittlung und das Zutun von Bruder Klaus von Flüe, der zu dieser Zeit wegen seiner Frömmigkeit ein berühmer Mann war. (...) *Der hat in 18 jaren vor sinem tod nie kain lipliche spiss brucht. Ist ain frommer man gsin.«* (D 659) Wie Myconius und Bullinger, mit Einschränkungen auch Sebastian Franck, Caspar Hedio (EB 43) und Johannes Stumpf, erst recht der alchemistisch orientierte Heinrich Cornelius Agrippa von Nettesheim (EB 45), glaubt also der sonst für seine kritischen Einschätzungen historischer Überlieferungen bekannte von Watt an die Nahrungslosigkeit des Heiligen[9]. Das Geschehnis gilt, durch das Zeugnis der amtlichen Prüfung, vielleicht auch dank dem Bericht Numagens, als gesichert. Warum denn soll der Mensch sich nur auf eine Art und Weise ernähren können? Zur gleichen Zeit, da sich Vadian über Bruder Klaus auslässt, äussert sich in Sankt Gallen auch Paracelsus zum gleichen Thema. Da sich die beiden Ärzte trotz den Bemühungen Hohenheims nicht nähergekommen sind, können wir kaum eine gemeinsame Erörterung des Themas annehmen. Es gibt aber einen oberdeutschen Kreis reformatorisch-humanistischer Bruder Klaus-Verehrer. Dass einige von ihnen, etwa Franck und Stumpf, den Genuss von Kräutern und Wurzeln beim Eremiten nicht ausschliessen, ändert nichts an der Faszination durch den sonderbaren Heiligen. Diese hält bei diesen Kreisen noch jahrhundertelang an. Albrecht von Haller (1708–1777), der bedeutendste Schweizer Arzt in der Zeit der Aufklärung, hält in seinen *Anfangsgründen der Physiologie* (1774) die behauptete Nahrungslosigkeit für möglich[10], und angesichts eines Wesens »ohne Falsch und Trug, Demut ohne Heuchelschein« glaubt, mit Berufung auf Haller, auch Jeremias Gotthelf, was schon Vadian nicht bezweifelt hat. Nach dem Pfarrer und Dichter von Lützelflüh im Emmental ist *Niklaus von der Flue* »ein wahrhafter Bote Gottes, ein Engel des Friedens auf Erden«, der jedoch vor seinem Tode »unbeschreiblich gelitten« habe[11].

Bei einem Überblick auf die Rezeption von Bruder Klaus in süddeutschen und schweizerischen Intellektuellenkreisen, einschliesslich noch Martin Luther, entsteht, eher überraschend, der Eindruck, der Eremit im Ranft sei nach seinem Tod zu einer der bedeutendsten zeitgenössischen Galionsfiguren der Reformation geworden. Zu einem existentiellen Zeichen, welches besser als viele andere zu illustrieren vermag, was die Reformatoren als Kinder ihrer Zeit wirklich gewollt haben. Noch 1944 pocht der letzte grosse Reformator des Protestantismus, Karl Barth (1886–1968), als Gegner der Heiligsprechung durch die katholische Kirche auf den »heiligen Klaus«. Auch nach dem Zeugnis der Bibel gebe es heilige Menschen, führt der Theologe aus, aber die wirkliche Heiligsprechung sei die Taufe und das Leben aus dieser. »Und wir glauben dabei gerade den heiligen Klaus auf unserer Seite zu haben.«[12] Diese Beanspruchung ist, historisch gesehen und weitgehend auch theologisch, in hohem Grade legitim. Überlebt aber scheint ein konfessionalistischer Streit um den »wahren« Begriff von Heiligkeit, wie er vor der Heiligsprechung (1947) noch einmal entflammt ist. Wer das Wesen des Protestantismus in der Schweiz verstehen will, bleibt wohlberaten, in den Brunnen von Bruder Klaus hineinzugucken. Diese Perspektive ist, unter dem Einfluss des Liberalismus seit rund zweihundert Jahren, auch bei vielen Reformierten weitgehend der Vergessenheit anheimgefallen. Die Geheimnisse ihres Glaubens sind heute bei vielen Katholiken und Protestanten oftmals verschüttet. Das Defizit wird zum Teil von einer wachsenden Faszination durch den Buddhismus und alle Arten von Esoterik ausgefüllt.

Zu den grössten Niederlagen der Reformation in der Schweiz aber gehört es, dass es zur Zeit ihrer Ausbreitung ihren Verkündern nicht gelungen ist, Bruder Klaus landesweit als im Grunde evangelisch gesinnten Zeugen für eine zu erneuernde Schweiz zu präsentieren, in dem Sinn, wie Zwingli gemäss seinen oben ausgeführten Predigten einen Heiligen auffasst. Hätte er es geschafft, für die Schweiz als Ganzes wäre das reformierte Bekenntnis eher annehmbar geworden. Welche Glaubensmeinung ist erfolgreicher als diejenige, nichts anderes zu glauben, als was den Vätern schon offenbar gewesen ist? Wer schon möchte vor dem Angesicht Gottes als Neugläubiger dastehen? Reformiert sein heisst im Grunde, allzeit urgläubig zu leben, in dem Sinn, wie es Zwingli den Appenzellern vermittelt hat. In appenzellischer Lesart hat wohl noch kein Papst verstanden, was es heisst, ein ewigtreuer freier Christ zu sein, so wie es 1532/33 Paracelsus in diesem oberschweizerischen Landstrich gepredigt haben soll[13]. Im Vergleich zum altschweizerischen Protestantismus bedeutet Römisch-Katholisch schon fast einen Ausbund an opportunistischer Anpassung an die Neuzeit. Darum feiern die reformierten Appenzeller in Urnäsch und anderswo noch heute Neujahr am 13. Januar, mit den prachtvollen, schön-wüsten Silvesterkläusen[14]. Ein dickschädliger Protest gegen neumodisches päpstliches Gebaren, welches nicht einmal vor der Abänderung des gleichsam gottgegebenen Julianischen Kalenders zurückschreckt.

Nun aber wären Zwinglis Gegner aus dem antireformatorischen Lager, anfänglich wenig mehr als eine Koalition von Interessenvertretern, schlecht beraten, von allen guten Geistern verlassen und obendrein dumm, verstünden sie den grössten Trumpf in der religiösen Auseinandersetzung, das Zeugnis von Bruder Klaus, nicht auf ihre Weise zu beanspruchen und erfolgverspechend zu nutzen. In Obwalden gibt es zur Lebenszeit Zwinglis und noch Jahrzehnte danach nicht den Hauch eines Ansatzes für die reformatorische Bewegung. Das »Reformierteste« während beinahe hundert Jahren ist die von Welty von Flüe berichtete Traumvision von den zehn Geboten, die an die Kirchentür anzuschlagen seien, aber eine solche Handlung wird 1494 noch nicht in ihrer revolutionären Dimension erfasst. Das hartnäckige Festhalten Obwaldens, und dank dem Kraftort Sachseln auch des grössten Teils der Innerschweiz (ohne Glarus), am päpstlich orientierten Glauben hängt eng mit dem hierzulande im Vergleich zu Zürich und Bern ganz anderen Bruder Klaus-Verständnis zusammen. In den meisten Städten gilt der heilige Mann als Protagonist wider Käuflichkeit und Eigennutz, sogar als konkreter Gegner fremder Kriegsdienste und als der Mann, der in Stans das grosse Friedenswerk vermittelt hat. Diese Gesichtspunke werden nun aber in den Länderorten lieber nicht mit Bruder Klaus verbunden. Daran will man nicht erinnert werden, schon gar nicht, wenn man auf Namen wie von Flüe, Lussy oder Reding hört! Der Wohlstand der Länder beruht seit Jahrzehnten auf den vielkritisierten Verträgen und Abmachungen. Zumal mit den Mailändischen und den Päpstlichen findet man den Rank für eine vermeintlich gute Sache, während Kriegsdienste für Frankreich, wegen der Gefahr einer Kollision Eidgenossen gegen Eidgenossen, oftmals, längst nicht immer, als unmoralisch gelten. Überhaupt, wer wollte in den Bergtälern nachvollziehen, was in Zürich als moralisch gilt? Ihre Moral bringt den Zürchern Reichtum, für Uri, Schwyz und Unterwalden aber würde diese Verarmung bedeuten! Gewiss ist Bruder Klaus auch aus einheimischer Sicht ein Mann des Friedens, und sicher ist es geraten, wie Bruder Scheuber, nach dem Abschaben der Feindgehirnmasse aus den Ärmeln der Kleider, für den Rest des irdischen Daseins als heiliger Mann leben zu wollen[15]. Aber wer glaubt, hierzulande fröne man einer gleichsam pazifistischen Gesinnung, versteht schlicht nichts von »iischeraini«, wie die Landleute in Ob- und Nidwalden sich nennen. Sowieso hat Bruder Klaus mit dem Frieden, aus einheimischer Sicht, nur den Landfrieden und den Bundesfrieden der Eidgenossen gemeint, vielleicht noch eine Art Schonen der Feinde, dass man sie eher köpfe als verbrenne – aber sonst? Auch die frömmsten Metzger kann man nicht hindern, weiterhin Rinder, Schweine und Schafe auf die Schlachtbank zu führen. Wer mag ihnen vorwerfen, sie seien weniger anständig als die Bankiers in den Städten?

Gilt Bruder Klaus in den ersten Jahren nach seinem Hinschied für sogenannte anfangende Menschen als Meister im mystischen Leben, betont ein Gedenkreim auf Bruder Klaus und seinen Wahrspruch auf die Ranftkapelle von 1518 den Helfer für einen guten Tod, so wie man sein Bild in der Ostschweiz und in der Zentralschweiz noch heute häufig auf Grabsteinen findet:

> Hiermit wend wir sy (Maria) rüeffen an,
> Und bruder Claus den seligen man,
> Das sy uns wellend gnad erwerben,
> Uff dass wir nit in sünden sterben. (D 623)

Schon 1522 wird von katholischer Seite »gegen die lästigen Mahnungen an die politischen Ratschläge des Bruder Klaus protestiert«. (D 633) Spätestens aber 1528/29, da der streitbare Franziskaner und Luther-Gegner Thomas Murner (1475–1536) in Luzern weilt, erfolgt eine Gegenoffensive. Diese prägt bis zum heutigen Tag das traditionell katholische Bruder Klaus-Bild. Als das Wichtigste bei diesem Gottesmann sind nicht seine im Grunde unerwünschten politischen Ratschläge anzusehen. Auf das Fastenmysterium kommt es an, welches jetzt nicht mehr in der Art etwa von Numagen gedeutet wird, sondern konsequent und mit Abgrenzungscharakter als eucharistisches Wunder. Der Sinn der Nahrungslosigkeit des Eremiten liegt in der Bestätigung der dogmatischen Lehre, in der Hostie sei die Gegenwart Jesu geistig und materiell real präsent. Diese »ist« der Leib Christi, im Gegensatz zur klar anderslautenden Lehre von Zwingli und der komplexeren von Luther. Nach Voltaire, dem Spötter zur Zeit der Aufklärung, essen die Katholiken Gott, die Reformierten Brot, die Lutherischen jedoch Gott mit Brot.

Nun aber bringt der berühmte und umstrittene Murner den katholischen Klartext über Bruder Klaus: »Und ist uns allen bekannt, dass Bruder Klaus von Unterwalden auch die Ehre Gottes gesucht hat und in den neunzehn Jahren nie menschliche Speis gegessen und hat dennoch Christus Jesus gegenwärtig geglaubt und empfangen in dem hochwürdigen Sakrament des Altares, und Gott hat es ohne

Zweifel mit ihm gehabt.« (D 650) Dieser »fromme, heilige Ehrenmann, ein grosser Gottesfreund«, bestätige mit seinem Leben die Lehre vom heiligen Sakrament, welches er so oft mit grosser Andacht empfangen und genossen habe. Aber die evangelischen Ketzer, als »hoffärtig gäuch« (D 650) beschimpft sie Murner, »verheissent fil und haltend wenig.« Dies bleibt dann die gleichsam offizielle Linie über Hans Salat, Ulrich Witwyler bis Petrus Canisius, dem bedeutendsten Katecheten der katholischen Schweiz im 16. Jahrhundert[16]. Wenn Bruder Klaus in der neuesten Zeit nach wie vor als eucharistischer Heiliger gilt, stehen die diese Sicht vertretenden katholischen Theologen in einer gegenreformatorischen Tradition. Dabei ist, im Hinblick auf die Betrachtung des Altarsakraments, Klaus von Flüe schon aus den Zeugnissen zu seinen Lebzeiten »eucharistisch« zu würdigen, jedoch mit anderer Betonung. Die heilige Kommunion ist für ihn eher Wegzehrung auf dem letzten Gang als Nahrung. Auf die Betrachtung, die Vergeistigung, kommt es an, und zu beweisen gibt es für den Heiligen nichts.

Zu den katholischen Vorstellungen im 16. Jahrhundert und später gehört es, in Bruder Klaus den Propheten des Vaterlandes zu sehen, ihm eine Voraussage der Glaubensspaltung in den Mund zu legen, so bei Hans Salat und schon früher in *Ein hüpsch lied von der schlacht zu Capell,* im vierten Band von Liliencrons Sammlung wiedergegeben:

> Die fünf ort stand auf vesten grund,
> bruder Claus thet inen kund:
> »Hand gott und heiligen in ehren
> es werdent vil falsche propheten auferstan,
> die werden den glauben verkehren,
> eia verkehren.« (D 655)[17]

Eia verkehren! Der mystische Jubelruf von Seuse in Verbindung mit einem falschen Wort. Verkehrt wäre es indes, die Inanspruchnahme von Bruder Klaus in der Zeit der Reformation und Gegenreformation bei den Protestanten vorwiegend positiv, bei den Katholiken aber nur mit negativem Unterton zu würdigen. Unter anderem über die Rezeption von Bruder Klaus gewinnt die Gegenreformation in der Schweiz massgeblich und auf Dauer spirituelle Substanz, kommt sie über die blosse Ablehnung Zwinglis hinaus. Umgekehrt wird es sich bei den Reformierten als ein Fehler erweisen, wenn sie sich mit der Zeit ihre eindrucksvolle sittliche Galionsfigur aus der alten

Schweiz von der gegenreformatorischen Propaganda teilweise »abkaufen« lassen und Nikolaus von Flüe als dezidiert »katholischen Heiligen« von ihrer eigenen Gemeinschaft ausgrenzen. Dies geschieht jedoch nie vollständig. Es gibt keine Generation von Schweizer Protestanten, bei der man nicht das Lob von Bruder Klaus hören kann. Und mit Gottfrid Arnold und Johann Gottfried Herder, ferner Cyriacus Spangenberg, Jakob Schopper, Jakob van der Heyden und Daniel Sudermann erklingt es im 17. beziehungsweise 18. Jahrhundert noch dazu mit gewichtigen Stimmen aus dem deutschen Protestantismus[18].

Aus katholischer Perspektive sind in der Zeit der Renaissance, der Gegenreformation und des Barock – von einer Hochblüte der Pilgerschaft, politischer Propaganda mit dem Namen des Eremiten und der Bruder Klaus-Ikonographie abgesehen – vier Hauptentwicklungen von besonderem Interesse. Diese ermöglichen dem Andenken von Bruder Klaus ein eindrucksvolles Nachleben:

– Die unmittelbare und sozusagen authentische Bruder Klaus-Nachfolge durch Bruder Scheuber in Nidwalden und die Walliser Begine Cäcilia (Cilly) Bergmann in der Einsiedelei von Bruder Ulrich im Mösli.

– Die Bemühungen um die Seligsprechung, die, bei überdurchschnittlichen Komplikationen, erst 1669 von Erfolg gekrönt sind. Noch schwieriger und langwieriger wird der Prozess der Heiligsprechung. Unzählige haben sich dafür eingesetzt, ohne den Erfolg ihrer Anstrengungen zu erleben.

– Die Verfestigung des biographischen Schrifttums bei Hans Salat, Ulrich Witwyler, Renward Cysat, Joachim Eichorn, Petrus Hugo und Benno Lussi.

– Die Bruder Klaus-Dramen, die mit dem berühmten schwäbischen Jesuiten-Dramatiker Jakob Gretser, überdies mit den einheimischen Autoren Johann Zurflüe, Jakob Frehner und Johannes Mahler einen ersten Höhepunkt erreichen. In der Epoche der Aufklärung kommt es mit dem Jubiläumsstück von Joseph Ignaz Zimmermann (1781) dann bereits zu einer beachtlichen inhaltlichen Wandlung in der Gattung des Heiligendramas.

Mit Konrad Schöuber oder Scheuber von Altsellen (1481–1559), dem Sohn des Hensly Scheuber und Bruder Klausens Tochter Dorothe, tritt ein Mann ins Licht der Geschichte, den allein schon die Ikonographie als den legitimen Nachfolger und gemäss dem Anschein der Altäre, Miteremiten von Bruder Klaus präsentiert. Dies ist nicht nur in den Kirchen von Altsellen und Wolfenschiessen, auch in der Galgenkapelle bei Wisserlen und bei manchem Innerschweizer Bauernheiligtum, etwa Sankt Wendelin in Greppen am Vierwaldstättersee, der Fall. Für das Volk verkörpert der bei weitem weniger geheimnisvolle Bruder Scheuber transparent, was man sich von einem Mustereremiten erhoffen kann: gute Ratschläge, Prophezeiungen, konkreten Beistand in fast allen Problemlagen. Und Bruder Scheuber liegt der Nachwelt um gut zwei Generationen näher als Bruder Klaus. Man kann sich sein Leben besser vorstellen als das seines Grossvaters. So ist auch vieles aus der Biographie Scheubers in Lebensgeschichten von Bruder Klaus eingegangen, etwa die Unterstellung des Rottmeisteramtes. Auch das Landammannamt, dem späteren Ranftheiligen gerne angedichtet, ist von Scheuber tatsächlich ausgeübt worden. Die Geschichte seiner Wahl hört sich allerdings sagenhaft an.

Im Vergleich zu Bruder Klaus muss Scheuber, wie die brutale Anekdote von seinen verschmutzten Kleidern andeutet, ein rabiater Krieger gewesen sein. An insgesamt elf Feldzügen soll er teilgenommen haben, angefangen beim Schwabenkrieg bis zu den grossen Auszügen nach Norditalien und als letzten grossen Waffengang Kappel, wo dem früheren gemeinsamen Feldprediger, Zwingli, entweder durch den Nidwaldner Vokinger oder den Obwaldner Enderly an der Halten das Lebenslicht ausgelöscht wird. Was der fromme Krieger dabei wohl empfunden hat? Aufgewachsen auf der Wylershöhe oder im Scheubergut oben in Altsellen, unweit vom Elternhaus von Urgrossmutter Hemma Ruobert, der Mutter von Bruder Klaus, verbringt Kuony Scheuber seine Jugend mit mehreren Geschwistern, heiratet zweimal, zuerst eine Verena, dann Margret Roth, ein kaum beachtetes Pendant zu Dorothe von Flüe der Älteren. Um die Wahl zum Landammann versucht er sich zu drücken, entgegen seiner Verpflichtung nimmt der Ratsherr bei dieser Gelegenheit nicht einmal an der Landsgemeinde zu Wylen an der Aa teil, sondern legt sich unter einem in der Nähe seines Hauses gelegenen Birnbaum schlafen. Dem Staatsamt kann er sich trotzdem nicht entziehen. Am Festmahl aus Anlass seiner Wahl tun er und die Seinigen sich gütlich. Ab 1543 erscheint sein Name in Urkunden als richtender und siegelnder Landammann. In seinem Wappen prangt eine Wolfsangel. Aber schon nach Ablauf seines einzigen Amtsjahres, 1544, fühlt Scheuber im Innern einen starken Zug, sich der Geschäfte, überhaupt der Weltsorgen, nach dem Vorbild seines Grossvaters zu entschlagen, und den Rest seines Lebens in Obwalden, im Ranft, zu verbringen, wo er sich auf eigene Kosten ein separates Bruderhaus errichten lässt. Im ärmlichen grauen Rock, der bis an die Waden reicht, die Lenden mit einem ledernen Riemen gegürtet, das Haupt mit einem um sich gestülpten Käpplein bedeckt, den Rosenkranz in der Hand, nimmt er Abschied von Gattin, Kindern und Schwiegersöhnen, bricht auf in die Umgebung der Einsiedelei des Übervaters. »Ähnlich dem Grossvater in der Statur«, schreibt Eichorn, »in der Gesichtsbildung, Magerkeit und bräunlicher Farbe, nur hatte Niklaus nicht einen so langen und grauen Bart.« Auch ist Scheuber im Gegensatz zu seinem Grossvater des Lesens mächtig, vertieft sich, ausser in die Heilige Schrift, gerne in das »Seelengärtlein« aus der Feder von Sebastian Brant, dem Verfasser des »Narrenschiffs«. Das Handexemplar hat sich erhalten[19].

Der Umzug eines Landammanns und noch dazu eines Enkels von Bruder Klaus aus Nidwalden hinauf in den Ranft erregt landesweit Aufsehen. Gibt das einen Zulauf, womöglich noch grösser als zu Zeiten von Bruder Klaus! Auf die Nahrung verzichtet Eremit Scheuber nicht gänzlich, erhält sich als Veganer, mit Verzicht nicht nur auf Fleisch, sondern auch auf Fisch, Eier und Käsespeisen. Nur seiner Altersschwäche wegen gestattet er sich gelegentlich einen Becher Wein, und beim Schlafen auferlegt er sich, in Altvätertradition, einen grossen »Abbruch«, Beschränkung[20]. In seiner unmittelbaren Nähe, in der einstigen Zelle von Bruder Ulrich, lebt eine merkwürdige Frau, die Begine Cäcilia, über die lange das Gerücht umgegangen ist, sie lebe wie Bruder Klaus nahrungslos. Schliesslich aber soll man Fäkalien von ihr ausfindig gemacht haben. Ihre fürchterlichen Prophezeiungen, Drohbotschaften eines frühbarocken Fundamentalismus, machen sie zu einer eher dubiosen Figur im Umfeld der Nachfolge von Bruder Klaus. Lange kursiert die Annahme, sie sei schon zu Lebzeiten des Heiligen in die Nähe des Mösli gekommen, habe mit Bruder Ulrich und Bruder Klaus eine verdächtige Dreiheit gebildet. Diese Legende, der noch im 19. Jahrhundert Rochholz Glauben schenkt, hat sich schon vor Durrers kritischem Zugriff in Nichts aufgelöst. Schwester Cäcilia hat ihre letzte Ruhestätte, wie Bruder Ulrich, in der Pfarrkirche Kerns gefunden, wo sie die Gläubigen während Generationen um Hilfe gegen das Kalte Fieber angerufen haben[21].

Das Aufsehen um Bruder Scheuber und das möglicherweise nicht unproblematische Nebeneinander mit Schwester Cäcilia, vor allem aber gesundheitliche Probleme – er kann kaum mehr gehen –, bewegen den Nidwaldner nach drei Jahren, den Ranft wieder zu verlassen und auf der Bettelrüti, im Bereich des Wellenbergs, in einem Einsiedlerhäuschen ein beschaulicheres Leben zu führen. Dieses ist 1350 von Katharina Rissi gestiftet worden, nebst einer Kapelle, in der womöglich schon früh der heiligen Maria Magdalena gehuldigt wird. So wird Scheuber, wie es Joseph Theodor Deschwanden 1861 in neuzeitlicher Diktion ausdrückt, zum »Menschenfreund in der Einöde«[22]. Berühmt werden seine Kontakte mit Melchior Lussy, dem mächtigsten Nidwaldner des Jahrhunderts und Förderer der Seligsprechung von Bruder Klaus, auch mit Gilg Tschudy, dem Historiker und dem zeitweilig als »Kryptoprotestanten« geltenden Mailänder Botschafter Ascanio Marso (EB 61). Ausserdem tut sich Scheuber mit altersweisen Mahnungen gegen das Pensionenwesen und mit bedeutenden Prophezeiungen, die Türkenkriege betreffend, hervor. Diese setzen Kenntnisse der auswärtigen Politik voraus, die in diesem Ausmass Bruder Klaus nie zugetraut worden sind.

Eine aus der Sicht der alpenländischen Seelengeschichte hintergründige Episode im Leben Scheubers betrifft den Verdacht, er könnte mit den Wiedertäufern gemeinsame Sache gemacht haben oder bei diesen Sympathien geniessen. Was aus der Sicht der frühen Scheuber-Biographen Andermatt, Göldlin von Tiefenau und Deschwanden lediglich als eine »Verläumdung« erscheint, lässt den späteren Betrachter nicht unbewegt. »In der Stadt Luzern war Jakob Mahler, ein Wiedertäufer, gefänglich eingezogen worden. Da verbreitete sich das Gerücht, Mahler hätte bekannt, dass Konrad Scheuber mit ihm die gleichen religiösen Grundsätze teile, ja ihn durch schlechte Bücher zu diesem Irrtum verleitet habe.« Der luzernische Staatsunterschreiber Zacharias Blätz von den Rosen muss sich dann beeilen, für Scheuber ein Schreiben zu dessen völliger Entlastung auszustellen[23]. Wesentlich an dieser Episode bleibt, dass die Täufer, die zum Beispiel in der Gegend von Beromünster wie auch im Napfgebiet möglichst unscheinbar, als Stille im Lande, Fuss zu fassen versuchen, mutmasslich eine Existenz wie diejenige von Bruder Scheuber und wohl auch von Bruder Klaus in ihrem Sinn als vorbildlich anschauen können. Zumindest wird das im Gerede des Volkes nicht ausgeschlossen[24]. Warum sollen sie nicht? Eine Holzzelle im Wirtschaftsteil eines Bauernhauses oberhalb Trueb, das wenig bekannte Wiedertäuferversteck im Hüttengraben bei Fankhaus, eine wahre Bauernkatakombe, ist auf ihre Weise, mit einer gewissen Analogie zum Ranft, eine für empfängliche Menschen vielsagende Herberge spiritueller Existenz in der Schweiz[25]. Eine geistige Verbindung zur mystischen Bewegung, aus der Sicht katholischer und reformierter Orthodoxie illegitim, zum Beispiel die Sehnsucht nach der Abgeschiedenheit, ist nicht von der Hand zu weisen. Nur drohen den Täufern vor allem äussere Feinde, während die Eremiten es hauptsächlich mit dem Feind aus dem eigenen Innersten zu tun haben. Bruder Scheuber ist am 15. März 1559 gestorben, zur gleichen spätwinterlichen Jahreszeit wie sein begnadeter Grossvater. Dass er im Vergleich zu Bruder Ulrich in seinem »Fortleben« populärer wird, lässt sich im Hinblick auf die Mentalität der Ob- und Nidwaldner leicht erklären, ist aber wohl nicht ganz gerecht. Bruder Ulrich bleibt, noch mehr als die in einer aufgeregten Epoche recht angesehene Schwester Cäcilia, ein Fremdling im Alpenland, mag auch Caspar Linder aus Memmingen, der Leutpriester von Sarnen zu seinen Lebzeiten (EB 328), sein Förderer gewesen sein.

Eine Dokumentation der Bemühungen um die Seligsprechung von Bruder Klaus, könnte, analog der späteren um die Heiligsprechung, einen stattlichen Band füllen. Eigentlich hätte es Kardinal Matthäus Schiner in der Hand gehabt, schon bald nach 1500 alles klar zu machen. Doch er setzt offenkundig andere kirchenpolitische Prioritäten. Seit der Nachricht vom Tod des heiligmässigen Eremiten erheben geistliche und weltliche Herren regelmässig zugunsten einer Kanonisierung ihre Stimme, Gundelfingen 1488 als erster, um 1507 sogar Kaiser Maximilian. 1501 schenkt die Stadt Neuenburg alt Landammann Hans von Flüe einen Goldgulden zur Förderung der Seligsprechung. Aber die politischen Instanzen, vorab Obwalden, und die kirchlichen, hier primär das Bistum Konstanz, verhalten sich Rom gegenüber unbeholfen oder sind, wie einige Konstanzer Bischöfe, offenbar nicht wirklich an der Sache interessiert. Es genügt eben nicht, bei der jeweiligen Wahl eines neuen Papstes eine Glückwunschadresse zu senden mit dem *ceterum censeo*, der beiläufigen Bemerkung, es wäre erwünscht und dringend, den angesehensten Schweizer zu »erheben«, ihn also formell zur Schar der Seligen und Heiligen zu zählen. In der Zeit des Konzils von Trient setzt sich der einflussreiche Nidwaldner Politiker Melchior Lussy für das Anliegen ein, nimmt sogar das Meditationsbild, oder eine Kopie davon, mit nach Italien. Doch wenn 1582 der berühmte Mailänder Erzbischof Karl Borromeo das Grab von Bruder Klaus besucht und den Verewigten »wahrhaft einen Heiligen« nennt, bedeutet das noch längst keine Erhebung zur Ehre der Altäre[26]. Das weiss auch der Bischof von Konstanz, ein Herr von Hallwyl, der die Verehrung von Bruder Klaus der Ordnung halber verbieten lässt. Das Volk aber bleibt von der Heiligkeit seines Landesvaters überzeugt, kennt auch die vorzüglichen Indikationen, bei denen er anzurufen ist, von Bruchleiden über das Fallende Weh bis zu Verstopfung und anderen Gebresten im Magen-Darm-Bereich. In diesen Jahren werden dann auch populäre Biographien gedruckt, die von Witwyler auf der Grundlage von Hans Salat, die von Petrus Hugo (Peter Hug) mit Eichorn als Hauptquelle[27]. Diese Werke geben, wie noch die Festschrift des Kapuziners Benno Lussi 1732, ein der Zeit entsprechendes »barockes« Bruder Klaus-Bild[28]. Von einer kritischen Biographie kann frühestens bei Joseph Anton Weissenbach (1787) gesprochen werden[29].

Am 5. Oktober 1587 findet in Luzern eine Zusammenkunft der fünf katholischen Orte Uri, Schwyz, Unterwalden, Luzern und Zug statt. Über die Vermittlung des Nuntius soll die Erhebung zum Seligen endlich formell in die Wege geleitet werden. Freiburg und Solothurn schliessen sich am 13. November in dieser Sache den fünf Orten an. Am 16. Januar 1591 kommt es in Sachseln, nach feierlicher Prozession mit anschliessendem gesungenem Gottesdienst, zu einer Vernehmung von 39 Zeugen, die von Heilungen und Gebetserhörungen zu berichten wissen. Die Begeisterung überträgt sich nicht auf den Nuntius: »Ich fürchte sehr«, schreibt er nach Rom, »dass sie den Prozess nach Schweizerart führen, ohne Ordnung und ohne Einhaltung der vorgeschriebenen rechtmässigen Formen.« Tatsächlich, die Zeugenvernehmung, für den Historiker interessant, bleibt für die Beförderung des Anliegens ohne Resultate[30]. Dafür lässt man das Bild des Eremiten, in offenkundigem Ungehorsam, 1607 in das schönste Renaissance-Chorgestühl der Schweiz einschnitzen, in der Stiftskirche von Beromünster.

Der nächste Anlauf, ein Informationsprozess, geht 1618 über die Bühne. Der Kardinal Robert Bellarmin, ein berühmter und heiligmässiger, Bruder Klaus wohlgesinnter Mann, stellt fest: »Es ist mir sehr peinlich, den Prozess ein zweites Mal hier anlangen zu sehen. Ich habe mich bemüht, die Annahme der Akten trotz ihrer Mängel durchzusetzen.« 1621 folgt der nächste kleine Schritt[31].

Neben Dilettantismus im Umgang mit der kanonischen Bürokratie verhindert immer wieder schlichtes Pech den Durchbruch der

Bemühungen. Kaum hat sich ein Papst etwas für die Sache von Bruder Klaus erwärmt, stirbt er auch schon wieder, zum Beispiel Gregor XIV., und die Bemühungen müssen zum Teil wieder von vorn anfangen. Nicht zu unterschätzen ist die finanzielle Seite des Problems, welches der keineswegs antipäpstliche Geschichtsschreiber Johannes von Müller mit den Worten auf den Punkt bringt, »dass Rom zu wenig edel und Unterwalden nicht reich genug war«[32]. Bei der nächsten Etappe des Prozesses, 1621, erklärt Ritter Rudolph Pfyffer von Luzern: »Jetzt sei der Eifer so gross in der katholischen Schweiz, dass sie keine Kosten scheuen werde, um dieses fromme Werk auszuführen.«[33] Die Bemühungen, die in der abermals geschichtenreichen »Zeugenbefragung« von 1654 gipfeln, ziehen sich noch über Jahrzehnte hinweg und verschlingen ein Vermögen. Die Verantwortung für das Verfahren trägt schweizerischerseits Mauritius an der Allmend, Propst von Beromünster[34]. In Mings grosser Bruder Klaus-Biographie (2. Band, 1863) nimmt der milchbüchleinartige Überblick über die Kosten des Verfahrens und ihre Deckung allein 25 Seiten ein, obwohl längst nicht alle Belege bekannt sind[35]. Obwalden hat sich gewaltige Mühe um seinen Landesheiligen gegeben. Bei den Benediktinerklöstern Muri, Wettingen und Engelberg sowie in den Stiften Sankt Michael in Beromünster und Sankt Leodegar in Luzern nimmt man bedeutende Summen auf[36]. Um sich das Prozessieren, mit einem gravierenden zivilen Gerichtsverfahren vergleichbar, leisten zu können, wird in gewissen Jahren auf die Ausrichtung des unentgeltlichen Landsgemeindemahles verzichtet, ausserdem eine Kapital- und Ankensteuer auf jede Kuh im Lande erhoben. Dazu 1787, mit einiger rückblickender Empörung, Bruder Klaus-Biograph Joseph Anton Weissenbach aus Zurzach: »Billig lässt sich dabei fragen, wer es sich mehr habe kosten lassen, der selige Bruder Klaus, um heilig zu werden, oder seine Landsleute, um ihn heilig sprechen zu lassen.« Der scharfe Ton lässt sich wohl damit erklären, dass Weissenbach als Mitglied der Gesellschaft Jesu von dem 1773 von der Kurie ausgesprochenen Verbot seines Ordens betroffen ist[37].

Dabei genügt es nicht, nur diese Seite des Problems zu sehen. Papst Alexander VII. zum Beispiel scheint es mit der Abstinenz des Eremiten nicht ganz geheuer zu sein. Er lässt die Seligsprechungskongregation über die Frage disputieren, ob die Nahrungslosigkeit von Bruder Klaus wirklich eine mirakulöse gewesen sei. Die Quelle im Kirchenbuch, wonach Leutpriester Oswald Isner bei Klaus schon nach elf Tagen einen abgezehrten Leib festgestellt habe, insinuiert Rochholz, hätte in Rom Verdacht schöpfen lassen: »Wie aber konnte jene 19jährige Aushungerung als eine vom Himmel gewollte und ermöglichte gelten, wenn dieselbe schon in ihrem ersten Beginne Klausens totale Abzehrung zur natürlichen Folge gehabt hatte?« Immerhin erklärt Alexander VII., nach Anhören dieser Diskussion am 12. Juni 1657: »Man kann mit dem Prozess fortfahren!« Eine Stellungnahme zum Fastenwunder unterbleibt tunlichst[38]. 1662, sieben Jahre vor der Seligsprechung, schliesst der Jesuit Gaspar Schott eine humoralpathologische Erklärung des wundersamen Fastens nicht aus. Die zähen, verdorbenen Körpersäfte, welche einen Menschen aus Krankheit, Trübsinn oder andern Gründen die Nahrung beharrlich abweisen lassen, vermögen gemäss Schott Ersatzmittel für die Nahrungsstoffe zu bilden, zögern den Hungertod solange hinaus, bis sie selbst von der Körperwärme aufgezehrt sind. Ein Wiederaufleben des Numagen-Modells[39].

Durch ein Breve vom 9. März 1669 willfährt endlich Papst Clemens IX. den jahrzehntelangen Anstrengungen um die Seligsprechung, die zu dieser Zeit noch ohne rituelle Feierlichkeit vor sich geht. Sie erlaubt die kultische Verehrung eines heiligmässigen Menschen in regionalem Rahmen. An seiner Grabstätte in Sachseln darf Bruder Klaus nun also legal verehrt werden. 1671 wird diese Bestimmung von Clemens X. auf die Diözese Konstanz und auf alle Schweizer Kantone ausgedehnt[40]. Es folgen Jahrzehnte und Jahrhunderte, da der selige Bruder Klaus in der Schweiz und ihrer Umgebung sich als der volkstümlichste Heilige bewährt. Die Anhänglichkeit des Volkes, die nicht geringe Faszination bei den Gelehrten, zeigt, wie wenig die Wertschätzung der Heiligkeit im Grunde auf die kanonische Anerkennung angewiesen ist. Mit dieser schliesst sich die Kirche an eine schon vorhandene Heiligenverehrung an, letztlich zu ihren Gunsten. Für die Gläubigen ist die Kanonisierung natürlich ein wichtiges Entgegenkommen der Amtskirche an ihr Denken und Fühlen. Im Vergleich zu dem, was die einfachen Menschen seit Jahrhunderten und noch im fünfzigsten Jahr nach der Heiligsprechung den Pilgerbüchern anvertrauen, wirken die Erklärungen der Päpste über Bruder Klaus meist etwas abgehoben, ein eher verlegen tönendes Echo von dem, was über ihn bis nach Rom gedrungen ist. Was wohl hätte dieser Eremit in seiner Zelle einem Papst sagen können, da er schon mit einem Mann vom Rang des Dekans Bonstetten seine liebe Mühe gehabt hat? Fronleichnam 1944, in schwerer Zeit – es besteht Bedarf nach einem Friedensheiligen –, trifft aus dem Vatikan endlich das Telegramm beim Apostolischen Nuntius in der Schweiz ein: »Heiliger Vater hat gestern in historischer Stunde unter dem Donner der Kanonen die Dekretverlesung del Tuto angehört. Heiligsprechung damit abschliessend gesichert. Heimat und Volk segnend. Sig. Monsignore Krieg.«[41] Am 15. Mai 1947, dem Auffahrtstag, legt Papst Pius XII. in Rom dem seligen Unterwaldner endlich den »Titel eines Heiligen« zu, welchen Trithemius schon rund 450 Jahre zuvor gebraucht. Aus der päpstlichen Formel: »Wir, nachdem Wir alles reiflich überlegt und öfters die göttliche Hilfe angefleht haben, beschliessen und entscheiden, unter Zustimmung Unserer ehrwürdigen Brüder, der Kardinäle der heiligen Römischen Kirche, der Patriarchen, Erzbischöfe und Bischöfe, die in Rom anwesend sind: dass der selige Nikolaus von Flüe ein Heiliger ist, und tragen ihn in das Verzeichnis der Heiligen ein.«[42] Mehr als 50 000 Menschen, darunter zahlreiche Pilger aus der Schweiz, wohnen der pompösen Feier bei.

Über Nikolaus von Flüe, den Seligen und Heiligen, wie er schon zu Lebzeiten und im Jahrhundert seines Todes genannt wird, äussern sich neben Prälaten, Reformatoren, Politikern, Geschäftsleuten, Gelehrten verschiedener Spielart und schlicht dem »Volk« zu allen Zeiten die Dichter. In Epigrammen, wie bei Zwinglis frühem Weggefährten Glarean, und Liedern, wie beim Basler Satiriker Pamphilus Gengenbach (1513). (D 606) Bei allen Generationen gibt es dramatische Gestaltungen, vom Fasnachtsspiel über das vielaktige geistliche Drama, besonders das Jesuitentheater, dann das Heldendrama des achtzehnten, neunzehnten und frühen zwanzigsten Jahrhunderts. Dazu kommen Gedichte und Hymnen, ausladende wie bei Johann Caspar Lavater und Johann Gottfried Herder[43], mystisch erfüllte wie bei Clemens Brentano[44] bis zu einem schlichten Vierzeiler von Kurt Marti von 1984, in *bärner umgangsschprach* geschrieben:

kei schönere föhn als grad z'sachsle
uf saftige höger bimbele chüe
dr see luegt eim gäng über d'achsle
und ds fromme gsicht vom niklaus vo flüe[45]

Auch der Roman nimmt sich, vor allem im 20. Jahrhundert, des Themas an. Dieses Zeugnis ist für die Lebendigkeit des Andenkens von Bruder Klaus, im Verein mit der während allen Generationen reichhaltigen Ikonographie, von Bedeutung, fast genauso wie die kirchliche Verehrung des Seligen und Heiligen. Dazu steht das Drama, in der Barockzeit, noch bei Cäsar von Arx' modernem Historienspiel *Der heilige Held* (1937), meist nicht im Widerspruch, obwohl gerade dieser Autor mit seinem Bühnenstück bei einigen Frommen wegen »derb verzeichneten Rollen« Verärgerung ausgelöst hat[46]. Für die Jesuitendramatik, deren bedeutendste Vertreter Jacob Bidermann und Jacob Gretser sich für Bruder Klaus ins Zeug legen, der eine mit einem pathetischen Epigramm, der andere mit einem stattlichen Schauspiel, bietet die Lebensgeschichte des Eremiten einen attraktiven Stoff. (D 851f.) Damit kann das Dasein des Menschen zwischen Himmel und Hölle beispielhaft auf der Schaubühne gezeigt werden: ein Familiendrama, ein Drama der Versuchung, der Prüfung und der Erwählung, ein Mysterium, zusätzlich angereichert mit vielen Möglichkeiten, das Publikum zu belehren. Was wünscht sich ein schlauer Jünger von der Gesellschaft Jesu mehr für eine bühnenwirksame Darbietung?

Unter rund vierzig bekannt gewordenen Bruder Klaus-Stücken, die Singspiele und Oratorien nicht gerechnet, stellt das lateinisch geschriebene Schuldrama von Jacob Gretser (1562–1625) aus Markdorf am Bodensee ein Opus von Gewicht dar, kann jedoch aus formalen Gründen kaum populär werden. Unter dem Einfluss von Canisius, den er im üechtländischen Freiburg kennengelernt hat, dramatisiert der vierundzwanzigjährige Autor die Geschichten des heiligen Nikolaus von Myra, Stadtpatron von Freiburg, sowie diejenigen des Ranfteremiten und der Idda von Toggenburg. Seine biographischen Informationen beruhen auf Hans Salat und Canisius. Aufgeführt wird das Stück in Luzern am 5. Oktober 1586, im Beisein des päpstlichen Nuntius und der Abgeordneten der katholischen Kantone zur feierlichen Beschwörung des Goldenen oder Borromäischen Bundes, eines katholischen Sonderbündnisses im Zeichen der Gegenreformation. Wohl deshalb lässt Gretser alle Begebenheiten betreffend den politischen Eremiten weg, präsentiert ein Mysteriendrama mit bewegten Schüler- und Teufelsszenen, die Familiengeschichte von Klaus mit seiner Gattin und die Beziehung zu seinem Bruder Peter, ausserdem die Fastenprüfung durch den Bischof sowie mannigfache Versuchungen. Einen Höhepunkt des Stücks bildet der Auftritt eines vorrätebeladenen, vom Teufel gelenkten Esels, eine ins Burleske gelenkte Versuchungsszene. Plastisch wirkt das sechzehnte Bild, bei welchem zwei geschwänzte Teufel den Eremiten aus seiner Zelle zerren[47]. Ein Heiligendrama mit Gaukelspiel und Terror, heute bei entsprechender Bearbeitung, mit Balletteinlagen und Musik spielbar, analog der historischen Inszenierung von Jacob Bidermanns »Cenodoxus« in der Klosterkirche Königsfelden durch Jean Deroc im Jahre 1975[48].

In der Nachfolge Gretsers kommt es in Obwalden und Nidwalden 1590 und 1601 zur Aufführung reichbeladener Bruder Klaus-Stücke. Dasjenige von Hans Zurflüe, Stiftskaplan der Pfründe Sankt Afra in Beromünster und Pfarrer in Sarnen, enthält elftausend Verse, auf acht Akte verteilt![49] 1624 schreibt Johannes Mahler, Pfarrhelfer und Organist in Zug, ein Spiel *Bruder Clausen von Flüe – Landammann zu Underwalden ob dem Wald*, in 6000 Versen. Dieses Historiendrama will im Vergleich zu Gretser auch den politischen Dimensionen bei Bruder Klaus gerecht werden, als Warnung vor Fremdherrschaft und Ermahnung zur Einigkeit unter den Eidgenossen. Für die Bühne bedeutet das Stück jedoch schlicht eine Zumutung, ist wohl darum nie aufgeführt worden. Noch eindrucksvoll bleibt die Abschiedsszene zwischen Klaus und Gattin Dorothe. Die historisch-kritische Ausgabe des Spiels durch Christiane Oppikofer-Dedie von 1993 bringt einen verdienstvollen Überblick auf die ältere Bruder Klausen-Dramatik, macht aber spürbar, dass zweitrangige Werke barocker Theaterkultur kaum mehr zum Leben zu erwecken sind[50].

Das gilt auch für die Historiendramen des achtzehnten und neunzehnten Jahrhunderts, von denen diejenigen von Joseph Ignaz Zimmermann (1781) und Hermann Stegemann (uraufgeführt in Basel 1902) als Jubiläumsfestspiele historische Bedeutung behalten. Bei Zimmermann (1737–1797) erhält ein aufgeklärt-patriotisches Bruder Klaus-Bild Konturen. Im Vordergrund steht der Amstalden-Handel und damit, mit dem Gegensatz von Stadt und Land, ein in der Eidgenossenschaft vor 1798, und noch danach, brisantes politisches Thema. Wie schon in Lavaters *Schweizerliedern* von 1769 ist der Eremit nicht mehr als Gottesfreund, sondern als Menschenfreund bezeichnet. Zimmermann bekennt sich in der Vorrede zu seinem Stück *Nikolaus von Flüe oder die gerettete Eidgenossenschaft in fünf Aufzügen* ausdrücklich zum gemässigten Luzerner Aufklärer Joseph Anton Felix Balthasar. Ein Theaterstück im Geist von Schinznach, wo in den Jahren um das dritte Jahrhundertjubiläum des Stanser Verkommnisses die der Aufklärung verpflichtete Helvetische Gesellschaft ihre Versammlungen abhält. Das Schauspiel von Hermann Stegemann, *Nikolaus von Flüe*, in historistisch anmutenden Jamben geschrieben, kommt 1917 verschiedenenorts zur Ehre der Festspielaufführung zum 500. Geburtstag des Vielseligen. In einer vielbesuchten Aufführung, im Theatersaal des Kollegiums Sarnen spielt Bonaventura (Alfred) Thommen (1897–1965), der nachmalige Rektor, eine barocke Persönlichkeit, die Titelrolle[51].

Ist Bruder Klaus in den älteren dramatischen Bearbeitungen der Heilige, gilt er seit Lavater und beim Luzerner Zimmermann als Held, bei Cäsar von Arx als der *Der heilige Held*[52]. Diese Art Heldentum, in der Dramatik des neunzehnten Jahrhunderts nachgerade zum Klischee ausgewachsen, erhält beim protestantischen Arzt-Philosophen und Haller-Schüler Johann Georg Zimmermann in seinem psychologischen Werk *Über die Einsamkeit* (1784) eine pathetisch formulierte ideologische Untermauerung: »Mein lieber Landmann, der Bruder Claus, war der ehrwürdigste von allen Einsiedlern, die je gewesen sind. (...) Angebetet sind seine Knochen in der Kirche zu Saxeln noch bis auf diesen Tag. Aber so mönchisch und so roh auch die Art ist, mit welcher man sein Skelett mit allerley Kindereien behangen hat und dorten vor dem Hohen Altar der öffentlichen Verehrung ausstellet; so gesegnet hingegen, so edel und gross ist in den Herzen aller Schweitzer, die noch wissen, dass sie Schweitzer sind, das Andenken dieses Heiligen, der durch den Glanz seiner Tugend und die Weisheit seiner Reden, Eintracht im Vaterland herstellte und den Bund wieder vereinte und schloss, dem ich wünsche, dass er fest und frey stehe, bis die Alpen zertrümmern und bis alle Königreiche, alle Helden und alle Völker der Erde in einen gemeinschaftlichen Abgrund versinken.«[53]

Diesem gemeinschaftlichen Abgrund nähert sich, am Ende des zwanzigsten Jahrhunderts, eher widerwillig, auch die Schweiz, historisch der Bund der Eidgenossen. Das Historiendrama, welches diesen verherrlicht, ist schon vorher in den Abgrund gegangen. Niemand interessiert sich mehr dafür. Das letzte und unter einigen Gesichtspunkten untypischste Bruder Klaus-Drama seit Generationen, *Das Kalbsfell*, von Hansjörg Schneider, verlässt die ausgetretenen Pfade. Das 1978 in Paris, 1980 in Kiel und 1981 in Sankt Gallen je uraufgeführte Stück des 1938 geborenen, heute meistgespielten lebenden Schweizer Dramatikers bringt den Eremiten vom Ranft weder als Titelhelden, noch wird er zur Hauptfigur des Stücks gemacht.

Nicht einmal sein Name kommt zur Erwähnung. Aber die Figur eines »Einsiedels«, ursprünglich in der Art Grimmelshausens, gibt, mit Bruder Klausens »gewöhnlich Gebet« und der Brunnenvision, dem Stück Tiefe und Hintergrund. Dazu trägt Hansjörg Schneiders unprätentiöse und unpathetische, lebendigem Volkstheater entsprechende Dialogkunst massgeblich bei. Aus dem 1975 vom Theater in Freiburg i. Br. übernommenen, bald darauf geplatzten Auftrag, ein Grimmelshausen-Stück zu schreiben, wird etwas im Urspung Neues[54]. Dem Urbild des »Einsiedels«, dem »Kindmenschen«[55] Klaus von Flüe, wie der Germanist Walter Muschg ihn genannt hat, begegnet der Kindmensch Simplicius Simplicissimus, bei Schneider gemäss dem ersten Teil der Vorlage nur Simplex genannt. Diesem stellt der Autor konsequent den Typus »Einsiedel« gegenüber, der von Szene Vier bis Szene Zehn, während gut einem Viertel des Stücks, als massgebliche Person im für den Jungen prägenden Sinn die Bühne beherrscht. Ein Lebemeister. Dabei ist dieser »Einsiedel« eine eigenständige Figur, der nebst dem Grimmelshausenschen Vorbild einiges vom heiligen Hieronymus im Gehäus, von Seuse, der den Kreuzesbaum verehrt, vom gelehrten Bruder Ulrich und von einem Pietisten an sich zu haben scheint. Er wirkt im evangelischen Sinn gläubig. Anstelle des strengsten Fastens bei Bruder Klaus nährt er sich von Rüben, und einen Hasen, den ihm der Bub Simplex zum Braten vorbeibringt, begräbt er kurzerhand. Eine lebensvolle Gestalt, keine blosse Abspiegelung eines Vorbilds. Und vor allem: kein Held, sondern ein Mensch, der im Strudel von Chaos und Krieg zur Hauptsache nichts anderes tut, als sich auf den Tod vorzubereiten. Dazu gehört, im Eckhartschen Sinn, im nächstliegenden Fall Lebenshilfe gegenüber Simplex, und das Weitergeben seiner inneren Geheimnisse, soweit sie mitteilbar sind. Die Brunnenvision gehört dazu. »Ich musste die Füsse anziehen, um hinzukommen, sonst wäre ich versunken«, erklärt der Einsiedel dem Buben. Ein Dialogbeispiel:

Simplex: Der Mann an der Stubentür?
Einsiedel: Nein, das ist nicht Gott. Von Gott gibt es kein Bild.
Simplex: Hast du ihn nicht gesehen?
Einsiedel: Steh auf. Was tust du jetzt?
Simplex: Nichts.
Einsiedel: Doch, du schnaufst. Du merkst es nicht. Aber du schnaufst.
Simplex: Ja.

Einsiedel: So ist Gott. Du merkst ihn nicht. Aber er ist da und macht, dass du schnaufst.

Simplex: Ich schnaufe.[56]

Zuletzt steigt der Einsiedel in das Grab, das er sich selber geschaufelt hat, geht den Weg des Hasen. Seine letzten Worte: »Gott fliesst durch dich. Drum lerne dich selber kennen.«

Der Simplex geht wieder in die Welt hinaus, zu den Mächtigen, den Arbeitenden, den Huren. Und die Soldaten kommen wieder. Dabei verbindet der Autor die Baumvision des Grimmelshausenschen Einsiedlers mit der Brunnenvision des Ranftheiligen. Die Bilanz ist negativ: »Ich möchte aus dem Brunnen trinken, aber ich sehe nur den Baum, wo getötet wird«, den Menschenbaum[57]. Trotzdem, der Simplex ist ein Mensch, der wenigstens einmal im Leben das Wesentliche, für die Augen der Oberflächlichen unsichtbar, gesehen und erfahren hat. Mit seinem Einsiedler präsentiert Hansjörg Schneider eine anonyme, zurückgenommene, wahrhaft abgeschiedene »Figur wie Bruder Klaus«, umgeben vom gewalttätigen Weltchaos. Gelassen geht der Einsiedel auf die Grube zu, die er für sich selbst gegraben hat. Ein einziger hat ihn verstanden, und wohl doch nicht allzu viel von ihm gelernt. Damit ist, in gleichnishafter, dichterischer Abkürzung, Wesentliches auch über den Ranftheiligen gesagt, ohne dass dies direkt behauptet wird. Es scheint lohnend, inhaltlich wie auch unter rein poetischen Gesichtspunkten, sich im Bemühen um das Verständnis des Heiligen mit indirekten Aussagen zu begnügen. Indem Hansjörg Schneider sich auf Einfaches, Typologisches beschränkt, das Wesentliche aber nicht unterschlägt, schafft er ein einmalig glaubhaftes »Bruder Klaus-Stück«, dem dieser Name jedoch nur im übertragenen Sinn zukommen kann. Die historische Figur ist ihm mehr als bloss »Stoff«, den es auszubeuten gilt. Im November 1994 erklärt Hansjörg Schneider im Rathaussaal von Sursee, der Geburtsstadt von Hans Salat und Hans Küng: »Für mich war der Mystiker Nikolaus von Flüe kein Mensch wie jeder andere. Persönlich halte ich es für möglich, dass dieser Einsiedler tatsächlich nichts gegessen hat.« Dem Poeten, dem jederzeit eine Frechheit zuzutrauen ist, wird sich mancher eher anschliessen als einem Historiker oder einem Theologen.

Im Vergleich zu Hansjörg Schneiders lebendigem Theater hat Hans Rudolf Hiltys Romanwerk *Bruder Klaus oder Zwei Männer im Wald,* erschienen 1981, teilweise etwas Staub angesetzt. Als »erzählerische Recherche« will der 1994 verstorbene Autor sein Buch verstanden wissen, doch liegt ihm das Fabulieren besser als das Recherchieren. Auf diesem Gebiet hat er sich, wie unzählige andere, im Aufwand verschätzt. Die journalistische Methode der Stoffaneignung genügt auf keinen Fall. Trotzdem beginnt mit Hilty ein neues Kapitel der literarischen Bruder Klausen-Rezeption. Autoren und Lesern aus dem traditionell katholischen Milieu, die über Jahrzehnte den Diskurs beherrscht haben, klingt nun eine ungewohnte Stimme entgegen. Ein erneutes Erstaunen über den Eremiten könnte sich Ausdruck verschaffen. Der Ich-Erzähler, ein »freier« Publizist, und sein Kollege, der Doktor Kiser, lassen sich einen Sommer lang von Gesprächen über den Waldbruder im Ranft gefangenhalten. Es kommt zu überraschenden Annäherungen, auch Missverständnissen, etwa Schwester Cäcilia betreffend. Eindrucksvoller als Hiltys Erzählkunst, die modernen Prinzipien dialogisch versetzten Fabulierens folgt, nachhaltiger als seine zu kurz tretenden Aktualisierungen, wirkt der Sinn für das Halluzinatorische. Im bekenntnismässigen Schlussteil des 263 Seiten starken Romans blitzt es auf, nimmt der Leser teil an einer grossen Perspektive. Dabei wird ein Scheitern an der Aufgabe eingestanden:

»Ich spüre (und bin machtlos dagegen), wie die Geschichte von Bruder Klaus, mein Bild von Bruder Klaus sich abzulösen beginnt: nicht zu verflüchtigen, doch abzulösen von der Helle und der Dunkelheit meiner Tage; es gibt Augenblicke, da weiss ich nicht mehr, wo die Vergegenwärtigung durch Recherchen und der meditative Umgang mit den Recherchen aufhört und wo der Wachtraum, der Trip, die Halluzination beginnt. Die langen Diskurse mit Al Kiser (...) haben Bilder in mir geweckt, die überprüfbar blieben, soweit die Geschichte eben für uns Heutige überprüfbar ist, Details, in die ich mich vernarrt habe, und gleichwohl Ratlosigkeit in mir zurückgelassen. Dann die Gespräche mit dir, unser Ausflug nach Sachseln und in den Ranft: da wurde die Imagination erst zu Ende gebracht. Wollte, könnte man das auseinanderfädeln, hättest du nicht weniger Anteil an meinem Bild von Bruder Klaus als einem Bild lebbaren (und vielleicht nicht lebbaren) Lebens, doch die beginnende Ablösung ins Halluzinatorische hält das nicht auf.«[58]

Mit dem Hinweis auf die Halluzinationen, die einen ansteckenden Eindruck machen und die schon seit den Tagen von Welty von Flüe die Geschichten über den Gottesmann samt ihren Erzählern durchdringen, schliesst sich ein weiterer Kreis im biographischen Diskurs. Wie Bruder Klaus nach seinem Ableben der eigenen Gattin vorkommen mag, wie die Reformatoren und deren Gegner ihn sich vorstellen, welchen Eindruck er den Humanisten macht, den Historikern, den Dichtern, in der frommen Volksüberlieferung bei Männern und Frauen: fast immer schwebt etwas von einem Traum mit in den Worten, die man, dann und wann zögernd, dann wieder im strömenden Redefluss, über ihn macht. Das kann der Selbsterkenntnis weiterhelfen. Verhilft es auch zur Wahrheit über Bruder Klaus? Man wird nicht ohne Anmassung behaupten, sie zu kennen. Mit Grund steht zu vermuten, er sei, mehr als die Seinigen und in höherem Mass als die meisten Pilger zu seinem Grab, zu Lebzeiten ein im Leiden erhöhter Mensch gewesen. »Unbeschreiblich« habe er gelitten, unterstellt Gotthelf in seinem Kalenderbeitrag[59]. Sich diesem Unbeschreiblichen zu nähern, gehört zum Dilemma der Aufgabe.

Das letzte Wort über ihn scheint, auch in Literatur und Kunst, noch längst nicht gesprochen. Und dem Geschichtenschreiber ergeht es, im Wirbel rätselvoller Quellen, nicht besser als dem gelehrten Altvater Arsenios. Dieser hat nämlich, um seine eigenen Gedanken zu verstehen, einen ägyptischen Bauern zu Rate gezogen. Ein Mitbruder, sich darüber wundernd, fragt ihn: »Altvater Arsenios, nachdem du so grosse griechische und römische Bildung besitzest, wie kannst du da diesen Bauern über deine Gedanken befragen?« Arsenios gibt zur Antwort: »Die römische und griechische Bildung habe ich in mir, aber das Alphabet dieses Bauern habe ich noch nicht gelernt.«

Im Unterschied zu Arsenios, auch Gundelfingen und Wölfin, den ersten Biographen von Bruder Klaus, vermag uns die römische und griechische Bildung immer weniger zu orientieren. Aber das Alphabet des Bauern und Einsiedlers Bruder Klaus von Flüe zu entziffern, wird wohl noch bei künftigen Generationen eine faszinierende Aufgabe bleiben.

Anhang

ANMERKUNGEN

Einleitung
Der einsame Mann will auf den Dantz gon

1 Wagner, Adalbert: Ein Beitrag zur Bruder Klausen-Forschung, Robert Durrer zur Vollendung seines sechzigsten Lebensjahres dargeboten. Stans 1928, S. 326–338. Neudruck: EB 29/30.

2 Kreis, Georg: Was hat Bruder Klaus eigentlich gesagt?, in: Der Brückenbauer v. 26.7.1995, S. 23.

3 Arnold, Gottfrid: Historie und beschreibung der Mystischen Theologie oder geheimen Gottes Gelehrtheit wie auch der alten und neuen Mysticorum, Frankfurt 1703, S. 464.

4 Kues, Nikolaus von: Der Laie über die Weisheit, lateinisch – deutsch, Hamburg 1988, S. 9 u. ders.: Die Kunst der Vermutung, Auswahl aus den Schriften, Bremen 1957, S. 268.

5 Zimmermann, Joseph Ignaz: Nikolaus von Flüe oder die gerettete Eidgenossenschaft, in fünf Aufzügen, Luzern 1781, S. 1 (Vorrede) und in Lavaters *Loblied auf den seligen Bruder Nikolaus von Flüe*, abgedruckt im Anhang von Zimmermanns Drama zum 300. Jahrestag des Stanser Verkommnisses.

6 Küchler, Anton: Chronik von Kerns, Neuauflage 1937, S. 151, u. ders.: Geschichte von Sachseln: S. 181. Das *tantzhus zu kerns* wird in einer Gerichtsurkunde vom 26. Juni 1486 genannt, die *spilstud* bei der Kirche in Sachseln existierte nach Küchler ebenfalls schon im Mittelalter.

7 Wiessner, Edmund (Hrsg.): Heinrich Wittenwiler Ring, nach der Meininger Handschrift, Leipzig 1931, V. 6203 ff.

8 Vgl. Birkhan, Helmut: Heinrich Wittenwiler, Der Ring, übertragen und mit einer Einleitung versehen von H.B., Wien 1983, S. 197.

9 Waltheym, Hans von: Die Pilgerfahrt des H. v. W. im Jahre 1474, hrsg. von Friedrich Emil Welti, Bern 1925, S. 70.

10 Präambel des 6. Verkommnisentwurfes vom 30. November 1481 in Stans, zit. aus: Walder, Ernst: Das Stanser Verkommnis – Ein Kapitel eidgenössischer Geschichte, Stans 1994, S. 68.

11 Johannes Trithemius von Sponheim, in den Hirsauer Annalen (1506–1513), vgl. D 586.

12 Neuübersetzung des Verfassers nach der bei Durrer gegebenen lateinischen Version.

13 Durrer, Robert: Die Kunstdenkmäler des Kantons Unterwalden, S. 491 ff.

14 Vgl. Camenzind, Otto: Pfarrkirche St. Maria Magdalena Alpnach, Alpnach 1986.

15 Rüegg, Ferdinand: Hohe Gäste in Freiburg, vor dessen Beitritt zur Eidgenossenschaft, Sonder-Abdruck aus: Freiburger Geschichtsblätter XV., Freiburg/Schweiz 1908, S. 4–13.
16 Durrer, Robert: Die Einheit Unterwaldens, Stans 1910, S. 275.
17 Die Beseitigung dieses generationenlangen Irrtums über den »Rottmeister« Klaus von Flüe ist das Verdienst des Militärhistorikers Walter Schaufelberger, vgl. EB 186.
18 Huwyler, Edwin: Die Bauernhäuser der Kantone Obwalden und Nidwalden, Basel 1993, S. 510f.
19 So beim Schweizer Arzt Jacob Zwinger (1569–1610), Sohn des Basler Paracelsisten Theodor Zwinger (1533–1588) und bei Fabricius Hildanus. Vgl. Vandereycken, Walter, van Deth, Ron, Meermann, Rolf: Hungerkünstler, Fastenwunder, Magersucht, München 1990, S. 131.
20 Graf, Matthias: »Der Name Jesu sei Euer Gruss …«, Siebnen 1993, S. 30–36.
21 Handschriftlicher Bericht von Frau Martha Brogli-Delz, vermittelt von Traugott Vögeli, Wettingen.
22 Simba Kebir, persönliche Begegnung mit dem Autor.

1. Kapitel
Der schwere Teufelsanfall

1 Ein Szenario. Möglich bleiben auch die Jahre 1464, 1466, 1467.
2 Nach Hohenheim, Theophrastus von, genannt Paracelsus, Sämtliche Werke, 1. Abteilung, hrsg. v. Karl Sudhoff, Bd. 1, S. 142. Nach dem Traktat *Vom Fallend* aus den *Elf Traktat von Ursprung, Ursachen, Zeichen und Kur einzelner Krankheiten.* Vgl. auch Wäckerlin-Swiagenin, Katharina: Der »Schüpfheimer Kodex«, ein Medizinalbuch aus dem zweiten Viertel des 15. Jahrhunderts, Aarau 1976, S. 34 (26r).
3 Von Flüe, Niklaus (*1934): Wandel in der staatlichen Organisation Obwaldens unter dem Einfluss der Ideen der Aufklärung und der französischen Revolution, in: Obwaldner Geschichtsblätter 15, Sarnen 1980, S. 113.
4 Huwyler, Edwin: Die Bauernhäuser der Kantone Obwalden und Nidwalden, Basel 1993, S. 510f.
5 Liliencron, R. von: Die historischen Volkslieder der Deutschen vom 13.–16. Jh., Bd. 1, Leipzig 1865, S 383.
6 Renner, Eduard: Goldener Ring über Uri, 4. Auflage, Zürich 1991, S. 147–164.
7 Renner, Goldener Ring über Uri, S. 51.
8 Niederberger, Franz: Sagen und Gebräuche aus Unterwalden, S. 210f. Vgl. Anmerkung 6.
9 Vgl. Anmerkung 2, betr. Wäckerlin-Swiagenin.
10 Abächerli, Urs: Aspekte der Grenzproblematik unter besonderer Berück-

sichtigung der Verhältnisse im Stande Unterwalden ob dem Wald. Lizentiatsarbeit der Phil.-Hist. Fakultät der Universität Basel (Prof. G. Marchal), Manuskript, Basel 1988.

11 Studer, Otto. Beitrag zur Entlebucher Geschichte, Schicksale der Talschaft bis zum schweizerischen Bauernkrieg, S. 64f.

12 Waser, Erika: Luzerner Namenbuch 1, 2, Hitzkirch 1996, S. 889.

13 Heinrich Bullinger, Zwinglis Nachfolger, nennt einen Hauptmann »Fuckinger« (Vokinger) von Nidwalden. In einem Schreiben an Zürich vom 5. Sept. 1532 klagt Pankraz Mötteli von Bischofszell, Hauptmann Klaus Vokinger habe geprahlt, »wye er dem Zwingly die gurgel hab abgehouwen«. Ihm machte Hauptmann Andreas Anderhalden den »Ruhm« streitig. Über diesen berichtet Eichorn im Kirchenbuch Sachseln »der hat den Zwingly erschossen in der Cappelerschlacht«. Nach Robert Durrer schliessen sich beide Traditionen nicht aus, da Zwingli zuerst angeschossen und ihm erst nachher »die gurgel abgehouwen« wurde. Vgl. Durrer, Robert: Landammann Heintzli, Ein Beitrag zur intimen Geschichte Unterwaldens, Jahrb. f. Schweiz. Geschichte Bd. XXXII, Zürich 1907.

14 Bodmer, Jean-Pierre: Chroniken und Chronisten im Spätmittelalter, Bern 1976, S. 23.

15 Vgl. Marchi, Otto: Schweizer Geschichte für Ketzer, Zürich 1970.

16 Kopp, Joseph Eutych: Geschichte der eidgenössischen Bünde, 5 Bde., 1845ff.

17 Rueb, Franz: Hexenbrände in der Schweiz. Eine Schweizergeschichte des Teufelswahns, Zürich 1995, S. 237.

18 Niederberger, Hanspeter: Giswiler Sagen, Sarnen 1984, S. 16f.

19 Hugger, Paul: Schwester Delfine zu Stans, in: Aus Nidwaldens Vergangenheit, Historische Aufsätze, Stans 1980.

20 Das Weisse Buch. Die älteste Chronik, die das Werden der Eidgenossenschaft erzählt, hrsg. von Albert Züst, Zürich 1939, S. 15.

21 Vgl. Durrer, Robert: Die Kunstdenkmäler des Kantons Unterwalden, S. 22f. Ferner Meier, Pirmin: Magisch Reisen Schweiz, München 1993, S. 74f. Staatsarchiv Stans/Stammbuch Nidwalden, Auszug vom 13. Feb. 1965, Stammbaum von Pfarrer Johann Oskar Niederberger von Wolfenschiessen.

22 Durrer, Die Kunstdenkmäler des Kantons Unterwalden, S. 18ff.; Achermann, Josef: Die Korporationen von Nidwalden, Stans 1979, S. 16. Bildtafel 10.

23 Die Joderglocke auf der Brüderenalp, mit der Jahreszahl 1599, Indiz für eine ältere Tradition?

24 Troxler, Sebastian: Regelbuch der Eremiten der vier Waldstätte, Luzern 1872, S. 417. St. Joder bei Hergiswil (Willisau), jetzt mit einer neu erbauten Kapelle, ist als ehemalige Einsiedelei ein gern aufgesuchter Ort der Stille.

25 Vgl. Hohenheim, Theophrastus von, genannt Paracelsus: Sämtliche Werke, 1. Abteilung, Bd. 9, S. 328–330, Vgl. Meier, Pirmin: Paracelsus, Arzt und Prophet, 3. Auflage, Zürich 1994, S. 179.

26 Büchli, Arnold: Schweizer Legenden, Aarau, o. J., S. 165, nach J. Jegerlehner: Walliser Sagen I., Basel 1909.
27 Omlin, Ephrem: Die Landammänner des Standes Obwalden und ihre Wappen, Sarnen 1966, S. 11–101.
28 Durrer, Robert: Das Testament des Obwaldner Landammanns Nikolaus von Rüdli des jüngern vom Jahre 1442, Separatdruck aus: Der Geschichtsfreund Bd. 85, Stans 1930.
29 Liebenau, Theodor von: Der Hochverratsprozess des Peter Amstalden, in: Geschichtsfreund 37 (1882), S. 85–192.
30 Amiet, J.J.: Thomas von Falkenstein als Vater von 40 Kindern, in: Anzeiger für Schweizerische Geschichte, Neue Folge, Bd. 1 (1870), S. 46.
31 Vgl. Kap. 16, DOROTHE UND DIE FAHNE DES SIEGES.
32 Kiem, Martin: Die Entwicklungsgeschichte und die Landammänner von Unterwalden ob dem Wald, in: Der Geschichtsfreund Bd. 28, 1873, S. 241.
33 Durrer, Robert: Sachseln in alter Zeit. Bruderklausenkalender 1916 (Sarnen), S. 25–28.
34 Ming, Johann: Der selige Bruder Nikolaus von Flüe, sein Leben und Wirken aus den Quellen bearbeitet, Bd. 1, S. 395.
35 Vgl. Ming, Bd. 1, S. 394; Durrer, Die Kunstdenkmäler von Unterwalden, S. 632, ferner ders.: Anzeiger für schweiz Altertumskunde 1892, S. 21f., Tafel 6.
36 Vgl. Anmerkung 29.
37 Omlin: Die Landammänner des Standes Obwalden, S. 69f. Zum Beispiel Hans von Waltheym (D 61) und Heinrich von Gundelfingen (D 428).
38 Das Gerücht wird schon von Waltheym 1474 verbreitet (D 61).
39 Vokinger, Konstantin: Bruder Klaus, 3. Auflage, Zürich 1974, S. 39.
40 Schaufelberger, Walter: Altschweizerisches und altbernisches Kriegsvolk, wie es nicht im Geschichtsbuch steht, Sep. aus. d. Archiv des Historischen Vereins Bern, 1962.
41 Flüeler, Brigitt: Bruder Konrad Scheuber, Sein Leben im Spiegel der Biographien, Der Geschichtsfreund 136, Stans 1983.
42 Wymann, E.: Ritter Melchior Lussy, ein Lebensbild, Stans 1906, S. 62.
43 Gröbli, Roland: Die Sehnsucht nach dem »einig Wesen«, Zürich 1990.

2. KAPITEL
DER PFARRER WIRD VERHAFTET

1 Kuhn, Elmar L. (Hrsg.): Die Bischöfe von Konstanz, Bd. 1, Friedrichshafen 1988, S. 22 u. d. Beitrag von Kramml Peter F.: Heinrich IV. von Hewen, S. 384ff.
2 Wehrli, Max: Geschichte der Deutschen Literatur, Bd. 1, Stuttgart 1980, S. 435.
3 Omlin, Die Landammänner d. Standes Obwalden, S. 24f.
4 Journet, Charles: Der heilige Nikolaus von Flüe, 2. Aufl., Freiburg/Schweiz

1990, S. 22. Dass Helbig und Hans Burkhard wegen der Nichteinhaltung des Zölibats boykottiert wurden, lässt sich aus keiner Quelle erhärten.

5 Durrer, Robert: Sachseln in alter Zeit. Bruderklausen-Kalender, Sarnen 1916, S. 25–28.

6 Küchler, Geschichte von Sachseln, S. 7f.

7 Harmening, Dieter: Der Anfang von Dracula, Würzburg 1983.

8 Küchler, Geschichte von Sachseln, S. 8f.

9 Der Geschichtsfreund, Bd. 30 (1875), S. 263, vgl. D 10.

10 Durrer, Kunstdenkmäler, S. 23.

11 Niederberger, Franz: Die Entwicklung der Gerichtsverfassung von Obwalden, Obwaldner Geschichtsblätter 1, Zürich 1901, S. 27ff.

12 Niederberger, Hanspeter: Giswiler Sagen, S. 16ff.

13 Vgl. Kap. 14, FRIED IST ALLWEG IN GOTT. Der Rechtsweg ist für den Eremiten im Vergleich zur gütlichen Einigung »das Böseste«.

14 Der Geschichtsfreund, Bd. 30, S. 263.

15 Gröbli, Roland: Die Sehnsucht nach dem »einig Wesen«, S. 118: »Die Prozesse und Anstrengungen, die missliebigen Priester wieder loszuwerden, müssen deshalb vor allem unter dem politischen Aspekt betrachtet werden. Eine einseitige Schuldzuweisung an den Priester ist nicht gerechtfertigt.«

16 Der Geschichtsfreund, Bd. 30, S. 264. Der Verfasser dankt dem Staatsarchiv Obwalden (A. Garovi u. W. Studach) für die Erstellung der Kopie.

17 Tauler, Johannes: Predigten, 2 Bde., übertr. und hrsg. v. Georg Hofmann, Einführung von Alois M. Haas, Einsiedeln 1987. S. 305. Ausgabe Vetter, Predigt 39.

18 Küchler, Geschichte von Sachseln, S. 9f.

19 Wirz, August: Das Rathaus des Standes Obwalden, Sarnen 1979, S. 7.

20 Küchler, Geschichte von Sachseln, S. 10.

21 Federer, Heinrich: Niklaus von Flüe, Luzern/Stuttgart 1986, S. 31.

22 Schweiz. Archiv für Volkskunde, 8 (1904), S. 143.

23 Liebenau, Theodor von: Das Gasthof- und Wirthshauswesen der Schweiz in älterer Zeit, Zürich 1891, S. 136.

24 Liebenau, a.a.O.

25 Liebenau, S. 137, vgl. Wittenwiler, Heinrich: Der Ring, hrsg. v. E. Wiessner, V. 5994f.

26 Amschwand, Rupert: Sankt Niklausen (Führer), München u. Zürich 1973, S. 9.

27 Durrer: Die Kunstdenkmäler des Kantons Unterwalden, S. 380f.; Amschwand, Sankt Niklausen, S. 3.

28 Durrer, Kunstdenkmäler, S. 383.

29 Durrer, a.a.O., S. 384.

30 Hohenheim, Theophrast von, gen. Paracelsus: Sämtliche Werke 2. Abt., Theologische und Religionsphilosophische Schriften, Bd. 3, Stuttgart 1986, S. 51.

31 Durrer, Kunstdenkmäler S. 390.

32 Müller, Hugo: Obwaldner Namenbuch, Sarnen 1952. Ders.: Obwaldner Flurnamen Sarnen 1938/39, S. 168.
33 Pieper, Josef: Das Viergespann, Klugheit – Gerechtigkeit – Tapferkeit – Mass, Freiburg 1964, S. 29.
34 Vgl. Kap. 14, FRIED IST ALLWEGEN IN GOTT.
35 Garovi, Angelo: Universitas hominum de Stannes et vallis superioris, Bemerkungen zu den frühen Benennungen des Landes Unterwalden, in: Obwaldner Geschichtsblätter 15, Sarnen 1980, S. 9ff.
36 Achermann, Hansjakob: Buochs, Stans 1994, S. 17.
37 Suter, Beat: Arnold Winkelried, der Heros von Sempach, Die Ruhmesgeschichte eines Nationalhelden, Stans 1977, S. 28.
38 A.a.O., S. 29.
39 A.a.O., S. 35ff.
40 Achermann, Josef: Die Korporationen von Nidwalden, Stans 1979, S. 137.
41 Rogger, Daniel: Obwaldner Landwirtschaft im Spätmittelalter, Sarnen 1989.
42 Meier, Pirmin: Memorial Muri, Muri 1991, S. 30.
43 Vgl. EB 313, D XVIII–XX; D 466, Anmerkung 17. Für Rupert Amschwand ist dem Kernser Pfarrer Oswald Isner als geistlichem Vertrauensmann von Bruder Klaus der Vorzug zu geben.
44 Wyrsch, Jakob: Das Volk von Unterwalden, Sonderabdruck a.d. Schweiz. Archiv für Volkskunde (1946), Stans 1980, S. 5.
45 Federer, Niklaus von Flüe, S. 86.
46 Durrer, Robert: Die Einheit Unterwaldens, S. 274–280.
47 Wyrsch, Das Volk von Unterwalden, S. 10.
48 Amschwand, Rupert: Kerns, Gemälde einer Gemeinde, Kerns 1976, S. 21.
49 Schweizer, Christian: Orgeln in der Region Nidwalden und Engelberg vom 13. Jahrhundert bis zur Gegenwart, Luzern 1983, S. 12.
50 A.a.O., S. 11.
51 Jakob, Friedrich: Die Orgel als Kriegsbeute, Neujahrsblatt der Orgelbau Th. Kuhn AG in Männedorf, Winterthur 1971, S. 18.
52 Federer, Niklaus von Flüe, S. 35.
53 Gröbli, Die Sehnsucht nach dem »einig Wesen«, S. 142.

3. KAPITEL
DAS GEWALTSAME FRÜHSTÜCK VON RAGAZ

1 Hoffmann-Krayer, E.: Knabenschaften und Volksjustiz in der Schweiz, Separatabdruck aus Schweiz. Archiv für Volkskunde (VIII), Zürich 1904, S. 11ff.
2 Gessler, E.A.: Die Harschhörner der Innerschweizer, in: Anzeiger für Schweizerische Altertumskunde, NF Bd. 27. Zürich 1925, S. 33; Vgl. Durrer, Kunstdenkmäler, S. 588.

3 Wackernagel, Hans Georg: Kriegsbräuche in der alten Eidgenossenschaft, Basel 1934, S. 17. Schaufelberger, Walter: Der Alte Schweizer und sein Krieg, Zürich 1957, S. 42ff. Ders.: Marignano, Strukturelle Grenzen eidgenössischer Militärmacht zwischen Mittelalter und Neuzeit, Frauenfeld 1993, S. 60–74; Häne, Johannes: Militärisches zum Alten Zürichkrieg, Zur Entwicklungsgeschichte der Infanterie, Zürich 1928, S. 148ff.

4 Liliencron, R. von: Die historischen Volkslieder der Deutschen vom 13. bis 16. Jahrhundert, Leipzig 1865, Bd. 1, S. 399.

5 Staatsarchiv Luzern, U. 247/3391, in: Anz.f. schweiz. Geschichte 2 (1875), S. 164, Herausgeber der Quelle: Theodor von Liebenau.

6 Liliencron, Bd. 1, a.a.O., S. 400.

7 Alle Belege bei: Gessler, E.A.: Die Harschhörner der Innerschweizer, S. 27ff.

8 Liliencron, Bd. 3, S. 163. Vgl. Durrer: Die Einheit Unterwaldens, S. 156.

9 Vgl. Einleitung: der einsame mann will auf den dantz gon, Anmerkung 6.

10 Koch, Richard, u. Rosenstock, Eugen: Paracelsus, Krankheit und Glaube, Stuttgart 1923, S. 42ff. Meier, Pirmin: Paracelsus, Arzt und Prophet, S. 164ff.

11 Meier, Pirmin: Paracelsus, Arzt und Prophet, S. 174f.

12 Schaufelberger, Walter: Der alte Schweizer und sein Krieg, Zürich 1957, S. 144. Ders.: Kappel – die Hintergründe einer militärischen Katastrophe. Schweiz. Archiv f. Volkskunde, Bd. 51, s. 34–61.

13 Meyer, Werner: Ereignis – Mythos – Deutung, 1444–1494, St. Jakob an der Birs, S. 9–58; Schib Stirnimann Monika: Der St. Jakoberkrieg – Basels Auseinandersetzung mit dem österreichischen Adel u. weitere Aufsätze, Basel 1994.

14 Lienert, Meinrad: Schweizer Sagen und Heldengeschichten, Aarau 1974, S. 150f.

15 Schaufelberger, Der Alte Schweizer und sein Krieg, S. 141.

16 Segesser, Agnes von: Bruder Klaus von Flüe, Eidgenosse, Asket, Mystiker, 2. Auflage, Luzern 1941, S. 51ff. und S. 238f.

17 Brief von P. Emmanuel Scherer an Robert Durrer v. 22. Dez. 1925, EB 187.

18 Von P. Rupert Amschwand sehr zurückhaltend referiert in EB 187.

19 Wackernagel, H.G.: Altes Volkstum in der Schweiz, Basel 1956, S. 283–317; Schaufelberger, Der alte Schweizer und sein Krieg, S. 54ff.

20 Walder, Ernst: Das Stanser Verkommnis, S. 105ff.; Hoffmann-Krayer, E.: Knabenschaften, S. 11.

21 Simler, Josias: Von dem Regiment d. loblichen Eydgenossenschaft, Zürich 1792.

22 Vgl. Anmerkung 16.

23 Müller, Kuno: Ludwig von Flüe le Bastillien, in: Obwaldner Geschichtsblätter, Bd. 12, Sarnen 1974, S. 125–139.

24 Segesser, Agnes von: Bruder Klaus von Flüe, S. 52.

25 Wirz, Hans Georg: Nikolaus von Flüe in St. Katharinental, in: Innerschweizerisches Jahrbuch für Heimatkunde, Luzern 1960, S. 215–224.

26 Durrer, Die Einheit Unterwaldens, S. 213.

27 Reimchronik des Appenzellerkrieges, St. Gallen 1825, Zit. nach: Sennhauser, Albert: Hauptmann und Führung im Schweizerkrieg des Mittelalters, Zürich 1965, S. 5.
28 Häne, Johannes: Militärisches aus dem Alten Zürichkrieg, S. 159.
29 Vgl. Anmerkung 16.
30 Keller, Gottfried: Das Fähnlein der sieben Aufrechten, Suttgart 1980.
31 Fründ, Hans: Die Chronik des H.F., Landschreiber zu Schwyz, hrsg. v. Christian Immanuel Kind, Chur 1875, S. 14, S. 31, S. 34.
32 Hohenheim, Theophrastus von, gen. Paracelsus: Sämtliche Werke, Bd. 10, S. 194.
33 Die Klingenberger Chronik, hrsg. v. Anton Henne, Gotha 1861, S. 223f
34 Fründ, a.a.O., S. 25.
35 Vgl. Anmerkung 19.
36 Fründ, a.a.O., S. 26.
37 Häne, Johannes: Militärisches aus dem Alten Zürichkrieg, S. 91. »Hie Oesterrich, retta Brandenburg!« Der Markgraf Albrecht von Brandenburg-Ansbach, Burggraf von Nürnberg, hat den Absagebrief an die Eidgenossen mitunterzeichnet. Insofern ist die Teilnahme von Innerschweizern beim Feldzug von 1449 im psychologischen Zusammenhang mit dem Zürichkrieg zu sehen.
38 Federer, Heinrich: Niklaus von Flüe, S. 44f.
39 Dutli-Rutishauser, Maria: Der Hüter des Vaterlandes, 13. Auflage (!) 1975, S. 106ff.
40 Fründ, a.a.O., S. 130 u. S. 134.
41 Fischer, R. von: Schweizer Kriegsgeschichte, Heft 2, Bern 1935, S. 760f.
42 Häne, Johannes: Militärisches aus dem Alten Zürichkrieg, S. 49.
43 Fründ, a.a.O., S. 136.
44 Oechsli, Wilhelm: Quellenbuch zur Schweizer Geschichte, Zürich 1886, S. 129f.
45 Oechsli, a.a.O., S. 130.
46 Fründ, a.a.O., S. 136.
47 Hinweis v. Jürg Junker, Beromünster u. Hans Roth, Olten.
48 Fründ, a.a.O., S. 137; Übersetzung bei Oechsli, vgl. Anmerkung 45.
49 Omlin, Die Landammänner des Standes Obwalden und ihre Wappen, S. 92.
50 Schaufelberger, Der alte Schweizer und sein Krieg, S. 173.
51 Schweizer, Christian: Orgeln der Region Nidwalden und Engelberg vom 13. Jahrhundert bis zur Gegenwart, Luzern 1983, S. 12f.
52 Vögelin, F.S.: Das Kloster Rüti, Mitteilungen der Antiquarischen Gesellschaft Zürich, Bd. 14, Zürich 1862.
53 Federer, Heinrich: Niklaus von Flüe, S. 45.
54 Fründ, a.a.O., S. 191.
55 Oechsli, Wilhelm: Quellenbuch zur Schweizer Geschichte, S. 138.
56 Die Schweizer Bilderchronik des Luzerner Diebold Schilling, Folio 80r.
57 Fründ, a.a.O., S. 191, vgl. die Illustrationen in der Chronik von Tschachtlan.

58 Jünger, Ernst: Strahlungen, Das zweite Pariser Tagebuch, München 1955, S. 37f.
59 Fründ, a.a.O., S. 190–192.
60 Amschwand, Rupert: Das »Bätti« des heiligen Bruder Klaus, in: Obwaldner Geschichtsblätter 15 (1980), S 35ff.
61 Fründ, a.a.O., S. 229; Oechsli, Quellenbuch, S. 149.
62 Amschwand, Rupert: Kerns, Gemälde einer Gemeinde, Kerns 1976, S. 29.
63 Vgl. die Gedenktafel in der Kirche St. Georgen in Berschis mit den Namen von 24 Waldschwestern.
64 Rothenhäusler, E.: Festschrift zum 500-Jahrestag der Schlacht bei Ragaz 1446–1946, Bad Ragaz 1946, S. 3ff.
65 Senti, Alois, Sagen aus dem Sarganserland, S. 68, S. 117, S. 204.
66 Fischer, R. von: Schweizer Kriegsgeschichte, Bd. 3, S. 76f.
67 Rothenhäusler, E.: Festschrift, S. 11f.
68 Tschachtlan, Bendicht: Berner Chronik, S. 400.
69 Vgl. Anmerkung 5.
70 Rothenhäusler, E.: Festschrift, S. 8f.
71 Anzeiger für schweizerische Geschichte, Bd. 8, S. 199.
72 Senti, Alois: Gebete aus dem Sarganserland, Mels 1983, S. 137.

4. Kapitel
Und hättest du Möttelis Gut

1 Franz, Marie-Louise von: Die Visionen des Niklaus von Flüe, 2. Aufl., Zürich 1980, S. 16ff.: Gröbli, Roland: Die Sehnsucht nach dem »einig Wesen«, S. 235.
2 Durrer, Die Kunstdenkmäler des Kantons Unterwalden, S. 349.
3 Durrer, Die Einheit Unterwaldens, S. 41f., »ze Wiserlen auf dem acher«.
4 Liebenau, Theodor von: Kaspar Kollers Streithandel mit Herzog Sigmund von Österreich, Kath. Schweizer-Blätter XI. u. XII. Jahrg., Luzern 1869, S. 2.
5 Durrer, Robert: Die Familie vom Rappenstein genannt Mötteli und ihre Beziehungen zur Schweiz, Einsiedeln u. Stans 1894, S. 195f. Die brillant geschriebene Dissertation Durrers, begutachtet von G. Meyer von Knonau, ist nebst seinen Standardwerken über die Quellen zu Bruder Klaus sowie die Kunstdenkmäler von Unterwalden ein Geschichtswerk von kaum überbietbarem Wert, in Verbindung von kulturhistorischen und wirtschaftsgeschichtlichen Gesichtspunkten seiner Zeit weit voraus. Für die Biographie von Klaus von Flüe wurde dieses vergessene Frühwerk Durrers bisher wenig ausgewertet.
6 Peyer, Hans Conrad: Leinwandgewerbe und Fernhandel der Stadt St. Gallen von den Anfängen bis 1529, St. Gallen 1959/60. Vgl. hier das Stichwort Mötteli.
7 Durrer, Die Familie vom Rappenstein, S. 7ff.
8 Liebenau, Kaspar Kollers Streithandel, S. 3ff.
9 Durrer, a.a.O., S. 40.

10 Wintersulger, Lienhard: Überlinger Chronik, in: Ruppert, Philipp: Konstanzer Beiträge 1888, S. 108f. (Hinweis von Guntram Brummer, Überlingen). Vgl. Durrer, Die Familie vom Rappenstein, S. 265.

11 Durrer, Die Familie v. Rappenstein, S. 41.

12 Durrer, a.a.O., S. 30.

13 Suter-Schmid, Dora: Koller-, Mötteli- und Amstaldenhandel. Ein Beitrag zur Politik Unterwaldens in der 2. Hälfte des 15. Jahrhunderts, Diss. Zürich (Marcel Beck) 1974, S. 52, dort weitere Literaturangaben zum Ausburgerwesen.

14 Gröbli, Die Sehnsucht nach dem »einig Wesen«, S. 32. Gröblis Referat zur Quellenkritik ist im Ansatz musterhaft, ein wichtiger Beitrag zur Bruder Klaus-Forschung.

15 Liebenau, Kaspar Kollers Streithandel, S. 50.

16 Stadler-Planzer, Hans: Geschichte des Landes Uri, Schattdorf 1993, S. 82.

17 Goethe, Johann Wolfgang: Gedenkausgabe der Werke, Briefe und Gespräche, Zürich u. Stuttgart 1948ff., Bd. 19, S. 613 (Brief an K.F. Reinhard v. 22.7.1810).

18 Durrer, Robert: Landammann Heintzli, Ein Eintrag zur intimen Geschichte Unterwaldens, Zürich 1907, S. 294. (Sep. Abdruck aus dem Jahrbuch für schweiz. Geschichte Bd. 32).

19 Durrer, Die Einheit Unterwaldens, S. 276.

20 Durrer, Das Testament des Obwaldner Landammanns Nikolaus von Rüdli des Jüngeren vom Jahre 1442, Separatdruck aus Der Geschichtsfreund Bd. 85, Stans 1930.

21 Vgl. Kap. 3, DAS GEWALTSAME FRÜHSTÜCK VON RAGAZ.

22 Walder, Ernst: Das Stanser Verkommnis, S. 15f.

23 Durrer, Die Einheit Unterwaldens, S. 277.

24 Federer, Nikolaus von Flüe, S. 36; Durrer, Die Familie vom Rappenstein, S. 116.

25 Durrer, Die Familie vom Rappenstein, S. 37f; Suter-Schmid; Koller-, Mötteli- u. Amstaldenhandel, S. 47.

26 Durrer, a.a.O., S. 37–40.

27 Durrer, a.a.O., S. 46–48.

28 Vgl. Anmerkung 10.

29 Durrer, Die Familie vom Rappenstein, S. 195–199.

30 Gesner, Conrad: Vollkommenes Vogel-Buch, Frankfurt 1569, Neudruck Hannover 1981, Bd. 2, S. 24.

31 Der Verfasser dankt der Ornithologin Carola Istel für die kollegiale Unterstützung.

32 Durrer, Die Familie vom Rappenstein, S. 195ff.

33 Vgl. D. 464, u. Die Familie vom Rappenstein, S. 49. Zur Zeit, da Erny an der Halten Landvogt im Thurgau war, lebte R. Mettele in Bürglen und später in Stein am Rhein.

34 Durrer, Die Familie vom Rappenslein, S. 195ff.

35 Vgl. Anmerkung 32.
36 Vgl. Anmerkung 32.
37 Durrer, Die Familie vom Rappenstein, S. 28.
38 Durrer, Die Einheit Unterwaldens, S. 275.
39 Suter-Schmid, Koller-, Mötteli- und Amstaldenhandel, S. 12.
40 Durrer, Die Einheit Unterwaldens, S. 276.
41 Durrer, Die Einheit Unterwaldens, S. 279.
42 Hohenheim, Theophrast von, gen. Paracelsus: Sämtliche Werke, hrsg, v. Karl Sudhoff, 1. Abt., Bd. 5, S. 328. Mit Buchstabenzauber heilt eine gewisse Lena (Magdalena) die »läme der gemecht«, gemeint ist die Gesamtheit von Penis und Hoden.
43 Amschwand, Rupert: Kerns, Gemälde einer Gemeinde, S. 18. Durrer, Die Kunstdenkmäler des Kantons Unterwalden, S. 1073ff.
44 Vgl. Kap. 8, der Gottesfreund aus dem Oberland.
45 Durrer, Die Familie vom Rappenstein, S. 121.
46 Durrer, a.a.O., S. 260.
47 Suter-Schmid: Koller-Mötteli- und Amstaldenhandel, S. 43.
48 Durrer, Die Familie vom Rappenstein, S. 106f.
49 Wirz, Hans Georg: Nikolaus von Flüe in Katharinental, in Innerschweiz. Jahrb. f. Heimatkunde, Bd. 20, Luzern 1960, S. 221.
50 Wirz, Nikolaus von Flüe in Katharinental, S. 217.

5. Kapitel
Die Arbeit der Nacht

1 Meier, Paracelsus, Arzt und Prophet, S. 170.
2 Diethelm, Caspar: Die Hexenprozesse in Obwalden, Sarnen 1925, S. 6ff.
3 Diethelm, Die Hexenprozesse in Obwalden, S. 13.
4 Diethelm, a.a.O., S. 26.
5 Niederberger, Franz: Die Entwicklung der Gerichtsverfassung in Obwalden, in: Obw. Geschichtsblätter Bd. 1 (1901), S. 41f.
6 Eberli, Josef (Hrsg.): Dorothea-Hearing, Dokumentation einer Tagung vom 8./9. Okt. 1995, Sachseln 1996.
7 Schneider, Reinhold: Verhüllter Tag, Köln u. Olten 1954, S. 151.
8 Glauser, Fritz: Witenbach (Heilig-Kreuz), in: Helvetica Sacra, IX, 2, Basel 1995, s. 508–517. Jann, Adelhelm: Heilig Kreuz im Entlebuch 1344–1944, Seit der Bestätigungsurkunde durch Herzog Friedrich II. von Österreich am 15. Oktober 1344, Schüpfheim 1944, S. 37. Gattin Verena war Tochter des Ritters Peter Senn von Münsingen/Bern. Vgl. a.a.O. S. 120f.; Haeberle, Alfred: Die mittelalterliche Blütezeit des Cistercienserklosters St. Urban 1250–1375, Luzern 1846, S. 114–122. Johann von Aarwangen war Inhaber des Reichszolls von Solothurn, 1433 Land-

vogt im Aargau, 1334 hatte er im königlichen Auftrag die habsburgischen Rechte in Schwyz und Unterwalden festzustellen. 1339 Landvogt auf der Feste Rothenburg. Dank seinem Reichtum hatte er Guthaben bei Herzog Otto von Österreich, Kaiser Ludwig dem Bayern und bei König Philipp V. von Frankreich. 1341 nahm er in St. Urban das Ordenskleid, was den »Abschied von der treubesorgten Gattin« (Haeberle) bedeutete. Für den Lebensunterhalt von Verena Senn aus Münsingen hatte Johann von Aarwangen durch die Errichtung zweier Testamente gesorgt. Durch Stiftung eines Seelgerätes gedachte er ausserdem des Seelenheils seiner Gattin. Nach Geschichtsfreund, Bd. 11, S. 79 spricht einiges für die Annahme, Verena habe sich ins Kloster Königsfelden zurückgezogen, wo sie über ein Pfrundrecht verfügt hat. Nach dem Tode ihres Gatten »gedachte Verena von Aarwangen durch Zuwendung einer grosszügigen Vergabung auch der Eremitenniederlassung zu Witenbach, der Stiftung ihres Gatten«, Häberle, a.a.O., S. 116. Die Tochter des Eremiten und seiner frommen Gemahlin, Elisabeth, heiratete den späteren Schultheissen von Bern, Philipp von Kien.

9 Grass, Nikolaus: Cusanus-Gedächtnisschrift, Innsbruck-München 1970, S. 339–429, u.a. »Johannes Frankfurter und die Waldbrüderstatuten des Nikolaus von Kues« v. Hermann Hallauer.

10 Vgl. Kap. 8, DER GOTTESFREUND AUS DEM OBERLAND.

11 Kern, Leo M.: Die Ida von Toggenburg-Legende, in: Thurgauische Beiträge zur vaterländischen Geschichte 64/65, Frauenfeld 1928, S. 1–136

12 Honegger, Arthur: Nicolas de Flue, Légende dramatique de Denis de Rougemont, Solothurn 1981, S. 12–14; Huber Werner T.: Dorothea, Die Ehefrau des hl. Niklaus von Flüe, Freiburg/Schweiz 1995, S. 169.

13 Huber, Werner T.: Gutachten zur Angelegenheit »Dorothea« zu Handen S.E. Bischof Wolfgang Haas, Chur, Baar/Zug v. 13. März 1995. Huber spricht von einem »heroischen Tugendakt« von Dorothea, von ihrem »mitentscheidenden Anteil an der notwendigen Fürbitte, auf die hin Gott die Wunder vollbrachte«, vergleicht das Opfer der Ehefrau, wie auch das von Bruder Klaus, »mit dem Glaubensgehorsam des Patriarchen Abraham, der so weit ging, … das Liebste zu opfern«. Zur historischen Vertiefung, vgl. oben Anmerkung, 8 sowie unsere Darstellung der Gottesfreundebewegung und der Lebensgeschichte des Eremiten Bruder Konrad Scheuber und seiner Gattin Margrit Roth, Kap. 18.

14 Vgl. Anmerkung 12.

15 Müller, Hugo: Obwaldner Namenbuch, Sarnen 1952, S. 34.

16 Müller, Hugo: Bruder Klaus, Leben und Bedeutung für die Gegenwart, Sarnen 1937, S. 27.

17 Chlister ist eine Alp, wo Grasflächen von Felsbändern eingehegt sind. Der Name kommt aus dem Romanischen *clustrum, eingehegtes Stück Land. In Obwaldner Mundart Chlyster, vgl. Müller, Hugo, a.a.O. S. 26.

18 Tauler, Johannes: Predigten, Vollständige Ausgabe, hrsg. u. übertr. v. Georg Hofmann, Einführung v. Alois M. Haas, Einsiedeln 1987, S. 611f.

19 Vgl. Kap. 10, AUS DEM SELIGEN LEBEN DER SCHWESTERN VON TÖSS.
20 Vgl. Anmerkung 18.
21 Vgl. Anmerkung 19.
22 Ritscher, Alfred: Literatur und Politik im Umkreis der Habsburger, Frankfurt – Bern – New York 1992, S. 49.
23 Stagel, Elsbet: Das Leben der Schwestern zu Töss, übertr. v. Carl Günther, Zürich – Leipzig 1923, S. 62.
24 Wäckerlin-Swiagenin, Katharina: Der »Schüpfheimer Codex«, ein Medizinalbuch aus dem zweiten Viertel des 15. Jahrhunderts, Aarau 1976, S. 55.
25 Vgl. »Das Glöcklein der Passion«, eine Einsiedler Handschrift. Hinweis v. Louise Gnädinger.
26 Arend, Jan van den (Hrsg.): Geschichte und Tröstungen der seligen Angela von Foligno, Mainz 1924.
27 Vgl. Anmerkung 23.
28 Mieth, Dietmar: Die Einheit von vita activa und vita contemplativa in den deutschen Predigten und Traktaten Meister Eckharts und bei Johannes Tauler. Studien zur Geschichte der kath. Moraltheologie, Regensburg 1969.
29 Weber, Max: Die protestantische Ethik und der Geist des Kapitalismus, Frankfurt 1919.
30 Stagel, Elsbet: Das Leben der Schwestern zu Töss, übertr. v. Carl Günther, S. 64.
31 Schneider, Reinhold: Lektüre für Minuten, hrsg. v. Pirmin Meier, Frankfurt 1980, S. 35.
32 Hinweis v. Dr. Louise Gnädiger.
33 Gnädinger, Louise: Johannes Tauler, Lebenswelt und mystische Lehre, München 1993, S. 165.
34 Gnädinger, a.a.O., S. 166
35 Gnädinger, a.a.O., S. 280.
36 Zum Teil neu übersetzt nach: Sartory, Gertrude u. Thomas (Hrsg.), Nikolaus von Flüe, Erleuchtete Nacht, Freiburg – Basel – Wien 1981, S. 89f.
37 Knoepfli, Albert: Die Valeria und ihre Orgel von 1435, in: Jakob, Friedrich (Hrsg.): Die Valeria-Orgel. Ein gotisches Werk in der Burgkirche zu Sitten/Sion, Zürich 1993, S. 27ff., Vgl. ferner das Glossar S. 267f.
38 Persönliche Mitteilung am 21.10.1995 in Biel.
39 Vgl. Bildteil, Tafel 8.
40 Franz, Marie-Louise von: Die Visionen des Niklaus von Flüe, Zürich 1980.
41 Schneider, Reinhold: Der heilige Nikolaus von Flüe, in: Herrscher und Heilige, Köln u. Olten 1953, S. 217f.
42 Weber, P. X.: Der Pilatus und seine Geschichte, Luzern 1913, S. 22ff.
43 Ming, Johann: Der selige Bruder Nikolaus von Flüe, Bd. 1, Luzern 1861, S. 33.
44 Hohenheim, Theophrastus von, gen. Paracelsus: Sozialethische und sozialpolitische Schriften, hrsg. von Kurt Goldammer, Tübingen 1952, S. 130.

45 Heraklit, Fragmente, Griechisch-Deutsch, hrsg. v. Bruno Snell, München 1965, S. 21 u. 25.

46 Franz, Marie-Louise von: Archetypische Dimensionen der Seele, Einsiedeln 1994, S. 48–72 (»Der verwandelte Berserker«).

47 Gröbli, Die Sehnsucht nach dem »einig Wesen«, S. 183.

48 Diethelm, Anna Margaretha: Durch sin selbs unerstorben vichlichkeit hin zuo grosser loblichen heilikeit. Körperlichkeit in der Vita Heinrich Seuses, Bern – Frankfurt – New York 1988.

49 Botheroyd, Sylvia u. Paul: Lexikon d. keltischen Mythologie, München 1992, S. 104.

50 Wirz, August: Der Betruf in den Obwaldner Alpen, in: Obwaldner Heimatbuch, Basel/Engelberg 1953, S. 234–242. Wertvolle Hinweise verdanke ich Hanspeter Niederberger. Vgl. Meier, Magisch Reisen Schweiz, München 1993, S. 180ff.

51 Oetinger, Friedrich Christoph: Biblisches Wörterbuch (1849), zit. bei Walter Nigg, Heimliche Weisheit, Zürich u. München 1987, S. 337.

6. Kapitel
Er will ein Pilger werden

1 Hohenheim, Theophrast von, gen. Paracelsus: Sämtliche Werke, 1. Abt., Bd. 9. S. 260f.

2 Meier, Paracelsus, Arzt und Prophet, S. 171ff.

3 Meier, Paracelsus, a.a.O., s. 169.

4 Brief an den Autor v. 24.3.1987. Vgl. Kap. 11.

5 Paracelsus, Sämtliche Werke, 1. Abt. Bd. 9, S. 284.

6 Golowin, Sergius: Lustige Eidgenossen. Aus der phantastischen Geschichte der freien Schweiz, Zürich 1972, S. 140f.

7 Hinweis von Louise Gnädinger.

8 Kafka, Franz: Der Aufbruch, in: Sämtliche Erzählungen, Frankfurt 1980, S. 321.

9 Der Gallustag gilt volksbräuchlich als der Termin, vor dem bei den Bauern nicht geschlachtet werden darf. Dies darf jedoch für die Innerschweiz nicht als sicher gelten, Liebenau gibt z.B. den Bartholomäustag (24. Aug.) als frühesten Schlachttermin an, vgl. Das alte Luzern, S. 232.

10 Gröbli, Die Sehnsucht nach dem »einig Wesen«, S. 130.

11 Durrer, Robert: Sachseln in alter Zeit, Bruderklausen-Kalender 1916, S. 25.

12 Bächtold-Staubli, Hanns: Handwörterbuch des deutschen Aberglaubens, Bd. 3, S. 279f.

13 Hohenheim, Theophrastus von, gen. Paracelsus: Sämtliche Werke, 2. Abteilung, Bd. 1, hrsg. v. W. Matthiessen, München 1923, S. 82.

14 Meier, Paracelsus, Arzt und Prophet, S. 54.
15 Bütler, Josef: Das Wunder von Ettiswil, Ettiswil 1947, S. 13ff.
16 Zihlmann, Josef: Volkserzählungen und Bräuche, Handbuch luzernischer Volkskunde, Hitzkirch 1989, S. 167.
17 Liebenau, Theodor von: Das Gasthof- und Wirtshauswesen der Schweiz in älterer Zeit, Zürich 1891, S. 126, Vgl. Meier, Paracelsus, Arzt und Prophet, S. 20.
18 Der Geschichtsfreund, Bd. 3(1846), S. 97.
19 Liebenau, Theodor von: Das alte Luzern, Neudruck, hrsg. v. Kuno Müller, Luzern 1937, S. 80f.
20 Liliencron, R. von: Die historischen Volkslieder der Deutschen vom 13. bis 16. Jahrhundert, Leipzig 1865, Bd. 1, S. 553.
21 Pfluger, Elisabeth: Solothurner Geistersagen, Solothurn 1986, Nr. 37, S. 51.
22 Pfluger, Solothurner Geistersagen, a.a.O.
23 Suter, Paul; Strübin, Eduard: Baselbieter Sagen, Liestal 1976, Nr. 344, S. 145.
24 Hinweis von Lothar Kaiser, aufgewachsen in Lausen.
25 Suter/Strübin, Baselbieter Sagen, Nr. 422, S. 177.
26 Historisch-Biographisches Lexikon der Schweiz, Neuenburg 1927, Bd. 4, S. 376
27 Heyer, H.R.: Die Kirche von Lausen, Schweiz. Kunstführer 1974, S. 2–11.
28 Klaus, Fritz: Heimatkunde von Liestal, Liestal 1970, S. 48.
29 Schiller, Friedrich: Wallensteins Lager, 8. Auftritt, V. 24f.
30 Bächtold-Staubli, Handwörterbuch des deutschen Aberglaubens, Bd. 1, S. 58.
31 Klaus, Heimatkunde v. Liestal, S. 67.
32 Huggel, Doris: Das Nachleben Henman Sevogels, in: Meier, Werner: Ereignis – Mythos – Deutung, 1444–1494, St. Jakob an der Birs, Basel 1994, S. 126–139.
33 Strübin, Eduard: Vom Jahresbrauch im Zeitenlauf, Liestal 1991.
34 Suter/Strübin: Baselbieter Sagen, Nr. 216, »Niklaus von Flüe«, S. 93f.
35 Suter/Strübin: Baselbieter Sagen, a.a.O., S. 95.
36 Canetti, Elias: Die gerettete Zunge, Die Geschichte einer Jugend, München 1977, S. 8.
37 Scherer, Emmanuel: Die Alp Klysterli, Bruderklausens erste Einsiedelei, Bruderklausenkalender 1919, S. 21ff.
38 Federer, Nikolaus von Flüe, Luzern u. Stuttgart 1986, S. 124.
39 Rinpoche, Dudjom: Die Klausur auf dem Berge, Berlin 1994, S. 14.
40 *Xeniteia*, in der *Weisung der Väter* ein geläufiger Begriff, geht auf Demokrit zurück, Fragment 246: »Das Leben in der Fremde *(xeniteia)* lehrt Genügsamkeit; ein Stück Gerstenbrot und ein Streulager sind nämlich die wohltuenden Heilmittel gegen Hunger und Erschöpfung.« Demokrit, Fragmente zur Ethik, Griechisch-Deutsch, hrsg. v. Gerd Ibscher, mit einer Einleitung von Gregor Damschen, Stuttgart 1996, S. 96. Hinweis v. Martin Ramming, Beromünster.

7. KAPITEL
IKONEN DER GOTTESFREUNDSCHAFT

1 Weisung der Väter, Apophthegmata Patrum, auch Geronticon oder Alphabeticum genannt, übers. v. Bonifaz Miller, 3. Aufl., Trier 1986, Nr. 911, S. 296. Jeweils mit Nummern und Seitenzahl zitiert.
2 Weisung der Väter, Nr. 449, S. 158.
3 Weisung der Väter, Nr. 395, S. 133.
4 Waltheym, Hans von: Die Pilgerfahrt des Hans von Waltheym, hrsg. v. Friedrich Emil Welti, Bern 1925, S. VII., eig. »kegin Michele gelegen«.
5 Voragine, Jacobus de: Legenda aurea, hrsg. u. übers. v. Richard Benz, Heidelberg 1979, Nr. 21. Vgl. Keller, Hiltgart L.: Reclams Lexikon der Heiligen und der biblischen Gestalten, Stuttgart 1984, S. 411.
6 Waltheym, Pilgerfahrt, S. 32.
7 Waltheym, Pilgerfahrt, S. 10.
8 Waltheym, Pilgerfahrt, S. 13.
9 Weisung der Väter, Nr. 1007, S. 328.
10 Waltheym, Pilgerfahrt, S. 28.
11 Waltheym, Pilgerfahrt, S. 34
12 Waltheym, Pilgerfahrt, a.a.O.
13 Waltheym, Pilgerfahrt, S. 70.
14 Camenzind, Otto: Pfarrkirche St. Maria Magdalena Alpnach, Alpnach 1986.
15 Waltheym, Pilgerfahrt, S. 74.
16 Waltheym, Pilgerfahrt, S. 70f.
17 Waltheym, Pilgerfahrt, S. 72.
18 Durrer, Robert: Das Testament des Obwaldner Landammanns Nikolaus Rüdli des Jüngeren vom Jahre 1442, Separatdruck Der Geschichtsfreund Bd. 85, Stans 1930, S. 207.
19 Waltheym, Pilgerfahrt S. 72.
20 Omlin, Ephrem: Das neuentdeckte älteste Bruder-Klausen-Bild und der Hochaltar von Sachseln aus dem Jahre 1492, Zeitschrift für schweiz. Archäologie u. Kunstgeschichte 8, 1946, S. 129–173. Vgl. Gröbli, Roland, Sehnsucht nach dem »einig Wesen«, S. 51.
21 Waltheym, Pilgerfahrt, S. 74. Vgl. Nigg, Walter: Niklaus von Flüe in Berichten von Zeitgenossen, Olten 1980; Huber, Werner T.: Bruder Klaus in den Zeugnissen seiner Zeitgenossen, Zürich u. Düsseldorf 1996, S. 45–55.
22 Waltheym, Pilgerfahrt, S. 76.
23 Waltheym, Pilgerfahrt, a.a.O.
24 Elster, Ernst (Hrsg.): Vermischte Aufsätze aus den Jahren 1848 bis 1894 von Gustav Freytag, Leipzig 1903, Bd. II, S. 3ff.
25 Waltheym, Pilgerfahrt, S. 28.

26 Lütolf, Konrad: Kaplaneien am Stift Beromünster 1268–1420, Der Geschichtsfreund Bd. 79, Stans 1924, S. 20f.

27 Canisius, Petrus (anonym): Kurtze Beschreibung von dem Leben/unnd Wandel der Gottseligen Frawen ITTA Gräfin von Kirchberg etc. So inn dem Würdigen Gottshaus Vischingen seliglich ruwet (...) Allen frommen Ehefrawen zu Trost und Exempel gantz nutzlich und kurztweilig zulesen, Freiburg i. Ue 1596. (Ex. Zentralbibl. Luzern)

28 Regierender Landammann ist 1478/79 Heinrich Bürgler, als alt Landammänner sind am Leben Nikolaus von Einwil, Rudolf Zimmermann und Hans under der Fluo. Der letztere, als Gastwirt, ist wohl der von Bonstetten gemeinte. Vgl. Omlin, Ephrem: Die Landammänner des Standes Obwalden u. ihre Wappen, Sarnen 1926, S. 223.

29 Büchi, Albert: Albrecht von Bonstetten. Ein Beitrag zur Geschichte des Humanismus in der Schweiz, Freiburg 1889, S. 68.

30 Müller, Johannes v.: Geschichte der Schweiz Bd. IV, S. 427, zit. nach Morell, Gall: Albert von Bonstetten, Decan in Einsiedeln, Sein Leben und seine Schriften, Der Geschichtsfreund Bd. 3, Einsiedeln 1846, S. 4.

31 Morell, Albert von Bonstetten, S. 37; Büchi, Albrecht von Bonstetten, S. 53f.

32 Brandstetter, Renward: Renward Cysat 1545–1614, Der Begründer der schweizerischen Volkskunde, Luzern 1909. S. 21 u. S. 69.

33 Mitteilungen der Antiquarischen Gesellschaft Zürich Bd. III, Zürich 1846/47, S. 93–105. Vgl. Morell, Albert von Bonstetten, S. 28.

34 Morell, Albert von Bonstetten, S. 31.

35 Machiavelli, Niccolo: Il Principe, it.-dt., Stuttgart 1986, S. 97.

36 Weisung der Väter, Nr. 287, S. 105.

37 Büchi, Albrecht von Bonstetten, S. 62 u. S. S. 125.

38 Kern, Leo M.: Die Ida von Toggenburg-Legende, in: Thurg. Beiträge zur Vaterländ. Geschichte 64/65, Frauenfeld 1928, S. 100f.

39 Meyer, Bruno: Die heilige Ita von Fischingen, in: Thurg. Beiträge zur Vaterländ. Geschichte 112, Frauenfeld 1974/75, S. 21–97.

40 Canisius, Kurtze Beschreibung der Gottseligen Frawen ITTA, S. 90.

41 Kern, Die Ida von Toggenburg-Legende, S. 73 (übersetzt).

42 Butz, Edith: Die heilige Idda von Toggenburg, Stationen eines Entwicklungsweges, Studie für das C.G.-Jung-Institut (unveröffentlicht), Zürich 1993.

43 Kern, Die Ida von Toggenburg-Legende, S. 78.

44 Kern, a.a.O., S. 45

45 Canisius, Kurtze Beschreibung der Gottseligen Frawen ITTA, S. 163f.

46 Hohenheim, Theophrastus von, gen. Paracelsus: Sämtliche Werke, 1. Abteilung, hrsg. v. Karl Sudhoff, Bd. 9, S. 49f. Vgl. Meier, Pirmin: Paracelsus, Arzt und Prophet, S. 104ff.

47 Canisius, Kurtze Beschreibung der Gottseligen Frawen ITTA, S. 98f.

48 Clerc, P.V.: Der Kampf zwischen den Eidgenossen um Mailand 1515, Frauenfeld 1905.

49 Meier, Paracelsus, Arzt und Prophet, S. 195ff.

50 Graf, Matthias: Bruder-Klausen-Kapelle auf Altwies, Uznach 1991, S. 13. Vgl. ferner ders.: »Der Name Jesu sei Euer Gruss …«, Siebnen 1993.

8. KAPITEL
DER GOTTESFREUND AUS DEM OBERLAND

1 Tauler braucht den Begriff »mehr als dreissigmal«, Seuse kaum weniger. Vgl. Gnädinger, Louise: Johannes Tauler, Lebenswelt und mystische Lehre, München 1993, S. 96.

2 *Ez sprichet meister Eckehart: wêger wêre ein lebemeister denne tûsent lesemeister.* Pfeiffer, Franz: Deutsche Mystiker des 14. Jahrhunderts, Bd. II, S. 599. Vgl. Haas, Alois M.: Nim din selbes war, Studien zur Lehre von der Selbsterkenntnis bei Meister Eckhart, Johannes Tauler und Heinrich Seuse, Freiburg/Schweiz 1972, S. 70.

3 Steer, Georg: Rulman Merswin, in: Die deutsche Literatur des Mittelalters, Verfasserlexikon, Bd. 6, Sp. 437ff.: Gorceix, Bernard: amis de Dieu en Allemagne au siècle de Maître Eckhart, Paris 1985, S. 179.

4 Lütolf, Alois: Der Gottesfreund im Oberland, Jahrbuch für Schweizerische Geschichte, Bd. 1, 1876, S. 3–46. Lütolfs These, in der Hauptaussage über den »Gottesfreund« als Einsiedler auf der Brüderenalp unhaltbar, bringt im Detail Wertvolles zur Geschichte der Eremiten in der Schweiz.

5 Bitzi, Albert: St. Margarethentag – Hl. Kreuztag, Separatum aus. d. Entlebucher Anzeiger 1964, Schüpfheim 1964. Glauser, Fritz: Witenbach, Helvetica Sacra, IX, 2, Basel 1995, S. 508–517.

6 Vgl. Ruh, Kurt: Meister Eckhart, Theologe, Prediger, Mystiker, 2. Aufl., München 1989, S. 109ff.; Haas, Alois M.: Kunst rechter Gelassenheit, Themen und Schwerpunkte von Heinrich Seuses Mystik, Bern/Frankfurt 1995, S. 25ff.; Dinzelbacher, Peter (Hrsg.): Frauenmystik im Mittelalter, Ostfildern b. Stuttgart 1985; Acklin Zimmermann, Beatrice: Gott im Denken berühren, Die theologischen Implikationen der Nonnenmystik, Freiburg/Schweiz 1993.

7 Vgl. Anmerkung 3; Gnädinger, Johannes Tauler, S. 87f.

8 Gnädinger, Johannes Tauler, S. 100.

9 Gnädinger, Johannes Tauler, S. 91f.

10 Gnädinger, Johannes Tauler, S. 93.

11 Gnädinger, Johannes Tauler, S. 101.

12 Mieth, Dietmar: Die Einheit von vita activa und vita contemplativa in den deutschen Predigten und Traktaten Meister Eckharts und bei Johannes Tauler. Studien z. Geschichte der kath. Moraltheologie, Bd. 15, Regensburg 1969.

13 Kues, Nikolaus von: Die Kunst der Vermutung, Auswahl aus seinen Schriften, hrsg. v. Hans Blumenberg, Bremen 1957, S. 269.

14 Denifle, Heinrich S.: Die Dichtungen des Gottesfreundes im Oberlande, Graz 1880, S. 203.

15 Rath, Wilhelm: Der Gottesfreund vom Oberland, Stuttgart 1985, S. 113–115.

16 Denifle, Die Dichtungen des Gottesfreundes, S. 289f.

17 Denifle, Die Dichtungen des Gottesfreundes S. 292 (übersetzt).

18 Rapp, Francis: Die Gottesfreunde am Oberrhein, Schlern-Schriften 295, Bozen 1994.

19 Rieder, Karl: Der Gottesfreund vom Oberland. Eine Erfindung des Strassburger Johanniterbruders Nikolaus von Löwen, S. 89*. Der Wert dieser Studie liegt in ihrem reichen Quellenteil.

20 Lütolf, Der Gottesfreund im Oberland, S. 19.

21 Schmidt, Carl: Die Gottesfreunde im vierzehnten Jahrhundert. Historische Nachrichten und Urkunden, Jena 1854, S. 76–120. Diese Studie bildet die Basis der Gottesfreunde-Diskussion im 19. Jahrhundert. Rath, Der Gottesfreund vom Oberland, S. 65.

22 Rieder, Der Gottesfreund vom Oberland, S. 70*.

23 Schmidt, Die Gottesfreunde im vierzehnten Jahrhundert, S. 83–95; Rath, Der Gottesfreund, S. 71–74.

24 Schmidt, Die Gottesfreunde, S. 96f.; Rath, Der Gottesfreund, S. 76.

25 Schmidt, Die Gottesfreunde, S. 109f.; Rath, Der Gottesfreund, S. 86.

26 Rath, Der Gottesfreund vom Oberland, S. 86.

27 Rieder, Der Gottesfreund vom Oberland, S. 89*f.

28 Rieder, Der Gottesfreund vom Oberland, S. 90*f.

29 Jann, Adelhelm: Heilig Kreuz im Entlebuch 1344–1944, Schüpfheim 1944, S. 56ff.; Glauser, Helvetica Sacra, IX, 2, S. 485 u. 508ff.

30 Lütolf, Der Gottesfreund im Oberland, S. 20f.; Glauser. a.a.O., S. 486.

31 Horat, Heinz: Die Kunstdenkmäler des Kantons Luzern, Neue Ausgabe I, Das Amt Entlebuch, S. 78.

32 Jann, Heilig Kreuz im Entlebuch, S. 103–127.

33 Urkunde v. 27. Juli 1354 im Stadtarchiv Winterthur, Der Geschichtsfreund Bd. 16, Einsiedeln 1860, S. 293.

34 Lütolf, Der Gottesfreund im Oberland, S. 35; Bühler, Beat: Geschichte von Ganterschwil, Ganterschwil 1989, S. 23f.

35 Z.B. Beerenberg zwischen Pfungen und Wülflingen, »wo fromme Männer im Kloster Mariazell unter dem Prior Günther von Lanzberg ein Leben ganz im Sinn der Gottesfreunde führten«, u. Bruderhaus bei Oberwintherthur. Lütolf, Der Gottesfreund im Oberland, S. 35f.

36 Meier, Fridolin: Würenlingen, Terziarinnen. Alemania Franciscana, Bd. 14, Landshut 1970, s. 5–19. Feller-Vest, Veronika: Würenlingen, in: Helvetica Sacra, IX, 2, S. 144–148.

37 Ruh, Kurt: Meister Eckhart, S. 115f.

38 Beck, Sigisbert: Untersuchungen zum Engelberger Prediger, Zeitschr. f. Schweiz. Kirchengeschichte, Beiheft 10, Freiburg/Schweiz 1952. Über mystische Überlieferungen in der Innerschweiz, vgl. Lütolf, Der Gottesfreund im Oberland, S. 44. Ferner: Glauser, Kanton Luzern, in: Helvetica Sacra, IX, 2, S. 473–520; Achermann, Hansjakob: Kanton Nidwalden, a.a.O., S. 521–523.

39 Gröbli, Die Suche nach dem »einig Wesen«, S. 196.

40 Blanke, Fritz: Bruder Klaus von Flüe, Seine innere Geschichte, Zürich 1948, S. 118.

41 Das Brudertöbeli in seiner langen Geschichte – Josef Hobi ist der Einsiedelei auf eine neue Spur gekommen. Der Alttoggenburger, 24. Juli 1996, S. 4 (Text der Gedenktafel).

42 Müller, A.: Die Waldbrüder im Sedel (Brudertöbeli) bei Ganterschwil, in: Toggenburg. Heimatkalender 18 (1958), S. 90ff.

43 Dank Eigeninitiative ein Stück Geschichte offengelegt. Der Alttoggenburger, 26. Juli 1996, S. 4.

9. Kapitel
Herzbruder Heinrich Seuse

1 Zit. nach Bernhart, Joseph: Die philosophische Mystik des Mittelalters, München 1922, S. 98.

2 Bernhart, Die philosophische Mystik des Mittelalters, S. 99.

3 Bernhard von Clairvaux: Ansprachen über das Hohelied, zit. b. Bernhart, Die philososophische Mystik des Mittelalters, S. 105.

4 Vgl. Leclercq, Jean: Bernhard von Clairvaux, Ein Mann prägt seine Zeit, München – Zürich – Wien 1990, S. 163–194. Köpf, U.: Religiöse Erfahrung in der Theologie Bernhards von Clairvaux. Bernhart, Die philososophische Mystik des Mittelalters, S. 106.

5 Haas, Alois M.: Gottleiden, Gottlieben, Frankfurt 1988, S. 131.

6 Zit. bei Haas, Gottleiden, Gottlieben, S. 131.

7 Zit. bei Haas, Gottleiden, Gottlieben, S. 134.

8 Zit. bei Barthes, Roland: Fragmente einer Sprache der Liebe, Frankfurt 1984, S. 126.

9 Goethe, Johann Wolfgang: Gedenkausgabe der Werke, Briefe u. Gespräche, Zürich u. Stuttgart 1948ff., Bd. 22, S. 433.

10 Haas, Alois M.: Sinn und Tragweite von Heinrich Seuses Passionsmystik, in: ders. Kunst rechter Gelassenheit, Themen und Schwerpunkte von Heinrich Seuses Mystik, Bern/Frankfurt usw. 1995, S. 138; Hofmann, Georg (Hrsg. u. Übersetzer): Heinrich Seuse, Deutsche mystische Schriften, Düsseldorf 1966, S. 44.

11 Rousseau, Jean Jacques: Bekenntnisse, Frankfurt 1985.

12 Hofmann, Seuse, Deutsche mystische Schriften, S. 150.
13 Hofmann, Seuse, Dt. mystische Schriften, S. 20.
14 Hofmann, Seuse, Dt. mystische Schriften, S. 19.
15 Vgl. Anmerkung 13.
16 Hofmann, Seuse, Dt. mystische Schriften, S. 21.
17 Vgl. Anmerkung 13.
18 Jaeckle, Erwin: Bürgen des Abendlandes, Lahnstein 1993, S. 21.
19 Hofmann, Seuse, Dt. mystische Schriften, S. 159.
20 Hofmann, Seuse, Dt. mystische Schriften, S. 34.
21 Hofmann, Seuse, Dt. mystische Schriften, S. 35.
22 Jaeckle, Bürgen des Abendlandes, S. 14.
23 Hofmann, Seuse, Dt. mystische Schriften, S. 51.
24 Hofmann, Seuse, Dt. mystische Schriften, S. 89.
25 Hofmann, Seuse, Dt. mystische Schriften, S. 79–83.
26 Droste-Hülshoff, Annette von: Sämtliche Gedichte, Frankfurt 1988, S. 261–268; Von Matt, Peter: Verkommene Söhne, missratene Töchter, München 1995, S. 177–211.
27 Hofmann, Seuse, Dt. mystische Schriften.
28 Kierkegaard, Sören: Einübung ins Christentum, Gütersloh 1980.
29 Vgl. Anmerkung 12.
30 A.a.O.
31 Wilms, Hieronymus: Des seligen Heinrich Seuse Büchlein der ewigen Weisheit, Köln 1939, S. 102.
32 Wilms, Des s. Seuse Büchlein der ewigen Weisheit, S. 105.
33 Hofmann, Seuse: Dt. mystische Schriften S. 91.
34 Hofmann, Seuse, Dt. mystische Schriften, S. 141.
35 Vgl. Seuse im 40. Kapitel der Vita: »Man findet auch manch eitles Leiden ohne Trost, wie die es haben müssen, die der Welt nach weltlicher Weise dienen wollen. Sie müssen in gar harter Weise sich die Hölle ›verdienen‹, während ein nach Gottes Willen leidender Mensch sein Leiden als Hilfe gebrauchen könnte.« Hofmann, Seuse, Dt. mystische Schriften, S. 141. Doch gilt auch für diese Menschen das Seuse-Wort aus dem Büchlein der ewigen Weisheit: »Wer nicht gelitten hat, was weiss der?«, vgl. Wilms, Das Büchlein der ewigen Weisheit S. 104.
36 Schneider, Reinhold: Verhüllter Tag, in: ders., Gesammelte Werke in zehn Bänden, hrsg. v. Edwin M. Landau, Bd. 10, S. 143.
37 Haas, Gottleiden, Gottlieben, S. 148. Bühlmann, Joseph: Christuslehre und Christusmystik des Heinrich Seuse, Luzern 1942. Vgl. ferner Anmerkung 28.
38 Wilms, Das Büchlein der ewigen Weisheit S. 102. Vgl. Bihlmeyer, K.: Heinrich Seuse, Deutsche Schriften, Frankfurt 1961, S. 299.
39 Rochholz, Ernst Ludwig: Die Schweizerlegende vom Bruder Klaus von Flüe, Aarau 1875, S. 44 u. S. 270.

40 Stirnimann, Heinrich: Der Gottesgelehrte Niklaus von Flüe, Freiburg/Schweiz 1981, S. 90f. u. S. 137. Vgl. Haas, Alois M.: Gottleiden, Gottlieben, S. 130–132.
41 Haas, Gottleiden, Gottlieben, S. 87; Langer, Otto: Zur dominikanischen Frauenmystik im spätmittelalterlichen Deutschland, in: Dinzelbacher, Peter (Hrsg.): Frauenmystik im Mittelalter, Ostfildern 1984, S. 341f.
42 Amschwand, Rupert: Die Überlieferung des Bruder-Klausen Gebetes, Obwaldner Geschichtsblätter 12, Sarnen 1974, S. 69–95.
43 Stirnimann, Der Gottesgelehrte Niklaus von Flüe, S. 71–115.
44 Stirnimann, Der Gottesgelehrte Niklaus von Flüe, S. 86f.
45 Bihlmeyer, Seuse, Deutsche mystische Schriften, S. 57.
46 Hofmann, Seuse, Dt. mystische Schriften, S. 44.
47 Hofmann, Seuse, Dt. mystische Schriften, S. 186.
48 Hofmann, Seuse, Dt. mystische Schriften, S. 33.
49 Hofmann, Seuse, Dt. mystische Schriften, S. 64.
50 Hofmann, Seuse, Dt. mystische Schriften, S. 186.
51 Hofmann, Seuse, Dt. mystische Schriften, S. 170–175.
52 Frisch, Max: Tagebuch 1946–1949, Frankfurt 1950, S. 30–32.
53 Hofmann, Seuse, Dt. mystische Schriften, S. 188.
54 Künzle, P.: Heinrich Seuses Horologium Sapientiae, Kap. 5, Freiburg/Schweiz 1977, S. 404f.; Wilms, Hieronymus: Der selige Heinrich Seuse, Dülmen i. W. 1914, S. 173; Haas, Kunst rechter Gelassenheit, S. 78.
55 Oehl, Wilhelm: Deutsche Mystiker, Bd. 1, Heinrich Seuse, München 1910, S. 202; Hofmann, Seuse, Dt. mystische Schriften, S. 382.
56 Haas, Kunst rechter Gelassenheit, S. 264.
57 Künzle, P.: Heinrich Seuses Horologium Sapientiae, Freiburg/Schweiz 1977, S. 493f; Haas, Kunst rechter Gelassenheit, S. 145.

10. Kapitel
Aus dem seligen Leben der Schwestern von Töss

1 Vetter, Ferdinand: Das Leben der Schwestern zu Töss beschrieben von Elsbet Stagel samt der Vorrede von Johannes Meier und dem Leben der Prinzessin Elisabet von Ungarn, Berlin 1906, S. 35.
2 Zeller-Werdmüller; Bächtold J.: Die Stiftungen des Klosters Ötenbach und das Leben der seligen Schwestern daselbst, in: Zürcher Taschenbuch, Neue Folge 12 (1889), S. 268.
3 Hofmann, Seuse, dt. mystische Schriften, S. 113.
4 Hofmann, Seuse, Dt. mystische Schriften, S. 114.
5 Meister Eckhart: Buch der göttlichen Tröstung, ins Nhd. übertragen von Josef Quint, Frankfurt 1987, S. 59f.
6 Vgl. Anmerkung 4.

7 Vgl. Anmerkung 3.
8 Hofmann, Seuse, Dt. mystische Schriften, S. 115.
9 Vetter, Das Leben der Schwestern zu Töss, S. 9f.; Hofmann, Seuse, Dt. mystische Schriften, S. 105ff.
10 Hofmann, Seuse, Dt. mystische Schrifen, S. 117.
11 A.a.O.
12 Zit. b. Schneider, Reinhold: Verhüllter Tag, in: Ges. Werke, hrsg. v. Edwin M.Landau, Bd. 10, S. 115.
13 Vetter, Das Leben der Schwestern zu Töss, S. 22–25.
14 Liebenau, Theodor von: Das alte Luzern, Luzern 1937, S. 31, 243, 264, 280.
15 Greith, Carl: Die deutsche Mystik im Prediger-Orden (von 1250–1350), Freiburg i.b., S. 445–456.
16 Hofmann, Seuse, Dt. mystische Schriften, S. 118f.
17 Kues, Nicolaus von: Aller Dinge Einheit ist Gott, hrsg. v. Gerd Heinz-Mohr, Zürich, Köln 1984, S. 158f.
18 Däniker-Gysin, Marie-Claire: Geschichte des Dominikanerinnenklosters Töss 1223–1525, S. 53f.
19 Vetter, Das Leben der Schwestern zu Töss, S. 64f.; Ringler, Siegfried: Viten- und Offenbarungsliteratur in Frauenklöstern des Mittelalters, S. 190; Langer, Otto: Zur dominikanischen Frauenmystik im spätmittelalterlichen Deutschland, in: Dinzelbacher, Frauenmystik im Mittelalter, Ostfildern 1984, S. 341f.
20 Langer, Z. dominikan. Frauenmystik im spätmittelalterlichen Deutschland, S. 342f.
21 Acklin Zimmermann, B.: Gott im Denken berühren, Freiburg/Schweiz 1993, S. 173.
22 Schneider, Reinhold: Verhüllter Tag, Ges. Werke Bd. 10, S. 112.
23 Vetter, Das Leben der Schwestern zu Töss, S. 56f.
24 Vetter, Das Leben der Schwestern zu Töss, S. 87.
25 Greith, Die deutsche Mystik im Predigerorden, S. 377; Vetter, Das Leben der Schwestern zu Töss, S. 86; Günther, Das Leben der Schwestern zu Töss, S. 77.
26 Braun, Reinhard: Die Geschichte der Herrschaft und Gemeinde Bichelsee, Eschlikon 1925, S. 25f. Die Kirche in Bichelsee war dem Lieblingsheiligen von Elsbet Bächli, dem Bischof Blasius, geweiht, dem dank den Beziehungen zu St. Blasien im Schwarzwald auch in Klingnau seit alters Verehrung zukommt. Klingnau ist die mutmassliche Heimatpfarrei der Mystikerin aus dem Umfeld von Anna und Sophie von Klingnau. Ausserdem spielt die Freundschaft mit einer Lücki aus Klingnau und einer Klausnerin aus Endingen eine Rolle. Bei Elsbet Bächli verweisen alle Indizien auf das untere Aaretal mit Würenlingen oder Endingen als Familienursprung. Ein starker materieller Hintergrund ist vorauszusetzen. In Bichelsee kommt als Beichtvater ein »Konrad der Lutprister« in Frage, Braun S. 26.
27 Vetter, Das Leben der Schwestern zu Töss, S. 88; Günther, dass., S. 81.

28 Vetter, Das Leben der Schwestern zu Töss, S. 47.
29 Wilms, Des sel. Seuse Büchlein der ewigen Weisheit, S. 79f.
30 Günther, Das Leben der Schwestern zu Töss, S. 49.
31 Ritscher, Alfred: Literatur u. Politik im Umkreis der ersten Habsburger, Frankfurt 1992, S. 49.
32 Muschg, Walter: Die Mystik in der Schweiz, S. 214.; Vetter, Das Leben der Schwestern von Töss, S. 42: *jamer nach Got.*
33 Brentano, Clemens: Sämtliche Werke, Hist.-krit. Ausgabe, Bd. 23–26, Stuttgart 1980; Theresia von Lisieux: Selbstbiographische Schriften, Einsiedeln 1978; Guitton, Jean: Portrait de Marthe Robin, Paris 1985.
34 Langer, vgl. Anmerkung 19.
35 Vetter, Das Leben der Schwestern zu Töss, S. 98f. u. 101.
36 Greith, Die deutsche Mystik im Prediger-Orden, S. 277f.
37 Greith, Die deutsche Mystik im Prediger-Orden, S. 282–288
38 Hofmann, Seuse, dt. mystische Schriften, S. 186.
39 Hofmann, Seuse, dt. mystische Schriften, S. 107.
40 Greith, Die deutsche Mystik im Prediger-Orden, S. 286.
41 Däniker-Gysin, Geschichte des Dominikanerinnenklosters Töss, S. 56–59.
42 Vetter, Das Leben der Schwestern zu Töss, S. 37f.
43 Vetter, Das Leben der Schwestern zu Töss, S. 25 u. S. 48.
44 Heer, Gottlieb Heinrich: Das Kloster Töss 1795–1945, Winterthur 1945, S. 8.
45 Nach der Chronik Heinrich Brennwalds, in: Däniker-Gysin, Geschichte des Dominikanerinnenklosters Töss, S. 16.
46 Schröder, K. (Hrsg.): Der Nonne von Engelthal Büchlein von der genaden überlast, Tübingen 1971; dieselbe Formulierung in König J. (Hrsg.): Die Chronik der Anna von Munzingen, Freiburg i. B. 1980, zit. bei: Acklin Zimmermann Beatrice, Gott im Denken berühren, Freiburg Schweiz 1993, S. 29 u. 40.
47 Vetter, Da Leben der Schwestern zu Töss, S. 60.
48 Greith, Die deutsche Mystik im Prediger-Orden, S. 448.
49 Greith, Die deutsche Mystik im Prediger-Orden, S. 450.
50 Greith, Die deutsche Mystik im Prediger-Orden, S. 454.
51 Greith, Die deutsche Mystik im Prediger-Orden, S. 453.
52 Zit. bei Pieper, Josef: Philosophia Negativa, München 1951, S. 25.
53 Vgl. Anmerkung 51.
54 Vgl. Anmerkung 51.
55 Ackermann, A.: Mystik und ausserordentl. myst. Vorgänge, Einsiedeln 1952, S. 185.
56 Ackermann, Mystik und ausserordentliche myst. Vorgänge, S. 188.
57 Benz, Ernst: Die Vision, Erfahrungsformen und Bilderwelt, Stuttgart 1969, S. 295ff.
58 Greith, Die deutsche Mystik im Prediger-Orden, S. 455.
59 A.a.O.

60 *Helle ist nüt denne ein wesen* ist ein Satz aus dem pseudoeckhartschen Traktat »Schwester Katrei«, in welchem aber der Meister durchaus sinngemäss verstanden wird. Das »Wiesen« gehört gemäss diesem Traktat zur Grundlage der Letzten Dinge. Was ist die Hölle? »Ein jeglicher Mensch urteilt über sich selber. So wie er erscheint in seinem Wesen, so soll er ewiglich bleiben.« Schweitzer, der Freiheitsbegriff in der deutschen Mystik, S. 267. Eckhart selber spricht von der Hölle als einem »niht«, einem Nichts. Das »Nichts« in der Hölle ist es, was »in der Hölle brennt«. Vgl. Quint, Meister Eckhart, Die deutschen Werke, Bd. 1, Predigt 5b. Mit dem brennenden »Nichts«, womit Eckhart auch erklärt, wie ein Stück Kohle die menschliche Haut versengt, ist im Sinn der Scholastik das sogenannte privative Nichts gemeint, »das Nichts an etwas«, die gestörte Ordnung der Dinge.

61 Schweitzer, Franz-Josef: Der Freiheitsbegriff der deutschen Mystik, Frankfurt 1981, S. 230.

62 Hofmann, Seuse, dt. mystische Schriften, S. 109.

63 Schweitzer, Der Freiheitsbegriff der deutschen Mystik, S. 356.

64 Vetter, Das Leben der Schwestern zu Töss, S. 29; Muschg, Die Mystik in der Schweiz, S. 221.

65 Meister Eckhart, Das Buch der göttlichen Tröstung (übers. v. J. Quint), S. 31.

66 Illustrationen in: Sulzer Heinrich: Das Dominikanerinnenkloster Töss, Neujahrsblatt der Antiquarischen Gesellschaft 1. Teil, Winterthur 1904.

11. Kapitel
Hunderttausend können es bezeugen

1 Kuhn, Elmar L. (Hrsg.): Die Bischöfe von Konstanz, Bd. 1, Friedrichshafen 1988, S. 22, 78, 483. Bischof Hermanns Weihbischof 1461–1470, der Franziskaner Thomas Weldner, verfügt als Benefizium über die Einkünfte der Kirche St. Jodok in Überlingen, einer bedeutenden Stationskirche der Jakobspilger mit spätmittelalterlichen Fresken, das Hühnerwunder darstellend.

2 Hallauer, Hermann: Johannes Frankfurter und die Waldbrüderstatuten des Nikolaus von Kues, in: Cusanus-Gedächtnisschrift, hrsg. v. Nikolaus Grass, Innsbruck–München 1970, S. 375–379. Darin weitere Beiträge zum Thema Waldbrüder und Beginen.

3 Bütler, Josef: Das Wunder von Ettiswil. Gedenkschrift zur 500-Jahrfeier einer Sühnewallfahrt zum hl. Sakrament 1447–1947, Willisau 1947.

4 Bieri, Bruno: Am Anfang war das Spiel, Geschichte und Legende rund ums Heiligblut zu Willisau, Separatum aus: Heimatkunde des Wiggertals, 50, Willisau 1992.

5 Specker, Hermann: Adrian von Bubenberg bei Bruder Klaus im Ranft, in: Obwaldner Volksfreund Nr. 41, 1969, Separatum Sachseln 1981.

6 Schirmer-Imhoff, Ruth: Der Prozeß Jeanne d'Arc, Akten u. Protokolle, 1431–1456, München 1978.

7 Vgl. Kap. 2, DER PFARRER WIRD VERHAFTET.

8 Brandstetter, Renward Cysat, S. 86.

9 Canetti, Elias: Nachträge aus Hampstead. Aus den Aufzeichnungen 1954–1971, München 1994, S. 37.

10 Stagel, Elsbet: Das Leben der Schwestern zu Töss, hrsg. v. Ferdinand Vetter, Berlin 1906, S. 32f.

11 Gröbli, Sehnsucht nach dem »einig Wesen«, S. 218.

12 Brumberg, Joan Jacobs: Todeshunger. Die Geschichte der Anorexia nervosa vom Mittelalter bis heute, Frankfurt/New York 1994.

13 Vandereycken, Walter, van Deth, Ron, Meermann, Rolf: Hungerkünstler, Fastenwunder, Magersucht. Eine Kulturgeschichte der Essstörungen, München 1992, S. 90, 131. Inedia Prodigiosa ist anscheinend eine Wortschöpfung des Basler Paracelsisten Jacob Zwinger.

14 Hohenheim, Theophrast von, gen. Paracelsus: Sämtliche Werke, 1. Abt., hrsg. v. Karl Sudhoff, Bd. 9, S. 133. Vgl. Meier, Paracelsus, Arzt und Prophet, S. 132.

15 Canetti, Elias: Das Geheimherz der Uhr, Aufzeichnungen 1973–1985, München 1987, S. 163.

16 Canetti, Nachträge aus Hampstead, S. 145.

17 Canetti, Nachträge aus Hampstead, S. 162.

18 Reber, Balthasar: F. Hemmerlin von Zürich, Zürich 1846.

19 Görres, Joseph von: Die christliche Mystik, hrsg. v. Uta Ranke-Heinemann, Bd. 1, Frankfurt 1989, S. 358ff. (alte Seitenzählung der Originalausgabe); Dinzelbacher, Peter: Mirakel oder Mirabilien? Heilige und unheilige Anorexie im ausgehenden Mittelalter, in: Das Wunderbare in der mittelalterlichen Literatur, hrsg. v. Dietrich Schmidtke, Göppinger Arbeiten zur Germanistik 606, Göppingen 1994. Dinzelbacher bringt wertvolle Studien zu Liedwy (Lidwina) von Schiedam, Katharina von Siena, Colomba von Rieti u. die Betrügerin Anna Laminit (gest. 1518) aus Augsburg. Über Bruder Klaus S. 178–185.

20 Fahrner, Heinz: Fasten als Therapie; Physiologie und Pathophysiologie, Methodik, Indikationen und Verläufe, 2. Aufl., Stuttgart 1991, S. 58.

21 Görres, Die christliche Mystik, Bd. 1, S. 373.

22 Ackermann, August: Mystik und außerordentliche mystische Vorgänge, Einsiedeln 1952, S. 232. Van den Arend, Jan (Hrsg.): Gesichte und Tröstungen der seligen Angela von Foligno, Mainz 1924.

23 Bynum, C. W.: Holy Feast and Holy Fast. The Religious Significance of Food to Medieval Women, Berkeley 1987, S. 89f.

24 Dinzelbacher, Mirakel oder Mirabilien?, S. 187ff.

25 Görres, Die christliche Mystik, Bd. 1, S. 367.

26 Guitton, Jean: Portrait de Marthe Robin, Paris 1985.

27 Amschwand, Rupert: Bonstetten und Trithemius über den heiligen Nikolaus

von Flüe, genannt Bruder Klaus, in: Studien u. Mitteilungen z. Geschichte des Benediktiner-Ordens und seiner Zweige, Bd. 95, Heft 2, St. Ottilien 1984, S. 160ff.

28 Hohenheim, Theophrast von, gen. Paracelsus: Sämtliche Werke 1. Abt., Bd. 8, S. 181.

29 Amschwand, Bonstetten und Trithemius, S. 165.

30 D 583ff. u. D 352; Amschwand, Bonstetten und Trithemius, S. 165.

31 Schmid, Franz Xaver: Die Stiftungstafel am Grabe des Bruders Hans Wagner in der Wallfahrtskirche Hergiswald, Luzern 1936, S. 4.

32 Vasto, Lanza del: Grundsätze u. Lehren aus der Rückkehr zur Evidenz, in: Wiederentdeckung des Fastens, hrsg. v. P.-R. Régamey, Wien/München 1963, S. 189.

33 Gilly, Carlos: Das Sprichwort »Die Gelehrten die Verkehrten« oder der Verrat der Intellektuellen im Zeitalter der Glaubensspaltung, Florenz 1991, S. 233.

34 Canetti, Elias: Masse und Macht, Frankfurt 1980, S. 317–327.

35 Schreber, Daniel Paul: Denkwürdigkeiten eines Nervenkranken, hrsg. v. Peter Heiligenthal, Frankfurt 1985; Freud, Sigmund: Psychoanalytische Bemerkungen über einen autobiographisch beschriebenen Fall von Paranoia, in: Sammlung kleiner Schriften zur Neurosenlehre v. Sigmund Freud, 3. Folge, Leipzig 1913, S. 198–270; Calasso, Robert: Die geheime Geschichte des Senatspräsidenten Dr. Daniel Paul Schreber, Frankfurt 1980; Han, Israels: Schreber – Vater und Sohn, eine Biographie, München 1989.

36 Canetti, Elias: Der Fall Schreber, in: Masse und Macht, S. 487ff.

37 Handgeschriebener Brief an P. Meier v. 24. März 1987 aus Anlaß des 500. Todestages des Nikolaus von Flüe. Aus rechtlichen Gründen wird auf den vollständigen Abdruck des Briefes, der einige sehr persönliche Bemerkungen Canettis enthält, verzichtet.

38 Vgl. Kap. 18, ER IST EIN FROMMER MAN GSIN.

39 Weisung der Väter, Nr. 412, S. 142.

40 Weisung der Väter, Nr. 1060, S. 357.

41 Weisung der Väter, Nr. 905, S. 295.

42 Drevet, Camille: Das Fasten des Mahatma Gandhi, in: Wiederentdeckung des Fastens, hrsg. v. P.-R. Régamey, Wien/München 1963, S. 150.

43 Zit. nach Drevet, Das Fasten des Mahatma Gandhi, b. Régamey, S. 175.

12. Kapitel
Alle Verwandlung geschieht im Magen

1 Schlecht, Joseph: Andrea Zamometič und der Basler Konzilsversuch vom Jahre 1482, Paderborn 1903, S. 7–41. Die Studie enthält im Anhang einen gehaltvollen Quellenteil.

2 Schlecht, Andrea Zamometič, S. 125. Wichtigste gedruckte Quelle zu Numagen vor Durrer ist Hottinger, J. H.: Historia ecclesiastica novi testamenti saeculum XV, Zürich 1657. Die Zentralbibliothek Zürich bewahrt wertvolle Dokumente zum Thema auf, u. a. Codex F. 49, f. 159–190.
3 Wackernagel, Rudolf: Geschichte der Stadt Basel, Bd. 2, Basel 1907; Stoecklin, Alfred: Der Basler Konzilsversuch des Andrea Zamometič vom Jahre 1482, Basel 1938, S. 10.
4 Schlecht, Andrea Zamometič, S. 97.
5 Schlecht, a.a.O.
6 Schlecht, S. 37*f.
7 Schlecht, a.a.O.
8 Schlecht, S. 51*f.
9 Stoecklin, Der Basler Konzilsversuch, S. 99f.
10 Schmid, Alfred A. (Hrsg.): Die Schweizer Bilderchronik des Luzerner Diebold Schilling 1513, Luzern 1981, S. 149.
11 Schlecht, Andrea Zamometič, S. 128.
12 Stoecklin, Der Basler Konzilsversuch, S. 29–34; Schlecht, Andrea Zamometič, S. 105ff.
13 Schlecht, Andrea Zamometič, S. 91, 139; Stoecklin, S. 23.
14 Erasmus von Rotterdam: Ausgewählte Schriften, Bd. 5, Darmstadt 1968, S. 1–109 (»Julius exclusus e coelis«).
15 Codex C 99 der Zentralbibliothek Zürich, vgl. Schlecht, Andrea Zamometič, S. 125f.
16 Goldammer, Kurt: Der göttliche Magier und die Magierin Natur, Religion Naturmagie und die Anfänge der Naturwissenschaft vom Spätmittelalter bis zur Renaissance, Stuttgart 1991.
17 Rochholz, Ernst Ludwig: Die Schweizerlegende vom Bruder Klaus von Flüe, Aarau 1875, S. 260.
18 Schlecht, Andrea Zamometič, S. 145f.
19 Schlecht, Andrea Zamometič, S. 127.
20 Schlecht, Andrea Zamometič, S. 126.
21 Nigg, Walter: Bruder Klaus, Freiburg i. B. 1976, S. 34. Der Vorwurf betrifft namentlich Numagen und Paracelsus.
22 Vgl. Kap. 5, DIE ARBEIT DER NACHT.
23 Hohenheim, Theophrast von, gen. Paracelsus, Sämtliche Werke, 1. Abt., Bd. 1, S. 183–226; Schipperges, Heinrich: Die Entienlehre des Paracelsus. Aufbau und Umriß einer theoretischen Pathologie, Berlin 1988. Vgl. Meier, Paracelsus, Arzt und Prophet, S. 304f.
24 Weisung der Väter, Nr. 347, S. 124.
25 Zit. nach Schipperges, Heinrich: Am Leitfaden des Leibes, Zur Anthropologik und Therapeutik Friedrich Nietzsches, Stuttgart 1990, S. 163.
26 Zit. nach Schipperges, Am Leitfaden des Leibes, S. 159.

27 Zit. nach Schipperges, Am Leitfaden des Leibes, S. 162.

28 Sennert, Daniel: Medicina Practica Libro III, Parte I, Sectione 2, cap. 2: De longa a cibo & potu abstinentia, S. 83. Zit. bei: Weissenbach, Joseph Anton: Leben und Geschichte des Seligen Nikolaus von Flüe, Basel 1787, S. 328. Der Chorherr aus Zurzach, Ex-Jesuit, bringt die in wissenschaftsgeschichtlicher Hinsicht ergiebigste Bruder Klausen-Biographie seines Jahrhunderts.

29 Gigon, Olof (Hrsg.): Aristoteles, Vom Himmel, Von der Seele, Von der Dichtkunst, Zürich 1950, S. 297. Hinweis v. Martin Ramming, Beromünster.

30 D 765–767. Jacob Zwinger wird wiederholt bei Fabricius Hildanus zitiert. Vgl. Vandereycken, Hungerkünstler, Fastenwunder, Magersucht, S. 131–133.

31 Vandereycken, Hungerkünstler, Fastenwunder, Magersucht, S. 140.

32 Gigon, Aristoteles, Von der Seele, S. 291.

33 Nach dem schnellen Aufzehren der Glykogenreserven kommt es zu einer Neubildung von Glukose aus der Eiweissreserve, wobei der Organismus als Sparmassnahme aus Milchsäure und Glyzerin Glukose neu aufbaut. Bei der sogenannten Lipolyse werden dann statt Glukose vermehrt Fettsäuren und Ketone als Brennstoffe angeboten. Ab der dritten Fastenwoche deckt der Körper seinen Energiebedarf fast ausschließlich aus der Fettsäureoxydation. Die Glukoseproduktion aus Eiweiß wird von anfänglich hundert Gramm Protein täglich auf fünfzehn Gramm reduziert, der Stickstoffverlust von täglich sechzehn Gramm auf zwei Gramm. Die sogenannten Ketosäuren werden zum wichtigsten sich selbst steuernden Brennstoff. Diese bremsen die Proteinauflösung in der Muskulatur, welche damit dank stark reduziertem Eiweißverbrauch geschont wird. Nach Fahrner, Fasten als Therapie, S. 21–24. Mit diesen Ausführungen kann natürlich betreffend Bruder Klaus und andere vergleichbare Fälle nichts »bewiesen« werden, doch steht das Nachdenken über die möglichen Hintergründe der Nahrungsabstinenz am Anfang einer Forschung, welche sich staunenswerten Phänomenen nähert.

34 Fahrner, Fasten als Therepie, S. 59.

35 Hohenheim, Theophrast von, gen. Paracelsus, Sämtliche Werke, 1. Abt., Bd. 9, S. 133.

36 Hohenheim, gen. Paracelsus, a.a.O.

37 Daems, Willem F.: Essen und Trinken ist Verwandlung von Menschenfleisch in mysterio, in: Geerk, Frank (Hrsg.): Paracelsus, Arzt unserer Zeit, Zürich und Düsseldorf 1992, S. 318–324.

38 Hohenheim, Theophrast von, gen. Paracelsus, Sämtliche Werke, 1. Abt., Bd. 3, S. 99.

39 Hohenheim, Theophrast von, gen. Paracelsus: Sämtliche Werke, 2. Abt., hrsg. v. Kurt Goldammer, Bd. 2, Wiesbaden 1965, S. 435.

40 Hohenheim, gen. Paracelsus, a.a.O.; vgl. Meier, Paracelsus, Arzt u. Prophet, S. 135.

41 Hohenheim, gen. Paracelsus, Sämtliche Werke, 2. Abt., Bd. 2, S. 438.

42 Vandereycken, Hungerkünstler, Fastenwunder, Magersucht, S. 90f.; S. 111f.
43 Görres, Die christliche Mystik, Bd. 1, S. 356–400.
44 Jung, Carl Gustav, vgl. bei Franz, Marie-Louise v.: Die Visionen des Nikolaus von Flüe, passim.
45 Connor, Bernard: Evangelium Medici, seu Medicina Mystica de suspensis naturae legibus, London 1697, zit. bei: Weissenbach, Leben des Sel. Nikolaus von Flüe, Basel 1787, S. 376.
46 Fichter, M.: Franz Kafkas Magersucht, in: Fortschritte der Neurologie und Psychiatrie Nr. 56, S. 231–238. Vgl. Vandereycken, Hungerkünstler, Fastenwunder, Magersucht, S. 291.
47 Kafka, Franz. Sämtliche Erzählungen, Frankfurt 1992, S. 167f.
48 Kafka, Sämtliche Erzählungen, S. 171.
49 Marti, Heinrich (Hrsg.): Rufin von Aquileia, De ieiunio I, II. Zwei Predigten über das Fasten nach Basileios von Kaisareia, Leiden/New York/Kopenhagen/Köln 1989, S. 17.
50 Canetti, Nachträge aus Hampstead, S. 37.
51 Görres, Die christliche Mystik, Bd. 1, S. 374; zuvor S. 367 über die heilige Rosa von Lima: »Und es war ein Wunder, daß sie von dem Fasten mehr Kräfte zu erhalten schien, als von der nahrhaftesten Speise.«
52 Yogananda, Paramahansa: »Die Yogini, die ohne Nahrung lebt«, in: Autobiographie eines Yogi, Weilheim 1989, S. 466f.
53 Schneider, Reinhold: Winter in Wien, in: Ders., Gesammelte Werke in zehn Bänden, hrsg. v. Edwin M. Landau, Bd. 10, S. 287.
54 Weisung der Väter, Nr. 824, S. 274.

13. Kapitel
Der Zaun um den Brunnen

1 Durrer, Die Kunstdenkmäler des Kantons Unterwalden, S. 291.
2 Gröbli, Die Sehnsucht nach dem »einig wesen«, S. 108.
3 Specker, Adrian von Bubenberg bei Bruder Klaus im Ranft, Sachseln 1981.
4 EB 13f.; Imfeld, Hans: Bruder Klaus und die erste Kirche in Lauterbrunnen, Obwaldner Geschichtsblätter 12, Sarnen 1974, S. 97–106.
5 Ettlin, Erwin: Butterbriefe. Beiträge u. Quellen z. Geschichte der Fastendispense in der Schweizer Quart des Bistums Konstanz im Spätmittelalter, Bern/Frankfurt/Las Vegas 1977, S. 66 u. S. 155.
6 Benz, Ernst: Die Vision, Erfahrungsformen und Bilderwelt, Stuttgart 1969, S. 53. Der Verfasser schreibt »Nikolaus von der Flue«. Die falsche Namensnennung ist ein Indiz dafür, daß man sich nicht näher mit dem Heiligen befaßt hat. Im Hinblick aber auf antike Grundlagen, Frauenmystik und Pietismus liegt ein Standardwerk vor, aus dem wir mit Gewinn zitieren.

7 Liebenau, Theodor von: Das Gasthaus- u. Wirthshauswesen in der Schweiz, S. 32.
8 Meier, Paracelsus, Arzt und Prophet, S. 129.
9 Liebenau, Theodor von: Die Schultheißen von Luzern. Der Geschichtsfreund Bd. 35, S. 95 ff.
10 Marchal, Guy P.: Sempach 1386, Von den Anfängen des Territorialstaates Luzern, Basel 1986, S. 238–240; 250.
11 Müller, Kuno: Jost von Silenen, Zürich 1948, S. 8.
12 D 73; Brülisauer, Josef: Horw, Geschichte einer Gemeinde, Horw 1986, S. 66 f. Hinweis von Staatsarchivar Fritz Glauser, Luzern.
13 Liebenau, Die Schultheißen von Luzern, S. 104.
14 Archiv des Hist. Vereins des Kantons Bern, Bd. 12, S. 123; Golowin, Sergius: Adrian von Bubenberg und die Krone von Burgund, Bern 1976, S. 198.
15 Vgl. oben, Anmerkung 3.
16 Wälchli, Karl F.: Adrian von Bubenberg, Bern 1979, S. 18; Golowin, Adrian von Bubenberg und die Krone von Burgund, Bern 1976, S. 199–207.
17 Pieper, Josef: Das Viergespann, Klugheit, Gerechtigkeit, Tapferkeit, Mass. Freiburg/Basel/Wien 1964, S. 245.
18 Gröbli, Die Sehnsucht nach dem »einige Wesen«, S. 59 ff.
19 Amschwand, Rupert: Die deutsche Bruder-Klausen-Legende des Sebastian Rhaetus von 1521, Sarnen 1969/70. Gröbli, Sehnsucht nach dem »einig Wesen«, S. 64 f.
20 Gröbli, Die Sehnsucht nach dem »einig Wesen«, S. 65.
21 Dinzelbacher, Peter: Zur Interpretation erlebnismystischer Texte des Mittelalters, in: ders., Mittelalterliche Frauenmystik, Paderborn 1993, S. 304–331.
22 Der Geschichtsfreund, Bd. 82 (1927); Scherer, Emmanuel; Weber F. X. (Hrsg.): Aus Geschichte und Kunst, Festschrift Durrer zur Vollendung seines 60. Lebensjahres, Stans 1928, S. 326–338 (P. Adalbert Wagner).
23 A. Sch.: Die Wunder im Kanonisationsprozeß des seligen Bruder Klaus, Schweizerische Kirchenzeitung, Nr. 13, 1944.
24 Benz, Die Vision, Erfahrungsformen und Bilderwelt, S. 107.
25 Benz, Die Vision, Erfahrungsformen und Bilderwelt, S. 111.
26 A.a.O.
27 Beeler, Edwin: Bruder Klaus, Dokumentarfilm, Zürich 1991.
28 Benz, Die Vision, Erfahrungsformen und Bilderwelt, S. 37.
29 Benz, Die Vision, Erfahrungsformen und Bilderwelt, S. 46.
30 Franz, Marie-Louise von: Die Visionen des Niklaus von Flüe, S. 91–101.
31 Jung, C. G.: Von den Wurzeln des Bewusstseins, zit. bei Franz, Die Visionen des Niklaus von Flüe, S. 95.
32 Hohenheim, gen. Paracelsus, Sämtl. Werke, 1. Abt., Bd. 13, S. 352–354.
33 Hohenheim, gen. Paracelsus, Sämtliche Werke, 1. Abt., Bd. 13, S. 355.
34 Dürrenmatt, Friedrich: Rede zur Verleihung des Gottlieb-Duttweiler-Preises an Vaclav Havel, in: DU, Nr. 1, 1991, S. 14 f.

35 Gröbli, Die Sehnsucht nach dem »einige Wesen«, S. 68.
36 Vgl. oben, Anmerkung 19.
37 Thomas von Aquin: Summa Theologica II-II, q. 174 ad 3. Vgl. Volken, Laurenz: Die Offenbarungen in der Kirche, Innsbruck/Wien/München 1965, S. 82.
38 Gröbli, Die Sehnsucht nach dem »einig Wesen«, S. 200. Dinzelbacher, Peter: Vision und Visionsliteratur im Mittelalter, Stuttgart 1981, S. 133.
39 Bitzi, Albert: Das Entlebucher Landrecht von 1491, Schüpfheim 1948/49, 2. Teil, S. 65.
40 Renner, Goldener Ring über Uri, 4. Aufl., Zürich 1991, S. 182: »Hag und Mauern schließen das Eigen gegen außen ab.«
41 Gröbli, Sehnsucht nach dem »einig Wesen«, S. 198. Müller, Eduard: Die Kapelle St. Niklausen bei Kerns, Bern 1996, S. 15f.
42 Mitteilungen der Antiquarischen Gesellschaft Zürich, Bd. 3, S. 111.
43 Hohenheim, Theophrast von, gen. Paracelsus, Sämtliche Werke, 1. Abt., Bd. 2, S. 193–199; Bächtold-Staubli, Handwörterbuch des Deutschen Aberglaubens, Bd. 3, S. 306f.
44 Gertrud von Helfta: Leben u. Offenbarungen, übers. v. M. Sintzel, Bd. 2, Regensburg 1875, S. 166.
45 Benz, Die Vision, Erfahrungsformen und Bilderwelt, S. 388.
46 Böhme, Jakob: Aurora, hrsg. v. G. Wehr, Frankfurt 1992, S. 99 u. 253.
47 Müller, Hugo: Obwaldner Flurnamen, Sarnen 1939, S. 53; Waser Erika, Luzerner Namenbuch 11, Hitzkirch 1996, S. 119.
48 Vgl. Bolliger, Max: Ein Stern am Himmel, Niklaus von Flüe, Hitzkirch 1987. Darstellung und Übertragung von Max Bolliger, eng an Durrer angelehnt, sind vorzüglich für Kinder ab zwölf Jahren geeignet.
49 Diethelm, Die Hexenprozesse in Obwalden, S. 26; Ming, Der selige Bruder Nikolaus von Flüe, Bd. 1, S. 33.
50 Meier, Pirmin: Magisch Reisen Schweiz, S. 119–125.
51 Vgl. oben, Anmerkung 11.
52 Vgl. oben, Anmerkung 16. Golowins Beitrag als Vermittler v. Bubenberg ist beachtlich.
53 Hohlenstein, Walther ab: Schweizer Heiligenlegende, Olten 1940, S. 17.
54 Wälchli, Adrian v. Bubenberg, S. 26–30.
55 Schaufelberger, Walter: Kriegerische Energie, in: Marignano, Frauenfeld 1993, S. 80–88; ders.: Altschweizerisches und altbernisches Kriegsvolk, wie es nicht im Geschichtsbuch steht, Separatum a. d. Archiv des Hist. Vereins des Kantons Bern, Bd. 46, 1962, S. 325–348.
56 Oechsli, Quellenbuch zur Schweizergeschichte, Zürich 1886, S. 169f.
57 Schnegg, A.: Quellen zur Schweizer Geschichte, Basel 1948, S. 105; Golowin, Adrian von Bubenberg, S. 225.
58 Gröbli, Sehnsucht nach dem »einig Wesen«, S. 108.
59 Golowin, Adrian von Bubenberg, S. 223.

60 Liliencron, R. von: Die historischen Volkslieder der Deutschen, Bd. 2, S. 92.

61 Vgl. Kap. 14, FRIED IST ALLWEGEN IN GOTT. Liliencron, R. v., Die hist. Volkslieder der Deutschen, Bd. 2, S. 93.

62 Walder, Ernst: Das Stanser Verkommnis, Ein Kapitel eidgenössischer Geschichte, Stans 1994, S. 13ff.; Schaufelberger, Der Alte Schweizer und sein Krieg, S. 159. Hoffmann-Krayer, Knabenschaften und Volksjustiz in der alten Schweiz, S. 11f.

63 Walder, Das Stanser Verkommnis, S. 27.

64 Segesser, Philipp Anton: Beiträge zur Geschichte des Stanser Verkommnisses. Separatum aus d. 2. Bd. d. Sammlung kleiner Schriften, Bern 1877, S. 136.

65 Segesser, Beiträge zur Geschichte d. Stanser Verkommnisses, S. 43.

66 Liebenau, Theodor von: Der Hochverratsprozeß des Peter Amstalden, Der Geschichtsfreund Bd. 37, Einsiedeln 1882, S. 146f.

67 Segesser, a.a.O.

68 Sterchi, Jakob: Adrian von Bubenberg, Charakterbild aus der Heldenzeit der Alten Eidgenossenschaft, Bern 1891, S. 81.

68 Sterchi, a.a.O.

70 Historisch-Biographisches Lexikon der Schweiz, Bd. 3, Neuenburg 1926, S. 398.

71 Wälchli, Karl F.: Adrian von Bubenberg, S. 35f. Die Gründerjahre des schweiz. Bundesstaates ab 1848 standen im Zeichen einer Bubenberg-Renaissance, die in den dreißiger Jahren des 20. Jahrhunderts abermals auflebte. Jeremias Gotthelf sah im Thema »den herrlichsten Stoff für einen historischen Roman« (Brief an Regierungsrat Fetscherin v. 1844). Den großen Schweizer Bubenberg-Roman publizierte dann Mundartschriftsteller Rudolf von Tavel 1931, *Der Ring i der Chetti*, zu einer Zeit, als »in Europa der Ruf nach Führern erscholl. (...) Mit Bubenberg wollte Tavel zeigen, welche Art Führer die Welt nötig hätte« (Wälchli). Die Schlußvignette zu Tavels Roman zeigt Bruder Klaus, den Vorstellungen des 19. Jahrhunderts gemäß, unterwegs nach Stans. In Anspielung auf Klaus von Flüe und Bubenberg zitiert Wälchli S. 40 den Genfer Philosophen Henri-Frédéric Amiel: »Seine persönliche Kraft dafür einsetzen, daß das Gute in der Welt sich mehre, dieses bescheidene Ideal genügt. Dem Guten zum Sieg zu verhelfen, ist das gemeinsame Ziel der Heiligen und Weisen.«

72 Nach dem Wortlaut der Twingherren-Rede, hrsg. v. Gottlieb Studer, Bern 1877, in: Wälchli, Adrian von Bubenberg, S. 23.

14. KAPITEL
FRIED IST ALLWEGEN IN GOTT

1 Von Flüe, Niklaus (*1934): Ranft und Stans 1981, in: Gemperle, Jos. (Hrsg.): Der Bund der Eidgenossen, Modell oder Denkmal? Luzern/Stuttgart 1990, S. 30.

2 Dürr, Emil: Von Morgarten bis Marignano, Schweizer Kriegsgeschichte Bd. 4, Bern 1933, S. 361.

3 Schaufelberger, Walter: Zu einer Charakterologie des altschweizerischen Kriegertums, Beiträge zur Volkskunde der Universität Basel z. Feier ihres 500jährigen Bestehens, Basel 1960; ders., Altschweizerisches und altbernisches Kriegsvolk, wie es nicht im Geschichtsbuch steht, Sep. a. d. Archiv d. Hist. Vereins des Kt. Bern, Bd. 46, Heft 2, Bern 1962, S. 344.

4 Walder, Das Stanser Verkommnis, S. 137.

5 Segesser, Philipp Anton v.: Rechtsgeschichte der Stadt und Republik Luzern, Bd. 2, Neudr. d. Ausg. Luzern 1854, Aalen 1974, S. 17.

6 Walder, Das Stanser Verkommnis, S. 137.

7 Vokinger, Bruder Klaus, 3. Aufl., bearb. v. R. Amschwand, Zürich 1974, S. 107f.

8 Liebenau, Der Hochverratsprozeß des Peter Amstalden, S. 179.

9 Omlin, Ephrem: Die Landammänner des Standes Obwalden und ihre Wappen, Sarnen 1966, S. 98f.

10 Vokinger, Bruder Klaus, 3. Aufl., S. 108.

11 Liebenau, Der Hochverratsprozeß des Peter Amstalden, S. 109.

12 Liebenau, Das alte Luzern, hrsg. v. Kuno Müller, Luzern 1938, S. 16.

13 Schmid, Josef (Hrsg.): Renward Cysat, Collectanea Chronica, Bd. 5, 1. Teil, Luzern 1977, S. 29.

14 Liebenau, Das alte Luzern, S. 30.

15 Liebenau, Der Hochverratsprozeß des Peter Amstalden, S. 134.

16 Liebenau, Der Hochverratsprozeß des Peter Amstalden, S. 120.

17 Liebenau, Der Hochverratsprozeß des Peter Amstalden, S. 119.

18 Ming, Der selige Nikolaus von Flüe, Bd. 4, S. 12.

19 Segesser, Rechtsgeschichte der Stadt und Republik Luzern, Bd. 2, S. 52.

20 Segesser, Beiträge zur Geschichte des Stanser Verkommnisses, S. 31.

21 Hohenheim, Theophrast von, gen. Paracelsus: Sämtl. Werke, 1. Abt., Bd. 6, S. 263.

22 Walder, Das Stanser Verkommnis, S. 205f.

23 Hugo, Petrus (S. J.): Beati Nicolai de Rupe vita ac res gestae brevi commentario ad Cardinalem Alterium, Freiburg i. Ue. 1636, Erstausgabe in der Stiftung Dr. h. c. Edmund Müller, Beromünster. Das Buch erreicht in der deutschen Fassung bis ins 18. Jahrhundert elf Auflagen.

24 Stirnimann, Heinrich: Der Gottesgelehrte Niklaus von Flüe, Freiburg i. Ue. 1981, S. 35.

25 Deschwanden, Karl: Die Überreste des Fehderechts in den Rechtsquellen des Nidwaldner Partikularrechts, Der Geschichtsfreund Bd. 9, Einsiedeln 1853, S. 116f. Quellenabdruck des ältesten Nidwaldner Landrechts.

26 Perl, Carl Johann (Hrsg.): Aurelius Augustinus, Der Gottesstaat, Bd. 3, Salzburg 1953, S. 289 (dt. Übers. v. Herausgeber).

27 Rausch, Heinz (Hrsg.): Marsilius von Padua, Der Verteidiger des Friedens, Stuttgart 1985, S. 233.

28 Rausch, Marsilius von Padua, Der Verteidiger des Friedens, S. 59–61.

29 Gilly, Die Gelehrten die Verkehrten, Florenz 1991. Deschwanden, K., Der Geschichtsfreund Bd. 9, S. 84ff.

30 Der Geschichtsfreund Bd. 9, S. 119 (Quellenanhang zu K. v. Deschwanden).

31 Von Flüe, Niklaus: Sternstunden in 700 Jahren Bund, in: Gemperle, Jos. (Hrsg.): Der Bund der Eidgenossen, Modell oder Denkmal? Luzern 1990, S. 73.

32 Siehe Anmerkung 30.

33 His, Rudolf: Gelobter und gebotener Friede im deutschen Mittelalter, Zeitschrift f. Rechtsgeschichte B. 33, 1912, S. 154. Der Friede wird mit der Hand gelobt. In Luzern sagt man dabei *gib frid*, vgl. Segesser, Rechtsgeschichte von Stadt und Republik Luzern, Bd. 2, S. 218. Im Nidwaldner Landrecht ist die Rede davon, *dass einer um frid manet, oder, wo ein krieg … uffstät, (…) einen frid usrüefft.* Das Landbuch von Schwyz (1684) dekretiert *so man den landsfriden ruoft, … solle der frid gelten, … als wan er* (der Betroffene) *es mit handsgelübd getat hette.* Nidwaldner Landbuch von 1623 zum Friedensruf: *und darf man den friden nit weiter mit der hand ufnemen.* Das Obwaldner Landbuch von 1635: *so man den (…) friden ruoft, so soll man ihne darnach zwüschen den sächeren* (Parteien) *mit der hand auch machen, wenn man dazu kommen mag, und soll auch der ruof, wo man in stössen den mit der hand nit mag machen, auch gelten.* Das ist im Gegensatz zum Handfrieden der vom Landammann gebotene Friede. His, a.a.O., S. 175f. Deschwanden, K., Der Geschichtsfreund Bd. 9, S. 84f. »Friede bieten«.

34 Bächtold-Staubli, Handwörterbuch des deutschen Aberglaubens, Bd. 3, S. 85.

35 Schneider, Reinhold: Innozenz der Dritte, München 1963, S. 70.

36 Walder, Das Stanser Verkommnis, S. 45.

37 Walder, a.a.O.

38 Walder, Das Stanser Verkommnis, S. 48.

39 Walder, Das Stanser Verkommnis, S. 67.

40 Walder, Das Stanser Verkommnis, S. 41.

41 Ming, Der selige Bruder Nikolaus von Flüe, Bd. 3 u. 4, handelt fast ausschließlich von der angeblichen Teilnahme des Eremiten am Tag zu Stans; Segesser, Beiträge zur Geschichte des Stanser Verkommnisses, S. 95f.: »Es muß daher schon a priori angenommen werden, daß die Vermittlung nicht in einem momentanen Auftreten, sondern in wiederholter successiver Aktion sich geltend gemacht habe, daß sie schon auf die große Annäherung ihre Wirkung hatte, welche der Tag vom 25. November gebracht zu haben scheint. Wir nehmen daher an, daß der Einfluss des seligen Bruders Claus nicht nur auf dem Tage vom 22. Dezember, sondern auch schon vorher in den kritischen Momenten dieses inneren Zwiespalts wirksam gewesen sei.« Damit nimmt Segesser die These von Walder praktisch vorweg.

42 Troxler, Ignaz Paul Vital: Politische Schriften in Auswahl, eingel. u. kommentiert v. Adolf Rohr, Bern u. Stuttgart 1989, Bd. 2, S. 263.
43 Troxler, Politische Schriften in Auswahl, Bd. 2, S. 206.
44 Walder, Das Stanser Verkommnis, S. 68.
45 Walder, Das Stanser Verkommnis, S. 69.
46 Weisung der Väter, Nr. 31, S. 23.
47 Weisung der Väter, Nr. 3, S. 15.
48 Weisung der Väter, Nr. 387, S. 323.
49 Weisung der Väter, Nr. 389, S. 323.
50 Segesser, Beiträge zur Geschichte des Stanser Verkommnisses, S. 102.
51 Oechsli, Quellenbuch zur Schweizergeschichte, S. 202.
52 Segesser, Beiträge zur Geschichte des Stanser Verkommnisses, S. 103f.
53 Schneider, Reinhold: Gedanken des Friedens, Gesammelte kleine Schriften, Freiburg i. B., 1946, S. 53.
54 Businger, Joseph: Bruder Klaus und sein Zeitalter oder Lebens- und Zeitgeschichte des seligen Niklaus von Flüe aus Unterwalden, Luzern 1827, S. 69.

15. Kapitel
Das Gymnasium des Heiligen Geistes

1 Schmitt, Wolfram: Grundlinien der Epilepsielehre des Paracelsus, in: Paracelsus, Werk u. Wirkung, Kurt Goldammer z. 60. Geburtstag, Wien 1976, S. 269ff.
2 Hohenheim, Theophrast von, gen. Paracelsus, Sämtliche Werke, 1. Abt., Bd. 2, S. 394.
3 Hebel, Johann Peter: Der Statthalter von Schopfheim, Alemannische Gedichte, in: J. P. Hebel, Poetische Werke, München 1978, S. 602.
4 Schmitt, Grundlinien der Epilepsielehre des Paracelsus, S. 263.
5 Canetti, Masse und Macht, Düsseldorf 1960, S. 502 u. 530f.
6 Koch, Richard; Rosenstock, Eugen: Paracelsus, Krankheit und Glaube, Stuttgart 1923, S. 23; Meier, Paracelsus, Arzt und Prophet, S. 161–181. Vgl. Kap. 13, FRIED IST ALLWEGEN IN GOTT.
7 Dante Alighieri: Die göttliche Komödie, Paradiso 33, 100. Hier zit. bei Jünger, Ernst: Autor und Autorschaft, Stuttgart 1984, S. 156.
8 Jung, Carl Gustav: Von den Wurzeln des Bewußtseins, S. 12, zit. b. Franz, Die Visionen des Niklaus von Flüe, Zürich 1980, S. 116.
9 Tauler, Johannes: Predigten, Vollst. Ausgabe, hrsg. u. übertr. von Georg Hofmann, Einsiedeln 1987, S. 436.
10 Weisung der Väter, Nr. 83, S. 40.
11 Weisung der Väter, Nr. 11, S. 47.
12 Tauler, Predigten, S. 607.
13 Meister, Leonard: Helvetiens berühmte Männer, Bd. 2, Zürich 1785, S. 8,

»Bruder Klaus« zit. nach Gottfrid Arnold, vgl. Einleitung, DER EINSAME MANN WILL AUF DEN DANTZ GON, Anmerkung 3.

14 Meister Eckhart: Einheit im Sein und Wirken, hrsg. v. Dietmar Mieth, 3. Auflage München 1991, S. 85.

15 Meister Eckhart, Einheit im Sein u. Wirken, S. 88.

16 Meister Eckhart, Einheit im Sein u. Wirken, S. 94.

17 Stirnimann, Heinrich: Der Gottesgelehrte Niklaus von Flüe, Freiburg/Schweiz 1981, S. 7.

18 Pernoud, Régine: Jeanne d'Arc, Glaube, Kraft, Vision, München 1995, S. 33. Vgl. Schirmer-Imhoff: Der Prozeß Jeanne d'Arc, München 1978, S. 20.

19 Schneider, Reinhold: Gedanken des Friedens, Freiburg i. B., 1946, S. 59.

20 Hinweis von Werner T. Huber, Baar.

21 Huber, Werner T.: Der göttliche Spiegel. Z. Geschichte u. Theologie d. ältesten Druckwerkes über Bruder Klaus und sein Meditationsbild, Bern/Frankfurt 1981, S. 81. Hubers bester Beitrag zur Bruder Klaus-Forschung.

22 Zellinger, Eduard: Cusanus-Konkordanz, München 1960, S. 89ff.

23 Vetter, Ferdinand (Hrsg.): Das Leben der Schwestern zu Töss, Berlin 1906, S. 68–78; Günther, Carl (Hrsg.): Das Leben der Schwestern zu Töss, beschrieben von Elsbet Stagel, Erlenbach/Zürich 1923, S. 92.

24 Muschg, Walter: Die Mystik in der Schweiz. Frauenfeld und Leipzig 1935, S. 391.

25 Kirchhoff, Kilian: Symeon der neue Theologe, Licht vom Licht. Hymne 20, München 1951, S. 118.

26 Bultmann, Rudolf, in: Philologus, Bd. 97, 1948, S. 33. Vgl. Benz, Die Vision, S. 333.

27 Benz, Die Vision, S. 332. Vgl. ferner oben, Anmerkung 25.

28 Bättig, Joseph: Albert Talhoff (1888–1956), »Wen Gott erwecken will, den führt er zum Gewissen«, in: Grenzfall Literatur, hrsg. v. Joseph Bättig u. Stephan Leimgruber, Freiburg/Schweiz 1993, S. 102.

29 Stirnimann, Der Gottesgelehrte Niklaus von Flüe, S. 141ff.

30 Huber, Der göttliche Spiegel, S. 182.

31 Hug (Hugo), Petrus: Von dem Leben und Geschichten Nicolaj von der Flüe, Landammanns und Einsidels zu Underwalden, Freiburg i. Ue 1642 u. spätere Auflagen, S. 89–94. Mehrere Ausgaben in der Sammlung der Stiftung Dr. h. c. E. Müller, Beromünster.

32 Franz, Die Visionen des Niklaus von Flüe, S. 117. Jung spricht in der Regel von der »schrecklichen Vision«.

33 Schneider, Reinhold: Lektüre für Minuten, hrsg. v. Pirmin Meier, Frankfurt 1980, S. 123.

34 Meister Eckhart, Die deutschen Werke, 5. Bd., hrsg. v. Josef Quint, Stuttgart 1963, S. 221.

35 Motto zu Hölderlins »Hyperion«, vgl. Hölderlin, Friedrich: Sämtliche Werke, hrsg. v. Friedrich Beissner, Frankfurt 1961, S. 487.

36 Blanke, Bruder Klaus von Flüe, Seine innere Geschichte, S. 36.
37 Vgl. Hohenheim, Theophrast von, gen. Paracelsus, Sämtl. Werke, 1. Abt., Bd. 1, S. 179.
38 Canetti, Das Geheimherz der Uhr, S. 16.
39 Franz, Die Visionen des Niklaus von Flüe, S. 122.
40 D 748; Ringholz, Odilo: Der Freiherrenberg bei Einsiedeln und Hans Jakob Freiherr von Mörsperg, in: Mitteilungen des Hist. Vereins des Kantons Schwyz, Bd. 14, S. 51ff.
41 Rosenberg, Alfons: Christliche Bildmeditation, München 1975, S. 115–166.
42 EB 229–236. Amschwand, Rupert: Die Überlieferung des Bruder-Klausen-Gebetes, Obwaldner Geschichtsblätter Bd. 12, Sarnen 1974, S. 69–95.
43 Huber, Werner T.: Gespräch mit Bruder Klaus, Der Pilgertraktat, Freiburg/Schweiz 1981, S. 19.
44 Amschwand, Rupert: Das »Bätti« des heiligen Bruder Klaus, Obwaldner Geschichtsblätter 15, 1976, S. 44.
45 Pernoud, Jeanne d'Arc, S. 13.
46 Weisung der Väter, Nr. 898, S. 293.
47 Amschwand, Das »Bätti« des heiligen Bruder Klaus, S. 53.
48 Salmann, Elmar: »Gebet«, in: Wörterbuch der Mystik, hrsg. v. Peter Dinzelbacher, Stuttgart 1989, S. 183.
49 Brockhusen, Gerda von: »Bernardin von Siena«, in: Wörterbuch der Mystik, hrsg. v. P. Dinzelbacher, Stuttgart 1989, S. 53.
50 Hesse, Hermann: Gesammelte Werke in zwölf Bänden, Frankfurt 1970, S. 355–359 (*Siddharta*, Erstes Kapitel).
51 Schneider, Reinhold: Gedanken des Friedens, Gesammelte kleine Schriften, Freiburg i. B. 1946, S. 49.
52 Zit. b. Rosenberg, Christliche Bildmeditation, S. 107f.
53 A.a.O.
54 Amschwand, Das »Bätti« des heiligen Bruder Klaus, S. 54.
55 Lübbe, Hermann: Religion nach der Aufklärung, Graz/Wien/Köln, 1986, S. 149ff. Die Hauptthese des in Einsiedeln und in Kärnten lebenden Philosophen, 1993 Träger des Paracelsus-Rings der Stadt Villach.
56 Chronik der Stadt Biberach um 1530–40, zit. bei Gislind M. Ritz, Der Rosenkranz, München 1962, S. 69. Vgl. Amschwand, Das »Bätti« d. hl. Bruder Klaus, S. 36.
57 Sigrist, Georg: Bruder Klaus oder des seligen Nikolaus von der Flüe lehrreiche und wundervolle Lebensgeschichte, Luzern 1843, S. 50.
58 Von Ah, Josef Ignaz: Des seligen Einsiedlers Nikolaus von Flüe, genannt Bruder Klaus zu Unterwalden, wunderbares Leben, segensreiches Wirken und gottseliges Sterben, Einsiedeln/New York/Cincinnati/St. Louis 1887, S. 118.
59 Ming, Der selige Nikolaus von Flüe, Bd. 1, S. 243.
60 Ochsenbein, Peter: Die Vaterunser-Betrachtung im verlorenen »bettbuoch« des Bruder Klaus, Der Geschichtsfreund Bd. 140, Stans 1987, S. 66f.

61 Hinweis von lic. phil. Martin Ramming, Indogermanist, Beromünster.

62 Stirnimann, Der Gottesgelehrte Niklaus von Flüe, S. 190.

63 EB 232/33; Koudelka, Vladimir: Das Meditationsbild des Bruder Klaus, Der Stifter und der Maler, Rickenbach/Luzern 1994. Koudelka plädiert für Landammann Heinrich Bürgler als mutmaßlichen Stifter der Betrachtungstafel. Bürgler, in Giswil (Helferei) und Lungern (Acker, Kirchenfenster, Geld) schon als großzügiger Stifter hervorgetreten, legte zeitlebens Wert auf seine Nähe zu Bruder Klaus.

64 Im Gegensatz zu Werner T. Huber, »Der göttliche Spiegel«, 1981, betrachten wir den Pilger und Gundelfingen, trotz bemerkenswerter Übereinstimmungen, nicht als identisch. Die Verfasserschaft einer deutschen Schrift ist aus dem Gesamtwerk des Beromünsterer Chorherrn und Freiburger Hochschulprofessors nicht ohne weiteres ersichtlich.

65 Küchler, Anton: Chronik von Sarnen, Sarnen 1895, S. 7.

66 Stirnimann, Der Gottesgelehrte Niklaus von Flüe, S. 155, gemäß einer sprachlichen Analyse des Germanisten Walter Haas.

67 Stirnimann, Der Gottesgelehrte Niklaus von Flüe, S. 300.

68 D 363f.; Huber, Der göttliche Spiegel, S. 17ff.

69 Canetti, Elias: Die Fliegenpein, Aufzeichnungen, München 1992, S. 8.

70 Huber, Der göttliche Spiegel, S. 130. Pfeiffer, Meister Eckhart, S. 503f.

71 Huber, Der göttliche Spiegel, S. 131.

72 Bihlmeyer, K. (Hrsg.): Heinrich Seuse, Deutsche Schriften, Frankfurt 1961, S. 180.

73 Huber, Der göttliche Spiegel, S. 87.

74 Huber, Gespräch mit Bruder Klaus, Der Pilgertraktat, S. 23.

16. Kapitel
Dorothe und die Fahne des Sieges

1 Troxler, Sebastian (Hrsg.): Regelbuch der Eremiten der vier Waldstätte, Luzern 1872, S. 386.

2 Weisung der Väter, Nr. 140, S. 58. Über Abbas Abraham: Weisung der Väter, Kommentar, S. 466.

3 Heissenbüttel, Helmut: Die Versuchung des Heiligen Antonius, in: Arnold, Heinz Ludwig (Hrsg.): Hundert erotische Gedichte, München 1986, S. 82.

4 Müller, Hugo: Obwaldner Namenbuch, Sarnen 1952.

5 Müller, Kuno: Innerschweiz, Essays, Luzern 1960, S. 175ff.

6 Mülinen, F. W.: Die Herren von Bubenberg, Genealogisches Handbuch zur Schweizergeschichte, Bd. 3.

7 Durrer, in: Hist.-Biogr. Lexikon der Schweiz, Bd. 1, Neuenburg 1921, S. 349.

8 Liebenau, Theodor von: Das alte Luzern, S. 147.
9 Schreiber, Hermann: Schottland, Die Geschichte eines Landes am Rande Europas, Gernsbach 1990; Hendrie, William F.: Linlithgow, Six hundred years a royal burgh, Edinburgh 1989; Köfler, Margarete: Eleonore von Schottland, Schlern-Schriften, Bd. 269, Innsbruck 1982, S. 9–114.
10 Rüegg, Ferdinand, Hohe Gäste in Freiburg i. Ue. vor dessen Beitritt zur Eidgenossenschaft, Separatum aus: Freiburger Geschichtsblätter 15, Freiburg/Schweiz 1908, S. 25–39.
11 Hamann, Brigitte: Die Habsburger, Ein biographisches Lexikon, München 1988, S. 74.
12 Baum, Wilhelm: Nikolaus Cusanus in Tirol, Bozen 1983, S. 347.
13 Köfler, Eleonore von Schottland, S. 80f.
14 Hamann, Die Habsburger, S. 74.
15 Amschwand, Rupert: Das akademische Studium des jüngsten Sohnes von Bruder Klaus. Der Geschichtsfreund B. 136, Stans 1936, S. 199–204.
16 Nach mündlicher Überlieferung von Landammann Sebastian Wirtz, D 995. Bolliger, Max: Ein Stern am Himmel, S. 56.
17 Vgl. die Inschrift zur Jakob Minder-Bildtafel in der Wallfahrtskapelle Luthernbad. Brandstetter, Renward: Renward Cysat, Luzern 1909, S. 106 u. a.
18 Bell, Rudolph: Holy Anorexia, Chicago 1985. S. 22f. Der amerikanische Autor vertritt die These, Katharina von Siena sei verhungert.
19 Z.B. bei Benno Lussi, »Wunder- und Tugendt-Stern«, Luzern 1732, S. 192.
20 Tauler, Predigten, S. 493.
21 Wilms, Hieronymus (Hrsg.): Des seligen Heinrich Seuse Büchlein der ewigen Weisheit, Köln 1939, S. 149.
22 Wilms, Des s. H. Seuse Büchlein d. ewigen Weisheit, S. 153.
23 Gröbli, Sehnsucht nach dem »einig Wesen«, S. 118.
24 Troxler, Regelbuch der Eremiten der vier Waldstätte, S. 115ff.
25 Weisung der Väter, Nr. 78, S. 38.
26 Weisung der Väter, Nr. 11, S. 47.
27 Bernanos, Georges: Die begnadete Angst (Dialog der Karmeliterinnen), Köln 1951, S. 54. Vgl. Pieper, Josef: Tod und Unsterblichkeit, München 1979, S. 147.
28 Haas, Alois M.: Das mittelalterliche Sterbebrauchtum, in: ders., Todesbilder im Mittelalter, Darmstadt 1989, S. 50–86.
29 Rochholz, Ernst Ludwig: Die Schweizerlegende vom Bruder Klaus, Aarau 1875, S. 2. Nikolaus sei »ein auf seinen Körperschmutz erpichter Waldbruder«.
30 Zihlmann, Josef. Volkserzählungen und Brüche, Hitzkirch 1989, S. 389.
31 Haas, Todesbilder im Mittelalter, S. 56.
32 Compendium Theologicum I, S. 152. Pieper, Josef (Hrsg.): Thomas von Aquin, Hamburg 1956, S. 205.
33 Ming, Der selige Nikolaus von Flüe, Bd. 1, S. 428 (nach Eichorn, Johann Joa-

chim; Wundergestirn der Eydgnossschaft: Das ist Übernatürliches Leben und Heiliger Wandel/Nicolai von Flüe, München 1609).

34 Hohenheim, Theophrast von, gen. Paracelsus, Sämtl. Werke, 1. Abt. Bd. 9, S. 257.

35 Lussi, Benno: Wunder- und Tugendt-Stern, Übernatürliches Leben und heiligster Wandel und grosse Wunderwerck des Villseeligen Bruder Clausen von Underwalden, Luzern 1732, S. 173; Ming, Der selige Nikolaus von Flüe, Bd. 1, S. 429. Des Kapuziners Lussi Prachtsausgabe von 1732 hält sich, mit Ergänzungen zur Nachwirkung bis zur Hebung der Gebeine 1732, wie Petrus Hugo eng an Eichorn.

36 D 394; Suter, Robert Ludwig: Die Verehrung des hl. Bruder Klaus im Michelsamt, Heimatkunde im Michelsamt 6, Beromünster 1987, S. 7.

37 Ming, Der selige Nikolaus von Flüe, S. 432 (nach Salat, Witwyler, Eichorn, Seb. Rhaetus).

38 Wilms, Des s. H. Seuse Büchlein der ewigen Weisheit, S. 79.

39 Murer, Heinrich: Helvetia Sancta, Luzern 1648, S. 415; Küchler, Anton: Chronik von Kerns, Lungern 1937, S. 169–172. Die »fromm tugendtsam Schwester Cäcilia Bergmann von Wallys« muß um 1561 gestorben sein, nicht 1565, wie Lussi und andere noch annehmen. Schwester Cäcilia, mutmaßlich aus dem Zehnten Leuk im Wallis stammend, will Erscheinungen von Bruder Klaus und Bruder Ulrich wahrgenommen haben (Ming, 2. Bd., S. 495). Im Sinn von Bruder Klaus rief sie »Weh!« über die Beförderer der fremden Kriegsdienste und über die Geistlichen, die kein gutes Leben führen. Den Bruder Klaus will Cäcilia gleich erkannt haben. Er habe gewarnt vor großen Sünden, Ehebruch, Völlerei, Gotteslästerung, überschwenglicher Hoffart, Söldnerdienst. Den Bruder Klaus habe sie gleich erkannt, den Bruder Ulrich aber nicht. Sie habe den Bruder Klaus berührt, und es sei ihr wohl und heimelig bei den beiden Waldbrüdern gewesen. Auf die Frage, wie man sich den Türken und Calvinisten gegenüber betragen solle, habe Klaus gesagt: »Man sol die sachen numen tapfer zur hant nän und ob es schon etwas kosten wurdi, so wärd es uns doch glücklich und wol ergan.« Die Erscheinungen von Bruder Klaus wurden von der Obwaldner Regierung 1560 untersucht und anerkannt. Eichorn attestierte ihr 1609: »Anno 1565 starb die Gottesförchtige Schwester Cecilia im Mössly. Die war eines hohen Alters, hatte ihr Jungkfrauschaft behalten, führte ein stilles, einsames tugentreiches Leben: sie zeigent an zukünftige Ding, die jro Bruder Claus und Bruder Ulrich geoffenbaret: Ruhet zu Kerns im Beinhauss und geschehen vil merckliche Zeichen bey ihrem Grab.« Schwester Cäcilia steht am Anfang der vielfach negativen Prophezeiungen, die mit Bruder Klaus in der Folgezeit verbunden werden. Vor ihr hat allerdings Welty von Flüe in dasselbe apokalyptische Horn gestoßen. Seit Murer und Lussi wird die Legende der Miteremitin Schwester Cäcilia verbreitet, die noch 1875 von Rochholz und 1981 Hans Rudolf Hilty kolportiert wird.

40 Schneider, Reinhold: Winter in Wien, in: Landau, Edwin M. (Hrsg.): Reinhold Schneider, Gesammelte Werke in zehn Bänden, Bd. 10, S. 313. Meier, Pirmin (Hrsg.): Reinhold Schneider, Lektüre für Minuten, Frankfurt 1980, S. 176.

41 Franz, Marie-Louise von: Der verwandelte Berserker, Die Vereinigung psych. Gegensätze, in dies.: Archetypische Dimensionen der Seele, Einsiedeln 1994, S. 48–71.

42 Schmid, F. X.: Die Stiftungstafel am Grabe des Bruders Hans Wagner in der Wallfahrtskirche Hergiswald, Luzern 1936, S. 5. Über die Zum Teil umstrittenen Waldbrüder in Sachseln und Kerns vgl. Küchler, Geschichte von Sachseln, S. 11 u. S. 220–227. Ders.: Chronik von Kerns, S. 199f. Gleichzeitig mit Bruder Klaus existiert noch die Einsiedelei eines Bruder Hans im Kernwald, der ebenfalls 1487 stirbt. Bruder Konrad Scheuber aus Altsellen bricht 1547 seinen Aufenthalt als Eremit im Ranft wieder ab, aus gesundheitlichen Gründen und solchen, die mit Schwester Cäcilia zu tun haben könnten. Vgl. Kap. 17 DER EREMIT IM ALPENLAND. Nachfolgerin von Schwester Cäcilia im Mösli wird 1582 eine Schwester aus Uri. »1595 ist man der Schwester im Mösli ins Haus gestiegen und hat ihr den Kasten aufgebrochen.«

43 Schmid, Die Stiftungstafel, a.a.O.

44 Scherer, Joseph u. Zemp, Joseph: Geschichte und Beschreibung der Wallfahrtskirche Hergiswald, Luzern 1964, S. 14. Über den Niederländer Hans Sylberrysten, 35 Jahre alt, schreibt Hans Salat: »Er trieb so viel selzam Abenthür und phantasey, derbei man ein zerstörtes Gemüth wol verspüren mochte.« Im Gegensatz zu Bruder Klaus ist Sylberrysten ein Zeitgenosse des umstrittenen Chronisten. Nach Liebenau, Das alte Luzern, S. 30, hat Sylberrysten, ein Veteran der Schlacht bei Kappel, in einem Anfall von Raserei vier Personen teils verwundet, teils erschlagen. Deshalb wurde er von Mangold von Wyl erstochen, anschliessend unter dem Galgen vergraben. »Schalkenbruder« nennt ihn der Rat von Luzern.

17. Kapitel
Der Eremit im Alpenland

1 Bamert, M., Descoeudres, G., Santschi, C.: Tschütschi, die 700jährige Geschichte der letzten Einsiedelei im Kanton Schwyz, Schwyzer Hefte 42, Schwyz 1987.

2 Grundmann, Herbert: Deutsche Eremiten, Einsiedler und Klausner im Hochmittelalter, in: ders., Ausgewählte Aufsätze, Bd. 1, Stuttgart 1976, S. 95.

3 Hauck, Kirchengeschichte 4, S. 81, zit. b. Grundmann, Dt. Eremiten, S. 94.

4 Grundmann, Deutsche Eremiten, S. 112f.

5 Gnädinger, Louise: Trevrizent – Seine wüstenväterlichen Züge in Wolframs

von Eschenbachs Parzival (Buch IX), in: Studi di letteratura religiosa tedesca, Florenz 1972, S. 171–173.

6 Hohlenstein, Schweizer Heiligenlegende, S. 9.

7 Burgener, L.: Helvetia Sancta, D. Heiligen u. Seligen d. Schweizerlandes, Bd. 2, 1860, S. 282–284; Walzer, Pierre-Olivier: Vie des Saints du Jura, Reclère 1979, S. 149–192.

8 Walzer, Vie des Saints du Jura, S. 311.

9 Santschi, Catherine: Les ermites du Valais, Extrait de Vallesia, Bd. 43, Sion 1988.

10 Mündliche Mitteilung von Gabriel Stucky, St-Maurice.

11 Santschi, Catherine: L'ermitage de Longeborgne, Sion 1979.

12 Sigrist, Anton: Niklaus Wolf von Rippertschwand, Luzern 1952, S. 145. Brunner und Georg Sigrist, der liberal-katholische Bruder Klaus-Biograph, standen einander als Sailer-Schüler nahe.

13 Hegner, Benedikt: Der Pilgerführer nach Maria Heilbronn im Lutherntal, Solothurn 1938. Nach Stiftungen aus dem 18. Jahrhundert zugunsten eines Eremitenhauses wurde Luthernbad 1846 Mutterhaus. Hier, beim Sitz des Altvaters, absolvierten die Kandidaten einige Wochen lang ihre Probezeit, dann folgte das zweijährige Noviziat. Alle drei Jahre hatten die Eremiten im Mutterhaus ihre Exerzitien zu vollziehen. Bischöflicher Eremitendirektor war bis 1882 Regelbearbeiter Sebastian Troxler, der Pfarrer von Hergiswil bei Willisau. Ab 1883 war Pfarrer Frei aus Zell Eremitendirektor, unter ihm legte der fromme Bruder Meinrad Marbach (Tafel 15) seine Profess ab. Dieser wollte mit weiteren Waldbrüdern die Ewige Anbetung einführen, richtete zu diesem Zweck eine Hauskapelle ein. Unter dem neuen Direktor, Pfarrer Fischer aus Grossdietwil, zerstritten sich die Eremiten, weil »zweifelhafte Elemente«, ohne hinreichende Berufung aufgenommen worden seien. 1887 entließ Bischof Franz Fiala einige Brüder, und auch Altvater Bruder Felix Frei wurde abgesetzt. Neuer Altvater wurde Johann Hegi, Eremit zu St. Verena in Solothurn, der jedoch in seiner Klause verblieb. Faktisch amtierte sein Stellvertreter Bruder Josef Winiger von Beinwi bei Muri. 1888 dankte Eremitendirektor Fischer vorzeitig ab. Im weiteren amtierten die Pfarrherren von Luthern und Zell als Direktoren, zuerst Pfr. Hochstrasser, dann Pfr. Zimmermann, zuletzt Pfr. Robert Augner, der nachmalige Verfasser der nostalgischen »Bilder und Wallfahrtsgeschichte von Maria-Heilbronn im Lutherntal«, Einsiedeln 1930. In der Folgezeit gab es weiterhin viel Wechsel und Streitereien. Der Versuch des Karmeliten Pater Hilarion, um die Jahrhundertwende das Mutterhaus zu erneuern, scheiterte. Benedikt Hegner über diesen: »Der Direktor Pater Hilarion verdarb alles selbst wieder durch sein hochfahrendes, herrisches Wesen; er gehörte zu jenen widerwärtigen und unausstehlichen Naturen, mit denen kein vernünftiger Mensch zusammenleben kann.« P. Hilarion lebte später als Einsiedler in St. Jost bei Aegeri. 1902 und 1903 kommen wieder, unter Direktor Zimmermann aus Zell und Altvater Josef Novizen, darunter kranke und

problematische Persönlichkeiten. 1907 zogen acht Brüder nach Oberwil bei Zug, um sich hier dem Krankendienst zu widmen. Im Jahre 1914 legten insgesamt vierzehn Eremiten eine Prüfung als Pfleger ab. In Luthern selbst hatte es Opposition gegeben gegen die Möglichkeit, hier eine Anstalt für die Pflege psychisch Kranker einzurichten. So wurde dann 1916 das Mutterhaus mit all seinen Gebäuden und Waldungen an die Kirchgemeinde Luthern verkauft, unter Vorbehalt des Rückkaufsrechtes. Die beiden letzten Eremiten von Luthernbad verbrachten ihren Lebensabend als Pflegefälle im Franziskusheim Oberwil. Die Frage, ob die letzten Eremiten vom Luthernbad sich besser als Pfleger oder doch eher als Patienten geeignet haben, darf hier offen bleiben.

14 Burger, Hermann: Der Puck, Stuttgart 1990, S. 19–29.

15 Heussler, Alexander: Luthern Bad, Eine kleine historische Skizze, Luzern o. J.

16 Bamert, Tschütschi, S. 20f.

17 Bamert, Tschütschi, S. 17. Außerdem Meyer v. Konau, Gerold: Der Kanton Schwyz, St. Gallen und Bern 1835, S. 156: »Ehrenvolle Meldung verdient hier der Bruder Paul Anton Winter im Tschütschi, hoch am Mythen, der, indes so viele andere Waldbrüder ein wenig nützliches Leben führen, den Kindern der ganzen Berghöhe Unterricht giebt, die diesen ohne ihn entbehren müssten. Nachdem er am Morgen in seinem stillen Kämmerchen und hierauf im schönen Tempel des Fleckens seiner Andacht obgelegen und nach der Rückkehr die Hausgeschäfte besorgt hat, widmet er den Nachmittag den Kleinen. Im Sommer ist die Kapelle, wo die Kniebänke zum Sitzen der Kinder, die eigentlichen Bänke als Tisch dienen, das Schulzimmer von 70 bis 80 Kindern, im Winter nimmt sein eigenes Stübchen deren 20 bis 25 auf. Sein Hauptfach ist verständiges Lesen und das Lernen des Katechismus. Gott erhalte diesen treuen Jünger Jesu (…) noch lange!«

18 Troxler, Sebastian: Regelbuch der Eremiten der vier Waldstätte, neu bearbeitet, mit Approbation der Hochwürdigsten Bischöfe von Basel und Chur, Luzern 1872.

19 Bütler, Josef: Die Restauration des Eremitenstandes in den V Orten anno 1815, Der Geschichtsfreund Bd. 112, Stans 1959. S. 123–129; betr. heilige Gisela: Schärli, Thomas, Veltheim, Von den Anfängen bis zur Gegenwart, Veltheim/AG 1992, S. 21–31; Meier, Pirmin: Mütter, Helden, Heilige – Mythisches und Mystisches im Rüebliland, in: Vurma, Jiri, Aargau, Ansichten eines Kantons, Aarau 1994.

20 Bütler, die Restauration des Eremitenstandes, S. 127f.

21 Bronner, Franz Xaver: Der Kanton Aargau, Bd. 1, St. Gallen 1844, S. 153f.

22 Hinweis v. Bruno Bieri, Willisau.

23 Meyer, Caspar: Schötzer Dorfgeschichte, Schötz 1972, S. 157.

24 Troxler, Regelbuch der Eremiten der vier Waldstätte, S. 352.

25 Schweizer Illustrierte, Nr. 31, 29. Juli 1986, S. 30–33.

26 Haas, Alois M.: Gottleiden, Gottlieben, Frankfurt 1988 (zusammen mit Bru-

der Klaus-Forscher Heinrich Stirnimann und dem japanischen Mystikkenner T. Ueda.

27 Troxler, Regelbuch der Eremiten der vier Waldstätte, S. 354–356.

28 Weisung der Väter, Nr. 1211, S. 436.

29 Troxler, Regelbuch der Eremiten der vier Waldstätte, S. 402–404.

30 Schopenhauer, Arthur: Sämtliche Werke, Bd. 4, Stuttgart/Frankfurt 1963, S. 503.

31 Kafka, Franz: Sämtliche Erzählungen, Frankfurt 1970, S. 186–191.

32 Zit. bei Schneider, Reinhold, Verhüllter Tag, in: Landau, Edwin M. (Hrsg.): R. S., Gesammelte Werke Bd. 10, S. 165 (Schlußkapitel »Der Schlachtberg«). Einige Seiten darauf kommt der Autor auf Nikolaus von Flüe zu sprechen: »... als wollten die Pfeiler und Gewölbe wieder aufsteigen, unter denen die frommen Frauen von Adelhausen beteten und litten, getröstet, geschreckt von Gesichten und geheimnisvollen Stimmen. (...) Das war in der Zeit, als ein Reich Begnadeter unter dem Wirrsal der Geschicke zusammenwirkte von Strassburg nach Freiburg und hinüber nach Colmar, nach Basel und Schaffhausen und Konstanz und Sankt Gallen und bis in die Zelle des Nikolaus von Flüe im Ranft und sehr viel weiter, ein unbegrenzbares Reich.« Eine Skizze der Gottesfreundebewegung, die Nonnen von Adelhausen entsprechen in ihren seherischen Erfahrungen weitgehend denjenigen von Töss.

33 Die Regel umfaßt 82 Zeilen. Abgedruckt bei Hallauer, Hermann: Johannes Frankfurter und die Waldbrüderstatuen des Nikolaus von Kues, in: Grass, Nikolaus (Hrsg.), Cusanus-Gedächtnisschrift, Innsbruck-München 1970, S. 377f.

34 Müller, Kuno, Die von Flüe, Ein Herrengeschlecht im alten Freistaat Obwalden, S. 31f.

35 Sigrist, Georg, v. Wolhusen, Schüler von Johann Michael Sailer, zuerst Seelsorger in Horw, Stadtpfarrer in Luzern, dann in Aarau, Chorherr v. Beromünster. Bruder Klaus, lehrreiche u. wundervolle Lebensgeschichte, Luzern 1843.

36 Duss, Niklaus: Josef Ignaz von Ah, Der Weltüberblicker, Sarnen 1975, vgl. die Bibliographie S. 212. Werke des »Weltüberblickers« betr. Bruder Klaus sind u. a. ein Bühnenfestspiel und die hervorragend ausgestattete Jubiläumsbiographie »Des seligen Einsiedlers Nikolaus von Flüe, genannt Bruder Klaus von Unterwalden, wunderbares Leben, segensreiches Wirken und gottseliges Sterben, dem katholischen Volk erzählt«, Einsiedeln 1887. Sein Grab befindet sich bei der Pfarrkirche von Kerns.

37 Durrer, W.: Eidgenossen beider Konfessionen über Bruder Klaus, Luzern 1942, S. 25.

38 Durrer, W., Eidgenossen beider Konfessionen über Bruder Klaus, S. 9f.

39 Marchal, Guy P.: Vortrag in Zofingen am 19. Jan. 1996.

40 Rougemont, Denis de: Die Schweiz, Modell Europas, Wien/München 1965, S. 217.

41 Küchler-Ming, Rosalie: Die Verehrung im Wandel der Jahrhunderte, in:

Hartmann, J. (Hrsg.): Bruder Klaus, Eine Gedenkschrift, Immensee 1937. S. 73 schreibt die Autorin u. a. von der »Bedeutung Bruder Klausens als geistiger Führer der schweizerischen Politik«.

42 Etter, Philipp: Der Eidgenosse. Ansprache in Sachseln anläßlich der Übertragung der Reliquien des seligen Nikolaus von Flüe in die Bruder-Klausen-Kirche am Sonntag, den 16. Dez. 1934, in Hartmann, J., Bruder Klaus, Eine Gedenkschrift, S. 49–53.

43 Hartmann, Bruder Klaus, Eine Gedenkschrift, S. 51.

44 Motta, Giuseppe: Testimonia Temporum, Ausgewählte Reden u. Schriften, Bd. 3, Bellinzona 1941, S. 4–7.

45 Walder, Das Stanser Verkommnis, S. 54.

46 Reif, Marbeth (Hrsg.): Heimatlos. Chronik eines Hungerstreiks, 1992; Brühlmann-Jecklin, Erika: Das Schweizer-Kreuz nicht mehr ertragen. Die Flüeli-Ranft-Flüchtlinge im Jubeljahr, 1994.

47 Friedenspredigt von Papst Johannes Paul II. am 14. Juni 1984 auf dem Flüeli, Sachseln 1984.

48 Jürgs, Michael: Der Fall Axel Springer, Eine deutsche Biographie, München 1995, S. 42–44. »Bei Nikolaus von Flüe beeindruckt ihn die Gläubigkeit des nicht theologisch ausgebildeten Laien, der sich auf die Suche nach Gott begeben hat.« Der Verleger habe sich vor allem nach Walter Nigg orientiert. »In den letzten Lebensjahren Springers wurde Nigg übrigens häufig aus der Schweiz nach Berlin oder Hamburg zu religiösen Gesprächen eingeflogen.« Diese Behauptung entbehrt nach Gertrud Nigg, der Witwe von Walter Nigg, der Grundlage. Das Ehepaar Nigg fuhr mit dem Zug nach Berlin zu Vorträgen, welche u. a. von Heinrich Ludewig, dem Gründer der Reinhold-Schneider-Gesellschaft, mit ganz anderen politischen Vorstellungen als Springer, sowie von kirchlichen Institutionen veranstaltet wurden. Dabei hat Nigg Springer als gelegentlichen Zuhörer und Gesprächspartner kennengelernt, sich jedoch nicht für irgendwelche Dienste oder Beratungen in Pflicht nehmen oder gar bezahlen lassen. Ohnehin hat Nigg keine Probleme gehabt, seine Publikationen jeweils bei angesehenen Verlagen herauszubringen, sich aber nie mit einem Verlag identifiziert.

49 Heim, Walter: Die Verehrung des heiligen Bruder Klaus in der Volksfrömmigkeit seit der Heiligsprechung 1947, Der Geschichtsfreund Bd. 140, 1987.

18. Kapitel
Er ist ein frommer Man gsin

1 Oechsli, Quellenbuch zur Schweizergeschichte, S. 282.

2 Oechsli, Quellenbuch zur Schweizergeschichte, Neue Folge, Zürich 1893, S. 466.

3 Meier, J. H.: Biographien berühmter Schweizer, Zürich 1862, S. 95.
4 Jeremias Gotthelf (Albert Bitzius): Sämtliche Werke in 24 Bänden, 10. Ergänzungsband, Erstfassungen und Nachträge, Erlenbach-Zürich 1958, S. 231–237.
5 Nigg, Walter: Felix und Regula, Aneignung einer Legende, Zürich 1967, S. 14.
6 Schaufelberger, Walter, Marignano, S. 104f.
7 Casanova, Giovanni Giacomo: Geschichte meines Lebens, Berlin 1965, Bd. 6, S. 99.
8 Wegelin, Jacob: Religiöse Gespräche der Todten, Frankfurt u. Leipzig 1763, S. 237ff. Wegelin nennt Bruder Klaus einen »Elias seines Zeitalters«, und wie Johannes der Täufer habe er dem Volk auch unangenehme Wahrheiten nahe gebracht. Vgl. Weissenbach, Leben, und Geschichte des Sel. Nikolaus von Flüe, Basel 1787, S. 366.
9 EB 39–45; Heinrich Cornelius Agrippa von Nettesheim, Die magischen Werke, Wiesbaden 1985, S. 139.
10 Haller, Albrecht von: Anfangsgründe der Physiologie, Berlin 1774, S. 243–251.
11 Gotthelf, Sämtliche Werke, 10. Ergänzungsband, S. 237.
12 Barth, Karl: Ein Heiliger. Leben und Glauben, 19. Jahrg., Heft 45 v. 4. 11. 1944, S. 8f.
13 Meier, Paracelsus, Arzt und Prophet, S. 182–191.
14 Meier, Magisch Reisen Schweiz, S. 142.
15 Flüeler, Brigitt: Bruder Konrad Scheuber, Sein Leben im Spiegel der Biographien, Der Geschichtsfreund Bd. 135, Stans 1983, S. 205–228.
16 Ming, Der selige Bruder Nikolaus von Flüe, 2. Bd., Luzern 1863, S. 288–399.
17 Liliencron, R. von, Die historischen Volkslieder der Deutschen, Bd. 4, S. 27f.
18 Weissenbach, Leben, und Geschichte des Sel. Nikolaus von Flüe, Basel 1787, S. 339–364; Amschwand, Die Überlieferung des Bruder Klausen-Gebetes, Obwaldner Geschichtsblätter 12, S. 76–80.
19 Göldlin von Tiefenau, Franz Bernard: Konrad Scheuber von Altsellen, Luzern 1812; Deschwanden, Joseph Theodor: Leben des ehrwürdigen Bruder Konrad Scheuber von Altsellen, Stans 1860. Göldlin von Tiefenau u. Deschwanden beruhen auf: Andermatt, Franz Jacob: Wunderbarliches Leben/ und Wandel Dess Rechtfrommen/Andächtigen und weitberühmten Conrad Scheubers, gewesster Landt-ammann zu Unterwalden nid dem Wald, Luzern 1679. Vgl. Flüeler, Anmerkung 15.
20 Deschwanden, Leben des ehrwürdigen Bruder Konrad Scheuber, S. 58 (nach Eichorn und Murer, Helvetia Sancta).
21 Rochholz, Die Schweizerlegende vom Bruder Klaus von Flüe, S. 146.
22 Deschwanden, Das Leben des ehrwürdigen Bruder Konrad Scheuber, S. 74.
23 Deschwanden, Das Leben des ehrw. Bruder Konrad Scheuber, S. 82f.
24 Deschwanden, S. 80.
25 Meier, Magisch Reisen Schweiz, S. 188–190.
26 Ming, Der selige Bruder Nikolaus von Flüe, Bd. 2, S. 36.

27 Lateinische Fassung 1636, deutsche Übersetzungen ab 1642, insgesamt elf Auflagen, vgl. Stiftung Edmund Müller, Beromünster.

28 Lussi, Wunder und Tugendt-Stern, Luzern 1732, Ex. Stiftung Edmund Müller.

29 Weissenbach, Leben, und Geschichte des Sel. Nikolaus von Flüe, beginnend mit einer »vorläufigen Abhandlung über die Glaubwürdigkeit dieser ganzen Geschichte«, bringt zum 300. Todestag wertvolle Dokumente, so von Bronstetten, aus dem Kirchenbuch von Sachseln, die Briefe an Bern und Konstanz, ferner zahlreiche für Katholiken problematische Stimmen aus dem protestantischen und aufgeklärten Lager. Wertvolle Diskussionsbeiträge gelten der Nahrungslosigkeit des Eremiten. Eine Neuauflage, Luzern 1832, herausgegeben vom Sachsler Pfarrer Pirmin Wirtz, wurde stark gekürzt, »nach Weglassung der gelehrten Abhandlungen und Urkunden dem christlichen Volke mit nützlichen Zusätzen und Anwendungen empfehlungswürdig gemacht«. Ein charakteristisches Dokument für eine nach den Bedürfnissen der Seelsorge, weniger nach der historischen Wahrheit orientierte Rezeption.

30 Andrey, Amédée: Der Heilige unter uns. Das Leben des Seligen Niklaus von Flüe nach den geschichtlichen Quellen, Luzern 1942, S. 222. Eine vorzügliche Darstellung der Vorgeschichte der Beatifikation.

31 Andrey, Der Heilige unter uns S. 223.

32 Zit. bei Ming, Der selige Nikolaus von Flüe, Bd. 2, S. 288.

33 Ming, Der selige Nikolaus von Flüe, Bd. 2, S. 289.

34 Suter, Robert Ludwig: Die Verehrung des heiligen Bruder Klaus im Michelsamt, Beromünster 1987, S. 14.

35 Ming, Der selige Nikolaus von Flüe, Bd. 2, S. 381–406.

36 Rochholz, Die Schweizerlegende vom Bruder Klaus von Flüe, S. 182.

37 Weissenbach, Leben, und Geschichte des Sel. Nikolaus von Flüe, S. 331 (1832 von Pirmin Wirtz eliminierte Stelle).

38 Rochholz, Die Schweizerlegende vom Bruder Klaus von Flüe, S. 180.

39 Schott, Gaspar: Physica Curiosa, seu Mirabilia Naturae Libri XII comprehensa, 1662, S. 465–470, nach Rochholz, Die Schweizerlegende vom Bruder Klaus von Flüe, S. 297. Schott nimmt eine fünfzehn Jahre dauernde Abstinenz an.

40 D 1002–1005. Andrey, Der Heilige unter uns, S. 225.

41 Durrer, Werner: Zur Heiligsprechungsfeier des sel. Bruder Klaus; Zur Geschichte der Heiligsprechung des sel. Bruder Klaus, Imprimatur Chur 14. März 1947, S. 6.

42 Scheuber, J. K.; Imfeld, Johann: Nikolaus von Flüe, Lebensbild Heiligsprechung, Sachseln 1990, S. 65.

43 Herder, Johann Gottfried: Zerstreute Blätter, Bd. 3, Gedicht *Der Friedensstifter*, vgl. Rochholz, Die Schweizerlegende vom Bruder Klaus von Flüe, S. 303.

44 Rölleke, H.: Ein bisher anonym überliefertes Gedicht Clemens Brentanos und seine mutmasslichen Quellen. Jahrb. des freien dt. Hochstifts, Tübingen 1971, S. 134. Vgl. Stirnimann, Der Gottesgelehrte Niklaus von Flüe, S. 140:

Bruder Claus / O Herr nimm von mir, / Was mich wendt von dir, / O Herr gieb mir, / Was mich kehrt zu dir. / O Herr nimm mich mir, / Und gieb mich ganz zu eigen dir, / So betet ein und zwanzig Jahr / Der Bruder Claus, alltäglich zwar / Bei Melchthal in der Cellen …

45 Marti, Kurt: wo chiemte mer hi? gedicht und schtückli ir bärner umgangsschprach, Münsingen 1984.

46 Von Arx, Cäsar: Der heilige Held, Schauspiel, Zürich und Leipzig 1936. Die Kritik an den »derb verzeichneten Rollen« stammt von Josef Konrad Scheuber, in: Wir ehren Bruder Klaus, Werkbuch für Bruder Klausen-Feiern, Luzern 1947, S. 171. Dortselbst ein Überblick auf insgesamt 14 »brauchbare Bühnenspiele aus neuerer Zeit«. Die beste Kritik erhält das Mundartstück *Chlaus vo Flüe* von Oskar Eberle. Aber Scheuber spürt, daß kein großer Wurf darunter ist: »Möge uns die Zukunft diese Gaben noch schenken!«

47 Scherer, Emmanuel (Hrsg.): Das Bruder-Klausen-Spiel des P. Jakob Gretser S. J. vom Jahre 1586, Sarnen 1926, S. 63ff.

48 Meier, Pirmin: Paradoxe »Cenodoxia« – Jacob Bidermanns Cenodoxus in der Aufführung von Jean Deroc, Brugger Neujahrsblätter 1976.

49 Von Flüe, Pia: Das Bruderklausen-Spiel von Johann Zurflüe aus dem Jahre 1601, Liz. Arbeit, Freiburg i. Ue. 1986 (unveröffentlicht); Oppikofer-Dedie, Christiane: Johannes Mahlers Bruder Klausen-Spiel (um 1624), Aarau 1993, S. 339; Ming, Der selige Nikolaus von Flüe, Bd. 2, S. 300; Rochholz, Die Schweizerlegende vom Bruder Klaus von Flüe, S. 279. Suter, Robert Ludwig, Die Verehrung des hl. Bruder Klaus im Michelsamt, S. 8.

50 Vgl. Anmerkung 49; die bei Alois M. Haas eingereichte Dissertation von Oppikofer-Dedie ist hervorragend dokumentiert, als breit abgestützte Forschungsleistung im Hinblick auf Klaus von Flüe in der Theatergeschichte ergiebig, eine sehr schöne Aargauer Edition.

51 Zimmermann, Josef Ignaz (1737–1797), ist Verfasser von über 30 Dramen. Die Broschüre von 1781 wird in der Stiftung Edmund Müller, Beromünster, aufbewahrt. Über Bonaventura Thommen als Bruder Klaus: Sarner Kollegi-Chronik, 7. Jahrg. Heft 2, 1945.

52 Vgl. oben, Anmerkung 46.

53 Zit. bei Rochholz, Die Schweizerlegende vom Bruder Klaus von Flüe, S. 302.

54 Schneider, Hansjörg: Stücke II, Basel 1985, S. 129–202.

55 Muschg, Die Mystik in der Schweiz, S. 391. Walter Muschg war Hansjörg Schneiders Lehrer.

56 Schneider, Stücke II, S. 139.

57 Schneider, Stücke II, S. 194.

58 Hilty, Hans Rudolf: Bruder Klaus oder Zwei Männer im Wald, Zürich 1981, S. 245.

59 Vgl. oben, Anmerkung 11.

60 Weisung der Väter, Nr. 44, S. 25f.

LITERATURVERZEICHNIS IN AUSWAHL

I. Quellenwerke zu Nikolaus von Flüe

Durrer, Robert: Bruder Klaus. Die ältesten Quellen über den seligen Nikolaus von Flüe, sein Leben und seinen Einfluss, hrsg. v. Robert Durrer, unter Mitarbeit von P. Emmanuel Scherer und Dr. Walter Mathis, Bde. 1 und 2 in vier Lieferungen, Sarnen 1917–1921, Unveränderter Nachdruck Sarnen 1981. Zitiert mit Sigel D und Seitenzahl. Bsp.: (D 61) = Durrer, Die ältesten Quellen, S. 61.

Amschwand, Rupert: Bruder Klaus. Ergänzungsband zum Quellenwerk von Robert Durrer, Sarnen 1987. Zitiert mit Sigel EB und Seitenzahl. Bsp.: (EB 29) =Amschwand, Ergänzungsband z. Quellenwerk v. R. Durrer, S. 19.

Sachsler Kirchenbuch 1488. Faksimile. Hrsg. zum 50-Jahr-Jubiläum der Heiligsprechung von Bruder Klaus mit der Transkription von Robert Durrer, Übersetzungen von Werner T. Huber und einem Kommentar von Angelo Garovi, Zug 1997.

Gröbli, Roland: Die Sehnsucht nach dem »einig Wesen«, Leben und Lehre des Bruder Klaus von Flüe, Zürich 1990. (Quellendokumentation u. ausgezeichnete Darstellung)

Huber, Werner T: Bruder Klaus – Nikolaus von Flüe in den Zeugnissen seiner Zeitgenossen, Zürich und Düsseldorf 1996.

Huber, Werner T.: Dorothea. Die Ehefrau des hl. Niklaus von Flüe, Freiburg/Schweiz 1995.

Walder, Ernst: Das Stanser Verkommnis. Ein Kapitel eidgenössischer Geschichte, Stans 1994. (Zugleich ein Standardwerk der Darstellung)

Weisung der Väter, Apophtegmata Patrum, auch Geronticon oder Alphabeticum genannt, übersetzt von Bonifaz Miller, 3. Auflage, Trier 1986. (Hauptquelle zum Verständnis des Wüstenväter- und Einsiedlerwesens in der westlichen Welt, u.a. im Besitz von Bruder Klausens Mitereremiten Bruder Ulrich von Memmingen)

II. Weitere Werke mit Quellencharakter
(siehe auch »Weiterführende Literatur«)

Amtliche Sammlung der älteren Eidgenössischen Abschiede, Bd. 1: Die Eidgenössischen Abschiede aus dem Zeitraume von 1245–1420, in zweiter Auflage bearbeitet von Philipp Anton Segesser, Luzern 1874; Bd. 2: Die Eidgenössischen Abschiede aus dem Zeitraume von 1421–1477, bearbeitet von Philipp Anton Segesser, Luzern 1863; Bd. 3/1: Die Eidgenössischen Abschiede aus dem Zeitraume von 1478–1499, bearbeitet von Philipp Anton Segesser, Luzern 1858.

Anshelm, Valerius: Die Berner Chronik des Valerius Anshelm, hrsg. vom Historischen Verein des Kantons Bern, 6 Bde., Bern 1884–1901.

Aristoteles: Vom Himmel, von der Seele, von der Dichtkunst, Zürich 1950.

Aurelius, Augustinus: Der Nutzen des Fastens, Würzburg 1958.

Bihlmeyer, Karl: Heinrich Seuse, Deutsche Schriften, Neudruck, Frankfurt 1961.
Bitzi, Albert: Das Entlebucher Landrecht von 1491, 2 Bde, Schüpfheim 1948/49.
Bonstetten, Albert von: Descriptio Helvetia, Zürcher Antiq. Gesellschaft, Mitteilung Bd. 3, Zürich 1843.
Büchi, Albert: Albrecht von Bonstetten, Briefe und ausgewählte Schriften, Basel 1893.
Christ, H. und J. Schnell: Die Rechtsquellen von Obwalden, Das älteste Landbuch. Zeitschrift für schweizerisches Recht, VIII. Bd. (1860), II. Rechtsquellen.
Das Weisse Buch von Sarnen: Hrsg. von Hans Georg Wirz. Quellenwerk zur Entstehung der Schweizerischen Eidgenossenschaft, Abt. III, Bd. 1, Aarau 1947.
Denifle, Heinrich OP: Die Dichtungen des Gottesfreundes im Oberlande, in: Zeitschrift für deutsches Alterthum, 24. Band, Berlin 1880, S. 200–218, 280–323, 463–540.
Deschwanden, Karl: Das älteste Nidwaldner Landrecht von 1856, in: Der Geschichtsfreund, Bd. 9, Einsiedeln 1853.
Deschwanden, Karl: Die Rechtsquellen von Nidwalden, Das alte Landbuch von Nidwalden. Zeitschrift für schweizerisches Recht, VI. Bd. (1857), II. Rechtsquellen.
Durrer, Robert: Die Familie vom Rappenstein genannt Mötteli und ihre Beziehungen zur Schweiz, Beilagen I–XV. Der Geschichtsfreund 49 (1894).
Durrer, Werner: Augenzeugen berichten über Bruder Klaus, Eidgenossen beider Konfessionen über Bruder Klaus, Luzern 1941.
Durrer, Werner: Dokumente über Bruder Klaus, zusammengestellt von Werner Durrer, Luzern 1947.
Eckhart, Meister: Das Buch der göttlichen Tröstung, ins Neuhochdeutsche übertragen von Josef Quint, Frankfurt 1987.
Eckhart, Meister: Gotteserfahrung und Weg in die Welt, hrsg. v. Dietmar Mieth, München 1992.
Edlibach, Gerold: Chronik. Hrsg. von Johann Martin Usteri. Mitteilungen der Antiquarischen Gesellschaft Zürich, 4 Bd., Zürich 1846.
Eichhorn, Johann Joachim: Kurze historische Relation/Von dem Leben und Härkommen dess Gottseligen Bruder Ulrichs im Moesly, Konstanz 1605.
Eichhorn, Johann Joachim: Wundergestirn der Eydgenossenschaft: Das ist übernatürliches Leben und H. Wandel/Nicolai von Flüe, München 1608.
Erasmus von Rotterdam: Ein Klag des Frydens, hrsg. v. Alois M. Haas u. Urs Herzog, Zürich 1969.
Etterlin, Petermann: Kronica von der loblichen Eydtgenoschaft, jr harkommen und sust seltzam strittenn und geschichten. Hrsg. von Eugen Gruber. Quellenwerk zur Entstehung der Schweizerischen Eidgenossenschaft, Abt. III, Bd. 3, Aarau 1965.
Franck, Sebastian: Chronicka der Teutschen, Augsburg 1538.
Fründ, Hans: Chronik. Hrsg. von Christian Immanuel Kind, Chur 1875.
Häberle, Alfred: Quellen zur Geschichte des Amtes Entlebuch im 15. Jahrhundert. Geschichtsfreund 101 (1948).
Henne, Anton (Hrsg.): Die Klingenberger Chronik, Gotha 1861.

Hohenheim, Theophrastus von, gen. Paracelsus: Sämtliche Werke, 1. Abt., hrsg. v. Karl Sudhoff, Berlin 1922–1933.

Hohenheim, Theophrastus von, gen. Paracelsus: Sämtliche Werke, 2. Abt., Hrsg. v. Kurt Goldammer, Theologische und Religionsphilosophische Schriften, Wiesbaden und Stuttgart 1955f. bisher 9 Bände und ein Registerband.

Hugo, Petrus: Unschuldiges Laben und Wandel des Seeligen Nicolaus von der Flüe, Einsidlers und Landmanns zu Unterwalden, sonsten Bruder Claus genannt, vierte Auflage, Luzern 1758.

Kern, Leo: Die Ida von Toggenburg-Legende, Thurgauische Beiträge zur vaterländischen Geschichte, 64/65, Frauenfeld 1928.

Liliencron, R. von: Die historischen Volkslieder der Deutschen, 4 Bde, Leipzig 1865f.

Lussi, Benno: Wunder- und Tugendt-Stern, Das ist übernatürliches Leben/Heiligster Wandel und grosse Wunder-Werke des vielseeligen Bruder Clausen von Unterwalden, Luzern 1732.

Nigg, Walter: Niklaus von Flüe, In Berichten von Zeitgenossen, zusammengestellt und eingeleitet von W' N', Olten 1980.

Ochsenbein, Peter: Die Vaterunser-Betrachtung im verlorenen »Bettbuoch« des Bruder Klaus, in: Geschichtsfreund 140, S. 43–80, Stans 1987.

Oechsli, Wilhelm: Quellenbuch zur Schweizergeschichte, Neue Folge, Zürich 1893.

Oechsli, Wilhelm: Quellenbuch zur Schweizergeschichte, Zürich 1886.

Salat, Johannes: Rechte ware History, Legend von Läben, Wäsen und Sterben des frommen, andächtig, lieb, sälig Bruder Nicolausen v. Flü, neugedruckt in: Der Geschichtsfreund, Bd. 22, 1867.

Salat, Johannes: Reformationschronik 1517–1534, in: Quellen zur Schweizer Geschichte, Neue Folge 1, Abt. Chroniken, Bd. 8, 1–3, Bern 1981.

Schlecht, Joseph: Andrea Zamometič und der Basler Konzilsversuch vom Jahre 1482, Paderborn 1903.

Schmid, Alfred A.: Die Schweizer Bilderchronik des Luzerner Diebold Schilling, Luzern 1981.

Schmid, F. X.: Die Stiftungstafel am Grabe des Bruders Hans Wagner in der Wallfahrtskirche Hergiswald, Luzern 1936.

Schmid, Josef: Renwart Cysat Collectanea Chronica und denkwürdige Sachen, 6 Bde, Luzern 1969f.

Simler, Josias: Regiment der loblichen Eydgnossenschaft, 2 Bde., Zürich 1792.

Stirnimann, Heinrich OP: Der Gottesgelehrte Niklaus von Flüe, Drei Studien, Dokimion Band 7, Freiburg/Schweiz 1981.

Tauler, Johannes: Predigten, 2 Bde, übertragen von Georg Hofmann, Einführung von Alois M. Haas, Einsiedeln 1987.

Vetter, Ferdinand (Hrsg.): Das Leben der Schwestern zu Töss, beschrieben von Elsbet Stagel samt der Vorrede von Johannes Meier und dem Leben der Prinzessin Elisabet von Ungarn, Berlin 1906.

Vetter, Ferdinand: Die Predigten Taulers aus der Engelberger und Freiburger Handschrift, Dt. Texte des Mittelalter, hrsg. v. der Kg. Preussischen Akademie der Wissenschaften, Berlin 1910.

Voragine, Jacobus de: Die Legenda aurea, aus dem Lateinischen übersetzt von Richard Benz, Köln 1969.
Wäckerlin-Swiagenin, Katharina: Der »Schüpfheimer Kodex«, ein Medizinalbuch aus dem zweiten Viertel des 15. Jahrhunderts, Aarau 1976.
Wagner, Adalbert OFMCap: Ein Beitrag zur Bruder-Klausen-Forschung, in: Aus Kunst und Wissenschaft, Robert Durrer zum 60., Stans 1928.
Welti, Friedrich Emil: Die Pilgerfahrt des Hans von Waltheym im Jahre 1474, Bern 1925.
Wiessner, Edmund: Heinrich Wittenwilers Ring, nach der Meininger Handschrift herausgegeben, Leipzig 1931.
Wilms, Hieronymus: Des seligen Heinrich Seuse Büchlein der ewigen Weisheit, Köln 1939.

III. Weiterführende literatur

Ackermann, Hansjakob; Sommer-Ramer, Cécile: Helvetica Sacra, Bd. 2, Die Beginen u. Begarden in der Schweiz, IX, 2, Basel 1995.
Achermann, Hansjakob, Brülisauer, Josef, Hoppe, Peter: Innerschweiz und frühe Eidgenossenschaft, Jubiläumsschrift 700 Jahre Eidgenossenschaft, 2 Bde, Olten 1990.
Achermann, Josef: Die Korporationen von Nidwalden, Stans 1979.
Ackermann, August: Mystik und ausserordentliche mystische Vorgänge, Einsiedeln 1952.
Acklin Zimmermann, Beatrice (Hrsg.): Denkmodelle von Frauen im Mittelalter, Freiburg/Schweiz 1994.
Acklin Zimmermann, Beatrice: Gott im Denken berühren, Die theologischen Implikationen der Nonnenviten, Vorwort v. Ruedi Imbach, Freiburg/Schweiz 1993.
Ah, Josef Ignaz v.: Des seligen Einsiedlers Nikolaus von Flüe, genannt Bruder Klaus von Unterwalden, wunderbares Leben, segensreiches Wirken und gottseliges Sterben, Einsiedeln 1887.
Amiet, Josef Ignaz: Solothurn im Bunde der Eidgenossen, Urkundliche Darstellung auf den vierhundertjährigen Erinnerungstag, den 22. Dezember 1481, Solothurn 1881.
Ammann, Hektor: Die Diesbach-Watt-Gesellschaft. Ein Beitrag zur Handelsgeschichte des 15. Jahrhunderts, in: Mitteilungen zur vaterländischen Geschichte XXXVII, Heft 1, St. Gallen 1928.
Amschwand, Rupert: Das »Bätti« des heiligen Bruder Klaus, in: Obwaldner Geschichtsblätter, Bd. 15, S. 35–56 (1980).
Amschwand, Rupert: Das akademische Studium des jüngsten Sohnes von Bruder Klaus, in: Der Geschichtsfreund 136, S. 199–204, Stans 1983.
Amschwand, Rupert: Kerns, Porträt einer Gemeinde, Kerns 1976.
Amschwand, Rupert: Robert Durrer, Schöpfer des Quellenwerkes über Bruder Klaus, Sarnen 1968.
Amschwand, Rupert: St. Niklausen/Obwalden (Kunstführer), München und Zürich 1973.

Amschwand, Rupert: Zur Geschichte des Bruder-Klausen-Grabes, in: Obwaldner Brattig 1977, S. 39–42, Sarnen 1977.

Andrey, Amédée: Der Heilige unter uns, Das Leben des seligen Niklaus von Flüe nach den geschichtlichen Quellen, Luzern 1942.

Arnold, Gottfrid: Kirchen und Ketzer-Historie, dritter und vierter Teil, Frankfurt 1729.

Augner, Robert: Bilder aus der Wallfahrtsgeschichte von Maria-Hellbronn im Lutherntal, Einsiedeln 1930.

Bächtold-Staubli, Hanns: Handwörterbuch des deutschen Aberglaubens, Neudruck v. 1926–1942, Berlin 1986.

Baechtold, Jakob, Hrsg.: Hans Salat, Ein schweizerischer Chronist und Dichter, Basel, 1876.

Bamert M., Bescoeudres G., Santschi C.: Tschü tschi; Die 700-jährige Geschichte der letzten Einsiedelei im Kanton Schwyz, Schwyzer Heft 42, Schwyz 1987.

Baum, Wilhelm: Niklaus von Flüe und Sigmund der Münzreiche von Österreich. Zur Geschichte der Überwindung der »Erbfeindschaft« zwischen Österreich und den Schweizer Eidgenossen, in: Zeitschrift für Schweizerische Kirchengeschichte, Bd. 81 S. 5–29 (1987).

Baum, Wilhelm: Nikolaus Cusanus in Tirol, Bozen 1983.

Baum, Wilhelm: Sigmund der Münzreiche, Zur Geschichte Tirols und der habsburgischen Länder im Spätmittelalter, Bozen 1987.

Baumer, Iso: Der Wüstenvater am Bergbach, Niklaus von Flüe, Ein Heiliger für Ost und West, Gersau 1987.

Benz, Ernst: Die Vision, Erfahrungsformen und Bilderwelt, Stuttgart 1969.

Bieri, Victor: »... Drum kommt aus jedem Schweizer Haus ein Beter zu den Pilgerscharen«, Bemerkungen zu Bruder-Klausen-Wallfahrten zwischen 1933 und 1957, in: Zeitschrift der Schweiz. Kirchengeschichte

Blanke, Fritz: Bruder Klaus von Flüe, Seine innere Geschichte, Zürich 1948.

Bodmer, Jean-Pierre: Chroniken und Chronisten im Spätmittelalter, Monographien zur Schweizer Geschichte, Band 10, Bern 1976.

Bolliger, Max: Ein Stern am Himmel, Niklaus von Flüe, Hitzkirch 1987.

Brandstetter, Renward: Die Wuotansage im alten Luzern, in Geschichtsfreund 62, S. 101–160, Stans 1907.

Brandstetter, Renward: Renward Cysat, 1545–1614, Der Begründer der schweizerischen Volkskunde, Luzern 1909.

Braun, Reinhard: Die Geschichte der Herrschaft und Gemeinde Bichelsee, Eschlikon 1925.

Bredow, Gerda von: Im Gespräch mit Nikolaus von Kues, Münster 1995.

Bruckner, Albert und Betty: Schweizer Fahnenbuch, St. Gallen 1942.

Brumberg, Joan Jacob: Todeshunger, Die Geschichte der Anorexia nervosa vom Mittelalter bis heute, Frankfurt – New York 1994.

Büchi, Albert: Albrecht von Bonstetten, Ein Beitrag zur Geschichte des Humanismus in der Schweiz, Freuenfeld 1889.

Büchi, Albert: Freiburger Akten zur Geschichte der Burgunderkriege 1474–1481, hrsg. von Albert Büchi, Freiburg 1909 (Freiburger Geschichtsblätter 16).

Büchler-Mattmann, Helene und Heer Gall: Engelberg, in: Helvetia sacra, Abt. III: Die Orden mit
Büchli, Arnold: Schweizer Legenden, Aarau o. J.
Budzik, Stanislaw: Doctor Pacis, Theologie des Friedens bei Augustinus, Innsbruck – Wien 1988.
Bühler, Beat: Geschichte von Ganterschwil, Gemeinde zwischen Thur und Nekker, St. Gallen 1979.
Burgener, Laurenz: Helvetia Sancta oder Leben und Wirken der heiligen, seligen und frommen Personen des Schweizerlandes, 3 Bände, Einsiedeln und New York 1860.
Businger, Aloys: Der Kanton Unterwalden, St. Gallen und Bern 1836.
Businger, Joseph: Bruder Klaus und sein Zeitalter, Luzern 1827.
Bütler, Josef: Das Wunder von Ettiswil, Ettiswil 1947.
Bütler, Josef: Die Restauration des Eremitenstandes in den V Orten anno 1815, Der Geschichtsfreund Bd. 112, S. 123–129.
Camenzind, Otto: Pfarrkirche St. Maria Magdalena Alpnach, Alpnach 1986.
Canetti, Elias: Das Geheimherz der Uhr, München 1991.
Canetti, Elias: Die Fliegenpein, München 1992.
Canetti, Elias: Die gerettete Zunge, Frankfurt 1994.
Canetti, Elias: Masse und Macht, Frankfurt 1980.
Canetti, Elias: Nachträge aus Hampstead, München 1995.
Däniker-Gysin, Marie-Claire: Geschichte des Dominikanerinnenklosters Töss 1233–1525, Winterthur 1953.
Deschwanden, Joseph Theodor: Das Leben des ehrwürdigen Konrad Scheuber von Altzellen, Stans 1960.
Deschwanden, Joseph Theodor: Seelengärtlein, Gewöhnliches Gebetbuch des ehrw. Bruder Konrad Scheuber, Stans 1861.
Deschwanden, Karl: Die Überreste des Fehderechts in den Rechtsquellen des Nidwaldner Partikularrechts, Geschichtsfreund Bd. 9, 1853.
Deschwanden, Karl: Umriss der geschichtlichen Entwicklung von Nidwalden im 13. und 14. Jahrhundert. Beiträge zur Geschichte Nidwaldens, 3. Heft, Stans 1886.
Diethelm, Anna Margaretha: Durch sein selbs unerstorben vichlichkeit hin zuo grosser loblichen heilikeit, Körperlichkeit in der Vita Heinrich Seuses, Bern, Frankfurt, New York 1988.
Dinzelbacher, Peter und Bauer, Dieter, Hrsg: Religiöse Frauenbewegung und mystische Frömmigkeit im Mittelalter, Beihefte zum Archiv für Kulturgeschichte, Heft 28, Köln 1988.
Dinzelbacher, Peter: Das Wunderbare in der mittelalterlichen Literatur, in: Göppinger Arbeiten zur Germanistik, hrsg. von Dietrich Schmidtke, Nr. 606: Mirakel oder Mirabilien, Heilige und unheilige Anorexie im ausgehenden Mittelalter, Göppingen 1994.
Dinzelbacher, Peter: Mittelalterliche Frauenmystik, Paderborn 1993.
Dinzelbacher, Peter: Vision und Visionsliteratur im Mittelalter, in: Monographien zur Geschichte des Mittelalters, Band 23, Stuttgart 1981.
Dinzelbacher, Peter: Wörterbuch der Mystik, Stuttgart 1989.

Duft, Johannes: Bruder Klaus in der Musik, St. Gallen 1937.
Duft, Johannes: Die Abtei St. Gallen, Bd. 3, Sigmaringen 1994.
Dürr, Emil: Die Politik der Eidgenossen im 14. und 15. Jahrhundert, in: Schweizer Kriegsgeschichte, Heft 4, S. 5–51.
Durrer, Robert: Das Gedenkkreuz des Ammann Dionysius Heintzli vom Jahre 1486. Anzeiger für Schweizerische Altertumskunde, VII. Bd. 1892–1895 (1895).
Durrer, Robert: Die Einheit Unterwaldens, Stans 1910.
Durrer, Robert: Die Freiherren von Ringgenberg, Vögte von Brienz, und der Ringgenberger Handel. Jahrbuch Schweizer Geschichte XXI (1896).
Durrer, Robert: Die Kunstdenkmäler des Kantons Unterwalden, Zürich 1899–1928 (Basel 1971).
Durrer, Robert: Unterwalden, in: Hist.-Biogr. Lexikon der Schweiz VII Sp. 128–145, Neuenburg 1921.
Durrer, Werner: Zur Heiligsprechungsfeier des seligen Bruder Klaus, Chur 1937.
Duss, Niklaus: Josef Ignaz von Ah, Der Weltüberblicker, Sarnen 1975.
Eberli, Josef (Hrsg.): Dorothea-Hearing, Dokumentation einer Tagung vom 8./9. Okt. 1995 in Sachseln, Sachseln 1996.
Egger, J. B.: Bruder Klaus und das allerheiligste Altarsakrament, Sarnen 1917.
Etter, Philipp: Der Eidgenosse, Ansprache in der Bruder Klausen-Kirche Sachseln, in: Hartmann, J. (Hrsg.): Bruder Klaus, Eine Gedenkschrift, Immensee 1937.
Ettlin, Leo: Johann Baptist Dillier, Sarnen 1968.
Ettlin, Leo: Obwalden, ein Waldkanton, in: Schweizerische Zeitschrift für Forstwesen, Dezember 1981, S. 1015–1026.
Federer, Heinrich: Niklaus von Flüe, Frauenfeld 1986.
Fehr, Joseph: Der Gottesfriede und die katholische Kirche des Mittelalters, Augsburg 1861.
Feller, Richard / Bonjour, Edgar: Geschichtsschreibung der Schweiz. Vom Spätmittelalter zur Neuzeit, Bd. 1, Basel 1979.
Feller, Richard: Geschichte Berns, Bd. 1: Von den Anfängen bis 1516, Bern 1946.
Flüe, Niklaus von, u.a.: Festschrift 500 Jahre Solothurn im Bund, Solothurn 1981.
Flüeler, Brigitt: Bruder Konrad Scheuber, Sein Leben im Spiegel der Biographien, in: Geschichtsfreund 136, S. 205–228, Stans.
Franz, Marie-Louise von: Archetypische Dimensionen der Seele, Einsiedeln 1994.
Franz, Marie-Louise von: Die Visionen des Niklaus von Flüe, Zürich 1983.
Frauenfelder, Reinhard: Ein Kreis von Gottesfreunden im spätmittelalterlichen Schaffhausen, Schaffhausen 1936.
Gagliardi, Ernst: Hans Waldmann und die Eidgenossenschaft des 15. Jahrhunderts, Basel 1911.
Garovi, Angelo: Universitas hominum de Stannes et vallis superioris. Bemerkungen zu den frühen Benennungen des Landes Unterwalden, in: Oberwaldner Geschichtsblätter, Bd. 15 S. 9–17 (1980).
Gemperle, Jos. (Herausgeber): Der Bund der Eidgenossen, Modell oder Denkmal? Beiträge zur Zukunft der 700-jährigen Eidgenossenschaft, Luzern 1991.
Gessler E. A.: Die Harschhörner der Innerschweiz, in: Anzeiger für schweizerische Altertumskunde, NF Band XXVII, S. 27–40, 84–94, 168–177, 228–250, Zürich 1925.

Gilly, Carlos: Das Sprichwort »Die Gelehrten die Verkehrten« oder der Verrat der Intellektuellen im Zeitalter der Glaubensspaltung, Florenz 1991.
Glauser, Fritz, Siegrist, Jean Jacques: Die Luzerner Pfarreien und Landvogteien, Luzern/München 1977.
Gnädinger, Louise (Hrsg.): Deutsche Mystik, 2. Aufl. Zürich 1994.
Gnädinger, Louise (Hrsg.): Angelus Silesius, Cherubinischer Wandersmann, Kritische Ausgabe, Stuttgart 1984.
Gnädinger, Louise: Johannes Tauler, Lebenswelt und mystische Lehre, München 1993.
Gnädinger, Louise: Trevrizent – Seine wüstenväterlichen Züge in Wolfram von Eschenbachs Parzival, Florenz 1972.
Göldlin von Tiefenau, Bernhard: Der Geist des Seligen Bruder Klaus, Luzern 1806.
Golowin, Sergius: Adrian von Bubenberg und die Krone von Burgund, Bern 1976.
Golowin, Sergius: Lustige Eid-Genossen, Zürich 1972.
Gorceix, Bernard: Amis de Dieu en Allemagne au siècle de Maître Eckhart, Paris 1984.
Görres, Guido: Gott in der Geschichte, Vorwort v. Joseph Görres, München 1831.
Görres, Joseph von: Die christliche Mystik, 5 Bde., Neudruck, Frankfurt 1989.
Gotthelf, Jeremias: Niklaus von der Flue, in: ders., Sämtliche Werke in 14 Bänden, 10. Ergänzungsband, Erlenbach-Zürich 1958.
Graf, Matthias: »Der Name Jesu sei Euer Gruss«, Die Geschichte dreier Bruder Klaus-Kapellen, Einsiedeln 1993.
Graf, Matthias: Bruder-Klausen Kapelle Altwies, Uznach 1991.
Grass, Nikolaus: Cusanus-Festschrift, Innsbuck 1970.
Grass, Nikolaus: Cusanus und das Volkstum der Berge, Innsbruck 1972.
Greith, Carl: Die deutsche Mystik im Predigerorden (von 1250–1350) nach ihren Grundlehren, Liedern und Lebensbildern, Freiburg i. B. 1861.
Greith, Karl: Heinrich Suso und seine Schule, aus Kath. Schweizer-Blätter, Jahrg. 2, 1860.
Gruber, Eugen: Beginen und Eremiten der Innerschweiz, in: Festschrift Oskar Vasella, S. 79–106, Freiburg 1964.
Grundmann, Herbert: Religiöse Bewegung im Mittelalter, Darmstadt 1970.
Guitton, Jean: Portrait de Marthe Robin, Paris 1985.
Guntern, Josef: Volkserzählungen aus dem Oberwallis, Basel 1978.
Güttenberger, Heinrich: Die Einsiedler in Geschichte und Sage, Wien 1928.
Haas, Alois M.: Das »einig ein« – Studien zur Theorie und Sprache der deutschen Mystik, Freiburg i. Ue., 1980.
Haas, Alois M.: Deum mystice videre – Zum Verhältnis Nikolaus von Kues zur Mystik, Basel und Frankfurt 1989.
Haas, Alois M.: Die »Theologia Deutsch«, in: Geistliches Mittelalter (Dokimion Band 8), S. 411–457, Freiburg/Schweiz, 1984.
Haas, Alois M.: Geistliches Mittelalter, (Dokimion Band 8), Freiburg/Schweiz 1984.
Haas, Alois M.: Gottleiden – Gottlieben – Zur volkssprachlichen Mystik im Mittelalter, Frankfurt 1989.

Haas, Alois M.: Meister Eckhart als normative Gestalt des geistlichen Lebens, Einsiedeln 1979.
Haas, Alois M.: Mystik als Aussage, Frankfurt 1996.
Haas, Alois M.: Nim din selber war, Studien zur Lehre von der Selbsterkenntnis bei Meister Eckhart, Johannes Tauler und Heinrich Seuse, Freiburg i. Ue., 1971.
Haeberle, Alfred: Die mittelalterliche Blütezeit des Cistercienserklosters St. Urban, Luzern 1946.
Hagenbüchle, Anton: Zum ältesten Schrifttum über Bruder Klaus, in: Obwaldner Geschichtsblätter, Bd. 14, Sarnen 1979.
Hamann, Brigitte: Die Habsburger. Ein biographisches Lexikon, München 1988.
Häne, Johannes: Militärisches aus dem Alten Zürichkrieg, Zur Entwicklungsgeschichte der Infanterie, Zürich 1928.
Hartmann, M.R.: St. Beatushölen, Legende-Geschichte-Erforschung, Sundlauenen, o. J.
Heer, Gottlieb Heinrich: Das Kloster Töss, Winterthur 1945.
Hegner, B.: Maria Heilbrunn, Solothurn 1938.
Heidel, Wolfgang Ernst: Johannis Trithemii Steganographia, Mainz 1676.
Heim, Walter: Die Bruder-Klaus-Verehrung seit der Heiligsprechung von 1947, in Geschichtsfreund 140, S. 81–100, Luzern 1987.
Hemleben, Johannes: Niklaus von Flüe, Der Heilige der Schweiz, Frauenfeld 1977.
Herzog, Joseph: Die Vollkommenheit einer christlichen Oberkeit in dem seligen Nikolaus von Flüe, Luzern 1792.
Heusler, Alexander: Luthern Bad, Eine kleine hist. Skizze, Luzern, o. J.
Hilber, Paul / Schmid, Alfred: Niklaus von Flüe. Im Bilde der Jahrhunderte, Zürich 1943.
Hilberling, Brigitta: Das Dominikanerkloster St. Nikolaus auf der Insel vor Konstanz, Sigmaringen 1969.
Hilty, Hans Rudolf: Bruder Klaus oder Zwei Männer im Wald, Zürich 1981.
His, Rudolf: Gelobter und gebotener Friede im deutschen Mittelalter, 1912.
Historisch-Biographisches Lexikon der Schweiz. Hg. von der Allgemeinen geschichtforschenden Gesellschaft der Schweiz, 7 Bde. und Supplementband, Neuenburg 1921–1934.
Hoffmann-Krayer, E.: Knabenschaften und Volksjustiz in der Schweiz, Sep. Abdr. aus Schw. Archiv f. Volkskunde, Bd. VIII, 1904.
Hohlenstein, Walther ab: Schweizer Heiligenlegende, Olten 1940.
Holzherr, Georg: Einsiedeln, Kloster und Kirche Unserer Lieben Frau – Von der Karolingerzeit bis zur Gegenwart, München 1987.
Hottinger, Johann Jakob: Helvetische Kirchengeschichten, 2. Bd., Zürich 1707.
Huber, Werner T., (Hrsg.): Gespräch mit Bruder Klaus, Der Pilgertraktat, Freiburg, 1987.
Huber, Werner T.: Der göttliche Spiegel, Zur Geschichte und Theologie des ältesten Druckwerkes über Bruder Klaus und sein Meditationsbild, Bern 1981.
Hutzli, Walther: Bruder Klaus, Was er uns Reformierten bedeutet, was er uns nicht bedeuten kann, Bern 1945.

Huwyler, Edwin: Die Bauernhäuser der Kantone Obwalden und Nidwalden, Basel 1993.
Isler, Ursula: Frauen aus Zürich, Zürich 1991.
Jaeckle, Erwin: Bürgen des Abendlandes (über E. Stagel), Lahnstein 1992.
Jäger, Albert: Der Streit des Cardinals Nicolaus von Cusa mit dem Herzog von Österreich als Grafen von Tirol, 2 Bde., Innsbruck 1861.
Jäger, Hans Ulrich: Politik aus der Stille. Ernesto Cardenal, Dom Helder Câmara, Martin Luther King, Christoph Blumhardt, Niklaus von Flüe, Zürich 1980.
Jäger, Willigis: Kontemplation – Gottesbegegnung heute, Der Weg in die Erfahrung nach Meister Eckehart und der »Wolke des Nichtwissens«.
Jakob, Friedrich: Die Orgel als Kriegsbeute, Männedorf 1971.
Jakob, Friedrich: Die Valeria-Orgel, Zürich 1991.
Jann, Adalbert: Heilig Kreuz im Entlebuch 1344–1944, Schüpfheim 1944.
Joeressen, Uta: Die Terminologie der Innerlichkeit in den deutschen Werken Heinrich Seuses.
Journet, Charles: Der heilige Nikolaus von Flüe, Freiburg Schweiz 1980.
Jundt, Auguste: Les amis de dieu au quatorzième siècle, Paris 1979.
Jürgs, Michael: Der Fall Axel Springer, Eine deutsche Biographie, München/Leipzig 1995.
Kafka, Franz: Sämtliche Erzählungen, Frankfurt 1970.
Karrer, Otto: Eine unbekannte Nachricht über Niklaus von der Flüe, in: Schweizerische Rundschau, 27. Jahrgang, S. 258–263, Einsiedeln 1927/28.
Keel, Anselm: Bruder Klaus von Flüe, Rat aus der Tiefe, Einsiedeln 1981.
Kemmer, Alfons: Bruder Klaus der Gottesfreund, in: Schweizerische Rundschau, 47. Jahrgang, S. 82–92, Stans 1947.
Kiem, Martin: Die Entwicklungsgeschichte und die Landammänner von Unterwalden ob dem Wald. Geschichtsfreund 28 (1873).
Klaus, Fritz: Heimatkunde von Liestal, Liestal 1970.
Krömler, Johann SMB: Der Eremitengedanke im Leben Bruder Klausens bis zu seinem Abschied von Frau und Kind, in: Schweizerische Rundschau, 47. Jahrgang, S. 93ff, Stans 1947.
Küchler, Anton: Chronik von Kerns, Lungern 1937.
Küchler, Anton: Chronik von Sarnen, Sarnen 1895.
Küchler, Anton: Geschichte von Sachseln, Stans 1901.
Kues, Nikolaus von: Die Kunst der Vermutung, Auswahl aus den Schriften, hrsg. v. Hans Blumenberg, Bremen 1957.
Kues, Nikolaus von: Lateinisch-deutsche Parallelausgabe, Hamburg 1988ff.
Kuhn, Elmar L.: Die Bischöfe von Konstanz, Geschichte und Kultur, 2 Bde. Friedrichshafen 1988.
Kyburger, Elogius: Strettlinger Chronik, hrsg. von Jakob Baechtold und Ferdinand Vetter, in: Bibliothek älterer Schriftwerke der Deutschen Schweiz und ihres Grenzgebietes, Erster Band, Frauenfeld 1877.
Lao-Tse: Führung und Kraft aus der Ewigkeit, Frankfurt 1985.
Lavater, Johann Caspar: Schweizerlieder, Zürich 1775.
Lavaud, Benoit: Nicolas de Flue et les pères du désert, Fribourg 1942.

Lavaud, Benoit: Vie profonde de Nicolas de Flue, Fribourg 1942.
Liebenau, Theodor von: Das alte Luzern, hrsg. v. Kuno Müller. Luzern 1937.
Liebenau, Theodor von: Das Gasthof- und Wirthshauswesen der Schweiz in älterer Zeit, Zürich 1891.
Liebenau, Theodor von: Der Hochverratsprozess des Peter Amstalden, in: Der Geschichtsfreund. Mitteilungen des Historischen Vereins der V Orte Luzern, Uri, Schwyz, Unterwalden und Zug, Bd. 37, S. 85–192 (1882).
Litscher, Alfred: Literatur und Politik im Umkreis der ersten Habsburger, Frankfurt, Bern, New York 1992.
Lütolf, Alois: Der Gottesfreund im Oberland, Jahrbuch für Schweizerische Geschichte Bd. 1, Zürich 1876.
Lütolf, Alois: Sagen, Bräuche und Legenden aus den fünf Orten Luzern, Uri, Schwyz, Unterwalden und Zug,
Neudruck, Hildesheim und New York 1976.
Marchal, Guy P.: Arnold von Winkelried, Mythos und Wirklichkeit, Nidwaldner Beiträge zum Winkelriedjahr 1986, mit Beitr. von Guy P. Marchal, Walter Schaufelberger, Alois Steiner und Heinrich Thommen, Stans 1986.
Marchal, Guy P.: Die »Alten Eidgenossen« im Wandel der Zeiten. Das Bild der frühen Eidgenossen im Traditionsbewusstsein und in der Identitätsvorstellung der Schweizer vom 15. bis ins 20. Jahrhundert, in: Innerschweiz und frühe Eidgenossenschaft, Jubiläumsschrift 700 Jahre Eidgenossenschaft, Bd. 2, Olten 1990, S. 307–403.
Marchal, Guy P.: Die frommen Schweden in Schwyz, Basel und Stuttgart 1976.
Marchal, Guy P.: Die Schweiz von den Anfängen bis 1499, in: Europa im Hoch- und Spätmittelalter, in: Handbuch der europäischen Geschichte, Bd. 2, S. 533–545, Stuttgart 1987.
Marchal, Guy P.: Geschichtsbild im Wandel, 1782–1982, Luzern 1982.
Marti, Kurt: Wo chiemte merh hi? Gedicht ir bärner umgangssprach, Münsingen 1984.
Meier, J. H.: Biographien berühmter Schweizer, Zürich 1862.
Meier, Pirmin: Magisch Reisen Schweiz, 4. Aufl., München 1996.
Meier, Pirmin: Mütter, Helden, Heilige, Mythisches und Mystisches im Rüebliland, in: Vurma, Jiri: Aargau, Ansichten seines Kantons, Aarau 1994.
Meier, Pirmin: Paracelsus, Arzt und Prophet, 3. Aufl., Zürich 1994.
Meister, Eckhart: Deutsche Predigten und Traktate, hrsg. und übersetzt von Josef Quint, Zürich 1979.
Meister, Leonard: Helvetiens berühmte Männer, 2 Bde, Zürich 1785.
Meyer Bruno: Weisses Buch und Wilhelm Tell, Weinfelden 1985.
Meyer, Bruno: Die heilige Ita von Fischingen, Thurg. Beiträge zur Vaterländischen Geschichte, Bd. 112, Frauenfeld 1975.
Meyer, Werner: Ereignis – Mythos – Deutung, 1444–1944, St. Jakob an der Birs, Basel 1994.
Miet, Diethmar: Meister Eckhart, herausgegeben, eingeleitet und zum Teil übersetzt von D. M., Olten und Freiburg i. B., 1979.

Ming, Engelbert: Bruder Klaus, Der Mann zwischen Erde und Himmel, Emmaus (Beromünster) 1988 (Manuskript).
Ming, Engelbert: Pfarrer Johann Ming von Lungern 1820–1885, in: Obwaldner Geschichtsblätter 16, S. 137–214, Sarnen, 1987.
Ming, Joseph Johann: Der selige Bruder Nikolaus von Flüe, vier Bände, Luzern 1861–1878.
Mojonnier, Arthur: Niklaus von Flüe, Bruder Klaus, Zürich 1942.
Müller, Johannes von: Geschichten schweizerischer Eidgenossenschaft, 4 Bde, Kirchberg-Zürich 1942.
Müller, Hugo: Bruder Klaus, Sarnen 1937.
Müller, Hugo: Obwaldner Namenbuch, Sarnen 1952.
Müller, Kuno: Die von Flüe, ein Herrengeschlecht im alten Freistaat Obwalden, Luzern 1953.
Müller, Kuno: Jost von Silenen, Zürich 1949.
Murer, Heinrich: Helvetia Sancta, Luzern 1648.
Neue Jerusalem Bibel: Einheitsübersetzung mit dem Kommentar der Jerusalemer Bibel, Freiburg im Breisgau 1985.
Neumann, Hans: Mechthild von Magdeburgs »Das fliessende Licht der Gottheit«, 2 Bde. Tübingen, München, Zürich 1993.
Nicoulin, Martin / Leisibach Josef / King, Norbert: Der Bund der VIII Orte mit Freiburg und Solothurn 1481, Faksimile des Freiburger Exemplars, hrsg. unter Martin Nicoulin von Josef Leisibach und Norbert King, Freiburg 1981.
Niderberger, Franz: Die Entwicklung der Gerichtsverfassung in Obwalden. Obwaldner Geschichtsblätter 1 (1901).
Niderberger, Franz: Sagen und Gebräuche aus Unterwalden, Sarnen 1924, (Zürich 1978).
Niederberger, Ferdinand: Die Landammänner von Nidwalden. Beiträge zur Geschichte Nidwaldens, 18. Heft, Stans 1947.
Niederberger, Hanspeter: Giswiler Sagen, Giswil 1984.
Nigg, Walter: Bruder Klaus, Eine Begegnung mit Nikolaus von Flüe, Freiburg i. B. 1976.
Nigg, Walter: Felix und Regula, Zürich 1967.
Obermüller, Klara: Dorothee von Flüe-Wyss – seine Frau, in: Romero-Haus-Protokolle 5, S. 14–26, Luzern 1987.
Obermüller, Klara: Ganz nah und weit weg, Fragen an Dorothee, die Frau des Niklaus von Flüe, Luzern 1982.
Ochsenbein, Peter: Bruder Klaus und St. Gallen, in: Oberberger Blätter 1980/81, S. 10–22.
Ochsenbein, Peter: Frömmigkeit eines Laien, Zur Gebetspraxis des Nikolaus von Flüe, in: Historisches Jahrbuch 104. Jahrgang, S. 289–308, Freiburg/München 1984.
Odermatt, Leo: Alpwirtschaft in Nidwalden, Beiträge zur Geschichte Nidwaldens Heft 40, Stans 1981.
Oehl, Willhelm: Bruder Klaus und die deutsche Mystik, in: ZSK 55, S. 161–174 und 241 ff.
Oehl, Willhelm: Deutsche Mystikerbriefe des Mittelalters 1100–1550, München 1931.

Omlin, Ephrem: Die Landammänner des Standes Obwalden und ihre Wappen, Sarnen 1966.
Oppikofer, Christiane: Johann Malers Bruder Klausen-Spiel (um 1624) Historisch-kritische Edition, Aarau 1993.
Pernoud, Régine: Jeanne d'Arc, Glaube, Kraft, Vision, München 1995.
Peters, Ursula: Religiöse Erfahrung als Literarisches Faktum, Tübingen 1988.
Peyer, Hans Conrad: Leinwandgewerbe und Fernhandel der Stadt St. Gallen von den Anfängen bis 1520, 2 Bde., St. Gallen 1959/60.
Pfluger, Elisabeth: Solothurner Geistersagen, Solothurn 1986.
Pieper, Josef: Das Viergespann, Freiburg i. B. 1964.
Planzer, Dominikus OP: Zur Mystik des seligen Bruder Klaus, in: Freiburger Zeitschrift für Philologie und Theologie 27 (1980), S. 277–324.
Planzer, Dominikus: Zu Bruder Klausens Sprüchen und Gebet, in: Zeitschrift für Schweiz. Kirchengeschichte 32 (1938), S. 39–46.
Rahner, Karl: Visionen und Prophezeiungen, Quaestiones disputatae IV, Basel 1960.
Régamey, P.-R.: Wiederentdeckung des Fastens, Wien/München 1963.
Renner, Eduard: Goldener Ring über Uri, 4. Aufl., Zürich 1991.
Rieder, Karl: Der Gottesfreund vom Oberland, Innsbruck 1905.
Ringier, Siegfried: Viten- und Offenbarungsliteratur in Frauenklöstern des Mittelalters, Zürich und München 1980.
Rochholz, Ernst Ludwig: Die Schweizerlegende vom Bruder Klaus von Flüe, Aarau 1875.
Rogger, Daniel: Obwaldner Landwirtschaft im Spätmittelalter, Obwaldner Geschichtsblätter, Bd. 18, Sarnen 1989.
Rosenberg, Alfons: Christliche Bildmeditation, München 1975.
Rosenberg, Alfons: Christliche Lebensregeln, München 1977.
Rougemont, Denis de: Die Schweiz, Modell Europas, Wien/München 1965.
Rueb Franz: Hexenbrände, Die Schweizergeschichte des Teufelswahns, Zürich 1995.
Rüegg, Ferdinand. Hohe Gäste in Freiburg i/Ue vor dessen Beitritt zur Eidgenossenschaft, Freiburger Geschichtsblätter 15, Freiburg i. Ue. 1908.
Rüegg, Ferdinand: Heinrich von Gundelfingen, Ein Beitrag zur Geschichte des deutschen Frühhumanismus, Freiburg i. Ue., 1920.
Ruh, Kurt: Das Reimgebet des Niklaus von Flüe, in: Kleine Schriften II, Berlin 1984, S. 176–185.
Ruh, Kurt: Geschichte der abendländischen Mystik, 2 Bde, München 1993.
Ruh, Kurt: Meister Eckhart, München 1985.
Salzgeber, Joachim: Der heilige Meinrad, Sein Leben und Sterben, Einsiedeln 1978.
Santschi, Catherine: L'ermitage de Longeborgne, Sion 1979.
Santschi, Catherine: Les eremites du Valais, Vallesia, tome 43, Sion 1988.
Sartory, Gertrude und Thomas: Nikolaus von Flüe – Erleuchtete Nacht, Holzschnitte zu seinen Visionen von Alois Spichtig mit Texten von Margrit Spichtig, Freiburg im Breisgau 1981.
Schärli, Thomas: Veltheim, Von den Anfängen bis zur Gegenwart, Veltheim/AG 1992.

Schaufelberger, Walter: Altschweizerisches und altbernisches Kriegsvolk, wie es nicht im Geschichtsbuch steht, Archiv d. Hist. Vereins d. Kantons Bern, Bd. 46, Heft 2, 1962.
Schaufelberger, Walter: Das eidgenössische Wehrwesen im Spätmittelalter im Lichte moderner Militärgeschichtswissenschaft, Zürich 1974.
Schaufelberger, Walter: Der Alte Schweizer und sein Krieg. Studien zur Kriegführung vornehmlich im 15. Jahrhundert (Diss. Zürich), Zürich 1952 (Wirtschaft, Gesellschaft, Staat 7), überarbeitete Neuausgabe, Zürich 1966.
Schaufelberger, Walter: Der Wettkampf in der Alten Eidgenossenschaft. Zur Kulturgeschichte des Sports vom 13. bis ins 18. Jahrhundert, Bern 1972.
Schaufelberger, Walter: Marignano, Strukturelle Grenzen eidg. Militärmacht zwischen Mittelalter und Neuzeit, Frauenfeld 1993.
Schaufelberger, Walter: Spätmittelalter, in: Handbuch der Schweizer Geschichte, Bd. 1, S. 239–388, Zürich 1972.
Schaufelberger, Walter: Zu einer Charakterologie des altschweizerischen Kriegertums, Schweiz. Archiv für Volkskunde,56 (1960).
Schedel, Hartmann: Buch der Chroniken und Geschichten mit Figuren und Bildnissen von Anbeginn der Welt bis auf diese unsere Zeit, (Reprint München 1975), Nürnberg 1493.
Scherer, Emmanuel: Das Bruder-Klausen-Spiel des P. Jakob Gretser S. J. vom Jahre 1586, Sarnen 1928.
Scherer, Joseph, Zemp, Joseph: Geschichte und Beschreibung der Wallfahrtskirche Hergiswald, Luzern 1964.
Scherz, Franz: Authentisches Bild von Bruder Klaus, Zürich 1958.
Scheuber, Konrad: Wir ehren Bruder Klaus, Werkbuch für Bruder Klausen-Feiern, Luzern 1947.
Schilling, Diebold: Berner Chronik, Faksimile-Band 1, Bern 1943.
Schipperges, Heinrich: Am Leitfaden des Leibes. Zur Anthropologik und Therapeutik Friedrich Nietzsches, Stuttgart 1975.
Schmeitzky, R.: Beiträge zur Wirtschafts- und Verfassungsgeschichte des Klosters Engelberg in Unterwalden, Stans 1952.
Schmid, Alfred: Bruder Klaus in der bildhaften Polemik des 16. und 17. Jahrhunderts, in: Festschrift Oskar Vasella, S. 320–331, Freiburg 1964.
Schneider, Hansjörg: Stücke II, Basel 1985.
Schneider, Jenny: Die Restaurierung des Rockes des heiligen Bruder Klaus, in: Obwaldner Geschichtsblätter, Bd. 14, Sarnen 1979.
Schneider, Reinhold: Gedanken des Friedens, Freiburg 1946.
Schneider, Reinhold: Gesammelte Werke in zehn Bänden, hrsg. v. Edwin M. Landau, Frankfurt 198 ff.
Schneider, Reinhold: Herrscher und Heilige, Köln und Olten 1953.
Schopenhauer, Arthur: Aphorismen zur Lebensweisheit, in: Sämtliche Werke IV, Stuttgart/Frankfurt 1963.
Schwarz, Dietrich: Nidwaldner Münz- und Geldgeschichte, Stans 1980.
Schweitzer, Franz-Josef: Der Freiheitsbegriff in der deutschen Mystik, Frankfurt 1981.
Segesser, Agnes von: Bruder Klaus von Flüe, Freiburg/Schweiz 1936.

Segesser, Philipp Anton von: Beiträge zur Geschichte des Stanser Verkommnisses. Neue Bearbeitung, Separatdruck aus dem 2. Bd. der Sammlung kleiner Schriften, Bern 1877.
Segesser, Philipp Anton von: Rechtsgeschichte der Stadt und Republik Lucern. 4 Bde., Luzern 1851–1858.
Sennhauser, Albert: Hauptmann und Führung im Schweizerkrieg des Mittelalters. Diss. phil. Zürich, Zürich 1965.
Seuse, Heinrich: Deutsche mystische Schriften, hrsg. von Georg Hofmann, Düsseldorf 1966.
Sidler, Josef: Die Bildungsverhältnisse im Kanton Luzern, Stans 1970.
Signer, Walter: Niklaus von Flüe, Bauer – Familienvater – Gottesfreund – Friedensstifter, mit Zeichnungen von Pierre Moysan, Paris 1987.
Sigrist, Anton: Niklaus Wolf von Rippertschwand 1756–1832, Luzern 1952.
Sigrist, Georg: Bruder Klaus oder des seligen Nikolaus von Flüe lehrreiche und wundervolle Lebensgeschichte, Luzern 1843.
Sigrist, Hans: Solothurn und die VIII alten Orte. Ihre Beziehungen von den Anfängen bis zum Bunde von 1481 (Diss. Bern), Solothurn 1944.
Stegemann, Hermann: Nikolaus von Flüe, Ein Schauspiel, Basel 1902.
Sterchi, J.: Adrian von Bubenberg, Charakterbild aus der Heldenzeit der alten Eidgenossenschaft, Bern 1891.
Stöckli, Alban: Die Visionen des seligen Bruder Klaus, Einsiedeln 1933.
Stoecklin, Alfred: Der Basler Konzilsversuch des Andrea Zamotetic vom Jahre 1482, Basel 1938.
Stokar, Willy: Niklaus von Flüe, eine Biographie (1942), Schaffhausen 1993.
Strahm, Hans: Der Chronist Conrad Justinger und seine Berner Chronik von 1420, Schriften der Berner Burgerbibliothek, Bern 1978.
Straub, Jan: Die Heiligengräber der Schweiz, ihre Gestalt und ihr Brauchtum, Liebefeld-Bern 1987.
Studer, Otto: Beitrag zur Entlebucher-Geschichte, Schüpfheim 1923.
Suter, Beat: Arnold Winkelried, Der Heros von Sempach, Die Ruhmesgeschichte eines Nationalhelden, Stanz 1977.
Suter, Paul; Strübin, Eduard: Baselbieter Sagen, Liestal 1976.
Suter, Robert Ludwig: Die Verehrung des hl. Bruder Klaus im Michelsamt, Beromünster 1987.
Suter-Schmid, Dora: Koller-, Mötteli- und Amstaldenhandel. Ein Beitrag zur Politik Unterwaldens in der 2. Hälfte des 15. Jahrhunderts (Diss. Zürich), Zürich 1974.
Tanner, Anton: Der Selige Bruder Klaus in seinem wunderbaren Fasten, Einsiedeln 1887.
Thurston, Herbert: Die körperlichen Begleiterscheinungen der Mystik, Luzern 1956.
Troxler, Ignaz Paul Vital: Politische Schriften in Auswahl, eingeleitet und kommentiert von Adolf Rohr, 2 Bde., Bern und Stuttgart 1989
Troxler, Sebastian: Regelbuch der Eremiten der vier Waldstätte, Luzern 1872.
Tschudi, Aegidius: Chronicon Helveticum, 2. Bd., Basel 1736.
Vandereycken, Walter, van Deth, Ron, Meermann, Rolf: Hungerkünstler, Fastenwunder, Magersucht. Eine Kulturgeschichte der Essstörungen, München 1992.

Von Arx, Cäsar: Der heilige Held, Schauspiel, Zürich und Leipzig 1936.
Verfasserlexikon, Die deutsche Literatur des Mittelalters, 2. Auflage, Berlin, New York, 1978ff.
Vogler, Werner: Kapelle St. Leonhard Bad Ragaz (Festschrift), Bad Ragaz 1983.
Vokinger, Konstantin: Bruder Klaus. Sein Leben, 3. Auflage, besorgt von P. Rupert Amschwand OSB, Zürich 1974.
Volken, Laurenz: Die Offenbarungen in der Kirche, Innsbruck-Wien 1965.
Waber, Hermann: Meister Hemmerli und seine Zeit 1388–1458, Zürich 1940.
Wackernagel, Hans Georg: Altes Volkstum der Schweiz, Gesammelte Schriften zur historischen Volkskunde, Basel 1956.
Wälchli, Karl F.: Adrian von Bubenberg, Bern 1979.
Walter, Silja: Feuerturm, Mysterienspiel zum 500. Todesjahr des heiligen Bruder Klaus, Olten 1987.
Walzer, Pierre Oliver: Vie des Saints du Jura, Réclère 1979.
Waser, Erika: Luzerner Namenbuch I, Bd. 1 u. 2, Hitzkirch 1996.
Watt, Joachim von (Vadian): Deutsche historische Schriften. Hrsg. von Ernst Götzinger, St. Gallen 1877.
Weber, Peter Xaver: Das älteste Luzerner Bürgerbuch 1357–1479, in Geschichtsfreund 74/75, Stans 1919/20.
Wegelin, Jacob: Religiöse Gespräche der Todten, Frankfurt und Leipzig 1763.
Wehrli, Max: Literatur im deutschen Mittelalter, Stuttgart 1984.
Weissenbach, Joseph Anton: Leben und Geschichte des Seligen Nikolaus von Flüe auf Hohes Verlangen bey der Feier seines dritten Jahrhunderts aus Urkunden verfasst, Luzern 1787.
Welti, Friedrich Emil: Die Pilgerfahrt des Hans von Waltheym im Jahre 1474, Bern 1925.
Wentzlaff-Eggebert, F.W.: Deutsche Mystik zwischen Mittelalter und Neuzeit, Berlin 1969.
Widmer, Sigmund: Zum 500. Todestag des Heiligen, in Civitas 7/8, Freiburg/Schweiz 1987.
Wymann, Ed.: Ritter Melchior Lussy, Ein Lebensbild, Stans 1906.
Wyrsch, Jakob: Das Volk von Unterwalden, Sonderabdruck a. d. Schw. Archiv für Volkskunde Bd. 43, Stans 1980.
Wyrsch, Jakob: Robert Durrer, Stans 1954.
Zehnder, Leo: Volkskundliches in der älteren schweizerischen Chronistik, Schriften der Schweizerischen Gesellschaft für Volkskunde, Band 60, Basel 1976.
Zeiss, Karl Heinz / Walter, Silja: Gesicht im Goldkreis, Bildmeditation mit Bruder Klaus, Freiburg im Breisgau 1980.
Zellinger, Eduard: Cusanus-Konkordanz, München 1960.
Zihlmann, Josef: Leben für das Hinterland, hrsg. v. Lothar Emmanuel Kaiser, Willisau 1995.
Zihlmann, Josef: Volkserzählungen und Bräuche, Hitzkirch 1989.
Zimmermann, Hans Dieter (Hrsg.): Rationalität und Mystik, Frankfurt 1981.
Zimmermann, Joseph Jgnaz: Nikolaus von Flüe oder die gerettete Eidgenossenschaft in fünf Aufzügen, Luzern 1781.

ZEITTAFEL

1234 Erste Erwähnung der zu Beromünster gehörenden Pfarrei Sachseln durch die Stifung des Nassen Zehnten durch Werner von Ödisried.

1291 Ewiger Bund der drei Waldstätte Uri, Schwyz und Nidwalden, von Obwalden später nachgesiegelt.

1295 Heinrich Seuse mutmasslich geboren.

1300 Johannes Tauler mutmasslich geboren.

1304 Rudolf von Ödisried erster Landammann von Unterwalden.

1309 Nidwalden und Obwalden reichsunmittelbar.

1332 Die Stadt Luzern schliesst sich dem Waldstätterbund an.

1336 Hartmann von Stans erster Landammann von Nidwalden; seine Verwandte Mechthild von Stans Dominikanerin in Töss bei Winterthur.

1344 Der verheiratete Ritter Johann von Aarwangen begründet die Einsiedelei Witenbach (Heiligkreuz) im Entlebuch.

1347 Bekehrung von Rulman Merswin in Strassburg; Blüte der Gottesfreunde-Bewegung unter dem Einfluss von Johannes Tauler.

1350 Ungefähre Abfassungszeit von »Das Leben der Schwestern zu Töss« durch die Nonne Elsbet Stagel von Zürich.

1354 Habsburger Privilegien für Waldbrüder und Waldschwestern.

1361 Tod von Johannes Tauler in Strassburg.

1366 Tod von Heinrich Seuse in Ulm.

1382 Sturz der aristokratischen Herrengeschlechter Hunwil und Tottikon in Unterwalden.

1386 Schlacht bei Sempach. Tod von Herzog Leopold III.

1415 Die Eidgenossen erobern den Aargau. Mathis Hattinger Waldbruder in Wolfenschiessen (Nidwalden).

1417 Nikolaus von Flüe geboren; Wahl von Papst Martin V. auf dem Konzil in Konstanz; Ende eines über hundert Jahre andauernden Schismas.

1432 Klaus von Flüe nimmt an gemeinsamer Landsgemeinde von Ob- und Nidwalden teil.

1439 Beginn des Konzils von Basel (bis 1459).

1439–1450 Der alte Zürichkrieg zwischen den Eidgenossen und der mit Österreich verbündeten Stadt Zürich um das Toggenburger Erbe.

1443 23. Mai: Gefecht am Hirzel; 22. Juli: Schlacht bei St. Jakob an der Sihl.

1444 25. Mai: Massaker von Greifensee; 25. August: Niederlage einer eidg. Vorhut gegen die französischen Armagnaken bei der Schlacht von St. Jakob an der Birs vor den Toren Basels.

1446 6. März: Schlacht bei Ragaz.

1454 Ältestes Nidwaldner Landrecht über Fehde und Frieden.

1457 Klaus von Flüe bekämpft in einem Prozess den vom Sachsler Pfarrer erhobenen Kirchensteueranspruch, den Nassen Zehnten.

1459/62 Klaus von Flüe als beeidigter Zeuge und Standesvertreter.

1460 Eroberung des Thurgaus durch die Eidgenossen; Belagerung von Diessenhofen. Gründung der Universität Basel.

1465 1. September: Rudolf Mötteli oder Mettele von Ravensburg kauft für 60 Gulden das Landrecht beider Unterwalden.

1467 16. Oktober und zweite Hälfte Oktober: Bruder Klausens Abschied von der Familie, Liestal, Heimkehr. Klaus von Flüe hält sich auf der Alp Chlysterli im Melchtal versteckt.

1468 Die Landsgemeinde beschliesst Frondienst für den Bau von Zelle und Kapelle im Ranft.

1469 Gehorsamsprüfung u. Weihe der Ranftkapelle durch den Konstanzer Weihbischof Thomas Weldner.

1470 16 Römische Kardinäle erteilen der Kapelle einen ewigen Ablass.

1471 Geiler von Kaisersberg besucht Bruder Klaus.

1473 Erzherzog Sigmund von Österreich schickt seinen Leibarzt auf den Ranft und macht zusammen mit seiner Gattin Eleanor Vergabungen.

1474 Bürgermeister Hans von Waltheym aus Halle an der Saale im Ranft.

1474–1477 Burgunderkriege zwischen den Eidgenossen und Herzog Karl dem Kühnen.

1476 Adrian von Bubenberg verteidigt Murten.

1477 Tod Karls des Kühnen bei Nancy; Zeit der chaotischen Saubanner- oder Kolbenbannerzüge in der Schweiz.

1478 Verschwörung des Entlebucher Hauptmanns Peter Amstalden gegen Luzern. Besuch Albrechts von Bonstetten im Ranft.

1481 30. November und 18.–22. Dezember: Tagsatzungen in Stans bringen die Versöhnung der zerstrittenen Eidgenossen nach dem vier Jahre währenden Burgrechtsstreit zwischen den Städten und den Länderorten. Vermittlung dank der Autorität des Eremiten Klaus von Flüe, der in Stans nicht zugegen ist. Aufnahme von Freiburg und Solothurn in den Bund der Eidgenossen.

1482 Botschaften von Bruder Klaus an die Städte Bern und Konstanz; gescheiterter Konzilsversuch des Erzbischofs Andrea Zamometič in Basel.

1483 Zamometičs ehemaliger Sekretär Peter von Numagen verfasst im Kloster Lützel (Jura) die umfangreichste zu Lebzeiten des Eremiten verfasste Studie über die Suspension der Ehe und das Fasten; Mailands Gesandter Bernardino Imperiali zu Besuch bei Bruder Klaus.

1485 Eintragung im alten Jahrzeitenbuch von Sachseln über Bruder Klausens Leben. Eremitensohn Hans von Flüe in Möttelihandel verwickelt.

1486 Ermordung des Landammanns Hieronymus Heintzli in Sarnen.

1487 21. März: Bruder Klaus von Unterwalden stirbt in seiner Zelle im Ranft.

1488 Älteste Bruder Klausen-Biographie mit Offizium von Heinrich von Gundelfingen. Handschriftliche Zeugenprotokolle im Kirchenbuch von Sachseln.

1489 Kartäuser Johannes Wagner Eremit in Hergiswald bei Kriens.

1492 Gemälde am Altarflügel von Sachseln.

1493 Hartmann Schedel erwähnt Bruder Klaus in seiner Weltchronik.

1501 Obwalden gibt Heinrich Wölflin von Bern den Auftrag zur offiziellen Biographie.
1503 Tod von Magister Nikolaus von Flüe, dem Sohn des Eremiten.
1507 Petermann Etterlins Chronik beschreibt die Tagsatzung von 1481.
1507/13 Diebold Schillings Luzerner Chronik über Bruder Klaus.
1524 Reformator Ulrich Zwingli beruft sich auf Bruder Klaus.
1531 Ein Unterwaldner tötet Ulrich Zwingli in der Schlacht bei Kappel.
1532/33 Paracelsus äussert sich über das Fasten von Bruder Klaus.
1537 Johannes Salat veröffentlicht die erste gedruckte Biographie.
1543 Bruder Konrad Scheuber, Landammann von Nidwalden und Neffe von Bruder Klaus, Eremit auf dem Ranft und später auf der Bettelrüti in Nidwalden.
1585 Die Jesuiten Petrus Canisius und Jacob Gretser beschäftigen sich als Publizist bzw. Dramatiker mit Bruder Klaus u. Idda v. Toggenburg.
1591 Erster Informationsprozess betr. die Seligsprechung.
1607 Biographie von Ranftkaplan Joachim Eichorn.
1618 Fortsetzung des Verfahrens, Prozessakten 1621, 1625, 1647, 1654.
1669/71 Papst Clemens IX. gestattet die Verehrung des Seligen; Clemens X. dehnt die Erlaubnis zur Verehrung auf das Gebiet der Schweiz und des Bistums Konstanz aus.
1671/84 Bau der Wallfahrtskirche von Sachseln.
1732 Erhebung der Gebeine auf den Altar; Benno Lussis Biographie.
1787 Feierlichkeiten und Publikationen zum 300. Todestag.
1815 Restauration des Eremitenstandes in der Schweiz.
1846 Das Mutterhaus in Luthernbad wird Zentrum des Eremitenwesens.
1917/1921 Erscheinen des Quellenwerkes von Robert Durrer.
1937 Höhepunkt der Verehrung im Vorfeld der Heiligsprechung.
1944 Der Theologe Karl Barth distanziert sich von der Heiligsprechung und erläutert das protestantische Verständnis des »heiligen Klaus«.
1947 15. Mai: Heiligsprechung durch Papst Pius XII. Fest: 25. Sept.
1984 Besuch von Papst Johannes Paul II. auf dem Flüeli.
1978 Beginn der grossen jährlichen Fusswallfahrten aus dem Bistum Augsburg nach Sachseln, initiiert von Prälat Paul Wohlfrom.
1995 Gutachten im Rahmen der Bemühungen um die Kanonisierung von Eremitengattin Dorothe Wyss.

NAMENINDEX

NACHWORT

Diese Studie ist in den Jahren 1984 bis 1996 entstanden. Die Grundlagenarbeit erfolgte zum Teil gleichzeitig mit derjenigen für die Werke *Paracelsus, Arzt und Prophet* (3. Auflage 1994) und *Magisch Reisen Schweiz* (4. Auflage 1996). In diesem Fall hat der Verfasser seinen einstigen Lehrern, P. Rupert Amschwand (leider 1987 schwer erkrankt) und Alois M. Haas; seinen verbindlichen Dank abzustatten. Wertvolle Zusammenarbeit ergab sich auch mit Tauler-Biographin Louise Gnädinger, Nidwaldens Staatsarchivar Hansjakob Achermann und mit meinem einfühlsamen und kompetenten Lektor Anton Spengeler, dem geschätzten Kollegen, und natürlich mit Verleger Egon Ammann, der dieser Publikation im voraus sein Vertrauen geschenkt hat. Für den Bildteil hat Charles Seiler kostbare Beiträge geleistet, Pavel Krbalek ein Gemälde erstellt. Dank auch den Benediktinern vom Kollegium Sarnen, P. Leo Ettlin und P. Adelhelm Rast für ihre liebenswürdige Hilfsbereitschaft, desgleichen Pfarrer Josef Eberli und Bruderklausenkaplan Joseph Oberwiler (Sachseln) sowie Wallfahrtssekretär Pierre Perroulaz. In Beromünster erhielt ich wertvolle Anregungen von Stiftskustos Robert Ludwig Suter (1912–1995) und durfte die Bibliothek der Stiftung von Dr. h. c. Edmund Müller (1899–1976) benützen, wofür ich Rektor Felici Curschellas und Helene Büchler-Mattmann im besonderen verbunden bin. Das Kuratorium für die Förderung des kulturellen Lebens im Aargau hat meine Arbeit kräftig unterstützt, und mein Arbeitgeber, der Kanton Luzern, hat mich für die Niederschrift für drei Monate vom Unterricht freigestellt.
Der Geist des Heiligen weht nicht nur auf dem Flüeli und im Allgäu. Man spürt ihn auch auf dem Weg nach Südfrankreich, auf den Spuren der Magdalenenpilger. Auf diesem Weg befindet sich die Abtei Hauterive im Kanton Freiburg, deren alt Abt Bernard Kaul mir seit Jahr und Tag seine stille Freundschaft bezeugt. Um denen um so besser danken zu können, die hier nicht erwähnt sind, sei ihm und seiner Gemeinschaft dieses Buch gewidmet.

Am 12. Oktober 1996, dem Stiftungstag der Ranftpfründe

Pirmin Meier

INHALT

ZWEITER HAUPTTEIL: AUS DEM LEBEN DER GOTTESFREUNDE

DRITTER HAUPTTEIL: INEDIA PRODIGIOSA ODER EIN HUNGERKÜNSTLER?

VIERTER HAUPTTEIL: DAS ARME REICHE LAND

FÜNFTER HAUPTTEIL: DIE ABGESCHIEDENHEIT

SECHSTER HAUPTTEIL: HEILIGER BRUDER KLAUS